THE WORLD UNTIL YESTERDAY
by Jared Diamond

Copyright ⓒ 2012 by Jared Diamond
Korean translation copyright ⓒ 2013 by Gimm-Young Publishers, Inc.
All rights reserved.
This Korean edition was published
by arrangement with Jared Diamond through Brockman, Inc.

어제까지의 세계

지은이_ 재레드 다이아몬드
옮긴이_ 강주헌

1판 1쇄 발행_ 2013. 5. 9.
1판 20쇄 발행_ 2023. 9. 1.

발행처_ 김영사
발행인_ 고세규

등록번호_ 제406-2003-036호
등록일자_ 1979. 5. 17.

경기도 파주시 문발로 197(문발동) 우편번호 10881
마케팅부 031)955-3100, 편집부 031)955-3200, 팩스 031)955-3111

이 책의 한국어판 저작권은 저작권자와 독점 계약한 김영사에 있습니다.
저작권법에 의해 한국 내에서 보호를 받는 저작물이므로 무단 전재와 무단 복제를 금합니다.

값은 뒤표지에 있습니다.
ISBN 978-89-349-6298-4 03900

홈페이지_ www.gimmyoung.com   블로그_ blog.naver.com/gybook
인스타그램_ instagram.com/gimmyoung   이메일_ bestbook@gimmyoung.com

좋은 독자가 좋은 책을 만듭니다.
김영사는 독자 여러분의 의견에 항상 귀 기울이고 있습니다.

문명사회는 전통사회에서 무엇을 배울 것인가?
어제까지의 세계

THE
WORLD
UNTIL
YESTERDAY

재레드 다이아몬드

강주헌 옮김

김영사

프롤로그 – 지금보다 더 나은 삶의 방식을 찾아서 8

1_ 친구와 적

1장 공간과 경계, 이방인과 장사꾼

경계선 56 | 상호배타적인 영역 63 | 비배타적인 땅의 사용 69 | 친구와 적과 이방인 75 | 첫 접촉 82 | 무역과 장사꾼 90 | 시장경제 94 | 전통적인 거래 형태 99 | 전통적인 거래 품목 104 | 누가 무엇을 거래하는가? 109 | 초소형 국가들 115

2_ 평화와 전쟁

2장 사고, 그리고 죽음에 대한 보상

어떤 사고 118 | 의식(儀式) 121 | 협상의 여러 가정들 126 | 국가의 역할 127 | 뉴기니의 보상 방법 129 | 평생의 관계 133 | 다른 비국가 사회들 137 | 국가의 권한 144 | 민사사법 148 | 민사사법의 결함 155 | 형사사법 162 | 회복적 사법 166 | 국가 사법제도의 강점과 결함 171

3장 작은 전쟁에 대하여

다니족의 전쟁 178 | 전쟁 시간표 181 | 전쟁의 사망자 수 190

4장 많은 전쟁들

전쟁의 정의 193 | 정보의 출처 196 | 전통적인 전쟁의 형태들 203 | 사망률 207 | 유사점과 차이점 210 | 전쟁은 어떻게 끝나는가 218 | 유럽과의 접촉이 미친 영향 222 | 호전적인 동물들, 평화적인 사람들 229 | 전통적인 전쟁의 동기 233 | 궁극적인 원인 237 | 누구와 싸우는 것인가? 243 | 진주만을 잊어라 248

3_ 어린아이와 노인

5장 어떻게 키우는가

양육법의 비교 256 | 분만 261 | 영아살해 263 | 젖떼기와 분만 간격 265 | 언제 수유하는가 268 | 아이와 어른의 접촉 271 | 아버지와 대리 부모 276 | 우는 아기를 어떻게 대하는가 282 | 체벌 286 | 아이의 자주성 291 | 복합연령 놀이집단 297 | 놀이와 교육 300 | 그들의 아이들과 우리 아이들 308

6장 노인의 대우

누가 노인인가? 312 | 노인을 돌봐야 한다고 생각하는 이유 315 | 왜 버리거나 죽이는가? 317 | 노인의 유용성 323 | 사회의 가치관 328 | 사회의 관례 338 | 오늘날은 어떤가, 더 나아졌는가 더 나빠졌는가? 344 | 노인을 어떻게 해야 하는가? 361

4_ 위험과 대처

7장 건설적인 편집증

위험을 대하는 자세 360 | 한밤의 방문객 365 | 보트 사고 371 | 땅바닥에 꽂힌 나뭇가지의 정체 387 | 위험을 무릅쓰고 401 | 위험과 수다 405

8장 사자와 다른 위험들

전통 사회의 삶에서 위험한 것들 409 | 사고들 412 | 경계심 421 | 인간의 폭력 425 | 질병 433 | 질병에 대한 대응 439 | 기아 442 | 예측할 수 없는 식량난 445 | 생산지의 분산 449 | 계절적 특징과 식량난 455 | 식용 식품의 확대 464 | 결집과 분산 466 | 위험에 대한 대응 468

5_ 종교와 언어 그리고 건강

9장 전기뱀장어는 종교의 진화에 대해 우리에게 무엇을 말해주는가?

종교에 대한 여러 의문들 476 | 종교의 정의 481 | 종교의 기능과 전기뱀장어 488 | 인과관계를 찾아서 494 | 초자연적인 믿음 501 | 종교의 설명적 기능 508 | 불안감의 완화 510 | 위안의 제공 517 | 조직과 순종 523 | 이방인을 대하는 행동 규범 526 | 전쟁의 정당화 528 | 헌신으로 얻는 '훈장' 531 | 종교의 성공 여부를 판단하는 기준 534 | 종교의 기능 변화 539

10장 여러 언어로 말하기

다중언어 542 | 세계의 언어들 545 | 언어는 어떻게 진화하는가? 550 | 언어 다양성의 지형도 553 | 전통 사회의 다중언어 560 | 이중언어의 이점 566 | 알츠하이머병 575 | 사라지는 언어들 578 | 언어는 어떻게 사라지는가? 583 | 소수집단 언어는 해로운가? 589 | 왜 언어를 보존해야 하는가? 593 | 어떻게 해야 언어를 보호할 수 있을까? 598

11장 염분과 당분, 비만과 나태

비전염성 질병 601 | 염분 섭취 607 | 염분과 혈압 611 | 고혈압의 원인 616 | 염분은 어디에 있는가 622 | 당뇨병 626 | 당뇨병의 유형 629 | 유전자와 환경 그리고 당뇨병 631 | 피마족과 나우루 섬사람들 636 | 인도의 당뇨병 639 | 유전자와 당뇨병 644 | 왜 유럽인들은 당뇨병 유병률이 낮을까? 653 | 비전염성 질병의 미래 658

에필로그 - 마침내, 문명 대탐사의 종착지에 서다 661

감사의 글 684

옮긴이의 글 - 인류의 희망에 관한 보고서 687

참고문헌 690

찾아보기 736

프롤로그
지금보다 더 나은 삶의 방식을 찾아서

공항의 한 장면

2006년 4월 30일 아침 7시, 나는 공항에서 그날 아침 첫 비행기를 타려고 탑승 수속을 밟던 사람들에게 떠밀리며 가방을 꼭 움켜쥐고 수속을 기다리고 있었다. 여행 가방이나 상자를 들고 배낭을 멘 여행객들, 아기를 안은 여행객까지 길게 줄을 늘어서서 탑승 수속대를 향해 한 발씩 다가가고, 그 뒤로는 유니폼을 입은 항공사 직원들이 컴퓨터 앞에 서 있었다. 낯익은 광경이었다. 역시 제복을 입은 사람들도 보였다. 조종사와 스튜어디스, 수하물 검색관, 그리고 봇물처럼 밀려드는 여행객들 때문에 위엄 있게 서 있을 뿐 아무 역할도 못하는 두 명의 경찰관이 눈에 띄었다. 검색관들은 수하물을 엑스선으로 검사했고, 항공사 직원들은 여행 가방에 물표를 달았으며, 수하물 담당자들은 물표를 단 여행 가방을 컨베이어 벨트 위로 올려놓으며 탑승자가 탄 항공기까지 올바르게 옮겨지기를 바랐다. 탑승 수속대 맞은편에는 신문과 패스트푸드를 파는 상점들이 있었다. 벽시계와 공중전화, 현금인출기, 위층으로 올라가는 에스컬레이터도 낯익은 것이었다. 물론 터미널 창밖으로 보이는 활주로에 서 있는 항공기들도 마찬가지였다.

공항 직원들이 컴퓨터 모니터를 쳐다보며 키보드에서 손가락을 날렵하게 움직였고, 신용카드 단말기에서 카드 영수증을 뽑아냈다. 환히 웃는 사람들, 화를 내는 사람들, 그래도 여행객들은 공중도덕을 지키며 끈질기게 줄을 서서 기다렸고, 친구를 만나면 반갑게 인사를 나누었다. 마침내 내 차례가 되었다. 나는 전에도 본 적이 없었고 앞으로도 볼 일이 없을 사람(접수대 직원)에게 서류(내 비행 일정표)를 보여주었다. 그 직원은 내게 수백 마일을 무료로 비행할 수 있는 서류를 건네주었다. 언젠가 나는 그 항공 마일리지를 이용해서 전에는 방문한 적이 없는 곳을 찾아갈 것이고, 그곳의 주민들은 나를 알지 못하겠지만 그렇다고 나의 방문까지 막지는 않을 것이다.

미국이나 유럽 혹은 아시아의 여행객들이 이 낯익은 장면에서 가장 이상하게 생각했을 특징 하나를 꼽자면, 나를 비롯해 몇몇 여행객을 제외하고는 모두가 뉴기니 사람이었다는 것이리라. 또 해외 여행객들의 눈에는 탑승 수속대 위에 놓인 국기는 사선으로 나뉜 검은색과 붉은색 바탕에 각각 남십자성 별자리와 황금색 극락조가 그려져 있는 파푸아뉴기니의 국기라는 것, 탑승 수속대의 항공사가 아메리칸 항공이나 영국 항공이 아니라 뉴기니 항공이란 사실, 그리고 진광판에서 반짝이는 와페나만다, 고로카, 키코리, 쿤디아와, 웨와크 등과 같은 이국적이고 낭만적인 목적지 이름들도 색다르게 보였을 것이다.

그날 아침 내가 탑승 수속을 밟은 공항은 파푸아뉴기니의 수도, 포트

모르즈비의 공항이었다. 나는 1964년, 즉 파푸아뉴기니가 오스트레일리아의 통치를 받고 있던 때 그곳을 처음 방문했다. 따라서 나를 비롯해 뉴기니의 역사를 조금이라도 아는 사람에게는 위의 장면이 익숙하면서도 놀랍고 감동적이었을 것이다. 나는 머릿속으로 그 장면을, 1931년 처음으로 뉴기니 고원지대에 들어가 그곳을 '발견'한 오스트레일리아인들이 찍은 사진들과 비교해보았다. 당시만 해도 그곳에는 100만 명가량의 주민이 석기를 사용하며 살고 있었다. 그 사진들에서, 고원지대 사람들은 수천 년 동안 상대적으로 외부 세계와 고립된 채 살았던 까닭에 유럽인들을 처음 보았던지 두려움에 가득한 눈빛이었다(11, 13쪽 사진 참조). 2006년 포트모르즈비 공항에서 뉴기니 여행객과 접수대 직원 및 조종사의 얼굴을 유심히 살펴보았다. 1931년에 찍은 사진에서 보았던 뉴기니 사람들의 얼굴이 그들의 얼굴에도 남아 있었다. 물론 내 주변에 서 있던 사람들은 1931년의 사진에 찍힌 사람들이 아니었지만, 그들은 닮은 데가 있었고, 일부는 사진 속 인물들의 자녀이거나 손자일 수도 있었다.

  내 기억에 새겨진 2006년 공항 장면과, '첫 접촉'의 순간을 포착한 1931년 사진의 가장 뚜렷한 차이는 무엇일까? 1931년 뉴기니 고원지대 사람들은 풀로 만든 스커트로 중요한 부분만 가리고 새의 깃털로 만든 머리장식을 쓴 채 망태기를 어깨에 걸치고 있었지만, 2006년의 뉴기니 사람들은 세계 어디에서나 흔히 볼 수 있는 셔츠와 바지, 스커트나 반바지를 입고 야구 모자를 쓰고 있었다. 한두 세대가 지나지 않아 그 공항에서 보았듯이, 뉴기니 고원지대 사람들은 글쓰기를 배웠고 컴퓨터를 사용하며 항공기로 여행하게 되었다. 그날 공항 터미널에 있었던 사람들 중에는 자신이 속한 부족에서 읽기와 쓰기를 가장 먼저 배운 사람도 있었

전에는 유럽인을 본 적이 없었던 뉴기니 고원지대 사람들과 오스트레일리아 광산업자 대니얼 레이히의 첫 접촉(1933년 추아베 지역).

을 것이다. 그 세대의 차이는 공항에 있던 두 뉴기니 남자의 모습에서 상징적으로 읽혔다. 조종사 제복을 입은 젊은 남자와 그의 할아버지였다. 조종사가 내게 설명한 바에 따르면, 그의 할아버지는 비행기를 처음 타는 것이었다. 희끗한 머리칼의 할아버지는 1931년 사진 속 사람들처럼 당황하고 어리둥절한 모습이었다.

 그러나 뉴기니 역사에 정통한 관찰자였다면 1931년과 2006년의 장면에서 옷차림을 넘어 훨씬 큰 차이를 찾아냈을 것이다. 1931년 뉴기니 고원지대 사회에는 공장에서 찍어낸 의복만 없었던 것이 아니다. 시계와 전화와 신용카드부터 컴퓨터와 에스컬레이터와 항공까지 현대 테크놀로지도 전혀 없었다. 더구나 1931년 뉴기니 고원지대에는 글도 없었고, 금속과 화폐, 학교와 중앙 정부도 없었다. 이런 현격한 변화를 우리에게 말해주는 현대사마저 없었다면, '글도 없던 사회가 어떻게 한 세대 만에 그런 변화를 이루어낼 수 있었을까?'라는 의문을 품을 수밖에 없었을 것이다.

또 관찰력이 뛰어난 데다 뉴기니 역사에 정통한 관찰자였다면, 2006년의 장면에서 다른 현대식 공항과 유사하지만, 첫 정찰대가 1931년에 찍은 사진 속의 고원지대와는 다른 특징들도 찾아냈을 것이다. 2006년의 장면에는 희끗한 머리칼의 노인이 유난히 많이 눈에 띄지만, 고원지대의 전통 사회에서는 그 나이까지 장수하는 사람이 상대적으로 적었다. 또 뉴기니 사람들을 예전에 경험하지 못한 서양인들에게는 공항의 여행객들이 거무스레한 피부에 곱슬머리여서 모두가 비슷하게 보였겠지만, 겉모습은 여러 면에서 상당히 달랐다. 남쪽 해안의 저지대 사람들은 키가 크고 얼굴은 상대적으로 좁고 턱수염의 숱이 적은 편인 반면에, 고원지대 사람들은 비교적 단신이고 얼굴은 넓적하고 턱수염은 짙은 편이다.

또한 섬사람들과 북쪽 해안 저지대 사람들의 얼굴은 아시아인과 약간 비슷하다. 1931년에는 고원지대 사람들, 남쪽 해안 저지대 사람들, 북쪽 해안 저지대 사람들을 한자리에서 만나는 건 불가능했다. 당시 뉴기니에서 사람들의 모임은 2006년의 공항보다 훨씬 더 균질적이었음에 분명하다. 그날 공항에 언어학자가 있었다면 무척 다른 언어군에 속하는 수십여 가지 언어를 구분해낼 수 있었을 것이다. 예컨대 중국어처럼 소리의 높낮이로 뜻이 구분되는 성조 언어들, 상대적으로 단순한 음절과 자음으

뉴기니 고원지대에서 만난 원주민. 유럽인을 처음 보고 공포에 질려 울부짖고 있다(1933년 레이히 탐사대).

로 이루어진 오스트로네시아 언어들, 높낮이가 없는 파푸아 언어들이다. 1931년에는 서너 언어를 쓰는 사람들이 한자리에 모이는 경우는 있었어도 수십여 가지 언어를 쓰는 사람들이 한 곳에 모이는 경우는 전혀 없었다. 현재 파푸아뉴기니에서 가장 널리 쓰이는 두 언어, 영어와 톡 피신(신멜라네시아이 혹은 피신 잉어로노 일컬어진다)이 2006년 탑승 수속대에서, 또 여행객들끼리의 대화에서 사용된 언어였다. 그러나 1931년 뉴기니 고원지대 전역에서 대화는 순전히 토착어들로 이루어졌지만, 모든 토착어가 좁은 지역에 국한되어 쓰였다.

1931년과 2006년의 장면에는 또 하나의 미묘한 차이가 있었다. 2006년에는 안타깝게도 미국인들에게 흔한 체형을 지닌 뉴기인들이 간혹 눈에 띄었다는 점이다. 달리 말하면, '올챙이배'를 허리띠 위로 축 늘어뜨린 뚱뚱한 사람이 적지 않았다. 그러나 75년 전의 사진들에는 뚱뚱한 뉴기니인이 한 명도 없었다. 모두가 마르고 근육질이었다(11쪽 사진 참조). 만약 공항 여행객들을 진찰한 의사를 인터뷰할 기회가 있었다면, (뉴기니 공중보건 통계자료로 판단하건대) 비만과 관련된 당뇨 환자가 점점 증가하는 추세이고, 한 세대 전에는 거의 없던 고혈압과 심장병, 뇌졸중과 암의 사례도 증가하는 추세라는 대답을 들었을 것이다.

1931년의 사진과 비교할 때 2006년의 장면에서 눈에 띄는 또 하나의 차이는 우리가 현대 세계에서 당연하게 생각하는 특징이다. 정확히 말하면, 그날 공항에 운집한 사람들의 대부분이 전에는 일면식도 없던 사이였지만 서로 적대시하지 않았다는 점이다. 1931년에는 낯선 사람을 만나는 경우도 드물었지만 그런 만남은 무척 위험했고 폭력적으로 발전하기 일쑤여서, 지금과 같은 화기애애한 분위기는 상상조차 할 수 없었다. 물론 공항 터미널에는 질서를 유지하기 위한 두 명의 경찰이 있었지만, 여행객들은 어느 누구도 자신을 공격하지 않을 것이며, 또 싸움이 통제하기 힘들 정도로 과도해지면 대기 중인 경찰과 군인이 곧바로 투입되는 사회에 살고 있다는 것을 알았기 때문에 스스로 질서를 지켰다. 그러나 1931년에는 경찰이나 정부라는 조직이 존재하지 않았다.

그날 공항에 모인 여행객들은 허락을 미리 요청하지 않아도 와페나마다를 비롯해 파푸아뉴기니의 어느 곳이든 항공기나 다른 교통수단을 이용해서 여행할 수 있었다. 현대 서구사회에서 우리는 여행의 자유를 당연한 권리로 받아들이고 있지만, 과거에는 그런 자유는 극히 예외적이었다. 1931년 당시, 고로카에서 태어난 뉴기니 사람 중에서 서쪽으로 겨우 172킬로미터 떨어진 와페나만다까지 여행한 사람은 한 명도 없었다. 하기야 고로카를 출발해서 15킬로미터도 가지 못해 낯선 부족을 만나 죽임을 당하는 게 다반사여서 와페나만다까지 무사히 간다는 건 생각할 수도 없었다. 하지만 나는 로스앤젤레스에서 포트모르즈비까지 무려 1만 1,265킬로미터를 단숨에 여행한 터였다. 그 거리는 과거 뉴기니 고원지대 사람이 태어나서 평생 동안 여행한 거리보다 수백 배나 긴 거리다.

2006년과 1931년 사람들의 이런 차이를 한마디로 요약하면, "뉴기니 고원지대 사람들은 다른 세계에서는 수천 년이 걸린 변화를 지난 75년 동안 압축적으로 겪었다"라고 정리할 수 있다. 고원지대 사람들 개개인에게는 변화의 속도가 훨씬 빨랐다. 뉴기니의 몇몇 친구는 나를 만나기 10년 전에도 마지막으로 돌도끼를 만들고, 전통적인 부족 전쟁에 참가했었다고 말해주었다. 오늘날 산업국가 시민들은 내가 앞에서 언급한 2006년 장면의 특징들, 예컨대 금속과 글, 기계와 항공기, 경찰과 정부라는 조직, 비만한 사람들, 두려움 없이 외부인을 만나는 뉴기니 사람들, 잡다한 피부색의 사람들 등을 당연하게 받아들이겠지만, 인류의 역사에서 현대 사회의 이런 특징들은 상대적으로 새로운 것이다. 인간과 침팬지가 진화 계통에서 분리되기 시작한 이후로 거의 600만 년 동안, 인간 사회에는 금속을 비롯한 현대 사회의 특징들이 없었다. 이런 특징들은 기껏해야 1만 1,000년 전, 그것도 일부 지역에서 나타나기 시작했을 뿐이다.

따라서 어떤 점에서 뉴기니는 600만 년이란 인간 진화의 역사에서 바로 어제까지 인간 세계가 어떤 모습이었는지 보여주는 창문이라 할 수 있다(이 책에서 '뉴기니'는 그린란드에 이어 세계에서 두 번째로 큰 섬이며, 오스트레일리아 위쪽으로 적도 근처에 있는 뉴기니 섬을 가리킨다(52~53쪽 지도 참조). 나는 이 섬에서 살아가는 다양한 토착 부족들을 '뉴기니 사람들'이라 칭했다. 19세기 식민지 역사를 지배한 사건들로 말미암아, 뉴기니 섬은 정치적으로 두 국가로 분할되었다. 동쪽 절반과 많은 부속 도서는 독립국가인 파푸아뉴기니에 속한다. 파푸아뉴기니는 독일 식민지였던 북동부와 영국 식민지였던 남동부로 나뉘며, 1975년 독립할 때까지 오스트레일리아의 통치를 받았다. 오스트레일리아는 독일 식민지였던 지역을 뉴기니, 영국 식민지였던 지역을 파푸아라고 불렀다. 한편 뉴기니 섬의 서쪽 절반은 과거에 네덜란드령 동인도 제도의 일부였지만, 1969년부터 인도네시아의 한 주(州)로 편입되었다. 이 지역은 과거에 이리안자야로 불렸지만 인도네시아에 편입되면서 파푸아로 개명되었다. 뉴기니 섬에 대한 현장조사는 두 지역에서 거의 동등하게 행해졌다). 하지만 1931년의 뉴기니 고원지대는 전혀 변하지 않은 어제의 세계가 아니기 때문에 '어떤 점에서'라는 점을 분명히 해두고 싶다. 지난 75년 동안 고원지대에 닥친 변화들은 세계 전역의 다른 사회에서도 있었다. 그러나 대부분의 다른 지역에서 그런 변화는 더 일찍 시작되었으며, 훨씬 점진적으로 진행되었다. '점진적'이란 개념은 상대적이다. 그런 변화들이 가장 먼저 시작된 사회들의 1만 1,000년이라는 시간은 600만 년에 비교하면 지극히 짧은 시간이다. 기본적으로, 우리 인간 사회들은 최근에 들어서야 신속하게 급격한 변화를 겪었다.

왜 전통 사회를 연구해야 하는가?

왜 '전통' 사회가 우리에게 매력적으로 보이는 걸까(내가 이 책에서 사용한 '전통' 사회와 '소규모' 사회는 수십 명에서 수천 명까지 소규모 집단을 구성하며 낮은 인구밀도에서 수렵채집, 농업이나 목축으로 살아가고, 서구화된 산업 사회들과 접촉함으로써 제한적으로 변한 과거와 현재의 사회를 뜻한다. 엄격히 말하면 오늘날에도 존재하는 이런 전통 사회는 외부와의 접촉으로 인해 적어도 부분적으로는 변했기 때문에 '전통' 사회보다는 '과도기적' 사회라고 칭할 수도 있겠지만, 많은 부분에서 과거의 소규모 사회가 지녔던 특징과 사회적 풍습을 그대로 간직하고 있다. 나는 전통적인 소규모 사회와 '서구화된' 사회를 구분한다. 이 책에서 서구화된 사회는 국가 정부가 다스리는 현대화된 산업 국가를 뜻한다. 대부분의 독자가 이런 사회에서 살고 있기 때문에, 독자에게는 이런 사회가 낯설지 않을 것이다. '서구화'라고 말한 이유는, 산업혁명과 공중위생 같은 사회의 주된 특징들이 1700년대와 1800년대에 서구 유럽에서 처음 등장해서 세계 전역으로 확대되었기 때문이다)? 부분적으로는 전통 사회에 대한 인간적인 호기심 때문이다. 어떤 점에서는 무척 유사해서 충분히 이해되고, 또 어떤 점에서는 우리와 무척 달라 이해하기 힘든 사람들을 조금씩 알아가는 매력이 있다. 나는 26세이던 1964년 뉴기니에 처음 도착했을 때 그곳 사람들의 모습에 완전히 매료되었다. 겉모습도 미국인과 사뭇 달랐고, 다른 언어를 사용했으며, 옷차림도 달랐고, 행동방식도 달랐다. 그러나 그 후로 수십 년 동안, 뉴기니의 많은 지역과 이웃한 섬들을 짧게는 한 날, 길게는 다섯 달 동안씩 수십 번을 방문하는 과정에서 나는 뉴기니 사람들을 개인적으로 알게 되었고, 그 덕분에 그들을 색다른 존재로 받아들였던 지배적인 첫인상은 점점 옅어지고 공통점을 뚜렷하게 인식하게 되었다. 우리는 오랜 대화를 나누었고, 똑같은 농담에 함께 웃었으며, 어린아이와 섹스 및 음식과 스포츠를 똑같이 좋아했고, 화를 내고 겁먹고 슬픔에 잠기고 위안을 얻고 기뻐하는 것도 다를 바가 없었다. 그들의 언어들도 세계적으로 흔한 언어적 특징에서 크게 벗어나지 않는다. 예컨대 내가 처음 배운 뉴기니어(포레어)는 인도유럽어와 아무런 관계가 없어 생전 처음 듣는 어휘로만 이루어져 있지만, 포레어는 동사가 독일어처럼 복잡하게 변하고, 슬로베니아어처럼 이중 대명사를 지니며, 핀란드어처럼 후치사를 사용하고, 라틴어처럼 지시 부사('여기', '거기', '저기')가 있다.

뉴기니인을 처음 만났을 때는 색다르다는 인식이 강했지만, 그 후로 확인한 이런 모든 유사성 때문에 나는 "인간은 어디에서 살든 기본적으로 똑같다"라는 잘못된 생각까지 품게 되었다. 그렇지 않았다. 결국 나는 우리가 기본적으로 많은 점에서 똑같지 않다는 걸 깨달았다. 예컨대 뉴기니 사람들은 우리와 다른 식으로 수를 헤아리고(추상적인 숫자를 사용하지 않고 시각적인 매핑을 사용한다), 부인이나 남편을 다른 식으로 선택하며, 부모와 자식을 다른 식으로 대하며, 위험을 인식하는 방법도 다르고, 우정에 대한 개념도 다르다. 차이점과 유사점의 이런 복잡한 혼재가 외부인에게 전통 사회가 매력적으로 보이는 이유 중 하나이다.

전통 사회가 우리 관심을 끌고 중요하게 여겨지는 또 다른 이유는 조상들이 실질적으로 수만 년 동안 살아온 특징들이 그 사회에 간직돼 있기 때문이다. 전통적인 생활방식이 지금의 우리를 만들어냈다고 말해도 과언이 아니다. 수렵채집 사회에서 농경 사회로의 전환은 약 1만 1,000년 전에야 시작되었다. 금속 도구는 약 7,000년 전에야 처음 만들어졌고, 최초의 정부와 최초의 문자는 약 5,400년 전에 등장했다. 인류의 역사에서 '현대적' 조건이 득세하기 시작한 것은 불과 얼마 전이었고, 그것도 국한된 지역에서였다. 모든 인간 사회는 현대화의 혜택을 누린 시기보다 훨씬 오랫동안 전통적이었다. 지금 이 책을 읽는 독자들은 매일 야생에서 채집하고 사냥한 음식보다 농장에서 재배하고 상점에서 구입한 식품을 당연하게 여긴다. 돌과 나무와 뼈로 만든 연장보다 금속 연장을 당연하게 여기고, 국가를 운영하는 정부와 그에 관련된 법정과 경찰 및 군대도 당연하게 받아들인다. 글을 읽고 쓰는 데 사용되는 문자도 당연하게 생각한다. 그러나 이런 모든 필수품들이 상대적으로 새로운 것이고, 지금도 수십억의 인구가 여전히 부분적으로는 전통적인 방식으로 살아가고 있다.

현대 산업사회에도 전통적인 메커니즘이 작동되는 분야들이 있다. 내가 매년 여름이면 아내와 아이들과 함께 휴가를 보내는 몬태나 계곡 같은 제1세계의 시골 지역에서는 지금도 적잖은 분쟁이 법정보다 전통적인 메커니즘을 통해 해결된다. 대도시에서 암약하는 범죄조직들은 다툼을 해결하려고 경찰을 부르지 않는다. 오히려 협상과 보상, 협박과 전쟁 등과 같은 전통적인 방식을 따른다. 1950년대에 유럽의 작은 마을에서 자란 내 친구들도 어린시절이 뉴기니의 전통 마을 모습과 다르지 않았다고 말한다. 마을 사람들은 모두 서로 알았고, 누가 무엇을 하는지도 알아서 그에 대한 자기 생각을 피력했고, 대다수가 1~2킬로미터 떨어진 곳에서 태어난 사람과 결혼했고, 세계진쟁에 파병된 젊은 남자들을 제외하고는 거의 모두가 마을의 안팎에서 평생을 살았으며, 마을 내에서 일어난 분쟁은 어차피 평생을 지근거리에서 살아야 할 사람들이었기 때문에 관계를 회복하고 다시 유지할 수 있는 방식으로 해결되어야 했다. 다시 말하면, 어제의 세계가 지워지고 오늘의 새로운 세계로 대체되지 않았다. 어제의 대부분이 아직도 우리 곁에 남아 있다. 어제의 세계를 이해해야 하는 또 다른 이유가 바로 여기에 있다.

뒤에서 다시 보겠지만, 전통 사회는 대다수의 문화적인 풍습에서 현대 산업사회보다 훨씬 다채롭다. 이런 다양성이란 스펙트럼에서, 현대 사회의 많은 문화적 규범이 전통적 규범에서 훌쩍 벗어나 극단으로 치우치는 경향을 띤다. 예컨대 현대 산업사회와 비교할 때, 노인을 훨씬 잔혹하게 대하는 전통 사회가 있는 반면에 노인들에게 훨씬 쾌적한 삶을 제공하는 전통 사회가 있다. 현대 산업사회는 후자보다 전자에 가까운 극단적 성격을 띤다. 현대 심리학자들은 인간의 다양성을 완전히 파악하지 않고 한정되고 비전형적인 부분에 대한 연구만을 근거로 인간 본성을 일반화한다. 가령 2008년에 발간된 유수한 심리학 학술지들에서 무작위로 추출한 논문들이 다룬 피험자의 96퍼센트가 서구 산업사회에 속한 사람들(북아메리카, 유럽, 오스트레일리아, 뉴질랜드, 이스라엘)이었고, 68퍼센트가 미국인이었다. 또한 80퍼센트가 심리학을 공부하는 대학생이었다. 대학생이 그 사회를 대표하는 집단이라 할 수 있는가. 여하튼 사회과학자 조지프 헨리히(Joseph Henrich), 스티븐 하이네(Steven Heine), 아라 노렌자얀(Ara Norenzayan)이 말하듯이, 인간 심리에 대해 우리가 알고 있는 것은 WEIRD(western, educated, industrialized, rich, and democratic)한 사회에 속한 피험자를 주로 연구한 결과에 불과하다. 게다가 대부분의 피험자가 세계 문화의 다양성이란 기준에도 크게 어긋난다. 연구 범위를 세계 전역으로 크게 넓혀 추출한 문화적 현상들에 대한 많은 연구에서 그들은 국외자로 판명 났기 때문이다. 표본을 추출하는 현상들에는 시각적 인식, 공정성과 협동, 징계, 생물학적 추론, 공간적 방향, 분석적인 추론과 전체론적인 추론, 윤리적인 추론, 관습에 따르는 동기, 의사결정, 자아인식 등이 포함된다. 따라서 인간 본성에 대해 일반화하려면 연구 범위를 지금처럼 WEIRD한 피험자(미국 대학교 심리학과 재학생)에 국한하지 않고 전통 사회까지 크게 넓혀야 한다.

사회과학자들이 학문적인 관심에서 전통 사회를 연구하며 거기에서 결론을 끌어내더라도, 우리는 현실적인 관점에서 흥미로운 점들을 얼마든지 배울 수 있다. 전통 사회는 인간 사회를 구성하는 방법에 대한 자연 상태의 실험장이라 할 수 있다. 전통 사회는 인간의 문제를 해결하기 위한 수천 가지 방법을 생각해냈고, 그 방법들은 WEIRD한 현대 사회가 채택한 해결책들과 사뭇 다르다. 그들의 해결책——예컨대 전통 사회가 아이들을 키우고 노인들을 대하는 방법, 건강을 유지하고 대화를 나누며 여가 시간을 활용하고 분쟁을 해결하는 방법——이 제1세계에서 흔히 사용되는 방법보다 낫다고 내가 생각했듯이, 독자들도 그들의 해결책에서 깊은 인상을 받을 것이다. 우리가 그런 전통적인 관습을 선별적으로 받아들인다면 상당한 이득을 기대할 수 있다. 이미 적잖은 사람이 전통적인 관습을 받아들여 건강하고 행복한 삶을 누리고 있다. 어떤 점에서 우리 현대인은 부적응자이다. 우리 몸과 관습이 진화를 겪으면서 적응한 환경과 다른 환경에 지금 직면하고 있기 때문이다.

그러나 과거를 낭만적으로 생각하고 단순했던 시대를 열망하며 지금과는 정반대인 극단으로 치달아서는 안 된다. 우리가 애지중지 보존하지 않고 과감히 버려 다행이라고 할 만한 전통적인 관습들도 많다. 영아살해, 노인의 살해나 고려장, 주기적으로 굶주림과 싸워야 했던 삶, 환경훼

손과 전염병, 자식이 죽어가는 걸 속수무책으로 지켜보고 다른 부족에게 공격받을지도 모른다는 두려움에 시달리며 살아야 했던 삶이 대표적인 예이다. 전통 사회는 우리에게 지금보다 더 나은 삶의 방식을 제시하기도 하지만, 우리가 당연시하는 지금 사회의 이점에 고맙게 생각할 기회를 제시하기도 한다.

국가의 탄생 조직의 구성에서 전통 사회는 국가 통치 하의 사회보다 더 다양하다. 여기서 말하는 '국가'는 중앙집권화된 관료 정부를 지닌 사회이다. 전통 사회의 별로 알려지지 않은 특징을 이해하기 위한 출발점으로, 지금 우리가 살고 있는 국민국가의 특징부터 살펴보자.

대부분의 현대 국가는 인구가 수십만 혹은 수백만에 이르고, 세계에서 인구가 가장 많은 두 국가인 인도와 중국의 경우에는 10억이 넘는다. 가장 작은 국가로 손꼽히는 나우루, 투발루 같은 태평양 섬나라들의 인구도 1만 명이 넘는다(인구가 고작 1,000명에 불과한 바티칸시국도 국가로 분류되지만, 로마 시 안에 있는 작은 도시 국가로 모든 생필품을 로마에서 수입한다). 과거에도 인구가 수만에서 수백만에 이르는 국가들이 있었다. 이런 대규모 인구는 국가가 어떻게 자급자족해야 하고 어떻게 조직되어야 하며 어떤 이유에서 존재하는지 말해주기에 충분하다. 모든 국가는 사냥과 채집이란 방법보다는 농업과 목축이란 식량 생산 방법을 통해서 국민을 먹여 살린다. 예컨대 1에이커의 숲에 우연히 존재하는 야생동물과 식물(대부분 먹을 수 있는 식물)을 사냥하고 채집하는 방법보다, 1에이커의 초원이나 밭에 우리에게 유용한 식물과 동물을 재배하고 기르면 훨씬 많은 식량을 얻을 수 있다. 이 이유만으로도 수렵채집 사회는 국가 정부를 유지하는 데 필요한 많은 인구를 먹여 살릴 수 없었다. 어떤 국가에서나 일부의 국민만이 식량을 생산한다. 기계화 영농법을 사용하는 현대 사회에서는 인구의 2퍼센트가 식량생산에 종사한다. 나머지 국민은 관리, 제조, 무역 등 다른 일에 종사하며 자체로 식량을 생산하지 않고, 농부들이 생산해서 소비하고 남은 식량에 의존한다.

국가의 경우에는 인구가 많기 때문에 대부분의 국민이 서로에게 낯선 사람이다. 투발루의 경우에도 약 1만 명의 시민이 서로 안다는 것은 불가능하다. 인구가 14억 명에 이르는 중국의 경우에는 그런 가능성이 더더욱 불가능하다. 따라서 국가에는 낯선 사람들 사이에서 필연적으로 발생하는 충돌이 싸움으로 발전하는 걸 억제하기 위한 경찰과 법 및 도덕률이 필요하다. 그러나 모두가 서로 잘 아는 작은 사회에서는 경찰과 법과 도덕률이 필요하지 않다.

한 사회의 인구가 1만 명을 넘어서면, 모든 구성원이 한자리에 앉아 얼굴을 마주보며 흉금을 터놓고 토론해서 결정을 내리고 그 결정을 집행하고 관리하는 것이 불가능하다. 인구가 많은 사회는 구성원 전체를 내신해서 결정을 내리는 지도자와 그 결정을 집행하는 행정관 및 그 결정과 관련법을 관리하는 관료들이 없으면 제대로 운영되지 않는다. 무정부주의자인 독자들, 즉 정부의 간섭을 받지 않고 사는 꿈을 꾸는 독자들에게는 유감이겠지만, 그 꿈이 비현실적이라고 말하는 이유가 바로 여기에 있다. 그 꿈대로 살고 싶다면, 당신을 기꺼이 받아들이고, 누구도 이방인이 아니며, 왕도 지도자도 관료도 필요 없는 지극히 작은 부족이나 무리를 찾아야 할 것이다.

뒤에서 곧 보겠지만, 다목적 관료가 필요할 정도로 인구가 많았던 전통 사회가 있기는 했다. 하지만 국가는 인구가 훨씬 많기 때문에 수직적으로나 수평적으로 특화된 전문 관료들이 필요하다. 우리는 그런 관료들을 짜증스럽게 생각하지만, 안타깝게도 관료는 국가 운영을 위해 반드시 필요하다. 국가에는 법도 많고 시민들도 많아 한 가지 유형의 관료로는 왕의 모든 법을 운영할 수 없다. 따라서 세금 징수원, 자동차 검사원, 경찰, 판사, 식당 위생 검사관 등이 따로 있어야 한다. 그래도 하나의 국가기관에는 한 가지 유형의 관료만이 있고, 그 기관에 해당되는 유형의 관리들이 계급에 따라 계층적으로 구분돼 있다는 사실에 우리는 익숙하다. 예컨대 미국 국세청에는 국민의 소득신고를 실질적으로 감사하는 직원, 그 직원의 감사 결과에 불복하며 이의를 제기하는 감독관 밑에서 일하는 직원, 지방 국세청장 밑에서 일하는 직원, 주 국세청장 밑에서 일하는 직원, 미국 전체의 내국세 수입을 총괄하는 국세청장 밑에서 일하는 직원이 있다(실제로는 이보다 훨씬 복잡하지만 간단한 설명을 위해서 몇 단계를 생략했다).

프란츠 카프카는 소설 《성》에서, 카프카 자신이 속했던 합스부르크 제국의 실질적인 관료제도에 영감을 받아 상상의 관료제도를 그려냈다. 주인공이 성으로 상징화된 관료제도 앞에서 겪는 좌절감을 풀어낸 카프카의 설명을 읽다가 잠들면 악몽에 시달릴 것이 거의 확실하다. 게다가 실제의 관료제도 앞에서 불만과 좌절감을 경험하지 않은 현대인은 한 명도 없다. 하지만 관료제도는 국가 정부 하에서 살아가기 위해서 우리가 감당해야 할 대가이다. 최소한 관료도 없이 국가를 운영할 수 있는 방법을 찾아낸 유토피아는 지금까지 없었다.

　누구도 부인할 수 없는 국가의 또 다른 특징이라면, 가장 평등하다는 스칸디나비아의 민주국가들에서도 시민들은 정치·경제적으로나 사회적으로 불평등하다는 것이다. 어떤 국가에나 명령을 내리고 법을 만드는 소수의 정치 지도자가 있고, 다수의 대중은 그 명령과 법을 따라야 한다. 또 국민들은 저마다 경제적 역할(농부, 관리인, 변호사, 정치인, 점원 등)이 다르고, 역할에 따라 임금도 다르다. 게다가 상대적으로 높은 사회적 지위를 향유하는 사람들이 있기 마련이다. 이런 불평등을 최소화하려는 이상적인 노력들—예컨대 카를 마르크스의 공산주의 이상, "각자 능력에 따라 일하고, 필요에 따라 분배를 받는다"—은 한결같이 실패하고 말았다.

　식량생산이 있기 전까지 국가가 존재할 수 없었다. 식량생산은 기원전 9000년에야 시작되었지만, 식량생산이 수천 년을 이어지며 인구가 많아져서 정부가 필요하게 될 때까지도 국가는 존재하지 않았다. 최초의 국가는 기원전 3400년 경 비옥한 초승달 지역에서 탄생했다. 그 후로 중국과 멕시코, 안데스 지역과 마다가스카르에서 국가가 형성되었고, 다시 수천 년 동안 다른 지역에서도 국가가 형성되고, 마침내 남극을 제외한 지구 전역이 국가로 분할되어 오늘날과 같은 세계 지도가 완성되었다. 지금은 남극까지도 일곱 국가가 갈기갈기 찢어내며 자기네 영토라고 주장하는 실정이다.

전통 사회의 유형들 따라서 기원전 3400년 전에는 어디에도 국가가 없었다. 얼마 전까지, 상대적으로 단순한 전통적인 정치 시스템으로 운영되었지만 국가라 할 수 없는 넓은 지역들이 있었다. 우리에게 익숙한 국가 사회와 전통 사회의 차이를 살펴보는 것이 이 책의 목적이다. 다양한 형태의 전통 사회들을 어떻게 분류하고 정의해야 할까?

모든 인간 사회가 저마다 독특하지만, 문화적인 패턴이 있어 그런대로 일반화를 시도해볼 수 있다. 적어도 네 가지 부분―인구 규모, 생존 방법, 정치의 집중화, 사회의 계층화―에서 일정한 상관관계가 찾아진다. 인구 규모와 인구밀도가 높아지면 식량을 비롯한 생필품의 획득이 증대되는 경향을 띤다. 다시 말하면, 수렵채집에 의존하는 소규모 유목민보다 마을을 형성하고 살아가는 자급농이 단위 면적당 더 많은 식량을 획득한다. 또한 인구밀도가 높은 지역의 관개수로를 이용한 집약적 농법을 이용하거나, 현대 국가의 기계화 농법을 이용하면 단위 면적당 생산량이 훨씬 더 높아진다. 정치적 의사결정도 점점 집중화된다. 따라서 소규모 유목집단처럼 구성원 모두가 참석하는 토론으로 결정하던 방식에서, 현대 국가처럼 정치적 계급구조에서 위쪽에 존재하는 지도자들이 결정하는 방식으로 넘어간다. 사회의 계층화도 복잡해져서, 소규모 유목집단에서는 구성원들이 상대적으로 평등하지만, 중앙집권화된 대규모 사회에서는 구성원들 간의 불평등이 존재하기 마련이다.

한 사회를 구성하는 다양한 부분들 간의 이런 상관관계가 기계적으로 적용되는 것은 아니다. 예컨대 인구 규모는 똑같아도 생산성이 더 높고, 정치권력이 집중되고, 사회의 계층화도 상대적으로 복잡한 사회가 있다.

그러나 이런 대체적인 경향의 다양성을 인정하면서도 이런 경향을 기준으로 사회의 유형들을 분류하는 명칭이 필요하다. 이런 문제는 개인들의 차이를 고려해야 하는 발달심리학자들이 부딪치는 문제와 유사하다. 모든 인간은 저마다 독특하지만, 연령대에서 확인되는 전반적인 경향이 있다. 예컨대 3세 아동은 24세의 성인과 많은 점에서 다르지 않은가. 하지만 연령은 급작스런 중단이 없는 연속체이다. 따라서 '3세 같은 아동'이 갑자기 '6세 같은 아동'으로 건너뛰지 않는다. 그런데 같은 연령의 사람들 사이에도 차이가 있다. 이런 복잡한 현상에 직면해서 발달심리학자들은 '젖먹이', '유아', '아동', '청소년', '성인' 등과 같은 분류가 불완전하다는 걸 인정하면서 그런 분류법을 채택하는 것이 여전히 유용하다고 생각한다.

  사회과학자들도 불완전하나마 간단한 분류법을 채택하는 것이 유용하다고 생각한다. 연령별 변화가 역행되는 경우는 없지만, 사회에서의 변화는 역행되는 경우가 있어 사회과학자들은 훨씬 더 복잡한 문제에 부딪친다. 예컨대 4세 아동이 3세 아동으로 되돌아갈 수는 없지만, 농업에 의존하던 마을이 심한 가뭄으로 수렵채집의 상태로 되돌아갈 수는 있다. 대부분의 발달심리학자는 '젖먹이-아동-청소년-성인'이라는 개략적인 분류를 인정하고 이름까지 붙이는 데 동의하지만, 사회과학자들은 다양한 유형의 전통 사회들을 다채롭게 분류한다. 그러나 분류 자체에 반대하는 학자들도 적지 않다. 이 책에서 나는 엘만 서비스(Elman Service)의 분류법을 받아들여 인구 규모, 정치의 집중화, 사회의 계층화를 기준으로 인간 사회를 무리, 부족, 군장사회, 국가라는 네 유형으로 분류할 것이다. 이 용어가 제시된 지 벌써 50년이 지났고, 그 이후로 다른 용어들이 제안되었지만 서비스의 용어는 단순하다는 이점이 있으며, 인간 사회의 다양성을 설명하는 데 편리하다는 걸 기억해주기 바란다. 나는 이 용어가 본문에서 사용될 때마다 각각의 사회가 다양한 성격을 띠기 때문에 이 용어가 불완전하다는 걸 구태여 반복하지 않을 생각이다.

가장 소규모인 데다 가장 단순한 유형의 사회, 즉 서비스의 분류에 따르면 '무리(band)'는 수십 명의 구성원으로 이루어지고, 대다수의 구성원이 하나 혹은 서너 확대가족에 속한다(남편과 아내, 그들의 자녀들과 부모들, 형제자매, 사촌). 유목생활을 하는 대부분의 수렵채집인이나 밭농사에 의존하는 농경인은 전통적으로 소규모 집단을 이루며 살고, 그 사회의 인구밀도는 낮다. 무리의 구성원들은 수적으로 적어서 모두가 서로 잘 알고, 집단의 의사결정은 대면 토론을 통해 이루어진다. 공식적으로는 정치적 지도자가 없고, 경제적으로 특화된 강점도 없다. 사회과학자는 이런 무리 사회가 상대적으로 평등하고 민주적이었을 거라고 설명한다. 능력이나 개성은 개인적인 차이가 있겠지만, 자원의 광범위한 공유로 조절됨으로써 '부'(여하튼 개인 재산은 있었다)와 정치권력에서 구성원들은 별다른 차이가 없다.

고고학적 증거를 근거로 과거 사회의 조직을 판단해보면 모든 인간이 적어도 수만 년 전까지 이런 무리 사회에서 살았던 것으로 추정되고, 대부분은 1만 1,000년 전까지도 여전히 무리 사회를 벗어나지 못한 듯하다. 콜럼버스가 1492년 첫 여행을 시작한 후로 유럽인들이 세계 전역으로 퍼져 나가, 아직 국가 형태를 갖추지 못한 사회에서 살아가는 비유럽인들을 만나기 시작했을 때에도 오스트레일리아와 북극권 전부 혹은 대부분, 남북아메리카와 사하라 남부 아프리카에서 생산성이 낮은 사막 지역과 숲 지대는 무리 사회의 차지였다. 이 책에서는 아프리카 칼라하리 사막의 !쿵족*, 남아메리카의 아체족과 시리오노족, 벵골만의 안다만 섬 사람들, 아프리카 적도 열대우림의 피그미족, 페루의 마치겡가족이 무리 사회로 자주 언급될 것이다. 마치겡가족을 제외하고 나머지 종족들은 모두 수렵채집인이다.

무리 사회는 더 크고 더 복잡한 유형의 사회(서비스의 분류에 따르면 부족)로 옮겨간다. 부족 사회는 수백 명의 지역 집단으로 이루어진다. 인구가 적은 편이어서 모든 구성원이 서로 잘 알고 모르는 사람이 없다. 예컨대 내가 다닌 고등학교는 학생 수가 약 200명에 불과해서, 모든 학생과 선생이 서로 이름까지 알았지만, 내 부인이 다닌 고등학교는 학생 수가 수천 명이어서 그렇지 못했다. 구성원이 수백 명인 사회는 수십 가구로 이루어진다는 뜻이고, 흔히 '씨족'이라 일컬어지는 친족 집단으로 나뉘며, 씨족은 다른 씨족을 배우자로 맞아 결혼했을 가능성이 크다. 부족은 무리보다 인구수가 많아, 좁은 지역에서 많은 사람을 먹여 살리려면 더 많은 식량이 필요하다. 따라서 부족은 농경인이거나 목축인 혹은 둘 모두인 경우가 많다. 그러나 생산성이 좋은 환경에서 살아가는 수렵채집인들이 부족을 이룬 경우도 적지 않다(일본의 아이누족, 태평양 연안 북서지역의 원주민들이 대표적인 예이다). 부족은 정착생활을 하며 밭과 목초지 혹은 어장 근처에 위치한 마을에서 대부분의 시간을 보낸다. 하지만 중앙아시아와 일부 지역의 목축 부족들은 이동 방목──세절의 변화에 따라 풀이 많이 자라는 고도로 가축들을 옮겨가는 방식──을 행한다.

그 밖의 면에서 부족은 큰 무리와 거의 비슷하다. 예컨대 구성원들이

* !쿵족의 언어 !쿵어로, 느낌표는 앞니 뒤에 혀를 대며 강하게 발음한다는 뜻.

상대적으로 평등하고, 경제가 세분화되지 않고, 정치적 지도층의 힘이 강하지도 않다. 또한 관료가 없으며, 의사결정은 여전히 대면 토론으로 이루어진다. 나는 뉴기니 마을에서 수백 명의 부족원들이 바닥에 앉아 회의하는 모습을 지켜본 적이 있었다. 그들은 각자 발언권을 얻어 자기 생각을 발표하며 결론을 찾아갔다. 일부 부족에는 '빅맨'이 있어, 약한 지도자 역할을 하지만 공인된 권위가 아니라 설득력과 인품으로 부족민을 이끈다. 3장에서 다시 보겠지만 '빅맨'의 권한은 제한적이다. 예컨대 뉴기니 다니 부족의 경우, 부족민들이 지도자 구텔루의 뜻을 좌절시키며, 구텔루와 정치적 동맹 관계에 있던 다른 부족의 대량학살을 감행하기도 했다. 부족 조직에 대한 고고학적 증거들, 예컨대 거주지 구조와 정착지의 유물로 판단하면, 부족 사회는 적어도 1만 3,000년 전에 일부 지역에서 등장한 듯하다. 최근까지도 부족 사회는 뉴기니와 아마존강 유역의 일부 지역에 존재했다. 이 책에서는 알래스카의 이누피아크족, 남아메리카의 야노마미족, 아프가니스탄의 키르기스족, 뉴브리튼의 카울롱족, 뉴기니의 다니족과 다리비족과 포레족이 부족 사회로 다루어진다.

부족 사회는 조직적으로 복잡하고 인구가 수천 명에 이르는 군장사회(chiefdom)로 옮겨간다. 군장사회는 경제가 세분화되는 초기 단계이고 인구수도 많기 때문에 식량 생산성이 높아야 한다. 또한 군장과 군장의 친척들 및 관료처럼 식량 생산에 참여하지 않는 전문가들에게 제공할 잉여 식량을 생산하고 저장하는 능력도 갖추어야 한다. 따라서 군장사회는 정착 생활을 위해 저장시설을 갖춘 마을과 촌락을 형성한다. 대체로 군장사회는 농업과 목축으로 식량생산에 집중하는 사회이지만, 생산성이 매우 높은 지역에서는 수렵채집인들이 군장사회를 이루기도 한다. 플로리다의 칼루사족, 남캘리포니아 연안지역의 추마시족이 대표적인 예이다.

구성원이 수천 명에 이르는 사회에서는 모두가 서로 잘 알고, 모두가 참여하는 대면 토론을 유지하는 게 불가능하다. 따라서 군장사회는 무리사회와 부족 사회에는 없던 두 가지 새로운 문제에 부딪친다. 첫째, 군장사회에서는 사람들이 서로 만나서 개인적으로는 모르지만 같은 사회에 속한 동료라는 걸 인정할 수 있어야 한다. 그래야 영역의 침입에 발끈해서 다툼으로 발전하는 걸 피할 수 있다. 군장사회는 공유할 만한 이데올로기와 정치적이고 종교적인 정체성을 개발한다. 대체로 이런 정체성은 군장의 신적인 지위로부터 파생된다. 둘째, 군장사회에는 공인된 지도자, 즉 군장이 존재한다. 군장은 결정을 내리고 공인된 권위를 지니며, 필요한 경우에는 사회 구성원들에게 무력을 사용할 독점적인 권한을 행사하며 구성원들 간의 다툼을 방지한다. 군장은 업무가 특화되지 않은 관리들의 도움을 받는다. 관료의 원형이라 할 수 있는 그들은 세금을 걷고 분쟁을 해결하며, 그 밖의 행정 업무를 처리한다. 달리 말하면, 세금 징수원, 판사, 식당 위생 검사관 등이 따로 없었다. (군장이 있고, 학술문헌에서는 정확히 군장사회로 표현되는 일부 전통 사회가 대중적인 글에서 '부족 사회'로 잘못 일컬어지는 경우가 많다. 북아메리카 동부의 원주민 '부족'이 대표적인 예도 실제로는 군장사회이다.)

군장사회에서 시작된 경제적 혁신은 재분배 경제라 할 수 있다. 군장사회에서는 구성원들 간의 직접 교환을 넘어섰다. 군장이 세금 형식으로 식량과 노동력을 걷어서, 군장을 보좌하는 전사들과 성직자들과 장인(匠人)들에게 재분배한다. 따라서 재분배는 새로운 구조를 뒷받침하는 데 필요한 세금제도의 원형이라 할 수 있다. 세금으로 수거한 식량의 일부는 서민들에게 되돌려진다. 군장에게는 기아로부터 서민들을 보호할 도덕적 책임이 있다. 대신 서민들은 기념물과 관개수로를 건설하는 행위에 노동력을 제공한다. 무리 사회와 부족 사회에는 없던 이런 정치적이고 경제적인 혁신이 있기도 했지만, 군장사회에서는 사회적으로 제도적인 불평등 구조가 확립되기 시작했다. 물론 일부 부족 사회에서 이미 특별한 혈통이 눈에 띄었지만, 군장사회에서는 혈통이 계급화되어 세습되었다. 군장과 그의 가족이 최상위에 있었고, 서민이나 노예가 최하 계층에 속했다. 폴리네시아 하와이의 경우, 계급이 여덟 단계로 구분되었다. 군장이 걷은 세금 덕분에, 최고위 계급에 속한 사람들은 음식과 주택에서는 물론이고 특별한 의상과 장신구로 치장하며 더 나은 삶을 누렸다.

따라서 과거의 군장사회는 고고학적으로 기념물이나, 묘지에서 부장품으로 그 존재를 확인할 수 있다. 특히 부장품에서 불평등한 사회였다는 게 극명하게 확인된다. 군장과 군장의 친척 및 관료들은 커다란 무덤에 묻혔고, 무덤에서는 터키옥 같은 사치품과 제물로 함께 묻은 말까지 발견된다. 반면에 서민들의 무덤은 작기도 하지만 장신구도 발견되지 않는다. 이런 증거를 근거로, 고고학자들은 군장사회가 지역적으로 기원전 5500년 경에 등장하기 시작했을 것이라 추정한다. 근대, 정확히 말해서 세계 전역에 국가 정부가 거의 보편적으로 등장하기 직전에도 군장사회는 폴리네시아, 사하라 남부의 아프리카에 광범위하게 퍼져 있었다. 또한 멕시코와 안데스 지역의 국가들이 지배하던 지역에서 벗어나 남아메리카와 중앙아메리카 및 북아메리카의 동부와 남서부의 풍요로운 지역에도 군장사회가 존재했다. 이 책에서는 뉴기니 지역의 마일루 섬사람들과 트로브리안드 섬사람들, 북아메리카의 칼루사족과 추마시족이 군장사회의 대표적인 예로 소개된다. 군장사회에서 국가는 기원전 3400년 이후로 등장했다. 정복과 합병으로 땅을 넓혔고, 따라서 인구가 많아지고 종족도 다양해질 수밖에 없었다. 분야별로 전문화된 관료층이 형성되고 상비군도 조직되었다. 경제의 전문화와 도시화가 가속화되었고, 다른 변화도 뒤따르면서 현대 세계를 뒤덮은 다양한 형태의 사회가 출현했다.

만약 사회과학자가 타임머신을 타고 기원전 9000년 전의 어떤 시대로 돌아간다면, 어디에서나 모두가 수렵채집인으로 근근이 살아가는 무리 사회를 발견할 수 있을 것이다. 금속 도구와 문자, 중앙집권화된 정부도 없고 경제가 전문화되지도 않은 부족 사회가 간혹 발견되기도 했을 것이다. 그 사회과학자가 다시 1400년대로 돌아간다면, 다시 말해서 유럽인들이 다른 대륙으로 뻗어나가기 시작한 때로 돌아간다면, 이번에는 오스트레일리아에서 수렵채집인만을 보았을 것이다. 그때까지 오스트레일리아의 수렵채집인들은 대부분 무리 사회에서 살았고, 일부만이 부족 사회를 형성하고 있었다. 당시 유라시아, 북아프리카, 서인도네시아의 큰 섬들, 대부분의 안데스 지역, 멕시코의 일부와 서아프리카에는 이미 국가가 형성돼 있었다. 그러나 안데스 지역을 제외한 남아메리카, 북아메리카와 뉴기니 및 북극권과 태평양 섬들에는 여전히 무리 사회와 부족 사회와 군장사회가 많았다. 오늘날에는 남극을 제외하고 세계 전역에 명목상으로는 국가가 들어서 있지만, 국가 통치가 아직도 일부 지역에서는 효과적으로 이루어지지 않는다. 20세기에 효과적인 국가 지배가 이루어지지 않는 사회가 가장 많이 존재했던 지역이 뉴기니와 아마존 유역이었다.

인구 규모, 정치 조직, 식량생산성이 무리 사회부터 국가까지 꾸준히 증가했듯이 금속 도구, 정교한 기술, 경제의 전문화, 개인들 간의 불평등도 꾸준히 증가하고 문자도 발달했다. 또한 3장과 4장 및 9장에서 차례로 살펴볼 전쟁과 종교에서도 눈에 띄는 변화가 있었다. (거듭 말하지만, 무리에서 국가로의 발전은 세계 전역에서 동시에 진행되지도 않았고, 선적인 발전이 아니어서 역행될 수도 있다.) 이런 변화, 특히 인구의 증가와 정치의 집중화, 과학기술의 발달과 무기의 개선으로 국가는 단순하고 전통적인 유형의 사회들을 정복해서 예속시키거나 노예로 삼았고, 병합하거나 쫓아냈다. 심지어 국가가 탐내던 땅에 살던 주민들을 절멸하기도 했다. 이로 인해 근대에 이르러서 무리 사회와 부족 사회는 국가가 접근하기 힘들고 대수롭지 않게 생각한 지역에만 남게 되었다(!쿵족이 사는 칼라하리 사막, 피그미족이 살아가는 아프리카 적도 열대우림, 남아메리카 원주민들에게 남겨진 아마존강 유역의 오지, 뉴기니 사람들에게 남겨진 뉴기니).

콜럼버스가 처음으로 대서양을 횡단했던 1492년 당시, 왜 사람들은 세계 각지에서 다른 유형의 사회를 구성하며 살았을까? 당시 유라시아인을 비롯한 몇몇 민족이 문자와 금속 도구를 사용하고 집약적인 농업에 종사하며 상비군을 둔 국가 정부 하에서 이미 살고 있었다. 그러나 많은 민족이 문명의 특징을 갖추지 못했고, 더구나 오스트레일리아 원주민들과 아프리카의 !쿵족과 피그미족은 기원전 9000년 경에 살았던 사람들과 많은 면에서 유사한 생활방식을 그대로 유지하고 있었다. 이런 지리적 차이를 어떻게 설명할 수 있을까?

과거에 팽배했지만 지금도 많은 사람이 믿는 이론에 따르면, 이런 지역적으로 다른 결과는 인간 지능과 생물학적 근대성과 노동 윤리의 본유적인 차이를 반영한다. 이런 믿음에 따르면, 유라시아인은 상대적으로 지능이 높고 생물학적으로 진화되었으며 근면한 반면에 오스트레일리아 원주민과 뉴기니인 및 지금도 무리 사회나 부족 사회를 벗어나지 못한 종족은 상대적으로 지능이 떨어지고 원시적이며 부지런하지도 않다. 그러나 이렇게 제시된 생물학적 차이를 뒷받침할 증거는 없다. 지금도 무리 사회와 부족 사회를 벗어나지 못한 종족은 여전히 원시적인 기술과 정치 조직에 의존하고, 근근이 배를 채우고 살아가기 때문에 생물학적으로 원시적이라 가정할 수밖에 없다는 순환적 추론만이 존재할 뿐이다.

반면에 현대 세계에 공존하는 여러 유형의 사회들에서 확인되는 차이는 환경적 차이에서 비롯된다고 설명된다. 정치권력의 집중과 사회계층의 분화는 인구밀도의 증가로 가속화되었고, 인구밀도의 증가는 식량생산(농업과 목축)의 증대로 가능했다. 그러나 극소수의 야생식물과 야생동물만이 농작물과 가축으로 길들여질 수 있다. 그 극소수의 야생종이 십여 군데의 지역에만 집중되어 있었다. 따라서 그 지역에 자리잡은 사회들은 식량생산을 증대하는 데 결정적으로 유리해서 인구가 증가하고 기술까지 발전시킬 수 있었다. 요컨대 국가로 발전하는 데 다른 지역들보다 유리한 조건이었다. 《총·균·쇠》에서 이미 말했듯이, 길들일 수 있는 소중한 야생식물과 야생동물이 분포된 '비옥한 초승달' 지역 근처에 살던 유라시아인들이 결국 세계 전역으로 퍼져 나간 반면에, !쿵족과 오스트레일리아 원주민들은 그렇게 하지 못한 이유가 이런 차이에서 설명된다. 이 책의 목적에 비추어보면, 얼마 전까지 혹은 지금도 전통 사회에 사는 사람들은, 길들일 수 있는 야생식물과 야생동물이 거의 없는 지역에서 운명적으로 살았지만 지금은 이 책을 읽는 독자들, 즉 현대인들과 생물학적으로 다를 바가 없다.

: 어떻게 전통 사회에 접근할 것인가

앞에서 우리는 전통 사회들 간의 차이에 대해 살펴보았고, 그 차이는 인구 규모와 인구밀도, 식량을 얻는 수단 및 환경의 차이와 밀접한 관계가 있다는 것도 확인했다. 전통 사회가 발전해가는 전반적인 추세는 지금도 존재하지만, 한 사회에 관련된 모든 것이 물질적인 조건으로부터 예측된다고 생각한다면 큰 잘못이다. 예컨대 세계적인 환경 변이를 기준으로 할 때 프랑스와 독일의 환경 차이는 크지 않지만, 그 차이를 고려하지 않고 프랑스인과 독일인 간의 문화적이고 정치적인 차이점에 대해 생각할 수 있겠는가.

학자들은 사회들 간의 차이를 분석할 때 다양한 방식으로 접근한다. 어떤 접근법이나 일부 사회의 부분적인 차이를 설명하는 데는 유용하지만, 다른 현상을 설명하는 데는 적합하지 않을 수도 있다. 앞에서 언급된 진화론적 접근법을 예로 들어보자. 인구 규모와 인구밀도가 다른 사회들을 구분짓고, 인구 규모와 인구밀도가 유사한 사회들이 공유하는 개략적인 특징을 찾아내는 동시에, 한 사회가 확대되거나 축소될 때 일어나는 변화를 추론하고 때로는 직접적으로 관찰하는 접근법이다. 이런 진화론적 접근법은 적응주의적 접근법과 관계가 있다. 적응주의적 접근법에 따르면, 어떤 사회든 적응력을 지닐 때 특정한 물질적인 조건, 물리적이고 사회적인 환경 및 인구 규모와 인구밀도 하에서 더 효과적으로 기능할 수 있다. 예컨대 인구가 수천 명이 넘는 사회에는 지도자를 옹립하려는 요구가 제기되고, 그런 대규모 사회는 지도자들을 먹여 살리는 데 필요한 잉여식량을 생산하는 잠재력을 갖게 된다. 이런 접근법을 받아들이는 학자는 일반화를 시도하고, 어떤 사회가 살아가는 조건과 환경을 기준으로 그 사회가 시간의 흐름에 따라 어떻게 변하는지 해석한다.

진화론적 접근법과 완전히 대척점에 있는 접근법에서는 어떤 사회든 고유한 역사를 지니기 때문에 색다른 면을 갖는다고 생각하며, 문화적 믿음과 관습을 환경적 조건에 영향을 받지 않는 독립 변수라고 해석한다. 그 사례는 실질적으로 무한에 가깝지만, 여기에서는 극단적인 사례 하나만을 소개해보자. 너무나 비극적이면서도 물질적인 조건과는 아무런 관계가 없는 사례이기 때문이다. 뉴기니 섬의 바로 동쪽에 위치한 뉴브리튼 섬의 남쪽 해안을 따라 살고 있는 수십여 소규모 종족 중 하나인 카울롱족에게는 과거에 과부를 목 졸라 죽이는 의식이 있었다. 남편이 죽으면, 과부가 된 여자는 자신의 형제들에게 자신을 죽여 달라고 요청했다. 과부는 마지못해 목 졸려 살해당하는 것도 아니었고, 사회의 구성원들에게 자살하라고 압력을 받아 목 졸려 죽는 것도 아니었다. 하지만 여자는 그런 죽음이 관습처럼 행해지는 걸 보며 자랐기 때문에, 자신이 과부가 되었을 때 그 관습을 따르며 자신의 형제들(형제가 없을 경우에는 아들)에게 자신을 목 졸라 죽이는 엄숙한 의무를 행하라고 강력하게 독촉했던 것이다.

과부를 목 졸라 죽이는 카울롱족의 관습이 그 사회에, 혹은 목 졸려 죽은 과부나 그녀 친척들의 유전자에 장기적으로 이익이었다고 주장하는 학자는 한 명도 없다. 환경학자들도 과부를 목 졸라 죽이는 관습이 뉴브리튼 섬의 북쪽 해안이나, 더 나아가 뉴브리튼 섬의 남쪽 해안에서 동쪽이나 서쪽보다 카울롱족 사회의 환경에 더 유리하다는 증거를 전혀 찾아내지 못했다. 내가 과문한 탓인지 몰라도 카울롱족의 이웃으로 동족 관계에 있는 셍셍족을 제외하면, 뉴브리튼 섬이나 뉴기니 섬에서 과부를 목 졸라 죽이는 관습이 있는 사회는 하나도 없다. 따라서 과부를 목 졸라 죽이는 카울롱족의 관습은 뉴브리튼 섬의 특정한 지역에서 미지의 이유로 독자적으로 시작된 역사적인 문화 특성이라 해석할 필요가 있다. 그러나 (뉴브리튼 섬에서 과부를 목 졸라 죽이는 관습을 행하지 않은 사회들이 카울롱족보다 우월한 위치를 차지했기 때문에) 그 문화 특성은 사회들 간의 자연선택으로 인해 궁극적으로 소멸될 수도 있었지만, 외부의 압력과 접촉으로 대략 1957년 이후 완전히 포기할 때까지 상당히 오랜 기간 동안 지속되었다. 전통 사회에 정통한 사람이라면, 어떤 사회를 특징짓지만 그 사회에 뚜렷한 이익이 되기는커녕 오히려 해가 되고 지역적 조건의 산물도 분명히 아닌 야만적인 문화 특성을 얼마든지 생각해낼 수 있을 것이다.

하지만 사회들 간의 차이를 이해하기 위한 또 다른 접근법으로는 지역적으로 널리 분포되고 시간이 흐르면서 그 지역과 별다른 관계가 없는 지역까지 확산된 문화적 믿음과 관습을 알아내는 방법이 있다. 중국과 중국에 인접한 동남아시아 지역에는 다신교와 성조언어가 보편적인 반면에, 유럽에서는 유일신교와 비성조언어가 보편적인 현상이다. 각 지역에서 종교와 언어가 어떻게 탄생하고 역사적으로 어떻게 확산되었는지에 대해서는 상당히 알려져 있다. 하지만 내가 과문한 탓이겠지만, 성조언어가 유럽에서 발달하지 않은 이유와 유일신교가 중국과 동남아시아에서 본질적으로 적합하지 않은 이유를 설득력 있게 설명한 글을 나는 아직 찾아내지 못했다. 종교와 언어 및 그 밖의 믿음과 관습은 두 방법 중 하나로 확산되는 듯하다. 하나는 사람들이 다른 지역으로 이동하면서 문화까지 전달하는 방법이다. 유럽인들이 남북아메리카와 오스트레일리아로 이주하면서 유럽 언어와 유럽식 사회를 그곳에 확립한 경우가 대표적인 예이다. 다른 하나는 다른 문화권의 믿음과 관습을 받아들이는 방법이다. 예컨대 일본인들은 서구의 의상을 받아들였고 미국인들은 일본에서 초밥 먹는 습관을 받아들였지만, 미국인 이주자들이 일본에 급속히 퍼졌던 것도 아니고 일본인 이주자들이 미국에 급속히 퍼졌던 것도 아니었다.

이 책에서 자주 제시되는 설명들에서는 개략적인 설명을 찾으려는 시도와 궁극적인 설명을 찾으려는 시도를 구분해야 한다. 이런 구분을 정확히 이해하기 위해서, 20년간 결혼생활을 했지만 이혼을 고려하며 심리치료사를 찾아간 부부를 생각해보자. 심리치료사가 "20년간 결혼생활을 하셨는데 갑자기 이혼하려는 이유가 뭡니까?"라고 묻자, 남편이 "집사람이 묵직한 유리병으로 내 얼굴을 세게 때렸기 때문입니다. 그렇게 폭력을 휘두르는 여자와는 함께 살 수 없습니다"라고 대답했다. 부인은 남편을 유리병으로 실제로 때렸다는 걸 인정하며, 그것이 결별의 '원인'(즉 개략적인 원인)이라고 말했다. 그러나 심리치료사는 행복한 부부 사이에 유리병으로 공격하는 경우가 거의 없다는 걸 알고 있기 때문에 그런 공격을 가한 이유에 대해 물었다. 부인이 대답했다. "남편의 불륜을 더는 견딜 수 없어요. 그래서 남편을 때렸던 거예요. 남편의 불륜이 우리 결별의 진짜(즉 궁극적인) 원인이에요." 남편은 불륜을 인정했다. 그러나 심리치료사는 남편에게 행복한 결혼생활을 하는 남편들과는 달리 불륜을 저지른 이유가 뭐냐고 물었다. 남편이 대답했다. "집사람은 냉정하고 이기적인 사람입니다. 나는 정상적인 사람과 사랑하고 싶었습니다. 그래서 다른 여자를 찾아다녔던 것이고, 우리가 갈라서려는 근본적인 원인은 거기에 있습니다."

장기적인 치유가 가능했다면 심리치료사는 부인이 냉정하고 이기적인 사람으로 성장한 원인을 알아내기 위해서(남편의 말이 사실이라면) 그녀의 어린시절까지 깊이 파고들었을 것이다. 하지만 위의 짤막한 이야기만으로도 대부분의 원인과 결과가 실제로는 원인들의 연쇄이며, 어떤 원인은 상대적으로 개략적인 원인이고 어떤 원인은 상대적으로 궁극적인 원인이라는 걸 보여주기에 충분하다. 이 책에서는 이런 연쇄가 자주 시도된다. 예컨대 어떤 부족의 A라는 사람이 다른 부족에 속한 B의 돼지를 훔치면, 그 사건은 부족 전쟁의 개략적인 원인일 수 있다(4장). A는 돼지를 훔친 데는 이유가 있다고 변명한다(B의 사촌이 A의 아버지에게 돼지를 사기로 계약을 맺었지만, 돼지값으로 합의한 돈을 주지 않았다). 그런데 부족 전쟁의 궁극적인 원인은 가뭄과 자원 부족과 인구과잉으로 인해 두 부족민이 먹기에 돼지가 부족해진 탓일 수 있다.

학자들이 인간 사회들 간의 차이를 이해하기 위해서 취하는 접근법들을 지금까지 대략적으로 살펴보았다. 학자들이 전통 사회에 대한 정보를 얻는 방법에 대해 말하자면, 다소 자의적인 구분이지만 네 가지 방법으로 나뉘어진다. 각 방법은 저마다 장단점이 있으며, 그 경계도 다소 불분명하다. 정보를 얻는 가장 확실한 방법은 훈련된 사회과학자나 생물학자를 전통 사회에 파견하거나 살게 해서 특정한 주제에 대한 연구를 수행하도록 하는 것이다. 이 책에 담긴 대부분의 정보는 이런 식으로 구한 것이다. 이런 접근법의 주된 한계라면, 전통 사회의 구성원들이 외부에서 침입한 질병으로 크게 줄고, 어떤 국가에게 정복당해 예속되어 양순하게 변해서 과거의 조건으로부터 크게 변화된 후에야 과학자들이 그곳에 정착할 수 있다는 점이다.

두 번째 방법은 지금도 문자가 없이 살아가는 사람들에게 구전으로 전해진 그들의 역사에 대해 묻고 그 대답을 듣는 식으로 수 세대 전의 그 사회를 재구성함으로써 전통 사회에서 최근에 일어난 변화들을 한 꺼풀씩 벗겨내는 것이다. 세 번째 방법은 현대 과학자들보다 전통 사회를 먼저 방문한 사람들이 남긴 자료를 활용해서 과거의 사회를 파악하는 방법이다. 따라서 이 접근 방법은 과학자들보다 앞서 전통 사회를 접촉한 탐험가들과 장사꾼들, 정부 순찰대원들과 선교사들이 남긴 보고서와 글을 사용할 수밖에 없다. 이런 글들은 과학자들의 글보다 덜 체계적이고 과학적으로도 덜 엄격하며 양적으로도 부족하지만, 훗날 과학자들이 현장을 방문할 때보다 덜 변화된 부족 사회를 묘사하고 있다는 장점을 지닌다. 문자 기록도 없고 글을 읽고 쓸 줄 아는 관찰자를 접촉하지도 않고 머나먼 과거의 사회에 대해 정보를 얻는 네 번째 방법은 고고학적 발굴이다. 이 방법으로는 한 문화권이 현재 세계와 접촉하기 시작해서 변하기 전의 상황을 재구성할 수 있다. 하지만 관련된 종족의 이름과 동기 등과 같은 미세한 부분들을 확인하기 어렵고, 고고학적 유물에 보존된 물리적인 증거를 근거로 사회적인 결론을 끌어내기 위해서는 많은 노력이 필요하며, 그렇게 끌어낸 결론도 불확실하다는 문제가 있다.

전통 사회에 대한 정보를 얻는 이런 다양한 방법에 대해 더 깊이 알고 싶다면, 참고문헌에서 698 - 704쪽을 참조하기 바난다.

:
**큰 주제를 다룬
작은 책**

이 책을 쓰게 된 동기는 지난 1만 1,000년 동안 세계 전역에 존재하던 인간 문화의 모든 면을 살펴보는 것이었다. 하지만 이 목적에 부합하는 책을 쓰자면 2,397쪽의 방대한 책이 될 것이고, 누구도 그처럼 방대한 책을 읽지 않을 것이다. 따라서 이런 현실적인 이유로 나는 독자들이 읽을 만한 두께로 조절하기 위해서 많은 주제와 사회 중에서 선택할 수밖에 없었다. 이를 바탕으로 독자들이 주변에서 구할 수 있는 탁월한 책들(참고문헌을 참조할 것)을 참고함으로써, 내가 다루지 않은 주제와 사회에 대해 관심을 갖기를 바란다.

총 11장으로 이루어진 이 책에서 아홉 가지의 주제를 선택해서, 우리가 전통 사회를 이해하기 위해서 사용할 수 있는 방법들을 설명했다. 특히 위험과 양육, 두 주제는 우리가 전통 사회의 관습을 개인적인 삶에 접목할 수 있는 부분으로, 내가 전통 사회에 직접 들어가 살면서 나 자신의 생활방식과 의사결정에서 가장 많은 영향을 받았던 두 부분이기도 하다. 한편 노인의 대우, 언어와 여러 언어의 사용, 건강 증진을 위한 생활방식이란 세 주제에서는 전통적인 관습이 우리 개개인에게는 의사결정을 위한 본보기를 제시하고, 사회 전체적으로는 정책을 결정하는 데 받아들일 만한 본보기를 보여준다는 걸 확인할 수 있다. 평화적인 분쟁 해결이란 주제는 개인적인 삶의 방향을 결정하는 데도 도움이 되지만, 우리 사회 전체가 지향해야 할 정책 방향을 결정하는 데 더욱 유용하다. 이 모든 주제에 관련해서 분명히 지적해두고 싶은 것은, 한 사회의 관습을 다른 사회에 채택하거나 차용하는 것이 결코 쉬운 일은 아니라는 점이다. 예컨대 당신이 어떤 전통 사회의 양육 방식에 탄복하더라도 당신 주변의 모든 부모가 현대적인 방식으로 자식을 키운다면 당신 자식만을 전통 사회의 방식대로 키우기는 무척 어렵다.

종교를 다룬 장에서 내가 내린 결론을 근거로 독자나 우리 사회가 어떤 특정 부족 종교를 신봉하게 될 거라고는 생각하지 않는다. 하지만 우리 대부분은 삶의 과정에서 종교에 관련된 의문을 해결하기 위해 나름대로 모색하는 시기를 거친다. 이런 시기에 있는 독자라면, 종교가 인류의 역사를 통틀어 다양한 사회에서 지녔던 광범위한 의미에 대해 살펴보는 것이 유익하다고 생각할 수 있다. 끝으로 전쟁을 다룬 두 장에서는 전통적인 관습을 이해하면 전통 사회에 비해 국가 정부가 우리에게 지금까지 안겨준 일부 혜택들을 올바로 평가하는 데 도움이 됨을 다루고 있다. 그렇다고 2차대전의 히로시마 폭격이나 1차대전의 참호전을 생각하며 격분하지 않기를 바란다. 국가 간의 전쟁에서 얻는 '혜택'에 대한 논의에 마음의 문을 닫지 말라는 뜻이다. 전쟁이란 주제는 생각보다 훨씬 복잡하다.

물론 주제를 이렇게 선택함으로써 인간 사회의 연구에서 중요한 부분들이 대거 빠졌다. 예술과 지식, 협력하는 자세, 요리, 춤, 남녀관계, 친족관계, 언어가 인식과 생각에 미친 영향(사피어-워프 가설), 문학, 결혼, 음악, 성풍속 등이 대표적인 예이다. 굳이 변명하자면, 이 책의 목표는 인간 사회를 포괄적으로 설명하는 게 아니며 앞에서 언급한 이유로 몇 가지 주제를 선택할 수밖에 없었다. 다른 주제들에 대해서는 다른 관점에서 접근한 훌륭한 책들을 참조하기 바란다.

어떤 사회를 선택하느냐의 문제도 마찬가지이다. 세계 전역에 존재하는 모든 소규모 전통 사회를 작은 책에 담는 것은 현실적으로 불가능하다. 따라서 나는 무리 사회와, 소규모 농업 및 수렵채집에 의존하는 부족 사회를 집중적으로 다루기로 결정했고, 군장사회와 최근에 탄생한 국가는 그다지 중요하게 다루지 않았다. 무리 사회와 부족 사회가 더 많은 점에서 현대 사회와 다르고, 우리에게 더 많은 것을 가르쳐줄 수 있기 때문이다. 나는 세계 전역에 존재하는 수십여 전통 사회들의 사례를 반복해서 언급할 것이다. 이 과정에서 독자들이 이 수십여 사회들의 미세한 부분들까지 더 완벽하게 이해하고, 한 사회의 다양한 면들이 어떻게 공존할 수 있는지, 예컨대 한 사회에서 양육과 노인, 위험과 분쟁 해결 등이 어떻게 맞물리며 진행되는지 이해할 수 있기를 바란다.

내가 뉴기니 섬과 그에 인접한 태평양 섬들의 사례를 인용하는 경우가 많다고 생각할 독자들도 있을 것이다. 내가 그 지역에서 대부분의 시간을 보내 그 지역을 가장 잘 알기 때문이기도 하지만, 뉴기니가 인간 문화의 다양성을 실질적으로 가장 다채롭게 보여주기 때문이기도 하다. 세계 전역에 존재하는 7,000여 개의 언어 중 약 1,000개 언어의 고향이 뉴기니와 그 부근 섬들이다. 게다가 현재에도 국가 정부의 통제 하에 있지 않거나, 비교적 최근에야 국가 정부의 영향을 받기 시작한 사회가 가장 많이 존재하는 지역이기도 하다. 이 지역 사람들은 수렵채집, 연안지대의 수산물이나 저지대의 사고(사고야자에서 채취한 녹말—옮긴이)에 의존하는 정주형 생활부터, 수십 명에서 20만 명까지 다양한 형태로 집단을 이룬 고지대의 농경 생활까지 전통적인 생활방식을 고수하고 있다. 하지만 나는 인간이 거주하는 모든 대륙에 존재하는 사회들에 대한 다른 학자들의 관찰도 광범위하게 인용할 것이다.

독자들이 책값과 책의 두께에 지레 겁먹고 이 책을 읽는 걸 포기하지 않도록 나는 본문에서 언급한 개인적인 주장에 대한 주석과 관련 문헌을 생략했다. 하지만 각 주제에 대해 더 많이 알고 싶은 독자를 위하여 참고문헌을 장별로 정리하여 소개했다. 참고문헌 자체도 대부분의 독자가 원하는 수준보다 훨씬 길지만 각 장에 대한 완전한 서지목록은 아니다. 각 장의 주제를 집중적으로 다룬 문헌들을 독자에게 알려주는 최근의 저작들과, 독자들이 재밌게 읽을 수 있는 고전적인 문헌을 소개하는 데 그쳤다.

이 책의 구성 이 책은 5부 11장으로 구성되고 에필로그가 더해졌다. 1부는 1장으로만 이루어지며, 전통 사회가 어떻게 공간을 분할하는지 설명함으로써 뒤에서 다루어지는 주제들의 기초적인 발판을 놓는다. 다시 말해서 현대 국가들처럼 상호배타적인 영토를 구분짓는 명확한 경계선을 정하는지 아니면 이웃한 집단들이 특정한 목적을 위해서 상대 지역을 사용하는 권리를 서로 인정하는 다소 유동적인 협의에 의해서 경계가 결정되는지에 대해서 살펴볼 것이다. 그러나 누구도 어디든지 자유롭게 여행할 수는 없다. 따라서 전통 사회 구성원들은 다른 집단의 구성원들을 세 유형으로 나누는 경향을 띤다. 첫째는 친구로 생각하는 기존에 알고 있는 사람들, 둘째는 적으로 여기는 기존에 알고 있는 사람들, 셋째는 적으로 생각해야 하는 미지의 낯선 사람들이다. 그 결과로, 전통 사회 구성원들은 자신의 영역에서 멀리 떨어진 외부 세계에 대해 거의 알지 못한다.

2부는 2~4장으로 이루어지며 분쟁 해결을 집중적으로 다룬다. 중앙 집권화된 국가 정부와 사법제도가 없기 때문에 소규모 전통 사회들은 두 방법 중 하나로 분쟁을 해결한다. 국가 형태를 띤 사회의 분쟁 해결 방법에 비하여, 하나는 더 타협적이고, 다른 하나는 더 폭력적이다. 2장에서는 뉴기니에서 한 아이가 사고로 살해당한 사건을 통해 평화적인 분쟁 해결의 사례가 소개된다. 이 사건에서 아이의 부모와 살인자의 동료들은 며칠만에 보상 합의를 끌어내고 감정적인 화해에 도달했다. 이런 전통적인 사회의 보상 과정은 잘잘못을 따지기보다는 그 후로도 작은 사회에서 평생 얼굴을 마주치며 살아야 할 구성원들 간의 관계를 회복하는 데 목적이 있다. 나는 전통 사회의 이런 평화적인 분쟁 해결 방법과 국가 사회의 법 운용 방법을 비교해보았다. 국가 사회에서는 분쟁 해결 과정이 느린 데다 적대적이며, 당사자들이 그 후로도 만날 가능성이 거의 없는 서로 모르는 사람인 경우가 많다. 따라서 분쟁 해결 과정이 관계의 회복보다 잘잘못을 따지는 데 집중되기 마련이다. 또한 국가의 이해관계가 피해자의 이해관계와 반드시 일치하지도 않는다. 국가의 존립을 위해서 사법제도가 반드시 필요하지만, 전통 사회의 평화적인 분쟁 해결에서 눈에 띄는 특징들은 국가의 사법제도에 유익한 방향으로 도입해도 괜찮을 듯하다.

소규모 사회에서 분쟁이 당사자 간에 평화적으로 해결되지 않으면, 폭력이나 전쟁이 치닫는다. 중간에서 중재할 사법제도가 없기 때문이다. 강력한 정치 지도자가 없거나, 폭력을 사용할 권한이 국가에 독점되지 않은 경우, 폭력은 복수극이란 악순환으로 발전하기 십상이다. 3장에서 나는 뉴기니 서부 고원지대의 다니족 간에 벌어진 작은 전쟁을 소개함으로써 전통적인 전쟁을 간략하게 설명했다. 4장에서는 세계 전역에서 일어난 전통적인 전쟁에 대해 살펴보며 그 전쟁이 정말로 전쟁으로 규정할 만한 것인지 따져보고, 사망자가 비교적 많았던 이유까지 추적해보려 한다. 또한 전통적인 전쟁이 국가 간의 전쟁과 어떤 면에서 다르고, 전쟁이 특정 집단에서 상대적으로 빈발하는 이유를 살펴볼 것이다.

5장과 6장으로 구성되는 3부에서는 인간의 생명주기에서 양극단에 위치한 어린시절(5장)과 노년(6장)이 차례로 다루어진다. 전통 사회의 양육 방식은 대부분의 국가 사회에서 용납되는 수준보다 억압적인 관습을 지닌 사회부터 다소 방임적인 관습을 지닌 사회까지 무척 다양하다. 하지만 전통 사회의 양육법을 조사한 자료들에서 자주 언급되는 관습들이 있다. 독자들은 어떤 방법에는 감탄을 금하지 못하겠지만, 어떤 방법에서는 등골이 오싹할 정도로 공포감을 느낄 것이다. 여하튼 감탄을 자아내는 방법들을 현재의 양육 방식에 도입할 가능성에 대해서도 아울러 살펴볼 것이다.

노인의 대우(6장)에 대해 살펴보면, 일부 전통 사회, 특히 유목 사회 혹은 가혹한 환경에서 살아가는 사회는 노인을 등한시하거나 버리고, 심지어 죽이기도 한다. 반면에 서구화된 시회보다 노인에게 더 만족스럽고 생산적 삶을 제공하는 전통 사회도 있다. 이런 차이의 뒤에는 환경적인 조건, 노인의 효용성과 힘, 해당 사회의 가치관과 관습 등과 같은 요인들이 감추어져 있다. 현내 사회에서는 수명이 크게 늘어나면서 외형적으로는 노인의 효용성이 줄어든 탓에 비극적인 현상이 닥칠 가능성이 커졌다. 따라서 노인에게 만족스럽고 유익한 삶을 제공하던 전통 사회의 교훈을 받아들이면 현재의 상황을 개선할 수 있으리라 생각된다.

4부는 7장과 8장으로 이루어지고, 여기에서는 위험과 그에 대한 반응이 다루어진다. 7장에서는 내가 뉴기니에서 실제로 겪고 가까스로 살아남은 세 가지 위험한 경험이 소개되고, 아울러 전통 사회의 구성원들에게는 일반적인 마음가짐으로부터 내가 배운 교훈까지 덧붙여진다. 나는 그들의 마음가짐에 경의를 표하며 '건설적인 편집증'이란 이름까지 붙여주었다. 위험도는 낮지만 우리 삶에서 수없이 반복되어 일어나고, 무시하면 결국에는 큰 손해를 안겨주거나 치명적이 될 수 있는 작은 사건이나 징후의 중요성을 강조하려는 뜻에서 나는 이런 모순되는 표현을 선택했다. '사고'는 임의적으로 혹은 운이 없어 일어나는 것만이 아니다. 전통 사회에서는 모든 사건에는 이유가 있다고 생각한다. 따라서 우리는 가능한 이유를 찾아 정신을 바짝 차려야 하고, 항상 조심해야 한다. 8장에서는 전통적인 삶에 내재한 위험의 유형들이 설명되고, 그 위험들에 반응하는 사람들의 다양한 모습이 소개된다. 그리고 위험에 대한 인간의 인식과 반응은 여러 점에서 비이성적이란 게 밝혀진다.

   마지막 5부에서는 인간의 삶에서 중요한 위치를 차지하며, 현시대에 들어 급속히 변하는 세 가지 주제인 종교, 언어의 다양성, 건강이 차례로 다루어진다(9~11장). 인간만의 독특한 현상인 종교를 다룬 9장은 위험을 다룬 7~8장과 관계가 있다. 위험의 원인에 대한 집요한 탐구가 종교의 기원으로 발전할 수 있기 때문이다. 거의 모든 인간 사회에 종교가 존재한다는 사실에서, 종교의 주장이 맞느냐 맞지 않느냐에 상관없이 종교가 인간 사회에서 중요한 역할을 한다고 짐작할 수 있다. 그러나 인간 사회가 발전함에 따라 종교의 상대적 중요성이 변했고, 그에 따라 종교는 인간 사회에서 다양한 역할을 한다. 따라서 다가오는 미래에는 종교의 어떤 기능이 가장 뚜렷하게 대두될 것인지 추측해보는 것도 흥미로운 작업이다.

언어(10장)는 종교와 마찬가지로 인간만의 전유물이다. 또한 언어가 인간과 동물을 구분짓는 가장 중요한 속성으로 여겨지는 것도 사실이다. 대부분의 소규모 수렵채집인 사회에서 언어 사용자의 중앙값은 수백 명에서 수천 명에 불과하지만, 그런 사회의 구성원들은 대체로 여러 언어를 사용한다. 요즘 미국인들은 어린아이의 언어습득과 이민자의 동화를 방해한다는 이유로 다언어 사용을 바람직하지 않은 현상으로 생각한다. 하지만 최근의 연구에 따르면, 여러 언어를 사용하는 사람은 오랫동안 인지 능력을 유지하는 것으로 밝혀졌다. 하지만 언어들이 지금 급속히 사라지고 있어, 현재의 추세가 계속된다면 한 세기가 지나기 전에 세계 언어의 95퍼센트가 완전히 소멸되거나 빈사 상태에 빠질 것이라 추정된다. 이런 부인할 수 없는 현상에서 비롯된 결과는 다언어 사용의 결과만큼이나 논란이 많다. 대다수가 널리 사용되는 소수의 언어로 축소된 세계를 환영하는 반면에, 언어의 다양성이 개인에게나 사회에게나 유리하다고 지적하는 학자들도 적지 않다.

마지막 장(11장)에서도 오늘날의 우리와 가장 직접적으로 관련된 관습 중 하나가 다루어진다. 현대 국가에서 살아가는 우리는 비전염성 질병인 당뇨병, 고혈압, 뇌졸중, 심장마비, 암 등으로 죽어간다. 이런 질병들은 전통 사회 구성원들에게는 무척 드물었거나 전혀 존재하지 않았지만, 서구화된 생활방식을 받아들이고 10~20년이 지난 후부터 나타나기 시작했다. 서구화된 생활방식에서 어떤 부분이 이런 질병을 야기하는 것임에 분명하다. 따라서 우리가 이런 위험 요인들을 최소화한다면, 우리를 죽음으로 몰아가는 이런 흔한 질병들로 죽는 위험을 크게 줄일 수 있다. 나는 고혈압과 제2형 당뇨병이란 두 가지 사례로 이런 암울한 현실을 보여줄 생각이다. 두 질병은 전통적인 생활방식에서는 인간에게 이로웠지만 서구화된 생활방식을 택한 후에 파괴적으로 변한 유전자와 관계가 있다. 많은 현대인이 이런 점을 인식해서 생활방식에 변화를 주었고, 그 결과로 수명을 연장하고 삶의 질을 개선하는 효과를 거두었다. 따라서 이런 질병들로 인한 죽음은 우리가 자초한 결과인 셈이다.

끝으로 에필로그에서는 내가 프롤로그를 시작했던 포트모르즈비 공항을 떠나 로스앤젤레스로 향한다. 나는 로스앤젤레스 공항에 도착한 후에야 미국 사회에 다시 감정적으로 젖어들었다. 뉴기니에서 수개월을 보낸 후에 다시 돌아온 고향이었다. 로스앤젤레스와 뉴기니 정글은 확연히 다르지만, 어제까지의 세계는 적잖게 우리 몸과 우리 사회에서 계속 존재한다. 급격한 변화는 겨우 1만 1,000년 전에야 시작되었고, 뉴기니에서 가장 많은 사람이 사는 지역에서도 변화는 수십 년 전에야 시작되었다. 게다가 뉴기니와 아마존 유역에서 아직 서구 문화와 접촉하지 않은 극소수 지역에서는 변화가 시작조차 되지 않았다. 그러나 현대 국가 사회에서 성장한 우리에게는 현대화된 삶의 방식이 구석구석까지 스며들어 당연하게 여겨지기 때문에, 전통 사회를 잠깐 방문해서는 그 사회의 근본적인 차이를 찾아내기가 쉽지 않다. 따라서 에필로그는 내가 로스앤젤레스 공항에 도착하자마자 머릿속에 떠오른 차이들을 열거하는 것으로 시작된다. 전통 사회에서 성장한 후에 10대의 나이나 성인이 되어 서구 사회로 이주한 뉴기니와 아프리카의 마을 사람들이 머릿속에 떠올린 차이들과 다르지 않다. 나는 이 책을 그런 친구, 메그 테일러에게 헌정했다.

그녀는 파푸아뉴기니의 고원지대에서 성장한 후에 조국을 대표한 대사로서, 또 세계은행그룹의 부행장으로 미국에서 오랜 시간을 보냈다. 그녀의 경험은 뒤에 간략하게 소개된다.

전통 사회는 인간의 삶을 체계화하기 위해서 수만 년 동안 지속된 자연적인 실험들이 집약된 공간이다. 이제 와서 수천 곳의 사회를 재설계해서 수십 년을 기다린 후에 그 결과를 관찰하는 식으로 그 실험을 되풀이할 수는 없다. 우리는 이미 그런 실험을 시도한 사회들로부터 배워야 한다. 전통적인 삶의 특징들에 대해 배울 때 우리는 어떤 특징들을 떨쳐낸 것에 안도감을 느끼며 우리 사회를 더 고맙게 생각하게 될 것이다. 반면에 우리가 부러워할 만한 특징들을 찾아내면, 그 특징들을 상실한 것을 아쉬워하며, 선별적으로 받아들이거나 우리에게 맞게 개조하는 방향을 생각해볼 수 있다. 예컨대 서구화된 생활방식과 관련된 비전염성 질병들이 전통 사회에는 거의 없다는 사실은 한없이 부럽기만 하다. 또한 전통 사회의 분쟁 해결 방법과 양육 방법, 노인의 대우, 위험에 대한 경각심, 일반적인 다언어 사용 능력 등에 대해 알게 되면 그런 특징들을 우리 사회에 접목하는 것이 바람직하다는 결론을 어렵지 않게 내릴 것이다.

다른 사회의 사람들이 삶을 꾸려간 다양한 방법들을 연구하며 내가 느낀 감흥을 독자 여러분도 공유할 수 있기를 바란다. 더 나아가서는 감흥의 정도를 넘어, 그들에게 주효한 방법들이 여러분 개개인에게만이 아니라 우리 사회 전체에게도 주효할 거라는 확신을 얻을 수 있을 것이다.

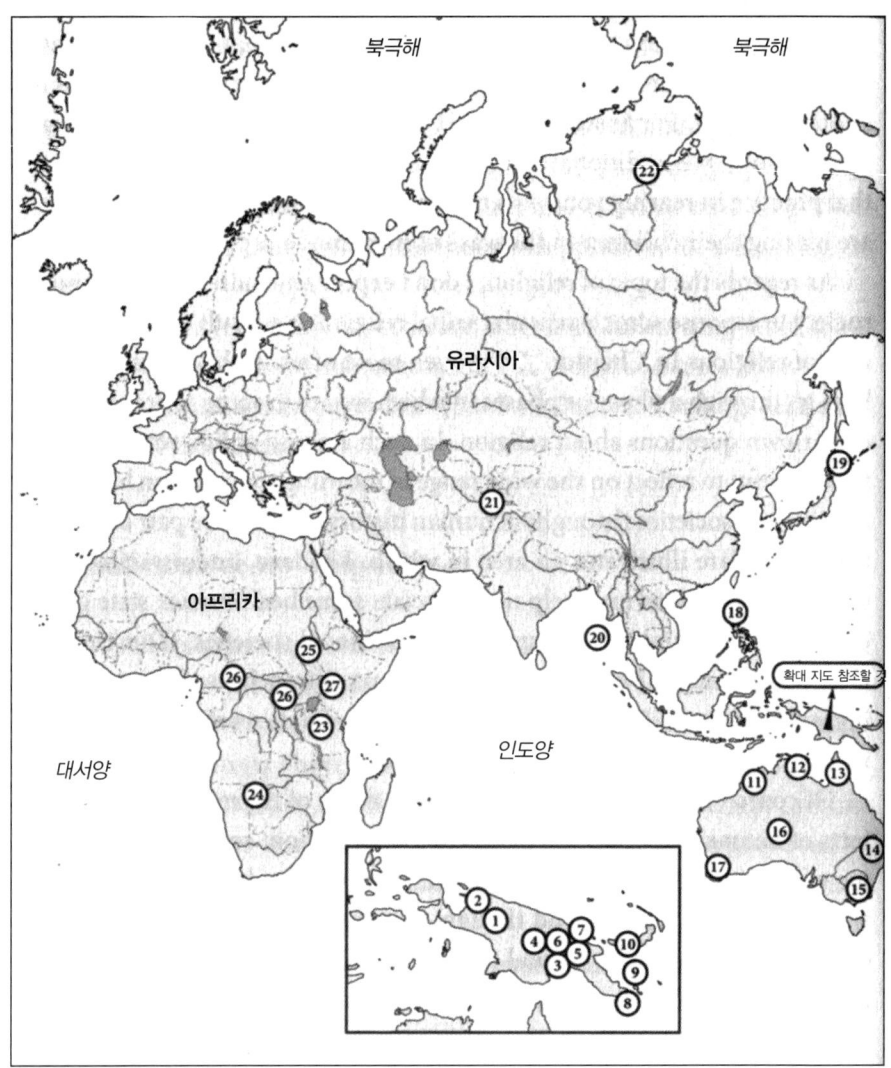

그림 1_ 이 책에서 자주 언급되는 39개 전통 사회의 위치

뉴기니와 인근 섬들. 1=다니족, 2=파유족, 3=다리비족, 4=엥가족, 5=포레족, 6=쳄바가 마링족, 7=히니혼족, 8=마일루 섬사람들, 9=트로브리안드 섬사람들, 10=카울롱족

오스트레일리아. 11=응가린인족, 12=욜유족, 13=샌드비치족, 14=유와알리야아이족, 15=쿠나이족, 16=피짠짜라족, 17=위일족과 미농족

유라시아. 18=이그타족, 19=아이누족, 20=안다만 섬사람들, 21=키르기스족, 22=응가나산족

아프리카. 23=하즈다족, 24=!쿵족, 25=누에르족, 26=아프리카 피그미족(혹은 음부티, 아카 피그미족), 27=투르카나족

북아메리카. 28=칼루사족, 29=몬토 추마시족, 30=섬 추마시족, 31=이누피아크족, 32=알래스카 노스슬로프의 이누이트족, 33=그레이트 베이슨의 쇼쇼니족, 34=북서해안의 원주민들
남아메리카. 35=아체족, 36=마치겡가족, 37=피라항족, 38=시리오노족, 39=야노마미족

Jared Diamond

THE WORLD UNTIL YESTERDAY

친구와 적

1

1
공간과 경계, 이방인과 장사꾼

경계선 - 상호배타적인 영역 - 비배타적인 땅의 사용 - 친구와 적과 이방인 - 첫 접촉 - 무역과 장사꾼 - 시장경제 - 전통적인 거래 형태 - 전통적인 거래 품목 - 누가 무엇을 거래하는가? - 초소형 국가들

:

경계선   오늘날에는 많은 나라의 시민들이 세계 대부분의 지역을 자유롭게 여행할 수 있다. 또 자국 내에서 여행할 때는 어떤 제약도 없다. 국경을 넘어 다른 나라로 들어갈 때도 예고 없이 들어가서 여권을 보여주면 그만이다. 물론 미리 비자를 받아야만 하는 나라도 있지만, 비자를 받으면 그 나라에서 아무런 제약을 받지 않고 여행할 수 있다. 도로를 따라 여행하거나 공유지를 여행하기 위해서 미리 허락을 구할 필요도 없다. 심지어 일부 국가에서는 사유지에 들어가는 것도 법으로 보장한다. 예컨대 스웨덴에서 땅주인은 남들이 자기 밭과 정원에 들어오는 것은 거부할 수 있지만 개인 소유의 숲에 들어가는 것은 거부할 수 없다. 우리는 매일 수많은 낯선 사람을 만나며, 그것을 아무렇지도 않게 생각

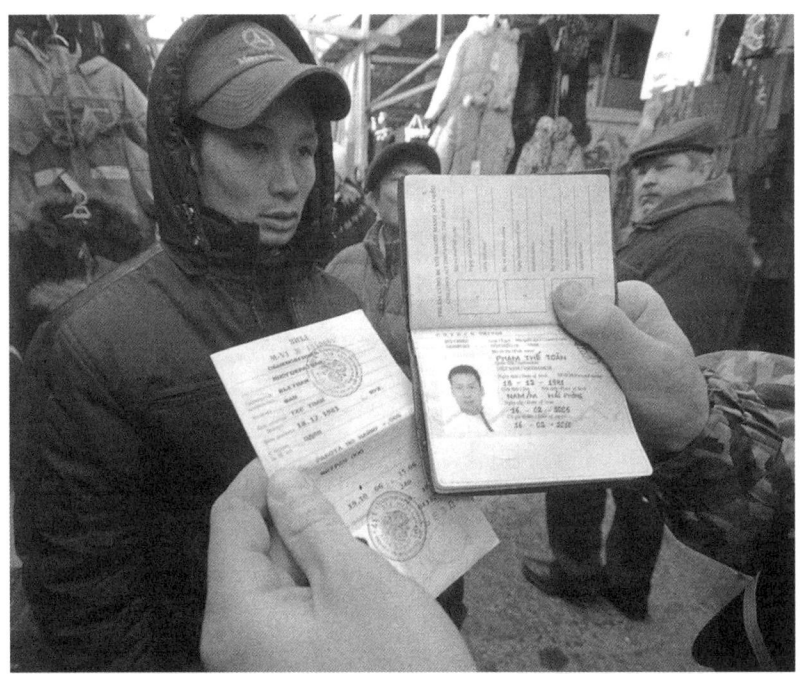

현대 세계의 국경 모습. 중국인 상인이 러시아 경찰에게 여권과 비자를 보여주고 있다.

한다. 우리가 당연하게 여기는 이런 권리는 인류의 역사에서 대부분의 기간 동안 거의 세계 전역에서 상상조차 할 수 없었고, 오늘날에도 일부 지역에서는 꿈에도 생각할 수 없다. 나는 뉴기니의 한 산촌을 방문했을 때의 경험을 통해서 영역 접근을 위한 전통적인 조건을 설명해보려 한다. 이런 전통적인 조건을 알아야 우리가 뒤에서 살펴보려는 전통 사회의 특징들, 예컨대 전쟁과 평화, 어린시절과 노년, 위험 등을 제대로 이해할 수 있다.

내가 그 마을을 찾아간 이유는 정남쪽에 솟은 산등성이에서 조류를 조사하려는 목적이었다. 그 마을에 도착하고 이튿날, 몇몇 마을 사람들이 내가 조류 조사를 위한 야영지로 꼽은 산등성이까지 자기들이 다니는 산길로 안내해주겠다고 나섰다. 산길은 마을 위로 조성된 계단식의 밭들 사이로 올라가더니 갑자기 높다란 원시림으로 들어갔다. 가파른 산길을 거의 1시간 반 동안 올라가자, 산등성이 바로 아래로 황폐하게 변한 작은 밭 한가운데에 버려진 오두막이 보였다. 그 밭에서 산길은 T자형으로 갈라졌다. 갈림길의 오른쪽으로 깔끔한 산길이 산등성이를 따라 끝없이 이어졌다.

그 산길을 따라 수백 미터를 걸어간 후에 나는 산등성이의 북쪽, 즉 내 친구들이 사는 산촌이 보이는 쪽에 야영지를 정했다. 반대편, 즉 산길의 남쪽으로는 비탈이 완만하게 떨어지며 원시림으로 이어졌고, 원시림을 가로지르는 도랑을 흐르는 물소리가 아래에서부터 들려왔다. 나는 아름답고 아늑한 야영지를 찾아내서 무척 기뻤다. 부근에서 가장 높은 곳이어서 높은 고도에서 서식하는 조류에게는 최적의 조건이었고, 새를 관찰하기에 적합한 지역에 접근하기도 쉬웠다. 게다가 가까운 곳에 목을 축이고 요리하는 데 필요한 물이 가득 담긴 샘이 있어 몸을 씻고 목욕까지 할 수 있을 것 같았다. 그래서 나는 마을로 돌아와 친구들에게, 다음 날 야영지로 올라가서 며칠 밤을 보내겠다고 말했다. 그리고 새들의 위치를 알려주고 야영지를 지킬 두 사람을 데려가겠다고 덧붙였다.

친구들은 내 말에 고개를 끄덕였지만, 내가 야영지로 두 사람만 데려가겠다고 말하기 무섭게 고개를 설레설레 저으며, 야영지는 위험한 곳이기 때문에 무장한 남자들을 많이 데려가 보호받아야 한다고 우겼다. 들새 관찰자에게 끔찍한 소리였다. 많은 사람이 따라오면, 아무래도 시끄러울 수밖에 없지 않은가. 그럼, 새들이 겁먹고 도망칠 텐데. 그래서 내가 물었다. 그렇게 많은 사람에게 보호을 받아야 하는 이유가 뭔가? 또 아름답고 순박하게만 보이는 숲에서 뭐가 그렇게 위험한가?

친구들은 즉각 대답했다. 산등성이의 남쪽 기슭에 고약한 종족의 마을이 있다는 것이었다. 그들은 그 종족을 강(江)사람들이라 불렀고, 산악지대에 사는 자신들의 적이라고 말했다. 강사람들은 떳떳하게 무기로 싸우지 않고 주로 독과 주술로 산악 종족을 죽였다. 또한 산악 종족의 한 젊은이는 자기 증조부가 마을에서 좀 떨어진 원두막에서 잠을 자다가 화살에 맞아 죽었다고 말했다. 우리 대화에서 가장 연장자이던 사람은 그 증조부의 시신이 마을로 옮겨진 후에도 화살이 시신에 그대로 박혀 있는 걸 어렸을 때 보았고 마을 사람들이 시신을 두고 한탄하던 모습이 눈에 선하다며, 지금도 그 시신을 떠올리면 무섭다고 덧붙였다.

그래서 나는 우리에게 산등성이에서 야영할 '권리'가 있느냐고 물었다. 산사람들은 산등성이를 중심으로 북쪽 경사지가 그들의 영역이고 남쪽 경사지가 못된 강사람들의 영역이라고 대답했다. 한마디로 산등성이가 경계선이었다. 그러나 강사람들은 북쪽 산등성이를 넘어 산사람들 영역의 일부까지 자기들의 영역이라고 주장했다. 친구들은 나에게 산등성이 바로 아래에 황폐하게 변한 밭과 버려진 오두막을 기억하느냐고 물었다. 그리고 고약한 강사람들이 산등성이의 남쪽 비탈만이 아니라 북쪽 비탈의 일부까지 자기들의 영역이라고 주장하려고 그 오두막을 짓고 밭을 조성한 것이라고 덧붙였다.

나는 예전에 뉴기니에서 공인된 영역을 침입해서 호된 경험을 한 탓에, 그 상황을 심각하게 받아들이기로 했다. 여하튼 내가 그 위험을 어떻게 평가하든지 간에, 산사람들은 나에게 무장한 사람들의 호위를 받지 않고는 산등성이에서 야영하는 걸 허락하지 않을 태세였다. 그들은 12명을 데려가라고 요구했고, 나는 7명만 데려가겠다고 대답했다. 결국 우리는 12명과 7명 사이에서 '타협'할 수밖에 없었다. 그런데 야영지가 완성된 후에도 야영지에 남은 남자가 무려 20명이었고, 모두 활과 화살로 무장하고 있었다. 먹을 것을 조리하고, 물과 땔감을 가져온 여자들까지 더해졌다. 게다가 나는 산등성이 산길에서 아름다운 숲이 있는 남쪽 기슭으로 내려가지 말라는 주의를 들었다. 그 숲은 명백히 강사람들의 소유였다. 따라서 내가 단지 새를 관찰할 목적으로라도 그곳에 들어가 붙잡히면 큰 문제가 터질 수 있었다. 또한 야영지의 여자들도 남쪽 기슭을 흐르는 도랑에서 물을 떠올 수 없었다. 그런 행위는 불법침입인 동시에 소중한 자원의 탈취로 여겨졌기 때문이다. 결국 문제를 평화적으로 해결하려면 상당한 보상을 치러야 했다. 결국 여자들은 매일 마을로 돌아가 수직으로 450미터 위에 있는 야영지까지 20리터짜리 물통을 날라야 했다.

야영지에서 맞은 둘째 날, 산사람들과 강사람들 간의 영역 관계가 자신의 영토에서 상대를 완전히 배척하는 흑백론보다 훨씬 복잡하다는 것을 여실히 가르쳐준 사건이 터졌다. 나는 산사람 한 명과 함께 T자형 갈림길로 되돌아가서, 풀이 무성하게 자란 왼쪽 길을 택해 산등성이를 걸었다. 산사람은 우리가 그 길을 걷는 걸 조금도 걱정하는 표정이 아니었다. 그래서 나는 강사람들이 보더라도 우리가 그들의 영역으로 들어가지 않고 산등성이에 서 있으면 반발하지 않을 거라고 생각했다. 그러나 그때 남쪽 비탈에서 소리치는 목소리가 들렸다. 강사람들이었다! 그들이 산등성이와 T자형 갈림길까지 올라와서 풀을 밟은 흔적을 본다면, 우리가 그들의 영역을 침범한 것이라 생각할 것이 뻔했고, 그들이 어떻게 행동할지 누구도 알 수 없었다.

나는 걱정스런 표정으로 귀를 바싹 세우고, 목소리의 움직임을 좇으며 그들의 위치를 가늠해보려 애썼다. 그랬다. 그들은 남쪽에서부터 산등성이를 향해 올라오고 있었다. 어느새 그들이 T자형 갈림길에 있는 게 확실했다. 그렇다면, 우리가 조금 전 밟고 지나온 흔적을 놓칠 리가 없지 않은가? 나는 계속 그들의 목소리를 추적했다. 그들의 목소리가 점점 크게 들리면서, 내 귀에서 맴도는 심장이 두근대는 소리까지 뒤덮는 것 같았다. 그러나 목소리가 더는 가까워지지 않았다. 오히려 점점 희미해지고 있었다. 그들이 다시 남쪽 비탈을 내려가 자기들의 마을로 돌아가는 것일까? 그렇지 않았다. 그들은 우리 산악 마을을 향해 북쪽 비탈을 내려가고 있었다. 내 귀를 믿을 수 없었다! 전쟁을 각오한 습격이란 말인가? 하지만 기껏해야 두세 사람의 목소리인 것 같았다. 그들은 요란하게 떠들어댔다. 은밀하게 움직여야 하는 습격대에게는 예상할 수 없는 행동이었다.

나와 동행한 산사람이 걱정할 것이 없다며 모든 것이 정상이라고 말했다. 그의 설명에 따르면, 산사람들은 강사람들에게 자기들의 산길을 따라 산악 마을까지 내려가서, 물물교환을 위해 그곳에서 해안까지 걸어가는 것을 허락했다고 한다. 강사람들이 산길을 벗어나 먹을 것을 채취하고 나무를 베는 건 허용되지 않지만, 산길을 걷기만 하는 것은 허용된다. 게다가 강사람 남자 둘이 산사람 여자들과 결혼해서 산악 마을에 정착하기도 했다. 다시 말하면, 두 종족 간에 순전한 적대감은 없었다. 하지만 긴장된 휴전 관계에 있었다. 합의에 의해서 어떤 것은 허용되고 어떤 것은 금지되었지만, 버려진 오두막과 밭과 같은 몇몇 사안은 여전히 분쟁 중이었다.

이틀 후에는 근처에서 강사람들의 목소리가 전혀 들리지 않았다. 당시 나는 강사람을 한 번도 본 적이 없어, 그들이 어떻게 생겼고 어떤 식으로 옷을 입는지 전혀 몰랐다. 그러나 강사람들의 마을은 무척 가까워서 마을에서 두드리는 북소리가 남쪽 분수령을 타고 올라와 들릴 정도였다. 반면에 산악 마을에서 크게 외친 소리는 희미하게 들렸다. 그날 나는 산사람 안내인과 함께 야영지로 돌아가면서, 우리가 강사람을 만나면 어떻게 할 것인지에 대해 실없는 농담을 주고받았다. 그런데 우리가 산길에서 모퉁이를 돌아 야영지로 들어서려는 순간, 안내인이 갑자기 농담을 멈추고 손을 입에 올리며 나지막한 목소리로 말했다. "쉿! 강사람들이에요!"

야영지에는 우리 눈에 익은 사람들이, 내가 전에는 본 적이 없는 여섯 사람과 얘기를 나누고 있었다. 세 명은 남자였고, 두 명은 여자, 한 명은 어린아이였다. 공포의 대상이던 강사람들이 바로 내 눈앞에 있었다. 그들은 내가 무의식적으로 상상하던 위험한 괴물들이 아니었다. 지극히 정상적으로 보이는 뉴기니 사람들이었고, 나를 손님으로 맞아준 산사람들과 조금도 다르지 않았다. 어린아이와 두 여자는 전혀 위협적이지 않았다. 세 남자는 활과 화살을 지녔지만(산사람 남자들도 마찬가지였다), 티셔츠를 입고 있어 전쟁을 위한 옷차림은 아니었다. 강사람들과 산사람들은 정겹게 대화를 나누는 듯했고 긴장감은 전혀 없었다. 나는 나중에야 알았지만, 강사람들이 해안으로 가려고 우리 야영지를 일부러 방문한 것이었다.

산사람들과 강사람들에게 이런 방문은 그들의 복잡한 관계에서 지극히 정상적인 부분이었다. 은밀히 자행되며 독과 주술을 이용한다고 알려진 살해, 산사람들에게 사교적 방문과 해안에 가야 할 때 산길의 통과를 허용하지만 그 과정에서 먹을 것과 땔감과 물을 구하는 건 허용하지 않는 권리, 버려진 오두막과 밭처럼 때때로 폭력으로 발전하는 분쟁거리, 은밀한 살해만큼 간혹 일어나는 종족 간의 결혼 등에서 보듯이 두 종족 사이의 관계는 무척 복잡했다. 내 눈에는 똑같이 생긴 것처럼 보였던 두 종족은 분명히 다르지만 관련된 언어를 사용해서 서로의 말을 이해했고, 서로 상대를 사악한 인간말짜로 묘사하며 불구대천의 적으로 여겼다.

상호배타적인 영역

이론적으로, 이웃한 전통 사회들의 공간적 관계는 명확한 경계선을 지녀 공유하는 곳이 없는 상호배타적인 영역부터 누구나 어디든지 자유롭게 다닐 수 있어 공인된 영역이 없는 경우까지 무척 다양하다. 엄격하게 말해서 이런 양극단 중 하나를 고집하는 사회는 없지만, 전자의 경우에 가까운 사회는 적잖게 존재한다. 예컨대 앞에서 살펴본 산사람들이 이 경우에 크게 다르지 않다. 그들은 명확한 경계선을 두고 끊임없이 감시한다. 또한 그들의 영역 내에 존재하는 자원에 대한 배타적인 권리를 주장하며, 외부인에게는 통행만을 허락하고 타종족과의 결혼도 지극히 예외적으로만 인정한다.

이처럼 배타적인 영역을 고집하는 전통 사회로는 서뉴기니 고원지대의 발리엠 계곡에 사는 다니족, 알래스카 북서부의 이누피아크족(이누이트족의 한 부족), 북일본의 아이누족, 욜유족(북서오스트레일리아의 아른헴랜드에 사는 원주민), 캘리포니아의 오언스 밸리에 거주하는 쇼쇼니족, 브라질과 베네수엘라의 야노마미족 등이 있다. 예컨대 다니족의 경우에는 각 부족이 경작하는 밭 사이에 주인이 없는 완충지대를 두어 경계선으로 삼는다. 각 부족은 완충지대에서 자기 땅쪽에 약 10미터 높이의 감시탑을 잇달아 세우고, 꼭대기에 한 사람이 앉아 감시하기에 넉넉할 정도로 널찍한 바닥까지 간다. 매일 남자들이 한 사람씩 교대로 감시탑에 올라가 그들의 영역에 몰래 다가오는 적이 없는지 살피고 기습 공격이 있을 경우에는 경보를 울린다. 한편 동료들은 탑 아래에 앉아 감시탑과 감시원을 지킨다.

  다른 예로 알래스카의 이누피아크족은 상호배타적인 영역을 지닌 10개 부족으로 이루어진다. 다른 부족의 영역에 무단으로 들어갔다가 붙잡힌 사람은 그 영역에 속한 사람과 어떤 식으로든 관계가 있다는 걸 입증하지 못하면 일반적으로 죽임을 당했다. 타부족의 영역에 침입하게 되는 가장 흔한 두 경우라면, 사냥꾼이 순록을 집요하게 추적하다가 경계선을 넘는 경우와 바다표범 사냥꾼이 육지와 연결된 빙상에서 사냥할 때 빙상이 갑자기 갈라지면서 육지에서 멀어지는 경우였다. 후자의 경우, 빙상이 해안으로 흘러가 사냥꾼이 본의 아니게 타부족의 영역에 들어가게 되더라도 사냥꾼은 죽임을 당했다. 이누피아크족의 관습을 모르는 우리에게, 이런 살상은 잔혹하고 부당하게 보일 수 있다. 그 불쌍한 사냥꾼은 위험을 무릅쓰고 빙상에 뛰어올랐지만, 빙상이 갈라지는 불운이 닥쳐서 바다에 빠져 죽거나 먼바다로 하염없이 흘러갈 수도 있었다.

위 왼쪽: 뉴기니 고원지대 발리엠 계곡에 사는 다니족 남자.
위 오른쪽: 알래스카의 이누이트족 여인(이누피아크).
아래: 감시탑에 올라가 부족 간의 전통적인 경계를 감시하는 다니족 남자.

그런데 하늘이 도와 그가 올라탄 빙상이 해안으로 이동했을 뿐이었다. 결국 해류로 인해 어쩔 수 없이 타부족의 영역에 들어가게 된 것이지 그 땅에 침입할 의도가 전혀 없었다. 하지만 그는 바다에 빠져 죽지 않고 먼 바다로 표류하지 않아서 다행이라고 안도할 틈도 없이 죽임을 당했다. 안타깝게도 그것이 이누피아크족의 규칙이었다. 그럼에도 불구하고 이누피아크족의 영역 배타성은 철저하지 않았다. 예컨대 외부인이 여름 무역시장에 참석하려는 특별한 목적을 띤 경우, 또 자신의 영역 너머에 있는 타부족을 방문하거나 공격하려는 목적을 띤 경우에는 영역 통과를 허락했다.

우리는 상호배타적인 영역을 고집하는 쪽에 가까운 전통 사회(내 친구인 산사람들, 다니족, 이누피아크족)의 사례들을 수집한 결과, 다음과 같은 네 조건이 복합적으로 결합된다는 걸 알아냈다. 첫째, 배타적인 영역을 유지하기 위해서는 상당히 많은 사람이 필요하고 인구밀도도 높아야 한다. 그래야 구성원 모두가 경계선을 순찰하는 데 특별히 시간을 할애하는 수고를 면할 수 있고, 구성원들이 정상적으로 수렵채집을 하는 동안 불법 침입자까지 감시하는 번거로움을 피할 수 있기 때문이다. 둘째, 배타적인 영역을 유지하기 위해서는 생산적이고 예측가능한 안정된 환경이 필요하다. 따라서 해당 영역의 구성원들은 필요한 자원의 대부분 혹은 전부를 영역 내에서 찾을 수 있다고 확신해서 영역 밖으로 거의 나가지 않는다. 셋째, 영역 내에는 생산적인 밭, 과일나무 숲, 혹은 건설하고 유지하는 데 많은 노력이 있어야 하는 강둑이나 관개수로처럼 목숨을 걸고 지켜야 할 가치가 있는 귀중한 고정자원이 있어야 한다. 끝으로, 구성원들의 정체성이 굳건해야 한다. 따라서 부족 간의 이동이 거의 없어 타부족과 뚜렷이 구분되어야 한다. 하지만 결혼하지 않은 젊은이(여자보다 남자)가 본래의 부족을 떠나 타부족 사람과 결혼하는 경우가 가장 눈에 띄는 예외적 현상이다.

앞에서 배타적인 영역과 경계선을 지키는 것이 극단적인 경우에 가깝다고 소개한 부족들이 어떻게 이런 네 가지 조건을 충족시키는지를 살펴보자. 뉴기니의 산사람들은 1년 내내 밭을 경작하고 돼지를 기르며 숲을 개간하는 데 많은 시간을 투자한다. 밭과 돼지와 숲은 그들에게 필요한 모든 것을 옛날부터 주었던 소중한 자원들이다. 숲을 개간하고 밭을 경작하는 일은 누구에게나 힘들다. 서뉴기니의 다니족에게는 훨씬 더 힘든 일이지만, 그들은 힘겹게 땅을 파서 밭에 물을 대는 정교한 관개시설을 유지하고 있다. 이누피아크족과 아이누족은 바닷물고기, 바다표범, 고래, 바닷새 같은 해양자원, 민물 어장과 물새, 내륙의 포유동물들까지 1년 내내 풍부한 자원을 제공받을 수 있는 풍요로운 지역을 차지하고 있다. 아른헴랜드의 율유족도 해안지역과 내륙의 생산적인 자원들 덕분에 인구밀도가 높았다. 오언스 밸리의 쇼쇼니족은 수렵채집인이었지만, 물이 풍부한 지역을 차지해서 육지로 물을 끌어와 먹을 수 있는 야생풀의 수확량을 증가시켰고, 저장 가능한 잣을 생산한 덕분에 비교적 인구밀도가 높았다. 저장 식량, 잣나무 숲, 관개시설은 지켜야 할 가치가 있었고, 오언스 밸리의 쇼쇼니족은 인구가 충분해서 그런 것들을 지킬 수 있었다. 끝으로 야노마미족의 복숭아 야자와 플랜빈 바나나 농원은 그들에게 오래전부터 기본 식량을 제공해왔고, 따라서 지켜야 할 가치가 있었다.

다니족과 수단의 누에르족은 넓은 영역을 차지하고 인구밀도가 높으며, 여러 부족으로 갈라져 각자의 영역을 지닌다. 게다가 고유한 영역을

수단의 누에르족 여인.

지닌 부족들은 세 단계 혹은 그 이상의 계급으로 구분된다. 이런 계급구조는 면적, 인구수, 정치적 지배력 등에서 개인부터 시작해서 도시, 카운티, 주, 국가로 올라가는 현대 국가 사회와 무척 유사하다. 예컨대 누에르족의 경우, 영역의 전체 면적은 3만 제곱마일에 이르고 총인구수는 20만에 달한다. 하지만 인구가 적게는 7,000명, 많게는 4만 2,000명이 있는 부족들로 나뉘어지고, 각 부족은 다시 1차-2차-3차 하위부족으로 더 작게 나뉘어지며, 결국에는 서로 8~30킬로미터의 거리가 떨어진 50~700명의 마을까지 내려간다. 규모가 작고 계급적으로 낮은 난위일수록 경계선과 그 밖의 문제에 대한 분쟁이 적다. 친척들과 친지들이 분쟁을 신속하게 해결하기 위해서 분쟁자들에게 더 강력하게 압력을 가하기 때문이다. 따라서 하위 단위에서는 다툼이 상대적으로 제한적일 수밖에 없다. 예컨대 누에르족은 이웃한 딩카족을 상대할 때는 별다른 제약을 두지 않는다. 걸핏하면 딩카족을 습격하고, 딩카족의 가축을 훔치며, 심지어 딩카족 남자를 죽이고는 여자와 아이를 포로로 끌고 온다. 그러나 다른 누에르 부족에 대한 적대적 행위는 가끔 산발적으로 가축을 훔치고, 몇몇 남자를 죽이지만, 여자나 어린아이를 죽이거나 납치하지는 않는다.

비배타적인 땅의 사용

배타성이 없거나 덜 비배타적인 사회들은 배타성 조건과는 정반대의 조건을 띠기 마련이다. 그런 조건의 하나가 희박한 인구이다. 생존을 위해 필요한 일을 하면서 우연히 불법침입자를 발견할 수는 있겠지만, 인구가 적기 때문에 경계선의 순찰 자체가 불가능하다. 예컨대 한 가족으로만 이루어진 사회는 경계선의 감시에 전적으로 매진할 사람을 구하기 힘들다. 감시탑에 앉아 하루를 꼬박 보낼 수 있는 성인 남자가 그런 사회에 있겠는가. 두 번째 조건은 생산력이 떨어지고 변덕이 심한 환경이다. 이런 환경의 땅에서는 계절에 따라서 혹은 흉작인 해에는 기본적인 자원조차 확보할 수 없어, 주기적으로 다른 부족의 영역에 들어가 자원을 구해야 한다. 셋째, 목숨과 바꿀 만한 소중한 자원이 없기 때문에 죽음을 무릅써야 할 필요가 없다. 따라서 자신의 영역이 공격을 받으면 다른 지역으로 이동하는 편이 더 낫다. 끝으로, 구성원들이 자주 타부족을 방문하거나 타부족의 땅으로 이주한다면, 따라서 구성원의 수가 유동적이면 영역도 비배타적일 가능성이 크다. 구성원의 절반 가량이 방문자이거나 타부족에서 이주한 사람이면, 타부족을 경계한다는 자체가 무의미하다.

하지만 비배타적 영역에 관련된 이런 조건들 하에서도 누구나 어디에서든 무엇이나 할 수 있을 정도로 무질서하게 땅이 분할되지는 않는다. 이런 경우 각 부족은 자기들만의 핵심적인 지역을 갖는다. 다니족처럼 감시탑으로 명확히 구분되는 완충지대를 두는 대신에 분명한 경계선이 없다는 점에서, 또 핵심적인 지역에서 멀어질수록 땅의 소유권이 모호해진다는 점에서, 비배타적인 사회는 배타적인 사회와 다르다. 비배타적인 사회와 배타적인 사회를 구분짓는 또 하나의 특징은, 이웃한 부족들이 훨씬 자주 다양한 목적에서, 특히 특정한 계절이나 흉작을 맞은 해에 식량과 물을 구하기 위해서 상대의 영역에 들어갈 수 있다는 점이다. 따라서 어떤 부족이든 곤경에 처하면 이웃한 부족의 영역에 들어가는 허락을 쉽게 얻을 수 있다. 결국 상호이익에 근거한 교환이 이루어지는 셈이다.

비배타적인 영역 소유의 사례로는 칼라하리 사막의 나예 나예 지역에 사는 수렵채집인인 !쿵족이 자세히 연구되었다. 1950년대에 연구한 자료에 따르면, !쿵족은 열아홉 무리로 이루어졌고, 각 무리에는 8~42명이 있었다. 각 무리는 100~250제곱마일에 해당되는 고유한 '영역(n!ore)'을 지녔다. 그러나 영역 간의 경계는 분명하지 않았다. 인류학자들과 !쿵족 안내인들이 그들의 영역에서 이웃 무리의 영역을 향해 다가가자, 다시 말해서 그들의 핵심 영역에서 점점 멀어지자, 안내인들은 오락가락하며 자신들의 현재 위치에 대한 판단마서 서로 딜랐다. 영역의 경계를 표시하는 감시탑도 없었고 산길도 없었다.

!쿵족의 영역은 비배타적으로 차지한 땅이다. 영역의 자원을 공유해야 하기 때문이다. 실제로 자원의 공유가 가능하기도 하다. 이처럼 자원을 공유해야 하는 이유는 칼라하리 사막에 물이 부족하기 때문이다. 모든 무리가 하나의 물웅덩이 가까이에서 많은 시간을 보낸다. 그러나 해마다 강우량이 들쭉날쭉해서 예측하기 힘들다. 그 지역에서는 건기에는 많은 물웅덩이가 바닥을 드러낸다. 연구 기간 중 그 지역에서 오직 두 물웅덩이만이 마르지 않았다. 세 물웅덩이는 전반적으로 1년 내내 마르지 않았지만 수년 동안은 바닥을 드러냈다. 또 다른 다섯 물웅덩이는 건기에도 간혹 물을 지닌 경우가 있었다. 그 밖에 50개의 물웅덩이는 계절적인 변화를 보여서 건기에는 어김없이 말라붙었다. 따라서 건기에는 여러 무리에서 200명 정도가 항구적인 물웅덩이 주변에 모여든다. 물론 그 물웅덩이가 있는 영역의 무리에게 허락을 받아야 하고, 그 무리는 다른 영역 무리의 허락을 얻어 그곳에 풍부한 자원을 구할 수 있다. 결국 물 문제 때문에 !쿵족은 비배타적인 영역을 유지하는 셈이다. 물이 고갈되어 쓸모없는 땅이 되어버린 지역의 배타적인 소유권을 주장한다고 무슨 의미가 있겠는가. 거꾸로 계절적으로 어떤 자원이 넘치도록 풍부한 환경도 비배타성을 유도한다. 자신들이 배불리 먹고도 남을 정도로 많은 식량을 생산할 때 여러모로 도움이 되는 이웃들의 접근을 차단해서 그들을 화나게 해서 좋을 것이 무엇이겠는가. 계절적으로 엄청난 양을 수확하는 몽곤고 열매가 대표적인 예이고, 야생콩과 멜론의 경우도 마찬가지이다.

나예 나예 지역에서는 어느 무리에 속하든 누구나 자신이 속한 무리의 영역을 벗어나 사냥할 수 있는 것으로 추정된다. 하지만 자신의 영역 밖

에서 어떤 짐승을 사냥하다가 그 영역에 속한 무리의 구성원을 우연히 만날 경우 그 짐승의 고기를 선물로 주어야 한다. 그러나 사냥을 위해 어디든 들어갈 수 있는 자유는 같은 !쿵족이라도 아주 멀리 떨어진 지역에서 온 사람에게는 허용되지 않는다. 더 일반적으로 말하면, !쿵족이라도 이웃한 무리들만이 물과 열매, 야생콩과 멜론 등을 얻기 위한 다른 목적에서 상대의 영역에 들어가는 허락을 쉽게 얻을 수 있다. 그러나 어떤 경우에도 허락을 먼저 구해야 하고, 상대에게도 자기의 영역을 사용하는 걸 허락하며 훗날의 보답을 약속한다. 허락을 먼저 구하지 않을 경우에는 싸움이 발발할 가능성이 크다. 멀리 떨어진 무리들은 이런 허락을 구할 때 특히 조심해야 하고, 방문할 면적과 방문자 수를 제한해야 한다. 혈연이나 결혼으로 이어지지 않은 외부인은 어떤 경우에도 방문할 수 없다. 따라서 비배타적인 영역이라고 누구나 자유롭게 드나들 수 있는 영역을 뜻하지는 않는다.

배타적이든 비배타적이든 땅과 자원을 사용하는 권리는 소유권을 뜻한다. !쿵족의 경우, 한 무리의 영역은 누구의 소유일까? 무리의 카우시(k'ausi)가 주인이다. 카우시는 핵심 장로 집단, 혹은 가장 오래전부터 그 지역에서 살았던 사람의 후손 중 연장자를 뜻한다. 그러나 무리의 구성은 유동적이고 매일 변한다. 구성원들이 다른 영역에 있는 친척들을 자주 찾아가고, 계절적인 요인에 따라 물웅덩이나 식량을 찾아 다른 영역으로 떠나기 때문이다. 게다가 이런저런 이유로 거주지를 항구적으로 옮기는 사람들도 있고, 새신랑은 자신의 식솔(늙은 부모, 두 번째 부인을 맞는 경우에는 첫 번째 부인과 자식들)까지 데리고, 새신부가 복수의 자식을 낳을 때까지 약 10년 동안 새신부의 무리와 함께 살아야 한다. 따라서 대다수의 !쿵족이 자신의 영역보다 다른 영역에서 더 많은 시간을 보낸다. 평균적으로 매년 인구의 13퍼센트가 항구적으로 거주지를 옮기고, 35퍼센트가 두세 영역에서 거의 똑같은 시간을 보낸다. 이런 상황에서 이웃 영역에 속한 무리의 일부는 원래 무리의 일원이었을 가능성이 크다. 타 부족과의 결혼이 다른 영역으로 이주하는 유일한 방법이지만 수 세대 동안 타부족과의 결혼이 겨우 두 건만 있었던 뉴기니 산사람들의 경우처럼, !쿵족에게 그들은 사악한 인간말짜가 아니다. '침입자'의 대다수가 형제자매이고 사촌이며 노령의 부모인 상황에서 자원을 지키려고 강경한 배타성을 띠기는 어렵지 않겠는가.

비배타적 영역을 보여주는 또 하나의 재밌는 사례는 북아메리카 그레이트 베이슨의 쇼쇼니족이다. 그레이트 베이슨의 쇼쇼니족은 앞에서 배타적 영역의 사례로 소개한 오언스 밸리의 쇼쇼니족과 같은 언어군에 속하는 북아메리카 원주민이다. 그레이트 베이슨의 쇼쇼니족은 환경의 차이 때문에 땅을 활용하는 방법이 달랐다. 오언스 밸리는 관개(灌漑)를 하기에 적합할 정도로 물이 넉넉해서 지킬 만한 가치가 있었지만, 그레이트 베이슨은 삭막한 사막이다. 따라서 겨울에는 몹시 춥고, 자원도 희박한 데다 예측할 수 없어 식량을 저장한다는 건 거의 불가능하다. 그레이트 베이슨의 인구밀도는 16제곱마일당 한 명에 불과했다. 그레이트 베이슨의 쇼쇼니족은 연중 대부분을 가족별로 흩어져 살았고, 겨울에만 샘과 잣나무 숲 근처에 5~10가족이 모여 살았다. 이따다 드물게 15가족까지 모여 큰 집단을 이루어 합동으로 영양과 토끼를 사냥하기도 했다. 그들의 영역은 경계가 분명하지 않았다. 오히려 개별 가족이 특정한 지역, 예컨대 잣나무 숲을 차지했고, 합의에 따라 다른 가족들과 공유했다. 허락을 받지 않고 잣을 수확하려고 무단으로 들어온 침입자는 돌세례를 받아 쫓겨났다. 다른 식물과 동물 자원들도 탄력적으로 운영된 비배타적 권리에 따라 공유되었다.

끝으로, 영역을 인식하고 지키는 최소한의 조치는 열대우림에서 살아가는 페루의 마치겡가족과 볼리비아의 시리오노족에서 찾아진다. 인류학자들이 이 종족들에 대한 연구를 하던 당시, 마치겡가족은 농경인이었지만 인구밀도는 무척 낮은 편이었다. 고무 생산을 위해 밀려온 유럽인들이 옮긴 질병이나 학살로 인해 많은 사람이 죽은 탓도 있었지만, 그 지역의 농업 생산량이 낮은 탓도 있었다. 마치겡가족은 야생에서 식량을 구하기 위해서 계절에 따라 옮겨다녔고, 화전으로 밭을 일구어 수년 동안 그런대로 식량을 생산했지만 그런 화전은 목숨을 걸고 지킬 가치까지는 없었다. 배타적인 영역은 없었다. 이론적으로 보면, 모든 숲과 모든 강에서 생산되는 자원들은 모든 마치겡가족에게 개방되었다. 그러나 현실적으로는 많은 가족으로 구성된 무리에서는 가족마다 일정한 행동권을 보장했다. 인류학자 앨런 홀름버그(Allan Holmberg)의 연구에 따르면, 시리오노족은 주로 수렵채집인으로 살았고, 60~80명까지 모인 무리는 간혹 농사를 짓기도 했지만 분명한 영역을 보유하지는 않았다. 그러나 어떤 무리가 만든 사냥길을 다른 무리가 만나면, 그 무리는 그 지역에서 사냥하지 않았다. 다시 말하면, 상호 회피로 비공식적으로 인정하는 영역이 있었다.

따라서 전통 사회에서는 감시하고 목숨을 걸고 지키기 때문에 무단으로 침범하는 외부인에게는 죽임을 안기는 경우부터, 분명한 경계가 없이 막연한 행동권을 인정하고 외부인에게 상호합의에 따라 영역의 사용을 허락하는 경우, 그리고 비공식적인 상호 회피로만 영역이 구분되는 경우까지 땅의 사용 형태가 다양했다. 요즘의 미국인이나 유럽인은 미국이나 유럽 내에서 어디든 여행할 수 있고, 유효한 여권과 비자를 해당 국가의 출입국 관리직원에게 제시만 하면 세계 대부분의 국가를 여행할 수 있지만, 어떤 전통 사회도 이런 정도의 개방성을 인정하지 않았다. (물론 2001년 9월 11일, 세계무역센터가 피습당한 후로 미국은 전통 사회처럼 외부인들을 의심하며, 비행금지 인물들의 목록과 공항보안대의 검색 등과 같은 수법으로 자유여행을 규제하는 조치를 취했다.) 그러나 상대적으로 개방적인 현대 시스템은 전통 사회의 접근권과 제약을 확대한 것에 불과하다고 주장할 수도 있다. 수백 명으로 구성된 사회에서 살았던 전통 사회 사람들은 개인적인 친분으로, 다른 영역에 친척이 있다는 명분으로, 혹은 개인적으로 허락을 요청함으로써 다른 영역에 들어갈 수 있었다. 한편 수천만의 인구가 살아가는 현대 사회에서 '친척'의 정의는 자국이나 우호국가의 모든 시민으로 확대될 수 있고, 허락의 요청은 여권과 비자라는 수단을 통해 형식화되고 인정되지 않는가.

친구와 적과 이방인   자유로운 왕래에 대한 제약들을 기준으로, 소규모 사회의 구성원들은 상대를 '친구-적-이방인'이란 세 부류로 구분한다. '친구'는 일차적으로 자신이 속한 무리나 마을의 구성원이며, 자신의 무리와 현재 우호적인 관계에 있는 이웃 무리와 마을의 구성원도 친구이다. '적'은 자신의 무리와 현재 적대적인 관계에 있는 이웃 무리와 마을의 구성원이다. 하지만 보상을 위한 협상, 동맹관계의 변화에 따른 평화 기간, 또 그런 휴전기에 신부(혹은 간혹 신랑)의 교환으로 적대적인 무리에 속한 구성원들의 대부분이나 전부를 실제로 만나거나 그들에 대해 들었기 때문에 이름과 관계 및 외모를 알고 있을 수 있다. 뉴기니 산사람들의 마을로 장가온 두 강사람의 사례를 생각해보라.

'이방인'은 멀리 떨어져서 자신이 속한 무리와 거의 접촉이 없는 무리에 속하는 미지의 사람을 가리킨다. 소규모 사회에 속한 사람이 이방인을 만날 가능성은 거의 혹은 전혀 없다. 전혀 모르고 아무런 관계도 없는 낯선 땅으로 여행하는 건 자살행위와 다르지 않기 때문이다. 만약 당신의 영역에서 이방인을 만나면 당신은 그 사람을 위험하다고 생각해야 한다. (낯선 지역을 여행하는 위험을 고려하면) 이방인은 당신 무리를 기습하거나 죽이기 위해서 정찰하는 것이고, 아니면 결혼할 만한 여자를 납치하거나 당신 영역의 자원을 사냥하고 훔치기 위해서 몰래 침범한 것일 가능성이 크기 때문이다.

인구수가 수백 명에 불과한 소규모 지역 사회에서는 모두가 서로 얼굴과 이름만이 아니라, 혈연과 결혼 및 입양 등 온갖 관계까지 자세히 알고 지낸다. 또한 모두가 당신과 어떤 관계인지도 안다. 만약 당신 무리에 우호적인 이웃 무리들을 더하면 당신의 '친구' 세계는 천 명을 넘어설 것이고, 그중에는 당신이 자주 들었지만 실제로는 한 번도 만나지 못한 사람도 적지 않을 것이다. 따라서 당신 혼자서 핵심 지역에서 좀 떨어져 있거나 영역의 경계에서 약간 벗어난 상황에서 당신이 알지 못하는 사람(들)을 만났다고 해보자. 그들이 여럿이라면 당신은 혼자이기 때문에 부리나케 달아날 것이다. 반대로 당신은 동료들과 함께 있고, 그 사람이 혼자라면 그가 도망칠 것이다. 그런데 당신도 혼자이고 그도 혼자라면, 그리고 당신과 그가 일정한 거리를 두고 눈을 마주친다면, 게다가 눈빛에서 힘의 균형이 느껴진다면(예컨대 여자나 어린아이가 아니라 성인 남자와 마주쳐서), 둘 모두가 뒤돌아서서 도망친다. 그러나 당신이 모퉁이를 돈 순간 갑자기 낯선 사람을 마주쳐서 도망칠 틈이 없다면, 둘 사이에 팽팽한 긴장감이 감돌기 마련이다. 이런 경우에는 둘 모두가 그 자리에 앉아 먼저 자신의 이름을 밝히고, 친척들의 이름을 하나씩 들먹이며 그들과의 정확한 관계를 거론하며 공통된 친척을 찾아내면 문제가 해결될 수 있다. 요컨대 둘 사이에도 어떤 관계가 있어 서로 공격할 근거가 사라지기 때문이다. 그러나 이런 식으로 수시간을 대화해도 공통된 친척을 찾아내지 못하면, "만나서 반가웠소. 또 봅시다"라고 말하며 헤어질 수는 없다. 당신이나 그 사람, 아니면 둘 모두가 상대를 무단으로 침범한 불법 침입자로 생각해서, 추격전이나 육박전이 벌어진다.

나예 나예 지역에서 중앙 !쿵족의 방언을 사용하는 사람들은 자신들과 다른 방언을 사용하는 사람들을 '주와시(jũ/wãsi)'라 칭한다. 여기에서 jũ는 '사람', wã는 '진실되고 착하며 정직하고 순수하며, 해롭지 않은'을 뜻한다. si는 복수를 뜻하는 접미사이다. 나예 나예 지역에서는 친족들 간의 왕래로 인해 구성원들까지 개인적인 친분을 쌓게 되어, 열아홉 무리 모두와 천여 명 남짓한 구성원 모두가 하나로 이어지며, 구성원 모두가 서로에게 '주와시'가 된다. 반대말인 '주돌레(jũ/dole, dole는 '나쁜, 낯선, 해로운'이란 뜻)'는 모든 백인, 모든 흑인 반투족, 심지어 같은 방언을 사용하지만 멀리 떨어져 친척이나 지인이 없는 무리에 속한 !쿵족을 가리킨다. 다른 소규모 사회의 구성원들과 마찬가지로, !쿵족도 이방인을 두렵게 생각한다. 실제로 !쿵족의 언어에는 그들이 만나는 거의 모든 !쿵족에게 적용되는 우호적인 단어들이 있을 정도이다. 그러나 당신이 낯선 !쿵족을 만나서 서로 인척 관계를 오랫동안 추적한 후에도 그와 어떤 관계도 찾아내지 못하면, 그는 쫓아내거나 죽여야 할 무단 침입자이다.

예컨대 '가오'라는 !쿵족 남자가 인류학자 로너 마셜의 부탁을 받고 하둠이란 곳으로 심부름을 갔다. 하둠은 나예 나예 지역 밖에 있었지만 북쪽으로 멀지 않은 곳이었다. 가오는 전에 하둠에 간 적이 없었다. 하기야 나예 나예 지역의 !쿵족 중에서 하둠에 다녀온 적이 있는 사람은 극소수였다. 하둠의 !쿵족은 처음 가오를 주돌레라고 불렀다. 냉담하게 받아들이고 자칫하면 분쟁이 생길 수도 있다는 뜻이었다. 그러나 가오는 하둠에 사는 누군가의 아버지가 자기 아버지와 이름이 같고, 또 다른 누군가에게는 자신과 이름이 같은 형제가 있다고 서둘러 말했다. 그러자 하둠의 !쿵족은 가오에게 "그래, 그럼 너는 우리 가오의 '!군!아'다"(!군!아는 친척 관계를 가리키는 단어)라고 말했다. 그리고 가오를 그들의 모닥불로 초대하며 먹을 것을 선물로 주었다.

파라과이의 아체족도 비슷하게 상대를 구분했다. 유럽인들과 평화롭게 접촉하던 때, 아체족의 수는 700명 가량으로 15~70명씩 무리를 지어 살았고, 몇몇 무리는 밀접한 관계를 맺으며 일종의 무리군(群)을 형성했다. 그런 무리군이 네 곳에 있었고, 당시 인원수가 적은 곳은 30명, 많은 곳은 550명이었다. 아체족은 자신의 무리군에 속한 사람들을 '이론디(irondy, 관례상 우리 사람이거나 형제란 뜻)'라 불렀고, 다른 세 무리군에 속한 아체족을 '이롤라(irolla, 우리 사람이 아닌 아체족이란 뜻)'라고 불렀다.

현대 대규모 사회에서 우리는 자국만이 아니라 세계 선역을 자유롭게

파라과이 숲에 거주하는 아체족.

여행한다. 이런 사회에서 우리는 소속된 집단보다 개인적인 '공감대'를 바탕으로 많은 관계를 맺는다. 오랫동안 우정을 유지하는 친구들 중 일부는 어렸을 때 함께 자랐거나 같은 학교에 다닌 사람이며, 또 다른 일부는 여행 중에 만난 사람이다. 우정에서 중요한 것은 서로 좋아하고 관심사를 공유하느냐는 것이지, 소속된 집단이 정치적으로 제휴 관계에 있느냐는 것이 아니다. 우리는 이런 식의 우정을 당연시하기 때문에, 나는 뉴기니에서 수년을 작업한 후에야 한 사건을 통해 뉴기니의 전통적인 소규모 사회에서는 우정을 다른 식으로 해석한다는 걸 깨달았다.

그 사건은 야부라는 뉴기니 사람이 관련된 사건이었다. 지방정부가 확고히 자리잡고 거의 10년 동안 계속되던 부족 간의 전쟁을 종식시킬 때까지 중앙 고원지대에 있던 야부의 마을은 전통적인 생활방식을 유지했다. 나는 남동부 고원지대에서 새를 관찰하는 동안, 그곳에 마련한 야영지로 야부를 조수로 데려갔다. 우리가 그곳에서 며칠 지내는 동안 짐이란 영국인 교사가 우리를 찾아왔다. 야부와 짐은 서로 이야기를 나누고 농담까지 주고받으며 많은 시간을 함께 보냈다. 그들은 서로 오랫동안 이야기를 나누는 것으로 보아 함께 지내는 걸 좋아하는 것 같았다. 더구나 짐의 학교가 있는 중앙 고원지대의 도시는 야부의 마을에서 수십 킬로미터밖에 떨어지지 않은 터였다. 관찰이 끝나면, 야부는 짐이 사는 도시의 공항까지 비행기를 타고 가서 공항에서부터는 걸어서 고향 마을로 돌아갈 예정이었다. 따라서 짐은 우리 야영지를 떠날 때 야부와 나에게 작별 인사를 건네며, 야부에게 짐의 도시에 내리면 그의 집을 잠깐이라도 방문해달라고 초청했다. 내 생각에 그 초청은 아주 당연한 것이었다.

짐이 떠나고 며칠 후, 나는 야부에게 집에 가는 길에 짐을 방문할 계획이냐고 물었다. 야부의 반응은 의외였다. 심지어 그렇게 묻는 내 질문이 시간 낭비라는 식으로 가볍게 화까지 냈다. "짐을 방문할 거냐고요? 무엇 때문에요? 짐이 나에게 일거리를 준다면 방문하겠지만, 그런 게 아니잖아요. 나는 그의 도시를 들르지도 않겠지만 '우정'만을 이유로 그를 방문하지도 않을 겁니다." (이 대화는 뉴기니의 공용어, 톡 피신으로 이루어졌다. 내가 여기에서 '우정만을 이유로'라고 번역한 부분은 톡 피신으로 '비롱 프렌 나팅' 이었다.) 그때서야 내가 의문조차 품지 않았던 인간의 보편성을 잘못 생각하고 있었다는 걸 깨닫고는 깜짝 놀랐다.

당연한 말이겠지만, 이런 깨달음을 과장되게 해석해서는 안 된다. 물론 소규모 사회에서도 개인적인 관계를 받아들이는 적극성이 사람마다 다르다. 소규모 사회가 점점 커지거나 비전통적인 외부 세계의 영향에 노출되면, 우정에 대한 생각을 비롯해 전통적인 관점도 바뀐다. 그러나 짐의 초대와 야부의 반응에서 나타났듯이, 대규모 사회와 소규모 사회에서 생각하는 우정은 대체로 다른 듯하다. 야부가 일부러 뉴기니 사람에게 반응했을 방법과 다른 식으로 유럽인에게 반응한 것은 아니었다. 서구의 생활방식과 뉴기니의 전통적인 생활방식 모두에 능통한 한 뉴기니 친구가 나에게 설명했듯이, "뉴기니 사람들은 아무런 목적도 없이 누군가를 방문하지는 않는다. 당신이 누군가를 만나서 일주일 동안 함께 지냈다고 해서 그 사람과 어떤 관계나 우정을 맺었다는 뜻은 아니다". 그에 반해서, 서구화된 대규모 사회에서는 선택의 폭이 넓고 빈번하게 이동하기 때문에, 지리적인 우연으로 함께 보낸 어린시절, 혈연과 결혼보다 우정이란 개인적인 인연에 근거해서 관계를 맺을 가능성이 커진다.

군장사회나 국가라는 울타리 안에서 수천에서 수백만까지 많은 사람이 함께 살아가는 계급 사회에서는 낯선 사람을 만나는 게 당연하다. 따라서 낯선 사람을 만나도 위험하지 않고 위협을 느끼지 않는다. 예컨대 나는 캘리포니아 대학교 교정이나 로스앤젤레스 거리를 걸을 때마다 전에는 한 번도 본 적이 없고 앞으로도 만나지 않을 수많은 사람, 또 나와는 혈연이나 결혼으로 아무런 관계도 없는 사람들을 만나지만 그들에게서 두려움이나 위험을 느끼지 않는다. 이처럼 이방인에 대한 마음자세가 변하는 초기 단계는 수단의 누에르족에게서 관찰된다. 누에르족은 앞에서도 말했듯이 인구가 20만 정도이고, 마을부터 부족까지 서너 단계의 계층으로 이루어진 사회이다. 따라서 누에르족은 한 사람이 나머지 19만 9,999명 모두에 대해 들었거나 알고 있을 가능성은 전혀 없다. 정치적인 조직화도 느슨한 편이다. 2장에서 다시 보겠지만, 각 마을에는 명목상의 우두머리가 있지만 실권은 거의 없다. 그럼에도 불구하고 인류학자 에반스 프리챠드의 주장에 따르면, "누에르족은 출신 마을을 불문하고, 서로 낯선 사이더라도 영역 밖에서 만나면 즉시 우호적인 관계가 형성된다. 누에르족은 서로에게 딩카족이나 실루크족처럼 외지인이 아니기 때문이다. 외지인을 향한 그들의 우월의식과 경멸 및 외지인과 언제든 싸우려는 각오가 그들을 하나로 묶어주는 연대감이다. 또한 공통된 언어와 가치관도 그들의 소통을 가능하게 해주는 요인이다."

따라서 그들보다 작은 사회와 비교할 때, 누에르족은 처음 마주치는 사람이 같은 누에르족이면 그를 위협적인 존재가 아니라 중립적인 존재, 더 나아가 우호적인 관계로 발전할 가능성을 지닌 존재로 생각한다. 그러나 누에르족이 아닌 이방인인 경우, 딩카족이면 공격을 당하고, 그 밖의 다른 종족이면 경멸의 대상이 된다. 시장경제로 운영되는 훨씬 더 큰 사회에서 이방인은 사업 동업자나 소비자, 공급자나 고용주로서 잠재적인 긍정적 가치를 갖는다

첫 접촉 소규모 전통 사회에서 세상을 자신이 속한 집단과 우호적인 집단은 친구로, 적대적인 이웃은 적으로, 멀리 떨어진 집단은 이방인으로 구분했다는 사실은 세상을 무척 협소하게 보았다는 뜻이나. 사람들

은 자신이 속한 집단의 핵심 지역이나 영토를 잘 알았고, 간헐적인 휴전 기간이나 상호적으로 인정한 영토 사용권으로 바로 옆(1차 이웃)의 영토에 대해서도 많이 알았다. 그러나 사람들은 가까운 이웃이더라도 다음(2차) 이웃의 영토에 대해서는 거의 알지 못했다. 1차 이웃 사람들과 간헐적으로 전투를 벌였다는 것은 전쟁을 하는 동안 그 지역을 넘어가 2차 이웃까지 들어갈 수 없었다는 뜻이다. 간혹 우리는 1차 이웃과 평화로운 관계에 있더라도 그들이 2차 이웃과 전쟁 중이면, 2차 이웃을 방문하기 힘들었다.

  1차 이웃과 평화적 관계를 유지할 때도 그 영토를 여행하는 건 위험할 수 있었다. 그 이웃이 당신과 동맹 관계에 있는 부족과 전쟁을 막 시작해서 당신까지 적으로 생각한다는 걸 당신이 모를 수 있기 때문이다. 게다가 이런 경우에는 1차 이웃 사회에 있는 친척들이 당신을 보호해주기를 꺼릴 수 있고, 아예 당신을 보호하지 못할 수도 있다. 1961년 8월 25일 발리엠 계곡의 두굼 다니족 사회에서 일어난 사건에 대한 칼 하이더, 얀 브룩하위서, 피터 매티센의 기록을 예로 들어보자. 당시 다니족은 수십여 연합 집단으로 나뉘어져 있었다. 그중에서 구텔루 연합과 위다이아 연합이 두굼 지역에서 전쟁을 벌였다. 근처에는 독립된 아수크 발레그 연합이 있었는데, 몇 번의 전투 후에 원래의 땅을 포기하고 구텔루에서 갈라져 나와 발리엠 계곡을 따라 자리잡은 집단이 건설한 연합이었다. 위다이아 연합과 동맹 관계에 있던 아수크 빌레크 동생의 네 남자가 아불로파크라는 구텔루 연합의 한 부락을 찾아갔다. 그 부락에는 네 남자 중 두 남자의 친척이 살았다. 그러나 방문자들은 위다이아가 얼마 전에 구텔루 사람 둘을 죽였고 구텔루가 위다이아 사람을 죽여 복수하려던 시도가 실패로 끝났다는 걸 몰랐다. 따라서 구텔루 사람들이 몹시 화난 상태라는 것도 몰랐다.

위다이아와 동맹인 아수크 발레크의 네 남자가 아불로파크에 들어서자, 그곳 구텔루 사람들에게는 복수할 절호의 기회가 찾아온 셈이었다. 위다이아 사람을 죽이는 것에 버금가는 복수의 기회였다. 아불로파크에 친척이 있는 두 사람은 해를 입지 않았지만, 친척이 없는 두 사람은 가차 없이 공격을 당했다. 한 사람은 간신히 탈출했고, 다른 한 사람은 어떤 오두막의 다락방으로 피신했지만 끌려 내려와 창을 맞았다. 그 공격에 아불로파크 구텔루 사람들은 환호성을 지르며 좋아했고, 아직 죽지 않은 아수크 발레크 사람의 몸뚱이를, 그들이 춤을 추는 광장까지 질질 끌고 갔다. 그날 밤 아불로파크 사람들은 시신을 가운데 두고 즐겁게 춤을 추었고, 결국에는 시신을 도랑에 던져 물속에 밀어넣고는 풀로 덮었다. 다음 날 아침, 아불로파크에 친척이 있던 두 아수크 발레크 사람은 허락을 얻은 후에 시신을 건져냈다. 이 사건에서 여행할 때는 편집증에 가까울 정도로 조심해야 한다는 걸 알 수 있다. 7장에서 '건설적인 편집증'이란 제목으로 이에 대해 더 자세히 살펴보도록 하자.

전통적으로 인구밀도가 높고 환경이 안정된 지역에서는 여행 거리가 짧고 지역에 대한 지식이 적었고, 인구밀도가 낮고 환경이 변덕스런 지역에서는 여행 거리가 길고 지역에 대한 지식이 많은 편이었다. 예컨대 인구밀도가 높고 환경이 상대적으로 안정된 뉴기니 고원지대 사람들의 지리적 지식은 무척 협소했다. 환경은 안정적이지만 인구밀도가 낮은 지역의 경우에는 여행과 지식이 조금 더 넓었고(예컨대 뉴기기 저지대, 피그미족이 사는 아프리카 열대우림), 환경이 변덕스럽고 인구밀도가 낮은 지역의 경우에는 훨씬 더 넓었다(예컨대 사막과 북극권의 내륙).

예컨대 안다만 제도의 섬사람들은 약 32킬로미터 이상 떨어진 곳에서 사는 안다만 부족들에 대해 전혀 몰랐다. 두굼 다니족에게 알려진 세계는 발리엠 계곡을 넘지 않았다. 언덕 꼭대기에 올라가면 발리엠 계곡의 대부분이 보이지만, 계곡이 전쟁의 경계가 되었고 그 경계를 넘으면 자살행위와 똑같아서 그들은 기껏해야 계곡의 일부만을 돌아다닐 뿐이었다. 적어도 70곳에 분포되어 있는 피그미족은 어떤 곳을 다녀온 적이 있느냐는 질문을 받으면, 33.5킬로미터 내에 있는 곳의 절반밖에 모르고, 67킬로미터 내에 있는 곳에 대해서는 4분의 1밖에 모른다. 내가 1950년대와 1960년대 영국에서 살 때 확인했듯이, 영국의 많은 시골 사람들도 1차대전과 2차대전 동안 군인으로 해외에 파견된 경우를 제외하면 과거에 거의 평생을 고향 마을이나 그 근처에서 보냈다.

따라서 소규모 전통 사회에서 1차 이웃이나 2차 이웃 너머의 세계를 안다는 것은 거의 불가능했고, 알더라도 전해 들은 것이었다. 예컨대 뉴기니 본토에서 인구가 조밀한 산골짜기에 사는 사람들 중에는 거껏해야 80~190킬로미터 밖에 있는 바다를 보거나, 바다에 대해 들은 사람이 하나도 없었다. 뉴기기 고원지대 사람들은 물품교환으로 해산물을 받아들였고, (유럽인이 해안지역에 도래한 후에) 철제 도끼를 받아들여 무척 소중하게 다루었다. 그러나 해산물과 철제 도끼는 부족들 사이에서 거래되었고, 많은 손을 거쳐서 해안지역에서 고원지대까지 건너온 것이었다. 아이들은 전화 놀이를 할 때 일렬이나 둥그렇게 앉아서 옆 아이에게 뭔가를 귓속말로 전한다. 이때 마지막 아이가 들은 말이 첫 아이가 한 말과 아무런 관계도 없는 경우가 있듯이, 해산물과 철제 도끼를 처음에 제공한 사람과 환경에 대한 정보는 고원지대에 도달할 쯤에는 완전히 사라졌을 것이다.

많은 소규모 사회에서, 세상에 대한 지식의 한계가 이른바 첫 접촉으로 인해 갑작스레 종식되었다. 유럽 식민지 개척자, 탐험가, 장사꾼, 선교사의 도래로 전에는 알지 못하던 외부 세계의 존재를 알게 되었던 것이다. 오늘날에도 '미접촉' 상태로 남아 있는 사람들은 뉴기니와 남아메리카 열대 지역의 오지에서 살아가는 소수의 종족들이다. 그러나 그들도 머리 위를 날아가는 비행기를 보았고, 외부 세계와 '접촉한' 이웃 종족들로부터 외부인에 대해 들었을 것이기 때문에 외부 세계가 존재한다는 정도는 알고 있다(여기에서 '접촉'은 유럽인과 인도네시아인처럼 멀리 떨어진 외부인의 접촉을 뜻한다. 물론 '미접촉' 종족도 뉴기니나 남아메리카의 원주민들과는 수천 년 동안 접촉해왔다). 예컨대 내가 1990년대 서뉴기니의 산악지역에서 지낼 때 나를 맞아준 사람들은 수십 년 전에 처음으로 네덜란드인들과 접촉한 사람들이었다. 그들은 나에게 북쪽에 아직 외부인과 접촉하지 않은 한 부족이 있다고 말해주었다. 물론 그 부족이 선교사나 그 밖의 외부인과 접촉하지 않았다는 뜻이었다(선교사들은 무작정 예고도 없이 미접촉 사회를 찾아가는 위험을 감수하지 않고, 접촉한 사회의 누군가를 대표로 보내서 자신들을 우호적으로 맞아줄 것인지 타진하는 방법을 주로 사용한다). 그러나 그 '미접촉' 산사람들도 자신들이 접촉하던 '접촉한' 이웃 종족들로부터 유럽인이나 인도네시아인에 대해 들어 알고 있었을 것이다. 게다가 그 미접촉 부족도 오래전부터 머리 위를 날아다니는 비행기를 보았을 것이다. 내가 그들의 이웃 마을을 찾아오기 위해서 탔던 비행기를 그들이 보지 못했을 까닭이 있겠는가. 따라서 세계 어딘가에 남아 있는 미접촉 무리도 외부 세계가 있다는 걸 분명히 알고 있다.

  비행기가 발명되어 미접촉 무리에게 외부 세계가 있다고 알려주기 훨씬 전, 유럽인들이 1492년부터 세계 전역으로 퍼져나가 새로운 사람들을 '발견'하던 때는 조건이 여러모로 달랐다. 세계사에서 마지막 대규모 첫 접촉은 뉴기니 고원지대에서 있었던 접촉일 것이다. 오스트레일리아 정부와 네덜란드 정부의 순찰대와 군정찰대, 일확천금을 노린 광산업자들, 생물학적 원정대가 1930년대부터 1950년대까지 백만 명에 가까운 고원지대 사람들을 '발견했다'. 당시 유럽인들은 400년 전부터 뉴기니의 해안지역을 방문하고 그곳에 정착했지만, 그때까지 외부 세계에 알려지지 않은 새로운 사람들이었다. 1930년대까지 뉴기니에서 첫 접촉은 육로와 수로로 탐험하던 유럽인들에 의해 이루어졌다. 고원지대 사람들이 유럽인의 존재를 확인한 첫 증거는 유럽인들의 물리적인 도래였다. 1930년대 이후로 육로 탐험대보다 비행기의 출현이 점점 잦아지면서 고원지대 사람들에게 그들의 영역 밖에 새로운 세계가 있다는 걸 알려주었다. 예컨대 서뉴기니에서 조밀하게 살던 고원지대 사람들, 즉 발리엠 계곡에 살던 약 10만여 명은 1938년 6월 23일에 '발견되었다'. 석유재벌 리처드 아치볼드의 후원을 받아 뉴기니의 동물과 식물을 탐사하러 나선 뉴욕의 미국자연사박물관과 네덜란드 식민지정부의 합동 원정대에 소속된 비행기가 전에는 숲으로 뒤덮이고 사람이 살지 않는다고 추정되던 산악지역을 비행하던 때였다. 아치볼드와 그의 원정팀은 네덜란드에서도 인구가 조밀한 지역에서 보이는 바둑판 모양으로 벌채된 널찍하고 평평한 계곡과 관개시설을 내려다보며 놀라지 않을 수 없었다.

  유럽인과 고원지대 사람의 대규모 첫 접촉이 일어난 지역들에 대해서는 세 권의 책에 자세히 기록되어 있다. 첫 책은 밥 코널리와 로빈 앤더슨이 쓴《첫 만남(First Contuct)》이다. 이 책에서는 1930년과 1935년 사이에 인구가 조밀한 동뉴기니의 고원지대 계곡들에 들어간 최초의 유럽인이었던 광산업자 마이클 레이히, 마이클 드와이어, 대니얼 레이히의 순찰대에 대한 이야기가 자세히 소개된다(루터교 선교사들은 이미 1920년대에 고원지대의 동쪽 언저리까지 진출했었다). 두 번째 책은 마이클 레이히가 자신의 경험을 바탕으로 쓴《뉴기니 고원지대의 탐험, 1930~1953(*Explorations into Highland New Guinea, 1930~1935*)》이고, 세 번째 책은 오스트레일리아 역사학자 빌 가마지가 쓴《하늘의 여행자들(*The Sky Travelers*)》이다. 이 책에서는 짐 테일러와 존 블랙이 지휘한 오스트레일리아 정부 순찰대가 1938년과 1939년에 파푸아뉴기니 고원지대의 서쪽 지역을 탐사하던 과정이 소개된다. 두 순찰대 모두 많은 사진을 찍었다. 마이클 레이히는 동영상까지 찍었다. 첫 접촉의 순간에 뉴기니 사람들의 얼굴에 드러난 겁먹은 표정들은 어떤 언어적 표현보다 첫 접촉의 충격을 여실히 보여준다(11, 13페이지 사진 참조).

첫 번째와 세 번째의 장점을 꼽으라면, 뉴기니인과 유럽인의 양 관점에서 첫 접촉의 인상을 기술하고 있다는 것이다. 첫 접촉이 있고 50년 후에 레이히와 드와이어는 관련된 뉴기니인들을 인터뷰했다. 나이든 미국인들이 현대 미국사에서 가장 충격적이었던 세 사건—1941년 12월 7일 일본이 진주만을 공격한 사건, 1963년 11월 22일 케네디 대통령이 암살된 사건, 2001년 9월 11일 세계무역센터가 공격받은 사건—이 있었던 순간에 자신들이 하던 일을 평생 기억하듯이, 1980년대에 60세를 넘긴 뉴기니인들도 어렸을 때, 즉 1930년대에 레이히와 드와이어의 백인 순찰대원들을 처음 만났던 순간을 또렷하게 기억하고 있었다.

한 뉴기니인의 말을 인용해보자. "이 몸집이 큰 사람들—레이히와 드와이어를 가리키며—이 지금은 노인이지만 당시에는 젊었지요. 결혼도 하지 않았고, 수염도 깎지 않았을 겁니다. 백인들이 왔을 때…… 나는 정말 무서웠어요. 정확히 생각나지는 않지만 마구 소리를 질렀을 거예요. 내 아버지가 나를 잡아끌었어요. 우리는 높게 자란 띠 뒤로 숨었습니다. 얼마 후, 아버지가 고개를 살짝 들고 백인들을 훔쳐보았지요…… 백인들이 사라지고 나서야 우리는 둥그렇게 둘러앉아 얘기를 나누었습니다. 우리는 피부가 하얀 사람들에 대해 아는 게 아무것도 없었어요. 먼 곳까지 나간 적이 없었으니까요. 우리는 산에서 이쪽 부분만을 알았고, 우리만이 이 세상에서 산다고 생각했어요. 게다가 사람이 죽으면 피부가 하얗게 변하고, '저쪽' 그러니까 망자들의 세계로 넘어간다고 믿었어요. 그래서 낯선 백인들이 왔을 때 우리는 '아, 저 사람들은 이 세상 사람들이 아니야. 저 사람들을 죽이지 말자. 우리 친척일 거야. 전에 죽어서 피부가 하얗게 변한 후에 우리에게 돌아온 사람들일 거야'라고 말했습니다."

유럽인들을 처음 보았을 때, 뉴기니의 고원지대 사람들은 이상하게 보이는 낯선 사람들을 자기들의 세계관에 맞추어 해석하려고 애썼다. 따라서 그들은 다음과 같은 의문을 품었다. 이 정체불명의 생물들도 인간일까? 왜 그들이 여기에 온 것일까? 무엇을 원하는 걸까? 뉴기니인들은 백인들을 '하늘의 사람들(sky people)'로 받아들이며, 자신들처럼 하늘에 살기로 된 사람들, 자신들처럼 사랑과 전쟁도 하지만 영원히 죽지 않는 사람들, 정령이거나 조상의 혼령인 사람들, 때때로 인간의 형체를 띠어서 붉은색이나 흰색으로 지상에 내려오는 사람들이라 생각했다. 첫 접촉의 순간에 뉴기니인들은 유럽인들의 행동, 유럽인들이 야영지에 남긴 부스러기들을 면밀하게 조사해서 그들이 누구인지 알아내려고 애썼다. 마침내 두 가지에서 뉴기인들은 유럽인들도 인간이라고 확신하기에 이르렀다. 하나는 유럽인들의 야영지 변소에서 찾아낸 배설물이 전형적인 인간의 배설물, 즉 뉴기니인의 배설물과 비슷하다는 결론이었다. 다른 하나는 뉴기니의 젊은 여자들이 유럽인들에게 섹스 파트너가 되었다는 것이다. 그런 사실은 유럽인에게도 성기가 있고, 뉴기니 남자들처럼 섹스를 행한다는 증거였다.

:
**무역과
장사꾼**

경계를 지키고 자원을 공유하며 전쟁을 벌이는 것 이외에, 이웃한 사회들은 무역으로도 관계를 맺었다. 나는 뉴기니 섬의 북동 지역에서 좀 떨어진 비티아즈 해협의 16개 섬에서 새를 관찰하는 동안 전통 사회들의 복잡한 무역 방식을 제대로 알게 되었다. 대부분의 섬들은 대체로 숲으로 뒤덮였고, 소수의 마을만이 있었다. 또 각 마을은 수십 피트씩 떨어진 몇몇 가구로 이루어졌고, 마을 앞에는 어김없이 널찍한 공공의 공간이 있었다. 따라서 나는 말라이라는 섬에 처음 도착했을 때 전혀 다른 모습에 깜짝 놀랐다. 솔직히 말해서 맨해튼의 축소판에 낙하산을 타고 내린 기분이었다. 뉴욕에 일렬로 늘어선 연립주택들처럼 2층 목조 주택들이 거의 바싹 붙어 늘어서 있었다. 당시 비티아즈 해협의 섬들에 일반적이던 단층 오두막에 비하면 그야말로 마천루가 따로 없었다.

커다란 마상이들이 줄지어 늘어선 해변은 제1세계의 요트 정박지를 보는 기분이었다. 또한 집들 앞에는 내가 비티아즈 해협의 다른 곳에서 보았던 것보다 훨씬 많은 사람이 모여 있었다. 1963년의 인구조사에 따르면 말라이 섬주민은 448명이었다. 말라이 섬의 면적이 0.32제곱마일인 것을 고려할 때, 인구밀도가 제곱마일당 1,400명이란 뜻으로 어느 유럽 국가의 인구밀도보다 높았다. 비교해서 말하면, 유럽에서 인구밀도가 가장 높은 네덜란드조차도 제곱마일당 1,010명에 불과하다.

이 놀라운 부락의 주인은 유명한 원거리 장사꾼 시아시족이었다. 그들은 마상이를 타고 거친 바다를 헤치며 480킬로미터까지 항해하며 돼지와 개, 항아리와 구슬, 흑요석 등을 실어 날랐다. 그들은 곳곳을 찾아다니며 필수품과 사치품을 제공하며 도움을 주었다. 다른 부족에게 좋은 일을 하는 과정에서 그들도 식량의 일부를 구입함으로써 이익을 취했고, 그 덕분에 돼지로 부를 측정하는 뉴기니의 기준에서 막대한 부자가 되었다. 한 번 여행할 때마다 900퍼센트의 이익을 얻었다. 말라이에서 돼지를 싣고 떠나 가장 먼저 찾아간 움보이 섬에서 돼지를 마리당 10자루의 사고와 교환했고, 두 번째로 찾아간 뉴기니 본토의 시오 마을에서는 10자루의 사고를 100개의 항아리와 교환했다. 다시 뉴브리튼 섬을 찾아가서는 100개의 항아리를 돼지 10마리와 교환한 후에 말라이로 돌아가 돼지고기로 자축연을 벌였다. 그 사회들에는 화폐가 부족해서 전통적으로 화폐는 통용되지 않았다. 시아시족의 쌍둥이돛이 달린 마상이는 길이가 약 18미터, 높이가 1.5미터 정도여서 약 2톤의 짐을 실을 수 있었다. 목선으로는 당시 과학기술의 결정판이었다.

고고학적 기록에 따르면, 빙하기의 선조들은 이미 수만 년 전에 무역

전통적인 교역 방법. 뉴기니 장사꾼들은 카누에 물건을 싣고 교역 상대를 찾아가 물물 교환을 했다.

을 하고 있었다. 발트해의 호박(琥珀), 지중해의 조개껍질이 1,500킬로미터나 내륙으로 들어간 홍적세 유럽 내륙의 크로마뇽인 유적지에서 발견된다. 게다가 돌연장을 만들기에 적합한 흑요석과 부싯돌과 벽옥 등 단단한 돌들도 채석된 곳에서 수백 킬로미터씩 옮겨진 증거들이 발견된다. 시베리아에서 순록을 방목하는 응가나산족, 앨런 홀름버그가 연구한 볼리비아의 시리오노족 등 소수의 현대 전통 사회들만이 대체로 자급자족하며 다른 부족들과 거의 혹은 전혀 무역을 하지 않는 것으로 여겨진다. 그러나 모든 현대 사회가 그렇듯이, 대부분의 전통 사회는 적잖은 물건을 수입했다. 뒤에서 다시 보겠지만, 자급자족할 수 있었던 전통 사회들도 자급자족하는 길을 선택하지 않고, 스스로 생산하거나 구할 수 있었던 물건들을 물물교환으로 구하는 방법을 선호했다.

소규모 전통 사회에서 대부분의 무역은 이웃한 집단들 간의 단거리 무역이었다. 원거리 무역은 여러 사회를 지날 수밖에 없어 빈번하게 발발하는 전쟁으로 인해 위험하기 때문이었다. 마상이를 이용해 원거리를 다닌 시아시족 장사꾼들도 신중하게 행동하며 이미 무역 관계를 구축한 마을들에만 상륙했다. 해로를 벗어나거나 돛이 부러져서, 그런 관계를 맺지 않은 해안에 어쩔 수 없이 상륙하면, 친절과는 담을 쌓고 미래를 생각하지 않는 마을 사람들에게 불법 침입자로 취급받아 죽임을 당하고, 물건까지 빼앗기기 십상이었다.

전통적인 거래는 상품을 다른 사람에게서, 즉 상점에서 돈을 주고 구입하는 현재의 거래 방식과 여러 점에서 달랐다. 예컨대 요즘에는 소비자가 신차 매장에 가서 자동차 판매원에게 미래의 언젠가 동등한 가치의 선물을 주겠으니 믿어 달라고 말하고는 돈을 전혀 지불하지 않거나 계약서에 서명도 하지 않고 자동차를 몰고 나간다는 건 생각할 수도 없다. 그러나 이런 놀라운 거래 방식이 전통 사회에서는 일반적이었다. 하지만 전통적인 거래의 몇몇 특징은 요즘의 소비자에게도 낯설지 않다. 그들도 우리처럼 보석류와 디자이너 의류처럼 기능적으로 쓸모없고 쓸데없이 비싼 신분의 상징물을 구입하는 경우가 많았다. 따라서 첫 접촉이 있은 직후 전통 사회 사람들이 현찰로 이루어지는 우리의 시장경제를 보고 어떤 면을 이상하게 생각했을지 상상해보는 것으로 시작해보자. 외부인을 갓 접촉한 뉴기니의 고원지대 사람들은 해안의 도시들을 처음 방문했을 때 상당한 문화 충격을 받았을 것이다. 그들이 우리 시장경제가 운영되는 방식을 알았을 때 무슨 생각을 했을까?

:

시장경제   고원지대 사람들은 우리가 물물교환이 아니라 주로 돈을 주고 물건을 구입한다는 걸 알았을 때 큰 충격을 받았을 것이다. 전통적인 거래에서 교환되던 대부분의 물건과 달리, 돈에는 본질적인 가치가 없다. 돈은 교환되는 데 사용되거나 보관해두고 감탄하며 바라보고 사회적 지위까지 부여하던 보석류나 그릇처럼 아름다운 사치품으로도 여겨지지 않는다. 돈의 유일한 효용성이라면 다른 물건들과 교환하는 데 쓰인다는 점이다. 또 시아시족이 무역하던 그릇은 기술만 보유하면 누구나 만들 수 있었지만, 돈은 정부만이 발행할 수 있다. 제1세계 시민들은 돈을 제작하는 기술에 인쇄기까지 지니고 있지만, 그런 기술을 발휘해서 직접 돈을 만들면 화폐 위조범으로 체포되어 감옥에 들어간다.

과거의 전통적인 방법, 즉 두 사람이 제삼자에게 돈을 지불하는 중간 단계를 거치지 않고 직접 만나 원하는 물건을 교환하는 물물교환은 옛날만큼 빈번하지는 않지만 지금도 현대 사회에서 그런대로 사용된다. 일부 전통 사회에서는 지금 우리가 돈을 사용하는 방법과 비슷하게 임의적 가치를 지닌 물건을 화폐처럼 사용했다. 뉴브리튼 섬의 카울롱족이 사용한 황금빛 진주조개껍질, 미크로네시아의 야프 섬사람들이 사용한 커다란 돌원판이 대표적인 예이다. 뉴기니 고원지대 사람들은 개오지 조개껍질을 사용했다. 비티아즈 해협의 섬사람들은 섬세하게 조각한 함지박을 교

현대식 교역. 점원이 상점에 들어온 손님을 차별하지 않고 누구에게나 상품을 판매하고, 정부가 발행한 화폐를 받는다.

환의 도구로 사용하며, 일정한 비율로 신부값의 일부로 내놓기도 했다. 한 명의 신부값으로 신랑측은 이런저런 많은 조개껍질이나 함지박 이외에 다른 물건을 내놓아야 했다. 그러나 이런 물건들은 특정한 것들에 대한 값을 치르는 데만 사용되었고, 보관해두고 과시하는 데 필요한 사치품이기도 했다는 점에서 지금의 돈과 달랐다. 또한 뉴기니 고원지대 사람들과 달리, 미국인들은 100달러짜리 지폐를 사용할 때까지 지갑에 깊이 감추어두며, 지폐로 목걸이를 만들어 모두가 보도록 목에 걸고 뽐내며 걷지 않는다는 점도 다르다.

전통 사회 사람들이 우리 시장경제를 보고 놀랄 만한 두 번째 특징이라면, 우리가 뭔가를 사는 과정이 순전히 교환으로만 여겨진다는 점이다. 구매자가 넘겨주는 무엇, 즉 돈은 상호적인 선물이 아니라 물건값이다. 거의 언제나 구매자가 물건을 구입하는 즉시 돈을 지불하며, 나중에 지불하거나 할부로 지불하는 경우에는 적어도 가격에 대해 합의를 본다. 새 차를 구입하는 경우처럼 판매자가 금액의 일부나 전부를 나중에 받는 데 동의하면 미지급금은 구매자의 자유로운 선택에 맡겨지는 상호적인 선물이 아니라 명백한 채무가 된다. 이런 절차와, 자동차 판매원이 자동차를 소비자에게 '주며' 불확정적인 미래의 선물을 기대하는 상상의 경우를 비교해보라. 우리는 그런 거래를 불합리하다고 생각할 것이다. 그러나 많은 전통 사회에서 무역과 거래가 실제로 이런 식으로 이루어진다는 걸 뒤에서 자세히 살펴보기로 하자.

우리 시장경제의 세 번째 특징은, 대부분의 거래가 구매자와 최종적인 공급자 사이보다 구매자와 특별한 시설(상점)을 갖춘 전문적인 중개자(판매자) 사이에서 이루어진다는 점이다. 계층화된 경제구조에서 가장 낮은 단계에서 이루어지는 단순한 모델은 중개자를 거치지 않는 직거래이다. 요컨대 판매자가 집 앞에 간판을 내걸거나 신문광고나 이베이 게시판을 통해서 자신의 상품을 광고해서, 그 광고를 본 구매자에게 집이나 자동차를 직접 판매하는 방식이다. 반면에 경제구조에서 가장 높은 단계에 있는 복잡한 모델은 정부 간의 거래이다. 석유 인도를 위한 정부 간의 계약, 제1세계 국가들이 다른 나라들에 판매하는 무기 거래가 대표적인 예이다.

시장경제에서 거래는 이처럼 다양한 형태를 띠지만, 그 다양한 형태의 거래에서 구매자와 판매자는 개인적인 관계를 거의 혹은 전혀 맺지 않는다. 그들은 전에도 서로 본 적이 없고, 다시 거래를 맺을 가능성도 없다. 유통 단계마다 주인이 바뀌는 품목(구매된 물건과 돈)이 중요하지, 구매자와 판매자의 관계는 중요하지 않다. 어떤 소비자가 매주 농산물 시장에 들러서 특정한 농부의 가판대를 방문하는 경우처럼, 구매자와 판매자가 반복해서 거래하는 경우에도 거래 자체가 중요하지 관계는 이차적인 관심사이다. 시장경제의 이런 기본적인 사실이 독자들에게 당연하게 여겨지겠지만, 소규모 전통 사회에는 적용되지 않는다. 전통 사회에서는 당사자들이 전문적인 판매자도 아니고 구매자도 아니기 때문이며, 양 당사자의 관계가 꾸준히 지속되어, 교환을 통해 더욱 돈독해지는 관계에 비하면 교환되는 물건은 하찮게 여겨질 수 있기 때문이다.

시장경제의 네 번째 특징은 세 번째 특징과 관계가 있다. 대부분의 시장은 항상, 적어도 규칙적으로 운영된다. 예컨대 상점은 일요일을 제외하고 매일 문을 열고, 농산물 시장은 매주 한 번씩(예컨대 수요일 아침) 운영된다. 반면에 소규모 전통 사회에서 대부분의 거래는 드물게, 주로 1년에 한 번이나 수년에 한 번씩 이루어진다.

시장경제의 다섯 번째 특징이자 끝에서 두 번째 특징은 소규모 전통 사회의 거래와 다르다기보다는 유사하다. 전통 사회에서나 현대 시장경제에서나 거래되는 물건들은 물질적으로 필수적인 것(필수품)부터 물질적으로 불필요한 것(사치품)까지 다양하다. 한쪽 끝에는 생존을 위해 반드시 필요하거나 생존을 용이하게 해주는 물건이 있다. 식량과 따뜻한 옷, 연장과 기계가 그런 것이다. 반대편 끝에는 생존과 관계없지만, 보석류와 텔레비전처럼 즐거움을 주고 사회적 지위를 높여주는 사치품과 장식품이 있다. 회색지대인 중간에는 물질적으로 유용하지만 값이 싼 대신에 품격이 떨어지는 기능적인 물건과 값이 비싼 만큼 품격을 높여주는 똑같이 기능적인 물건이 있다. 예컨대 10달러짜리 일반 손가방과 2,000달러짜리 구찌 손가방은 물건을 담는 데는 똑같이 유용하지만, 구찌 손가방은 품격을 높여주고 일반 손가방은 그렇지 못하다. 이런 예가 암시하듯이, 물질적으로 '불필요한' 사치품이라고 무작정 쓸모없는 것이라고 배척해서는 안 된다. 사치품이 높여주는 품격과 지위는 물질적인 이득이 보장된 사업 기회나, 젊고 예쁜 아내나 남편을 맞는 기회를 안겨줄 수 있다. 한편 '유용성'에 관련된 회색지대는 초기의 무역에서도 존재했다는 것이 고고학적으로 입증된다. 예컨대 수만 년 전에 크로마뇽인은 사냥에 필요한 창촉을 순전히 장식에 필요한 조개껍질과 호박이나, 투명한 석영을 아름답게 다듬은 장식용 창촉으로 교환했다. 우리가 해산물 시장에서 구입한 물이 뚝뚝 떨어지는 생선과 냄새나는 어유(魚油)를 구찌 가방에 담아가지 않듯이, 크로마뇽인도 석영으로 섬세하게 다듬은 창촉으로 사냥할 생각은 꿈도 꾸지 않았을 것이다.

현대 시장경제의 마지막 특징은 전통 사회에서 흔히 행해지지만, 다른 경우에는 우리 현대인은 거의 생각할 수 없는 방법으로 전통 사회에서만 확인되는 특징이다. 우리가 뭔가를 구입하는 주된 이유는 그 물건을 원하기 때문이지, 판매자와 개인적인 관계를 돈독히 하려는 목적이 아니다. 그리고 우리를 경제적으로 보완해주고, 우리가 직접 구입할 수 없거나 만드는 방법을 모르는 물건을 파는 사람에게 그 물건을 구입한다. 예컨대 농사를 짓지 않는 일반적인 소비자에게는 사과밭이 없다. 따라서 그는 사과 농사꾼이나 식품점에서 사과를 사야 한다. 반면에 사과 농사꾼은 자신에게 없는 의학 지식과 법률 지식을 지닌 의사와 변호사에게 의료 서비스와 법률 서비스를 받는다. 어떤 사과 농사꾼도 다른 사과 농사꾼과 우호적인 관계를 유지하겠다는 목적으로만 다른 사과 농사꾼에게 사과를 사거나 팔지는 않는다. 뒤에서 다시 보겠지만, 소규모 전통 사회들에서도 현대 소비자와 공급자와 마찬가지로 한쪽은 자기 지역에서 구할 수 있지만 상대방은 그럴 수 없는 물건들(예: 일정 지역에서만 생산되는 돌)과, 한쪽은 만드는 법을 알지만 상대방은 그 방법을 모르는 물건들(예: 바다를 항해할 수 있는 정교한 통나무배)을 주로 거래한다. 하지만 양쪽 모두에서 똑같이 구할 수 있는 물건들도 적잖게 거래한다. 이는 순전히 정치적이고 사회적인 이유로 관계를 유지하기 위한 거래이다.

**전통적인
거래 형태**

지금까지 우리는 무역 혹은 거래를 전통 사회 구성원의 관점에서 살펴보았다. 요컨대 그들이 우리 시장경제에서 다르고 놀랍게 생각할 만한 것과 친숙하게 받아들일 만한 것을 구분해서 접근했다. 이번에는 전통적인 거래의 메커니즘 자체를 살펴보자. 앞에서도 말했듯이, 우리는 돈을 매개로 거래하지만 전통 사회에서는 물물교환이 중심이었다. 물론 때로는 개오지 조개껍질처럼 귀중한 물건이 돈과 비슷한 역할을 하기도 했다. 이제부터, 시장경제의 특징으로 언급한 것들에 상응하는 전통적인 방법들은 무엇이 있는지에 대해 살펴보자.

전통 사회에서도 협상을 거쳐 두 물건을 동시에 주고받는 경우가 있지

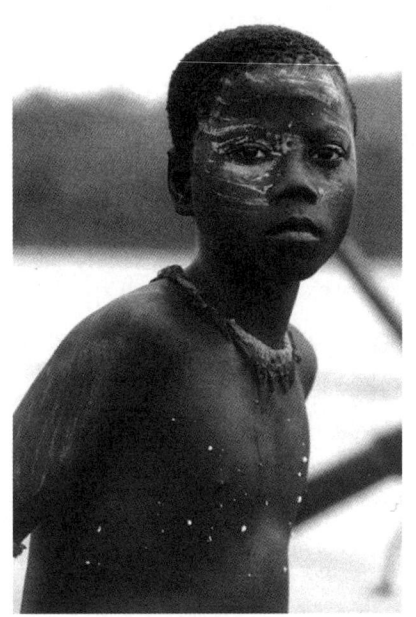
벵골만의 안다만 제도의 섬사람.

만, 한쪽이 선물을 주고 상대방은 미래의 불특정한 시기에 상응하는 가치를 띤 물건을 선물로 주어야 하는 빚을 지는 경우가 있다. 이처럼 서로 선물을 주고받는 가장 단순한 형태는 안다만 제도의 섬사람들에게서 확인된다. 그들의 경우에는 거래의 양 당사자 사이에 유예 기간이 거의 없다. 한 지역이 며칠 동안 계속되는 잔치에 한두 지역 사람들을 초대하면, 초대받은 사람들은 활과 화살, 까뀌와 바구니 등을 선물로 가져간다. 한 방문자가 주인에게 뭔가를 선물로 주면, 주인은 그 선물을 거절할 수 없으며 동등한 가치의 뭔가를 그 방문객에게 주어야 한다. 그 답례품이 기대에 미치지 못하면 손님은 화를 낼 수도 있다. 때때로 선물을 주면서 당사자가 답례로 원하는 선물을 지정하기도 하시만, 이런 경우는 무척 예외적이다.

남아메리카 야노마미족의 경우, 선물을 주고받는 행위는 한 부족이 이웃 부족을 초대한 잔치와 관계가 있다. 야노마미족이 선물을 주고받는 관습에 따르면 두 번째 선물이 첫 번째 선물과 다른 품목이어야 하고, 다음 잔치에서 주어진다는 점에서 안다만 섬사람들의 관습과 다르다. 또한 야노마미족의 경우에는 모든 선물이 오랫동안 기억된다. 첫 번째 선물과 두 번째 선물 사이의 간격이 길어지면, 한 마을의 구성원이 지난 만남에서 다른 마을의 구성원에게 선물을 빚지고 있다는 뜻이므로, 이웃한 마을들이 서로 잔치에 방문하는 꾸준한 구실거리가 된다.

알래스카 북서지역의 이누이트족, 필리핀의 아그타족, 트로브리안드 섬사람들, !쿵족의 경우에는 모든 사람이 저마다 선물을 교환하는 거래 상대가 있다. 이누이트족은 한 사람이 대체로 1~6명과 거래한다. 수렵채집을 하는 아그타족은 필리핀의 농경인들, 아프리카 피그미족은 반투족 농경인과 관계를 맺으며, 그 관계는 대를 이어 전해진다. 트로브리안드 섬사람은 마상이를 타고 무역을 떠날 때 방문한 섬마다 거래 상대를 두고, 그에게 선물을 준다. 그리고 1년 후에 다시 방문할 때 그로부터 그에 상응하는 선물을 기대한다. !쿵족의 '흑사로(hxaro)' 윗거리 무역 시스템은 한 사람이 12명 가량의 거래 상대를 둔다는 점에서 색다르다. 또한 선물을 주고 나서, 상대를 다시 만나 상응하는 선물을 받는 때가 대체로 몇 달이나 몇 년이란 긴 간격을 둔다는 점에서도 색다르다.

어떤 사람이 장사꾼 역할을 할까? 또 어떤 환경에서, 얼마나 자주 그들을 만날까? 소규모 사회에서는 모두가 장사꾼이다. 하지만 상대적으로 큰 군장사회와, 경제적 역할이 전문화된 초기 국가에서는 지금과 유

 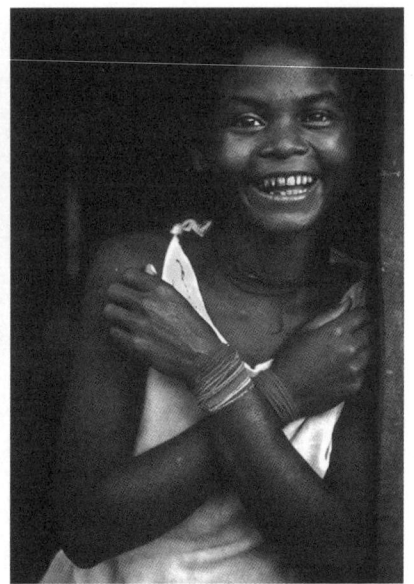

왼쪽: 남아메리카 야노마미족 소녀. 오른쪽: 필리핀 루손 섬 산악림의 아그타족 여인.

사한 전문 장사꾼이 등장한다. 이런 현상은 중동에서 문자가 탄생하기 4~5,000년 전에 남겨진 기록에서도 이미 확인되었다. 상대적으로 단순한 사회에서도 전례가 찾아지는 또 다른 현대적 현상은 사회 전체가 장사에 종사하는 현상이다. '마천루'로 나를 놀라게 했던 말라이 섬은 너무 작아 식량을 자급자족할 수 없었기 때문에 섬사람들은 중개인이나 제조업자 혹은 무역업자가 되어 필요한 식량을 구입했다. 따라서 말라이 섬사람들은 현대 싱가폴의 원조라 할 수 있다.

전통적인 거래의 형태와 빈도는 사회에 따라 무척 다양하다. 가장 단순한 단계라면, !쿵족과 다니족 사람이 개인적으로 가끔 다른 무리나 부락의 거래 상대를 만나러 가는 경우이다. 북서 뉴기니의 해안지역에 사는 시오 마을 사람들이 내륙 마을에서 찾아오는 뉴기니인들을 만나던 부정기적인 시장은 요즘의 노천시장이나 벼룩시장을 떠올려주었다. 양쪽에서 찾아온 수십 명이 서로 얼굴을 마주보고 줄지어 앉았다. 내륙 사람이 타로토란과 고구마가 5~15킬로그램이 담긴 망태기를 내밀자, 맞은편에 앉아 있던 시오 마을 사람이 그에 상응하는 가치를 지닌 것으로 판단되는 상당수의 항아리와 코코넛을 내밀었다. 마상이를 타고 장사를 다니는 트로브리안드 섬사람들도 방문하는 섬에서 비슷한 형태로 거래했다. 실용적인 물건들(식량, 항아리, 그릇, 돌)을 물물교환으로 교환했고, 그와 동시에 자신의 거래 상대와 사치품(조개껍질로 만든 목걸이와 팔찌)을 서로 선물로 주고받았다.

안다만 섬의 무리 사회들이나 야노마미족의 마을들은 부정기적으로 열리며 며칠간 계속되는 잔치를 서로 만나 선물을 주고받는 기회로 삼았다. 알래스카 북서부의 이누이트족은 여름이면 무역시장을 개최했고, 겨울이면 수확을 자축하는 잔치를 벌였다. 그때에는 평소에 적대시하던 무리들까지 참석해서 한두 주 동안 계속되는 거래와 잔치를 평화롭게 즐길 수 있었다. 시아시 섬사람들, 트로브리안드 섬사람들, 뉴기니 남동 해안의 마일루 섬사람들, 중국인들에게 팔려고 말린 해삼을 구하기 위해 오스트레일리아 북부 지역을 방문하던 인도네시아의 마카사르 지역 사람들은 매년 무역을 위해서 상인들을 마상이에 태워 수백, 심지어 수천 킬로미터가 떨어진 바다로 내보냈다.

:
**전통적인
거래 품목**

무역으로 교환된 물건들에 대해 말하자면, 그 물건들을 먼저 두 종류, 즉 실용적인 품목(식량과 연장)과 사치품(개오지 조개껍질과 다이아몬드 반지)으로 나누어야 한다. 그러나 이런 이분법은 실제로 적용하려는 순간 애매해진다. 미국의 경제학자 프랭크 나이트(1885~1972)가 말했듯이, "경제사회적인 논의를 잘못된 방향으로 끌어가는 불합리하고 그릇된 오해 중에서 최악을 꼽자면…… 생물학적이고 육체적인 생존이란 관점에서 해석되는 효용성과 유용성이 인간의 수준에 영향을 미친다는 생각이다." 예컨대 BMW 승용차는 분명히 사치품이고 신분의 상징이지만, 식료품점에 가기 위해서 사용될 수도 있다. BMW 승용차가 투영하는 이미지는 그 소유자가 사업상 거래를 체결해서 돈을 벌고 짝을 유혹하는 데 중요한 부분을 차지할 수 있다. 시아시족의 아름답게 조각된 목제 그릇도 마찬가지이다. 그 그릇은 잔치에 채소를 담는 데도 사용되지만, 비티아즈 해협 지역에서 부인을 사는 데 반드시 필요한 신분의 상징이기도 하다. 뉴기니에서 돼지는 다른 어떤 것보다 훨씬 귀중한 신분의 상징이다. 그 때문에 토머스 하딩도 이렇게 말했던 것이 아니겠는가. "인간이 돼지에게 할 수 있는 가장 몹쓸 짓이 돼지를 먹는 것이다."

이런 모든 제약에도 불구하고, 95가지 거래 품목을 하나의 세탁물처럼 뭉뚱그리기보다는 유형별로 구분하는 편이 낫다. 따라서 표 1.1.은 13곳의 소규모 사회에서 거래하는 품목들을 네 유형으로 분류한 것이다. 처음에는 생존과 생계수단을 확보하는 데 즉각적으로 유용한 품목으로, 이 둘을 다시 원재료와 가공품으로 분류했다. 다음에는 생존에 즉각적으로

표 1.1_ 일부 전통 사회가 거래한 품목

	필수품		중간지대	사치품
	원재료	가공품		
크로마뇽인 (빙하기 유럽)	돌			조개껍질, 황토, 호박
다리비족 (뉴기니)	소금		연마한 돌도끼	새 깃털
다니족 (뉴기니)	소금, 돌, 나무	도끼날과 까뀌날, 나무껍질섬유	채색한 그물, 장식한 화살	조개껍질
엥가족 (뉴기니)	소금, 돌, 나무, 대나무	나무껍질 끈	돼지	조개껍질, 새 깃털, 지팡이, 나무기름, 황토, 북
트로브리안드 (뉴기니)	돌, 생선, 참마	사고	항아리, 조각한 그릇	조개껍질 목걸이, 조개껍질 팔띠
시아시 섬 (뉴기니)	흑요석, 타로토란	사고, 망태기, 활과 화살, 통나무배	항아리, 그릇, 돼지, 개, 깔개	돼지와 개의 이빨, 염료, 황토, 구슬, 빈랑나무 열매, 담배
칼루사족 (북아메리카)			항아리, 바다표범 과 고래 고기	조개껍질, 상어 이빨
캄차카족 (시베리아)	육고기, 버섯, 모피, 힘줄, 동물 가죽			
아프리카 피그미족	육고기, 버섯, 철, 꿀, 원예작물	그물, 활, 금속 창촉	항아리	담배, 술
!쿵족 (아프리카)	육고기, 철, 꿀, 모피, 동물 가죽	금속 항아리, 섬토 항아리	화살, 옷	담배, 목걸이, 파이프, 구슬
안다만 섬 (아시아)	철, 나무, 꿀, 항아리용 점토	까뀌, 밧줄, 활과 화살, 바구니		조개껍질, 염료, 빈랑나무 열매
율윤족 (오스트레일리아)		금속 도끼, 칼, 낚시바늘, 못, 창, 통나무배, 옷감, 소철열매 구슬	말린 해삼	조개껍질, 거북등, 담배, 술
노스슬로프의 이누이트족 (알래스카)	돌, 모피, 유목, 바다표범 기름, 고래 껍질과 지방, 역청	나무그릇, 배 골조, 페미컨	목제품, 석제품, 자루	상아

유용하지 않은 사치품이나 장식품, 그리고 유용성을 지니지만 사회적 지위를 부여하지 않는 물건의 물질적 가치보다 월등해서 같은 유용성을 지니더라도 사회적 지위를 부여하는 중간 단계의 품목으로 분류했다(예: 비슷한 크기에 비슷한 온기를 지닌 합성섬유 재킷과 캐시미어 재킷).

표 1.1.에 따르면, 유용한 원재료는 세계 전역의 많은 사회에서 거래되었다. 특히 연장과 무기를 만드는 데 사용되는 돌이 주목되며, 그 이후에는 금속이 뒤따랐다. 그 밖에 소금과 식량, 나무, 동물 가죽과 모피, 틈새를 메우기 위한 역청, 항아리를 만드는 데 필요한 점토도 눈에 띈다. 유용한 가공품으로는 완성된 연장과 무기, 바구니와 그 밖의 용기(容器), 자루와 그물과 밧줄 및 그런 것들을 짜기 위한 섬유, 옷감과 옷, 빵과 사고와 페미컨 같은 가공 식품 등이 주로 거래되었다. 사치품과 장식품은 가끔 원재료로 거래되었지만 주로 가공품으로 거래되었다. 새의 깃털, 연체동물의 껍질과 거북의 등껍질, 목걸이와 팔찌의 원재료와 가공품, 호박, 개와 돼지와 상어의 이빨, 코끼리와 바다코끼리의 상아, 구슬과 염료, 붉은 황토와 망간산화물 같은 염료의 원료, 나무기름, 담배와 술과 빈랑나무 열매 같은 흥분제가 전통 사회에서 거래된 사치품이나 장식품이다. 예컨대 2,000년 전, 아시아의 원거리 무역 상인들은 뉴기니의 극락조 깃털을 중국에까지 가져왔다, 다시 페르시아와 터키까지 옮겨가서 팔았다. 끝으로 돼지와 말린 해삼, 향신료, 그리고 요즘의 캐비아에 해당되는 품위 식품처럼 유용하면서도 사치스러운 품목도 거래되었고, 도자기, 조각된 활과 화살, 장식된 가방, 옷과, 깔개처럼 유용한 가공품도 거래되었다.

표 1.1.과 앞의 논의에서는 두 가지 중요한 부문이 빠졌다. 힌쪽 집단

이 상대 집단에게 제공하는 경우가 있지만, 우리가 거래 품목으로 고려하지 않는 노동력과 배우자이다. 아프리카 열대우림의 피그미족과 필리핀 아그타 숲의 네그리토족, 비교적 최근에는 일부의 !쿵족이 차례로 이웃한 반투족 농경인, 필리핀 농경인, 반투족 목축인에게 간헐적으로 노동력을 제공한다. 정확히 말하면, 피그미족 등은 사냥하고 채집한 먹을거리와 노동력을 제공하고, 그 대가로 식량을 생산하는 이웃으로부터 철과 채소 혹은 우유를 받는다. 또 대부분의 이웃한 사회들은 배우자를 교환한다. 간혹 직접적으로 동시에 교환하지만(당신이 나에게 당신 누이를 주면, 나도 내 누이를 당신에게 주겠다), 별도의 행위로 교환되는 경우가 일반적이다(지금 당신이 나에게 당신 누이를 주면, 내 누이가 초경을 할 나이가 되면 당신에게 내 누이를 주겠다). 아프리카 열대우림의 피그미족과 이웃한 반투족 농경인들 사이에는 배우자의 교환이 실제로는 일방적이다. 달리 말하면, 피그미족 여자가 반투족 남자의 부인이 되는 경우는 있어도 그 반대의 경우는 없다.

　지금까지 우리는 전통 사회에서 교환된 주된 품목을 살펴보았다. 누가 무엇을 누구에게 파느냐에 대해 잠깐 살펴보면, 인구밀도가 높아 벌거숭이로 변한 뉴기니 고원지대 골짜기의 끝자락에 있어, 아직 숲으로 뒤덮이고 인구밀도가 희박한 지역에 사는 다리비족은 고원지대 사람들에게 극락조 깃털을 수출했고, 그 대신에 소금과 매끄럽게 다듬은 돌도끼를 수입했다. 아프리카 열대우림의 피그미족은 꿀과 사냥한 짐승의 고기 및 버섯 같은 임산물을 이웃한 반투족 농경인들에게 수출하고, 반투족 농경인들로부터 농작물과 항아리, 철, 담배와 술을 수입한다. 비티아즈 해협 지역에서 섬사람들은 돼지 엄니, 개, 사고, 빈랑나무 열매, 깔개, 구슬,

아프리카 적도 열대우림에 사는 아카 피그미족의 부자(父子).

흑요석, 붉은 점토를 본토 사람들에게 수출하고, 본토 사람들로부터 돼지, 개의 이빨, 타로토란, 담배, 항아리, 망태기, 활과 화살, 검은 염료를 수입한다. 알래스카 노스슬로프의 해안지역 이누이트족은 연료와 식량으로 바다표범 기름, 바다표범과 바다코끼리 가죽, 고래 기름 같은 해양 포유동물에서 얻은 물건들 이외에 해안까지 떠내려온 유목(流木)과 목선, 직접 제작한 도자기와 자루를 내륙 이누이트족에게 제공했을 것이고, 반면에 내륙 이누이트족은 순록의 가죽과 다리와 뿔, 늑대를 비롯한 육상 포유동물의 털가죽, 틈새를 메우기 위한 역청, 페미컨과 장과(漿果)류를 해안지역 이누이트족에게 공급했을 것이다.

**누가 무엇을
거래하는가?**

교환된 품목들을 분석해보면 오늘날 우리가 당연히 생각하는 패턴이 확인된다. 요즘에도 거의 모든 거래가 똑같은 방법으로 이루어지기 때문이다. 달리 말하면, 거래 당사자는 자신이 소유하거나 쉽게 만들 수 있는 반면에 상대에게는 없는 물건을 공급한다. 원재료와 완성품을 만드는 데 필요한 기술은 세계 전역에 공평하게 분포되어 있지 않다. 예컨대 미국은 미국인이 사용하고도 남을 정도로 식량을 생산하고 항공기를 제작할 수 있기 때문에 농산물과 항공기의 세계 최대 수출국이다. 하지만 석유는 수요를 감당할 만큼 생산하지 못하기 때문에, 사우디아라비아처럼 자신들이 사용하고도 남을 정도로 석유를 생산하는 국가들로부터 석유를 수입한다. 원재료와 기술의 이런 불균형이 전통 사회의 무역에서도 거의 그대로 확인된다.

원재료의 불균형한 분포로 인해, 이웃하지만 다른 환경을 차지한 집단들이 자신에게는 많은 반면에 상대에게는 한정된 자원을 공급하는 일반적인 패턴이 조성된다. 해안지역과 내륙 간의 거래가 대표적인 예이다. 위에서 알래스카 이누이트족에 대해 말했듯이, 해안지역 사람들은 해양 포유동물과 어패류 같은 해양자원에 접근하기가 용이한 반면에, 내륙 사람들은 사냥터와 밭과 숲 같은 육상자원에 접근하기가 용이하다.

또 다른 공통된 패턴은 소금과 돌처럼 특정한 환경에서만 생산되지는 않지만 무척 국지적인 원재료이 거래에서 찾이긴다. 두곰 다니족은 일루에카이마 염수호에서 모든 소금을 구했고, 노골로 분지에 있는 단 하나의 채석장에서 도끼와 까뀌를 만드는 모든 돌을 구했다. 한편 남서태평양에서는 날카로운 석공예품을 만드는 데 사용되는 흑요석이 주로 뉴브리튼 섬의 탈라시 마을 근처에서 채석되었다. 탈라시 흑요석은 서쪽으로 6,400킬로미터나 떨어진 보르네오 섬부터 동쪽으로 3,200킬로미터 떨어진 피지 섬까지 거래되었다.

 원재료 거래에서 또 하나의 공통된 패턴은 이웃하지만 생존전략이 다른 집단들 사이에서 확인된다. 그들은 생존전략이 다르기 때문에 다른 원재료에 집중한다. 예컨대 수렵채집인들은 사냥한 짐승의 고기, 꿀과 수지(樹脂) 및 그 밖의 임산물을 근처의 농경인들에게 팔고, 대신 농경인들이 키운 농작물을 받는다. 미국 남서부의 들소 사냥꾼들과 푸에블로족 농경인들, 말레이시아 반도의 사냥꾼인 세망족과 말레이 농경인들, 인도에서는 사냥꾼들과 농경인들의 관계, 아프리카 피그미족 사냥꾼들과 반투족 농경인들, 필리핀의 아그타족 사냥꾼과 필리핀 농경인들이 대표적인 예이다. 아시아와 아프리카의 많은 지역에서 목축인들과 농경인들의 거래, 아프리카에서는 목축인들과 수렵채집인들의 거래도 비슷한 형태를 띤다.

 요즘의 무역과 마찬가지로 전통 사회의 무역도 불균형하게 분포된 기술력에 영향을 받는다. 민속학자 브로니스와프 말리노프스키의 연구에 따르면, 뉴기니 남동 해안에서 좀 떨어진 마일루 섬사람들이 도자기와 통나무배를 실질적으로 독점했다. 도자기는 처음에 뉴기니 본토 사람들에 의해 제작되었지만, 마일루 섬사람들이 더 섬세하고 더 얇게 규격화된 항아리를 대량생산하는 방법을 고안해냄으로써 수출 시장을 거의 독점하게 되었다. 그런 항아리는 마일루 섬에서 항아리를 만드는 사람과, 그 항아리를 사용하는 소비자 모두에게 이익이었다. 항아리를 얇게 만든 덕분에 항아리 제작자들은 같은 양의 점토로 더 많은 항아리를 만들고, 더 빨리 건조시키며, 불에 굽는 동안 훼손되는 위험도 줄일 수 있었다.

항아리를 사용하는 소비자의 입장에서는 조리하는 데 연료가 덜 소비되고 내용물이 더 빨리 삶아지기 때문에 얇은 마일루 항아리를 선호할 수밖에 없었다. 마일루 섬사람들은 원거리를 오가는 통나무배를 제작하고 운영하는 데도 비슷한 방법으로 독점권을 얻었다. 본토 사람들은 가까운 바다에서 짧은 거리를 여행하는 단순한 통나무배를 만들었지만, 원거리를 오가는 통나무배는 그런 통나무배에 비해서 훨씬 복잡해서 제작하는 데도 더 뛰어난 기술이 필요했다. 이처럼 기술력을 바탕으로 한 독점은 1,000년 전에 중국의 자기 제작자들과 종이 제작자들이 향유한 적이 있었다. 그러나 그 제작 비밀들이 누설되어 그대로 복제되면서 독점력이 무너지기 시작했다. 산업 스파이가 암약하고, 지식이 나날이 확산되는 요즘에는 독점을 오랫동안 유지하기가 어렵다. 하지만 미국은 수출하지는 않았지만 원자폭탄 제조기술을 잠깐 동안(약 4년 동안) 독점했고, 현재 미국과 유럽은 대형 민간 항공기에서 세계시장을 지배하며 수출까지 하고 있다.

오늘날에는 비슷한 형태를 거의 찾아볼 수 없는 거래 방식으로 '관례적인 독점'이란 것이 있었다. 두 거래 당사자가 거래 관계를 유지하기 위해서 한쪽이 독점적으로 제작해서 다른 쪽에게 부족하지 않도록 제공해주는 품목에 대한 거래 방식을 가리킨다. 예컨대 두굼 다니족은 얄레족에게 정교한 촉과 장식물이 달린 나무 화살, 연보라색 섬유로 짠 끈까지 달린 망태기를 제공받는다. 다니족은 단순하고 장식되지 않은 화살과 자루를 만들 뿐이다. 물론 얄레족의 장식된 화살과 멋진 망태기가 조각하고 짜는 데 고도의 기술이 필요한 것이 아니기 때문에 다니족도 마음만 먹으면 완벽하게 흉내내어 만들어낼 수 있다. 그러나 다니족은 장식된 화살과 망태기만이 아니라, 다니족의 구역보다 얄레족의 구역에 풍부한 임산물까지 얄레족에게 계속해서 의존한다. 다니족은 장식된 화살과 망태기에 대한 얄레족의 '관례적인 독점'을 인정함으로써, 수요와 공급의 변동에 따른 악영향을 안정시켜 양측 모두의 이익을 도모한다. 얄레족은 임산물의 수확이 일시적으로 줄어들더라도 다니족에게 소금을 꾸준히 구입할 수 있고, 다니족은 부족민들의 임산물에 대한 수요가 일시적으로 폭등하더라도 얄레족에게 소금을 꾸준히 팔 수 있다.

더욱 세련된 형태의 관례적 독점 현상은 브라질과 베네수엘라의 야노마미족 사이에서, 또 브라질의 싱구족 사이에서 발견된다. 야노마미족 마을들은 자급자족할 수 있는 환경에 있지만, 자급자족하지 않는다. 마을마다 특산물이 있고, 그 특산물을 동맹 관계에 있는 마을들에게 제공한다. 특산물로는 화살촉과 화살대, 활, 바구니와 점토 항아리, 면사, 개, 환각물질, 해먹 등이 있다. 싱구족도 마을마다 활, 도자기, 소금, 조개껍질로 만든 띠, 창 등을 특산물로 생산해서 다른 마을에 수출한다. 야노마미족 마을들이 조악하고 장식되지 않은 도자기조차 만들지 못하는 건 아니다. 뫼마리뵈웨이테리라는 야노마미족 마을이 항아리를 확보하는 방법이 최근에 어떻게 달라졌는지 예로 들어 설명해보자. 처음에 뫼마리뵈웨이테리는 정치적으로 동맹인 마을, 뫼와라외바테리에서 항아리를 수입했다. 당시 뫼마리뵈웨이테리 마을 사람들은 전에는 항아리를 직접 만들었지만 오래전에 그 방법을 잊어버려서 항아리를 만드는 법을 모르고, 더구나 그들의 지역에서 생산되는 점토는 항아리를 만드는 데 적합하지 않다면서, 자기들에게 필요한 모든 항아리를 뫼와라외바테리에서 구입하겠다고 강력하게 주장했다. 그러나 그 후, 뫼마리뵈웨이테리와 뫼와라외바테리가 전쟁을 벌이면서 동맹이 깨졌다. 따라서 뫼마리뵈웨이테리는 더 이상 뫼와라외바테리에서 항아리를 수입할 수 없게 되었다. 그런데 기적적으로 뫼마리뵈웨이테리 마을 사람들은 오래전에 잊었던 항아리 제작법을 갑자기 '기억'해냈고, 그때까지 항아리를 만들기에 적합하지 않던 점토가 항아리를 만들기에 최적이라는 걸 갑자기 '깨닫게' 되었다. 그래서 그때부터 그들은 자체로 항아리를 다시 만들기 시작했다. 결국, 뫼마리뵈웨이테리 마을 사람들은 필요성 때문이 아니라 정치적 동맹을 공고히 하기 위한 선택으로 뫼와라외바테리에서 항아리를 수입했던 것이다.

!쿵족이 화살을 광범위하게 거래하는 것도 선택에 따른 것이 분명하다. 모든 !쿵족이 화살을 비슷하게 만들어 굳이 화살을 거래할 필요가 없기 때문이다. 캐나다 인류학자 리처드 리는 네 명의 !쿵족에게 각자의 화살통에 있는 화살 13~19개의 실제 주인이 누구냐고 물었다. 네 사람 중 한 사람(코펠라 마스웨)만이 다른 사람에게 받은 화살이 없었다. 한 사람(은아우)은 11개의 화살이 다른 네 명에게 받은 것이었고, 자기 소유의 화살은 2개뿐이었다. 나머지 두 사람(가스케, 은에이시)은 자기 소유의 화살이 하나도 없었다. 그들은 다른 여섯 명에게 받은 화살만을 갖고 다녔다.

이런 관례적인 독점을 유지하는 목적, 그리고 쉽게 자급할 수 없는 물건만을 거래하는 데 익숙한 우리에게는 무의미하게 보이는 것, 즉 화살과 화살을 주고받는 목적이 무엇일까? 물론 전통적인 거래에는 경제적인 기능만이 아니라 사회정치적인 기능까지 있다. 자신에게 필요한 품목을 얻기 위해서도 거래하지만, 사회정치적인 목표를 진작하기 위해서도

거래한다. 이런 거래의 최우선적 목적은 필요한 경우에 요청할 수 있는 동맹이나 연대를 강화하기 위한 것이다. 알래스카 북서지역의 이누이트족 사이에서 거래 당사자들은 필요하면 서로 도와야 하는 의무가 있다. 가령 기아가 당신 구역에 닥치면 당신에게는 다른 구역의 거래 상대에게 가서 함께 살 권리가 있다. 아그타 사냥꾼들은 자기들끼리 '거래'하거나 필리핀 농경인들과 '거래'하며, 그런 거래를 수요와 공급이란 측면보다 필요에 따른 것이라 생각한다. 요컨대 여러 거래 상대가 각각 다른 때에 잉여 생산물을 갖거나 곤경에 처하기 때문에 장기적으로는 균형이 이루어지므로 까다롭게 계산할 필요가 없다. 아그타족의 교환 시장에서 결혼식이나 장례식, 태풍, 흉작이나 사냥의 실패 등으로 상대가 위기를 맞으면 한쪽에서 크게 양보한다. 끊임없이 전쟁에 휘말리는 야노마미족의 경우, 우호적인 환경에서 이웃들을 주기적으로 하나로 묶어주는 무역을 통해 동맹 관계를 강화하는 것이 생존을 위해서 무역으로 거래되는 항아리나 해먹보다 훨씬 중요하다. 물론 거래의 실제 목적이 동맹 관계를 유지하기 위함이라고 공공연히 말하는 야노마미족은 없다.

거래망과 교환 의식들—트로브리안드 섬사람들의 쿨라 링, 뉴기니 고원지대 엥가족의 티 교환의식, 내가 말라이 섬에서 우연히 목격한 시아시족의 무역망—은 관련된 사회에서 사회적 지위를 얻고 과시하는 주된 수단이 되었다. 시아시 섬사람들이 가능하면 많은 돼지로 연말에 공개적으로 잔치를 열기 위해서 마상이에 짐을 싣고 위험한 바다에서 수개월을 보내는 짓이 우리에게는 어리석게 보일 수 있다. 그러나 보석과 스포츠카를 자랑하려고 힘들게 일하는 현대 미국인들에게 시아시 섬사람들이 무엇을 말하는지 생각해보면, 그렇게 섣불리 해석할 수는 없을 것이다.

초소형 국가들

따라서 과거의 전통 사회들과 최근까지 살아남았던 전통 사회들은 초소형 국가처럼 행동했다. 전통 사회들은 고유한 영역이나 핵심 지역을 유지하며, 일정한 사회와는 왕래하면서도 어떤 사회는 철저하게 배제했다. 또 어떤 경우에는 현대 국가처럼 분명한 경계선을 두고 철저하게 지키며 감시를 게을리하지 않았다. 지금 우리는 본국을 한 걸음도 벗어나지 않더라도 텔레비전과 휴대폰과 인터넷을 이용해서 외부 세계에 대해 얼마든지 배울 수 있다. 그러나 전통 사회 사람들은 우리에 비해서 외부 세계에 대한 지식이 턱없이 부족했다. 그들은 지금 북한보다 더 엄격하게 바깥 세계를 친구와 적과 이방인으로 구분했다. 그들도 때로는 바깥 세계의 사람들과 결혼했다. 또한 우리처럼 거래했지만, 그런 거래 관계에서 정치사회적인 동기가 우리보다 훨씬 큰 몫을 차지했다. 2부에서는 이런 초소형 전통 국가들이 어떻게 평화를 유지하고, 어떤 경우에 전쟁을 벌였는지 살펴보기로 하자.

Jared Diamond

THE
WORLD
UNTIL
YESTERDAY

평화와 전쟁

2

2
사고, 그리고 죽음에 대한 보상

어떤 사고 – 의식(儀式) – 협상의 여러 가정들 – 국가의 역할 – 뉴기니의 보상 방법 – 평생의 관계 – 다른 비국가 사회들 – 국가의 권한 – 민사사법 – 민사사법의 결함 – 형사사법 – 회복적 사법 – 국가 사법제도의 강점과 결함

:

어떤 사고   건기가 끝나갈 무렵, 어느 날 오후 늦게 파푸아뉴기니의 한 도로에서 말로라는 남자가 자동차를 운전하던 중에 사고로 빌리라는 어린 학생을 치어 죽였다. 빌리는 공영 미니버스(스쿨버스라는 표식이 없었다)를 타고 학교에서 집으로 돌아가던 길이었다. 빌리의 삼촌, 겐짐프가 때마침 길 건너편에서 조카를 만나려고 기다리고 있었다. 그 지역의 작은 기업체 운전기사인 말로는 하루 일과를 끝내고 동료 직원들을 집에 데려다 주던 길이었고, 빌리가 타고 있던 미니버스의 맞은편에서 운전하고 있었다. 빌리는 미니버스에서 뛰어내리자마자 길 건너편에 서 있는 삼촌을 보고 반가운 마음에 뛰어서 길을 건너기 시작했다. 그러나 빌리는 미니버스 앞쪽에서 길을 건너지 않았다. 앞쪽에서 건넜더라면 말

로의 자동차를 비롯해 맞은편에서 달려오는 자동차들에게 빌리가 보였을 것이다. 하지만 빌리는 미니버스 뒤쪽에서 길을 건넜고, 따라서 빌리가 도로의 중간쯤에서 불쑥 나타난 순간에야 말로의 눈에 들어올 수밖에 없었다. 말로는 제때에 자동차를 멈출 수 없었고, 말로의 자동차 보닛이 빌리의 머리를 때렸다. 빌리의 몸뚱이는 허공에 붕 떴다가 도로 바닥에 떨어졌다. 겐짐프 삼촌이 지체없이 빌리를 병원 응급실로 데려갔지만 빌리는 머리에 심한 상처를 입어 수시간만에 사망했다.

미국에서 이런 중대한 사고에 관련된 운전자는 경찰이 도착할 때까지 현장에 있어야 한다. 현장을 떠나거나 경찰에 신고하지 않으면 뺑소니로 간주되고, 그 자체가 범죄로 여겨진다. 그러나 파푸아뉴기니와 일부 국가의 경우, 경찰은 운전자에게 현장에 머물지 말고 곧장 가장 가까운 경찰서로 달려가라고 요구한다. 이는 법적으로 허용된 행위이고, 상식적으로도 용인되는 행위이다. 사고가 전적으로 보행자의 잘못이더라도 현장에 있던 사람들이 화를 내며 운전자를 자동차에서 끌어내서 때려 죽일 가능성이 크기 때문이다. 말로와 동승객들에게 닥칠 위험도 있었지만, 말로와 빌리는 다른 종족에 속했다. 실제로 종족의 차이가 파푸아뉴기니에서는 종종 긴장의 원인이 되기도 한다. 말로는 근처 마을에 사는 지역 주민이었지만, 빌리는 멀리 떨어진 저지대 출신의 종족에 속했다. 많은 저지대 사람들이 일자리를 구하려고 그곳으로 이주해서 사고 현장 근처에서 살고 있었다. 따라서 말로가 자동차를 멈추고 빌리를 도와주리고 자동차에서 내렸다면 주변의 저지대 사람들에게 맞아 죽었을 것이다. 심지어 그의 동승객들도 자동차에서 끌려나와 맞아 죽었을지도 모른다. 그러나 말로는 침착하게 자동차를 몰고 경찰서까지 달려가서 자수했다. 경찰은 안전을 이유로 동승객들을 일시적으로 유치장에 가두고 말로를 안전하게 마을까지 데려다 주었다. 그 후로 말로는 서너 달 동안 마을에서 꼼짝하지 않았다.

사고 이후에 있었던 사건들을 통해서, 국가 정부가 확립한 사법체제의 실효적인 지배를 거의 받지 않고 살아가는 많은 전통 사회가 그렇듯이, 파푸아뉴기니가 자체의 전통적인 메커니즘으로 어떻게 정의를 세우고 분쟁을 평화적으로 해결하는지 엿볼 수 있다. 이런 분쟁해결 메커니즘은 5,400년 전 성문법, 법정과 판사, 경찰력을 갖춘 국가가 탄생하기 전인 선사시대에도 존재했던 것으로 추정된다. 빌리와 말로의 사례는 3장에서 살펴볼 사례와 뚜렷이 대비된다. 전통적인 방법이지만 빌리와 말로의 사례에서 사용된 방법과는 완전히 상반되게 해결되었기 때문이다. 환경과 관련자들에 따라서, 전통 사회의 분쟁이 평화적으로 해결되기도 하지만, 협상이 결렬되거나 시도되지 않으면 전쟁이 발발하기도 한다.

평화 협상에는 '보상(compensation)'이란 것이 필연적으로 수반된다. (뒤에서 다시 언급하겠지만, 뉴기니의 단어를 영어로 완벽하게 번역하기는 불가능하다. 한 아이의 죽음을 보상한다는 건 불가능한 일이며, 그 자체가 목적은 아니다. 뉴기니의 공용어, 톡 피신에서 '보상'에 해당되는 단어는 '소리 머니(sori money)', 즉 '유감스러운 돈'을 뜻한다. '유감스러운 돈'은 슬픔을 공유하고 사고를 사과하는 의미에서 건네는 돈이란 뜻이기 때문에 오히려 이 번역이 더 적절하다.) 빌리의 죽음 이후에 있었던 전통적인 보상 사례에 관련된 이야기를 나는 기드온이란 남자에게 들었다. 기드온은 말로가 운전기사로 일하던 기업체의 지역 관리자로 그 이후의 협상 과정에 참여한 사람이었다. 뉴기니의 전통적인 사법 메커니즘은 목표부터 국가의 사법체제와 근본적으로 다르다. 국가의 사법체제가 시민들 간의 분쟁, 특히 낯선 사람들 간의 분쟁을 해결하기 위해서 절대적으로 필요하고 많은 장점이 있다는 걸 인정하지만, 분쟁 당사자들이 전혀 모르는 사이가 아니어서 분쟁이 해결된 후에도 지속적인 관계를 유지할 수밖에 없을 때, 예컨대 이웃 사람, 사업관계로 연결된 사람들, 자식을 두고 이혼하려는 부부, 유산을 두고 다투는 형제인 경우에는 전통적인 사법 메커니즘에서 많은 교훈을 얻을 수 있다.

의식(儀式)

빌리의 친척들이 말로와 기드온을 비롯해 그 회사의 직원들에게 보복할지도 모른다는 생각에 기드온은 전 직원에게 사고 이튿날에는 출근하지 말라고 알렸다. 기드온만이 출입문에서 경비원들이 지키는 구역 내에 있는 사무실에 있었다. 그의 집은 회사에서 100미터도 떨어지지 않은 곳에 있었다. 기드온은 경비원들에게 철저히 경계하고 낯선 사람을 들이지 말라고 지시했다. 특히 저지대 사람들을 조심하고 그들을 들어오지 못하게 하라고 지시했다. 그러나 이튿날 아침, 책상에서 얼굴을 들었을 때 건장한 체구의 세 남자를 보고 공포에 떨어야 했다. 생김새로 보아 저지대 사람들이 확실했다. 그들은 사무실 뒷유리창 밖에 우뚝 서 있었다.

기드온은 재빨리 머리를 굴렸다. 그들에게 미소를 지어 보일까, 아니면 도망쳐야 할까? 하지만 그의 부인과 어린 자식들이 근처에 있다는 생각이 떠올랐다. 도망가면 그의 목숨만 건질 수 있을 뿐이었다. 결국 그는 억지로 미소를 지어 보였다. 세 남자도 어색한 미소로 답해주었다. 기드온은 뒷유리창으로 가서 창문을 열었다. 자칫하면 죽음을 초래할 수 있는 짓이었지만, 대안은 더 큰 피해로 이어질 게 뻔했기 때문에 선택의 여지가 없었다. 한 남자가 기드온에게 물었다. 나중에야 알았지만 죽은 소년의 아버지, 페티였다. "당신 사무실에 들어가서 얘기를 나눌 수 있겠소?"(내가 여기에서 인용하는 대화들은 영어가 아니라 거의 톡 피신으로 이루어졌다. 페티가 기드온에게 건넨 말을 그대로 옮기면 "이나프 미 캄 인사이트 롱 오피스 비롱 유 나 유미 톡톡?"이었다.)

기드온은 고개를 끄덕이고는 사무실 앞쪽으로 가서 문을 열었다. 그리고 페티만 들어오게 했다. 하루 전에 아들을 잃고 마침내 살인자의 상관을 맞닥뜨린 사람치고 페티의 행동은 무척 인상적이었다. 여전히 충격에서 벗어나지 못한 상태인 건 분명했지만 차분하고 정중하며 꾸밈없이 행동했다. 페티는 한동안 말없이 앉아 있었지만 결국 입을 열었다. "사고였고, 의도적으로 한 짓이 아니란 걸 우리도 알고 있습니다. 문제를 일으키고 싶지도 않습니다. 장례를 치르는 데 도움을 주면 좋겠습니다. 장례식에 참석하는 친척들을 먹여야 하니까 약간의 돈과 음식을 지원해주면 좋겠습니다." 기드온은 회사와 직원들을 대신해서 조의를 표하며, 적절한 책임을 지겠다고 약속했다. 그날 오후, 기드온은 슈퍼마켓에 가서 쌀로 만든 식품들과 고기 통조림, 설탕과 커피를 구입했다. 슈퍼마켓에서 그 물건들을 구입하는 동안 그는 페티를 다시 우연히 마주쳤지만, 아무런 불상사도 없었다.

자동차 사고가 있은 다음 날(제2일) 기드온은 그날 아침에 있었던 일을 직원인 야게안과 상의했다. 야게안은 그보다 연상인 뉴기니인이었고, 다른 구역 출신이지만 뉴기니의 보상 협상에 참가한 경험이 있었다. 야게안은 자신이 협상을 맡겠다고 나섰다. 다음 날(제3일), 기드온은 직원회의를 소집해서 협상을 어떻게 진행할지 의논했다. 피해자의 아버지가 직계 가족은 분란을 일으키지 않겠다고 약속했지만 소년의 먼 친척과 씨족이 폭력적일 수 있다는 게 모든 직원의 주된 두려움이었다. 기드온은 페티와 단 둘이 만났을 때 그의 차분한 태도에 용기를 얻어, 처음에는 직접 저지대 사람들이 모여 사는 곳을 찾아가서 빌리의 가족을 만나 공식적으로 사과하고, 먼 친척들의 위협을 해소할 생각이었다. 그러나 야게안은 기드온에게 그렇게 해서는 안 된다고 만류하며 이렇게 말했다. "그렇게 성급하게 그곳에 가시면, 먼 친척들과 저지대 사람들이 화를 낼지도 모릅니다. 먼저 적절한 보상 절차를 거쳐야 합니다. 특사를 보내야 합니다. 제가 그 역할을 맡겠습니다. 제가 저지대 사람들을 포함하는 원로들의 대표를 만나겠습니다. 그럼 그가 우리를 대신해서 저지대 사람들에게 우리 뜻을 말해줄 겁니다. 저도 그렇지만, 그 사람도 협상이 어떻게 진행돼야 하는지 알 겁니다. 협상이 끝난 후에 우리가 가족들에게 공식적으로 사과하는 의식을 가지면 됩니다."

야게안이 대표를 만나러 갔다. 그 대표는 다음 날(제4일) 야게안과 자신, 빌리의 가족과 먼 친척들이 참석하는 모임을 마련했다. 그들이 이번 사건을 어떻게 처리할 것인지에 대해 오랫동안 얘기를 나누었고, 빌리의 가족은 폭력을 행사할 의도가 전혀 없었지만, 일부 주민들이 빌리를 무척 불쌍히 생각하며 여전히 격하게 반빌하고 있다는 야세안의 보고 이외에, 기드온은 그 모임에서 어떤 말이 오갔는지 거의 알 수 없었다. 또 야게안은 기드온에게 보상 의식과 장례식을 위해 더 많은 음식을 준비해야 할 것이고, 기드온 회사가 빌리 가족에게 1,000키나(약 300달러)의 보상금을 지불하는 걸로 협상이 마무리되었다고 알렸다(키나는 파푸아뉴기니의 공식 통화이다).

다음 날(제5일), 보상 의식이 형식적인 절차에 따라 진행됐다. 기드온과 야게안 및 말로를 제외한 전 직원이 회사 차를 타고 저지대 사람들의 거주지를 찾는 것으로 보상 의식은 시작됐다. 그들은 자동차를 주차한 후에 걸어서 거주지를 지나, 빌리 가족의 집 뒤에 있는 공터로 들어갔다. 뉴기니의 전통적인 애도 의식은 애도자들의 머리를 가려주기 위해서 일종의 천막 아래에서 진행된다. 빌리 가족은 방수포로 천막을 설치했고, 그 아래에 가족과 방문객, 모두가 모여야 했다. 방문객들이 방수포 아래로 들어가자, 죽은 소년의 삼촌 하나가 그들에게 앉을 자리를 가리켰고, 가족들에게는 다른 자리를 가리켰다.

의식은 한 삼촌의 연설로 시작됐다. 그는 방문객들에게 애도식에 참석해주어 고맙다는 뜻을 전했고, 빌리가 죽어서 무척 슬프다는 말을 덧붙였다. 그 후에는 기드온과 야게안과 다른 직원들이 차례로 애도의 뜻을 전했다. 기드온은 당시 상황을 나에게 설명하며 이렇게 말했다. "그런 말을 해야 한다는 게 정말 끔찍하고 무서웠습니다. 나는 거의 울먹이며 말했습니다. 그때 나에게도 어린 자식들이 있었거든요. 빌리 가족에게 그들의 슬픔을 충분히 상상할 수 있을 것 같다고 말했습니다. 그런 사고가 내 아들에게 일어났다고 생각하면서 그들의 슬픔을 이해하려 애쓰겠다고도 말했습니다. 그들의 자식, 빌리의 생명에 비교하면, 내가 그들에게 주었던 음식과 돈은 아무것도 아니며 쓰레기에 불과하다고도 말했습니다."

기드온은 계속해서 나에게 이렇게 말했다. "다음에는 빌리 아버지, 페티의 말이 있었습니다. 그는 아주 간단히 말하고 끝냈습니다. 그리고 울음을 터뜨렸습니다. 빌리의 죽음이 사고였을 뿐이고, 우리가 부주의한 탓이 아니었다고 인정했습니다. 또 우리에게 애도식에 참석해줘서 고맙다며, 그의 친척들이 우리에게 어떤 보복도 하지 않을 거라고 말했습니다. 그리고 빌리에 대해서 말하고는 아들의 사진을 들어 보이며 '우리 모두가 이 녀석을 보고 싶을 겁니다'라고 말했습니다. 빌리 아버지가 말하는 동안, 빌리 어머니는 남편 뒤에 말없이 앉아 있었습니다. 빌리의 삼촌들도 '당신들은 우리와 어떤 문제도 없을 거요. 당신들의 대응과 보상에 만족합니다'라고 재확인해주었습니다. 내 동료들과 나, 빌리의 가족 모두가 눈물을 흘렸습니다."

그리고 음식 전달식이 있었다. 기드온은 그의 동료들과 함께 음식을 빌리 가족에게 건네주고 공식적으로 사과하며 "이 음식이 힘든 시기를 맞은 여러분에게 도움이 되기를 바랍니다"라고 덧붙였다. 그런 연설들이 있은 후, 빌리 가족과 방문객들은 고구마로 만든 간단한 음식(뉴기니의 전통음식)과 여러 채소를 함께 먹었다. 그리고 서로 악수를 나누며 의식이 끝났다. 나는 기드온에게 포옹도 있었느냐고 물었다. 예컨대 그와 빌리 아버지가 울면서 서로 껴안았느냐고 물었다. 기드온은 "없었습니다. 의식은 엄격한 절차에 따라 진행됐습니다. 격식을 엄격하게 따랐습니다"라고 대답했다. 미국이나 다른 서구 사회에서는 화해를 위한 이런 만남의 행사를 상상하기 힘들다. 죽은 아이의 가족과, 비록 사고였지만 가해자는 서로 생면부지였다. 그런데 사고가 있은 지 며칠 후에 그들이 한자리에 앉아 함께 울고 음식을 나눠 먹는다는 걸 서구 사회에서는 상상하기 힘들다. 오히려 피해자의 가족은 민사소송을 계획할 것이고, 가해자의 가족은 변호사와 보험회사 직원을 만나 형사 고발에 따른 소송을 준비하기 십상이다.

**협상의
여러 가정들**
: 빌리의 아버지와 친척들이 인정했듯이, 말로는 의도적으로 빌리를 죽인 것이 아니었다. 나는 말로와 기드온에게, 만약 말로가 의도적으로 빌리를 죽였거나, 말로가 명백히 부주의해서 사고가 났더라면 어떻게 되었을 것 같으냐고 물었다.

말로와 기드온은 그랬더라도 똑같은 보상 협상을 통해 문제가 해결될 수 있었을 거라고 대답했다. 다만 결과가 더 불확실했을 것이고, 상황이 더 위험했을 것이며, 요구한 보상액도 더 컸을 것이라고 덧붙였다. 또한 빌리의 친척들이 보상 협상의 결과를 기다리지 않았을 가능성, 혹은 보상을 거부하고 이른바 보복 살해를 실행했을 위험도 있었다. 그랬다면 누구보다 말로를 죽이려 했을 것이고, 말로를 죽이는 데 성공하지 못하면 가까운 가족 중 하나를 죽이려 했을 것이다. 말로의 직계 가족을 죽이지 못하면 먼 친척이라도 죽이려 했을 것이다. 하지만 빌리의 친척들 사이에서 보상 협상의 결과를 기다리자는 의견이 우세했다면 훨씬 큰 보상을 요구했을 것이다. 말로는 빌리의 죽음에 자신의 책임이 명백했더라면 대략 돼지 5마리, 1만 키나(약 3,000달러), 한 다발의 바나나, 타로토란, 고구마, 사과, 채소, 말린 생선이 포함된 상당한 양의 음식으로 보상해달라는 요구를 받았을 거라고 나에게 말했다.

말로가 회사에 소속된 운전기사가 아니라 평범한 뉴기니인이었다면,

따라서 회사가 개입할 여지가 없었다면 보상 협상이 어떻게 이루어졌을까? 말로는 보상 협상에서 자기쪽의 대표를 회사 동료인 야게안이 아니라 그의 삼촌과 마을 원로가 맡았을 거라고 대답했다. 또 보상금은 회사가 지급하지 않고, 말로가 속한 마을 전체—더 자세히 말하면, 말로의 가족과 씨족, 그리고 다른 씨족에 속하더라도 말로가 보상금을 모금하려고 도움을 청한 마을 사람들—가 떠안았을 거라고도 덧붙였다. 따라서 말로는 보상금을 지급하는 데 힘을 보탠 모든 사람들에게 빚을 지는 셈이다. 말로는 그 후라도 이 사람들에게 빚진 액수를 갚아야 하고, 특히 협상이란 힘든 역할을 맡은 삼촌들에게 보답해야 한다. 만약 말로가 빚을 청산하기 전에 죽으면, 기부자들과 삼촌들은 말로의 가족과 씨족에게 빚의 청산을 요구할 수 있다. 하지만 회사가 연루되지 않은 경우 협상에 참여하는 사람과 보상금을 지급한 사람이 다르다는 것을 제외하면, 보상 협상은 거의 똑같이 진행되었을 것이다.

국가의 역할 앞에서 열거한 일련의 사건들은 뉴기니의 전통적인 메커니즘이 타인에 의해 비롯된 손해를 평화적으로 해결하는 방법의 한 예이다. 서구 사회가 사법체제를 통해 유사한 손해를 해결하는 방법과는 대조적이다. 빌리와 말로의 사건에서, 파푸아뉴기니의 경찰은 빌리 친척들의 슬픔이나 복수심에 신경쓰지 않았지만 말로에게 난폭 운전의 책임을 물었다. 또 사고 현장에 있었던 겐짐프 삼촌을 비롯해 빌리의 가족들은 말로의 운전을 비난하지 않았지만, 경찰은 말로에게 과속한 잘못이 있다고 주장했다. 수개월 동안 말로는 경찰에 출두하려고 도시에 나온 경우를 제외하면 마을에서 꼼짝하지 않았다. 저지대의 성급한 젊은이들이 보복할 가능성에 대한 두려움을 완전히 떨칠 수 없었기 때문이다. 말로의 마을 사람들도 경계심을 늦추지 않았고, 그런 공격이 있을 경우에는 기꺼이 말로를 보호할 태세였다.

첫 경찰 조사가 있고 나서 수개월이 지난 후에야 말로는 두 번째 조사가 있었다. 말로는 재판을 받기 전까지 일주일에 두 번 도시에 들어와서 교통 경찰관의 지시를 받아야 했다. 그때마다 말로는 반나절에서 한나절까지 교통국 사무실에서 기다려야 했다. 두 번째 조사를 받을 때 말로의 운전면허가 취소되었다. 말로의 직업이 회사의 운전기사였기 때문에 운전면허의 취소로 말로는 졸지에 일자리를 잃고 말았다.

말로의 난폭 운전 사건은 1년 반 후에야 재판에 회부됐다. 그 기간 동안, 말로는 실직자가 되어 마을에서 어중간한 상태로 살아야 했다. 말로는 재판받기로 결정된 날에 법정에 출두했지만, 책임판사가 골치아픈 사건으로 바빠서 재판일이 3개월 후로 연기됐다. 이렇게 재조정된 날에 말로는 다시 법정에 출두했지만, 이번에도 판사가 재판을 진행할 여유가 없었다. 따라서 재판일이 다시 3개월 후로 연기됐다. 세 번째 날에도 판사가 더 큰 사건으로 바빠서 재판일은 다시 연기될 수밖에 없었다. 결국 사고가 나고 2년 반이 지나서, 다섯 번째 재판일에야 판사가 법정에 모습을 드러냈고, 그제야 재판이 제대로 진행될 것 같았다. 그러나 검사측이 부른 경찰이 법정에 출두하지 않아, 판사는 검찰의 기소를 기각하는 수밖에 없었다. 그것으로 빌리와 말로 사건에 대한 국가의 개입은 끝났다. 판사의 잦은 불출석과 재판일의 연기로 뉴기니의 재판제도가 유례없이 비효율적이라 생각할 독자가 있을지도 모른다는 생각에, 내 절친한 친구가 얼마 전에 시카고에서 진행된 형사소송에서 비슷한 사례와 결과를 경험했다는 걸 밝혀두고 싶다.

뉴기니의 보상 방법 :

빌리와 말로의 사건에서 설명했듯이, 전통적인 보상 협상의 목적은 분쟁을 신속하고 평화적으로 해결하고 양쪽의 감정까지 화해시켜 과거의 관계를 회복하는 데 있다. 단순하면서 자연스러운 방법이라 여겨지며, 우리 사법체제의 목적과 근본적으로 다르다는 점을 고려하면 설득력 있고 매력적으로도 여겨진다. 전통적인 뉴기니 사회에는 사법체제라는 공권력도 없었고 국가 정부도 없었다. 중앙에 집중된 정치제도도 없었고, 의사결정력을 행사하고 무력 사용권의 독점을 요구하는 직업적인 지도자와 관료 및 판사도 없었다. 국가는 국익이란 이해관계에 따라 사법권을 행사하며 시민들 간의 분쟁을 해결한다. 국익이 반드시 분쟁 당사자들의 이해관계와 일치하지는 않는다. 반면에 뉴기니의 전통적인 사법제도는 일종의 당사자 해결 방법이다. 따라서 분쟁 당사자들과 그들의 지지자들이 자체로 분쟁을 해결한다. 보상 협상은 분쟁을 해결하는 전통적인 두 방법 중 하나, 즉 평화적인 방법이다. 다른 방법(3장과 4장)은 폭력으로 개인적인 보복을 보색하기 때문에 자칫하면 보복과 재보복의 악순환으로 치달아 결국에는 전쟁으로 발전하기도 한다.

뉴기니의 전통적인 보상 협상은 어떤 이유에서 서구 사회의 분쟁 해결 방법과 근본적으로 다른 것일까? 뉴기니의 거의 모든 전통적인 분쟁에서 당사자들은 예전부터 서로 알고 지내던 사이이다. 다시 말하면, 어떤 형태로든 개인적인 관계로 연결되거나, 적어도 각자의 이름이나 아버지의 이름 정도를 서로 알며, 혹은 종족 간의 결연으로 아는 사이이다. 예컨대 수킬로미터 떨어진 마을에 사는 사람이 숲에서 어슬렁거리던 당신의 돼지를 죽였다고 해보자. 당신이 그를 개인적으로 모르더라도 그의 이름 정도는 알고 있을 가능성이 크다. 또 그가 속한 씨족에 대해서도 알고, 그 씨족에 속한 어떤 사람을 개인적으로는 알고 있을 수 있다. 전통적인 뉴기니는 지역적으로 소규모인 사회들로 이루어졌기 때문이다. 물론 각 사회의 구성원 수는 수십 명에서 수백 명까지 다양하다. 그들은 생활터전을 전통적으로 유지했고, 결혼이나 친척 방문 같은 특별한 이유가 있을 때에만 단거리를 이동할 뿐이었다. 따라서 현대 국가 사회에서 살아가는 우리처럼, 전통적인 뉴기니인이 완전한 '이방인'을 만나는 경우는 무척 드물었거나 전혀 없었다. 그러나 뉴기인들과 달리, 서구화된 국가의 시민인 우리는 수백만 명으로 이루어진 사회에서 살아간다. 따라서 우리는 같은 사회에 속해 있지만 생면부지의 사람들을 매일 만나고 그들과 거래해야 한다. 내가 십대일 때 여름을 보냈던 몬태나의 빅홀 분지처럼 모든 거주민이 서로 알고 지내며, 사람들이 드문드문 흩어져 사는 시골 지역에도 낯선 사람들이 일상적으로 나타난다. 자동차를 몰고 시내로 들어와 주유하려고 자동차를 멈추는 사람이 대표적인 예이다. 게다가 직장도 멀리 떨어진 곳에 있고 휴가도 먼 곳으로 떠난다. 또 개인적인 취향 때문에 먼 곳을 떠돌아다니는 사람도 있다. 따라서 우리의 접촉 범위는 평생 동안 몇 번이나 거의 완전히 바뀐다.

국가 사회에서 교통사고나 상거래로부터 발생하는 분쟁의 대부분은 전에는 서로 알지 못했고 다시는 거래하지 않을 사람들 간의 문제인 반면에, 전통적인 뉴기니 사회에서 분쟁은 지금도 어떤 관계가 있거나 앞으로도 그 관계를 계속 유지해야 할 사람들 간의 문제이다. 예컨대 매일 얼굴을 마주치며 일상의 행위에서 빼놓고 생각할 수 없는 마을 사람과 분쟁이 발생할 수도 있고, 앞으로는 반복해서 얼굴을 마주칠 필요가 없는 사람(예컨대 멀리 떨어진 마을에 살지만 당신의 돼지를 죽인 사람)이 분쟁 상대일 수도 있다. 그러나 그 사람이 여전히 당신의 여행 범위 내에서 살고 있다면, 그래서 당신이 그와 더는 얼굴을 붉히는 관계에 있고 싶지 않다면 어떻게 해야 하겠는가? 이런 이유에서 뉴기니의 전통적인 보상 협상은 과거의 관계를 회복하는 데 주된 목적이 있다. 분쟁 당사자들이 가능성은 있었지만 서로에게 해코지하지 않았던 '무관계(non-relationship)'에 있었더라도 마찬가지이다.

그러나 이런 목적과, 그 목적에 내재한 기초적인 사실에서 서구 국가의 분쟁 해결 방법과 큰 차이가 비롯된다. 서구 국가에서는 분쟁 당사자들이 전에도 아무런 관계가 없었고 앞으로도 다시 관계를 맺을 가능성이 없기 때문에 관계의 회복은 별로 중요하지 않다. 예컨대 나는 지금까지 세 건의 민사소송에 연루된 적이 있다. 가가구공, 수영장 공사업자, 부동산업자가 소송 상대였다. 나는 가구와 수영장과 부동산이 관련된 거래가 있기 전까지 그들을 알지 못했고, 분쟁이 해결되거나 기각된 후에 그들과 다시는 거래하지 않았고 그들에 대한 소문조차 듣지 못했다.

뉴기니 사람들에게, 손상된 관계를 회복하는 과정에서 중요한 것은 상대의 감정을 인정하고 존중하는 것이다. 따라서 당사자들은 어떤 상황에서나 최대한 분노의 기운을 씻어내고 과거처럼 지낼 수 있게 된다. 관계의 회복을 탄탄히 보장해주는 보상금이 이제 파푸아뉴기니에서 영어로 'compensation'으로 불리지만, 이 단어는 오해의 여지가 있다. 엄격히 말하면, 보상금은 과거의 관계를 회복하기 위한 상징적인 수단이다. 따라서 A가 B에게 공식적으로 사과하고, 손실에 따른 B의 감정을 인정하는 것도 보상의 일부이다. 빌리와 말로의 사건을 예로 들면, 빌리의 아버지가 진정으로 원한 것은 아들을 잃은 자신의 상실감과 슬픔을 말로와 그의 고용주가 진심으로 인정하는 것이었다. 기드온이 빌리의 아버지에게 보상금을 건네며 분명하게 말했듯이 빌리의 목숨값에 비하면 그 돈은 무가치한 쓰레기였다. 공식적으로 사과하고 빌리 가족의 상실감을 공유하는 것이 진정한 보상이었다.

관계의 회복은 전통적인 뉴기니 사회에서 무엇보다 중요하다. 서구적 기준에 따라 유죄, 태만, 징벌을 결정하는 것이 주된 쟁점은 아니다. 이런 관점에서 접근할 때, 뉴기니의 산악지역 씨족들 간에 오랫동안 지속되던 분쟁의 해결이 그런대로 설명된다. 그 분쟁에 연루된 씨족 하나가 내 친구들인 고티 마을 사람들이었다. 그들이 분쟁을 해결한 방법에 대한 얘기를 듣고 나는 놀라지 않을 수 없었다. 여하튼 그 얘기를 해보자. 고티 마을 친구들과 다른 네 씨족이 공격과 보복 살인이 반복되는 오랜 분쟁에 휘말려 있었다. 그 과정에서 나의 고티 마을 친구인 피우스의 아버지와 형이 목숨을 잃었다. 상황이 걷잡을 수 없이 위험해지자, 대부분의 고티 마을 사람들이 다른 씨족들의 공격을 벗어나기 위해서 조상의 땅을 버리고 동맹 관계에 있던 이웃 마을로 피신할 정도였다. 33년이 지난 후에야 고티 마을 사람들은 조상의 땅으로 돌아갈 수 있었다. 그로부터 3년 후, 공격의 두려움에 떨며 사는 삶에 종지부를 찍기 위해서 고티 마을 사람들은 화해의 의식을 주관해서, 과거의 공격자들에게 돼지와 그 밖의 물건들을 보상금으로 내놓았다.

피우스에게 그 얘기를 처음 들었을 때 나는 내 귀를 믿을 수 없었다. 내가 그의 말을 제대로 알아듣지 못한 것이라 생각할 정도였다. "자네들이 공격자들에게 보상금을 주었단 말인가? 하지만 그들이 자네 아버지와 친척들을 죽였는데. 왜 그들이 자네에게 보상하지 않은 거지?" 피우스의 설명에 따르면, 그렇게 해서는 오랜 악순환을 끊을 수 없었다. 목표는 보상금을 받아내는 것이 아니었다. B가 A에게 Y만큼의 피해를 입혔으니 A가 B로부터 X마리의 돼지를 받음으로써 셈을 맞추자고 주장하는 게 아니었다. 적들과 평화적 관계를 회복하고, 고티 마을에서 다시 평화롭게 사는 것이 목표였다. 적들도 자신들의 땅이 침략당했고, 고티 마을 사람들에게 씨족의 일원이 살해당했다며 나름의 불만이 있었다. 협상이 있은 후, 양측은 만족감을 표명하며 기꺼이 적대감을 거두겠다고 약속했다. 적에게 돼지와 다른 물건을 보상으로 주는 합의를 끌어냄으로써 고티 마을 사람들은 과거의 땅을 되찾았고, 양측 모두가 상대의 공격에 대한 두려움에서 벗어나 살 수 있게 되었다.

평생의 관계 서구의 국가 사회들에 비해서 전통적인 뉴기니 사회들에서는 사회적 관계망이 중요하고 지속적이기 때문에 분쟁의 영향이 직접적인 당사자들을 넘어, 서구 사람들은 이해하기 힘든 정도까지 확산되기 일쑤이다. 한 씨족 사람의 채마밭이 다른 씨족 사람의 돼지에게 피해를 입었다고 두 씨족 간의 전쟁이 벌어질 수 있다는 사실은 서구 사람들에게 어처구니없게 여겨지겠지만, 뉴기니 고원지대 사람들에게 그런 결과는 조금도 이상하지 않다. 뉴기니 사람들은 태어나기 전부터 존재한 중요한 관계들을 평생 유지하는 편이다. 그런 관계를 바탕으로 그들은 많은 사람에게 도움을 받지만, 많은 사람을 도와야 하는 의무까지 짊어진다. 물론 우리 현대인들도 오랫동안 지속되는 관계를 유지하지만, 뉴기니 사람들에 비하면 삶을 살아가는 동안 훨씬 많은 관계를 맺고, 또 그 관계들을 저버린다. 또한 우리는 성공을 추구하는 개인에게 보상하는 사회에서 살아간다. 그러나 뉴기니의 분쟁에서 보상을 받거나 보상을 치르는 당사자는 말로와 빌리의 부모처럼 사건에 관련된 직접적인 관계자만이 아니라, 양측과 이런저런 이유로 관련된 사람들이기도 하다. 따라서 보복 살해를 감행할 가능성이 높은 빌리의 씨족 사람들, 그런 보복의 표적이 될 수 있었던 말로의 동료 직원들, 보상금을 실제로 떠안은 말로의 고용주, 협상이 결렬될 경우에는 보복의 표적이 되고 말로가 일자리를 다시 구하지 못하면 보상금을 십시일반으로 모금해야 했던 말로의 먼 친척과 씨족원들까지 분쟁의 당사자가 된다. 이와 유사하게 뉴기니에서는 부부가 이혼을 고려하면, 다른 사람들까지 영향을 받아 이혼에 관련된 논쟁에 깊숙이 개입한다. 그 다른 사람들은 신부값을 지불했기 때문에 반환을 요구할 권리가 있는 신랑의 친척들, 신부값을 받았기 때문에 반환 요구를 거절할 수 없는 신부의 친척들, 또 그 결혼으로 중요한 정치적 연대를 맺었지만 이혼하면 그 연대가 깨지는 위기를 맞게 되는 양쪽의 씨족들이다.

전통 사회에서는 사회적 관계망을 중요하게 생각하며 강조하는 반면에, 현대 국가 사회, 특히 미국에서는 개인을 중요하게 생각하며 강조하는 편이다. 우리는 개인이 성공을 추구해서 성공하고, 타인을 희생시켜서라도 이득을 취하는 걸 허용할 뿐 아니라 실제로 권장하기도 한다. 또한 대다수의 상거래에서 우리는 이윤의 극대화를 목표로 삼기 때문에, 우리가 상대에게 안겨주는 상실감 따위는 신경조차 쓰지 않는다. 미국에서는 어린아이들의 게임까지 승패를 가르는 경쟁인 경우가 다반사이다. 전통적인 뉴기니 사회에서는 상상조차 못할 현상이다. 그곳에서 어린아이들의 놀이는 승패보다 협동을 더 중요하게 생각한다.

예컨대 인류학자 제인 구달은 뉴브리튼 섬의 카울롱족 아이들에게 한 사람이 하나를 차지하기에 충분한 바나나 한 다발을 주고, 아이들의 행동을 지켜보았다. 아이들은 일종의 놀이를 시작했다. 가장 큰 바나나를 차지하려고 경쟁하는 대신에, 각자 자기 바나나를 둘로 똑같이 쪼갠 다음에 절반은 자기가 먹고 나머지 절반은 다른 아이에게 주었다. 그리고 그 아이에게서 바나나 절반을 받았다. 거기에서 끝나지 않았다. 다시 모든 아이가 먹지 않은 절반을 똑같이 둘로 나눈 후에 4분의 1을 먹고 나머지 4분의 1을 다른 아이에게 주었고, 그 대가로 그 아이에게 먹지 않은 바나나의 4분의 1을 받았다. 이런 식의 나눔이 다섯 번이나 계속되며, 바나나는 똑같이 8분의 1로, 다시 똑같이 16분의 1로 쪼개졌고, 마지막에는 모든 아이가 원래 바나나를 32분의 1로 나눈 바나나 토막을 먹고 나머지 32분의 1을 다른 아이에게 먹으라고 주었으며, 그 아이에게서 나눈 바나나를 32분의 1로 나눈 토막을 받았다. 이런 놀이를 겸한 의식은 뉴기니 아이들이 자기만의 이익을 탐하지 않고 나누는 법을 배우는 훈련의 일부였다.

전통적인 뉴기니 사회가 개인의 이익을 멀리한다는 걸 보여주는 또 하나의 사례는 나를 위해 두 달 동안 일해준 십대 소년 마푸크에게서 찾을 수 있다. 마푸크는 근면하고 의욕적인 소년이었다. 내가 사례금을 주며 그 돈으로 무엇을 할 생각이냐고 묻자, 마푸크는 재봉틀을 사서 다른 사람들의 찢어진 옷을 수선해줄 생각이라고 대답했다. 또 그들에게 수선비를 받아 초기 투자금을 되찾고 더 많은 돈을 저축해서 더 나은 삶을 살겠다고 덧붙였다. 그러나 친척들은 마푸크의 이기심을 나무라며 화를 냈다. 정착된 삶을 사는 사회에서 마푸크에게 옷의 수선을 요구할 사람들은 그가 이미 아는 사람들이고, 대부분이 가깝거나 먼 친척일 수밖에 없었다. 따라서 마푸크가 그들에게 돈을 받아 개인적인 이득을 취하려는 행위는 뉴기니의 사회적 규범을 위배하는 짓이었다. 마푸크는 당연히 그들의 옷을 무료로 수선해주어야 했고, 그 대가로 그들은 다른 방식으로 마푸크를 지원하면 그만이었다. 예컨대 마푸크가 결혼할 때 신부값을 지원해주는 방식이었다. 비슷하게, 가봉의 금광 광부들은 자신들의 금과 돈을 친구들이나 친척들과 나누지 않으면 주술사들의 표적이 되어 치명적인 질병인 에볼라 출혈열에 걸린다고 여겼다.

뉴기니에서 어린 자식들을 데리고 살던 서양의 선교사들이 오스트레일리아나 미국으로 돌아가거나, 아이들을 기숙학교에 입학시키려고 고국으로 돌려보내면, 아이들은 서구 세계의 이기적이고 개인주의적인 방식에 대처하고 적응하지 못하며, 뉴기니의 아이들과 어울리며 배웠던 협동과 공유의 정신을 멀리하는 데도 어려움을 겪는다. 따라서 승리하기 위해서 경쟁적으로 게임해야 하고, 학교 성적을 올리려고 애쓸 때, 또 동급생들보다 먼저 기회와 이득을 구하려고 할 때 부끄럽다는 생각마저 든다고 하소연한다.

다른 비국가 사회들

비국가 사회들은 분쟁을 해결하는 방법에서 어떤 차이가 있을까? 빌리와 말로의 사건에서 보았듯이 전통적인 뉴기니 마을들에서는 화해를 위한 협상이 주효할 수 있지만, 다른 유형의 사회에서는 협상이 쓸데없는 짓이거나 무용지물일 수 있다. 절대적 권위자나 사법체제가 없는 소규모 사회로 시작해서, 군장이 대부분의 분쟁을 해결하는 군장사회와, 개인들이 법에 구속받지 않고 자의적으로 행동하는 약한 국가를 지나, 국가가 실질적인 권한을 행사하는 강력한 국가로 끝나는 가상의 연속체를 생각해볼 수 있다. 따라서 뉴기니 마을보다 작은 사회부터 정치력의 집중화가 시작되는 단계에 있는 큰 사회까지, 다섯 가지 유형의 비국가 사회에서 분쟁을 어떻게 평화적으로 해결하는지 살펴보기로 하자.

구성원이 수십 명에 불과한 지역 집단들로 이루어진 가장 작은 사회의 분쟁을 먼저 살펴보자. !쿵족을 방문한 한 인류학자의 기록에 따르면, 그들의 사회는 구성원들이 끊임없이 말하는 사회였다. 따라서 분쟁이 생기면 금세 널리 알려졌고, 무리의 구성원 전부가 분쟁에 개입했다. 그 인류학자가 머물던 한 달 동안, 한 부부가 심하게 다투었다. 그러자 다른 구성원들(그들 모두가 남편이나 부인 혹은 둘 모두와 어떤 식으로든 관계가 있었다)이 부부싸움에 끊임없이 끼어들었다. 1년 후, 인류학자는 다시 그곳을 방문했다. 부부는 여전히 함께 살면서 사이가 좋지 않았고, 구성원들

우간다의 작은 마을에서 행해진 전통적인 분쟁 해결 방법. 분쟁 당사자들은 개인적으로 이미 아는 사이여서, 감정까지 해소하는 방향으로 분쟁을 해결한다.

도 두 사람의 다툼에 여전히 끼어들고 있었다.

역시 소규모 무리 사회로 살았던 볼리비아의 시리오노족도 끝없이 다투는 사회로 기록돼 있다. 특히 남편과 부인, 한 남편을 섬기는 부인들 사이에서, 인척들 사이에서, 대가족의 자식들 사이에서 다툼이 잦았다. 확인된 75건의 분쟁 중 44건이 식량 때문이었다(식량을 나누지 않거나 식량을 몰래 저장하고, 식량을 훔치거나, 밤에 야영지에서 몰래 먹어서, 혹은 음식을 몰래 먹으려고 숲으로 도망쳐서). 19건의 원인은 섹스, 특히 간음이었고, 식량과 섹스 이외의 문제로 다툼이 생긴 경우는 12건에 불과했다. 중재자가 없었기 때문에 시리오노족의 분쟁은 거의 언제나 당사자들 사이에서 해결됐고, 한쪽을 지원하는 친척이 개입하는 경우는 드물었다. 같은 무리 내에서 두 가족 간의 반목이 심하면, 한 가족이 무리에서 벗어나 적대감이

아프리카 칼라하리 사막의 !쿵족 사냥꾼.

가라앉을 때까지 숲에서 따로 살았다. 그러나 반목이 지속되면 한 가족이 다른 무리로 옮겨가거나 아예 새로운 무리를 구성하기도 했다. 이런 사실에서, 수렵채집인처럼 이동이 잦은 유목 사회에서 분쟁이 벌어지면 분쟁 당사자들이 집단을 떠나며 집단이 분열된다는 일반화된 현상이 설명된다. 정착 생활을 하며 채마밭에 많은 노력을 투자한 농경인의 경우에는 이런 선택을 하기가 힘들다. 물론 일자리와 주택에 얽매여 사는 서구 사회 사람들의 경우에는 더더욱 어렵다.

또 다른 소규모 집단인 브라질의 피라항족에게는 등급화된 추방이 사회의 규범에 따라 행동하고 분쟁을 해결하라는 사회적 압력으로 작용한다. 당사자를 하루에서 며칠까지 음식의 공유에서 배제하는 추방부터 시작해서, 무리로부터 멀리 떨어진 곳에서 살게 하며 정상적인 거래와 사회적 교류를 차단하는 추방까지 다양하다. 가장 혹독한 처벌은 완전한

브라질 아마존 열대우림의 피라항족 부부와 그들의 아기.

추방이다. 예컨대 투카가라는 십대 소년이 근처에 사는 요아킴이란 아푸리낭족 사람을 살해했다. 그 때문에 피라항족은 보복 공격을 받을 위험에 처했다. 따라서 투카가는 모든 피라항족 마을에서 추방당해 혼자 살아야 했고, 한 달이 지나지 않아 외딴 곳에서 시체로 발견됐다. 감기에 걸려 죽은 것으로 추정됐지만, 투카가의 잘못된 행동에 위험을 느낀 다른 피라항족 사람들에게 살해당했을 가능성도 있다.

이번에는 내가 1960년대에 현장 조사를 시행했던 뉴기니 고원지대의 포레족을 살펴보자. 포레족은 인구밀도가 상당히 높고, !쿵족과 시리오노족과 피라항족에 비해서 공격적이다. 부부 인류학자로 유명한 로널드와 캐서린 베른트는 1951년부터 1953년까지 포레족을 연구했다. 그 지역에서 전쟁이 계속되던 때였다. 그런 사태를 처리할 중앙정부나 공식적인 메커니즘이 없었기 때문에 포레족은 씨족이나 혈연가족 내에서 발생한 분쟁을 자체로 다양한 형태로 해결했다. 예컨대 절도에 대비해 자신의 재산을 지키는 책임은 소유자의 몫이었다. 절도는 공동체의 기준에서도 규탄받았지만, 돼지로 보상을 받느냐 다른 형태로 보상받느냐는 전적으로 소유자의 몫이었다. 보상의 크기는 훔친 물건의 가치에 따라 결정되지 않고, 범죄자와 피해자의 상대적인 힘, 과거의 원한, 절도자의 친족들이 절도자를 소중하게 생각해서 지원할 수 있느냐에 따라 결정되었다.

포레족의 분쟁에는 두 관련자 이외에 다른 사람들까지 끼어들었다. 부부 사이의 불화에 양측의 친족들이 개입한 이유는 자신들의 이해관계도 걸려 있었기 때문이다. 예컨대 남편과 같은 씨족에 속한 남자라면 당연히 부인보다 남편의 편을 들어야 했지만, 씨족의 부인을 얻기 위해서 이미 신부값에 일정한 기여를 했기 때문에 남편보다 부인의 편을 들 수도 있었다. 따라서 혈연가족 내의 분쟁은 주변의 압력으로 신속하게 해결되어, 보상금을 지급하거나 선물을 교환하거나 잔치를 열어 우호적인 관계를 회복했다는 걸 주변에 알렸다. 같은 구역에서 살아가는 두 혈연가족 간의 분쟁도 보상금 지급으로 해결될 수 있었지만, 혈연가족 내의 분쟁보다 해결을 촉구하는 주변 사람들의 압력이 덜하기 때문에 폭력을 행사할 위험이 훨씬 더 높았다.

비국가 사회의 마지막 예로 수단의 누에르족(68쪽 사진 참조)을 살펴보자. 인류학자 E. E. 에번스 프리처드가 그들을 연구한 1930년대에도 인구수가 20만 명에 달했다(다수의 부족으로 나뉘어져 있었다). 지금까지 살펴본 다섯 사회 중에서 가장 규모가 크고, 일정한 형식을 갖춘 폭력이 가장 만연된 사회이며, '표범가죽 군장'이라 불리며 공식적으로 인정된 정치 지도자가 있는 유일한 사회이다. 누에르족은 무모하게 모욕받는 기분이 겠지만, 남자들이 마을 내에서 일어난 분쟁을 해결하기 위해서 선호하는 방법은 한 사람이 치명적인 부상을 당하거나, (일반적으로) 마을 사람들이 개입해서 뜯어말릴 때까지 몽둥이를 들고 싸우는 방법이었다.

누에르족 사회에서 가장 중대한 범죄는 살인이다. 살인이 유혈의 복수를 유발하기 때문이다. 예컨대 X가 Y를 죽이면, Y의 친척들은 X나 X의 가까운 친척 혹은 둘 모두를 죽여 복수할 거라고 다짐한다. 따라서 살인은 살인자와 피해자 사이의 분쟁에서 끝나지 않고, 양쪽의 가까운 친척들, 심지어 공동체 전체의 분쟁으로 발전한다. 살인자는 살인을 저지르면 자신이 복수의 표적이 됐다는 걸 깨닫고 군장의 집으로 피신한다. 누구도 군장의 집까지 쳐들어와서 그를 공격하지는 않기 때문이다. 하지만 적들은 그의 동태를 감시하며, 그가 실수로 군장의 집에서 나오면 지체 없이 창으로 공격한다. 군장은 수주의 시간을 두고 피해자 측의 분노가 가라앉기를 기다렸다가(기간이 훨씬 짧았지만 앞에서 언급한 빌리의 사건에서 약간의 시간을 두고 협상을 시작한 것과 유사하다), 살인자의 친척들과 피해자의 친척들을 모아 놓고 보상을 위한 공개 협상을 시작한다. 살인에 대한 일반적인 보상액은 40~50마리의 젖소이다.

하지만 누에르족 군장에게는 분쟁의 잘잘못을 판정하고 결정하거나, 해결을 강제할 권한이 없다. 양측이 어떻게든 화해해서 과거의 상황으로 돌아가기를 원할 때, 그런 경우에만 군장은 중재자 역할을 할 뿐이다. 군장은 먼저 한쪽의 제안을 받아서 상대에게 전달한다. 대체로 상내는 그 제안을 거절한다. 결국 군장이 한쪽에게 상대의 제안을 받아들이라고 권유하면, 한쪽은 마지못한 척하면서 제안을 받아들이며 군장의 체면을 봐서 받아들이는 거라고 말한다. 군장도 공동체의 행복을 위해 양보해줘서 고맙다며 그쪽의 체면을 세워준다. 반목은 한 마을 내에서도 용납될 수 없지만, 인근 마을들과의 반목도 오랫동안 계속돼서는 곤란하다. 그러나 관련된 두 혈연가족의 물리적 거리가 멀수록 반목을 해결하기가 어렵고 (정상적인 관계를 회복하려는 욕구가 상대적으로 낮기 때문에), 최초의 살인이 더 큰 폭력으로 발전할 가능성이 크다.

누에르족의 표범가죽 군장은 가축 절도, 폭행, 이혼한 후에 신부 가족이 결혼할 때 신부값으로 받은 가축을 반환하지 않는 경우 등 사소한 분쟁에서도 중재자 역할을 할 수 있다. 하지만 누에르족의 분쟁은 잘잘못을 분명하게 가릴 수 있는 쟁점이 아닌 경우가 다반사이다. 예컨대 가축 절도로 분쟁이 발생하면, 절도범은 도둑질한 게 아니라 해묵은 원한—현 소유자나 그의 친척이 자신의 가축을 도둑질한 사건 혹은 어떤 빚(간통이나 미혼인 여동생의 강간, 신체적 위해, 이혼, 신부값의 미반환, 남편의 책임으로 여겨지는 산모의 죽음에 대한 보상금)—을 거론하며 절도를 오히려 정당화한다. 이처럼 누에르족의 분쟁은 잘잘못이 분명하게 기려지지 않기 때문에 피해자는 폭력을 행사하지 않으면 보상금을 받아내기 힘들다. 따라서 보상하지 않으면 그와 그의 친족이 폭력을 행사할 거라는 겁을 주어야 한다. 포레족이 그렇듯이, 누에르족도 분생을 자체로, 즉 독자적으로 해결하는 걸 원칙으로 삼는다.

위에서 다룬 다른 네 비국가 사회와 비교할 때, 누에르족 사회에서 군장의 역할은 분쟁조정심판을 향해 진일보한 것임에 틀림없다. 그러나 강력한 군장사회를 제외할 때 대부분의 비국가 사회에서 그렇듯이, 누에르족 사회에도 없는 국가 분쟁조정심판의 특징들을 다시 주목할 필요가 있다. 누에르족 군장에게는 분쟁을 강제로 해결할 권한이 없다. 군장은 중재자, 즉 양쪽의 체면을 세워주고, 빌리 가족과 말로의 분쟁에서 야게안의 역할이 그랬듯이 양측이 원하면 냉각기를 조성하는 중간 다리에 불과하다. 누에르족의 족장은 무력을 독점하지도 않는다. 더구나 무력을 사용할 어떤 명분도 없다. 하지만 분쟁 당사자들에게는 무력을 사용할 명분이 있다. 누에르족 사회에서 분쟁을 해결하려는 목적은 잘잘못을 가리는 게 아니라, 모두가 서로 알고 지내는 사회에서, 두 구성원 사이에 악감정이 지속되어 사회 전체의 안정이 위협받을 경우 정상적인 관계를 회복하는 것이다. 누에르족 부족장들의 이런 한계들은 인구 규모에 따라 달라진다. 폴리네시아의 큰 섬들, 상대적으로 규모가 큰 아메리카 원주민 사회처럼 인구가 많은 군장사회에서 군장은 정치적이고 사법적인 권한을 실질적으로 행사하고, 무력의 사용에서 독점권을 주장하며, 국가 정부의 초기 형태에 접근하는 과도기적 단계를 보여준다.

국가의 권한

이번에는 비국가 사회와 국가의 분쟁 해결 방법을 비교해보자. 비국가 사회의 다양한 분쟁 해결 방법들이 공통점도 있지만 사회마다 고유한 특징을 갖듯이, 국가 사회의 분쟁 해결 방법도 다양하지만 공통분모가 있다. 국가의 분쟁 해결 방법에 대해서는 나에게 가장 익숙한 시스템, 즉 미국의 시스템을 주로 다루겠지만, 다른 국가들에서 확인되는 차이점에 대해서도 언급할 생각이다.

　분쟁 해결에서 국가와 비국가 사회는 공통적으로 두 가지 방법을 택한다. 하나는 분쟁 당사자들이 상호합의에 도달하는 방법이며, 다른 하나는 (전자의 방법이 시도되지만 실패하는 경우) 다툼을 통해 해결책을 모색하는 방법이다. 비국가 사회에서는 상호합의를 끌어내기 위한 보상 협상이 실패하면 폭력으로 치닫기 일쑤이다(3장과 4장 참조). 비국가 사회에는 불만을 가진 당사자가 폭력적인 수단으로 목적을 이루려는 행위를 억제할 만한 중앙 국가기구가 공식적으로 존재하지 않기 때문이다. 폭력은 또 다른 폭력을 낳기 때문에 폭력이 단계적으로 확대되어 상습적으로 비국가 사회의 평화를 위협하는 요인이 된다. 따라서 국가 정부의 주된 관심사는 시민들이 서로 폭력을 행사하는 걸 차단함으로써 공공의 안전을 보장하고 개선하는 것이다. 내적인 평화와 안전을 유지하기 위해서 국가의 중앙 정치권력이 보복을 행사할 권리를 거의 독점한다. 따라서 국가와 경찰만이 충분한 이유가 있을 때 시민에게 폭력적인 보복 조치를 행사할 수 있다. 하지만 국가는 시민에게 자위를 위한 폭력의 행사를 허용한다. 예컨대 먼저 공격을 당하거나 자신의 몸이나 재산이 중대한 위험에 급박하게 처했다고 합리적으로 믿을 만한 근거가 있을 때 시민은 폭력을 사용할 수 있다.

　시민은 두 가지 이유에서 폭력을 사사로이 행사하는 걸 단념한다. 하나는 국가의 막강한 힘에 대한 두려움이며, 다른 하나는 사사로운 폭력이 불필요하다고 확신하기 때문이다. 달리 말하면, 국가가 제정한 사법체제가 적어도 이론적으로는 공정하다고 인식되고, 모든 시민의 신체와 재산을 안전하게 지켜주며, 타인의 안전을 침범한 사람을 범죄자로 분류하여 처벌하기 때문이다. 국가가 이런 역할을 효과적으로 해내면, 피해를 입은 사람이 뉴니기인과 누메르족처럼 개인적으로 정의를 행사할 필요가 없고, 그럴 필요성을 느끼지도 않을 수 있다. (그러나 오늘날 파푸아뉴기니처럼 공권력이 약한 국가에서는 국가가 효과적으로 대응할 거라는 확신이 없기 때문에 시민들이 여전히 전통적인 부족 관습에 따라 사사로운 폭력을 행사하는 경향을 띤다.) 평화의 유지는 국가가 시민에게 제공할 수 있는 가장 중요한 덕목 중 하나이다. 약 5,400년 전 '비옥한 초승달' 지역에서 최초의 국가 정부가 탄생한 이후로, 사람들이 압력만이 아니라 다소 자발적으로 개인의 자유를 부분적으로 포기하고 국가 정부의 권위를 인정하며, 세금을 납부하고, 국가 지도자와 관리들에게 개인적으로 안락한 삶을 보장했던 이유, 얼핏 생각하면 모순된 행위가 국가의 그런 역할에서 설명된다.

국가 정부가 어떤 희생을 치르더라도 막아야 하는 행동의 일례는 캘리포니아 샌프란시스코에서 동쪽으로 약 160킬로미터 떨어진 제임스타운이란 작은 도시에서 발생한 엘리 네슬러 사건이었다. 엘리는 6세 소년 윌리엄의 어머니였고, 대니얼 드라이버라는 캠프 지도자는 기독교 여름 캠프에서 윌리엄을 성추행했다는 혐의를 받았다. 대니얼이 윌리엄과 다른 세 소년을 성폭행한 혐의로 기소되어 재판을 받던 1993년 4월 2일 예심 법정에서 엘리는 대니얼의 머리에 5발의 총을 쏘았고, 대니얼은 그 자리에서 즉사했다. 그야말로 보복 살해였다. 엘리는 예상되던 공격으로부터 아들을 지키지 않고, 의심하던 사건이 터진 후에야 보복했다는 점에서 그렇다. 엘리는 아들이 성폭행을 당한 후유증으로 제정신이 아니어서 구토를 해대고 대니얼의 행위를 증언할 처지가 아니라고 주장했다. 또 대니얼이 벌을 받지 않고 석방될까 두려웠고, 성범죄 선력이 있는 성

아들을 성폭행한 남자를 살해한 엘리 네슬러. 부모라면 누구나 엘리의 분노를 이해할 수 있지만, 시민이 법의 힘을 빌리지 않고 개인적으로 행동한다면 정부는 붕괴되고 만다.

범죄자들이 죄값을 치르지 않고 활개치고 다니며 계속 범죄를 저지르게 놓아두는 무능한 사법제도를 믿을 수 없었다고 자신의 행위를 옹호했다.

엘리 사건은 개인적인 보복 행위에 대한 논란을 불러일으켰다. 엘리를 옹호하는 측은 엘리가 자신이 손으로 정의를 행했다며 환호했고, 반대하는 측은 똑같은 이유에서 그녀를 비난했다. 부모라면 누구나 엘리의 분노를 이해하며, 엘리에게 동정심을 느낄 것이다. 또 성폭행당한 자식을 둔 대부분의 부모가 엘리처럼 행동하는 환상을 품었을 것이다. 그러나 캘리포니아 주정부의 견해는 성폭행범을 심판해서 처벌할 권한은 주정부에게만 있으며, (엘리의 분노는 이해할 수 있지만) 시민들이 엘리처럼 법의 힘을 빌리지 않고 개인적인 욕구에 따라 행동한다면 주정부가 붕괴되고 말 것이란 것이었다. 결국 엘리는 재판을 받았고 과실치사로 10년형을 선고받았다. 그러나 3년을 복역한 후, 배심원의 직권남용에 근거한 항소심에서 석방되었다.

    따라서 국가 사법체제의 가장 중요한 목적은 개인적인 정의 행사를 강제로 대신하는 대안을 제시함으로써 사회 안정을 유지하는 것이다. 국가 사법체제의 다른 모든 목적들은 이 목적에 비하면 부차적이다. 특히 국가는 소규모 비국가 사회의 사법체제가 가장 중요하게 생각하는 목표에는 별다른 관심이 없다. 앞에서도 말했듯이, 비국가 사회의 사법체제는 분쟁 당사자들이 서로 감정을 교감함으로써 과거의 관계 혹은 무관계를 회복하는 것이 주된 목표이다. 그들은 직간접적으로 이미 아는 사이였고, 앞으로도 계속 관계를 맺으며 살아야 하기 때문이다. 따라서 비국가 사회의 분쟁 해결은 국가의 사법체제, 즉 국법에 따라 잘잘못을 결정하는 체제와 현격하게 다르다. 이런 목표의 차이를 고려할 때, 국가와 비국가의 분쟁 해결 시스템은 얼마나 비슷하게 운영될까?

민사사법

먼저, 국가 사법체제는 둘로 구분된다는 걸 알아야 한다. 다양한 등급의 법원에서 판사와 변호사가 두툼한 법전을 들고 일하는 건 똑같지만, 형사사법과 민사사법으로 나뉜다. 형사사법은 국법을 위반해서 국가가 처벌할 수 있는 범죄를 다룬다. 민사사법은 개인이나 집단이 다른 개인이나 집단에게 가한 비형사적 피해를 다루며, 행동의 유형에 따라 다시 둘로 나뉜다. 하나는 계약 위반에서 비롯되는 계약 사건으로, 거의 언제나 돈이 개입된다. 다른 하나는 인간의 행위로 말미암아 다른 사람의 신체나 재산에 가해진 피해와 관련된 불법행위 사건이다. 국가에서는 형사소송과 민사소송을 구분하지만 비국가 사회에서는 이 둘의 구분이 모호하다. 개인들 간에 지켜야 할 사회적 행동규범은 있지만, 공식적으로 규정된 제도적 기관, 즉 국가에 대한 범죄를 규정한 성문화된 법이 없기 때문이다. 그러나 한 개인의 피해는 다른 사람에게도 영향을 줄 수 있고, 국가 사회보다 소규모 사회가 타인에게로 확대되는 이런 영향에 더 민감하기 때문에 형사와 민사의 구분이 더욱 모호해진다. 앞에서 언급했듯이, 한 부부의 다툼에 무리사회 구성원 모두가 영향을 받고 간섭한 !쿵족의 경우가 전형적인 예이다. (캘리포니아 이혼 법원 판사가 어떤 이혼이 도시민 모두에게 어떤 영향을 미쳤는지 증언을 들어야 한다고 상상해보라.) 뉴기니에서는 의도적인 살인, 이혼 이후의 신부값 반환, 타인의 밭에 손해를 입힌 돼지(서구 법정에서는 차례로 범죄, 계약 위반, 불법행위로 규정된다)가 기본적으로 동일한 보상 협상 방법이 사용된다.

국가와 비국가 사회에서 민사 분쟁을 해결하는 방법부터 비교해보자. 두 곳에서 모두 제3자를 중재자로 활용하고 분쟁 당사자들을 떼어 놓아 냉각기를 갖도록 유도한다는 점은 비슷하다. 중재자는 뉴기니의 야게안, 누에르족의 표범가죽 군장, 국가 법정의 변호사 같은 노련한 협상가들이다. 그런데 국가에는 변호사 이외에 다른 유형의 중재자들이 있다. 실제로 많은 분쟁이 중재인, 조정자, 보험 관리인 같은 제3자에 의해 법정 밖에서 해결된다. 미국이 소송 천국으로 악명이 높지만, 미국에서도 대다수의 민사 분쟁은 법정 밖에서 해결되며 법정까지 가지 않는다. 소수의 구성원이 어떤 자원을 독점하는 일부 직업군—메인 주의 바닷가재 어부, 목장 경영자, 다이아몬드 상인—은 구성원들 간의 분쟁을 자체로 해결하기 때문에 주정부가 개입할 여지가 없다. 제3자를 통한 협상을 통해 분쟁 당사자 모두가 만족할 만한 합의를 끌어내지 못할 때, 분쟁 당사자들은 분쟁을 해결하기 위해서 사회적 방법에 호소한다. 비국가 사회에서는 폭력이나 전쟁이며, 국가 사회에서는 재판과 판결이다.

국가와 비국가 사회가 가해자에 의해 비롯된 비용을 다수의 납세자에게 분담시키는 것도 비슷하다. 국가 사회에서 우리는 자동차보험과 주택소유자보험에 가입함으로써, 우리가 다른 자동차에 손해를 입히는 경우, 혹은 우리가 집을 잘못 관리한 탓에 우리집 계단에서 누군가 미끄러져서 다치는 경우, 그에 따른 비용을 보험가입자들이 부담한다. 많은 보험가입자들이 보험료를 납부하기 때문에 보험회사가 그 돈으로 비용을 처리하는 것이다. 따라서 다른 보험가입자들이 우리 책임을 분담하는 셈이다. 비국가 사회에서도 친척들과 씨족원들이 누군가의 잘못으로 인해 생긴 빚을 분담하는 것도 비슷한 관점에서 해석된다. 말로가 내게 말했듯이, 말로가 일자리를 구하지 못해 빌리의 죽음에 대한 보상금을 마련할 수 없었다면 마을 사람들이 그 보상금을 마련하는 데 십시일반으로 도와주었을 것이라고 하지 않았던가.

국가 사회에서, 민사재판의 과정은 뉴기니의 보상 협상 과정과 무척 유사하다. 예컨대 오랫동안 거래하던 장사꾼들 사이에 분쟁이 생겼다고 해보자. 당사자들끼리 합의점을 찾을 수 없는 문제가 생기면, 한쪽이 화를 내며 변호사에게 자문을 구한다. (일본이나 다른 나라들에 비해서 미국에서 이런 경우가 훨씬 빈번하다.) 특히 신뢰를 쌓아가며 오랫동안 거래한 경우, 손해를 입은 쪽은 이용당하고 배신당한 기분에, 일회성 거래(혹은 양쪽 모두에게 첫 거래)를 한 경우보다 더욱 분개하기 마련이다. 뉴기니의 보상 협상이 그렇듯이, 상거래 분쟁을 변호사들에게 맡기면, 당사자들이 분노한 개인적인 맞대응을 변호사들의 냉정하고 합리적인 논의로 대체함으로써 분쟁을 가라앉히고, 대립된 양측의 입장이 굳어질 위험을 줄일 수 있다. 또 양측이 앞으로도 돈벌이가 되는 상거래를 계속할 생각이라면, 양쪽 모두의 체면을 세워주는 해결책을 받아들이는 동기까지 부여받을 수 있다. 같은 마을이나 이웃한 마을에 사는 뉴기니 사람들이 그 후로도 계속 만날 수밖에 없기 때문에 적극적으로 해결책을 찾으려는 것과 비슷하다. 그러나 내가 변호사 친구들에게 들은 말에 따르면, 상거래 분쟁에서 뉴기니 식의 진정한 사과에 따른 감정적인 앙금까지 해소되기는 무척 힘들며, 분쟁 해결의 전술로 마지막 단계에서 사과 편지를 받아내는 것이 기대할 수 있는 최대치이다. 하지만 거래 당사자들이 일회성 거래나 첫 거래여서 다시는 서로 거래하지 않으려 할 경우에는 우호적으로 해결하려는 동기부여가 상대적으로 낮다(뉴기니와 누에르족 사회에서 공간적으로 멀리 떨어진 부족원 간의 분쟁처럼). 따라서 분쟁이 재판(비국가 사회에서는 전쟁)으로 발전할 가능성이 높다. 그러나 재판은 비용도 많이 들고, 결과도 예측할 수 없기 때문에, 일회성 거래의 분쟁 당사자들도 법정까지 가지 않고 해결하려는 압력을 받는다.

  국가와 비국가 사회의 분쟁 해결 방법은 국가 간의 국제 분쟁에서도 유사한 점이 발견된다. 관련 당사국들의 합의에 따라 국제사법재판소에서 해결되는 국제 분쟁도 있지만, 넓은 의미에서 전통적인 접근 방식에 따라 해결되는 국제 분쟁도 적지 않다. 협상의 실패가 자칫하면 전쟁을 촉발할 수 있다는 걸 알기 때문에 당사국들이 직접 협상하거나, 제3국을 동원해 협상하는 방법이 그것이다. 독일인이 더 많이 사는 체코 국경 지역 주데텐란트를 두고 히틀러의 독일과 체코슬로바키아가 벌인 1938년의 분쟁이 영국과 프랑스의 중재로 해결된 사례, 1차대전이 발발하기 전 유럽에 닥친 일련의 위기들이 결국 1914년 프란츠 페르디난트 대공의 암살로 촉발된 전쟁이 시작되기 전까지 협상을 통해 일시적으로 해결된 사례가 대표적인 예이다.

지금까지는 비국가 사회의 분쟁 해결 방법과 국가의 민사사법 사이에 존재하는 유사점을 부분적으로 살펴보았다. 그럼 둘 사이에는 어떤 차이가 있을까? 가장 근본적인 차이부터 살펴보자. 민사사법이 협상에서 재판으로 넘어가면, 재판의 관심사는 분쟁 당사자 간의 악감정을 해소해서 좋은 관계를 회복시키거나 서로 상대의 감정을 이해하도록 유도하는 게 아니다. 분쟁 당사자들이 형제자매, 별거 중인 부부, 부모와 자식, 오랫동안 같은 동네에서 살면서 미운 정 고운 정이 들고 이후에도 서로 얼굴을 마주치며 살아야 할 이웃인 경우에도 마찬가지이다. 물론, 수백만 명이 모여 사는 국가 사회에서는 서로 생면부지여서 대다수 혹은 대부분의 경우, 분쟁 당사자들은 사건이 있기 전에는 관계가 없었고, 이후에도 별다른 관계를 기대하지 않는다. 그들은 재판에 관련된 사건 때문에 소비자와 상인, 교통사고에 관련된 운전자, 범인과 피해자의 입장에서 일회성으로 법정에 함께 있을 뿐이다. 하지만 근원적인 사건과 그로 인한 소송 과정은 양쪽 모두에게 감정의 앙금을 남기지만, 국가는 그런 감정을

현대의 분쟁 해결 방법. 피고측 변호사(왼쪽)와 검사(오른쪽)가 판사(가운데) 앞에서 설전을 벌인다. 범죄 용의자, 피해자, 피해자 가족은 범죄가 있기 전에는 전혀 모르는 사이였다.

누그러뜨리기 위한 조치를 전혀 취하지 않는다.

재판에서 국가의 최우선 관심사는 잘잘못을 가리는 것이다. 계약이 관련된 사건에서는 피고가 계약을 위반했느냐 않았느냐, 불법행위가 관련된 사건에서는 피고가 부주의했느냐 않았느냐 혹은 피고가 해를 끼쳤느냐 않았느냐를 판가름한다. 국가가 심문하는 첫 번째 문제와, 말로와 빌리 사건을 비교해보자. 빌리의 친척들은 말로가 부주의하지 않았다고 인정했지만 보상금을 요구했다. 그리고 말로의 고용주는 보상금을 주는 데 즉각 동의했다. 양측의 목적은 잘잘못을 따지는 것보다 과거의 관계를 회복하는 데 있기 때문이다(이 경우에는 과거의 '무관계'). 이런 뉴기니 화해 과정의 특징은 다른 많은 전통 사회에서도 발견된다. 예컨대 북아메리카에서 인구가 가장 많은 두 원주민 공동체 중 하나인 나바호국(Navajo

Nation)의 로버트 야지 수석 재판관의 말을 빌리면, "서구식 재판은 어떤 일이 일어났고 누가 그 행위를 했느냐를 따지지만, 나바호의 화해 과정은 그 사건의 결과를 따진다. 누가 상처를 받았느냐? 피해자는 그 사건에서 어떤 영향을 받았는가? 그 상처를 치유하기 위해서 무엇을 해야 하는가?"

국가는 민사 분쟁에서 피고가 법적으로 책임이 있는지를 판단하는 첫 단계를 먼저 해결한 후, 피고가 계약을 위반했다거나 부주의해서 법적으로 책임이 있다고 확인되면 피고에 의한 피해를 계산하는 두 번째 단계를 시작한다. 계산의 목적은 "원고의 원상 회복"이다. 다시 말하면, 계약 위반이나 부주의가 없었다면 피고가 처했을 상황까지 가능한 범위 내에서 피고를 회복시켜준다는 뜻이다. 예컨대 판매자가 구매자에게 마리당 7달러에 닭 100마리를 판매하는 계약을 맺었는데 판매자가 닭을 제대로 배달하지 않아 계약을 위반했고, 따라서 구매자는 공개시장에서 더 높은 가격인 마리당 10달러에 닭 100마리를 살 수밖에 없어 원래 계약보다 300달러나 더 써야 했다고 해보자. 그럼, 법정 소송에서 판매자는 구매자에게 300달러의 배상금 이외에 새로운 계약을 확보하기 위해서 들인 비용 및 추가로 사용된 300달러에 대한 이자까지 지급하라는 명령을 받을 것이다. 이런 식으로, 판매자가 계약을 위반하지 않았다면 구매자가 누렸을 상황까지 구매자를 (적어도 명목상으로는) 회복시켜준다. 불법행위의 경우도 비슷하다. 물적 손해보다 신체적 상처나 감정적 상처의 손해액을 계산하기가 훨씬 어렵지만, 법정은 어떤 식으로든 배상금을 계산해낸다. (어떤 노인이 수영을 하다가 발 하나를 모터보트 프로펠러에 절단당하는 사고가 있었다. 그 사건에서 모터보트 주인의 변호를 맡았던 내 친구는 배심원들에게, 피해자의 연령과 남은 수명을 고려할 때 절단당한 다리의 가치는 별로 크지 않다고 주장했다.)

얼핏 보면, 국가의 배상금 계산은 뉴기니와 누에르족 사회에서 협상되는 보상금 계산과 비슷한 듯하다. 그러나 반드시 그렇지는 않다. 뉴기니와 누에르족 사회에서 범죄 행위에 대한 표준화된 보상금(누에르족 사회에서 살인에 대한 보상금으로 책정된 40~50마리의 젖소)은 배상금으로 여겨질 수 있지만, 다른 경우에 비국가 사회의 보상금은 분쟁 당사자들이 상처받은 감정을 잊고 과거의 관계를 다시 시작하기 위한 근거로 합의하는 액수로 계산된다. 예컨대 뉴기니 고티 마을 사람들은 내 친구 피우스의 아버지를 살해한 씨족에게 돼지와 다른 물건을 보상으로 주기로 합의했다.

민사사법의 결함 현대 국가의 민사사법에 내재한 결함들은 변호사와 판사, 원고와 피고에 의해서 폭넓게 제기되고 있다. 미국 시스템의 결함은 다른 국가 사회들에서도 정도의 차이는 있지만 비판적이다. 첫째로는 법정에서 민사 분쟁을 해결하는 데 오랜 시간이 걸린다는 것이다. 5년까지 걸리는 경우가 다반사이다. 형사사건이 민사사건보다 우선권을 갖기 때문에 판사들이 형사사건을 처리하기 위해서 민사법원에서 형사법원으로 재배치되는 데도 원인이 있다. 예긴대 내가 이 구설을 쓰던 때, 내 고향 로스앤젤레스의 정동쪽에 위치한 리버사이드 카운티에서 진행 중인 민사사건은 한 건도 없었다. 형사사건이 밀려 있기 때문이었다. 다시 말하면, 미국에서는 거의 5년 동안 어중간한 상태에서 감정적으로 고통받으며 살아야 한다는 뜻이다. 그러나 뉴기니에서는 말로가 빌리를 사고로 죽인 사건을 해결하는 데 5일밖에 걸리지 않았다(하지만 말로와 빌리의 사건이 협상으로 해결되지 않았다면 종족 간의 전쟁으로 치달을 수 있었고, 그 전쟁은 5년 넘게 지속될 수도 있었다).

미국 민사사법이 지닌 두 번째 결함은 계약서에 명기돼 있지 않으면 대부분의 경우에 패소한 쪽에게 승소한 쪽의 변호사 비용을 요구할 수 없다는 것이다. 이런 결함 때문에 원고이든 피고이든 간에 부유한 쪽에 유리한 비대칭적인 현상이 빚어진다는 주장이 계속 제기된다. 부유한 쪽이 덜 부유한 원고에게는 실제 손실보다 낮은 배상금으로, 한편 덜 부유한 피고에게는 터무니없는 배상금으로 합의를 보자고 압력을 가하기 때문이다. 요컨대 부유한 쪽이 비싼 소송비용을 무기로 삼아 지연 전술을 사용해서 끝없이 증거 서류를 제출하며 상대에게 금전적으로 압박을 가할 수 있다. 따라서 민사사법의 목적이 피해자의 원상 회복이라는 말도 어불성설이고, 패소한 쪽에게 승소한 쪽의 변호사 비용까지 요구할 수 없다는 것도 불합리하다. 반면에 영국을 비롯한 일부 선진국의 법체제는 패소한 쪽에게 승소한 쪽의 비용 일부를 부담시킨다.

국가의 민사사법은 피해를 다루는 데 집중하며, 악감정의 해소와 화해는 부차적 문제 혹은 소송의 쟁점과 무관한 문제로 여긴다는 것이 가장 근본적인 결함이다. 과거에도 관계가 없었고 앞으로도 서로 만나지 않을 두 사람(예: 자동차 접촉사고의 당사자들)이 맞붙은 민사 분쟁의 경우, 양측의 동의 하에 각자 상대에게 불만을 쏟아내고 상대의 진의와 고통을 인간적으로 인식할 기회를 분쟁 당사자들에게 제공하는 데 불과하더라도 감정의 골을 해소하고 평생 동안 남을 앙금을 씻어내기 위해 무언가를 할 수 있는 사건들이 적지 않다. 친족을 살해한 경우처럼 극단적인 상황에서도 이런 화해의 조치는 가능할 수 있다. 감정을 전혀 나누지 않는 것보다, 기드온과 빌리의 아버지가 얘기를 나누었던 것처럼, 혹은 에드워드 케네디 상원의원이 자신의 부주의로 사망한 메리 조 코페크니의 부모를 용기있게 찾아가 그들과 얼굴을 맞대고 허심탄회하게 얘기를 나눈 것처럼 어떤 식으로든 서로 감정을 토해내는 편이 훨씬 낫다.

분쟁 당사자들이 재판 이후에 지속적인 관계를 맺어야 할 경우에는 그야말로 최악이다. 그런데 서구 세계의 민사 분쟁에도 이런 경우가 무수히 많다. 예컨대 자식을 두고 이혼하려는 부부, 유산으로 다투는 형제자매, 동업자, 한 동네에 사는 사람들이 분쟁에 휘말린 경우이다. 법정 소송으로 악감정이 해소되기는커녕 오히려 감정 상태가 재판 전보다 더 악화되기 일쑤이다. 법정 소송으로 관계가 악화된 분쟁 당사자를 만나기란 그다지 어렵지 않다. 내 지인들 중에서도 이런 경험을 한 사람들이 무수히 많지만 하나의 예만 들어보자. 내 절친한 친구와 그녀의 여동생이 그들의 오빠와 아버지가 유산 때문에 맞소송을 제기한 사건에 증인으로 출석해달라는 소환장을 받았다. 그 증언으로 내 친구와 그녀의 여동생은 의붓어머니에게 소송을 당해 앞으로 평생 동안 오빠와 말을 섞지 않고 살겠다고 다짐하는 안타까운 결과만이 닥쳤을 뿐이다.

미국 민사사법의 이런 근본적인 결함을 조금이라도 완화하기 위해 주로 제기되는 해결책은 중재 프로그램을 좀 더 활성화하는 것이다. 중재 프로그램은 지금도 존재하고 분쟁 당사자들에게 도움을 주는 경우가 많다. 하지만 중재자와 가정법원 판사가 충분하지 않은 데다 중재자들이 훈련을 제대로 받지 않은 사람들이고, 가정법원은 인력도 부족하고 자금

지원도 부족하다. 따라서 이혼하려는 부부들은 결국 변호사를 통해서만 의사소통을 하는 수밖에 없다. 가정법원을 자주 방문해본 사람이라면 누구나 알겠지만, 재판 장면이 섬뜩할 정도이다. 이혼 사건의 경우, 남편과 부인, 그들의 변호사와 자식들이 같은 대기실에서 얼굴을 맞대고 재판을 기다려야 한다. 유산 재판의 경우도 마찬가지이다. 효과적으로 중재하기 위해서는 먼저 분쟁 당사자들을 편안하게 해주어야 한다. 같은 대기실에서 서로 눈을 부라리며 몇 시간을 기다려야 하는 상황에서 당사자들이 편안함을 느끼기란 불가능하다. 더구나 이혼하려는 부부의 험악한 다툼에 끼어든 어린아이들의 심정은 어떻겠는가.

판사는 당사자들에게 사건을 재판까지 끌고 오기 전에 합의조정회의에 참석하라고 권고할 수 있고, 실제로도 그렇게 권고한다. 그러나 중재자가 제대로 중재하며 합의조정회의를 효과적으로 운영하려면 시간과 경험이 필요하다. 또한 중재를 위해서는 의무적인 합의조정회의에 허용된 시간보다 더 많은 시간이 필요하다. 분쟁 당사자들이 향후에 어떤 관계도 갖지 않더라도 중재가 성공하면 사법체제의 부담을 줄여줄 수 있다. 예컨대 분쟁 당사자들이 재판에 쏟는 비용의 부담, 판결에 불복하며 상급법원에 항소하는 부담, 돈이 많이 드는 지루한 법정 다툼 끝에야 해결되는 부담이 줄어든다.

국가 사회들이 중재와 가정법원 판사에 더 많은 투자를 한다면, 많은 이혼 사건과 유산 사건이 지금보다 비용을 덜 들이면서 더 신속하게 해결되고, 분쟁 당사자들의 심적 상처도 크게 줄어들 수 있다. 중재에 추가로 투자되는 돈과 감정적 에너지와 시간이, 모진 법정 소송에 추가로 소요되는 돈과 감정적 에너지와 시간보다는 훨씬 적기 때문이다. 이혼하려는 부부가 중재에 적극적으로 참여한다면, 가정법원까지 가지 않고, 이런 이점들을 누릴 수 있다. 이때 은퇴한 판사를 일종의 중재자로 고용하면 더욱 효과적이다. 은퇴한 판사가 가상의 재판을 진행하는 방법이다. 은퇴한 판사가 시간당 상당한 수수료를 요구하더라도, 수주를 고용해야 하는 변호사 비용에 비교하면 그 비용은 푼돈에 불과하다. 은퇴한 판사는 끝까지 논의해서 양쪽 모두가 만족할 만한 결론을 끌어내는 것이 목적이기 때문에 가정법원 판사들처럼 시간에 쫓기지 않는다. 또 심리 시간이 예측가능하다는 장점도 있다. 따라서 분쟁 당사자들이 심리가 어느 시간에 진행될지 알기 때문에 서너 시간씩 미리 와서 기다릴 필요가 없다. 이혼 법정에서 흔히 보듯이, 가정법원 판사는 앞 사건에 묶여서 시간을 지체하는 경우가 비일비재하지 않은가.

중재의 가치를 과장하거나, 중재가 만병통치약이라고 주장하고 싶은 생각은 조금도 없다. 중재도 그 자체로 많은 문제를 내포하고 있다. 중재의 결과는 비밀로 유지되기 때문에 판례로 활용될 수 없고, 더 크게는 교육적인 효과를 기대하기도 힘들다. 중재를 받아들인 소송 당사자들도 중재가 실패하면 법정 다툼으로 넘어가 법적인 잘잘못, 유죄 및 책임 등 일반적인 기준에 따라 결정된다는 것을 알고 있다. 따라서 중재자는 다른 기준들을 자유롭게 채택하기 힘들다. 이런 이유에서 대다수의 분쟁 당사자들은 법정에서 판결받기를 바라며 중재를 원하지 않고, 압력을 받거나 어쩔 수 없이 중재에 응해야 하는 상황을 달갑게 생각하지 않는다.

1984년 12월 22일 뉴욕시에 일어난 유명한 사고의 경우를 예로 들어보자. 당시 버나드 괴츠는 자신에게 다가오는 네 명의 남자를 강도라고 생각했다. 그래서 총을 꺼내 네 명 모두를 쏘았고 정당방어라고 주장했지만, 대배심은 괴츠를 살인미수로 기소했다. 이 사건에 대한 여론의 판단은 제각각이었다. 괴츠가 강력하게 맞섰다고 칭찬하는 여론도 있었고, 괴츠가 과잉반응하며 사적인 폭력을 휘둘렀다고 비난하는 여론도 있었다. 나중에야 괴츠가 그렇게 반응한 이유가 알려졌다. 괴츠는 4년 전에도 세 젊은이에게 공격당한 적이 있었다. 세 젊은이들이 그를 뒤에서 공격하고 무지막지하게 폭력을 가한 사건이었다. 폭행자 중 한 명이 체포되었지만, 그 교활한 폭행자는 오히려 괴츠에게 공격당했다고 주장하며 괴츠를 고소했다. 따라서 법원은 괴츠에게 그 폭행자와 함께 중재조정회의에 참석하라는 권고를 내렸다. 괴츠는 그 권고를 거절했고, 그 폭행자가 또 다른 강도질을 범한 후에 결국 투옥됐다는 얘기를 전혀 듣지 못했다. 괴츠는 강도와 피해자 사이임에도 중재만을 권고하는 듯한 법제도를 신뢰할 수 없어 총을 구입하기로 마음먹었다. 괴츠 사건은 예외적인 경우이지만, 우리 법원이 과중한 업무에 시달려 결코 중재로 합의에 이를 수 없는 당사자에게 중재를 권고하거나 명령하는 경우가 드물지 않다는 것은 안타깝지만 부인할 수 없는 사실이다. 그러나 이런 이유에서 중재의 잠재적 가치를 외면해서는 안 되며, 중재에 대한 투자 부족을 모른 척해서도 안 된다.

끝으로 나는 UCLA 법학 전문대학원 마크 그래디 교수의 의견을 인용하는 걸로 중재와 악감정의 해소에 대한 논의를 끝내려 한다.

"국가가 피해를 입은 개인적인 관계와 감정에 참견할 권리가 없다는 의견에 반대하는 사람이 많다. 그들은 '유모처럼 국민을 과보호하려는 국가(nanny state)'만이 그런 일을 떠맡을 거라며, 국가라도 개인적인 관계와 피해를 입은 감정을 치유하려 나선다면 그것은 자유의 침해라고 주장한다. 또한 그런 다툼을 가해자와 함께 합의해서 해결하라고 강요하는 요구 역시 자유의 침해라고 주장한다. 오히려 피해자는 국가에게 가해자를 심판해달라고 요구할 수 있어야 하며, 그런 심판을 끌어낸 후에 자신에게 위해를 가한 사람들로부터 안전하게 살아갈 권리를 향유할 수 있어야 한다."

"다중이 서로 얼굴을 모른 채 살아가는 사회에서 고도로 발전되고 차별적인 목적을 위해서 국가가 많은 돈을 들여 사법제도를 유지하는 것이란 뜻이다. 그러나 우리는 우리 사법제도의 차별적인 목적을 손상하지 않으면서 뉴기니로부터 소중한 교훈을 배울 수 있다. 국가가 분쟁에 대한 사법권을 행사한 이후로 분쟁을 해결하기 위한 비용이 발생했다. 왜 당사자들에게 분쟁을 개인적인 차원에서 혹은 법적 차원에서 해결하는 선택권을 부여하지 않는가? 분쟁 당사자들에게 국가가 제공할 수 있는 중재 시스템을 이용하라고 누구도 강요해서는 안 된다. 더구나 분쟁 당사자들의 동의가 없는 한 국가가 제공하는 중재 시스템이 공식적인 재판 시스템을 완벽하게 대신할 수는 없다. 하지만 한층 격식에 따라 진행되는 법적 시스템이 언제든지 이용 가능하지만, 중재 시스템은 그런 법적 시스템이 가능한 보조 장치 역할을 할 수 있다. 당사자들에게 그런 기회를 제공한다고 나쁠 것은 없다. 바람직한 결과를 중재 시스템에서도 얼마든지 얻을 수 있다. 뉴기니 시스템에서 확인되는 위험이 있다면, 당사자들의 자존심과 자유를 위협하는 상황에서 당사자들이 중재하도록 강요하고, 그럴 경우 중재가 가해자의 불의를 확대하는 위험을 초래할 수 있다는 것이다. 따라서 그 시스템을 개선해서 그런 힘의 남용을 막아야 하겠지만, 그런 남용의 가능성 때문에 인간의 잘못을 인간적인 차원에서 해결할 수 있다는 가능성까지 전적으로 무시할 수는 없다."

형사사법　　지금까지 우리는 민사사법에서 국가와 비국가 사회의 분쟁 해결 방법을 비교해보았다. 이번에는 형사사법으로 눈을 돌려보자. 국가와 비국가 사회의 두 가지 근본적인 차이가 곧바로 눈에 들어온다. 첫째, 국가의 형사사법제도는 국법을 기준으로 범죄를 처벌하는 게 주된 목적이다. 국가가 형벌을 집행하는 목적은 국법을 준수하는 분위기를 조성해서 국내의 평안을 유지하는 것이다. 국가가 범죄자에게 가하는 실형의 목적은 피해자의 보상에 있지 않다. 둘째, 그 결과로 국가에서 민사사법과 형사사법은 분리된 시스템인 반면에 비국가 사회에서 이 둘은 구분되지 않는다. 비국가 사회는 피해를 입은 개인이나 집단을 보상하는 데 주력하기 때문이다. 따라서 국가에서는 어떤 피해가 범죄, 불법행위, 계약 위반에 따른 것이냐를 따지지만 비국가 사회에서는 그런 구분을 하지 않는다.

　민사사법에서 그렇듯이 형사사법에서도 소송 사건은 두 단계로 진행된다. 첫 단계에서 법정은 고소된 범죄자가 한 건 이상의 혐의에 대해 유죄이냐 아니냐를 판단한다. 흑백을 가리고, 유죄냐 아니냐라는 가부간의 판단을 내리는 듯하다. 그러나 법정의 판단은 경직돼 있지 않다. 겉으로는 같은 혐의라도 죄질이 다를 수 있기 때문이다. 예컨대 살인자가 계획적인 살인, 근무 중인 경찰을 살해한 죄, 납치 과정에서 살해한 죄, 충동적인 격정으로 살해한 죄, 피해자가 금방이라도 중대한 신체적 위해를 가할 거라고 진짜로 생각했지만 불합리한 믿음에 사로잡혀 범한 살인, 순간적인 정신착란이나 한정책임적 상황에서 저지른 살인 등 혐의의 내용에 따라 처벌이 달라진다. 현실 세계에서 많은 형사 사건이 재판에 이르기 전에 양형 거래로 해결된다. 그러나 사건이 공판에 회부되면, 배심원은 유죄냐 무죄냐는 평결을 내려야 한다. 그런데 엘리 네슬러는 대니얼 드라이버를 살해한 죄로 유죄 평결을 받았지만, 아들의 성폭행범을 복수하려던 동기로 다수의 대중에게 동정심을 얻었다. 반면에 비국가 사회에서 손해 자체는 일반적으로 회색지대로 여겨진다. 달리 말하면, 이런 식으로 생각한다. 그래, 내가 그를 죽였다. 하지만 이유가 있다. 그가 내 아들에게 마술을 걸었다. 그의 사촌이 내 친삼촌을 죽였다. 그의 돼지가 내 밭을 망쳤는데 그가 보상해주기를 거부했다. 그래서 나는 그의 친척들에게 어떤 보상도 해줄 이유가 없다. 혹은 조금만 보상해주면 된다. (그러나 서구 형사재판에서도 선고 단계에서는 이런 정상참작 상황들이 광범위하게 고려된다.)

피고가 유죄 선고를 받으면 국가는 처벌을 가하는 두 번째 단계에 들어간다. 징역형이 대표적인 예이다. 처벌은 억제·징벌·갱생이란 세 가지 목적을 띠며, 국가마다 상대적으로 중요한 부분이 다르다. 세 가지 목적 모두 비국가 사회에서 시도하는 분쟁 해결의 주된 목적과 다르다. 앞에서도 말했듯이, 비국가 사회는 피해자의 보상에 초점을 맞추기 때문이다. 대니얼 드라이비가 징역형을 받았더라도 엘리 네슬러와 그녀의 아들에게 성폭행을 당한 후에 겪는 트라우마를 보상해준 것은 아니다.

범죄를 처벌하는 주된 목적의 하나는 억제이다. 요컨대 시민들에게 국법을 어기지 말라고 겁주지만, 그로 인해 또 다른 피해자가 발생한다.

피해자와 그 가족, 혹은 범죄자와 그 가족의 바람은 거의 고려되지 않는다. 처벌은 시민의 대표로서 국가가 지향하는 목표를 성취하는 데 주된 목적이 있다. 판사가 판결을 내리기 직전에 피해자와 범죄자, 그들의 친척들과 친구들이 판사에게 건의하여 판결에 대한 자신들의 바람을 피력할 수 있지만, 그런 기회를 제공하느냐는 전적으로 판사의 재량에 달려 있다.

국가와 피해자의 이해가 별개라는 사실은 캘리포니아에서 한참 떠들썩했던 형사사건에서 찾아진다. 영화감독 로만 폴란스키가 1977년 13세 소녀 서맨서 가이머에게 약을 먹이고 강간한 혐의로 기소되어, 1987년 미성년자와 성행위한 중죄로 유죄임을 인정했다. 그러나 판결을 받기 전에 유럽으로 달아났다. 어느덧 40대가 된 폴란스키의 피해자는 이미 그를 용서했으며 그가 기소되어 처벌받는 걸 원하지 않는다고 말했다. 그녀는 이 사건의 각하를 요청하는 진술까지 법원에 제출했다. 캘리포니아 주가 피해자의 명백한 바람을 무시하고 범죄자를 처벌하려는 것을 시민들은 모순된다고 여겼지만, 〈로스앤젤레스 타임스〉는 사설을 통해 그렇게 해야만 하는 이유를 설득력 있게 제시했다. "폴란스키 사건은 애초에 정의를 구현하려는 피해자의 바람이나 악감정을 해소하려는 피해자의 욕구를 채워주기 위해서 재판에 회부된 것이 아니었다. 캘리포니아 주민을 대신해서 캘리포니아 주가 제기한 사건이었다. 국가가 폴란스키에 대해 더는 악감정을 품고 있지 않지만, 그렇다고 폴란스키가 앞으로도 다른 사람에 위험을 가하지 않을 거라는 뜻은 아니다. (……) 범죄는 개인에게만 행해지는 게 아니라 공동체에게도 행해지는 것이다. (……) 중대한 범죄로 기소된 사람은 체포되어 재판받아야 한다. 그래서 유죄로 결정되면 그에 합당한 선고를 받아야 한다."

억제 다음으로 처벌의 주된 목적은 징벌이다. 이 목적을 앞세워 국가는 "국가가 범죄자를 처벌할 테니 피해자는 어떤 이유에서도 직접 처벌하려 해서는 안 된다"라고 말한다. 많은 논란이 있지만 이런저런 이유에서 서구의 다른 국가들에 비해서 미국의 구금률이 더 높고, 처벌도 가혹하다. 또 서구 사회에서 미국이 아직 사형제도를 적용하는 유일한 국가이다. 또 미국은 장기형, 심지어 종신형까지 종종 선고하지만, 독일은 극악무도한 범죄에 대해서만 종신형을 선고한다(예컨대 전후 독일에서 일어난 최악의 연쇄 살인 사건으로, 독일 병원에 근무하며 28명의 환자에게 치명적인 약물 혼합제를 주입한 죄로 유죄 판결을 받은 간호사). 미국에서도 장기형은 전통적으로 심각한 범죄에 선고됐지만, 캘리포니아 주는 요즘에 '삼진아웃제'를 채택하여 범죄자가 두 번의 중대한 중죄로 유죄 판결을 받은 후에 다시 범죄를 저질러서 유죄 평결을 받으면, 피자를 훔치는 정도의 가벼운 죄이더라도 판사들에게 장기형을 선고하라고 강요하고 있다. 전적으로 이 때문만은 아니겠지만, 캘리포니아가 현재 교도소를 운영하는 데 쏟는 돈이 고등교육을 위해 대학교를 지원하는 비용에 거의 맞먹을 정도이다. 캘리포니아 주민들은 인간에 대한 투자의 우선순위가 뒤바뀌고, 나쁜 경제정책이라는 이유로 교정 시스템에 막대하게 쏟아붓는 예산을 반대한다. 오히려 사소한 범죄로 범죄자를 오랫동안 가두어두는 데 돈을 덜 쓰고, 범죄자들의 갱생에 더 많은 돈을 투자해서 그들을 신속하게 생산적인 일자리에 복귀시키고, 선량한 캘리포니아 시민들을 교육시켜 고급 일자리를 채울 수 있게 한다면, 세상에 널리 알려진 캘리포니아의 경제 침체를 완화하는 데 큰 도움이 될 거라고 주장한다. 게다가 미국의 가혹한 처벌이 범죄를 억제하는 데 효과가 있는지도 불분명하다.

 범죄자들을 처벌하는 최종적인 목적은 그들을 갱생하는 데 있다. 다시 말하면, 그들이 사회에 복귀해서 정상적인 삶을 다시 시작하고, 비용이 많이 드는 교정 시스템에서 죄수로서 사회에 막중한 경제적 부담을 주는 대신에 사회에 경제적으로 기여할 수 있게 하는 것이다. 유럽은 징벌보다 갱생이란 관점에서 범죄자의 처벌에 접근한다. 예컨대 독일의 한 법정은 악명 높은 사건에서 범죄자가 정확히 어떤 역할을 했는지 보여주는 다큐멘터리 영화의 방영을 금지했다. 범죄자에게도 갱생의 가능성을 입증하고, 형기를 마친 후 사회에 건강하게 복귀할 공정한 기회를 향유할 권리가 언론의 자유나 국민의 알 권리보다 훨씬 더 신성하다는 뜻이었다. 이런 견해가 유럽인들이 미국인들보다 인간의 존엄성을 더 소중하게 생각하고 더 인정이 많지만, 구약성서의 징벌이나 언론의 자유는 덜 중요하게 생각한다는 뜻일까? 그럼 갱생은 정말로 효과적일까? 갱생의 효과는 소아성애자의 경우에 국한되는 듯하다.

회복적 사법 : 지금까지 형사 처벌의 주된 목적들에 대해서 얘기하다 보니 국가의 형사사법이 지향하는 주된 목적(피해자의 원상회복)과 비국가 사회의 분쟁 해결이 지향하는 주된 목적(관계의 회복과 악감정의 해소)에 대해서는 거의 언급하지 않았다. 비국가 사회는 범죄 피해자의 아픔을 달래주는 게 주된 목적이지만, 우리 형사사법제도에도 그와 관련된 약간의 조항이 있지만 주된 목적은 아니다. 예컨대 피해자와 그의 친척들은 범

죄자의 유죄를 입증하기 위해 증언하고, 판사가 판결을 내릴 때 법정에 출두해서 범죄자 앞에서 발언하고 범죄로 인한 감정적인 상처를 토로할 기회를 부여받을 수 있다. 또 피해자의 원상회복을 위해 국가보상금이 존재하지만, 그 액수는 일반적으로 소액에 불과하다.

얼마 전까지 미국을 떠들썩하게 만들었던 형사소송사건, 부인 니콜과 부인의 남자친구 론 골드먼을 살해한 혐의로 기소된 왕년의 풋볼 스타 O. J. 심슨의 재판을 예로 들어보자. 8개월 동안 진행된 재판 끝에 심슨은 무죄 판결을 받았다. 그러나 니콜과 론의 가족들은 심슨과 니콜의 자식들을 대신해서 심슨에게 민사소송을 제기해 승소함으로써 총 4,300만 달러의 배상금이란 평결을 받아냈지만 심슨으로부터 약간만 받아냈을 뿐이다. 안타깝게도 민사소송을 제기해서 배상금을 받아내는 사례는 극히 예외적이다. 대부분의 범죄자가 부유하지 않아 압류할 만한 큰 자산이 없기 때문이다. 그러나 전통 사회에서는 집단 책임이란 전통적인 철학 덕분에 피해자가 보상을 받을 가능성이 높아진다. 말로의 경우에서 보았듯이, 가해자만이 아니라 가해자의 친척들과 씨족원들 및 동료들이 십시일반으로 보상금을 마련하기 때문이다. 하지만 미국 사회는 집단 책임보다 개인의 책임을 강조한다. 만약 뉴기니에서 내 남자 사촌이 자기 부인에게 이혼을 당한다면 나는 사촌에게 부인을 얻어주기 위해 내놓았던 신부값의 일부를 사촌 부인의 씨족원들에게 돌려달라고 당당하게 요구할 것이다. 그러나 현실적으로는 미국인이기 때문에 사촌들의 결혼생활에 어떤 책임도 공유하지 않는 걸 당연하게 생각한다.

사형선고를 받지 않은 범죄자와, 생존한 피해자나 사망한 피해자의 가까운 친척들이 악감정을 해소하는 방향으로 유도하는 접근 방법이 회복적 사법(restorative justice)이란 프로그램이다. 회복적 사법은 범죄를 피해자나 공동체만이 아니라 국가에 가한 위법 행위라 생각한다. 따라서 범죄자와 피해자를 떼어놓고 변호사들이 그들을 대신해서 말하도록 하는 대신에, 둘 모두가 자발적으로 동의하는 조건에서 직접 대화하도록 허용한다. 또 범죄자에게는 자신의 책임을 인정하도록 용기를 북돋워주고, 피해자에게는 마음의 상처를 드러내지 말라고 유도하거나 아예 그럴 기회를 제공하지 않는 대신에 범죄로 인해 어떤 피해를 입었는지 마음껏 말하도록 격려한다. 범죄자와 피해자(혹은 피해자의 친척)가 훈련된 중재자의 입회 하에 만나게 한다. 이때 중재자는 두 사람에게 상대의 말을 끊거나 욕설을 하지 말라는 기본적인 규칙만을 제시한다. 피해자와 범죄자는 마주 보고 앉아 서로 눈을 쳐다보며, 자신이 살아온 이야기와 현재의 감정, 범죄가 자신의 삶에 미친 영향 등을 번갈아 얘기한다. 범죄자는 자신의 행위에서 비롯된 피해를 생생하게 듣게 되고, 피해자는 범죄자를 이해할 수 없는 괴물이 아니라 나름의 역사와 목적을 지닌 인간으로 보게 된다. 또한 범죄자는 자신이 살아온 삶에서 이런저런 점들을 연결해서, 자신이 범죄의 길로 들어서게 된 이유까지 깨닫는 계기를 마련할 수 있다.

캘리포니아에서 있었던 이런 만남을 예를 들어 보자. 41세의 미망인 패티 오라일리와 그녀의 여동생 메리가 49세의 죄수 마이크 앨버트슨을 만났다. 마이크는 2년 반 전 패티의 남편을 죽여서 14년 형을 선고받고 복역 중이었다. 마이크의 트럭이 자전거를 타고 가던 대니를 뒤에서 들이받아 사망에 이르게 한 사건이었다. 4시간의 만남에서, 패티는 처음에 죽이고 싶도록 미웠던 감정, 남편과 나누었던 말들, 부보안관에게 대니가 죽었다는 소식을 들었을 때 자신과 어린 두 딸이 받았던 충격, 그리고 라디오에서 흘러나오는 어떤 노래를 듣거나 자전거를 타는 사람을 보는 사소한 일에서도 여전히 대니가 머릿속에서 떠오른다고 마이크에게 말했다. 한편 마이크는 아버지에게 성폭행을 당했던 어린시절, 마약에 빠져 지내던 시절, 허리 통증으로 진통제에 의존해야 했지만 사고가 일어난 날에는 진통제가 떨어져 먹지 못했던 아쉬움, 여자친구에게 전화로 받은 이별 통보, 검진을 받기 위해 병원에 가려고 술에 취한 채 트럭을 운전했고 자전거를 탄 사람을 보았다는 것까지 패티에서 솔직하게 털어놓았다. 어쩌면 마이크는 자신을 거듭해서 성폭행한 아버지에 대한 분노, 아버지의 그런 만행을 말리지 않은 어머니에 대한 분노로 대니를 의도적으로 치었을 수도 있다는 걸 인정한 셈이었다. 4시간의 대화가 끝난 후, 패티는 그 과정을 "용서하기도 어렵지만 용서하지 않고 사는 것은 더 어렵다"라는 말로 요약했다. 한 주가 지났을 쯤에 패티는 남편을 죽인 살인자가 자신의 잘못된 행동에서 비롯된 참상을 깨닫는 걸 보았던 탓에 마음의 짐을 덜어내고 기운을 얻어 강해지는 기분이었다. 한편 마이크는 의기소침해지고 낙담했지만, 패티가 기꺼이 그를 만나고 용서해준 것을 알고는 기운을 되찾았다. 마이크는 침대 옆의 작은 탁자에, 패티가 딸 시반이 보내는 편지라며 그에게 건넨 카드를 항상 올려놓았다. "앨버트슨 아저씨에게, 오늘은 8월 16일입니다. 9월 1일이면 내가 열 살이 돼요. 아저씨한테 내가 아저씨를 용서했다는 걸 꼭 알려드리고 싶어요. 지금도 아빠가 보고 싶어요. 평생 그럴 거예요. 아저씨도 건강하게 잘 지냈으면 좋겠어요. 안녕히 계세요, 시반."

이런 회복적 사법 프로그램은 오스트레일리아, 캐나다, 뉴질랜드, 영국을 비롯해 미국에서도 몇몇 주에서 20년 전부터 시행되고 있으며, 지금도 많은 실험이 진행되고 있다. 예컨대 만남을 범죄자와 피해자로 제한할 것인지 아니면 친척과 친구 및 옛 스승까지 확대할 것인지, 만남을 초기 단계(체포 직후)에 진행할 것인지 아니면 시간이 지난 후(패티와 마이크의 경우처럼 교도소에서)에 진행할 것인지, 또 범죄자가 피해자에게 배상을 위해 노력하도록 유도할 것인지 등에 대한 실험이 이미 실시되어 그 결과에 대한 자료들이 많이 축적된 편이다. 또한 무작위로 선발한 범죄자들에게 여러 대안적 프로그램 중 하나를 실시하고, 그런 프로그램을 받지 않은 대조군과 비교해서 그 결과들을 통계적으로 분석하는 실험도 계속되고 있다. 몇몇 프로그램을 실시해서 얻은 축적된 자료를 통계적으로 분석한 결과에 따르면, 프로그램에 참여한 범죄자의 재범률이 크게 떨어지고, 설령 다시 범행을 저질러도 범죄의 수준이 낮았으며, 피해자의 분노와 두려움은 눈에 띄게 줄어들고 안정감과 해방감은 높아지는 긍정적인 효과를 낳았다. 물론 법원이 강제로 명령한 만남에 범죄자가 마지못해 참석한 경우보다 범죄자가 자발적으로 피해자를 만나고 적극적으로 만남에 참석한 경우의 결과가 훨씬 긍정적이었다는 건 새삼스레 말할 필요가 없다.

물론 회복적 사법이 모든 범죄자와 피해자에게 효과가 있는 것은 아니다. 회복적 사법제도를 효과적으로 운영하려면 노련한 조력자가 필요하다. 양심의 가책을 전혀 느끼지 않는 범죄자들도 많고, 범죄자를 대면하면 범죄 자체를 되살리기 때문에 만남에서 도움을 얻기는커녕 정신적 충격에 시달리는 피해자도 적지 않다. 회복적 사법은 기껏해야 형사사법제도의 보조장치이지, 형사사법제도를 대신할 수는 없다. 그러나 효과를 기대할 수 있는 것만은 확실하다.

:
**국가 사법제도의
강점과 결함**

국가와 비국가 사회의 분쟁 해결 방법을 비교한 결과에서 우리는 어떤 결론을 끌어낼 수 있을까? 첫째, 뒤에서 다루어지는 다른 부분들과 마찬가지로 분쟁 해결 방법에서도 소규모 사회를 순진하게 이상화하며, 획일적으로 동경해서는 안 된다는 것이다. 또한 소규모 사회의 장점을 과장하고, 국가 정부를 필요악이라고 비판해서도 안 된다. 둘째로는 많은 소규모 사회에서 확인되는 일부 특징들을 우리 국가 사회에 적용하면 큰 도움이 될 수 있다는 것이다.

먼저 오해를 피하기 위해서, 현대 산업국가에도 분쟁 해결을 위해서 일부 영역에서는 부족 사회의 분쟁 해결 메커니즘을 이미 사용하고 있다는 점을 밝혀두고 싶다. 예컨대 상인과 분쟁이 일어나는 경우, 대부분은 곧바로 변호사를 고용하거나 소송을 제기하지 않는다. 일단 그 상인과 입씨름을 벌이며 협상한다. 분노가 머리끝까지 치밀거나 그 상인을 혼자 힘으로 감당하기 어려울 것 같으면, 친구에게 우리를 대신해서 그 상인을 만나 달라고 부탁한다. 현대 산업사회에도 자체의 고유한 절차에 따라 분쟁을 해결하는 직업과 집단이 많다. 모두가 서로 알고 지내며 현재의 관계가 평생 지속될 거라고 생각하는 시골 지역과 그 밖의 소규모 공동체에서는 분쟁을 해결하려는 동기부여와 압력이 강하다. 변호사에게 도움을 청하더라도 지속적인 관계를 원하는 분쟁 당사자들—자식을 두고 이혼하려는 부부, 사업 동업자, 동종 업종에서 일하는 사람—은 원만한 관계를 회복하기 위해서 변호사를 고용하는 경우가 많다. 파푸아뉴기니 이외에 많은 신생 국가들은 중앙권력이 약하기 때문에 사회의 많은 영역이 여전히 전통적인 방식으로 운영되고 있다.

이런 점을 인정할 때, 국가 사법제도는 효율적으로 운영되면 세 가지 내재적 강점을 갖는다. 첫째로, 실질적으로 모든 소규모 사회에는 보복을 독점적으로 행사하는 중앙 정치권력이 없기 때문에 완강하게 반항적인 구성원이 독자적으로 보복을 모색하며 폭력으로 목표를 성취하려는 욕망을 막을 수 없지만, 국가 사법제도에는 이런 근본적인 문제가 없다. 폭력은 또 다른 폭력을 낳기 십상이다. 뒤에서 다시 보겠지만(3장과 4장), 이런 이유에서 대부분의 소규모 사회는 폭력과 전쟁의 악순환에 시달린다. 국가 정부와 강력한 군장사회는 이런 악순환을 끊고 무력을 독점함으로써 구성원들의 안정에 이바지한다. 그렇다고 내가 모든 국가가 폭력을 완벽하게 억제하고 있다고 주장하는 것은 아니다. 정도의 차이가 있지만 많은 국가가 자국의 시민에게 폭력을 행사한다는 걸 나도 인정한다. 다만, 국가가 통치력을 효과적으로 행사할수록 시민의 폭력이 제한적이라는 걸 지적하고 싶을 뿐이다.

 국가 정부는 이런 내재적 강점을 지니기 때문에, 생면부지인 사람들이 수시로 얼굴을 마주치는 대규모 사회가 강력한 군장사회로, 궁극적으로 국가로 진화하는 경향을 띠었다. 우리가 소규모 사회의 분쟁 해결 방법에 감탄하더라도 그들의 해결 방법은 양날의 칼이란 사실을 항상 기억해야 한다. 하나는 동경할 만한 평화적인 협상이지만, 다른 하나는 안타까운 폭력과 전쟁이란 것이다. 물론 국가의 분쟁 해결 방법도 두 갈래로 나뉘며, 하나는 평화적인 협상이고, 다른 하나는 쌍방의 대립이어도 재판에 불과하다. 가장 섬뜩한 재판도 내란이나 악순환처럼 반복되는 살인보다는 낫다. 이런 이유에서 소규모 사회의 구성원들은 국가 사회의 구성원들보다 더 적극적으로 협상을 통해 사적인 분쟁을 해결하고, 자신의 행위를 변명하는 권리보다 악감정의 해소와 관계의 회복을 위한 협상에 중점을 두게 된다.

  자체로 분쟁을 해결하려는 전통적인 사법체제보다 국가에서 관리하는 사법체제가 우월한 두 번째 부분은 역학관계와 관계가 있다. 소규모 사회에서 분쟁 당사자가 협상에서 상대에게 신뢰를 얻으려면, 또 누에르족 사회에서 표범가죽 군장이 적절한 보상금으로 제안한 가축들을 모으려면, 확실한 자기편이 있어야 한다. 나는 소규모 사회의 이런 특징을 생각할 때마다 서구 사회의 사법제도를 설득력 있게 다룬 〈법의 그늘 하에서 진행되는 협상〉이란 논문이 머릿속에 떠오른다. 논문 제목을 쉽게 풀이하면, 분쟁 당사자들이 중재가 실패하면 분쟁이 법정에서 법규에 따라 해결될 거라는 걸 인지한 상태에서 중재가 진행된다는 뜻이다. 똑같은 이유에서, 소규모 사회의 보상금 협상도 '전쟁의 그늘 하에서 진행된다'. 달리 말하면, 협상이 실패하면 대안은 전쟁이나 폭력이라는 걸 분쟁 당사자들이 알고 있다는 뜻이다. 따라서 소규모 사회의 협상은 전쟁으로 발전할 때 더 많은 동맹을 동원할 수 있는 쪽이 상대적으로 유리하므로 불평등한 협상으로 변질되기 십상이다.

  이론적으로 국가의 사법체제는 모두에게 법을 공평하고 공정하게 적용하여, 권력자나 부자가 자신에게 유리한 결론을 끌어내려고 힘을 남용하는 걸 방지하는 게 목적이다. 물론 나를 비롯하여 모든 독자가 "이론적으로나 그렇지 현실에서는……!"이라고 반박할 것이다. 현실에서는 부자가 원고이든 피고이든 민사와 형사 소송 모두에서 이점을 누린다. 부자는 유능한 변호사와 전문가 증인을 고용하고, 증거에 관련된 서류를 광범위하게 제출하여 상대의 변호사 비용을 끌어올리고, 시시비비를 가릴 것도 없지만 상대가 반박하려면 상당한 비용을 들여야 하는 소송까지 제기하여 상대에게 압박을 가할 수 있다. 일부 국가의 사법체제가 부패하여, 부자와 정치 권력과 관련된 쪽에 유리한 것은 사실이다.

안타까운 일이지만, 국가의 사법체제도 소규모 사회와 마찬가지로 상대적으로 강한 쪽이 부당한 이점을 누리는 것은 사실이다. 그러나 국가는 적어도 약자를 보호하는 장치를 제공하지만 소규모 사회는 그런 보호 장치를 전혀 혹은 거의 제공하지 못한다. 제대로 통치되는 국가에서는 약한 피해자가 범죄를 경찰에 고발하고 자신의 피해를 하소연할 수 있고, 가난한 사람도 사업을 시작할 때 국가의 도움을 받아 공정한 계약을 맺을 수 있다. 형사사건에서도 가난한 피고는 국선변호사의 도움을 받을 수 있고, 가난한 원고도 승리가 확실하다면, 승리할 경우 배상금의 일부를 제공하는 조건으로 사선변호사를 구할 수 있다.

국가 사법체제의 세 번째 강점은 잘잘못을 가려서 범법자를 처벌하고 과징금을 부과하는 목적에서 찾아진다. 물론 그 목적은 사회의 다른 구성원들까지 범죄나 불법행위를 범할 가능성을 억제하는 것이다. 억제는 국가 형사사법제도의 분명한 목적이다. 또한 불법행위를 다루는 민사사법의 목적이기도 하다. 민사사법은 피해의 원인과 책임을 철저히 조사해서, 남에게 피해를 유발하는 행위를 범한 사람에게 배상금을 강제로 부과하는 민사 판결을 세상에 알림으로써 그런 행위를 억제하는 것이 목적이다. 만약 효율적인 국가 사법체제 하에서 말로가 빌리를 살해한 죄로 민사재판에 피소됐다면, 말로의 변호사는 빌리의 사망은 안전하게 운전한 말로에게 책임이 있는 게 아니라, 맞은편에서 자동차들이 달려오는 도로에 빌리를 내려준 미니버스 운전기사와 번삽한 도로의 맞은편에서 빌리를 맞으려고 기다렸던 빌리의 삼촌 겐짐프에게 책임이 있다고 주장했을 것이고, 배심원들이 그 주장에 수긍했을 가능성이 크다. 빌리와 말로의 사건과 유사한 사건이 로스앤젤레스에서도 있었다. '슈워츠 대 헬름스 베이커리' 사건이다. 한 꼬마가 헬름스 베이커리의 트럭에서 초콜릿 도넛을 사려고 번잡한 도로를 건너다가 자동차에 치여 사망한 사건이었다. 그 꼬마는 집에 가서 돈을 가져오겠다며 트럭 운전기사에게 기다리라고 말하고는 길을 건너다 사고를 당했고, 트럭 기사는 꼬마의 요청을 받아들여 그 번잡한 도로에 트럭를 주차한 채 꼬마를 기다렸다. 판사는 배심원들에게 헬름스 베이커리가 트럭 기사의 과실로 인해 꼬마의 죽음에 부분적으로 책임이 있느냐고 판단해달라고 요청했다.

이런 불법행위에 따른 사건으로 말미암아, 국가 사회의 시민들은 자신의 부주의로 사고가 발생할 가능성에도 끊임없이 조심해야 한다는 압력을 받는다. 반면에 빌리의 씨족과 말로의 동료들이 사적으로 협상해서 해결한 사건은 뉴기니 사람들과 미니버스 운전기사들에게 길을 건너는 어린 학생들을 조심해야 한다는 경각심을 안겨주지 못했다. 로스앤젤레스 도로에서는 매일 수백만 대의 자동차가 운행되고, 도로를 순찰하는 교통경찰차는 거의 눈에 띄지 않지만, 대부분의 시민이 거의 언제나 교통 법칙을 지키며 안전하게 운전하기 때문에, 운행되는 자동차의 수에 비교하면 교통사고율은 극히 낮다. 국가 민사와 형사사법제도의 억제력 덕분이라고 할 수 있다.

그러나 쓸데없는 오해를 피하기 위해서, 국가 사법체제가 모든 면에서 우월하다고 주장하는 것은 아님을 분명히 말해두고 싶다. 국가 형사사법의 존재 이유는 무엇보다 사적인 폭력을 억제하고 국법의 준수를 권장하며, 시민 모두를 공정하게 보호하고, 범죄자를 사회에 복귀시키고, 범죄를 처벌해서 억제하려는 국가의 목적을 달성하기 위한 것이다. 국가는 이런 목적들에 집중함으로써 소규모 사회에서 분쟁 해결에 고심하는 사람들의 목적—관계의 회복과 악감정의 해소—에 별다른 관심을 기울이지 않는다. 국가가 필연적으로 이런 목적에 무심한 것은 아니다. 오히려 국가의 다른 목적들에 집중하기 때문에 이런 목적을 등한시한다. 게다가 국가 사법체제에는 결코 내재적이지 않지만 널리 만연된 결함들도 있다. 형사사법체제에서 범죄의 피해자들이 별로 민사소송을 제기하지 않으면 배상을 전혀 받지 못하거나 소액의 배상금으로 만족해야 하고, 민사소송으로 판결을 받으려면 너무 오랜 시간이 걸리며, 개인적이고 감정적인 상처를 돈으로 환산하기가 어렵고, 승소한 원고의 변호사 비용을 패소한 피고에게 일부라도 부담시키는 법적 조항이 없으며(미국의 경우), 분쟁 당사자들의 화해를 유도하는 장치가 없어 악감정이 재판 과정에서 악화되는 경우가 잦다는 것도 국가 사법체제의 결함이다.

  지금까지 우리는 국가 사회가 소규모 사회의 분쟁 해결 방법들을 교훈으로 받아들여 이런 결함들을 완화할 수 있다는 걸 살펴보았다. 민사사법체제에서는 중재자를 훈련시키고 고용하는 데 더 많은 돈을 투자하면 판사들을 격무에서 어느 정도 해방시킬 수 있을 것이다. 따라서 중재에 더 많은 노력을 기울여야 할 것이고, 어떤 경우에는 승소한 원고의 변호사 비용을 패소한 피고에게 부담시킬 수 있어야 한다. 한편 형사사법체제에서는 회복적 사법을 더 적극적으로 시도할 수 있어야 한다. 특히 미국의 형사사법체제는 징벌보다 갱생을 우선시하는 유럽 모델이 범죄자에게는 물론이고 사회 전체와 경제에도 더 유익한지 정밀하게 재평가해봐야 할 것이다.

  이런 모든 제안들이 무척 활발하게 논의되고 있지만, 한결같이 자체의 문제점을 내포하고 있다. 따라서 법학자들이 소규모 사회가 분쟁을 해결하는 방법을 지금보다 폭넓고 깊이 있게 파악한다면 소규모 사회의 바람직한 절차들을 우리 사법체제에 더 효과적으로 접목하는 방법을 고안해 낼 수 있으리라 생각한다.

3
작은 전쟁에 대하여

다니족의 전쟁 − 전쟁 시간표 − 전쟁의 사망자 수

다니족의 전쟁

：인류학자들이 실제로 관찰하고 촬영했다는 점에서는 특별하지만, 뉴기니 다니족 사이에서는 다소 일상적으로 벌어지는 전쟁과 습격을 통해서 벌어지는 전통적인 전쟁에 대해 살펴보기로 하자. 다니족은 뉴기니에서 가장 인구도 많고 밀도도 높은 종족 중 하나로, 발리엠 강의 그랜드 계곡에 집중적으로 분포돼 있다. 1909년부터 1937년까지 서구의 8개 탐사팀이 외곽 지역의 다니족 무리와 그들의 이웃을 접촉하고 그들의 마을에도 잠시 방문했지만 계곡까지 들어가지는 않았다. 1장에서 말했듯이, 계곡과 그곳에 밀집해 살아가던 사람들은 1938년 6월 23일에야 '발견'됐다. 고대 뉴기니인들이 그 땅에 들어가고 약 4만 6,000년이 지난 후에야 유럽인들에게 처음 발견됐고, 그것도 아치볼드 원정대를 위

해 정찰 비행에 나선 항공기에 의해 발견된 것이었다. 테링크 대위가 지휘한 원정대가 계곡까지 걸어 들어가 그들과 처음 접촉한 때가 8월 4일이었다. 1945년 추락한 비행기 승무원들을 구출하기 위한 미육군 구조대가 잠시 그들과 접촉한 것을 제외하면, 발리엠 다니족과 유럽인의 재접촉은 1954년 이후로 미루어졌고, 그때서야 발리엠 계곡에서 선교시설들과 네덜란드 정부의 순찰기지가 세워졌다.

1961년 하버드 대학교의 피보디 박물관 탐사대가 계곡에 들어가 인류학적 연구를 시행하며 촬영을 시작했다. 탐사대는 두굼 다니족 마을에 캠프를 설치했다. 정부 순찰기지나 선교시설이 없어 그 지역이 상대적으로 외부 접촉이 적은 곳이었기 때문이다. 나중에야 알았지만 전통적인 전쟁이 당시에도 계속되고 있었다. 1961년 4월부터 9월까지 그곳에서 벌어진 전쟁에 대한 기록은 여러 형태로 전해진다. 특히 사회과학자 얀 브룩하위서가 위트레흐트 대학교에서 받은 박사학위 논문과 칼 하이더의 하버드 박사학위 논문, 작가 피터 매티센이 대중을 위해 쓴 《벽처럼 치솟은 산 아래에서(Under the Mountain Wall)》, 부족민들이 창을 휘두르며 서로 싸우는 전투 장면을 담은 로버트 가드너의 다큐멘터리 영화 〈죽은 새들(Dead Birds)〉 등이 주목할 만하다.

1961년 그 수개월 동안 두굼 다니족이 벌인 전쟁에 대한 아래의 설명은 전쟁 상황을 가장 자세히 묘사한 브룩하위서의 박사논문을 주로 인용하고, 하이더의 논문과 매티센이 책에서 보충한 것이다. 브룩하위서는 전쟁에 참가한 부족민들을 인터뷰했다. 그들은 브룩하위서에게 각 전쟁에 대한 개인적인 평가와 전쟁 후의 기분 및 부상 상태를 전해주었다. 세 사람의 기록에는 약간의 차이가 눈에 띈다. 특히 다니족 이름들의 철자

전통적인 전쟁의 모습. 뉴기니 고원지대의 발리엠 계곡에서 다니 부족들이 창을 들고 싸우고 있다. 1966년 6월 4일 가장 많은 사망자를 낳았는데, 북부 다니족이 남부 다니족 125명(전체 인구의 5퍼센트)을 죽였다. 이들은 서로 직간접적으로 아는 사이였다.

(브룩하위서는 네덜란드 철자를 사용한 반면에 하이더는 영어 철자를 사용했다), 몇몇 세부적인 부분들(일례로 한 전쟁의 날짜에서 하루가 달랐다)에서 작은 차이가 있었다. 하지만 세 저자는 서로 정보를 교환했고 가드너와도 정보를 공유해서, 그들의 설명은 대체로 일치한다.

세 저자의 기록을 종합한 아래의 설명을 읽으면, 독자들도 나만큼이나 다니족 전쟁에서 보이는 여러 특징에 놀라지 않을 수 없을 것이다. 게다가 이 특징들은 4장에서 살펴볼 다른 많은 전통 사회들의 전쟁에서도 확인된다. 그 특징들을 대략 정리해보면 다음과 같다. 매복 공격과 백병전은 잦았지만 그때마다 사망자는 많지 않았다. 그러나 전 주민이 몰살당하거나, 대다수가 죽음을 맞는 대량학살로 끝나는 경우도 드물게 있었다. 이른바 부족 전쟁은 다른 부족끼리의 전쟁보다, 같은 부족 내에서, 같은 언어를 사용하고 같은 문화를 공유하는 집단들 사이에서 벌어지는 경우가 많고 일반적이다. 문화적으로 유사하거나 동일하더라도 적은 때때로 인간 이하로 악마화된다. 남자는 어린시절부터 싸우는 법과 방어하는 법을 훈련받는다. 동맹들에게 협력을 얻는 게 중요하지만 동맹관계는 수시로 변한다. 폭력의 악순환에는 복수가 주된 역할을 한다. (그러나 칼하이더는 반복되는 폭력의 동기를 최근에 죽은 동료들의 혼을 달래려는 욕구라고 설명했다.) 전쟁에는 소수의 훈련받은 성인 남자로 이루어진 군대만이 아니라 전 주민이 참가한다. 따라서 남성 '군인'만이 아니라 '민간인'인 여성과 어린아이까지 무차별적으로 살해한다. 마을은 불태워지고 약탈당한다. 현대전의 기준에서 보면 전투력은 약하다. 가까운 거리에서만 공격할 수 있는 무기를 사용하고, 지도력도 약하며, 전술도 단순하고, 단체 군사훈련을 받은 적도 없기 때문이다. 물론 동시다발적인 발포도 없다. 하지만 전쟁이 만성적으로 일어나기 때문에 주민들의 행동 하나하나에 영향을 미친다. 끝으로, 전쟁에 참가하는 인구수가 워낙 적기 때문에 절대적인 사망자 수는 적지만, 인구 비율로 보면 상대적인 사망자 수는 많은 편이다.

전쟁 시간표 여기에서 설명되는 다니족의 전쟁은 두 연합체가 맞붙은 전쟁으로, 각 연합체의 인원수는 5,000명에 이르렀다. 반복해서 언급

표 3.1_ 전쟁을 벌인 두 다니족 연합체

구텔루 연합체	위다이아 연합체
윌리히만 왈랄루아 연합	위다이아 연합
고시 알루아 연합	시에프 엘록타크 연합
들로코 마벨 연합	후부 고시 연합
그 밖의 연합	아수크 발레크 연합
	그 밖의 연합

되지만 귀에 익지 않은 다니족 이름들을 기억하는 걸 돕기 위해서, 각 동맹에 속한 연합들을 표 3.1에 요약해두었다. 지도자 구텔루의 이름을 따서 구텔루 연합이라 명명된 동맹은 각각 1,000명 정도로 이루어진 여러 연합으로 이루어졌다. 정확히 말하면, 두굼 다니족 지역을 지배하던 윌리히만 왈랄루아 연합과 그들의 동맹인 고시 알루아, 들로코 마벨 및 그 밖의 연합으로 이루어졌다. 반대편 연합체는 구텔루 연합의 남쪽에 자리 잡은 동맹 집단들로 위다이아 연합과 그들의 동맹은 시에프 엘록타크, 후부 고시, 아수크 발레크 연합으로 이루어졌다. 구텔루 연합은 북쪽 경계에서도 동시에 전쟁을 벌이고 있었지만 그 전쟁에 대해서는 여기에서 다루어지지 않는다. 1961년의 전쟁이 있기 수십 년 전, 윌리히만 왈랄루아와 고시 알루아는 시에프 엘록타크와 동맹 관계였고 들로코 마벨의 적이었다. 그런데 돼지 절도 사건과 여자들로 인한 분쟁으로 윌리히만 왈랄루아와 고시 알루아는 구텔루 연합에서 떨어져 나와 들로코 마벨과 동맹을 맺었고, 시에프 엘록타크를 공격해 쫓아냈다. 그 후로 시에프 엘록타크는 위다이아의 동맹이 됐다. 1961년의 사건 이후에는 들로코 마벨이 다시 윌리히만 왈랄루아와 고시 알루아를 공격해 그들의 적이 됐다.

모든 연합이 다니어를 사용하고 문화와 생활방식도 유사하다. 지금부터 두 대립한 집단은 간단하게 윌리히만과 위다이아로 칭하겠지만, 전쟁을 치를 때마다 동맹 관계에 있는 하나 이상의 연합에게 지원을 받았다.

1961년 2월, 브룩하위서와 하이더와 매티센이 설명하는 전쟁이 있기 전에, 구텔루 연합에 속한 네 여자와 한 남자가 근처 부족 마을에 사는 친척을 방문해서 돼지 축제에 참석했다가 살해당하는 사건이 벌어졌다. 구텔루는 격분하며 복수를 선언했다. 그 전에도 여러 번의 살해가 있었다. 따라서 전통 사회의 전쟁은 시작과 끝이 명확한 하나의 전쟁보다 만성적인 전쟁이란 관점에서 접근해야 한다.

4월 3일, 전에 있었던 전투에서 부상당한 위다이아 남자가 죽었다. 윌리히만의 입장에서, 그 죽음은 1월에 사망한 한 윌리히만 남자의 죽음에 대한 복수였고, 그들의 조상들이 베푼 은덕이었다. 하지만 위다이아의 입장에서는 조상과의 관계를 회복하기 위해서라도 위다이아 남자의 죽음에 복수해야 했다.

4월 10일 새벽, 위다이아는 백병전을 벌이자고 선포했고 윌리히만이 그 도전을 받아들였다. 비가 내린 덕분에 그 전투는 오후 5시에 끝났다. 10명의 윌리히만이 가벼운 부상을 입었고, 고시 알루아 연합에 속한 에키타말레크라는 남자가 심각한 부상을 당했다(화살이 왼쪽 가슴에 박혀 17일 후에 사망했다). 위다이아도 명확히 밝혀지지 않았지만 다수가 부상을 입었다. 양쪽 모두가 또 다른 전투욕을 불사르기에 충분한 결과였다.

4월 15일, 다시 도전이 선포되고 받아들여졌다. 어둠이 내려 모두가 철수할 수밖에 없는 지경에 이를 때까지 약 400명의 전사가 싸웠다. 양쪽에서 각각 20명 정도가 다쳤다. 위다이아에 속한 세 명의 후비키아크가 동료들에게 업혀 실려나갈 때, 윌리히만은 조롱의 웃음을 터뜨리며 "저 멍청이들은 혼자 걸어가게 내버려 둬, 돼지가 아니잖아! (……) 당장 집에나 가, 마누라한테 감자나 삶아 달라고 하라고!"라며 야유를 퍼부었다. 그 부상당한 후비키아크 사람들 중 한 명이 6주 후에 죽었다.

4월 27일, 4월 10일에 심각한 부상을 입은 고시 알루아 사람, 에키타말레크가 사망해서 화장됐다. 고시 알루아 사람이 한 명도 밭에 나오지 않고 윌리히만 사람도 거의 밭에 나오지 않은 걸 눈치채고, 30명의 위다이아가 강을 건너 윌리히만 땅에 들어가 매복하고 기다렸다. 하지만 아무도 나타나지 않자 위다이아는 윌리히만 감시탑 하나를 무너뜨리고 집으로 돌아갔다.

5월 4일, 윌리히만과 그들의 동맹들이 도전을 선포하고 자신들에게 유리한 전쟁터에서 기다렸다. 그러나 위다이아가 나타나지 않자 윌리히만은 그대로 집으로 돌아갔다.

5월 10일 혹은 5월 11일, 에키타말레크의 아버지가 고시 알루아와 왈랄루아 연합을 비롯해 많은 윌리히만 남자들로 구성된 기습부대를 이끌고 위다이아 지역에 들어가 매복했다. 다른 윌리히만 남자들과 여자들은 평소처럼 밭에서 일하며 모든 것이 정상인 것처럼 행동했다. 따라서 위다이아는 매복이 있을 줄은 꿈에도 몰랐다. 기습부대는 위다이아 밭에서 일하는 두 위다이아 남자를 찾아냈다. 그런데 위다이아 남자 한 명이 감시탑에서 망을 보고 있었다. 기습부대는 조금씩 감시탑을 향해 다가갔다. 그들이 거의 50미터까지 접근했을 때에야 감시탑의 남자는 그들을 발견했다. 세 남자 모두가 황급히 달아나기 시작했지만, 기습부대는 후와이라는 남자를 결국 붙잡았고 창으로 몇 번이나 찌른 후에 달아났다. 위다이아도 윌리히만 지역에 몰래 들어가 매복 공격을 시도했지만 실패했다. 후와이는 그날 밤늦게 사망했다. 그날의 작전으로 윌리히만은 세 명이 작은 부상을 입었다. 그래도 윌리히만은 고시 알루아의 남자를 위해 복수했다고 생각하며 밤늦게까지 춤을 추며 축제를 벌였다.

5월 25일, 북쪽 전선을 지키던 구텔루 전사들이 아수크 발레크 연합에 속한 남자 한 명을 죽였다. 아수크 발레크 연합은 위다이아와 동맹으로, 뒤에서 언급될 8월 25일의 전투에 가담했다.

5월 26일, 양쪽 모두가 도전을 선포하고는 기습 공격을 감행했고 오후 늦게까지 싸운 후에 각자 철수했다. 12명의 윌리히만이 부상을 입었지만 심각한 부상은 아니었다.

5월 29일, 위다이아는 4월 15일의 전투에서 부상당한 그들의 전사가 죽었다고 선포했다. 윌리히만은 그 소식을 듣고 축하연을 벌였지만, 위다이아가 북쪽 경계를 기습 공격했다는 소식에 축하연은 중단됐다.

위다이아는 두 명이나 죽었지만 복수를 제대로 할 수 없었던 까닭에 절치부심했다. 마침내 6월 4일, 위다이아는 매복 공격대를 파견했고, 그로 인해 약 800명이 참전하는 전쟁으로 발전했다. 어둠이 완전히 내린 후에야 그 전투는 끝났다. 세 명의 윌리히만이 가벼운 부상을 당했다.

6월 7일, 그야말로 전투다운 전투가 벌어졌다. 양쪽에서 각각 400~500명이 참가한 전투였다. 20미터의 간격을 두고 창과 화살이 빗발쳤고, 성급한 전사들은 창과 화살을 피하며 적진이 5미터 앞까지 달려갔다. 약 20명이 부상당했다.

6월 8일, 발자국으로 위다이아의 기습 공격이 있었던 것으로 추측됐지만 침입자는 한 명도 발견되지 않았다.

6월 10일, 윌리히만 전체가 어떤 의식에 참석해서 밭에 나가 일하는 사람이 한 명도 없었고, 심지어 감시탑마저 텅 비어 있었다. 그날 오후 늦게 윌리히만 남자 한 명과 세 소년이 강으로 물을 마시러 갔다. 그곳에 두 무리로 나뉘어 매복해 있던 30명의 위다이아가 그들을 기습했다. 첫 무리가 갑자기 뛰쳐나오자 그들은 황급히 달아났지만, 부근에 숨어 있던 두 번째 무리가 그들을 가로막고 나섰다. 윌리히만 남자와 두 소년은 가까스로 탈출했지만, 웨작헤라는 소년은 다리가 다쳐 빨리 달릴 수 없어 붙잡혔고, 창에 찔렸고 결국 그날 밤 죽고 말았다.

6월 15일, 웨작헤의 친척들이 위다이아를 기습 공격했지만 실패했다.

6월 22일, 위다이아가 도전을 선포했고, 양쪽에서 각각 300명이 참전한 전투가 벌어졌다. 네 사람이 가볍게 부상당했고, 들로코 마벨 남자 하나가 어깨에 화살을 맞아 심각한 부상을 입었다. 동료들이 처음에는 이로 화살을 꽉 물고 뽑아내려 했지만 실패하자, (마취도 하지 않고) 대나무 칼로 살을 후벼서 화살촉을 꺼냈다.

그 후로 어떤 싸움도 없이 평화로운 보름이 흘렀다. 7월 5일, 윌리히만이 위다이아 밭을 기습적으로 공격했다. 제녹마라는 윌리히만 남자가 동료들보다 빨리 달려가, 도망치는 위다이아 사람 여섯 명을 폭풍처럼 뒤쫓았지만 결국 고립돼 창에 찔렸다. 제녹마의 동료들은 곧바로 달아났고, 위다이아는 제녹마의 시신을 마을까지 가져갔지만 그날 저녁 완충지역으로 돌려주며 윌리히만이 회수해가도록 조치했다. 게다가 윌리히만에서는 세 명의 고시 알루아 사람까지 가벼운 부상을 당했다. 윌리히만은 낙담하지 않을 수 없었다. 동료의 부상에 복수하기를 바랐지만 오히려 또 한 명이 죽는 피해를 입은 때문이었다. 한 늙은 윌리히만 여인이 "왜 너희는 위다이아를 죽이려고 하느냐?"라고 한탄하자, 윌리히만 남자가 대답했다. "그놈들은 우리 적입니다. 왜 그놈들을 죽이지 않아야 합니까? 그놈들은 인간이 아닙니다."

7월 12일, 윌리히만은 매복한 채 낮시간을 꼬박 보냈다. 결국 오후 5시에 백병전을 벌이자고 도전을 선포했지만 비가 추적추적 내려서 위다이아는 도전을 받아들이지 않고 밭일을 계속했다.

7월 28일, 위다이아가 몰래 침입했지만 감시탑에 있던 여덟 명의 윌리히만에게 발각됐다. 윌리히만은 재빨리 근처에 몸을 감추었다. 근처에 윌리히만이 있다는 것을 눈치채지 못한 채 위다이아는 감시탑으로 다가갔다. 그리고 한 사람이 감시탑에 올라가기 시작했다. 그 순간, 숨어 있던 윌리히만이 뛰쳐나왔다. 주변에 있던 위다이아는 황급히 달아났고, 감시탑에 올라가던 남자도 뛰어내려 달아나려 했지만 윌리히만에게 붙잡혀 죽임을 당했다. 그날 저녁 윌리히만은 그의 시신을 위다이아에게 돌려주었다.

8월 2일, 위다이아에서 돼지 한 마리가 사라져서 윌리히만이 도둑질했을 거라는 의혹이 있어 작은 전투가 벌어졌다.

8월 6일, 윌리히만과 위다이아가 동맹들까지 끌어들여 큰 전투를 벌였다. 여섯 살에 불과한 양쪽의 소년들이 강을 사이에 두고 어른들의 독려를 받아가며 활을 상대에게 쏘아대는 비슷한 전투도 있었다. 전투가 실질적인 싸움이 아니라 상대에게 욕하기로 변질된 덕분에 다섯 사람만이 가볍게 다쳤다. 몇 가지 욕을 소개하면, "계집에 같은 놈, 겁쟁이 같은 놈", "입에 풀칠도 못하는 놈이 마누라는 왜 그렇게 많아?", "난 마누라만 다섯이다. 다섯 명을 더 둘 수도 있지. 내 땅에서 먹고 살 수 있으니까. 하지만 너희는 땅도 없는 도망자들이라 마누라도 없는 거야."

8월 16일, 양쪽이 다시 동맹까지 끌어들인 대전투가 벌어졌다. 적어도 20명이 다쳤고, 한 사람이 복부에 화살을 맞아 큰 부상을 당했다. 위다이아에게 최근에 죽임을 당한 두 동료를 위해 복수하지 못한 윌리히만은 하루라도 빨리 적을 죽여야 한다는 집단 강박관념에 시달렸다. 조상의 혼령들이 복수를 원했지만, 그들이 그 뜻을 받들지 못한 까닭에 조상의 혼령들이 그들을 더는 도와주지 않아 그들 자신의 힘에 의존하는 수밖에 없다는 두려움까지 느꼈다. 그런 두려움에 그들은 싸울 의욕조차 잃어갔다.

8월 24일, 남편과 다툰 위다이아 여인이 윌리히만 땅으로 피신했다. 일부 윌리히만은 그 여자를 죽여 7월 5일에 죽은 제눅마의 복수를 하길 원했지만, 대다수의 윌리히만이 반대했다.

8월 25일, 2장에서 이미 언급했듯이, 발리엠 강 건너편에 살던 아수크 발레크의 네 남자가 들로코 마벨 지역에 사는 친척들을 방문하려고 왔다. 그들이 윌리히만의 땅에 들어서자, 윌리히만은 그들이 적들의 동맹이란 걸 즉각 알아차렸고, 그 지역에 친척이 없는 두 사람을 죽여야 한다고 생각했다. 한 사람은 간신히 탈출했지만, 다른 한 사람은 결국 제압당해 살해당했다. 윌리히만은 죽어가던 아수크 발레크 사람의 몸뚱이를 질질 끌고 다녔고, 어린 소년들은 그의 옆을 따라가며 작은 창으로 그를 찔러댔다. 그 복수로 윌리히만은 곳곳에서 환호하고 노래를 불렀고, 곧이어 복수를 축하하는 춤판까지 벌어졌다. 윌리히만은 조상의 혼령이나 제눅마의 혼이 그들에게 그 아수크 발레크 사람을 보내준 것이라 생각했다. 윌리히만은 죽은 두 명에 대한 복수로 한 명의 적만을 죽인 것으로 앙갚음은 안 되었지만, 윌리히만에 팽배하던 불안감은 크게 줄어들었다. 한 명의 적이라도 죽였다는 것은 조상의 혼령들이 다시 그들을 도와주고 있다는 분명한 징조였다.

9월 초, 위다이아의 기습 공격에 디길리아크라는 어린 소년이 죽었고 구텔루의 기습 공격에는 두 명의 위다이아가 죽었다. 다음 날, 구텔루의 남쪽 경계에 네덜란드 초소가 세워지자 그곳에서는 전쟁이 갑자기 끝났지만 반대편 경계에서는 전쟁이 계속됐다.

지금까지 언급된 전투들은 제한된 결과만을 낳아 소수만이 사망하고 전 주민이 고향에서 쫓겨나지도 않았다. 그러나 5년 후, 1966년 6월 4일, 대대적인 학살극이 벌어졌다. 구텔루 동맹 내에서, 동맹의 지도자인 들로코 마벨 연합의 구텔루와, 동맹한 윌리히만 왈랄루아 연합과 고시 알루아 연합 지도자 간의 세력 다툼이 원인이었다. 하기야 수십 년 전만 해도 두 연합은 들로코 마벨 연합과 전쟁하던 관계였지만 동맹을 맺은 터였다. 구텔루가 직접 예전의 적들을 공격하기로 계획을 세웠는지, 구텔루가 성급한 부하들을 제지하지 못했던 것인지는 확실하지 않다. 후자의 해석이 맞다면, 이런 현상은 부족 사회에는 군장사회와 국가 사회의 특징인 강력한 리더십과 무력의 독점이 없다는 주장을 뒷받침해주는 증거이다. 공격은 지역 선교사와 인도네시아 경찰(인도네시아는 1962년 서뉴기니의 통치권을 네덜란드로부터 돌려받았다)이 자리를 비우는 날로 신중하게 예정됐다. 들로코 마벨 연합과 구텔루 동맹에 속한 북쪽 연합의 전사들은 새벽에 개구리 울음소리를 이용해서 엘로게디 강을 긴니가 동맹의 남쪽 연합을 무차별적으로 공격했다. 한 시간 만에 125명의 남녀 어른과 어린 아이가 죽거나 죽어갔고, 수십여 부락이 불탔다. 구텔루의 공격을 호시탐탐 엿보던 다른 연합들도 가담해서 돼지를 훔쳤다. 남쪽 연합들은 과거에 동맹이었던 남쪽 아래의 다른 연합에게 도움을 받지 않았더라면 완전히 절멸했을 것이다. 구텔루의 공격으로 많은 사망자가 있었지만, 그 밖의 남쪽 연합들은 더 남쪽으로 피신하고, 구텔루 동맹은 남쪽 연합체와 북쪽 연합체로 갈라졌다. 이런 대학살은 드물지만 파장은 무척 크다. 칼 하이더는 1930년대부터 1962년까지 네 건의 대학살이 더 있었고, 그때마다 마을이 불태워지고 돼지를 약탈하고 전 주민이 이동하는 사태가 벌어졌다고 덧붙였다.

전쟁의
사망자 수

1961년 4월부터 9월까지 계속된 전쟁으로 남쪽 경계에서만 11명이 사망했다. 1966년 6월 4일의 대학살에도 사망자는 125명에 불과했다. 20세기와 두 번의 세계전쟁에서 살아남은 우리에게, 이런 수치는 전쟁이란 엄숙한 이름을 붙일 가치도 없을 정도로 적은 수이다. 현대사에서 훨씬 많은 사망자를 낳은 사건들을 생각해보라. 2001년 9월 11일 세계무역센터가 테러 공격을 받았을 때 한 시간에 2,996명의 미국인이 죽었다. 1차대전 솜 강 전투에서는 1916년 7월 1일 기관총으로 중무장한 독일군 진지를 공격하려고 휜히 트인 들판을 가로지르던 영국군이 그날 하루에만 2만 명이 전사했다. 1945년 8월 6일 히로시마에 떨어진 미군의 원자폭탄으로 약 10만 명의 일본인이 사망했다. 2차대전 동안 사망한 총인원수는 5,000만 명이 넘는다. 이런 기준에서 보면, 지금까지 요약한 다니족의 다툼은 전쟁이라 생각하더라도 작은 전쟁에 불과하다.

그렇다. 사망자의 절대적인 수치로 판단하면 다니족의 전쟁은 무척 사

1945년 8월 6일 히로시마에 떨어진 원자폭탄이 만들어낸 구름. 히로시마에서는 10만 명(당시 일본 인구의 0.1퍼센트)이 사망했는데 현대전에서 하루 동안 가장 많이 발생한 사망자 수다.

소한 전쟁이다. 그러나 2차대전에 관련된 국가들의 인구가 '윌리허만-위다이아 전쟁'에 관련된 두 동맹의 인구보다 훨씬 많아 잠재적인 피해자도 훨씬 많을 수밖에 없었다. 두 동맹의 인구수는 모두 합해서 약 8,000명에 불과했지만, 2차대전에 참전한 국가들의 인구수는 적게는 수천만부터 많게는 10억에 이르렀다. 다니족 전쟁의 상대적인 사망자 수—다니족의 총인구에 대비한 사망자 수—는 미국과 유럽 국가들, 일본과 중국이 세계전쟁에서 겪은 사망률과 엇비슷하거나 훨씬 능가한다. 예컨대 1961년 4월부터 9월까지 6개월 동안 구텔루 남쪽 전선에서만 다니족의 두 연합체가 당한 11명의 사망자는 총인구의 약 0.14퍼센트에 해당된다. 이 비율은 2차대전 동안 태평양 전선에서 가장 치열했던 전투의 사망률(0.10퍼센트)보다 높다. 오키나와 섬을 두고 벌어진 3개월의 전투에는 폭격기와 가미카제 전투기, 대포와 화염방사기 등이 동원됐고, 당시 2억 5,000명에 달하던 미국과 일본, 그리고 오키나와의 총인구 중에서 약 26만 4,000명(미군 2만 3,000명, 일본군 9만 1,000명, 오키나와 민간인 15만 명)이 사망했다. 한편 1966년 6월 4일 한 시간 동안 벌어진 다니족의 대학살로 사망한 125명은 공격 대상이었던 구텔루 연합체의 남부 연합들에 살던 총인구(약 2,500명)의 약 5퍼센트에 해당된다. 이 비율에 필적하려면, 히로시마 원자폭탄으로 10만 명이 아니라 400만 명의 일본인이 사망했어야 하고, 세계무역센터의 테러 공격으로 2,996명이 아니라 1,500만 명의 미국인이 사망했어야 한다.

 세계적인 기준에서 다니족의 전쟁이 작은 전쟁으로 여겨지는 이유는, 전쟁으로 사망할 위험이 있는 인구가 적었기 때문이다. 하지만 관련된 지역의 인구수를 기준으로 하면, 다니족의 전쟁은 엄청난 전쟁이었다. 다음 장에서는 이런 결론이 전통 사회의 일반적인 전쟁에도 적용되는지 살펴보기로 하자.

4
많은 전쟁들

전쟁의 정의 – 정보의 출처 – 전통적인 전쟁의 형태들 – 사망률 – 유사점과 차이점 –
전쟁은 어떻게 끝나는가 – 유럽과의 접촉이 미친 영향 – 호전적인 동물들, 평화적인 사람들 –
전통적인 전쟁의 동기 – 궁극적인 원인 – 누구와 싸우는 것인가? – 진주만을 잊어라

전쟁의 정의

다니족의 전쟁에서 보았듯이, 전통적인 전쟁은 소규모 사회에서 널리 만연돼 있었지만 보편적인 현상은 아니었다. 전통적인 전쟁은 많은 의문을 제기하며, 그 의문들은 하나같이 뜨거운 논쟁거리이다. 어떤 의문인지 예를 들어보자. 전쟁을 어떻게 정의해야 하는가, 또 이른바 부족 전쟁이 정말 전쟁의 요건을 갖추고 있는가? 소규모 사회에서 전쟁으로 인한 사망자 수는 국가 전쟁의 사망자 수에 비하면 어떻게 되는가? 소규모 사회들이 유럽인 및 상대적으로 중앙집중화된 사회들과 접촉하며 영향을 받은 이후로 전쟁은 증가했는가 감소했는가? 침팬지, 사자, 늑대 등 무리를 이루며 사는 사회적 동물들 간의 싸움에서 인간 전쟁의 선례를 찾을 수 있다면, 전쟁에도 유전적 기원이 있는 것일까? 인

간 사회들 중에서도 유난히 평화적인 사회가 존재할까? 그렇다면 그 이유는 무엇일까? 또 전통적인 전쟁의 동기와 원인은 무엇일까?

전쟁은 어떻게 정의할 수 있을까? 이 의문부터 시작해보자. 인간의 폭력은 다양한 형태를 띠지만, 그중 일부만이 전쟁으로 여겨진다. 경쟁관계에 있는 국가 정부들이 정식으로 전쟁을 선포하고, 그런 국가 정부들을 위해 봉직하는 훈련된 대규모 군대들이 충돌하는 전투가 전쟁이라는 것에 누구나 동의할 것이다. 또 개인적인 살인(한 개인이 같은 정치적 단위에 속한 사람을 살해하는 행위), 같은 정치적 단위에 속한 가문들 간의 불화(1880년경 미국 동부에서 시작된 햇필드가와 맥코이가의 불화) 등과 같은 형태의 폭력은 전쟁이 아니라는 것도 대부분의 사람이 동의할 것이다. 하지만 흔히 '폭력단끼리의 전쟁'이라 일컬어지는 도시 조직폭력단 간의 싸움, 마약 범죄조직 간의 세력 다툼, 내전의 선포까지는 아직 이르지 않는 정치적 파벌 간의 싸움(예컨대 이탈리아와 독일에서 무솔리니와 히틀러가 정권을 장악하는 지경까지 발전한 파시스트들과 사회주의자들 간의 싸움)처럼 같은 정치적 단위 내에서 경쟁하는 집단들이 반복해서 휘두르는 폭력은 이도저도 아닌 경우이다. 그럼 전쟁을 구분짓는 경계선을 어디에 그어야 할까?

이 질문의 대답은 연구 목적에 따라 달라질 수 있다. 국가에서 지원하는 군사학교에서 훈련받는 미래의 군인이라면, 다니족 연합체들 간의 폭력을 전쟁의 정의에서 당연히 배제할 것이다. 하지만 20명 정도 이루어진 초소형 무리 사회부터 10억이 넘는 인구를 지닌 초대형 국가까지, 다양한 사회에서 관련된 현상들을 빠짐없이 관찰하려는 이 책의 목적에 충실하자면, 소규모 무리 사회들 간의 전통적인 전쟁도 배제하지 않고 전쟁을 정의해야 한다. 고고학자 스티븐 르블랑(Steven LeBlanc)이 주장했듯이, "과거의 전쟁을 올바로 연구하려면 전쟁의 정의는 집단의 규모나 전투 방법에 구애받지 말아야 한다. (……) 많은 학자가 금속 도구를 사용하는 복잡한 사회만이 해낼 수 있고 보유할 수 있는 것(예컨대 총력전과 직업군인)을 기준으로 전쟁을 정의한다. 그 밖의 폭력, 예컨대 이따금씩 시도하는 한두 번의 기습 공격은 '진짜' 전쟁이 아니며, 게임과 비슷한 것이어서 크게 걱정할 문젯거리가 아니라고 생각한다. 하지만 그런 접근 방법 혹은 사고방식은 전쟁의 방법과 전쟁의 결과를 혼동한 것이다. (……) 독립된 정치 단위들 간의 충돌이 상당한 인명 손실과 영토의 상실로 이어지고, 어떤 지역은 너무 위험해서 누구도 살 수 없는 쓸모없는 땅이 되는 결과를 왜 낳는가? 국민이 자신을 지키는 데 많은 시간과 에너지를 소비하는가? (……) 충돌의 결과로 국민에게 중대한 영향을 미친다면, 충돌이 어떤 식으로 행해지든 간에 전쟁인가?" 이런 관점에서 접근하면, 전쟁은 3장에서 살펴본 다니족의 충돌까지 포함할 정도로 폭넓게 정의돼야 한다.

 전쟁을 상당히 전형적으로 정의한 《브리태니커 백과사전》(제15판)을 인용해보자. "국가와 같은 정치적 집단, 혹은 같은 국가 내에서 경쟁하는 정치적 파벌 간의 투쟁으로 무력충돌을 수반하는 적대적 행위. 전쟁은 그런 폭력에 가담하도록 특별히 조직화되고 훈련된 대규모 집단이 의도적으로 행하는 폭력 행위를 뜻한다. (……) 전쟁은 상당한 규모의 무력충돌을 뜻하고, 5만 명 이하의 전투원이 참여한 충돌을 배제한다." 선생에 대한 다른 많은 상식적인 정의와 마찬가지로, 이 정의도 "특별히 조직화되고 훈련된 대규모 집단"을 전제하고, 따라서 소규모 무리사회에서의 전쟁 가능성을 원천적으로 인정하지 않기 때문에 지나치게 제한적이어서 우리의 목적에는 부합되지 않는다. 또한 적어도 5만 명의 전투원이란 자의적인 조건은 다니족 전쟁에 가담한 총인구보다 6배나 많으며, 이 책에서 다루어지는 소규모 사회 대부분의 인구보다 훨씬 많다.

따라서 소규모 사회를 연구하는 학자들은 전쟁을 넓은 의미에서 다양하게 정의했다. 그 정의들은 서로 유사하며 대체로 세 가지 공통점을 띤다. 첫째는 개인이 아니라 규모를 불문하고 집단이 행하는 폭력이란 것이다(개인이 행한 살해 행위는 살인이지 전쟁 행위로 여겨지지 않는다). 둘째로 전쟁은 같은 정치적 단위에 속하지 않는 집단들, 즉 다른 정치적 단위에 속한 두 집단이 충돌하는 폭력이다. 셋째로, 정치적 단위의 일부 구성원만이 폭력을 행하더라도 그 단위 전체가 인가하는 폭력만이 전쟁이다. 따라서 햇필드가와 맥코이가는 같은 정치적 단위(미국)에 속했고, 미국 전체가 두 가문의 불화를 승인하지 않았기 때문에 두 가문 간의 싸움은 전쟁이 아니다. 나는 위의 세 조건을 결합해서 전쟁을 간략하게 정의하고, 그 정의를 이 책에서 사용할 생각이다. 그 정의는 국가 사회만이 아니라 소규모 사회를 연구하는 다른 학자들이 정리한 정의와 유사하다. "전쟁은 경쟁 관계에 있는 정치적 단위에 속한 집단들이 반복적으로 행하고, 정치적 단위 전체가 인정한 폭력이다."

정보의 출처

다니족의 전쟁에 대한 설명에서 보았듯이, 전통적인 전쟁의 연구는 비교적 수월한 편이다. 대학원생과 촬영팀을 파견해서 전투를 관찰하고 촬영하며, 후송되는 부상사와 전사자의 수를 파악하고, 전투에 참가한 전사자들을 인터뷰해서 자세한 과정을 조사하면 된다. 다니족 전쟁에 대한 자료도 이런 식으로 구한 것이다. 이런 식의 연구가 수백 개쯤 진행되면 전통적인 전쟁의 현실에 대한 논쟁은 깨끗이 사라질 것이다.

학자가 카메라를 들고 전통적인 전쟁을 직접 관찰한다는 것은 여러 이유에서 드문 현상이며, 어느 정도까지 유럽의 영향을 받지 않았느냐에 대해 논란이 있는 것도 사실이다. 유럽인들은 1492년 이후로 꾸준히 세력을 확대하며 비유럽인을 만나고 정복했다. 그 과정에서 유럽 국가는 전통적인 전쟁을 억제하는 걸 최우선 과제의 하나로 삼았다. 유럽인의 안전을 확보하고 정복한 지역을 통치하기 위한 조치였고, 이른바 문명화라는 소명의 일환이기도 했다. 인류학이란 학문이 1차대전 이후 넉넉한 지원을 받는 현장연구와 대학원 연구 시대에 들어섰을 쯤, 전통적인 소규모 사회에서 전쟁은 뉴기니 섬과 남아메리카의 일부 섬에만 남아 있는 상태였다. 다른 태평양 섬들, 북아메리카와 오스트레일리아, 아프리카와 유라시아에서 전통적인 전쟁은 훨씬 일찍 막을 내렸다. 다만 아프리카와 뉴기니를 중심으로 현대적인 형태를 띤 전쟁이 일부 지역에서 다시 나타나고 있었다.

뉴기니와 남아메리카에서도 최근에는 인류학자들이 전통적인 전쟁을 직접 목격할 기회는 크게 줄어들었다. 관련국 정부들이 무장하지 않은 외부인이 호전적인 부족민들에게 공격받아 문제가 발생해서 시끄러워지는 걸 원하지 않기 때문이다. 또한 관련국 정부들은 인류학자들이 무장하고 진압되지 않은 지역에 들어가는 국가 사회의 첫 대표가 되어 무력으로 부족민들의 싸움을 종식시키려 하는 것도 바라지 않았다. 따라서 뉴기니와 남아메리카에서도 어떤 지역이 공식적으로 진압되어 누구나 방문할 수 있을 정도로 안전하다고 여겨질 때까지 정부가 여행을 제한해왔다. 하지만 일부 학자와 선교사는 전투가 여전히 계속되는 지역에 들어가 연구하고 선교하는 성과를 거두었다. 1961년 다니족 지역에 들어가 전쟁 상황을 관찰한 학자들이 대표적인 예이다. 당시 그곳에는 이미 네덜란드 초소가 발리엠 계곡에 설치돼 있었지만, 하버드 탐사대는 정부의 통제구역 너머까지 들어가는 걸 허락받았다. 1979년에는 퀴글러 가족이 서뉴기니의 파유족 마을에 들어가 활동하기 시작했고, 인류학자 나폴레온 섀그넌(Napoleon Chagnon)은 베네수엘라와 브라질의 야노마미 원주민들을 연구했다. 이런 연구서들에서도 전쟁을 직접 관찰하고 쓴 부분이 있지만, 대부분 혹은 대다수의 내용은 글을 쓴 서구 학자가 직접 관찰한 것이 아니었고, 그 지역의 정보 제공자에게 간접적으로 들은 것이었다. 예컨대 얀 브룩하위서의 논문도 다니족 전투에서 부상당한 사람들이 어떤 환경에서 신체의 어떤 부분을 다쳤는지에 대한 상세한 설명에 의존한 것이었다.

전통적인 전쟁에 대한 정보의 대부분은 전쟁에 참여한 사람들이 서구의 방문자에게 전한 설명에만 근거하거나, 박사학위 논문을 위한 자료를 수집하려는 과학자로 훈련받지 않은 유럽인들(정부 관리, 탐험가, 장사꾼)이 직접 관찰한 내용에 근거해서 완전히 간접적으로 전해들은 것이다. 예컨대 많은 뉴기니인이 전통적인 전쟁에서 자신의 경험을 나에게 전해주었다. 하지만 오스트레일리아가 통치하던 동뉴기니(현재는 독립국인 파푸아뉴기니)와 인도네시아가 관리하던 서뉴기니를 방문할 때마다 나는 뉴기니인이 다른 뉴기니인을 공격하는 장면을 한 번도 목격하지 못했다. 하기야 내가 원했더라도 걸핏하면 전투가 벌어지던 지역에 내가 들어가는 걸 오스트레일리아와 인도네시아 정부가 허락하지 않았을 것이다.

전통적인 전쟁을 직접 관찰하고 기록한 대부분의 서구인은 학자가 아니었다. 예컨대 부부 선교사 클라우스와 도리스 퀴글러의 딸, 자비네 퀴글러(Sabine Kuegler)는 《정글 아이》에서, 자신이 6세였을 때 파유족의 티그레 씨족과 세포이디 씨족이 활과 화살로 싸우는 장면을 목격했고, 화살들이 자신의 주변을 날아다녔고 부상입은 사람들이 카누로 실려가는 걸 보았다고 썼다. 또 1769~1770년 북아메리카를 처음으로 육로를 통해 탐험한 가스파르 데 포르톨라 탐험대의 일원으로 캘리포니아 남부 해안에서 추마시족을 만났던 스페인 선교사, 후안 크레스피(Juan Crespí)도 추마시족의 여러 무리가 서로 화살로 싸우는 모습을 자세히 기록했다.

인류학자이든 비전문가이든 전통적인 전쟁에 대한 외부인(주로 유럽인)의 이런 모든 기록들에 내재한 문제는 하이젠베르크의 불확정성 원리를 떠올려주며, 관찰 자체가 관찰된 현상을 혼란스럽게 만든다. 인류학적 관점에서 말하면, 외부인의 존재만으로 '미접촉'인들이 크게 영향을 받는다는 뜻이다. 국가 정부들은 전통적인 전쟁을 종식시키기 위한 정책을 의례적으로 도입한다.

예컨대 20세기 오스트레일리아 순찰자들이 파푸아와 뉴기니 속령(屬領)에서 새로운 지역에 들어갈 때 지향한 최우선 목표는 전쟁과 식인풍습을 종식시키는 것이었다. 비정부 외부인들도 다른 방식으로 똑같은 결과를 얻어낼 수 있다. 예컨대 클라우스 퀴글러는 파유족에게 자신의 집 주변에서는 싸우지 말고 다른 곳에 가서 싸우라고 다그쳤다. 그렇지 않으면 그의 가족이 안전과 마음의 평화를 위해서 떠날 수밖에 없다고 덧붙였다. 파유족은 퀴글러 선교사의 제안을 받아들였고, 그 후로 그들의 싸움도 점차 줄어들었다.

위의 예들은 유럽인들이 부족 전쟁을 의도적으로 종식시키거나 줄이기 위해 행한 노력의 증거이지만, 거꾸로 유럽인들이 부족 전쟁을 의도적으로 자극했다는 주장도 적지 않다. 외부인의 적극적인 활동이나 단순한 그 존재만으로 부지불식간에 부족들의 다툼을 증가시키거나 감소시키는 경우가 많다. 따라서 외부인이 전통적인 전쟁을 관찰했다거나 그런 전쟁을 전혀 보지 못했다고 전할 때마다, 만약 외부에서 온 관찰자가 없었다면 전쟁이 빈번하게 있었을지도 모른다는 불확정성이 있기 마련이다. 이 문제는 뒤에서 다시 다루기로 하자.

대안적 접근 방법은 외부인이 도래하기 전에 남겨진 고고학적 기록에 보존된 부족 전쟁의 증거들을 면밀히 조사하는 것이었다. 이런 접근 방법에는 외부인의 영향을 완전히 제거할 수 있다는 장점이 있다. 하지만 하이젠베르크의 불확정성 원리와 유사하게 그런 장점을 얻으려면 약점을 감수해야 한다. 다시 말하면, 전쟁을 직접 관찰한 것도 아니고 그 지역 목격자의 증언에 기초한 것도 아니기 때문에, 그 자체로 불확실한 고고학적 증거로만 추론해야 함으로 사실여부에 대한 불확정성이 증가할 수밖에 없다는 약점이 있다.

전통적인 전쟁에 대한 고고학적 증거에서 빼놓을 수 없는 것은 적절한 매장의 표식도 없이 한곳에 모아 놓은 뼈더미들이다. 뼈에는 무기나 연장에 베였거나 가격당한 뚜렷한 흔적들이 있다. 화살촉이 박힌 뼈, 도끼 같은 날카로운 무기에 베인 뼈, 머리가죽을 벗긴 증거로 여겨지는 길게 베인 흔적이 있는 두개골, 참수(인간 사냥)를 당한 증거로 처음 두 칙

추골이 연결된 두개골 등이 발견된다. 예컨대 독일 남서부에 있는 탈하임에서 요아힘 발과 한스 쾨니히는 34구의 유골을 연구해서, 18구가 성인(남자 9명, 여자 7명, 성별이 확인되지 않은 2명)이고, 16구가 어린아이라는 것을 밝혀냈다. 기원전 5000년 경에 친척들에게 정중하게 매장되지 못하고 구덩이에 아무렇게나 내던져진 시신들이었다. 18개 두개골의 뒤쪽에 치료받지 않은 상처 흔적이 있는 것으로 판단하건대 오른손잡이가 뒤에서 휘두른 도끼에 적어도 여섯 번의 가격을 받고 사망한 것이 분명했다. 희생자들은 어린아이부터 약 60세까지 모든 연령층이었다. 여섯 가족으로 이루어진 무리 전체가 수적으로 훨씬 우세한 공격자들에게 동시에 학살당한 게 분명했다.

전쟁을 가늠할 수 있는 또 다른 전형적인 고고학적 증거들로는 무기, 갑옷과 방패, 요새가 있다. 활과 화살 및 창은 사람을 죽일 때만이 아니라 짐승을 사냥할 때도 사용됐기 때문에 모든 무기가 전쟁의 명백한 증거이지는 않지만, 커다란 전부(戰斧)와 커다란 새총은 짐승에게는 사용되지 않고 전적으로 혹은 주로 인간을 상대로만 사용됐기 때문에 명백한 전쟁의 증거물이다. 갑옷과 방패도 전쟁에서만 사용되고 짐승을 사냥할 때는 사용되지 않았다. 갑옷과 방패가 전쟁에서 사용된 사례는 뉴기니인, 오스트레일리아 원주민, 이누이트족을 비롯해 지금도 전통적으로 살아가는 많은 종족들에게 확인된다. 따라서 고고학적 발굴지에서 발견되는 갑옷과 방패는 과거에 그곳에서 전투가 있었다는 증거로 여겨진다. 성벽과 해자, 방어용 성문, 성벽을 무너뜨리려는 적들에게 화살을 쏘고 돌을 던지려고 세운 탑과 같은 방어 시설들도 전쟁을 뜻하는 고고학적 증거들이다.

예컨대 유럽인들이 1800년대 초 뉴질랜드에 정착하기 시작했을 때 뉴질랜드 원주민 마오리족에게는 '파'라는 언덕 위의 성채가 있었다. 그 성채는 애초에 그들끼리 싸울 때를 대비한 방어 시설이었지만, 결국에는 유럽인들에게 저항하는 시설로 사용됐다. 지금까지 확인된 마오리족의 '파'는 거의 1,000곳에 이르며, 고고학적인 발굴을 끝낸 대다수의 '파'가 유럽인이 도래하기 수세기 전에 세워진 것으로 밝혀졌고, 마오리족이 유럽인들을 상대로 사용했던 성채들과 유사했다. 따라서 유럽인이 도래하기 오래전에 마오리족이 서로 싸웠다는 데는 의심할 여지가 없다.

끝으로 전쟁의 증거로 여겨지는 고고학적 유적은 언덕 꼭대기, 절벽 꼭대기, 혹은 깎아 세운 듯한 절벽면에 있는 거주지 흔적들이다. 이런 위치는 적의 공격에 대한 방어를 위한 것으로 생각할 수밖에 없다. 메사 버드와 미국 남서부의 다른 지역에서 발견되는 아나사지족의 부락이 대표적인 예로, 절벽에서 선반처럼 튀어나온 바위 위에 있어 사다리로만 접근할 수 있다. 계곡 바닥보다 훨씬 위에 위치해서 음용수를 비롯한 식료품까지 100여 미터를 짊어지고 올라가야 한다는 뜻이었다. 유럽인들이 남서부 지역에 처음 나타났을 때 아나사지 원주민들은 그곳을 피신처로 삼아 유럽 공격자들을 피해 숨거나 저항했다. 따라서 절벽 거주지가 고고학적으로 유럽인이 도래하기 훨씬 전부터 존재했고, 시간과 더불어 그런 거주지가 증가한 것으로 판단하건대 인구밀도가 높아지고 폭력의 행사가 증가하면서 같은 원주민의 공격으로부터 자신을 지키기 위해 사용된 것으로 추정된다. 이런 고고학적 증거들이 충분하지 않더라도 홍적세 후기의 것으로 추정되는 암벽화들이 있다. 두 집단이 맞서 싸우는 모습이 그려진 이 암벽화들에는 창에 찔린 사람들, 활과 화살, 방패, 창과 몽둥이로 서로 무리지어 싸우는 사람들이 그려져 있다. 한편 멕시코 보남 팍 유적지에서 발견된 유명한 마야 벽화들은 기원후 800년 경에 그려져 훨씬 정교하지만 여전히 유럽인이 도래하기 전의 작품으로, 전투 장면과 죄수를 고문하는 장면을 사실적으로 묘사하고 있다.

따라서 작은 무리사회부터 큰 군장사회와 초기의 국가까지 규모를 불문하고 소규모 사회에서 있었던 전통적인 전쟁에 대한 정보의 출처는 크게 세 부분으로 정리된다. 전쟁을 목격한 관찰자와 고고학자와 미술사가이다.

**전통적인
전쟁의 형태들**

전쟁은 과거에나 지금이나 다양한 형태를 띤다. 전통적인 전쟁에서도 오늘날 현대 국가들이 사용하고, 부족사회에서 기술적으로 가능했던 온갖 기본적인 전술들이 사용됐다. (당연한 말이겠지만 공중전을 위한 수단이 부족들에게는 없었다. 또한 특화된 전함을 이용한 해전은 기원전 3000년 국가 정부가 도래한 후에야 등장한다.) 지금도 활용되기 때문에 우리에게 익숙한 전술 중 하나는 회전(會戰), 즉 쌍방이 일정한 지역에 대규모의 병력을 집결하여 공개적으로 맞붙는 전투이다. 우리가 현대 국가의 전쟁을 생각할 때 가장 먼저 떠올리는 전술이기도 하다. 스탈린그라드 전투, 게티스버그 전투, 워털루 전투가 대표적인 예이다. 규모와 무기를 제외하면, 이런 전투들은 다니족이 1961년 6월 7일, 8월 2일, 8월 6일에 거의 충동적으로 벌인 전투와 다를 바가 없었다.

다음으로 우리에게 익숙한 전술은 기습 공격이다. 소규모로 구성된 전사들이 은폐물을 이용하거나 밤중에 몰래 적진에 들어가서 일부 적을 살해하거나 적의 재산을 파괴하는 제한적인 목표로 급작스레 공격하는 전술로, 적의 부대원 전부를 섬멸하거나 적의 영토를 항구적으로 점령하는 정도까지 기대하지는 않는다. 대부분의 전통 사회에서 확인되기 때문에 가장 보편적인 전쟁 형태라 할 수 있다. 누에르족이 딩카족을 기습 공격하고, 야노마미족이 서로 기습 공격한 사례가 대표적인 예이다. 앞에서 살펴본 다니족의 전쟁에서는 1961년 5월 10일, 5월 26일, 5월 29일, 6월 8일, 6월 15일, 7월 5일, 7월 28일에 기습 공격이란 전술이 사용됐다. 보병을 활용한 기습 공격의 사례는 국가 간의 전쟁에서도 흔히 사용된다. 요즘에는 전함과 비행기를 이용한 기습 공격도 사용된다.

기습 공격과 관련된 전술로 전통적인 전쟁에서 폭넓게 사용된 전술은 매복이다. 매복 공격은 기습 공격의 또 다른 형태로 침략자들이 은밀히 이동하지 않고, 적이 무심코 지나갈 가능성이 높은 곳에 몸을 감추고 적을 기다리는 전술이다. 다니족은 1961년 4월 27일, 5월 10일, 6월 4일, 6월 10일, 7월 12일, 7월 28일에 매복 전술을 사용했다. 매복은 현대전에서도 흔히 사용된다. 현대전에서는 레이더와 암호해독법 덕분에 적의 동태를 상대적으로 쉽게 탐지할 수 있지만, 매복 부대의 움직임을 탐지하기는 쉽지 않기 때문이다.

현대전에서는 찾아볼 수 없는 전통적인 전술은 속임수 잔치이다. 야노마미족과 뉴기니에서 확인된 전술로, 이웃들을 잔치에 초대하고는 그들이 무기를 내려놓고 먹고 마시는 데 열중하면 급작스레 그들을 공격해서 죽이는 전술이다. 현대인들은 야노마미족이 과거에도 그런 속임수가 있었는데 어쩌자고 다시 그런 술책에 말려드는지 이유가 궁금할 것이다.

군이 그 이유를 설명하자면, 대부분의 잔치가 명예롭고 우호적으로 끝났고, 초대를 받아들여야 동맹 관계를 구축하고 식량을 공유하는 데 크게 유리했으며, 초대자들이 자신들의 의도를 호의적으로 보이려고 무진 노력했기 때문이 아닐까 싶다. 국가 정부에서 이런 속임수를 사용한 예로는 1838년 2월 6일 줄루족 왕 딩간이 보어인(남아프리카의 네덜란드계 이주자—옮긴이) 지도자 피에트 레티프와 그의 부하 100명을 초대해 학살한 사건이 유일한 듯하다. 이 사례는 '그보다 수십 년 전에 줄루 왕국이 통일되고 국가로 건립되기 전까지 줄루족은 수백여 호전적인 군장사회의 하나에 불과했다'라는 견해를 입증해주는 드문 증거로 여겨질 수 있다.

현대 국가들이 외교 규칙을 따르는 게 자국에도 이익이라고 생각하게 되면서 이런 무자비한 속임수는 거의 사라졌다. 히틀러와 일본조차 소련과 미국에 정식으로 전쟁을 선포하고, 그와 동시에 소련과 미국을 공격했다(물론 공격하기 훨씬 전에 전쟁을 선포하지는 않았다). 하지만 국가도 반란군에게는 속임수를 사용한다. 반란군은 국가 간의 통상적인 외교 규칙을 지키지 않을 거라고 생각하기 때문이다. 예컨대 프랑스 장군 샤를 르클레르(Charles Leclerc, 1772~1802)는 1802년 6월 7일 아이티 독립군 지도자 투생 루베르튀르(Toussaint Louverture)를 회담장에 초대하고는 아무런 양심의 가책도 없이 그 자리에서 체포해서 프랑스 감옥으로 보냈고, 루베르튀르는 결국 프랑스 감옥에서 세상을 떠났다. 현대 국가에서는 조직폭력단, 마약 밀매단, 테러 집단이 국가 간의 외교 규치에 얽매이지 않고 여전히 속임수를 동원한 살인을 저지르고 있다.

현대전에서 비슷한 사례를 찾아볼 수 없는 또 하나의 전통적인 전쟁 형태는 우호적인 모임이 싸움으로 변질되는 경우이다. 기만적인 속임수

잔치보다 훨씬 잦은 이런 모임에는 이웃한 부족들이 조금도 싸울 의도가 없이 어떤 의식을 함께 치르려고 만난다. 그러나 해결되지 않은 불만을 가진 사람들이나, 서로 뜸하게 만난 사람들이 얼굴을 맞대게 되면 자제하지 못하고 싸움을 시작한다. 그럼 양쪽의 친척들이 가세해서 커다란 폭력으로 발전하기도 한다. 수십여 명으로 이루어진 파유족이 드물게 여는 모임에 참석했던 내 미국인 친구가 전해준 얘기를 예로 들어보자. 긴장감이 감돌면서 남자들이 툭하면 서로 욕설을 퍼부어대며 분노를 터뜨렸고, 도끼로 바닥을 내리치곤 했다. 한번은 도끼를 쥐고 서로 맞붙기도 했다. 우애를 다지려고 마련한 모임이 예기치 않게 폭력으로 치닫는 경우가, 이웃들이 간혹 드물게 만나는 전통 사회에서는 흔히 있는 일이다. 불만을 해소하지 못해 복수를 꿈꾸는 사람들이 있고, 무력을 독점할 수 있는 지도자나 '통치자'가 없어 성급한 사람들을 억누를 수 없기 때문이다.

중앙집권적인 국가 사회에서는 개인의 충동적인 다툼이 조직화된 군대의 전쟁으로 확대되는 경우가 거의 없지만, 전혀 없는 것은 아니다. 1969년 6월과 7월 사이에 있었던 엘살바도르와 온두라스 간의 이른바 '축구 전쟁'이 대표적인 예이다. 경제력의 격차와 불법 이민자 문제로 그러지 않아도 두 나라 사이에 긴장감이 팽배하던 때, 두 나라의 축구팀이 1970년 월드컵 예선을 통과하기 위해서 세 번이나 맞붙었다. 축구팬들이 6월 8일 온두라스의 수도에서 처음으로 싸우기 시작했고(온두라스가 1:0으로 승리), 6월 15일 엘살바도르의 수도에서 열린 두 번째 경기에서는 더욱 폭력적으로 변했다(엘살바도르가 3:0으로 승리). 예선 통과 국가를 가리기 위한 최종 경기는 6월 26일 멕시코시티에서 열렸다. 이 경기에서 엘살바도르가 연장전에서 3:2로 승리하자, 두 나라는 외교 관계를 끊었고, 7월 14일에는 엘살바도르 육군이 온두라스를 침략했고 심지어 공군까지 동원해 폭격을 가했다.

사망률 전통적인 부족 전쟁의 사망률은 얼마나 될까? 국가 정부 간의 전쟁 사망률과 비교하면 어떻게 될까?

군사 역사학자들은 각각의 현대전에서 국가별로 총사상자를 집계한다(예: 2차대전 동안의 독일). 이 자료를 활용하면, 평화와 전쟁이 교체되는 한 국가의 역사에서 한 세기 동안 전쟁에 관련된 평균 사망률을 계산해낼 수 있다(예: 20세기 동안의 독일). 이런 사망률은 전통 사회를 개별적으로 연구한 수십여 편의 논문에서 계산되거나 추정되었다. 4건의 조사—로렌스 킬리, 새뮤얼 볼스, 스티븐 핑커, 리처드 랭엄과 마이클 윌슨과 마틴 멀러—가 23~32개의 전통 사회에서 전쟁으로 인한 사망률 추정치를 간략하게 요약해주었다. 전통 사회들 사이에서 사망률이 들쭉날쭉한 게 밝혀졌다고 해서 놀랄 것은 없다. 1년을 단위로 할 때 전쟁으로 인한 가장 높은 사망률이 연간 1퍼센트였고(연간 100명 당 1명이 전쟁으로 사망했다는 뜻이다), 다니족과 수단의 딩카족, 북아메리카의 두 원주민 종족이 상대적으로 높았고, 안다만 섬사람들과 말레이시아 세망족의 경우에는 연간 0.02퍼센트 이하로 떨어졌다. 이런 편차는 생활방식과도 다소 관계가 있다. 랭엄-윌슨-멀러의 분석에 따르면, 농경인의 평균 사망률은 수렵채집인의 사망률보다 거의 4배나 높았다. 전쟁의 영향을 평가하는 다른 방법으로는 전쟁과 관련된 총사망자의 백분율이다. 이렇게 계산하면, 에콰도르 우아오라니족의 56퍼센트부터 시작해서 세계 전역에 흩어진 여섯 곳의 3~7퍼센트까지 대폭 떨어진다.

킬리는 전통적인 소규모 사회에서 전쟁에 관련된 사망률과 비교하기 위해서, 국가 정부를 지닌 사회들에서 10곳의 사망률을 추출했다. 그중 하나가 20세기 스웨덴이었다. 스웨덴은 20세기에 한 번도 전쟁을 겪지 않아 전쟁으로 인한 사망률이 0인 국가였다. 나머지 아홉 곳은 전쟁으로 끔찍한 고통의 시기를 겪은 국가들로 선택했다. 한 세기 동안 장기적으로 가장 높은 평균 사망률을 기록한 국가는 20세기의 독일과 러시아였고, 사망률은 1차대전과 2차대전의 끔찍한 참상이 복합된 결과로 각각 연간 0.16퍼센트와 0.15퍼센트였다(인구 1만 명 당 연간 16명과 15명이 사망). 한편 나폴레옹 전쟁이 있었고, 나폴레옹 군이 겨울을 맞아 러시아에서 철수했던 19세기에 프랑스의 사망률은 비교적 낮은 0.07퍼센트였다. 2차대전 동안 나가사키와 히로시마에 떨어진 원자폭탄, 다른 대도시들에 빗발처럼 쏟아진 소이탄과 재래식 폭탄, 총격과 기아와 자살로 인한 사망, 해외에 파병돼 죽어간 수십만 명의 병사들에도 불구하고, 또 1930년대에는 중국을 침략하고 1904~1905년에는 러일전쟁으로 많은 사망자를 낳았지만, 20세기 일본의 전쟁으로 인한 평균 사망률은 독일이나 러시아의 경우보다 훨씬 낮아 연간 0.03퍼센트에 불과했다. 국가 사회에서 장기적으로 가장 높은 추정치는 스페인에 의해 피로 물들여져 결국 멸망한 16세기의 아스텍 제국으로 연간 0.25퍼센트이다.

이번에는 이런 전쟁으로 인한 사망률(전쟁과 평화가 교체되는 긴 기간 동안, 총인구에 대비해서 전쟁과 관련된 원인으로 사망한 사람들의 평균 백분율)을 소규모 전통 사회와 비교해보자. 또 국가 정부가 있고 인구가 많은 현대 사회들과도 비교해보자. 러시아와 독일의 기록으로 현대 국가에서 가장 높은 수치조차 소규모 전통 사회들의 '평균치'에 비교하면 3분의 1, 다니족의 사망률에 비교하면 6분의 1에 불과하다. 현대 국가의 '평균치'는 전통 사회 평균치의 약 10분의 1이다.

참호전과 기관총, 소이탄과 원자폭탄, 대포, 잠수함의 어뢰에 의한 연간 평균 사망률이 창과 화살과 몽둥이를 사용한 전쟁으로 인한 평균 사망률보다 훨씬 낮다는 걸 알았을 때 나는 놀라지 않을 수 없었다. 독자 여러분도 마찬가지로 놀랐을 것이다. 그러나 뒤에서 자세히 다루겠지만, 전통적인 전쟁과 현대 국가의 전쟁이 어떻게 다른지 생각해보면 그 이유가 분명해진다.

첫째, 국가의 전쟁은 간간이 일어나는 예외적인 현상인 반면에 부족 전쟁은 사실상 끊임없이 계속된다. 20세기에 독일은 1914년부터 1918년까지, 또 1939년부터 1945년까지 10년 동안만 전쟁을 치렀다. 나머지 90년 동안에는 전쟁으로 인한 사망이 거의 없었다. 그러나 다니족은 전통적으로 매년 매달 전쟁 중이었다. 둘째, 국가 전쟁에 따른 사망자는 주로 18세에서 40세 사이의 남성 군인으로 좁혀지며, 그 연령층에서도 소수의 직업군인들만이 전쟁에 참여한다. 세계전쟁 기간 중에 있었던 대대적인 징병은 극히 예외적인 현상이다. 또 2차대전에 공중에서 융단폭격을 시도힐 때까지 민간인들은 전쟁으로 인한 직접적인 위험에 노출되지 않았다. 반면에 전통 사회에서는 남녀노소를 불문하고 모두가 표적이다. 셋째, 국가 전쟁에서 항복하거나 체포된 군인들은 일반적으로 살아남지만, 전통적인 전쟁에서는 가차없이 죽임을 당한다. 끝으로, 전통적인 전쟁에는 대량학살이 주기적으로 끼어든다. 1966년 6월 4일, 1930년대 말, 1952년, 1962년 6월, 1962년 9월에 다니족의 대학살처럼 한쪽의 주민 전부 혹은 대다수가 절멸되거나 다른 곳으로 이주한다. 반면에 국가 전쟁에서 승전국은 정복한 국민을 착취하기 위해서 그들을 절멸시키지 않고 살려둔다.

**유사점과
차이점**

전통적인 전쟁과 국가 전쟁은 어떤 점에서 유사하고, 어떤 점에서 다를까? 이 질문에 대답하기 전에, 두 전쟁이 중간 지대가 없이 극단적으로 다르지 않고, 전쟁의 형태가 초소형 사회부터 초대형 사회까지 조금씩 달라진다는 걸 먼저 알아야 한다. 사회의 규모가 크고, 동원할 수 있는 군대의 규모가 클수록 군대의 힘을 감출 가능성은 낮아지고, 소수의 병력을 은밀하게 이용하는 기습 공격과 매복의 가능성도 낮아진다. 대신 강력한 세력 간의 공개적인 전투를 더욱 강조한다. 상대적으로 규모가 큰 사회에서 지도층의 힘이 강하고, 힘이 중앙에 집중되고, 계급화가 심화된다. 국방군에는 다양한 계급의 장교들이 있고 전시 내각과 총사령관이 있지만, 작은 무리사회에는 동등한 계급의 전사들만 있을 뿐이다. 다니족의 구텔루 연합처럼 중간 규모의 집단에는 권위보다 설득으로 지휘하고 명령을 내리는 약한 지도자가 있다. 중앙집권화된 대규모 군장사회들의 전쟁은 작은 국가들의 전쟁과 유사하다. 사회의 규모는 이처럼 연속성을 띠지만, 소규모 사회와 대규모 사회의 전쟁 방법은 여전히 비교해봄직하다.

하나의 유사점은 동맹의 협조를 얻는 게 중요하다는 것이다. 다니족의 윌리히만-왈랄루아 연합이 위다이아와 그들의 동맹과 싸울 때 다른 연합들과 동맹을 맺은 것처럼, 2차대전에서도 두 연합 세력이 맞붙었다. 한쪽의 주력국들은 영국과 미국과 러시아였고, 반대편은 독일과 이탈리아와 일본이 주축을 이루었다. 국가보다 전통 사회에게 동맹은 훨씬 더 중요하다. 현대 국가들은 군사 기술 수준에서 큰 편차를 보인다. 따라서 작은 국가도 더 많은 동맹국보다 우월한 기술과 지도력을 바탕으로 전쟁에서 승리를 거둘 수 있다. (이스라엘이 압도적 다수였던 아랍 연맹을 상대로 승리를 거둔 사례들을 생각해보라.) 그러나 전통적인 전쟁은 비슷한 기술과 비슷한 지도력을 지닌 집단들 간의 전쟁이다. 따라서 동맹을 동원하는 데 수적으로 우세한 쪽이 승리할 가능성이 크다.

또 하나의 유사점은 규모를 불문하고 모든 사회가 백병전과 장거리 무기에 의존한다는 점이다. 퀴글러의 집 주변에서 싸우던 소규모 파유족에게도 활과 화살이 있었지만, 다니족은 웨작헤와 제눅마를 뒤쫓아가 근거리에서 창으로 찔러 죽였다. 기술의 크기와 수준이 증가할 때 무기의 사정거리도 늘어난다. 로마군은 백병전에서 단검과 장검을 사용했지만, 화살과 투창, 투석끈과 투석기 같은 장거리 무기도 있었다. 특히 투석기의 사정거리는 800미터에 달했다. 1차대전이 발발했을 쯤 독일은 '디케 베르타'라는 대포를 이미 개발해서 약 110킬로미터 밖에서 파리를 포격하는 데 사용했다. 요즘의 대륙간 탄도미사일은 지구의 절반을 날아가 직진을 타격할 수 있다. 그러나 현대전에서도 근거리의 적을 상대하려면 권총이나 총검을 사용해야 한다.

현대 장거리 무기의 사정거리가 이처럼 증가함으로써, 대부분의 군사적 살상이 '푸시 버튼' 기술(폭탄과 대포와 미사일)로 이루어지기 때문에 군인들이 보이지 않는 적을 죽일 수 있어 얼굴을 마주보고 상대를 죽여야 하는 심리적 억압에서 해방됐다는 심리적 효과까지 거론되는 지경이다(191쪽 사진 참조). 반면에 모든 전통적인 전쟁에서는 근거리에서 단검으로 찌르든 10미터 밖에서 화살을 쏘든 간에 공격할 상대를 개별적으로 선택해서 얼굴을 봐야 한다(180쪽 사진 참조). 전통 사회에서 남자는 어린 시절부터 적을 죽여야 한다는 가르침을 받으면서, 또 적을 죽이는 방법을 배우면서 성장한다. 그러나 현대 국가의 시민들은 18세 이후에 징집되거나 자진해서 군에 입대해서 총을 배급받고 적을 정확히 겨냥해 쏘라는 명령을 받을 때까지 살인은 못된 짓이라 배우면서 성장한다. 1차대전과 2차대전에 참전한 대다수의 군인—일부 추정치에 따르면, 절반—이 적을 자신과 똑같은 인간이라 생각하며 방아쇠를 당기지 못했다는 기록은 당연하게 여겨진다. 따라서 전통 사회에는 얼굴을 마주보며 상대를 살해하는 데 도덕적 거부감이 없기 때문에 멀리서 적을 보지 않고 살해함으로써 그런 거부감을 우회하는 기술도 필요하지 않지만, 현대 국가 사회들은 그런 거부감을 우회하는 기술을 개발하여 심리적 거부감을 극복하는 방향을 취해왔다.

전통적인 전쟁과 국가 전쟁은 많은 차이가 있지만, 살인의 심리학에서 분명한 차이 하나가 드러난다. 현대전에서도 군인은 적을 마주보는 경우가 있지만, 그 적은 거의 언제는 이름없는 사람, 전에 만난 적도 없었고 개인적인 원한도 없는 사람이다. 반면에 소규모 전통 사회에서는 모두가 자신이 속한 사회의 모든 구성원만이 아니라, 적으로 상대하는 대다수의 전사들까지 얼굴도 알고 이름도 아는 사이이다. 동맹 관계가 변하고, 결혼을 통해서 이웃 부족까지 개별적으로 알고 있기 때문이다. 3장에서 살펴본 전투들에서 다니족 전사들이 서로 퍼붓는 야유들에는 인신공격도 있었다. 《일리아스》를 읽은 독자라면, 그리스와 트로이의 지도자들이 전투에서 서로 죽이려 하기 전에 상대의 이름을 부른다는 걸 기억할 것이다. 아킬레우스가 헥토르에게 치명적인 부상을 안기기 전에 헥토르와 아킬레우스가 나누었던 대화가 대표적인 예이다. 자신의 친척이나 친구를 죽인 것으로 알려진 개인적인 적을 향한 복수가 전통적인 전쟁에서 중요한 역할을 하지만, 현대 국가 전쟁에서는 그런 복수심은 별다른 역할, 혹은 아무런 역할을 하지 못한다.

또 하나의 심리적 차이는 자기희생이다. 현대전에서는 자기희생이 높게 평가받지만, 전통적인 전쟁에서 자기희생이란 단어는 없다. 현대 국가에서 군인들은 훤히 트인 벌판을 지나 철조망까지 진격하라는 명령, 요컨대 자살행위와 다름없는 작전을 수행하라는 명령을 종종 받는다. 조국을 위해서, 또 전우들의 목숨을 구하기 위해서, 고리가 뽑힌 수류탄에 몸을 던지며 자신을 희생하는 군인들도 있다.

2차대전 동안 수천 명의 일본 군인들이 처음에는 자발적으로, 나중에는 심리적 압박감에 자살 공격을 감행했다. 로켓 동력장치를 단 활공 폭탄과 인간 어뢰가 되어 미국의 전함을 공격한 가미카제 조종사들이 대표적인 예이다. 이런 행동을 하게 하려면, 미래의 군인들을 어린시절부터 조국과 고향을 위한 희생과 확실한 순종을 동경하도록 세뇌해야 한다. 나는 뉴기니의 전쟁에서 그렇게 행동했다는 사례를 들은 적이 없다. 모든 전사의 목표는 적을 죽이고 자신은 살아남는 것이다. 예컨대 1961년 5월 11일 윌리히만 습격자들이 후와이라는 위다이아 남자를 사로잡아 죽였을 때, 두 동료는 후와이를 구할 생각조차 않고 달아나기에 바빴다. 6월 10일 위다이아 습격자들이 매복해 있다가 웨작헤라는 윌리히만 소년을 붙잡아 죽였을 때도 윌리히만 성인 남자와 웨작헤 또래의 두 소년은 도망치기에 바빴다.

전통 사회와 국가는 '누가 군인이 되느냐'라는 점에서도 다르다. 국가의 군대는 수년을 야전에서 지낼 수 있는 직업군인들을 중심으로 구성되고, 민간인들의 지원을 받는다. 다시 말하면, 민간인들은 자신만이 아니라 군인을 위해서도 식량을 생산한다. 현재의 미국처럼 군대 전체가 직업군인으로 이루어지지만, 전시에는 자원병과 징집병으로 군 인원이 증가한다. 반면에 3장에서 보았던 다니족의 전사들처럼 무리사회와 부족사회의 모든 전사들과, 군장사회의 대다수 전사들은 직업군인이 아니다. 평소에 그들은 사냥이나 농경이나 목축에 종사하는 평범한 민간인이며, 적과 싸우기 위해서 수시간부터 수주까지 생존활동을 중단하지만 전투가 끝나면 다시 집으로 돌아간다. 사냥하고 농사를 짓고 가축을 키우기 위해서는 그들의 노동력이 필요하기 때문이다. 따라서 전통적인 '군대'가 오랜 기간 동안 야전에서 시간을 보낸다는 것은 애초부터 불가능하다.

이런 기본적인 현실 때문에 유럽의 식민군은 세계 전역에서 부족사회와 군장사회를 정복하기 위한 전쟁에서 절대적으로 유리했다. 비유럽 종족이었지만 뉴질랜드의 마오리족, 아르헨티나의 아라우칸족, 북아메리카의 수족과 아파치족은 용맹하고 노련한 전사들이 있어 한동안 상당한 힘을 발휘하며 유럽의 군대에 맞서 혁혁한 승리를 거두기도 했다. 반면 유럽의 직업군인들은 그런 중단없이 싸울 수 있었지만, 그들은 식량을 확보하고 생산하기 위해서 전투를 중단해야 했기 때문에 결국에는 물자의 부족으로 패하고 말았다.

현대 군사 역사학자들은 전통적인 전쟁의 전형적인 '비효율성'으로, 수백 명의 전사가 하루 종일 싸우고도 한두 명이 죽는 결과, 때로는 전사자가 전혀 없는 결과를 지적한다. 물론, 전통 사회에는 대포와 폭탄 등 단번에 많은 사람을 죽일 수 있는 무기가 없다. 그러나 부족사회의 전사들이 비직업군인이고 강력한 리더십이 없다는 사실과도 관계가 있다. 전통 사회의 전사들은 군사훈련을 받지 않는다. 단체로 군사훈련을 받으면, 그들도 복잡한 전술을 구사하고 사냥의 명중률을 높여서 훨씬 치명적인 군대로 발전할 수 있을 것이다. 또 화살을 한 번에 한 명만 쏘지 않고 동시에 일제히 쏜다면 훨씬 파괴적인 무기가 될 것이다. 표적이 된 적이 한 발의 화살은 재빨리 피할 수 있어도 빗발처럼 쏟아지는 화살들을 피할 수는 없을 테니까. 그런데 다니족을 비롯해 대부분의 전통 사회는 화살을 동시에 일제히 쏘지 않았다(이 부분에서 알래스카 북서부의 이누이트족은 예외였다). 훈련과 조직화된 대형도 거의 없었다. 전투가 있기 전에 전투부대가 대형을 그런대로 형성하지만, 대형은 곧 허물어지고 전투는 무질서한 난투극으로 변한다. 게다가 전쟁 지휘자의 명령에 복종하지 않아도 군사법정에 끌려가지 않기 때문에 지휘자가 권위 있게 명령을 내릴 수 없다. 다니족의 1966년 대학살도 다니족의 지도자 구텔루가 북쪽 지역의 성난 전사들이 남쪽 동맹들을 학살하는 걸 막을 수 없었기 때문에 벌어진 참상이었다.

전통적인 전쟁과 국가 전쟁의 가장 커다란 두 가지 차이점 중 하나는 전면전과 국지전의 차이에서 비롯된다. 미국인들은 전면전이라 하면, 미국 남북전쟁(1861~1865) 기간 동안 윌리엄 티컴시 셔먼(William Tecumseh Sherman) 북부군 장군이 도입한 새로운 개념이라 생각하는 경향이 있다. 국가와 대규모 군장사회는 주로 제한적인 목적에서 전쟁을 행한다. 다시 말하면, 적의 군사력과 전투능력을 섬멸하지만, 적의 땅과 자원 및 민간인까지 파괴하지는 않는다. 전쟁에서 승리하면 그것들의 주인이 되기 때문이다. 셔먼 장군은 내륙의 본거지 애틀랜타에서 시작해서 남부연합의 심장부를 관통하고, 다시 사우스캐롤라이나를 지나 북쪽으로 대서양까지 행군할 때 전면전이라는 전략을 구사해서 유명해졌다. 요컨대 군사적 가치를 지닌 것이면 모조리 파괴했다. 식량을 압수하고 밭을 불태웠으며, 가축을 죽이고 농기구를 망가뜨렸으며, 목화밭과 조면기를 불태웠고, 철로를 불태우고는 아예 수리하지 못하도록 비틀어버렸다. 또한 교량과 창고, 공장과 제분소, 심지어 건물까지 불태우고 폭파해서 남부군의 사기를 꺾어놓았다. 셔먼의 이런 행동은 계산된 전쟁 철학에서 비롯된 것이었다. 그는 자신의 전쟁 철학을 이렇게 표현했다. "전쟁은 잔혹한 것이다. 우아한 전쟁이란 없다. 우리는 악의적인 군대하고만 싸우는 것이 아니다. 악의적인 사람들과도 싸워야 한다. 따라서 젊은 사람과 늙은 사람, 부유한 사람과 가난한 사람에게 전쟁의 잔혹함을 처절하게 느끼게 해줘야 한다. (……) 우리가 남부 사람들의 심장을 바꿔놓을 수는 없지만 소름끼치는 전쟁을 시도해서…… 전쟁에 넌더리를 내도록 만들면 몇 세대가 지날 때까지 다시는 전쟁을 생각하지 않을 것이다." 그러나 셔먼은 남부 민간인들까지 죽이지는 않았다. 투항하거나 체포된 남부 군인들을 죽이지도 않았다.

셔먼의 행동이 국가 전쟁의 기준에서 보면 예외적인 것이었지만, 그가 전면전을 처음 고안해낸 것은 아니었다. 탈하임의 대학살이 남긴 유골이 증명하듯이, 무리사회와 부족사회가 수만 년 동안 행한 전쟁에 비하면 셔먼의 전면전은 온건한 편이었다. 국가의 군대는 포로를 죽이지 않고 수용소에 가둔다. 포로들에게 먹을 것을 주고 그들을 감시하고 일을 시키며 도망치지 못하도록 지킬 만한 여력이 있기 때문이다. 전통적인 '군대'는 적의 전사들을 포로로 잡지 않는다. 포로들을 이용해서 할 만한 일이 없기 때문이다. 따라서 포위당하고 패배가 확실하더라도 전통적인 전사들은 어쨌든 죽을 거라는 걸 알기 때문에 절대 항복하지 않는다. 국가가 포로를 잡았다는 최초의 역사적이고 고고학적인 기록은 약 5,000년 전 메소포타미아에 국가들이 탄생하면서 등장한다. 그 시대의 국가들이 포로들을 활용할 방법을 찾아낸 덕분이었다. 그들은 포로들의 눈을 뽑아내 맹인으로 만들어 도망치지 못하게 만들었고, 실을 잣는 방적이나 따분한 밭일처럼 촉감만으로도 해낼 수 있는 노동을 시켰다. 북서태평양 연안의 원주민들, 플로리다의 칼루사족 등 정주생활을 하며 경제적으로 특화된 대규모 부족사회와 군장사회도 포로를 노예로 삼아 유지하며 활용한 예가 있다.

하지만 메소포타미아의 국가들, 북서태평양 연안의 부족들과 칼루사족보다 단순한 사회들에게 패배한 적은 살려둘 가치가 전혀 없었다. 다니족, 포레족, 알래스카 북서부의 이누이트족, 안다만 섬사람들 등 대다수의 부족에게 전쟁의 목적은 적의 땅을 빼앗고, 남녀노소를 불문하고 적을 절멸시키는 것이었다.

1966년 6월 4일 다니족이 여자와 어린아이까지 죽인 대학살이 대표적인 예이다. 딩카족을 침략한 누에르족처럼 적을 선별적으로 살해하는 전통 사회도 있었다. 누에르족은 딩카족 남자들을 가차없이 죽였고, 아기와 늙은 여자도 몽둥이로 때려 죽였다. 그러나 결혼적령기에 이른 여자들은 고향으로 끌고가 누에르족 남자와 강제로 결혼시켰고, 젖을 뗀 어린아이들도 고향으로 데려가 누에르족 전사로 키웠다. 야노마미족도 비슷한 이유에서, 즉 짝짓기의 상대로 이용하려고 적의 여자들을 죽이지 않았다.

전통적인 사회에서 전면전은 모든 남자를 동원하는 뜻이기도 하다. 다니족의 경우에는 1961년 8월 6일의 전투에서 6세 소년들까지 동원했다. 하지만 국가 전쟁에 주로 동원되는 직업군인은 수적으로 성인 남자의 극히 일부에 불과하다. 나폴레옹이 1812년 러시아를 침략할 때 동원한 대육군(La Grande Armée)은 60만 대군이었다. 19세기 국가 전쟁의 기준에서 보면 엄청난 수였지만, 당시 프랑스 인구의 10퍼센트를 넘지 않았다(더구나 일부 군인은 프랑스인이 아닌 동맹국에서 파견됐기 때문에 실제로는 훨씬 낮다). 현대 국가의 군대에서도 전투부대는 지원부대에 비해 수적으로 적은 편이다. 미국 육군의 경우, 현재 비율은 1 대 11이다. 나폴레옹과 미 육군이 파견한 전투병이 전 국민에서 차지하는 비율을 알았다면 다니족은 비웃었을 것이다. 그러나 셔먼이 대서양까지 행군할 때 취한 행동은 당연하게 생각하며, 자신들이 1966년 6월 4일 새벽의 기습 공격으로 수십여 부락을 불태우고 돼지를 훔쳤던 때를 떠올릴 것이다.

:
**전쟁은
어떻게 끝나는가**

전면전과 국지전의 차이 이외에, 부족 전쟁과 국가 전쟁 간의 또 다른 큰 차이는 전쟁을 끝내고 평화를 유지하는 수월성의 차이에 있다. 다니족의 전쟁에서 보았듯이, 소규모 사회의 전쟁은 복수의 악순환과 밀접한 관계가 있다. 가령 A의 어떤 사람이 B의 누군가를 죽이면 A는 B에 속한 사람을 죽여 복수한다. 그럼 B는 다시 A의 누군가를 죽여 복수해야 한다는 의무감에 사로잡힌다. 한쪽이 완전히 몰살하거나 다른 곳으로 쫓겨난 후에야, 혹은 양쪽이 많은 사람을 잃어 피폐한 지경에 이르러 어느 쪽도 상대를 절멸시키거나 쫓아낼 가능성이 사라질 때에야 이런 악순환은 끝난다. 국가 전쟁도 유사한 이유에서 끝나지만, 국가와 대규모 군장사회는 무리사회와 부족사회보다 전쟁의 목적이 훨씬 제한적이고, 적의 영토를 점령하는 게 최대 목적이다.

그러나 국가나 중앙집권화된 대규모 군장사회보다 부족사회가 적과의 전쟁을 끝내고 휴전을 협상하는 결정에 이르기가 훨씬 어렵다. 국가는 중앙에서 의사결정을 내리고 전문 협상가들을 확보하고 있지만, 부족사회에는 그런 권한을 지닌 지도자가 없고 구성원 모두가 발언권을 갖기 때문이다. 또한 휴전이 협상으로 타결된 후에도 국가보다 부족사회가 평화를 유지하기가 훨씬 어렵다. 부족사회이든 국가이든 어떤 사회에나 평화협정에 불만을 품고 개인적인 이유로 적을 공격해서 다시 전쟁이 도화선에 불을 붙이려는 사람이 있기 때문이다. 국가 정부는 무력과 힘의 사용을 독점하기 때문에 그런 골칫덩이들을 어렵지 않게 제지할 수 있다. 그러나 부족사회의 지도자에게는 그럴만한 힘이 없다. 따라서 부족사회의 평화는 취약해서 다시 전쟁의 악순환에 쉽게 빠져든다.

국가와 중앙집권화된 소규모 사회의 차이는, 국가가 존재하게 된 주된 이유이기도 하다. '국가는 어떻게 탄생하는가, 왜 다수가 왕과 의원들과 관료들을 용납하며 그들에게 지배받는가'라는 문제를 두고 정치학자들은 오랜 논쟁을 벌였다. 정치를 직업으로 삼는 지도자들은 자신의 식량을 직접 생산하지 못하고, 농부가 생산한 식량을 지원받아 살아간다. 지도자들은 자신들을 먹여 살리라고 어떻게 농부들을 설득했을까? 왜 우리는 그들이 권력을 휘두르는 걸 허용하는 것일까? 프랑스 철학자 장 자크 루소는 자신의 주장을 뒷받침할 증거를 제시하지는 않았지만, 대중이 지도자와 관료들에게 지배받는 게 더 이익이라고 판단한 합리적인 결정의 결과로 정부가 탄생한다고 주장했다. 역사학자들에게 현재까지 알려진 국가 형성의 모든 사례에서, 그처럼 원대한 계산은 관찰된 적이 없다. 오히려 국가는 경쟁과 정복과 외부의 압력을 이겨낸 군장사회들로부터 탄생한다. 요컨대 가장 효율적인 의사결정체제를 지닌 군장사회는 정복의 야욕에 더 잘 저항하고, 다른 군장사회들과의 경쟁에서도 이겨낼 수 있다. 예컨대 아프리카 동남부의 수십여 곳에서 형성된 줄루족의 군장사회들은 전통적으로 서로 치열하게 싸웠지만 1807~1817년에 딩기스와요라는 한 군장에 의해 하나의 국가로 통합됐다. 딩기스와요는 군인들을 징집하고 분쟁을 해결하며 패배한 군장사회를 합병하고 영토를 관리하는 최적의 방법을 성공적으로 구상해냄으로써 모든 군장들을 정복하는 탁월한 능력을 발휘했다.

  부족 간의 전쟁이 흥분되고 중요하지만, 부족민들은 전쟁의 처참함, 피할 데가 없는 위험, 사랑하는 사람들의 죽음에 따른 고통을 누구보다 잘 알고 있다. 부족 전쟁이 식민 정부의 강압적인 개입으로 마침내 종식되자, 부족민들은 그 결과로 삶의 질이 향상되었다고 입버릇처럼 말한다. 중앙집권화된 정부가 없어 복수의 악순환을 끊지 못했던 까닭에 그들만의 힘으로는 더 나은 삶을 만들어갈 수 없었던 것이다. 인류학자 스털링 로빈스(Sterling Robbins)는 뉴기니 고원지대의 아위야나족 남자들에게 들었다며 이렇게 말했다. "정부가 들어선 이후로 삶이 더 나아졌다. 어깨너머로 경계하지 않고 밥을 먹을 수 있고, 아침에 일어나 화살에 맞을지도 모른다는 걱정없이 집에서 나와 소변을 볼 수 있기 때문이다. 남자들은 적들과 싸울 때 두려웠다고 한목소리로 인정했다. 내가 정부의 이점에 대해 질문을 하자 그들은 나를 정신장애자인 게 아니냐는 듯한 눈빛으로 쳐다보았다. 그들은 적들과 싸우는 동안 동료들로부터 고립되어 돌아갈 길을 찾지 못하는 악몽을 한두 번 꾼 게 아니라고도 인정했다."

이런 반응에서, 오스트레일리아가 소수의 순찰 경관과 원주민 경찰만으로 당시 파푸아뉴기니에서 부족 전쟁을 쉽게 종식시킬 수 있었던 이유가 설명된다. 그들은 전쟁 중인 마을을 찾아가 돼지 한 마리를 사서 그 돼지를 총으로 쏘아 죽였다. 총의 위력을 부족민들에게 과시하기 위한 행동이었다. 또 전쟁을 시작하면 누구나 위험하게 만들려고 마을을 에워싼 방책을 허물어뜨렸고, 전쟁용 방패까지 몰수했다. 그 과정에서 그들을 대담하게 공격하는 뉴기니인을 총으로 쏘아 죽이기도 했다. 물론 뉴기니인은 현실적이어서 총의 위력을 인정했다. 그러나 전쟁의 승리를 어린시절부터 찬양해왔고 남성의 척도로 여기며 수천 년 전부터 습관적으로 행하던 전쟁을 그들이 그처럼 쉽게 포기할 줄은 누구도 예상하지 못했다.

이런 놀라운 결과에서, 뉴기니인들이 국가 정부가 없어 자신들의 힘만으로는 이룩할 수 없었던 평화를 보장해주는 정부를 고맙게 생각했던 이유가 설명된다. 예컨대 1960년대 나는 뉴기니 고원지대에서 얼마 전 평화를 되찾은 지역에서 한 달을 보냈다. 약 10년 전까지 서로 끝없이 전쟁을 벌였던 2만 명의 고원지대 사람들이 한 명의 오스트레일리아 순찰 경관과 소수의 뉴기니 경찰과 함께 평화롭게 살고 있었다. 물론 순찰 경관과 경찰들에게는 총이 있었지만 뉴기니인들에게는 총이 없었다. 그러나 뉴기니인들이 정말 간절하게 서로 싸움을 다시 시작하고 싶었다면, 순찰 경관과 경찰들을 밤에 기습해서 죽이는 것은 문제도 아니었을 것이다. 대낮에 매복했다가 기습 공격을 할 수도 있었다.

그들은 그런 시도조차 하지 않았다. 그들이 국가 정부의 가장 큰 이점, 즉 평화의 정착을 고맙게 생각하고 그 가치를 인정하게 됐다는 증거였다.

유럽과의 접촉이 미친 영향

유럽과의 접촉으로 전통적인 전쟁이 증가했을까 아니면 감소했을까? 아니면 어떤 변화도 없었을까? 대답하기에 쉬운 질문은 아니다. 유럽과의 접촉이 전통적인 전쟁의 강도에 영향을 미쳤다고 생각하면, 외부인이 관찰한 전쟁도 그 관찰자에게 영향을 받아 본래의 모습을 그대로 보여주지 않았을 것이라 의심할 수 있기 때문이다. 로렌스 킬리는 이런 의심을 수박에 비유하며, 수박의 안쪽이 흰색이지만 칼로 잘라내면 곧바로 붉은색이 된다고 생각하는 것과 뭐가 다르냐고 반박했다. 다시 말하면, '수박의 안쪽이 무슨 색인지 알기 위해서 수박을 잘라내지 않으면 실제로 붉은색이란 걸 어떻게 증명할 수 있겠는가?' 라는 뜻이었다.

하지만 앞에서 보았듯이 많은 고고학적 증거와, 유럽인이 도래하기 전의 전쟁에 대한 구전적 설명을 고려하면, 사악한 유럽인이 찾아와서 전통 사회에 충격을 주기 전까지 전통 사회 사람들은 원래 평화적이었다는 주장을 그대로 인정하기 힘들다. 유럽인과의 접촉과 여러 형태의 국가 정부가 장기적으로 전쟁을 종식시키거나 크게 줄인 것만은 확실한 듯하다. 어떤 국가 정부도 영토의 통치를 방해하는 전쟁을 달갑게 생각하지 않을 것이기 때문이다. 민족지학적으로 관찰된 사례들을 연구하면, 유럽인과 접촉한 초기에는 유럽인들이 가져온 무기와 질병, 거래의 기회 및 식량 공급의 증감 등을 이유로 단기적으로 전쟁의 증감이 있었던 것이 분명하다.

유럽과의 접촉으로 전쟁이 단기적으로 증가한 사례는 뉴질랜드에 정착한 폴리네시아인, 마오리족의 사회에서 발견된다. 마오리족은 1200년 경에 뉴질랜드에 정착했다. 마오리족의 성채들을 발굴해보면, 유럽인이 도래하기 오래전부터 마오리족 사회에는 전쟁이 빈번했던 것으로 여겨진다.

1642년 뉴질랜드에 처음 들어간 유럽 탐험가들과, 1790년에 처음 뉴질랜드에 정착한 사람들이 남긴 기록에 따르면, 마오리족은 자기들끼리 싸우기도 했지만 유럽인들을 죽이기도 했다. 약 1818년부터 1835년까지, 유럽인을 통해 도래한 두 물건 때문에 마오리족 전쟁의 사망률이 일시적으로 폭증했다. 뉴질랜드 역사에서 머스켓 전쟁(Musket Wars)이라 일컬어지는 사건이다. 물론 하나의 물건은 머스켓총이었다. 마오리족은 이 총을 사용하게 되면서 몽둥이만을 사용하던 과거보다 훨씬 효과적으로 적을 죽일 수 있었다. 다른 하나가 무엇이었는지 말하면 대부분의 독자가 깜짝 놀랄 것이다. 바로 감자였다. 감자가 어떻게 전쟁을 촉발할 수 있는지 의아할 것이다. 그러나 감자가 도래하기 전까지, 마오리족이 다른 마오리족을 공격하기 위해서 구성하는 파견대의 규모와 기간은 전사들을 먹일 식량의 양 때문에도 제한적일 수밖에 없었다. 마오리족의 원래 주식은 고구마였다. 원래 남아메리카가 원산지였지만 유럽인에 의해 도래한 감자는 고구마보다 뉴질랜드 토양에서 더 생산적이어서 먹고 남을 정도였다. 따라서 고구마에 의존했던 과거의 마오리족보다 더 오랫동안, 또 규모가 더 큰 습격 부대를 파견할 수 있었다. 감자가 도래한 후, 다른 마오리족을 노예로 만들거나 죽이기 위해서 카누에 몸을 실은 마오리족 파견대는 과거의 모든 기록을 깨뜨렸고, 심지어 1,600킬로미터까지 항해하기도 했다. 처음에는 유럽 무역상들이 거주하는 지역들에 살던 몇몇 부족만이 머스켓총을 구해서 그런 총이 없는 부족들을 말살하는 데 사용했다. 머스켓총이 뉴질랜드 곳곳에 확산되자, 머스켓 전쟁은 최고조로 치달았다. 살아남은 모든 부족이 머스켓총을 보유하고, 머스켓총이 없어 무기력하게 당하는 부족이 없는 지경에 이른 후에야 머스켓 전쟁은 사그라들었다.

피지 섬에서도 유럽의 머스켓총이 1808년경에 도입된 후로 피지인들은 몽둥이와 창과 화살을 사용하던 때보다 서로 상대를 훨씬 효과적으로 죽일 수 있었다. 솔로몬 제도에도 19세기에 총과 배와 금속 도끼가 유럽에서 도래한 후로 인간 사냥이 더욱 쉬워졌다. 돌도끼와 달리, 금속 도끼는 많은 사람의 목을 벤 후에도 날카로운 칼날이 무뎌지지 않았다. 또한 유럽의 총과 말은 북아메리카 대초원 지역에서, 유럽의 총과 노예상인은 중앙아프리카에서 전쟁을 자극했다. 내가 방금 언급한 이런 사회들에서는 유럽인들이 도래하기 훨씬 전에도 전쟁이 만연했지만, 유럽인이 도래한 후로 수십 년 동안(뉴질랜드, 피지, 솔로몬 제도), 혹은 수세기 동안(북아메리카 대초원, 중앙아프리카) 전쟁이 더욱 격화된 후에야 점차 사그라졌다.

　유럽인과 외부인의 도래가 전쟁을 더욱 격화시키지 않고 곧바로 종식시킨 사례도 없지 않다. 뉴기니 고원지대의 많은 지역에 가장 먼저 들어온 유럽인은 정부 순찰대였다. 순찰대가 전쟁을 종식시킨 후에야 유럽 무역상, 선교사, 혹은 간접적으로 전달된 유럽 상품이 그 지역에 들어오기 시작했다. 인류학자들이 1950년에 처음 연구를 시작했던 아프리카의 !쿵족은 당시 서로 기습 공격을 하며 싸우지는 않았지만 무리사회 내에서, 혹은 이웃한 무리사회들끼리 개별적인 살인은 1955년까지 꾸준히 계속됐다. 마지막 다섯 건의 살인 중 네 건(1946년, 1952년, 1952년, 1955년)에 대해서 츠와나 당국은 살인자들을 투옥하고, 츠와나 법정을 마련하여 분쟁을 해결하도록 유도함으로써 !쿵족은 1955년 이후로 살인을 분쟁 해결의 수단으로 포기하기에 이르렀다. 하지만 !쿵족에게 구전으로 전해지는 역사에 따르면 무리사회 간의 기습 공격은 수세대 전에도 있었고, 츠와나족과의 접촉이 증가하며 화살촉을 만들 강철과 그 밖의 다른 변화가 도입될 때까지 끊이지 않았다. 여하튼 츠와나 경찰이 개입해서 살인자를 체포하기 훨씬 전부터, 츠와나족과 접촉하면서 !쿵족의 사회에서 기습 공격은 사라졌다.

　마지막 예는 알래스카 북서부 지역에서 찾아진다. 이곳에서도 과거에는 유픽족과 이누피아크족 내에서 치열한 전쟁이 있었지만 유럽인과 접촉을 시작해서 10년이나 한 세대가 지나지 않아 그런 전쟁이 사라졌다. 순찰 경관과 경찰 및 법정이 전쟁을 금지한 때문이 아니라 순전히 유럽인과 접촉한 결과였다. 유픽족의 전쟁은 1838년 천연두의 확산으로 여러 무리의 인구가 급감한 때문에 끝났다. 이누피아크족의 전쟁은 이누피아크족의 장사에 대한 만성적인 집착으로 1848년 이후로 접촉이 급증한 유럽인들에게 모피를 팔 수 있는 새로운 기회가 크게 증가한 덕분에 끝난 것으로 여겨진다. 전쟁을 계속했다면 그런 기회를 제대로 살리지 못했을 테니까.

따라서 유럽인, 츠와나족 등 외부인이 전통적인 국가 사회나 군장사회를 접촉하기 시작하면서, 장기적으로 거의 언제나 부족 전쟁이 사라지는 효과를 낳았다. 단기적으로는 곧바로 부족 전쟁이 사라지기도 했지만, 처음에는 오히려 폭증했다가 곧 사그라지는 효과가 있었다. 따라서 전통적인 전쟁이 유럽과의 접촉에서 빚어진 결과라고 말할 수는 없다.

하지만 서구 학자들이 전통적인 전쟁의 존재를 일관되게 부인하던 오랜 역사가 있었다. 장 자크 루소는 어떤 경험적인 증거에 근거하지 않고 순전히 사변적으로만 국가 형성 이론을 제시했듯이, 전쟁에 대해서도 객관적 근거도 없이 사변적인 이론을 전개했다. 루소는 인간이 본디 자연 상태에서는 인정 많은 존재라면서 국가가 등장하면서 전쟁이 시작됐다고 주장했다. 20세기에 전통 사회를 연구하는 민족지학자들이 상대한 부족사회와 무리사회의 대부분은 식민지 정부에 의해 이미 진압되어 평화롭게 지내던 사회들이었고, 일부 인류학자들이 1950년대와 1960년대에 뉴기니 고원지대와 아마조니아에서 전통적인 전쟁의 마지막 사례들을 목격할 수 있었다. 또 고대 전쟁과 관련된 요새들을 발굴하던 고고학자들은 마을을 둘러싼 방어용 수로와 울타리를 대수롭지 않게 생각하고 무시하며, 단순한 '경계'나 '배척의 상징물'로 해석하는 경향을 띠었다. 그러나 직접적인 관찰이나 구전되는 이야기, 혹은 고고학적 유물에서 전통적인 전쟁이 있었다는 증거는 얼마든지 있는데 아직도 그 존재에 대한 논란이 분분한 이유가 무엇일까?

첫째로는 앞에서도 말했듯이 전통적인 전쟁이 접촉 전의 모습인지 접촉 직후의 모습인지 현실적으로 정확히 평가하기 어렵다는 것이다. 전통 사회의 전사들은 방문한 인류학자들이 전쟁을 탐탁잖게 생각한다는 걸 신속하게 알아챈다. 그래서 전사들은 기습 공격할 때 인류학자들을 데려가지 않거나, 인류학자들이 전투 현장을 필름에 담는 걸 허용하지 않는다. 하버드 대학교의 피보디 탐사대가 다니족의 전투 장면을 촬영하는 기회를 얻은 것은 무척 예외적인 경우였다. 또 다른 이유로는 유럽인과의 접촉이 부족 전쟁에 단기적으로 어떤 방향으로든 영향을 미쳤기 때문에 열린 자세로 사례별로 평가돼야 하기 때문이다. 그러나 전통적인 전쟁의 일반적인 부인은 증거 자체의 이런저런 불확정성을 넘어서서 증거를 그대로 받아들이는 걸 꺼리는 선입견과도 관계 있는 듯하다. 그 이유가 무엇일까?

여러 이유가 작용하는 듯하다. 첫째로 학자들이 수년 동안 함께 산 전통 사회 사람들을 좋아하고 자신과 동일시하며, 그들에게 동정심을 갖는 경향을 띤다는 점이다. 학자들은 전쟁을 나쁜 것이라 생각한다. 따라서 자신의 논문을 읽는 독자의 대부분도 전쟁을 탐탁지 않게 생각할 거라고 예단하며, '그들'의 사람들이 나쁜 사람들로 비춰지는 걸 바라지 않는다. 두 번째 이유는 뒤에서 다시 보겠지만 인간 전쟁에는 거역할 수 없는 유전적 배경이 있다는 근거 없는 주장과 관계가 있다. 이런 주장에 따르면 전쟁은 억제할 수 없는 것이라는 잘못된 가정이 성립되기 때문에, 전쟁이 전통적으로 폭넓게 만연된 것이란 암담한 결론을 인정하기를 꺼리게 된다. 일부 국가와 식민 정부가 원주민 사회를 정복하고 재산을 몰수함으로써, 혹은 그들의 잔혹한 학살을 모두 제함으로써 그들을 문젯거리로 삼지 않으려고 한 데도 이유가 있다. 식민 정부가 원주민들을 학대하는 정책을 정당화하려는 구실로 그들을 사납고 호전적이라고 선전하자, 학자들은 원주민들에게 호전적이란 혐의를 벗겨줌으로써 식민 정부의 변명을 고발하려 했다.

　나는 원주민의 학대에 분노한 학자들의 심정을 십분 이해한다. 그러나 전통적인 전쟁의 존재를 정치적으로 악용한다는 이유로 그 존재 자체를 부인하는 것은 바람직한 전략이 아니다. 정치적인 목적이 갸륵하다는 이유로 어떤 현상의 존재를 부인하는 전략을 쓴다면 그 전략이 옳다고 할 수 있겠는가. 원주민을 학대하지 않아야 하는 이유는 원주민에게 호전적이란 거짓된 딱지가 씌워진 때문이 아니라, 학대 자체가 부당한 짓이기 때문이다. 의견이 분분해서 지금도 관찰하며 연구하는 많은 현상과 마찬가지로, 전통적인 전쟁에 대한 진실이 언젠가는 결국 밝혀질 것이다. 그때가 되면, 요컨대 전통적인 전쟁의 존재를 뒷받침하는 확실한 증거가 발견되면, 학자들이 갸륵한 정치적인 이유로 전통적인 전쟁을 부인해왔더라도 그 갸륵한 정치적 목적은 무너지고 말 것이다. 원주민들의 권리는 진실에 근거하지 않아 언제든지 논박받을 수 있는 주장으로 보호할 것이 아니라, 도덕적인 이유에서 보장돼야 마땅하다.

**호전적인 동물들
평화적인 사람들**

내가 앞에서 정의했듯이 전쟁을 "경쟁 관계에 있는 정치적 단위에 속한 집단들이 반복적으로 행하고, 정치적 단위 전체가 인정한 폭력"이라 정의한다면, 또 '정치적 단위'와 '인정'이란 개념을 넓게 해석한다면, 전쟁은 인간만의 행위가 아니라 일부 동물 종(種)의 행위로도 확대된다. 인간의 전쟁을 다룰 때 가장 자주 언급된 동물은 침팬지이다. 침팬지가 우리에게 가장 가까운 살아 있는 두 동물 친척 중 하나이기 때문이다. 침팬지들의 전쟁은 뜻밖에 맞부딪칠 때 일어나고, 때로는 성년 수컷들의 의도적인 기습 공격으로도 행해진다는 점에서 무리사회와 부족사회의 전쟁과 유사하다. 침팬지 세계에서 전쟁과 관련된 사망률은 연간 0.36퍼센트(개체수 1만 마리 당 연간 36마리가 사망)여서, 전통적인 인간 사회의 사망률과 엇비슷하다. 그렇다면 전쟁이 우리 침팬지 조상에서 인간에게 곧바로 전달됐다는 뜻일까? 전쟁에는 유전적 배경이 있고, 우리는 전쟁을 할 수밖에 없도록 프로그램돼 있다는 뜻일까? 한마디로 전쟁은 필연적이고 막을 수 없다는 뜻일까?

위의 의문들에 먼저 대답하면, 모두 '아니다'이다. 침팬지는 인간의 조상이 아니다. 침팬지와 인간이 약 600만 년 전에 살았던 공동 조상에서 시작된 것은 사실이지만, 현생 침팬지는 현생 인류보다 더 자주 분기된 듯하다. 게다가 그 공동 조상의 모든 후손이 전쟁을 하는 것도 아니다. 예컨대 생물학적으로 인간으로부터 침팬지와 거의 똑같은 거리가 있어 인간에게 가장 가까운 또 하나의 친척으로 여겨지는 보노보(과거에는 피그미 침팬지로 일컬어짐)의 경우에는 전쟁하는 모습이 아직까지 관찰된 적이 없다.

물론 전쟁을 전혀 하지 않는 전통적인 인간 사회도 적지 않다. 침팬지 이외에 무리지어 사는 사회적 동물 중에서 사자와 늑대, 하이에나 및 일부 개미종(種)은 무리끼리 목숨을 걸고 치열하게 싸우지만, 그렇지 않은 사회적 동물들도 많다. 전쟁이 반복해서 독립적으로 일어나지만, 사회적 동물의 세계에서 일반적인 현상이 아닌 것만은 분명하다. 인간-침팬지의 진화 계통에서도 그렇지만, 현생 인류 사회에서는 더더욱 그렇다. 리처드 랭엄의 주장에 따르면, 전쟁을 행하는 사회적 동물과 그렇지 않은 사회적 동물 사이에는 두 가지 뚜렷한 차이가 있다. 하나는 치열한 자원 경쟁이며, 다른 하나는 규모가 큰 무리가 수적으로 우세해서 별다른 위험을 감수하지 않고 안전하게 공격할 수 있는 상대적으로 작은 무리나 혼자인 동물을 만날 때 폭력을 행사한다는 점이다.

인간 전쟁은 유전적이란 주장에 대해 말하자면, 협력을 비롯해 인간의 다면적인 행동에는 유전적 배경이 있다는 광범위한 의미에서 접근할 때 분명 전쟁에도 유전적인 배경이 있다. 다시 말하면, 인간의 뇌와 호르몬과 본능은 궁극적으로 유전자의 영향을 받는다. 예컨대 공격적인 행동과 관련된 호르몬, 테스토스테론의 합성을 통제하는 유전자의 영향을 받는다.

하지만 신장의 정상 범위가 그렇듯이, 공격적인 행동의 정상 범위도 많은 다양한 유전자와 환경적이고 사회적인 요인의 영향을 받는다(어린 시절의 영양섭취가 성인의 신장에 영향을 미친다). 공격적인 행동은 겸상 적혈구 헤모글로빈 같은 단일 유전형질과 다르다. 그런 형질의 유전자를 지닌 사람은 어린시절의 영양섭취, 다른 유전자들, 환경적인 경쟁 등에 구속받지 않고, 그 유전자에 관련된 문제를 야기하기 때문이다. 전쟁의 반대편에 있는 협력도 전쟁만큼 일반적인 현상이지만, 인간 사회에서 무척 다양한 형태와 정도로 나타난다. 1장에서 이미 보았듯이, 이웃한 사회들 간의 협력은 환경적인 요인에 영향을 받는다. 예컨대 주기적으로 자원 생산의 변동이 심하거나, 자급자족하는 데 필요한 모든 자원이 영토 내에 있느냐 없느냐에 따라 협력의 정도가 달라진다. 따라서 이웃한 소규모 사회들이 유전적으로 프로그램되어 필연적으로 협력하는 것은 아니다. 이웃한 사회와 상대적으로 더 협력하고 덜 협력하는 데는 여러 이유가 있다.

이와 마찬가지로, 대부분의 인간 사회가 평화적이지 않지만 일부 사회가 평화적으로 살아가는 데는 외적인 이유가 있다. 대부분의 현대 국가 사회가 근대의 많은 전쟁에 연루됐지만 소수의 국가 사회가 어떤 전쟁에도 휘말리지 않은 데는 그럴만한 이유가 있다. 예컨대 중앙아메리카의 코스타리카는 근래에 전쟁을 전혀 치르지 않았고, 1949년에는 군대까지 없애 버렸다. 인구 분포와 사회적 환경으로 인해 상대적으로 평등하고 민주적인 전통이 확립된 덕분이었고, 이웃한 국가(니카라과와 파나마)도 위협적이지 않은 데다 주변에 파나마 운하를 제외하고는 정복할 만한 대단한 가치를 지닌 표적이 없기 때문이다. 더구나 코스타리카가 파나마 운하를 공격하려고 군대를 양성하는 어리석은 짓을 한다면 미국이 넋 놓고 있겠는가. 근래에 전쟁을 겪지 않은 국가로는 스웨덴과 스위스도 있다(물론 과거에는 스웨덴도 선생을 겪었나). 독일, 프랑스, 러시아 등 주변 국가들이 그들보다 훨씬 강한 데다 인구도 많고 공격적이어서 힘으로 정복할 수 없는 대상이기도 하지만, 그들 자신이 충분히 무장해서 그 이웃 국가들의 야욕을 드러내지 못하도록 성공적으로 억제해왔기 때문이기도 하다.

　이처럼 근래에 전쟁을 치르지 않은 현대 국가들처럼, 소수의 전통 사회들도 그럴만한 이유로 평화를 꾸준히 유지해왔다. 그린란드의 극지방 에스키모들은 완전히 고립되어 이웃한 사회도 없었고 외부의 접촉도 없었다. 따라서 그들이 전쟁을 하고 싶어도 전쟁할 상대가 없었다. 인구밀도가 무척 낮고 환경이 척박해서 행동반경이 넓어도 목숨을 걸고 지키고 획득할 만한 자원도 거의 없는 사회, 또 다른 무리사회로부터 상대적으로 고립된 채 살아가는 유목 수렵채집인들의 소규모 무리사회들에서 전쟁이 보고된 사례는 없었다. 미국 그레이트 베이슨의 쇼쇼니족, 볼리비아의 시리오노족, 오스트레일리아의 몇몇 사막 부족들, 북시베리아의 응가나산족이 대표적인 예이다. 전쟁의 역사가 없는 농경인으로는 페루의 마치겡가족이 있다. 그들은 다른 사회가 탐내지 않는 숲의 가장자리에 살았다. 전쟁을 치르면서라도 빼앗거나 지켜야 할 만큼 생산성이 좋은 땅이 없는 곳이다. 지금은 인구밀도가 무척 낮은데, 고무 생산이 급격히 증가한 기간에 인구가 크게 줄었기 때문이라고 여겨진다.

　따라서 어떤 사회는 본래부터, 즉 유전적으로 평화를 사랑하는 반면에 어떤 사회는 선천적으로 호전적이라는 주장은 성립되지 않는다. 어떤 사회나 전쟁을 도발해서 이익이냐 아니냐에 따라, 또 다른 쪽에서 도발한 전쟁에 맞서 싸워야 할 필요가 있느냐 없느냐에 따라 전쟁이란 수단을 동원하는 듯하다. 대부분의 사회가 전쟁을 치렀지만 소수의 사회는 전쟁을 겪지 않는 데는 충분한 이유가 있다. 선천적으로 얌전하다고 알려진 종족들(세망족, !쿵족, 아프리카 피그미족)도 같은 무리 내에서 폭력을 휘두르고 살인을 저지른다. 이른바 전쟁이라 정의되는 다른 무리를 향한 폭력을 조직적으로 감행할 이유가 그들에게는 없을 뿐이다. 대체로 얌전하다고 알려진 세망족이 1950년대 영국군에 징집되어 말레이 반도에서 공산주의 반란자들을 색출해서 죽이는 임무를 맡자 그야말로 열정적으로 죽였다고 하지 않는가. 따라서 인간이 본질적으로 폭력적이냐 협력적이냐를 따지는 건 헛수고일 뿐이다. 어떤 인간 사회에나 폭력과 협조는 동시에 존재하며, 환경에 따라 하나의 특성이 더 두드러지게 나타나는 듯하다.

**전통적인
전쟁의 동기**

전통 사회는 무슨 이유에서 전쟁을 할까? 이 질문에는 다양한 관점에서 대답해볼 수 있다. 가장 간단한 방법은 전쟁 당사자가 대외적으로 주장한 동기나 뒤에 감춘 동기를 힘들여 해석하지 않고, 승리한 사회가 전쟁으로부터 얻는 이익을 분석해보는 것이다. 두 번째 방법은 전쟁 당사자에게 직접 동기가 무엇이냐고 묻는 것이다('전쟁의 가까운 원인'). 마지막 방법은 전쟁의 근원적인 동기('전쟁의 궁극적인 원인')를 추론해서 알아내는 것이다.

관찰한 바에 따르면, 전통 사회에서 승리한 쪽은 많은 이익을 얻는다. 중요성을 따지지 않고 가나다순으로 나열하면 권위, 노예, 단백질 공급원, 돼지, 땅에서 얻는 지원(이정, 과수원, 채소밭, 염전, 채석장), 말, 머리(인간 사냥꾼들에게), 무역권, 부인, 사로잡은 어린아이, 식량, 영토, 인육(식인종의 경우), 젖소 등이다.

그러나 우리가 여러 중요한 결정을 내리는 동기와 마찬가지로, 전통 사회 사람들이 전쟁을 벌이는 동기도 관찰된 이익과 반드시 일치하지는 않는다. 삶의 다른 부분들에서 그렇듯이, 전쟁에서도 전통 사회 사람들은 무엇 때문에 전쟁을 도발했는지 정확히 알지 못하거나, 솔직하게 털어놓지 않는다. 그럼, 그들은 대체로 무엇을 전쟁의 동기라고 주장할까?

가장 흔히 듣는 대답은, 같은 부족사회나 무리사회의 구성원을 죽인 행위에 대한 '복수'이다. 따라서 부족 전쟁이 있기 전에는 오랜 평화보다 다른 전투가 있었던 경우가 대부분이다. 3장에서 보았던 다니족의 전쟁을 예로 들면, 1961년 1월, 4월 10일과 27일, 6월 10일, 7월 5일과 8월 16일의 전투와 죽음에 대해 복수하려던 윌리히만의 열망, 그리고 4월 3일과 10일, 5월 29일에 죽음을 맞는 동료을 위해 복수하려던 위다이아의 열망이 전쟁의 동기였다.

복수가 끝없이 계속되는 전쟁의 주된 동기라면, 전쟁이 처음 시작되는 동기는 무엇일까? 뉴기니 고원지대에서 흔히 듣는 대답은 '여자'와 '돼지'이다. 뉴기니 남자들에게 여자는 불륜을 범하거나 불륜의 피해자로서, 납치와 강간, 신부값 등으로 분쟁을 일으키는 갈등의 씨앗이다. 야노마미족을 비롯해 많은 다른 종족에서 여자가 전쟁의 주된 원인으로 밝혀진 사례가 적지 않다. 언젠가 인류학자 나폴레온 섀그넌이 야노마미족의 한 촌장에게 자신이 속한 '무리'(미국인과 영국인)가 적(독일인)을 기습 공격한 사건에 대해 말해주자, 그 촌장은 "여자를 도둑질하려고 기습 공격했던 거요?"라고 물었다. 이런 동기는 이제 현대의 대규모 사회에 적용되지 않는다. 하지만 프리암 트로이 왕의 아들인 파리스가 메넬라오스 왕의 아내 헬레네를 유혹한 사건이 트로이 전쟁의 원인이라는 사실에서도, 소규모의 고대 국가가 탄생할 때까지 여자가 전쟁의 원인이었음이 증명된다.

뉴기니에서 돼지가 여자에 버금가는 전쟁의 원인이었다는 사실을 이해하려면, 뉴기니 사람들에게는 돼지가 단순한 식량이 아니라 최고의 단백질 공급원이었다는 걸 알아야 한다. 돼지는 부와 권위를 뜻하는 중요한 재산이었고, 신부값에서 빠질 수 없는 것이어서 여자로 전환가능한 것이었다. 또 여자처럼 돼지도 싸돌아다니고 자신의 '주인'을 저버리는 경향을 띠며, 쉽게 납치와 도둑질을 당해서 끝없는 분쟁을 유발하는 도화선이었다.

뉴기니가 아닌 다른 지역에서는 다른 가축들, 특히 젖소와 말이 돼지를 대신해서 부의 중요한 척도였고 분쟁의 원인이었다. 뉴기니인들이 돼지에 집착하는 만큼, 누에르족은 젖소에 집착한다. 따라서 누에르족은 주로 젖소를 훔치려고 딩카족과 다른 누에르족을 기습 공격한다. 누에르족에게 젖소는 거래와 보상에 따른 분쟁의 원인이 되기도 한다("네가 약속한 젖소를 아직 나에게 주지 않았다"). 인류학자 에번스 프리처드는 한 누에르족 남자에게 들었다며 "다른 어떤 이유보다 젖소 때문에 죽은 사람이 더 많았다"라고 말했다. 한편 북아메리카의 그레이트 베이슨과 아시아 대초원 지역의 원주민들에게는 말과 말 도둑질이 젖소와 돼지의 역할을 했다. 여자와 가축 이외에도 많은 유형의 물질이 욕심과 절도의 대상으로 분쟁을 유발함으로써 전쟁으로 발전되는 경우가 있었다.

소규모 사회는 부인으로 삼을 여자를 얻기 위해서만이 아니라 다른 사람을 다른 목적에서 얻기 위해서 전쟁을 벌인다. 누에르족은 딩카족 아이들을 사로잡아 누에르족으로 키우고 그들의 일원으로 편입시킨다. 적을 생포해서 죽인 후에 머리를 취하려는 목적에서 전쟁을 벌였던 인간 사냥 종족들도 의외로 많다. 뉴기니의 아스마트와 마린드족, 솔로몬 제도의 로비아나족이 대표적인 예이고, 아시아와 인도네시아, 태평양 섬들, 아일랜드, 스코틀랜드, 아프리카와 남아메리카에도 여러 종족이 있었다. 사로잡은 적이나 죽은 적을 먹었던 식인종으로는 카리브족, 아프리카와 남북아메리카의 일부 종족, 뉴기니의 일부 종족이 있었고, 태평양의 많은 섬에도 식인 풍습을 지닌 종족들이 있었다. 뉴기니의 북서부 종족들, 솔로몬 제도의 서쪽 지역 섬사람들, 태평양 북서지역의 원주민들, 서아프리카 지역의 부족사회와 다소 복잡한 군장사회는 적을 노예로 삼으려고 사로잡았다. 노예제도는 대부분의 국가 사회, 예컨대 그리스와 로마제국, 중국, 오스만제국, 남북아메리카의 유럽 식민지에서 대규모로 시행됐다.

 그 밖에도 전통 사회 사람들이 전쟁의 동기로 자주 언급하는 두 가지 이유가 있다. 하나는 마법이다. 뉴기니를 비롯해 많은 소규모 사회에서는 불미스러운 일(우리는 자연스러운 현상이라 생각하는 질병이나 죽음)이 닥치면 적의 마법사가 꾸민 짓이라 생각하는 경우가 다반사이다. 따라서 그 마법사를 찾아내서 죽여야 한다. 다른 하나는, 이웃이 본래 부정하고 악의적이며 인간 이하여서 근래에 특별한 악행을 저질렀던 않던 간에 공격받아 마땅하다는 일반화된 생각이다. 3장에서 이미 예를 들었듯이, 윌리히만 다니족 남자는 늙은 윌리히만 여인에게 위다이아 다니족을 죽이려 하는 이유를 "그놈들은 우리 적입니다. 왜 그놈들을 죽이지 않아야 합니까? 그놈들은 인간이 아닙니다"라고 대답하지 않았던가.

 이처럼 인간과 가축에 대한 갈등이 선생의 동기로 자주 언급되지만,

영토 갈등도 전쟁의 동기에서 빼놓을 수 없다. 1장에서 보았듯이, 내가 함께 살았던 뉴기니 산악지역 친구들과 그들의 이웃인 강사람들이 두 마을의 경계인 산등성이를 두고 벌인 영토 분쟁이 전형적인 예이다.

궁극적인 원인 : 소규모 사회의 구성원들이 전쟁을 벌이는 동기라며 제시한 위의 항목들—여자, 어린아이, 머리 등—이 전부는 아니다. 여하튼 이런 동기들만으로는 전통적인 전쟁이 발발하는 이유가 충분히 설명되지 않는다. 어떤 사회에나 이웃 마을에 여자와 어린아이, 머리와 먹음직한 몸뚱이가 있고, 대다수의 전통 사회가 가축을 키우고 마법을 행하며 고약한 이웃으로 여겨질 수 있다. 이웃 마을에 있는 인간과 물건을 탐내는 욕심과, 그로 인한 분쟁이 반드시 전쟁을 유발하는 것은 아니다. 유난히 호전적인 사회에서도 분쟁이 발생하면 보상금을 지급해서라도 분쟁을 평화적으로 해결하려는 것이 일반적인 반응이다(2장 참조). 평화적 해결을 위한 노력이 실패할 때에만 피해를 당한 쪽에서 전쟁을 일으킨다. 그렇다면, 종족에 따라서 보상 협상의 성공 가능성이 다른 이유는 무엇일까? 여자를 비롯해 앞에서 언급된 전쟁 동기들이 어디에나 있다면 왜 그런 차이가 있는 것일까?

전쟁에 참가한 사람들이 당시 나름대로 이해해서 진술한 요인들이 반드시 전쟁의 궁극적인 요인들은 아니다. 예컨대 인류학자들이 뜨거운 논쟁을 벌인 야노마미족의 전쟁에 대한 한 가설에 따르면, 전쟁의 궁극적인 목적은 사냥할 만한 짐승이 많은 땅을 확보해서 부족한 단백질 공급원을 얻기 위함이다. 하지만 전통적인 야노마미족은 단백질이 무엇인지 모른다. 게다가 그들은 전쟁의 동기로 사냥감의 확보보다 여자를 고집스레 언급할 뿐이다. 따라서 야노마미족의 전쟁 원인에 대한 단백질 이론이 맞더라도(실제로는 맞지 않을 가능성이 크다), 그 얘기를 야노마미족의 입에서 들을 가능성은 거의 없다.

안타깝게도 우리가 당사자들에게 물어볼 수도 없는 궁극적인 요인을 알아내기는, 당사자들이 우리에게 제시하는 가까운 동기들을 이해하는 것보다 훨씬 어렵다. 예컨대 1차대전의 궁극적인 원인에 대해 생각해보자. 수많은 역사학자가 평생을 바쳐 연구한 덕분에 엄청난 양의 자료가 있지만, 1차대전의 궁극적인 원인을 정립하기는 무척 어렵다. 그러나 1차대전의 가까운 원인이 세르비아 민족주의자 가브릴로 프린치프가 합스부르크 제국의 후계자, 프란츠 페르디난트 대공을 1914년 6월 28일 암살한 사건이란 건 누구나 알고 있다. 하지만 다른 많은 국가 수반과 황태자가 암살당했지만 그런 끔찍한 결과로 치닫지는 않았다. 그럼, 그 특별한 암살이 1차대전의 도화선을 당길 수밖에 없었던 궁극적인 이유가 무엇이었을까? 1차대전의 궁극적인 원인으로는 전쟁 전의 동맹체제, 민족주의, 다민족으로 이루어진 두 거대 제국(합스부르크 제국과 오스만 제국)의 흔들리던 안정성, 곪을 대로 곪은 알사스-로렌 지역의 영토 분쟁과 다르다넬스 해협의 통행권, 독일의 경제력 부상 등이 거론된다. 1차대전의 궁극적인 원인에 대해서도 아직 합의점에 이르지 못한 마당에, 전통적인 전쟁의 궁극적인 원인을 알아내는 게 쉬울 거라고도 생각하지는 않는다. 그러나 전통적인 전쟁을 연구하는 학자들에게는 두 세계전쟁을 연구하는 학자들에 비해 큰 이점이 있다. 비교할 만한 전통적인 전쟁이 거의 무한대로 많다는 것이다.

　전통적인 전쟁에서 가장 자주 거론되는 궁극적인 요인은 영토를 확장해서 어장(漁場), 소금 생산지, 채석장, 인간 노동력 등과 같은 부족한 자원을 보충하려는 몸부림이다. 인구가 주기적으로 혹은 항구적으로 적을 수밖에 없는 가혹한 환경은 예외이겠지만, 현재의 땅과 자원을 충분히 이용하고도 부족할 만큼 인구가 증가하면 다른 종족의 땅을 넘볼 수밖에 없다. 따라서 다른 종족에 속한 땅과 자원을 빼앗기 위해서, 혹은 다른 종족이 넘보는 자신의 땅과 자원을 지키기 위해서 전쟁을 벌이게 된다. 이런 동기는 땅과 노동력을 추가로 확보하려고 전쟁을 벌이는 국가 정부의 선전포고에서 분명하게 드러난다. 예컨대 히틀러는 독일에 레벤스라움(Lebensraum, 동쪽의 생활 공간)이 필요하다고 말과 글로 표명했지만, 독일의 동쪽에는 러시아인과 다른 슬라브족이 살고 있었다. 따라서 독일을 위해 동쪽의 생활 공간을 획득하려는 목적에서, 다시 말하면 그곳을 점령해서 그곳에 살던 슬라브족을 노예로 삼거나 죽이려고 히틀러는 폴란드와 러시아를 차례로 침략했던 것이다.

　문화인류학자 캐롤과 멜빈 엠버(Melvin Ember) 부부는 186개 사회의 비교문화 표본을 활용해서, 땅과 자원의 부족이 전쟁의 궁극적인 원인이라는 이 이론의 타당성을 조사했다. 대규모 비교문화 조사 자료인 인간관계 지역파일(Human Relations Area Files)에 요약된 그 사회들에 대한 민족지학적 정보로부터, 엠버 부부는 자원 부족의 원인으로 삼을 만한 몇 가지 기준을 추론해냈다. 기아의 빈도, 가뭄과 서리 같은 자연재앙의 빈도, 식량부족의 빈도 등이었다. 이런 기준들이 전쟁의 발발을 예고하는 가장 강력한 징후라는 게 밝혀졌다. 엠버 부부는 이런 결과를 근거로, 전통 사회는 적으로부터 자원(특히 땅)을 빼앗아 예측할 수 없는 미래의 자원 부족에 대비하기 위해서 전쟁을 벌인다는 결론을 끌어냈다.

이 해석은 그럴듯하게 들리지만 모든 학자가 인정할 만큼 완벽하지는 않다. 패자가 도망치고 승자가 패자의 땅을 차지하는 공식을 따랐던 전통적인 전쟁이 많았지만, 패자가 버린 땅을 승자가 한동안 차지하지 않고 비워두었던 경우도 적지 않았다. 또 전통적인 전쟁이 인구밀도가 높은 지역에서 항상 더 치열했던 것도 아니다. 생활 환경과 생활 방식에 따라 얼마나 많은 사람을 먹여 살릴 수 있느냐가 결정되기 때문이다. 예컨대 비옥하고 따뜻하며 물도 풍부한 농경지에서 평방마일당 100명이 사는 농경인보다, 사막에서 평방마일당 5명이 사는 수렵채집인들이 자원 부족을 절감하며 영토를 확장하려 할 것이다. 달리 말하면, 중요한 것은 인구밀도 자체가 아니라, 자원밀도에 대비한 인구밀도이다. 이런 상대적 인구밀도가 높으면 현실적으로나 잠재적으로 자원 부족에 시달릴 가능성이 높다. 유사한 자원을 지닌 유사한 생활 환경에서 유사한 생활 방식으로 살아가는 전통 사회들을 비교하면, 인구밀도에 따라 전쟁의 빈도가 증가한다.

전통적인 전쟁을 설명하는 데 제시되는 또 다른 궁극적인 요인은 사회적 요인이다. 전통 사회들은 골칫거리인 이웃들을 멀리 떼어 놓기 위해서, 그런 이웃을 아예 없애 버리기 위해서, 혹은 호전적이라 명성을 얻음으로써 무력하다고 알려진 무리를 서슴없이 공격하는 이웃들의 공격 가능성을 억제하기 위해서 전쟁을 벌인다. 이런 사회적 해석은 땅과 자원을 근거로 한 앞의 이론과 모순되지 않는다. 이웃을 멀리 떼어 놓는 것의 궁극적인 목표는 자신의 땅과 자원을 안전하게 지키겠다는 목표일 수 있기 때문이다. 그러나 이웃과 거리를 두려는 욕망은 자원을 안전하게 지키는 데 필요한 행동보다 훨씬 극단적인 행동을 취하게 만들 수 있기 때문에, 사회적 요인은 자원적 요인과 별개로 언급할 만한 가치가 있다.

예를 들어 설명해보자. 약 500년 전까지 핀란드 사람들은 해안에 밀집해 살았고 숲으로 우거진 내륙에는 사람이 드문드문 살 뿐이었다. 그런데 개별 가족들과 소규모 무리가 일종의 식민지 개척자로 내륙으로 이동하기 시작했고, 그들은 가능하면 서로 거리를 두고 살려고 애썼다. 내 핀란드 친구들은 그 개척자들이 사람으로 붐비는 걸 얼마나 싫어했는지 설명해주겠다며 이런 얘기를 해주었다. 한 남자가 자신과 가족을 위해서 강변에 작은 농장을 조성했고, 주변에 어떤 이웃도 없는 걸 무척 좋아했다. 그러나 어느 날 그는 벌목된 통나무 하나가 강을 따라 떠내려오는 걸 보고는 화들짝 놀랐다. 상류의 어느 곳에 누군가 살고 있다는 증거였다. 그는 화가 나서 그 불법침입자를 찾아내려고 울창한 숲을 지나 상류로 걸어 올라가기 시작했다. 하루 종일 걸었지만 그는 누구도 만나지 못했다. 둘째날에도 사람의 흔적을 찾지 못했다. 마침내 셋째날 그는 새로운 개간지를 찾아냈고, 그곳에서 다른 개척자를 만났다. 그는 그 개척자를 죽였고, 자기 가족의 사생활을 다시 확보했다고 안도하며 다시 사흘을 꼬박 걸어 가족의 품으로 돌아왔다. 이 얘기가 사실인지 의심스럽지만, 소규모 사회가 멀리 떨어져 보이지 않는 '이웃'까지도 신경쓰며 만드는 사회적 요인의 중요성을 설명해주기에는 충분하다.

또 다른 궁극적인 요인은 개인적인 이득이다. 호전적인 행동은 사회적 집단에게도 이익이지만, 개인에게도 크게 유리하다. 호전적인 사람이나 전쟁 지도자는 상대에게 두려움을 주며, 전쟁에서 공훈을 세워 명성을 얻을 가능성이 높기 때문이다. 전쟁에서 공훈을 세우면 더 많은 부인을 얻을 수 있고, 더 많은 자식을 부양할 수 있다. 예컨대 인류학자 나폴레온 섀그넌이 어렵게 수집한 야노마미족의 가계(家系)를 계산한 결과에 따르면, 상대를 죽인 남자와 그렇지 못한 남자를 비교할 때 전자가 후자보다 평균적으로 2.5배의 부인을 두었고 3배가 넘는 자식을 거느렸다. 물론 상대를 죽인 남자들이 그렇지 않은 남자들보다 이른 나이에 죽거나 죽임을 당할 가능성도 높았지만, 상대적으로 짧은 수명 동안 그들은 더 많은 명성과 더 많은 사회적 보상을 누리며, 더 많은 부인을 얻고 더 많은 자식을 둘 수 있었다. 이런 상관관계가 야노마미족에게 적용되더라도 나는 독자들에게 호전적으로 행동하라고 권하고 싶지는 않다. 게다가 이런 상관관계가 모든 전통 사회에 적용되는 일반적인 현상도 아니다. 일부 사회에서는 호전적인 남자의 상대적으로 짧은 수명이 더 많은 부인을 얻는 가능성으로 보상되지 않는다. 야노마미족보다 훨씬 호전적인 에콰도르의 우아오라니족이 대표적인 예이다. 우아오라니족의 경우에는 호전적인 남자라고 상대적으로 온순한 남자보다 더 많은 부인을 얻지 못하며, 생식가능연령까지 살아남는 자식이 더 많기는커녕 더 적다.

: 누구와 싸우는 것인가?

소규모 사회들이 싸우는 이유를 지금까지 살펴보았다. 이번에는 '그들은 누구와 싸우는가?'라는 문제를 생각해보자. 예컨대 부족들은 같은 언어를 사용하는 무리보다 다른 언어를 사용하는 부족과 전쟁을 벌일까? 부족들은 어떤 형태로든 거래하고 결혼으로 맺어진 부족과도 전쟁을 벌일까, 아니면 그들과는 전쟁을 피하려고 할까?

전쟁을 벌였던 현대 국가들에 똑같은 의문을 제기함으로써, 다시 말해서 우리에게 익숙한 맥락에서 먼저 이 질문에 대답해보자. 영국의 저명한 기상학자, 루이스 리처드슨(Lewis Richardson, 1881~1953)은 학자로서는 바람의 복잡한 패턴을 수학적으로 분석하는 데 열중했지만, 1차대전 중에는 병자와 부상자를 수송하는 구급차 요원으로 2년을 보냈다. 그의 세 처남 중 둘이 1차대전 중에 전사했다. 그때의 경험과 퀘이커 가문에서 성장한 배경 때문이었는지, 리처드슨은 전쟁을 피하는 방법에 대한 교훈을 끌어내기 위해서 전쟁의 원인을 수학적으로 연구하는 또 하나의 이력을 쌓기 시작했다. 그는 1820년부터 1949년까지 있었던 모든 전쟁, 물론 그가 알아낼 수 있었던 모든 전쟁을 일람표로 정리하고 사망자 수를 기록했다. 그리고 그 표를 다시 사망자 수에 따라 다섯 부류로 나눈 후에 언제 무슨 이유로 당사국들이 전쟁을 벌였는지 조사했다.

1820년부터 1949년까지, 그 기간 동안 각 나라가 개입한 전쟁의 수는 나라마다 크게 달랐다. 예컨대 프랑스와 영국은 20개 이상에 개입한 반면, 스위스는 1번, 스웨덴은 0번이었다. 이런 편차의 주된 원인은 각 나라가 국경을 맞댄 국가의 수였다. 국경을 맞댄 국가가 많을수록 장기적으로 전쟁에 개입한 횟수가 많았다. 다시 말하면, 전쟁의 수는 인접한 국가의 수에 거의 비례했다. 이웃한 국가가 같은 언어를 사용하느냐 다른 언어를 사용하느냐는 그다지 중요하지 않았다. 이 패턴에서 벗어난 유일한 예외가 있다면, 중국어나 스페인어를 말하는 전 세계 인구에서 통계적으로 추론한 평균치보다, 중국어를 말하며 국경을 맞댄 국가들 사이에는 전쟁이 더 적었던 반면에, 스페인어를 말하며 국경을 맞댄 국가들 사이에는 전쟁이 더 많았다. 리처드슨은 이런 결론을 근거로, 스페인어를 말하는 사람들은 상대적으로 쉽게 전쟁을 벌이는 경향을 띠고, 중국어를 말하는 사람들은 전쟁을 꺼리는 경향을 띨 수밖에 없는 어떤 문화적 요인이 있을 거라고 추론했다. 리처드슨의 추론은 흥미롭지만 여기에서 길게 다루지는 않을 생각이다. 하지만 이 추론에 관심 있는 독자는 리처드슨이 1950년에 발표한 《목숨을 건 다툼의 통계 분석(*Statistics of Deadly Quarrels*)》의 223~230, 240~242쪽에 자세히 실린 분석을 읽어보기 바란다.

 리처드슨은 무역 관계가 전쟁의 확률에 미치는 영향까지 통계적으로 조사하지는 않았다. 하지만 전쟁은 이웃한 국가들 사이에 빈번하고, 이웃한 국가들은 서로 무역 상대국이 될 가능성이 확연히 높기 때문에, 무역 관계와 전쟁은 밀접한 관계가 있을 거라는 예측이 가능하다. 적어도 추론적으로는 무역 관계에 있는 국가들이 그렇지 않은 국가들보다 더 자주 전쟁을 벌이는 듯하다. 무역과 전쟁은 거리의 근접성이 있어 서로 상관관계가 있는 것처럼 여겨지고, 무역이 종종 분쟁으로 발전하기 때문이기도 하다. 현대의 대규모 전쟁에서는 서로 이웃하지 않더라도 무역 관계에 있는 국가들이 치열하게 맞붙어 싸웠다. 예컨대 2차대전에서 일본이 주된 표적으로 삼았던 두 국가는 핵심적인 수입국(미국)과 핵심적인 수출 시장(중국)

이었다. 나치스 독일이 1941년 6월 22일 러시아를 침략하기 직전까지 독일과 러시아는 무역 거래를 계속했다.

현대 국가의 전쟁 상대에 대한 이상의 논의를 바탕으로, 소규모 전통 사회의 경우를 생각해보자. 현대 국가들의 전쟁을 분석한 리처드슨의 일람표에 상응하는 분석표가 전통적인 전쟁의 경우에는 없다. 따라서 전통 사회의 전쟁 상대에 대한 분석은 구전으로 전해지는 일화들에 의존할 수밖에 없다. 일화들을 분석하면, 소규모 사회는 국가보다 훨씬 빈번하게 이웃한 사회와 싸웠다. 영국이 1800년대 중반에 지구 반대편에 있는 뉴질랜드의 마오리족 사회까지 군대를 파견했던 것과 달리, 그들에게는 멀리 이동할 역량이 없었기 때문이다. 소규모 사회들이 전쟁 상대로 같은 언어를 사용하는 이웃과 다른 언어를 사용하는 이웃을 구분했다는 증거도 거의 없다. 대부분의 전통적인 전쟁은 같은 언어를 사용하는 이웃 간의 전쟁이었다. 이웃한 사회가 다른 언어보다 같은 언어를 사용하는 경우가 많았기 때문이다. 3장에서 살펴본 다니족의 전쟁에 참여한 모두가 다니어를 사용했다. 같은 언어를 사용하는 사회와 전쟁을 치른 사회들로는 엥가족, 파유족, 히니혼족, 이누이트족, 마일루 섬사람들, 누에르족, 야노마미족이 대표적인 예이지만, 이 밖에도 얼마든지 나열할 수 있다. 하지만 누에르족은 다른 누에르족만이 아니라 딩카족과 더 자주 싸웠는데, 딩카족과 싸울 때는 지키지 않던 제한 규정들을 누에르족과 싸울 때는 지켰다는 사실은 부분적인 예외라 할 수 있다. 예컨대 누에르족 여사와 어린아이를 죽이지 않았고, 누에르족을 포로로 끌고 가지 않았으며, 집도 불태우지 않았다. 다른 누에르족 남자를 죽이고 가축을 훔치는 것으로 그쳤다.

무역과 다른 종족 간의 결혼이 전쟁에 미친 영향에 관련한 일화를 분석하면, 전통 사회의 적은 무역이나 결혼으로 인연을 맺은 종족과 같은 종족을 구분하지 않았다. 로렌스 킬리가 말했듯이, "많은 사회가 결혼으로 인연을 맺은 종족과 전쟁하고, 전쟁하는 종족과 결혼한다. 또 교역하는 종족을 기습 공격하고 적들과도 교역한다." 그 이유는 국가 사회의 경우와 다를 바가 없다. 즉 거리의 근접성이 무역과 결혼에 유리한 조건이지만 전쟁의 조건이기도 하다. 무역과 결혼은 현대 국가에도 그렇듯이 소규모 사회의 구성원들에게도 분쟁의 불씨가 된다. 이른바 무역 관계에서, 이웃한 사회들은 실질적인 무역(동등한 힘을 지닌 당사자들 사이에서 공정한 가격으로 자발적인 교환)부터 '강탈'(강자가 약자에게 불공정한 가격으로 불평등한 교환을 강요하고, 약자는 평화를 돈으로 사기 위해서 상품을 낮은 가격에 판매)을 거쳐 '침략'(강자가 약자를 침략해서 어떤 대가도 치르지 않고 상품을 얻는 경우로 약자는 상품을 '공급'하고 강자는 그 대가로 아무것도 주지 않는다)까지 다양한 가격과 교환율로 상품을 교환한다. 미국 남서부의 아파치족, 북아프리카 사막의 투아레그족 같은 '침략자'들은 상대의 방어 능력에 따라서 공정한 거래와 강탈과 침략을 절묘하게 결합하는 능력을 과시했다.

무리사회와 부족사회에서 종족 간의 결혼이 야기하는 전쟁의 이유는, 무역협정이 틀어지며 야기되는 전쟁의 이유와 유사하다. 어떤 부족에서 여아가 태어나면 곧바로 다른 부족의 연상인 남아의 신부로 보내기로 약속하고 신부값을 받지만, 사춘기에 이른 후에도 넘겨지지 않는 경우가 있다. 신부값이나 지참금은 일종의 빚이어서 분납으로 처음에는 착실하게 지불되다가 제대로 분납되지 않은 경우도 있다. 또 '상품'에 대한 질에 대한 분쟁(예컨대 간음, 배우자의 유기, 이혼, 요리와 밭일과 땔감 준비를 못하거나 거부하는 행위)은 신부값의 반환을 요구하는 빌미가 되지만, 신부값으로 받은 물건은 이미 팔아버렸거나 (돼지인 경우) 먹어버렸기 때문에 그 요구는 거부된다. 소비자이든 기업주이든, 혹은 수출상이든 수입상이든 간에 이 구절을 읽는 독자는 현대 국가에서 상인들이 직면하는 문제와 유사하다고 생각할 것이다.

결혼으로 인연을 맺은 종족과 싸우게 되면, 충성심이 흔들리는 결과가 자주 빚어진다. 적의 누군가가 처남이고, 피를 나눈 친척이다. 따라서 화살을 쏘고 창을 던질 때 가능하면 적진의 친척을 맞추지 않으려고 애쓰기 마련이다. 이누이트족을 예로 들어보자. 여자가 결혼으로 남편의 무리로 이주한 후, 여자의 고향 친척들이 여자 남편의 무리를 기습 공격하려고 계획을 세우면, 피를 나눈 친척들이 여자를 죽이지 않으려고 미리 여자에게 멀리 피해 있으라고 알릴 수 있다. 반대로 남편의 무리가 고향 친척들을 기습 공격하려고 한다는 걸 알게 되면, 여자는 그 사실을 고향 사람들에게 알릴 수도 있다. 물론 알리지 않을 수도 있다. 여자는 남편과 피를 나눈 친척 중 어느 쪽이든 편들 수 있다. 포레족의 경우도 비슷하다. 포레족 남자는 누이가 시집간 마을을 자신의 씨족이 공격하려는 계획을 듣고, 누이에게 그 사실을 알려서 매형에게 대가를 기대할 수 있다. 반대로 누이가 시집간 마을이 자신의 마을을 공격하려 한다는 계획을 누이에게 듣고 마을 사람들에게 알리면, 마을 사람들이 그에게 감사의 선물을 한다.

: 진주만을 잊어라

끝으로, 우리 눈에는 소규모 사회 사람들이 이상할 정도로 집착하며 전쟁을 벌이는 가장 흔한 이유로 제시하는 복수라는 문제로 다시 돌아가자. 현대 국가의 시민으로 살아가는 우리는 복수의 갈망이 얼마나 강할 수 있는지 정확히 이해하지 못한다. 인간 감정에서 복수심은 우리가 끊임없이 입에 올리는 사랑과 분노, 슬픔과 두려움과 동등한 위치에 있다. 현대 국가 사회는 우리에게 사랑과 분노, 슬픔과 두려움이란 감정을 마음껏 표현해도 좋다고 허락하고 권장까지 하지만 복수심의 표현을 허락하지는 않는다. 게다가 우리는 복수심이 원시적이고 부끄러운 감정이므로 반드시 극복해야 할 감정이라고 배우며 자란다. 우리가 개인적인 복수를 획책하려는 마음을 꺾어놓으려고 우리 사회는 그런 믿음을 어린시절부터 심어준다.

우리가 개인적으로 복수할 권리를 포기하지 않으면, 따라서 징벌의 권한을 국가에게 맡기지 않으면, 같은 나라의 시민으로서 평화롭게 공존하기 불가능하다는 것은 부인할 수 없는 사실이다. 그렇지 않으면, 우리도 대부분의 비국가 사회처럼 끝없는 전쟁에 시달리며 살게 될 것이다. 그러나 잘못을 범한 사람에게 국가가 죗값을 치르게 하는 문명 사회에서도 개인적으로 만족하지 못하기 때문에 겪는 고통은 여전하다. 예컨대 강도들에게 누이를 잃은 내 친구 하나는 국가가 강도들을 체포해서 법정에 세우고 감옥까지 보냈지만 수십 년이 지난 지금까지 분한 마음을 씻지 못하고 있다.

국가 사회 시민이라는 이유로 우리는 인정하기 힘든 굴레에 묶여 지낸다. 징벌권의 국가 독점은 우리가 평화롭고 안전하게 살기 위해서 반드시 필요한 조건이다. 그런 이점을 얻는 대신에 우리는 개인적으로 혹독한 대가를 치러야 한다. 뉴기니 사람들과의 대화를 통해서 나는 우리가 사법권을 국가에게 양도함으로써 포기한 것이 무엇인지 깨달을 수 있었다. 국가 사회와 종교와 도덕률은 우리에게 징벌권을 포기하라고 설득하기 위해서, 개인적인 복수는 나쁜 것이란 생각을 끊임없이 주입한다. 그러나 복수심에 사로잡힌 행동은 억제하더라도 복수심이란 감정을 인정하는 분위기는 허용되고 권장돼야 한다. 가까운 친척이나 친구가 죽임을 당하거나 부당한 학대를 받으면, 또 자신이 피해를 입으면 처절한 복수심을 느끼는 건 당연하다. 많은 국가 정부가 피해자의 관련자들에게 범죄자의 재판에 참석하는 걸 허락하고, 어떤 경우에는 판사와 배심원에게 의견을 피력할 기회를 주거나(2장), 회복적 사법제도를 통하여 범죄자와 개인적으로 만날 기회도 부여하며(2장), 심지어 사랑하는 사람을 죽인 살인자의 처형을 지켜보는 것도 허락함으로써 개인적인 불만을 해소할 기회를 부여하고 있다.

독자들은 뉴기니 고원지대 사람들과 얘기를 나누며 많은 시간을 보내지 않은 까닭에 여전히 이런 의문들이 머릿속에서 맴돌 것이다. 어떻게 그 사회들은 우리와 달리 보복하고 복수하는 걸 당연하게 생각하게 된 것일까? 그들은 대체 어떤 괴물이기에 적을 죽이는 즐거움을 태연하게 말하는 것일까?

국가 정부의 지배 하에 있지 않은 전통 사회들을 민족지학적으로 연구한 결과에 따르면, 전쟁과 살인 및 이웃의 악마화는 예외적인 현상이 아니라 일종의 규범이며, 그 규범을 신봉하는 그 사회들의 구성원들도 지극히 정상적이고 정서적으로 안정된 사람이지 괴물이 아니다. 국가 차원의 사회가 전통 사회와 다른 점이 있다면, 어떤 순간(전쟁을 선포할 때)에만 그런 전통적인 규범을 받아들이고 평화조약이 체결되면 그 규범을 한순간에 버리라고 배운다는 점이다. 그러나 일단 머릿속에 각인된 증오심을 어떻게 순식간에 버릴 수 있겠는가. 따라서 혼란스럽기만 하다. 나처럼 1930년대에 태어난 많은 유럽인들—독일인, 폴란드인, 러시아인, 세르비아인, 크로아티아인, 영국인, 네덜란드인, 유대인—은 태어날 때부터 어떤 민족을 증오하거나 두려워하라고 배웠고, 그들을 그렇게 대할 수밖에 없는 이유를 확인하는 사건들을 실제로 경험했다. 따라서 그 후에 그런 감정이 더는 바람직하게 여겨지지 않기 때문에 상대도 같은 감정이라고 확신하지 않는 한 그런 감정을 드러내지 않는 게 최선이라고 배웠지만, 65년 이상이 지난 지금도 그런 감정을 마음속에서 떨쳐내지 못하고 있다.

오늘날 서구의 국가 사회에서, 우리는 보편적인 도덕률을 배우며 성장한다. 더구나 그런 도덕률은 교회와 성당에서 매주 설교되고 법으로도 성문화됐다. 여섯 번째 계명은 "살인하지 말라"고 간단히 말할 뿐이다. 자국민과 타국민을 구분하지 않는다. 적어도 18년 동안 이런 도덕 교육을 받은 청년들을 끌어모아 군인으로 훈련시키고 총을 쥐어주면서, 사람을 죽이지 말라고 가르쳤던 과거의 모든 교육을 이제부터는 완전히 잊으라고 명령한다.

따라서 많은 군인이 전투에 참전해서 적에게 총을 겨누고 방아쇠를 당기지 못하는 건 조금도 이상하지 않다. 적을 살해한 군인들이 오랫동안 외상후 스트레스 장애에 시달리는 것도 충분히 이해된다(이라크와 아프가스탄에서 복무한 미군의 약 3분의 1). 그들은 고향에 돌아가서 적을 죽였다고 자랑하기는커녕 악몽에 시달리고, 전쟁에 관련된 얘기를 전혀 언급하지 않는다. 다른 참전군인들에게만 당시의 얘기를 조심스레 털어놓을 뿐이다. (당신이 전쟁에 참전한 경험이 없다면, 미군 병사가 이라크인을 어떻게 죽였고, 심지어 2차대전에서 독일군을 어떻게 죽였는지에 대해 개인적인 경험을 득의양양하게 늘어놓을 때 어떤 기분일지 상상해보라.) 나는 지금까지 미국과 유럽의 참전군인들과 많은 대화를 나누었다. 그들 중에는 나와 절친한 친구와 친척도 있었지만, 내 뉴기니 친구들과 달리 누구도 적군을 어떻게 죽였는지 말해준 적이 없었다.

반면에 전통 사회에서 살던 뉴기니 사람들은 어린시절부터 전사들이 전쟁터를 오가는 것을 보며 자랐고, 적에게 죽은 친척과 씨족원의 시신과 상처를 보았다. 또한 적을 어떻게 죽였고, 전투를 최상의 이상인 양 말하는 얘기도 귀가 닳도록 들었으며, 용맹한 전사가 적을 죽이던 상황을 자랑스레 떠벌리고, 그 행위로 찬양받는 모습을 보았다. 다니족 윌리히만 소년들이 죽어가는 아수크 발레크 남자를 흥분해서 창으로 찔러대던 장면, 또 다니족 윌리히만의 6세 소년들이 아버지들의 가르침을 받으며 다니족 위다이아 6세 소년들에게 활을 쏘던 장면을 기억해보라(3장). 물론 뉴기니 사람들은 적을 죽였다고 마음의 갈등에 시달리지 않는다. 그들에게는 잊어야 할 모순된 가르침이 애초부터 없다.

생각해보면, 1941년 일본군이 진주만 해군기지를 기습적으로 폭격한 사건(선전포고 전에 행해졌기 때문에 미국인들에게는 기만적인 잔혹행위로 여겨졌다)을 기억하는 미국인들에게는, 전통 사회 사람들이 연장자들에게 배우는 적군을 향한 격앙된 증오심, 복수하겠다는 집념은 그다지 동떨어진 감정으로 여겨지지 않을 것이다. 1940년대의 미국인들은 일본을 악마화하는 분위기에서 성장했다. 일본이 미국인과 다른 민족들에게 형언할 수 없는 잔혹한 짓을 저질렀다고 배우며 자랐다. 일본군이 7만 명의 미군과 필리핀군 전쟁포로를 학대한 '바탄 죽음의 행진', 일본군이 싱가포르 포로수용소에서 연합군 포로에게 행한 '산다칸 죽음의 행진', 난징 대학살 등을 생각해보라. 살아 있는 일본 군인을 본 적이 없었고, 일본군에게 학살당한 친척의 시신을 본 적이 없는 미국인들에게도 일본인을 향한 증오심과 두려움이 퍼져 나갔다. 하지만 내 뉴기니 친구들은 친척들의 시신을 두 눈으로 직접 보았다. 수십만의 미국인이 일본인을 죽이겠다며 자진해서 입대했고, 총검과 화염방사기를 비롯한 야만적인 무기로 일본군과 백병전을 벌였다. 일본군을 엄청나게 죽인 군인과 뛰어난 공훈을 세운 군인은 훈장으로 보상을 받았고, 전투에서 전사한 군인들은 고결하게 죽은 영웅인 양 사후에도 기억됐다.

그런데 진주만 공습이 있은 지 4년이 지나지 않아 미국인들은 일본인을 증오하고 죽이는 걸 멈추고, 한동안 미국인의 삶을 지배했던 "진주만을 기억하라!"는 슬로건까지 잊으라는 말을 듣게 됐다. 그 기간에 살았던 많은 미국인이 그전에 배웠던 것과 그 이후에 잊으라고 강요받았던 것 사이에서 갈등하며 평생을 보냈다. 바탄 죽음의 행진에서 살아남은 군인들, 또 참전해서 고향에 돌아오지 못한 친척과 절친한 친구가 있었던 사람들은 얼마나 큰 갈등을 겪었겠는가. 하지만 미국인의 마음에 새겨진 그 유산은 4년간의 경험에서 비롯한 것이었고, 그것도 대부분이 간접적으로 경험한 것이었다. 나는 반일 감정이 팽배하던 2차대전 기간에 어린시절을 보낸 때문인지, 윌리히만 다니족이 위다이아 다니족을 죽이려고 열망하는 모습이 조금도 이상하게 느껴지지 않았다. 그런 사고방식이 교육과 광범위한 직접 경험으로 수십 년 동안 그들에게 주입된 때문이었으니까. 복수심은 바람직한 감정이 아니지만 묵살해버릴 감정도 아니다. 복수심은 이해되고 인정받고, 실제의 복수가 아닌 다른 방식으로 해소돼야 한다.

Jared Diamond

THE WORLD UNTIL YESTERDAY

어린아이와 노인

3

5

어떻게 키우는가

양육법의 비교 – 분만 – 영아살해 – 젖떼기와 분만 간격 – 언제 수유하는가 – 아이와 어른의 접촉 –
아버지와 대리 부모 – 우는 아기를 어떻게 대하는가 – 체벌 – 아이의 자주성 – 복합연령 놀이집단 –
놀이와 교육 – 그들의 아이들과 우리 아이들

양육법의 비교 : 언젠가 뉴기니를 방문해서 나는 에누라는 젊은이를 만났다. 당시 그가 살아온 얘기를 듣고 나는 상당히 놀랐다. 에누가 어린시절을 보낸 지역은 극단적으로 억압적인 양육법을 사용해서, 그곳 아이들은 온갖 의무와 죄책감에 짓눌려 지냈다. 다섯 살이 됐을 때 에누는 그런 생활방식을 견딜 수 없어, 부모와 대부분의 친척들을 떠나 다른 부족의 마을로 이주했다. 다행히 그곳의 친척들이 그를 기꺼이 돌봐주었다. 그가 새로 정착한 부족 마을은 아이들을 그야말로 자유방임적으로 키워서 고향 마을의 풍습과 완전히 달랐다. 어린아이들은 원하면 무엇이든 할 수 있었고, 자신의 행동에 대해 책임져야 한다고 여겼다. 예컨대 아기가 모닥불 옆에서 놀아도 어른들이 간섭하지 않았다. 그 때문인지 그 사회에

길고 날카로운 칼을 가지고 노는 푸메족의 아이. 대다수의 전통 사회에서 어린 아이들은 스스로 결정을 내린다. 현대 사회에서 대부분의 부모들이 자식에게 결코 허용하지 않을 위험한 행동까지도 스스로 결정한다.

는 많은 어른에게 불에 덴 상처가 있었다. 어린시절의 행동이 남긴 유산이었다.

오늘날 서구 산업사회는 이런 극단적인 양육법들을 질겁하며 거부할 것이다. 그러나 에누를 받아들인 사회의 자유방임적 양육법은 수렵채집 사회들에서는 특별한 것이 아니다. 대다수의 수렵채집 사회가 어린아이를 자주적인 주체로 인정하며, 그들의 욕구를 꺾지 않아야 한다고 생각하고, 어린아이들이 날카로운 칼, 뜨거운 항아리, 모닥불 등 위험한 물건을 갖고 노는 걸 말리지 않는다.

왜 우리는 전통적인 수렵채집인, 농경인, 목축인 사회의 육아법에 관심을 가져야 할까? 첫째로는 학문적인 이유에서 관심을 가져야 한다. 어린아이가 한 사회 인구의 절반을 차지하기 때문이다. 사회학자가 인구의 절반을 차지하는 구성원을 무시한다면 그 사회를 올바로 이해했다고 말할 수 없을 것이다. 또 다른 이유는 성인의 삶에서 나타나는 모든 특징이 성장 발달과 관계 있기 때문이다. 따라서 어린아이가 어떻게 한 사회의 관습에 사회화되는가를 알지 못하고는 분쟁 해결이나 결혼 같은 풍습을 제대로 이해할 수 없다.

이런 이유들에서 비서구 사회의 육아법은 연구 대상으로 충분하지만, 그들의 육아법은 지금까지 제대로 연구되지 않았다. 다른 문화를 연구하려고 현장에서 활동한 대다수의 학자가 젊어서 자식을 두지 않았고, 어린아이들을 관찰하며 함께 얘기를 나눈 경험도 없었던 까닭에 주로 성인들을 인터뷰하고 그들의 삶을 기록한 때문이다. 인류학과 교육학과 심리학 등의 학문은 나름의 고유한 이데올로기가 있다. 주어진 시간에는 일정한 연구 과제에 집중하며, 연구할 가치가 있더라도 연구 과제에서 벗어난 현상에는 눈을 돌리지 않아야 한다는 이데올로기이다.

예컨대 폭넓은 비교문화 연구라고 주장하는 아동발달에 대한 연구들에서 대상으로 삼은 독일, 미국, 일본, 중국은 다양한 인간 문화에서 동일한 성격을 띤 지극히 작은 부분에서 표본추출한 사회들에 불과하다. 방금 언급한 문화권들은 중앙집권적인 정부, 특화된 경제, 사회경제적인 불평등이란 특징을 공유한다는 점에서 서로 유사하지만, 인간 문화의 다양성을 대표하지는 못한다. 따라서 이 국가들을 비롯해 현대 국가 사회들은 양육법의 극히 작은 부분만을 보여주며, 역사적인 기준에서 그 양육법은 특이하다. 여기에서 말하는 양육법에는 일상의 삶과 놀이를 통한 학습이 아니라 국가에서 운영하는 학교교육을 통한 학습, 부모와 경찰에 의한 보호, 여러 연령대의 아이가 함께 노는 보육과 달리 같은 연령대의 보육, 한 침대에서 부모와 함께 자지 않고 침실을 따로 사용하는 수면, 유아의 욕구보다 어머니가 결정하는 시간표에 따른 수유 등이 포함된다.

장 피아제와 에릭 에릭슨과 지그문트 프로이트 및 소아과 의사와 아동 심리학자가 제시한 어린아이에 대한 일반론들은 WEIRD 사회의 연구, 특히 대학 교수의 자녀와 대학생을 대상으로 한 연구에 근거한 것이어서, 다른 세계에 그대로 적용하기에는 부적절하다. 예컨대 프로이트는 성충동과 그 충동의 빈번한 좌절을 강조했지만, 이런 심리분석적인 견해는 볼리비아의 시리오노족에게는 적용되지 않는다. 요컨대 자발적인 섹스 파트너는 거의 언제든지 구할 수 있지만, 음식충동과 그 충동의 빈번한 좌절이 만연된 많은 전통 사회에는 적용되지 않는다. 또 사랑과 감정적 지지를 강조했던 과거의 서구 육아법은 아기가 원할 때마다 젖을 먹이는 다른 사회의 관습을 '응석의 지나친 수용'이라 생각하며, 프로이트의 용어를 빌려 "성심리 발달 단계에서 구강기의 지나친 충족"으로 분류했다. 하지만 아기의 요구에 맞춘 수유가 과거에는 거의 보편적인 현상이었고, 지금은 서구 사회에서도 적극적으로 권장되며, 어머니의 편의에 맞춘 간헐적인 수유라는 현대 사회의 관습은 역사적인 관점에서 무척 이례적인 현상이라는 걸 뒤에서 하나씩 살펴볼 것이다.

지금까지 우리는 학문적인 관점에서 전통적인 육아법에 관심을 가져야 할 이유를 살펴보았다. 그러나 학자가 아닌 우리도 전통적인 육아법에 관심을 가져야 할 매력적이고 실질적인 이유들이 있다. 소규모 전통 사회는 육아법에 관련된 방대한 자료를 지니고 있다. 아이를 키우는 법은 수없이 실험해서 얻은 자료들이다. 서구의 국가 사회에서는 에누가 경험했던 극단적인 억압이나 극단적인 자유방임을 규범으로 삼아 실험하는 걸 허용하지 않는다. 어린아이가 불을 갖고 노는 걸 바람직하다고 생각할 사람이 거의 없겠지만, 전통 사회의 육아법에는 신중하게 고려해볼 만한 방법이 많다는 걸 뒤에서 확인할 수 있을 것이다. 따라서 전통적인 육아법을 연구해야 하는 또 하나의 이유는 그들의 육아법에서 교훈을 얻을 수 있기 때문이다. 전통적인 육아법은 서구에서 흔히 사용되는 육아법과 다르지만, 그 사회의 아이들에게 미치는 긍정적인 결과를 알게 되면 전통적인 육아법이 한층 매력적이라 생각하지 않을 수 없을 것이다.

지난 수십 년 전부터, 마침내 소규모 사회의 육아법에 대한 관심이 증가하면서 비교연구가 활발하게 이루어졌다. 따라서 다른 인류학적 연구의 부수적인 연구도 많았지만, 아직도 사냥과 채집으로 생계의 대부분을 얻는 마지막 인간 사회들(아프리카 열대우림의 에페 피그미족과 아카 피그미족, 아프리카 남부 사막지역의 !쿵족, 동아프리카의 하즈다족, 파라과이의 아체족, 필리핀의 아그타족)의 어린아이를 집중적으로 연구한 여섯 건의 논문도 발표됐다. 이 장에서 우리는 소규모 사회의 분만과 영아살해, 젖먹이기와 젖떼기, 유아와 성인의 신체 접촉, 아버지의 역할, 부모 이외에 돌보는 사람들의 역할, 우는 아이에 대한 대응, 어린아이의 체벌, 어린아이의 자주성, 어린아이의 놀이와 교육에 대해 차례로 살펴볼 것이다.

분만

오늘날 서구화된 사회에서 분만은 주로 병원에서 전문적인 훈련을 받은 사람들, 예컨대 의사와 산파와 간호사의 도움을 받으며 이루어진다. 따라서 영아와 산모의 사망률이 무척 낮다. 그러나 전통적인 분만은 달랐다. 의사가 없었기 때문에 영아와 산모가 사망하는 경우가 지금보다 훨씬 많았다.

분만 환경은 전통 사회마다 무척 다르다. 무척 예외적이지만 가장 단순한 경우로 산모가 누구의 도움도 받지 않고 혼자 분만하는 걸 이상적이라 생각하는 사회이다. 예컨대 아프리카 남부 사막지역의 !쿵족 사회에서는 해산을 앞둔 산모는 마을에서 수백 미터를 걸어나가 혼자 아기를 낳는 것이 원칙이다. 첫 아기를 낳는 산모의 경우에는 도와줄 여자가 동반할 수 있지만, 그 이후로 분만할 때는 혼자 아기를 낳아야 한다는 문화적 이상을 따를 가능성이 더 높아진다. 하지만 산모가 혼자 아기를 낳더라도 마을에서 멀리 떨어져 있지 않기 때문에 다른 여자들이 아기의 울음소리를 듣고 탯줄 끊는 걸 도와주려고 달려갈 수 있다. 따라서 그 여자들이 아기를 씻겨서 마을로 데려온다.

브라질의 피라항족(140쪽 사진 참조)도 산모가 거의 언제나 누구의 도움을 받지 않고 아기를 낳는 사회이다. 언어학자 대니얼 에버렛(Daniel Everett)은 언어학자 스티브 셸던의 경험을 인용해서 이런 문화적 이상을 향한 피라항족의 신념을 이렇게 설명해주었다. "바닷가에서 혼자 아기를 낳는 여인에 대한 얘기를 언젠가 스티브 셸던에게 들었다. 분만 과정에서 뭔가 잘못되었는지 아기가 거꾸로 나왔다. 여자는 몹시 괴로워하며 울부짖기 시작했다. '살려주세요, 제발! 아기가 안 나와요!' 여자는 비명을 내질렀지만 피라항 사람들은 묵묵히 앉아 움직이지 않았다. 긴장된 표정을 짓는 사람들도 있었지만, 평소와 다름없이 얘기를 나누는 사람들도 있었다. '죽을 것 같아요! 너무 아파요! 아기가 안 나와요!' 여자가 다시 울부짖었다. 하지만 누구도 움직이지 않았다. 어느덧 오후가 저물어가고 있었다. 스티브가 그녀를 향해 다가가려 하자, 누군가 '멈춰요. 저 여자가 원하는 사람은 당신이 아니라 자기 엄마와 아버지요'라고 소리쳤다. 그러나 그녀의 부모는 주변에 없었다. 게다가 누구도 그녀를 도와주려고 나서지 않았다. 마침내 해가 저물었고, 여자의 울음소리는 여전했지만 훨씬 더 약해졌다. 마침내 울음소리가 그쳤다. 이튿날 아침 셸던은 그녀와 아기가 바닷가에서 죽었다는 얘기를 들었다. 누구의 도움도 받지 못한 채…… [이 비극적인 사건]은 피라항족이 인간은 강해야 하고 혼자 어려움을 이겨내야 한다는 믿음 때문에 젊은 여자를 도와주지 않고 혼자 죽게 내버려두었다는 사실을 우리에게 말해준다."

그러나 전통적인 분만은 대부분의 경우에 다른 여자들의 도움을 받는다. 예컨대 뉴브리튼 섬의 카울롱족은 여자가 월경과 분만하는 과정에서 남자에게 나쁜 영향을 미친다고 생각하기 때문에, 해산을 앞둔 산모는 몇몇 나이 든 여자들과 함께 숲에 마련한 움막으로 옮겨간다. 필리핀 아그타족의 경우, 산모는 집에서 아기를 낳는다. 게다가 마을 사람들이 모두 그 집에 모여들어, 산모와 산파에게 한마디씩 훈수를 둔다("밀어!", "당겨!", "그렇게 하면 안 돼!").

영아살해

영아살해—일반적으로 인정된 영아의 의도적인 살해—는 오늘날 대부분의 국가 사회에서 불법이다. 하지만 많은 전통 사회에서 영아살해는 일정한 조건에서 허용된다. 영아살해라는 풍습이 우리에게는 끔찍하게 여겨지지만, 그 사회들이 영아살해와 관련된 조건에 처할 때 다른 어떤 방법을 동원할 수 있을지 생각해내기 어렵다. 첫 번째 조건은 아기가 기형이나 허약하게 태어날 때이다. 많은 전통 사회가 식량 공급이 부족한 시기를 맞게 되면, 생산력을 지닌 소수의 성인이 비생산적이지만 다수를 차지하는 어린아이와 노인에게 식량을 제공하기가 한층 힘겨워진다. 이런 상황에서 아무것도 생산하지 못하는 입 하나가 증가하면 사회 전체에게 부담일 수 있다.

영아살해와 관련된 또 다른 조건은 짧은 분만 간격이다. 다시 말하면, 아기를 낳은 지 2년이 채 지나지 않아 그 아기가 아직 젖을 떼지 못한 데다 혼자 제대로 움직이지도 못하는 상황에서 다시 아기를 낳은 경우를 뜻한다. 산모가 두 살배기와 갓난아기에게 먹이기에 충분한 젖을 생산할 수도 없고, 주거지를 이동할 때 두 아이를 돌보는 것도 거의 불가능하다. 똑같은 이유로, 수렵채집 사회에서는 여자가 쌍둥이를 낳으면 적어도 한 아이를 죽이거나 방치한다. 인간 진화생태학자 킴 힐(Kim Hill)과 애너 막달레나 후타도(Ana Magdalena Hurtado)가 쿠칭기라는 아체족을 인터뷰한 내용을 인용해보자. "[분민 순시에서] 나 뒤에 태어난 아이는 죽임을 낭했습니다. 분만 간격이 짧았거든요. 내가 너무 어려서 엄마가 그 아기를 죽였어요. 누군가 엄마한테 '갓난아기에게 젖을 주면 큰 아이에게 젖을 주지 못할 거다. 큰 아이에게 젖을 줘야 한다'라고 말했대요. 그래서 엄마가 내 동생, 그러니까 나보다 나중에 태어난 아이를 죽였어요."

아버지가 없거나 죽어서 어머니를 도와주고 아기를 보호해줄 사람이 없는 경우도 영아살해를 피하기 어렵다. 오늘날에도 홀어머니는 살기 힘들지만 과거에는 훨씬 더 힘들었다. 특히 아버지가 대부분의 식량을 마련했고 다른 남자의 폭력으로부터 자식을 보호했기 때문에 아버지가 없으면 아기가 죽을 가능성이 높아질 수밖에 없었던 사회에서, 홀어머니가 자식을 혼자 키우기는 무척 힘들었다.

끝으로, 일부 전통 사회에서 여자에 대한 남자의 비율이 사춘기로 올라갈수록 증가한다. 여아가 소극적인 방치로 죽거나, (예외적인 경우이지만) 목을 졸리거나 따가운 햇살에 방치되거나 산 채로 매장돼 죽임을 당하기 때문이다. 또한 대다수의 사회가 여아보다 남아를 소중하게 생각하는 건 사실이다. 예컨대 아체족의 경우, 남아의 10퍼센트, 여아의 23퍼센트가 10세 이전에 죽임을 당했다. 아버지나 어머니가 없으면, 아체족 아이가 의도적인 살해로 죽임을 당할 가능성이 4배나 증가한다. 그러나 이 경우에도 남아보다 여아가 살해될 가능성이 훨씬 높다. 지금도 여아보다 남아를 선호하는 중국과 인도에서는 태아의 성감별로 여아를 선택적으로 낙태하는 새로운 메커니즘을 활용하기 때문에 남아가 여아보다 압도적으로 많은 편이다.

!쿵족은 산모가 분만과 동시에 영아살해 여부를 결정해야 한다고 생각한다. 사회학자 낸시 하월(Nancy Howell)은 이렇게 말했다. "여자가 혼자 분만해야 하는 풍습 덕분에 산모에게 영아살해 여부를 결정할 수 있는 절대적인 권한이 주어진 것이다. 분만과 동시에, 대체로 아기의 이름을 짓기 전, 아기를 마을로 데려가기 전에 산모는 아기에게 선천적 장애

가 있는지 면밀히 살핀다. 만약 장애가 발견되면 아기를 죽이는 게 산모의 의무이다. 많은 !쿵족에게 들은 바에 따르면, 이런 조사와 결정은 분만 과정에서 반드시 필요한 부분이다. !쿵족은 분만이 삶의 시작이라고 생각하지 않기 때문에 유아살해는 살인이 아니다. 분만 후에 아기에게 이름을 주고, 아기가 마을로 돌아와 사회의 일원으로 받아들여지는 순간부터 준/와(!쿵족 사람)로서 삶이 시작된다. 그 전까지, 영아살해는 산모의 특권이고 책임이다. 문화적으로 규정된 선천적 장애를 지닌 아기와, 쌍둥이 중 하나는 죽어야 한다. 따라서 !쿵족 사회에서 쌍둥이는 전혀 찾아볼 수 없다……."

하지만 영아살해가 전통 사회의 보편적인 현상은 결코 아니다. 오히려 '선의의 무시(benign neglect, 아기를 적극적으로 죽이지 않고, 수유를 아예 중단하거나 젖을 거의 먹이지 않음으로써 혹은 거의 씻기지 않음으로써 아기가 죽게 방치한다는 뜻의 완곡한 표현)'로 죽는 아기보다 적은 편이다. 예컨대 앨런 홀름버그는 볼리비아의 시리오노족과 함께 살면서, 그곳에 유아살해와 낙태가 전혀 없다는 사실에 주목했다. 아기의 15퍼센트가 발목 관절의 이상으로 발바닥이 안쪽으로 향한 발로 태어났고, 그런 아이들은 다섯 명 중 한 명만이 성인까지 살아남아 가족을 꾸렸지만, 그런 아이들도 정상적인 사랑과 보살핌을 받았다.

**젖 떼 기 와
분 만 간 격**

미국에서는 20세기 거의 내내, 모유를 먹는 아기의 비율이 줄곧 줄었고, 젖을 떼는 연령도 낮아졌다. 예컨대 1970년대에는 미국 아이의 5퍼센트만이 모유를 먹었고, 6개월 후에는 젖을 뗐다. 반면에 농경인을 접촉한 적도 없고 농작물을 구경조차 못한 수렵채집인 사회에서는 적절한 유아식품이라곤 어머니의 젖밖에 없어, 요컨대 우유도 없고 유아용 유동식도 없어 아이들은 6개월을 훨씬 넘겨서도 모유를 먹는다. 7곳의 수렵채집인 사회에서 젖을 떼는 연령을 조사한 결과에 따르면, 평균 3세 가량이다. 달리 말하면, 아이가 단단한 식품도 씹어서 충분히 영양을 섭취할 수 있는 연령이다. 단단해도 미리 씹은 음식을 생후 6개월경에도 섭취할 수 있지만, 수렵채집 사회의 아이들은 어머니가 동생을 임신할 때까지 모유를 완전히 떼지는 않는다. 심지어 !쿵족 아이들은 동생이 태어나지 않으면 4세를 넘겨서도 모유를 먹는다. 여러 연구에서 밝혀진 바에 따르면, !쿵족 아이는 젖을 떼는 연령이 높을수록 성인까지 살아남는 확률도 높다. 그러나 유목생활을 하는 수렵채집 사회에서 모유를 떼는 연령과 분만 간격은 평균 2년 6개월인 반면에 정주생활을 하는 농경 사회와, 농경인과 거래하는 수렵채집 사회에서는 그 평균이 2년으로 줄어든다. 농경인에게는 모유를 대신할 수 있는 가축의 젖과 부드러운 곡물죽이 있기 때문이다. 예컨대 지난 수십 년 전부터 세계의 많은 종족이 그랬듯이, !쿵족도 정주생활을 시작하며 농경인이 된 후로 분만 간격이 3년 6개월에서, 농경인의 전형인 2년으로 신속히 줄어들었다.

유목생활을 하는 수렵채집인들이 긴 분만 간격을 택하게 된 궁극적인 진화적 요인과 준(準)생리적 메커니즘에 대해서는 지금까지 많은 연구가 있었다. 궁극적인 원인은 두 가지로 정리되는 듯하다. 첫째, 모유를 대신할 젖소와 곡물죽이 없기 때문에 산모는 아기에게 생후 3년 이후에도 젖을 먹일 수밖에 없지만 갓난아기와 아직 젖을 떼지 않은 아이, 둘 모두에게 배불리 먹일 만큼의 젖을 생산할 수 없다. 산모가 노력하더라도 한 아이는 젖의 부족으로 굶주려 죽을 가능성이 크다.

둘째, 아이가 4세 정도가 되면 무리가 거주지를 이동할 때 혼자서도 부모에게 뒤지지 않게 빨리 걸을 수 있다. 그보다 어린 아이는 안거나 업어서 이동해야 한다. 체중이 40킬로그램에 불과한 !쿵족 여인이 12.5킬로그램 정도인 4세 미만의 아이를 안고 걸어야 한다고 생각해보라. 아이만이 아니라 7~18킬로그램의 식량과 3~4킬로그램의 물, 게다가 가재도구까지 짊어져야 한다. 이것들만으로 엄청난 짐이다. 그런데 갓난아기까지 더해진다면 훨씬 부담스러울 것이다. 따라서 유목하던 수렵채집인들이 정착해서 농경인이 된 이후에 분만 간격이 급속히 줄어든 데도 진화적 요인이 크게 작용한 것으로 판단된다. 대부분의 농경인은 항구적인 마을에서 거주하기 때문에, 유목인처럼 거주지를 옮길 때마다 4세 미만의 아이들까지 데리고 다녀야 하는 문제를 겪을 필요가 없다.

젖을 떼는 연령이 이처럼 늦다는 것은, 수렵채집 사회에서는 어머니가 한 아이를 키우는 데 육체적이고 감정적인 에너지를 한껏 쏟는다는 뜻으로 해석된다. 따라서 서구의 관찰자들은 !쿵족 아이가 어머니와의 친밀한 관계를 유지하고, 어머니의 보살핌을 수년 동안 독점하여 어린시절 정서적인 안정을 꾀할 수 있고, 그런 안정감은 !쿵족 성인의 정서적 안정감으로 이어질 거라는 인상을 받는다. 그러나 수렵채집 사회에서도 어린아이는 젖을 뗄 때 정신적 충격을 받을 수 있다. 짧은 시간 내에 어머니의 보살핌이 줄어들고, 모유를 먹지 못해 굶주림에 시달리며, 밤이면 잠자리에서 어머니의 옆자리를 갓난아기에게 양보해야 하기 때문이다. 게다가 곧 성인의 세계로 들어가야 한다는 압박감도 가중된다. 따라서 젖을 뗀 !쿵족 아이는 서글퍼하며 짜증을 부린다. 노인이 된 후에도 70년 전 젖을 떼던 때를 고통스런 경험이었다고 회상할 정도이다. 피라항족의 거주지에서는 밤이면 어린아이들이 울부짖는 소리가 가끔 들린다. 십중팔구 젖을 떼는 과정에 있는 아이들이 우는 소리이다. 하지만 일반적으로 전통 사회의 아이가 현대 미국 아이보다 늦은 나이에 젖을 떼는 건 사실이지만, 그 패턴은 전통 사회마다 다르다. 예컨대 보피 피그미족과 아카 피그미족 아이들은 점진적으로 젖을 떼기 때문에 젖떼기로 인한 짜증이 거의 없다. 또한 어머니보다 아기가 먼저 젖을 멀리하는 경우가 많다.

**언제
수유하는가**

수렵채집인이 긴 분만 간격을 택한 두 가지 궁극적인 원인에서, 서너 살 간격인 두 아이를 동시에 돌볼 수 없다는 준생리적 메커니즘이란 문제가 제기된다. 하나는 앞에서 언급한 방치나 영아살해이다. 수렵채집 사회에서, 아이가 두 살 반이 되지 않은 때 임신한 어머니는 두 아이를 똑같이 돌볼 수 없다는 걸 알기 때문에 갓난아기를 방치하거나 죽이기도 한다. 다른 하나는, 서구 사회에서는 어머니의 편의에 맞추어 간헐적으로 수유하지만 수렵채집 사회에서는 아기의 요구에 따라 빈번하게 수유해야 하는 어머니의 생리적 메커니즘 때문에도 젖을 먹이는 어머니가 그 기간에 섹스를 하더라도 임신할 가능성이 낮다.

수렵채집 사회의 수유법을 연구한 결과에 따르면, 수유는 아기의 요구가 있을 때마다 이루어진다. 달리 말하면, 아기는 어머니의 가슴에 언제라도 안길 수 있다는 뜻이다. 낮에는 어머니의 품에 안겨 있고 밤에는 어머니의 옆에서 잠을 자기 때문에, 어머니가 깨어 있든 않든 간에 원하면 언제라도 젖을 빨 수 있다. 예컨대 !쿵족의 아이들을 관찰한 결과에 따르면, 낮에는 시간당 평균 4번 젖을 빨았고, 수유 시간은 평균 2분이었다. 하루로 계산하면 평균 14분마다 젖을 빨았다. 어머니는 한밤중에도 두 번 이상 일어나 아기에게 젖을 물렸고, 아기는 밤에도 어머니를 깨우지 않고 서너 번씩 젖을 빨았다. 이처럼 아기의 요구에 따라 끊임없이 젖을 물리는 관계는 적어도 생후 3년 동안 계속된다. 반면에 현대 사회에서는 대다수 혹은 대부분의 어머니가 이런저런 일을 하기 때문에 자신의 시간표에 맞추어 아기에게 젖을 물린다. 또한 어머니가 밖에서 일하든 집에서 가사일에 전념하든 간에 적잖은 시간을 아기와 떨어져 있을 수밖에 없다. 따라서 아기에게 젖을 먹이는 횟수가 수렵채집인 어머니의 경우보다 훨씬 적어서 개별적인 수유 시간은 더 길어지고, 수유 간격도 더 뜸해진다.

수렵채집인 어머니는 잦은 수유로 생리적 현상에 영향을 받는다. 위에서 언급했듯이, 젖을 먹이는 수렵채집인 어머니들은 분만 후에 섹스를 다시 시작해도 수년 동안 임신하지 않는다. 아기의 요구에 따라 수유하는 행위와 관련된 무엇인가가 피임약 역할을 하는 게 분명하다. 첫째로는 '수유성 무월경(lactational amenorrhea)'을 가정해볼 수 있다. 젖을 빠는 행위가 젖의 분비를 자극히는 동시에 배란을 억제하는 보성 호르몬을 분비하게 한다는 가정이다. 그러나 이런 식으로 배란을 억제하려면 잦은 수유가 계속돼야 한다. 하루 수차례의 수유로는 충분하지 않다. 둘째는 '임계지방 가정(critical-fat hypothesis)'이다. 배란을 위해서는 어머니의 지방 수치가 일정한 임계 문턱을 넘어서야 한다는 가정이다. 식량이 충분하지 않는 전통 사회에서, 젖을 먹이는 어머니는 젖을 만들어내는 데 많은 열량을 소비하기 때문에 지방 수치가 그 임계값을 항상 밑돌기 마련이다. 따라서 수렵채집 사회에서 수유하는 어머니와 달리, 서구 산업사회에서 수유하는 어머니가 섹스를 하면 두 가지 이유에서 임신할 가능성이 높다. 첫째로는 수유의 빈도가 너무 낮아 수유성 무월경을 유도할 정도로 호르몬이 분비되지 않기 때문이고, 둘째로는 산모들이 영양을 충분히 섭취해서 수유로 많은 열량을 소비해도 체지방수치가 배란을 위한 임계치를 항상 웃돌기 때문이다. 서구의 산모들은 교육을 많이 받아 수유성 무월경에 대해서는 자주 들었겠지만, 수유성 무월경이 잦은 수유에서만 가능하다는 걸 알고 있는 산모는 거의 없다. 얼마 전, 나와 알고 지내는 한 여성이 첫 아기를 낳고 몇 달이 지나지 않아 다시 임신한 걸 알고는 깜짝 놀라서 "수유를 하는 동안에는 임신이 안 되는 걸로 알았는데!"라고 소리치며, 현대 사회의 다른 여성들과 똑같은 반응을 보였다.

   수유의 빈도는 포유동물 사이에서도 다르다. 침팬지와 대부분의 영장류, 박쥐, 캥거루 등 일부 포유동물은 지속적으로 수유한다. 반면에 토끼와 영양처럼 불연속적으로 수유하는 포유동물들도 많다. 어미 토끼와 영양은 먹이를 구하려고 나갈 때 새끼를 풀이나 굴에 감춰두고 한참 후에 돌아와서 새끼에게 젖을 물린다. 따라서 하루 평균 서너 번에 불과하다. 수렵채집인은 연속적으로 수유한다는 점에서 침팬지와 구세계원숭이와 비슷하다. 그러나 우리는 그 패턴을 영장류 조상으로부터 물려받아 침팬지와 다른 가지로 분화하여 진화되는 과정에서 수백만 년 동안 유지했지만, 농업이 등장한 이후로 수천 년만에 어머니와 아기를 떼어놓는 생활방식이 발달하면서 본래의 수유법까지 달라졌다. 요즘의 어머니들은 생리학적으로 여전히 침팬지와 구세계원숭이처럼 젖을 분비하는 몸을 지니고 있지만, 토끼처럼 아기에게 젖을 물리는 습관에 길들여졌다.

**아이와
어른의 접촉**

포유동물의 세계에서, 새끼가 어른(특히 어미)과 접촉하며 보내는 시간의 차이는 수유 빈도의 차이와 밀접한 관계가 있다. 불연속적으로 수유하는 포유동물종의 경우, 새끼는 젖을 빨고 보살핌을 받는 짧은 시간 동안에만 어미와 접촉한다. 반면에 연속적으로 수유하는 포유동물종의 경우, 어미는 식량을 구하러 나갈 때도 새끼를 데리고 다닌다. 어미 캥거루는 새끼를 항상 육아주머니에 넣고 다니며, 어미 박쥐는 비행하는 동안에도 새끼를 배에 안고 다닌다. 어미 침팬지와 구세계원숭이는 새끼를 항상 등에 업고 다닌다.

현대 산업사회에서, 우리는 토끼와 영양의 패턴을 따른다. 요컨대 어머니나 다른 사람이 아기를 끌어안고 젖을 먹이거나 함께 놀아줄 뿐, 항상 함께 지내지는 않는다. 아기는 낮 시간의 대부분을 침대나 놀이 울타리에서 보내고, 밤에도 부모의 침실과 독립된 침실에서 혼자 잠을 잔다. 하지만 인류의 역사에서 보면, 우리는 거의 모든 시간을 영장류 원숭이의 패턴을 따랐지만 지난 수천 년 전부터 바뀌기 시작했다. 현대 수렵채집인들을 관찰한 연구에 따르면, 아기는 거의 하루 종일 어머니나 다른 사람과 함께 지낸다. 어머니가 외출할 때는 아기용 운반도구에 아기를 데리고 나간다. !쿵족의 아기띠, 뉴기니의 망태기, 북반구 온대지역의 지게식 요람이 대표적인 예이다. 대부분의 수렵채집인, 특히 온화한 기후권에서 살아가는 수렵채집인은 아기와 끊임없이 스킨십을 한다. 지금까지 알려진 모든 인간 수렵채집인 사회와 고등 영장류 사회의 어머니와 아기는 같은 침대나 같은 요에서 바싹 붙어 잠을 잔다. 90곳의 전통 사회를 비교문화적 관점에서 연구한 결과를 보면, 어머니와 아기가 각자 다른 방에서 잠을 자는 경우가 단 한 건도 없었다.

서구 사회의 현재 관습은 밤잠을 자지 않는 아기 때문에 힘들어하던 부모들이 아기를 재우려는 노력 끝에 고안해낸 것이다. 요즘 미국의 소아과 의사들은 아기가 짓눌릴 수도 있고 부모의 체온에 지나치게 열을 받을 수도 있기 때문에 아기를 부모와 같은 침대에서 재우지 말라고 권고한다. 그러나 인류의 역사에서 수천 년 전까지만 해도 실질적으로 모든 아기가 어머니와 아버지와 같은 침대에서 잠을 잤지만, 소아과 의사들이 겁내는 끔찍한 사고가 있었다는 보고는 거의 없었다. 어쩌면 그런 위험을 예방하려고 수렵채집인들은 단단한 바닥이나 단단한 요에서 잠을 자는 것일지도 모른다. 요즘의 폭신한 침대에서는 아버지나 어머니가 뒤척이다가 아기를 짓누를 가능성이 더 크다.

예컨대 !쿵족 아이는 생후 1년 동안 90퍼센트의 시간을 어머니나 돌봄이와 피부를 맞대며 보낸다. !쿵족 어머니는 외출할 때도 아기를 데리고 다닌다. 어머니가 아기를 다른 돌봄이에게 맡길 때에나 아기는 어머니에게서 떨어진다. 1.5세 이후부터 아기는 더 자주 어머니와 떨어져 지내기 시작하지만, 이런 이탈은 아기가 다른 아이들과 놀려고 거의 언제나 먼저 시작한다. !쿵족 사회에서 어머니가 아닌 다른 돌봄이와 아기의 하루 접촉 시간이, 서구 사회에서 아이가 어머니를 포함해 누군가와 접촉하는

요즘의 유모차에서는 아기와 돌봄이의 신체 접촉을 기대할 수 없다. 또 아기가 뒤쪽을 보고, 허리를 수직으로 세우지 못하고 거의 수평으로 누워 있어야 한다.

모든 시간을 넘어선다.

서구 사회에서 아기를 데리고 다닐 때 가장 흔히 사용하는 도구는 유모차이다. 유모차로는 아기와 돌봄이의 신체 접촉을 기대할 수 없다(위의 사진 참조). 대부분의 유모차에서 아기는 거의 누운 자세를 취하고, 어머니와 얼굴을 마주보는 구조를 지닌 유모차도 간혹 눈에 띈다. 따라서 아기는 돌봄이가 세상을 보는 방향으로 세상을 보지 못한다. 미국에서는 수십 년 전부터, 아기용 포대기와 배낭형 아기띠와 가슴 주머니 등 아기

전통 사회에서는 아이를 똑바로 세워서 정면을 바라보게 하는 식으로 안고 다니며 신체 접촉을 한다. 따라서 아이가 돌봄이와 같은 시야를 확보할 수 있다. 누이에게 안겨 있는 푸메족 아기.

를 똑바로 세워서 안거나 업고 다니는 도구들이 한층 흔해졌지만, 대다수의 도구가 아기를 뒤쪽으로 향하게 하는 구조이다. 그러나 전통 사회에서는 아기를 어깨 위에 얹거나 아기띠 같은 도구로 아기를 똑바로 세우고 정면을 바라보게 하는 식으로 업기 때문에 아기가 돌봄이와 같은 방향으로 세상을 바라볼 수 있다. 돌봄이가 걸을 때도 신체 접촉을 계속하고, 돌봄이와 똑같은 시야를 공유하며, 똑바른 자세로 옮겨지기 때문에 !쿵족 아이들은 신경운동계의 발달이 미국 아이들에 비해서 빠르다.

온난한 기후권에서는 발가벗은 아기와 거의 발가벗은 어머니의 지속적인 신체 접촉이 얼마든지 가능하지만, 한랭한 기후권에서는 현실적으로 상당히 어렵다. 따라서 전통 사회의 거의 절반, 온대 기후권의 거의 모든 전통 사회는 아기를 단단히 감싼다. 다시 말하면, 따뜻한 포대기로 찬바람이 들어가지 않도록 아기를 감싼다. 포대기에 싸인 아기는 지게식 요람(cradleboard)이라 일컬어지는 판자에 끈으로 묶여진다. 이런 방법은 과거에 세계 전역, 주로 고위도권의 사회에서 널리 사용됐다. 포대기로 감싸서 지게식 요람에 묶는 방법은 아기를 찬바람에서 보호하고 아기가 몸과 팔다리를 마음대로 움직이지 못하게 하려는 생각이 바탕에 깔려 있다. 나바호족 어머니들의 설명에 따르면, 지게식 요람을 사용하는 목적은 아기를 잠들게 유도하고, 이미 잠든 아이라면 지게식 요람에 가만히 옮겨서 계속 잠자게 하려는 데 있다. 또 나바호족 어머니들은 지게식 요람에는 아기가 잠자는 동안 갑자기 경련을 일으키며 잠을 깨는 걸 예방하는 효과도 있다고 덧붙인다. 나바호족 아기는 생후 6개월 동안 지게식 요람에서 60~70퍼센트의 시간을 보낸다. 지게식 요람은 과거에 유럽에서도 널리 사용됐지만, 수세기 전부터 사라지기 시작했다.

    대다수의 현대인은 지게식 요람과 포대기를 혐오스럽게 생각한다. 얼마 전부터 포대기가 다시 유행하기 시작했으니 혐오스럽게 생각했다는 표현이 더 정확하겠다. 우리는 개인의 자유를 무척 소중하게 생각한다. 지게식 요람과 포대기가 아기의 개인적인 자유를 속박하는 것은 사실이다. 또 우리는 지게식 요람과 포대기가 아동의 발육을 저해하고 영구적인 심리적 피해를 안긴다고 생각한다. 그러나 실제로는 그렇지 않다. 지게식 요람에서 지낸 나바호족 어린아이와 그렇지 않은 나바호족 어린아이 사이에, 또 지게식 요람에서 지낸 나바호족 어린아이와 근처의 미국

어린아이 사이에 혼자 걷는 연령의 차이도 없고, 신경운동계의 발달 차이도 없으며 성격 차이도 없다. 따라서 지게식 요람을 없앤다고 개인의 자유를 누리고 격려를 받으며 신경운동계를 발달시키는 데 실질적인 이점이 있다고 말할 수 없다. 그 이유를 설명하자면, 아기가 기어다니기 시작하는 연령이 되면 하루의 절반을 지게식 요람에서 벗어나서 보내고, 잠잘 때에만 대부분의 시간을 지게식 요람에서 보내기 때문이라고 여겨진다. 오히려 아이를 지게식 요람에 묶어둠으로써 어머니가 어디를 가든 아이는 항상 어머니 곁에 있을 수 있다. 따라서 밤이면 다른 방에서 혼자 자고, 유모차를 타고 이동하며, 낮에는 유아용 놀이 울타리 안에 혼자 남겨지는 서구의 아이들이 지게식 요람에서 지내는 나바호족 아이들보다 사회적으로 더 소외된 셈이다.

**아버지와
대리 부모**

동물의 세계에서 새끼를 돌보는 데 수컷이 관여하는 정도는 동물종에 따라 무척 다르다. 한쪽 끝에는 타조와 해마처럼 수컷이 암컷을 수정시키면 암컷이 알을 낳은 후에는 떠나 버려서 알을 품는 역할과 부화된 후손을 돌보는 일을 전적으로 수컷이 떠맡는 종들이 있다. 반대편 끝에는 대다수의 포유동물과 몇몇 조류가 있다. 수컷은 암컷을 수정시킨 후에 그 암컷을 버리고 다른 암컷을 찾아간다. 따라서 양육의 모든 부담이 암컷에게 짊어지워진다. 원숭이와 영장류의 대부분은 두 극단 사이에 있지만 후자 쪽에 더 가깝다. 수컷이 암컷과 새끼들과 더 큰 무리의 일원으로 함께 살지만 새끼를 보호하는 역할 이외에 다른 역할은 거의 하지 않는다.

　인간 세계에서 부모의 보살핌은 타조의 기준에서 보면 미약하지만, 원숭이와 영장류의 기준에서 보면 상당한 편이다. 그러나 지금까지 알려진 모든 인간 사회에서 자식을 돌보는 데 관여하는 아버지의 몫은 어머니의 몫보다 적다. 하지만 대부분의 인간 사회에서 아버지는 식량을 제공하고 가족을 보호하며 교육을 책임지는 중요한 역할을 한다. 따라서 일부 사회에서는 생물학적 아버지가 사망하면 자식의 생존 가능성이 크게 떨어진다. 또 아버지는 유아보다 어느 정도 성장한 자식, 특히 아들에게 더 큰 관심을 쏟는 경향을 띤다. 현대 사회에서 아버지는 기저귀를 갈고 엉덩이와 코를 닦아주며 아기를 목욕시키는 등 양육의 많은 부분을 어머니에게 떠넘긴다.

　인간 사회에서도 아버지가 양육에 참여하는 정도는 해당 사회의 생활 환경에 따라 무척 다르다. 여자가 식량의 대부분을 획득하는 데 시간을 투자하는 사회에서 아버지의 참여가 가장 높다. 예컨대 아카 피그미족 아버지는 지금까지 연구된 어떤 인간 사회의 아버지보다 자식을 직접적으로 돌보는 데 더 많은 시간을 투자한다(108쪽 사진 참조). 아카 피그미족 사회에서는 어머니가 식물을 채취할 뿐 아니라 그물로 짐승을 사냥하는 데도 참여하기 때문이다. 대체로 아버지가 자식을 양육하고 여자가 식량 공급에 기여하는 정도는 목축 사회보다 수렵채집 사회에서 더 높다. 뉴기니 고원지대와 아프리카 반투족 사회에서 아버지가 자식을 직접 돌보는 수준은 낮은 편이다. 남자들이 전사가 되어 공격적인 다른 무리로부터 가족을 지키는 데 많은 시간과 정체성을 할애하기 때문이다. 뉴기니의 많은 고원지대에서 남자들은 6세가 넘은 아들을 데리고 남자들만의 집에서 따로 사는 게 전통이었다. 물론 여자들은 딸과 어린 아들을 데리고 별도의 움막에서 살았다. 게다가 남자들과 소년들은 각자의 부인과 어머니가 남자들의 집으로 가져온 음식을 자기들끼리만 먹었다.

어머니와 아버지가 아닌 돌봄이는 양육에서 어떤 역할을 했을까? 현대 서구 사회에서는 부모가 자식을 주도적으로 돌보는 역할을 한다. '대리 부모(allo-parents)', 즉 생물학적 부모는 아니지만 어느 정도 돌봄이 역할을 하는 사람들의 역할은 수십 년 전부터 줄어들고 있는 추세이다. 가족들이 이제 더 자주 더 먼 거리를 이주해서 근처에 살던 할아버지와 할머니, 고모와 고모부를 옛날처럼 언제라도 만날 수 없기 때문이다. 그렇다고 베이비시터와 학교 교사, 조부모와 나이가 더 많은 형제자매가 돌봄이로서 중대한 역할을 할 수 있다는 걸 부인하는 것은 아니다. 하지만 전통 사회에서는 대리 부모가 훨씬 더 중요하고, 생물학적인 부모가 주도적인 역할을 하지 않는다.

수렵채집인 무리사회에서 대리 부모는 출생 직후부터 개입하기 시작한다. 아카 피그미족과 에페 피그미족 사회에서 갓난아기는 모닥불을 둘러싼 성인들과 나이 많은 아이들에게 차례로 건네지며 입맞춤을 받고 무릎 위에 앉혀지며 축복의 노래와 기도를 듣는다. 인류학자들은 갓난아기가 그런 식으로 몇 바퀴가 돌려지는지 계산을 해보았다. 에페 피그미족과 아카 피그미족의 경우에는 시간당 평균 8바퀴였다. 수렵채집 사회의 어머니들은 아버지와 대리 부모의 도움을 받아가며 아기를 돌본다. 조부모, 고모와 대고모, 다른 어른들, 나이가 더 많은 형제자매가 주로 대리 부모 역할을 한다. 인류학자들은 전통 사회에서 아기를 돌보는 데 관여하는 돌봄이의 수를 측정했다. 생후 4개월 된 에페 피그미족 아기의 경

손자를 업고 먹을 것을 구하려고 나선 하즈다족 할머니. 전통 사회에서 노인이 소중한 존재로 여겨지는 이유의 하나는, 노인이 손자를 돌보며 먹을 것을 구해주기 때문이다.

우는 14명, 아카 피그미족 아기의 경우에는 7~8명이었다. 이것도 서너 시간 동안만 관찰해서 얻은 숫자에 불과하다.

많은 수렵채집 사회에서, 늙은 조부모가 거주지에서 어린아이들과 함께 지낸다. 따라서 부모가 홀가분하게 밖에 나가 식량을 채취할 수 있다. 아이들은 한 번에 며칠, 심지어 수주까지 조부모에게 맡겨지기도 한다. 하즈다족의 경우, 할머니의 보살핌을 받는 아이들이 그렇지 않은 아이들보다 체중이 빨리 증가한다. 많은 전통 사회에서 고모와 고모부, 이모와 이모부도 대리 부모로서 중요한 역할을 한다. 예컨대 아프리카 남부의 오카방고 델타에 사는 반투족의 경우, 소년에게 가장 큰 영향을 미치는 남자는 아버지가 아니라 외삼촌, 특히 어머니의 큰오빠이다. 많은 사회에서 남매는 서로 자식들을 돌본다. 농경 사회와 목축 사회에서는 손위 형제자매, 특히 손위 누이가 어린 동생들의 돌봄이로서 주된 역할을 한다(274쪽 사진 참조).

브라질의 피라항족과 오랜 시간을 함께 살았던 대니얼 에버렛은 "피라항족 아이와 미국 아이의 가장 큰 차이라면, 피라항족 아이들은 마을 사람들 모두가 친척이어서 마을 곳곳을 돌아다니면서 모두에게 어떤 식으로든 보살핌을 받는다는 것이다"라고 말했다. 페루의 요라족 아이들은 부모가 아닌 친척들과 식사의 거의 절반을 함께한다. 내 미국 선교사 친구의 아들은 뉴기니의 작은 마을에서 모든 어른을 '삼촌'과 '숙모'로 생각하며 어린시절을 보낸 후, 고등학교에 입학하려고 미국에 돌아왔을 때 대리 부모가 없는 환경에 큰 충격을 받았다고 한다.

소규모 사회의 아이들은 나이가 들면, 먼 곳에 사는 친척들을 찾아다니며 길에서 많은 시간을 보낸다. 나는 뉴기니에서 새를 관찰하는 동안, 다른 마을로 이동하려고 장비들을 옮겨줄 짐꾼들을 고용했는데 그때 그런 사례를 직접 경험했다. 어떤 마을에 도착한 후, 그곳까지 내 장비를 짊어지고 온 짐꾼들의 대부분이 떠났다. 그래서 어리더라도 작은 꾸러미를 운반하면서 돈을 벌고 싶은 사람들에게 도움을 구할 수밖에 없었다. 가장 어린 자원자는 열 살에 불과한 탈루라는 소년이었다. 이틀 동안 마을을 떠나 있어야 할 여정이었다. 그러나 강물이 범람해서 산길이 막히는 바람에 우리는 일주일이나 지체해서 목적지에 도착했다. 나는 다시 나와 함께 지내며 도와줄 사람을 구해야 했다. 이번에도 탈루가 자원하고 나섰다. 결국 내가 관찰을 끝낼 때까지 탈루는 거의 한 달을 나와 함께 지냈고, 그 후에야 고향 마을로 돌아갔다. 탈루가 나를 처음 따라나설 때 그의 부모는 마을에 없었다. 따라서 부모가 여행에서 돌아오면 마을 사람들이 부모에게 그가 며칠 예정으로 여행을 떠났다고 말해줄 거라는 걸 알았던 까닭에 탈루는 나를 따라나선 것이었다. 또 짐꾼으로 함께 출발한 마을 친구들이 일주일 후에 고향에 돌아가서, 그의 부모에게 그가 일주일보다 길지만 확실하지 않은 기간 동안 여행을 하게 될 거라고 알려주리라는 것도 알았다. 10세 소년이 불확실한 기간 동안의 여행을 혼자 결정하는 걸 당연하게 여기는 것이 분명했다.

일부 사회에서는 부모와 동행하지 않는 아이의 긴 여행이 때로는 공인된 입양으로 훨씬 길어지기도 한다. 예컨대 안다만섬 아이들은 9세나 10세가 되면 부모와 계속해서 함께 사는 경우가 무척 드물다. 주로 이웃한 마을의 양부모에게 입양되어 두 마을 간의 우호적인 관계를 유지하는 도구로 사용된다. 알래스카 이누피아크족 사회에서는 아이가 다른 마을로 입양되는 경우가 많았지만, 같은 무리 내에서도 입양이 이루어졌다. 요즘 제1세계에서 입양은 주로 입양된 아이와 양부모를 맺어주는 역할을 한다. 따라서 생물학적 부모와 아이의 관계, 혹은 생물학적 부모와 양부모의 관계를 미리 차단하기 위해서 얼마 전까지도 양부모에게 생물학적 부모의 신분을 알려주지 않았다. 하지만 이누피아크족의 경우에는 입양이 두 집안, 혹은 두 무리를 맺어주는 역할을 했다.

따라서 소규모 사회에서는 자식에 대한 책임이 생물학적 부모를 넘어 많은 사람에게 분산된다는 점이 소규모 사회와 대규모 사회의 주된 차이이다. 대리 부모는 추가로 식량과 보호를 제공한다는 점에서 물질적으로도 중요하다. 실제로 세계 전역에서 행해진 연구들은 대리 부모의 존재가 아이의 생존 가능성을 높여준다고 한목소리로 인정한다. 그러나 대리 부모는 아이에게 추가로 사회적인 영향력을 행사하며 본보기 역할을 한다는 점에서 심리적으로도 중요하다. 소규모 사회를 직접 방문해서 연구한 인류학자들은 어린아이들의 조숙한 사교적 능력을 보고 깊은 인상을 받았다며, 많은 대리 부모와의 관계에서 그 이유를 부분적으로 설명할 수 있을 거라고 생각한다.

대리 부모라는 존재는 산업사회에서도 긍정적인 역할을 할 수 있다. 미국의 사회복지가들의 지적에 따르면, 다세대로 이루어진 대가족에서 사는 아이들은 대리 부모의 보살핌을 받는다. 저소득 미혼모는 어머니로서 경험도 없고 태만한 편이지만, 할머니나 손위 형제자매가 옆에 있으면, 혹은 훈련받은 대학생이 정기적으로 방문해서 미혼모의 아이와 놀아주면, 그 아이도 정상적으로 발달하고 정상적인 인지 능력을 갖출 수 있다. 이스라엘 키부츠와 훌륭한 탁아소의 많은 돌봄이도 똑같은 기능을 한다. 나는 내 친구들에게, 완고한 부모 밑에서 컸지만 사회적으로나 인지적으로나 뛰어난 성인으로 성장한 아이들에 대한 얘기를 많이 들었다. 그들은 건강하게 성장할 수 있었던 이유로 부모보다 자신을 응원해준 어른과의 규칙적인 접촉을 꼽았다. 그 어른이 피아노 레슨을 위해 일주일에 한 번 만난 피아노 선생에 불과한 경우도 있었다.

:
**우는 아기를
어떻게 대하는가**

우는 아이를 어떻게 대하는 게 최선인가를 두고 소아과 의사들과 아동심리학사들이 오랫동안 설전을 벌였다. 물론 부모는 아이가 아파서 우는 건지 정말로 어떤 도움이 필요해서 우는 건지 먼저 살펴야 한다. 그러나 어떤 문제도 없다면, 우는 아이를 안고 달래주는 것이 나을까, 아니면 아이가 아무리 오래 울어도 울음을 그칠 때까지 내버려둬야 할까? 부모가 아이를 모른 체하고 방을 나가버리면 아이가 더 울지 않을까? 오히려 아이를 계속 달래면 아이가 더 울지 않을까?

이 문제에 접근하는 철학은 서구 국가들도 제각각이며, 같은 국가에서도 세대마다 다르다. 나는 약 50년 전에 독일에서 살았다. 당시 독일에는 아이가 울다가 지치게 내버려둬야 하고, '이유 없이' 우는 아이를 달래는 건 해롭다는 생각이 팽배했다. 여러 연구에서도 밝혀졌지만, 독일에서는 아이가 울면 세 번 중 한 번 정도를 무시하거나 부모가 10~30분 간격으로만 반응을 보였다. 또 부모가 쇼핑하려고 외출하거나 다른 방에서 일하면 독일 아이들은 유아용 침대에 혼자 오랫동안 남겨졌다. 독일 부모들은 어린아이도 '젤프슈텐디히카이트(Selbständigkeit, 대략 '자립정신'이란 뜻)'와 '오르드눙스리베(Ordnungsliebe, 직역하면 '질서의 사랑'으로, 타인의 바람에 응하는 마음과 극기심이란 뜻까지 포함된다)'를 가능한 한 빨리 배워야 한다고 입버릇처럼 말했다. 독일 부모들은 미국 부모들이 아이의 울음에 지나치게 민감하게 반응하기 때문에 아이들을 망친다고 생각했다. 독일 부모들은 지나친 관심이 아이를 '페어뷘트(verwöhnt, 독일어에서 아이에 관련해서 무척 중요하지만 바람직하지 않은 단어로 '망지다, 응석받이가 되다'는 뜻)' 하게 만든다고 생각했다.

1920년부터 1950년까지는 미국과 영국의 도시 부모들도 당시 독일 부모와 비슷하게 생각했다. 소아과 의사들과 그 밖의 전문가들은 미국 어머니들에게, 규칙적인 시간표와 청결이 아이에게는 무엇보다 중요하고, 신속한 반응은 아이를 망치기 십상이며, 아이에게 가능하면 빨리 혼자 놀고 감정을 억제하는 법을 터득하는 것이 필수적이라고 가르쳤다. 인류학자 세라 블래퍼 허디(Sarah Blaffer Hrdy)는 아이의 울음에 대응하는 법에 관련해서 20세기 중엽 미국을 지배하던 철학을 다음과 같이 요약했다. "내 어머니의 시대에 교육받은 여성들은 아기가 운다고 곧바로 달려가서 아기를 달래면 아기가 더 울 뿐이고 아기를 응석받이로 만든다고 믿었다." 내가 쌍둥이 아들을 키우던 1980년대에도 이런 철학이 지배적이었다. 아이를 재우려 할 때 아이가 울면 어떻게 대처해야 할까? 이런 질문을 할 때마다 우리 부부는 아기들에게 잘 자라는 입맞춤을 하고, 우리가 떠나는 걸 알고는 아기들이 서럽게 울더라도 무시하고 아기들의 침실에서 조용히 나오라는 조언을 들었다. 대신 10분 후에 돌아가 아기들이 진정하기를 기다렸다가 다시 조용히 나오고, 그 때문에 아기들이 또다시 서럽게 울더라도 무시하라는 조언도 덧붙였다. 우리는 그 조언에 등골이 섬뜩했다. 다른 많은 부모도 우리와 똑같은 시련을 겪었을 것이고, 이런 실랑이는 아직도 계속되고 있다.

그러나 수렵채집 사회의 아이들을 관찰한 학자들의 공통된 보고에 따르면, 아기가 울기 시작하면 부모가 즉각적으로 반응한다. 예컨대 에페 피그미족 아기가 칭얼대기 시작하면 어머니나 다른 돌봄이가 10초 내에 아기를 달래려고 애쓴다. !쿵족 사회에서는 아기가 울면, 거의 언제나 10초 내에 반응이 있었고, 88퍼센트의 경우에는 3초 내에 반응이 있었다(쓰다듬어 주거나 젖을 물렸다). 어머니는 아기에게 젖을 물리고, 어머니가 아닌 성인 여자는 아기를 쓰다듬거나 안아준다. 따라서 !쿵족 아이의 우는 시간은 시간당 1분을 넘지 않고, 대부분의 경우에는 10초 내에 울음을 그친다. !쿵족 돌봄이는 우는 아이에게 즉각적으로 포근하게 반응한다. 시간당 우는 시간을 계산하면, !쿵족 아이는 네덜란드 아이의 절반에 불과하다. 또한 한 살배기의 경우에 울음을 모른 체하면 즉각적으로 반응할 때보다 더 오래 운다는 것이 많은 연구에서 밝혀졌다.

우는 아이를 모른 척해야 즉각적인 반응을 보이는 경우보다 그 아이가 더 건강한 성인으로 성장할까? 이런 의문을 완전히 해결하려면 대조실험을 해봐야 할 것이다. 실험자가 전권을 부여받아 한 사회의 가족을 임의적으로 둘로 나눈 후에 한 집단의 부모에게는 아이의 '쓸데없는' 울음을 무시하라고 요구하고, 다른 집단의 부모에게는 어떤 울음에나 3초 내에 반응하라고 요구한다. 20년 후, 아이들이 성인이 되면 어느 집단이 더 자주적이고 자립적이며, 인간관계에서 원만하고 자제력이 있는지, 또 현대 교육자들과 소아과 의사들이 강조하는 다른 미덕들을 갖추었는지 평가할 수 있을 것이다.

물론 이런 정밀하게 설계된 실험과 엄격한 평가가 실제로 행해진 적은 없다. 따라서 현재로서는 다른 양육법을 지닌 사회들의 비과학적인 실험과 검증되지 않은 일화를 비교하는 수밖에 없다. 여하튼 수렵채집인 부모들은 우는 아기에게 즉각적으로 반응하지만, 그렇다고 그 아기가 반드시 자주성과 자립심 및 그 밖의 미덕을 갖추지 못한 어린이로 성장하는 것은 아니라는 것만은 분명하다. 정기적인 관찰에 근거해서 이 실문에 대답한 학자들의 인상적인 연구는 뒤에서 다시 살펴보기로 하자.

체벌

우는 아기에게 즉각적으로 반응하면 아이가 응석받이가 될까? 이 질문에 대한 논쟁과 관련된 논쟁거리로 우리에게 친숙한 문제는 '체벌하지 않으면 아이가 응석받이가 될까?'이다. 어린이의 체벌에 대한 생각은 사회마다 무척 다르다. 한 사회에서도 세대마다 다르고, 같은 세대에서도 사회마다 다르다. 전자의 예로 미국을 생각해보면, 요즘보다 내 부모 세대에 어린이 체벌이 훨씬 광범위하게 행해졌다. 독일 수상 비스마르크는 한 가족 내에서도 체벌을 받는 세대와 체벌을 받지 않은 세대가 번갈아 나타나는 경향이 있다고 지적했다. 이 지적은 내 미국 친구들의 경험과 일치하는 듯하다. 어렸을 때 체벌을 받았던 친구들은 그런 야만적인 행위를 자식에게 절대로 행하지 않겠다고 다짐하는 반면에, 어렸을 때 체벌을 받지 않은 친구들은 체벌을 대신해서 죄책감을 심어주고 행동을 제약하는 것보다 짧게 체벌하는 편이 더 낫다고 생각한다.

같은 세대에서도 국가마다 다른 예로는 오늘날의 유럽을 생각해보자. 스웨덴은 체벌을 금지한다. 스웨덴에서는 아이를 체벌하는 부모는 아동학대라는 형사범으로 기소되기도 한다. 반면에 독일과 영국의 내 친구들은 개인의 자유를 존중하는 교육받은 사람들이지만, 아이를 체벌하지 않는 것보다 체벌하는 편이 낫다고 생각한다. 미국의 복음주의 교파 친구들도 마찬가지이다. 체벌을 찬성하는 사람들은 17세기 영국 시인 새뮤얼 버틀러(Samuel Butler, "매를 아끼면 자식을 버린다")와 아테네의 극작가 메난드로스("맞지 않은 사람은 아무것도 배우지 못한다")를 즐겨 인용한다. 요즘 아프리카에서 응간두 농경인들은 아이를 때려서 키우지만, 이웃한 아카 피그미족은 그런 양육법을 끔찍하고 폭력적이라 생각하며 아이들을 체벌하지 않고 꾸짖지도 않는다.

요즘의 유럽과 아프리카만이 아니라, 세계 곳곳에서 시대와 장소에 따라 체벌의 형태는 달랐다. 고대 그리스에서 아테네 아이들은 메난드로스의 격언이 무색할 정도로 마음껏 뛰어놀았지만, 같은 시대에 스파르타에서는 아이의 부모만이 아니라 누구나 잘못을 범한 아이를 때릴 수 있었다. 뉴기니의 경우, 일부 부족은 아기가 날카로운 칼을 휘둘러대도 혼내지 않는다. 하지만 나는 개간지에 십여 채의 오두막으로 이루어진 작은 마을(가스텐)에서 정반대의 경우를 목격했다. 어떤 행동도 마을 사람들의 눈을 피할 수 없는 작은 마을이었다. 어느 날 아침, 화난 목소리가 내 귀를 때렸다. 대체 무슨 일인지 알아보려고 밖을 내다보았다. 한 어머니가 여덟 살 정도로 보이는 딸을 때리며 꾸짖고 있었다. 딸은 어머니의 주먹질을 막으려고 두 팔로 얼굴을 가린 채 훌쩍거렸다. 다른 어른들은 지켜보기만 할 뿐, 누구도 간섭하지 않았다. 어머니는 좀처럼 분을 풀지 못했다. 마침내 어머니는 개간지 끝으로 가더니 어떤 물체를 집어들고 딸에게 돌아와서는 그 물체를 딸의 얼굴에 마구 비벼댔다. 딸은 고통을 견디지 못하고 비명을 질렀다. 나중에야 알았지만, 그 물체는 쐐기풀 잎이었다. 딸이 무슨 잘못을 저질러 그런 체벌을 받았는지 모르지만, 마을 사람들 모두가 어머니의 행동을 용인한 것만은 분명하다.

그럼, 어떤 사회는 아이를 체벌하는 반면에 어떤 사회는 아이를 체벌하지 않는 이유를 어떻게 설명할 수 있을까? 체벌의 편차는 문화의 차이에서 비롯되는 것이지, 생존경제의 차이와는 관계 없는 것이 분명하다. 예컨대 모두 게르만어족에 속한 언어를 사용하며 농업에 기반을 둔 산업

사회여서 스웨덴과 독일과 영국의 경제는 별다른 차이가 없지만, 대다수의 독일인과 영국인은 체벌을 찬성하는 반면에 스웨덴인은 체벌을 찬성하지 않는 이유를 어떻게 설명해야 할까? 뉴기니에서 가스텐 마을과 에누를 양자로 받아들인 마을은 주로 밭을 가꾸고 돼지를 키운다는 점에서 같지만, 가스텐에서는 쐐기풀을 사용한 체벌이 용인되는 반면에 에누를 양자로 받아들인 마을에서는 최소한의 체벌도 무척 드문 이유를 설명할 만큼 뚜렷한 차이는 없다.

하지만 일반적인 추세를 정리하면, 대부분의 수렵채집 무리사회는 아이를 최소한으로 체벌하고, 다수의 농경사회는 약간의 체벌을 사용하며, 목축사회는 유난히 체벌에 관대한 듯하다. 그 이유를 굳이 설명한다면, 수렵채집 사회에서 어린아이의 못된 행동은 다른 아이를 다치게 하는 정도밖에 없기 때문일 것이다. 수렵채집인들에게는 소중한 소유물이 거의 없는 데다 아이가 어른을 해칠 수도 없지 않은가. 그러나 농경인, 특히 목축인에게는 소중한 것이 많은 편이다. 특히 가축은 무엇보다 소중해서 목축인들은 가족 전체에 닥칠 악영향을 미리 예방하기 위해서 아이들을 체벌한다. 예컨대 아이가 목초지 출입문을 닫지 않는다면 소중한 젖소와 양이 도망칠 수 있다. 더 일반적으로 말하면, 이동이 잦고 평등주의가 팽배한 수렵채집인에 비해서 정착생활을 하는 사회(대부분의 농경인과 목축인)에는 개개인마다 권한 차이가 있고 성(性)과 연령에 기반한 불평등이 심해서 공경심과 존경심의 학습을 강조하기 마련이다. 이런 이유에서 아이들을 체벌하는 게 아닌가 싶다.

예를 들어 설명해보자. 수렵채집인 중에서 피라항족과 안다만 섬사람들, 아카 피그미족과 !쿵족은 체벌을 거의 혹은 전혀 사용하지 않는다. 대니얼 에버렛은 피라항족과 함께 생활한 경험을 근거로 다음과 같은 얘기를 전해주었다. 에버렛은 19세에 아버지가 됐고, 체벌을 행하는 기독교 가정에서 자랐다. 어느 날, 그의 딸 섀넌이 체벌을 받을 만한 못된 짓을 했다. 그는 회초리를 쥐고 딸에게 옆방에 가 있으라고 소리쳤다. 그 방에서 딸을 체벌할 생각이었다. 섀넌이 맞고 싶지 않다고 소리를 지르기 시작했다. 딸의 고함소리를 듣고 피라항 사람들이 달려와 에버렛에게 무슨 짓을 하는 거냐고 물었다. 그는 마땅히 대답할 말이 없었지만, 아이의 체벌에 관련된 성경 구절을 생각해냈다. 그래서 그는 딸에게 피라항 사람들이 보는 앞에서는 체벌하지 않겠다며 소형 활주로 끝까지 가서 다른 회초리를 구해놓고 자기를 기다리라고 명령했다. 그리고 5분 후에 그곳에서 만나자고 덧붙였다. 섀넌이 떠나려고 하자, 피라항 사람들이 섀넌에게 어디를 가느냐고 물었다. 섀넌은 자기가 뭐라고 대답할지 피라항 사람들이 뻔히 알고 있으리라 생각하고, "아빠가 활주로 끝에서 나를 때리려고 해요!"라고 소리쳤다. 에버렛이 어린아이를 때리는 생각할 수도 없는 야만스런 짓을 할 거라는 걱정에서 피라항 아이들과 어른들이 그를 뒤따라왔다. 결국 에버렛은 항복할 수밖에 없었고, 딸은 의기양양해서 승리의 미소를 지었다. 실제로 피라항족 부모들은 아이들에게 정중하게 말하고, 좀처럼 꾸짖지 않으며, 폭력을 사용하지 않는다.

지금까지 연구된 대부분의 수렵채집인들도 비슷하게 생각한다. 아카 피그미족의 경우, 아버지가 아이를 때리면 어머니가 그 행동을 이혼 사유로 삼을 정도이다. !쿵족은 아이들에게는 분별력이 없어 그들의 행동에 대한 책임을 물을 수 없다는 말로 아이들을 체벌하지 않는 이유를 설명한다. !쿵족과 아카 피그미족 아이들에게는 부모를 때리고 부모에게 욕하는 것까지 허용된다. 시리오노족은 아이가 흙이나 금기시하는 짐승을 먹으면 거칠게 들어올리는 정도의 가벼운 체벌을 행하지만 결코 때리지는 않는다. 하지만 아이들에게는 아버지나 어머니를 세게 때리며 화를 내고 짜증을 부리는 게 허용된다.

농경인들 사이에도 편차가 심하다. 가축을 돌보는 아이가 제대로 일하지 않으면 소중한 가축이 위험에 빠지는 목축인의 체벌이 가장 가혹하다. 하지만 일부 농경사회에서는 아이들에 대한 훈육이 느슨한 편이다. 더구나 사춘기에 이를 때까지는 소중한 재산을 관리할 책임을 부여하지 않아, 그런 재산에 손해를 입힐 기회도 거의 없다. 예컨대 뉴기니 근처의 트로브리안드 섬사람들 중에는 돼지 이외에 다른 가축이 없는 농경인들이 있다. 그곳의 아이들은 벌을 받지도 않지만, 아이들에게 순종을 기대하지도 않았다. 민족지학자 브로니스와프 말리노프스키(Bronislaw Malinowski)는 트로브리안드 섬사람에 대해서 이렇게 기록했다. "가끔…… 어린아이에게 이런저런 것을 하라고 말하는 소리를 들었다. 가끔 폭력의 위협이 더해지기도 했지만, 어떤 일이든 대체로 아이들에게 부탁하듯이 말했다. 부모는 구슬리고 꾸짖기도 했지만, 동년배에게 부탁하듯이 말했다. 자식에게 당연한 순종을 기대하는 부모의 마음이 담긴 간단한 명령도 트로브리안드 섬에서는 들리지 않았다. (……) 나는 어떤 아이의 명백한 못된 짓을 목격한 후, 그 아이를 때리거나 냉정하게 벌을 준다면 앞으로는 나아질 거라고 말했지만, 내 트로브리안드 친구들은 그 제안을 비정상적이고 비도덕적인 것으로 받아들였다."

동아프리카에서 한 목축 부족과 함께 오랫동안 살았던 한 친구는, 그곳의 아이들은 할례를 치를 때까지 거의 비행 청소년들처럼 행동한다고 내게 말해주었다. 그 마을에서는 할례를 받은 후에야 아이들에게 책임이 떠맡겨진다. 할례라는 입문의식을 치른 후, 사내아이들은 소중한 젖소를 돌보기 시작하고, 여자아이들은 동생을 보살피기 시작한다. 또한 그때부터 잘못을 저지르면 벌을 받기 시작한다. 서아프리카 가나의 탈렌시족 사회에서는 가축을 돌보다가 빈둥거리는 잘못을 범하면, 즉 벌을 받을 만한 짓을 한 아이에게는 가차없이 벌을 준다. 한 탈렌시족 남자는 그곳을 방문한 영국 인류학자에게 자신의 흉터를 가리키며, 어렸을 때 심하게 맞아 생긴 상처의 흔적이라고 말했다. "매를 맞지 않은 자식은 올바른 분별력을 갖지 못한다"라는 탈렌시족 노인의 말은 "매를 아끼면 자식을 버린다"라는 새뮤얼 버틀러의 격언과 다를 바가 없다.

아이의 자주성

주변의 환경을 탐구하려는 아이에게 얼마나 자유를 주고 격려해야 할까? 아이들이 실수를 통해 배우기를 기대하며 위험한 짓을 하는 것까지 허용해야 할까? 아니면 부모는 자식의 안전을 먼저 생각하며, 아이의 탐구욕을 억제하고, 아이가 위험할 수도 있는 행동을 시작하면 서둘러 말려야 할까?

이 질문에 대한 대답도 사회마다 다르다. 하지만 잠정적으로 일반화해 보면, 개인으로서 어린아이의 자주성은 국가 사회보다 수렵채집 무리사회에서 더 소중한 가치로 여겨진다. 국가는 어린아이를 국가의 자산이라 생각하며, 어린아이가 원하는 대로 행동해서 다치는 걸 원하지 않고, 부모들이 어린아이가 다치도록 방임하는 걸 허용하지 않는다.

나는 공항에서 렌트카를 빌린 직후에 이 글을 쓰고 있다. 공항 수하물을 찾는 곳부터 렌트카 주차장까지 운행하는 셔틀버스에 올라타자, 녹음된 기계음이 승객들에게 알렸다. "연방법에 따라 5세 미만이나 36킬로그램 이하의 아동은 연방정부에서 인증한 안전벨트를 매야 합니다." 수렵채집인이 이 방송을 들었다면, 해당되는 아이와 그 부모 이외에 누구와도 관계없는 경고라고 생각했을 것이다. 더구나 관료가 간섭할 일은 더더욱 아니라고 생각했을 것이다. 지나친 일반화일 수 있지만, 수렵채집인들은 무척 평등주의자여서 누구에게도 무엇을 하라고 말하지 않는다. 심지어 어린아이에게도 이런저런 일을 하라고 시키지 않는다. 일반화이든 지나친 일반화이든 간에, WEIRD한 사회가 소규모 사회보다, 아이의 발육은 부모의 책임이고, 부모가 아이의 장래에 영향을 미칠 수 있다고 더 확신하는 듯하다.

어린아이의 자주성은 수렵채집 사회를 관찰한 학자들마다 거의 빠짐없이 강조하는 문제이다. 예컨대 아카 피그미족 아이들은 어른들과 똑같이 모든 것에 접근하는 반면에, 미국에는 무기와 술과 깨지기 쉬운 물건처럼 아이들에게는 금지되고 어른에게만 허용하는 것이 많다. 서오스트레일리아 사막 지역의 마르투족에게 최고의 모욕은 어린아이의 의지를 꺾는 것이다. 그 아이가 3세에 불과한 꼬마여도 마찬가지이다. 피라항족은 어린아이도 어엿한 인간이어서 특별히 보호하거나 애지중지할 필요가 없다고 생각한다. 대니얼 에버렛의 표현을 빌리면, "피라항족 아이들은 공정한 대우를 받는다. 몸집과 신체의 상대적인 허약함이 고려되지만, 대체로 질적으로는 어른과 다를 바가 없다고 여겨진다. (······) 피라항족의 양육 철학은 반(反)다원주의적이다. 그런 양육법으로 그들은 아이들을 무척 강인하고 회복탄력성이 뛰어난 성인으로 키워낸다. 따라서 남의 도움을 받아 어른이 된 거라고 생각하지 않는다. 피라항족 사회의 시민들은 하루하루의 생존이 각자의 능력과 강인함에 달려 있다고 믿는다. (……) 피라항족은 어린아이도 사회의 동등한 구성원이라고 생각하기 때문에, 어린아이에게 금지된 것은 어른에게도 똑같이 금지돼야 하고, 어른에게 허용된 것은 어린아이에게도 허용돼야 한다고 생각한다. (……) 어린아이들도 사회가 그들에게 기대하는 것을 할 것인지 말 것인지를 스스로 결정해야 한다. 이런 과정을 통해, 어린아이들은 부모의 말을 조금이라도 귀담아듣는 편이 그들 자신에게도 이익이라는 걸 깨닫게 된다."

일부 수렵채집 사회와 소규모 농경 사회에서는 어린아이, 심지어 유아가 자신에게 피해를 줄 수 있는 위험한 짓을 할 때에도 간섭하지 않는다. 서구 사회에서 부모가 그런 식으로 아이를 방치하면 형사소추를 당할 만한 짓을 해도 마찬가지이다. 앞에서 나는 에누를 입양한 부족의 많은 어른들에게 남겨진 화상 흉터가 유아시절에 모닥불 옆에서 놀다가 생긴 것이란 걸 알고 깜짝 놀랐었다고 말했다. 그 부족의 부모들은 어린아이의 자주성을 확대해석해서 아기에게도 불을 만지고 불에 접근할 권리가 있고, 그로 인한 결과를 스스로 감당해야 할 책임이 있다고 생각했던 것이다. 하즈다족 아이들에게는 날카로운 칼을 쥐고 입에 넣어 빠는 행동까지 허용된다. 대니얼 에버렛이 피라항족 마을에서 직접 관찰한 사건을 예로 들어보자. "우리가 인터뷰하던 남자 뒤의 오두막에 겨우 걷기 시작한 두 살배기가 앉아 있었다. 그 녀석은 날카로운 부엌칼을 갖고 놀고 있었다. 20센티미터가 넘는 긴 칼이었다. 녀석은 칼을 이리저리 휘둘러대다가 눈과 가슴과 팔 등 베거나 찔리면 좋을 것이 없는 신체 부위로 가까이 가져갔다. 하지만 녀석이 칼을 떨어뜨리자, 다른 누군가와 대화를 나누던 어머니가 태연히 녀석에 다가와서는 여전히 대화를 계속하며 칼을 집어서는 녀석에게 건네주는 걸 보고 우리는 정말 놀라지 않을 수 없었다. 누구도 그 녀석에게 칼을 갖고 놀면 위험하다거나 다친다고 말하지 않았다. 녀석은 다행히 다치지 않았지만, 나는 다른 피라항 아이들이 칼을 갖고 놀다가 심하게 벤 경우를 적잖게 보았다."

하지만 모든 소규모 사회가 어린아이들에게 자유롭게 돌아다니고 위험한 짓을 하는 걸 허용하는 것은 아니다. 어린아이들이 누리는 자유에 편차가 있는 현상은 여러 이유에서 그런대로 이해되는 듯하다. 우리는 수렵채집 사회보다 목축 사회와 농경 사회에 처벌이 더 많은 이유를 설명하기 위해서 두 가지 이유를 이미 살펴보았다. 첫째로, 수렵채집 사회는 평등주의를 지향하는 반면에 대다수의 농경 사회와 목축 사회에서는 남녀의 권리가 다르고, 연소자와 연장자의 권리가 다르기 때문이다. 둘째로, 농경 사회와 목축 사회에 비해서 수렵채집 사회에는 어린아이가 피해를 입힐 만한 소중한 재산이 거의 없는 편이기 때문이다. 이런 두 가지 이유에서 수렵채집 사회의 어린아이들은 더 많은 자유를 누리는 듯하다.

한편 어린아이가 얼마나 자유를 누리느냐는 환경이 얼마나 위험하느냐, 혹은 환경이 얼마나 위험하다고 인식되느냐에 따라 달라지기도 한다. 환경이 어린아이에게 상대적으로 안전한 곳도 있지만, 환경 자체가 위험하거나 타종족의 위협 때문에 위험한 곳도 있다. 가장 위험한 환경부터 가장 덜 위험한 환경까지 환경의 전 범위를, 어린 자식의 자유를 엄격하게 제한하는 경우부터 어린 자식에게 마음대로 돌아다는 걸 허용하는 경우까지 다양한 양육법과 비교해서 생각해보자.

가장 위험한 환경으로는 신세계의 열대우림이 손꼽힌다. 남아메리카의 열대우림에는 물고 찌르는 유독한 벌레들(군대개미, 벌, 전갈, 거미, 말벌), 위험한 포유동물들(재규어, 페커리돼지, 퓨마), 커다란 독뱀(풀살모사, 무타독사), 바늘을 지닌 식물들로 득실거린다. 유아나 어린아이를 혼자 남겨두면 아마존 열대우림에서는 오랫동안 살아남지 못할 것이다. 이런 이유에서 킬 힐과 막달레나 후타도는 이렇게 말했다. "1세 미만의 아체족 아이들은 낮시간의 93퍼센트를 어머니나 아버지의 바로 옆에서 지낸다. 그런 아이들은 절대 바닥에 그냥 앉히지 않고, 수초 이상 혼자 내버려두지 않는다. (……) 3세가 돼서야 아체족 아이들은 어머니로부터 1미터 이상 떨어져서 상당한 시간을 보내기 시작한다. 하지만 3세와 4세 사이의 아체족 아이들도 낮시간의 76퍼센트를 어머니로부터 1미터가 떨어지지 않은 곳에서 보내면서 끊임없이 보살핌을 받는다." 힐과 후타도가 지적했듯이, 결국 아체족 아이들은 생후 21~23개월이 지나서야 혼자 걷는 법을 배운다. 미국 아이들에 비하면 9개월이 늦는 셈이다. 3세와 5세 사이의 아체족 아이들은 숲에서 혼자 걷는 게 허용되지 않고, 어른에게 목말이 태워져서 이동한다. 5세가 넘어서야 아체족 아이는 혼자 숲을 걷기 시작하지만, 그때에도 어른에게서 50미터를 벗어나지 않는다.

칼라하리 사막, 북극권, 오카방고 델타는 위험하지만 남아메리카 열대우림만큼 위험하지는 않다. !쿵족 아이들은 무리지어 놀며, 어른들은 간섭하지 않지만 효율적으로 아이들을 통제한다. 예컨대 아이들은 거주지의 어른들과 눈을 맞추고, 귀로 들을 수 있는 범위를 벗어나지 않는다. 북극권에서는 아이들에게 자유롭게 뛰어다니는 걸 허용하지 않는다. 사고로 추위에 노출되거나 동사할 위험이 있기 때문이다. 아프리카 남부의 오카방고 델타에서는 어린 소녀들이 바구니로 물고기를 잡는 걸 허락하지 않는다. 악어와 하마, 코끼리와 물소가 덮칠 수 있기 때문에 소녀들은 항상 물가 근처에 머물러야 한다. 하지만 이런 금지 사항들은 때때로 완화된다. 예컨대 아카 피그미족의 경우, 4세 아이는 중앙아프리카 열대우림을 혼자 돌아다닐 수 없지만, 10세 아이와 함께하면 표범과 코끼리의 위험에도 불구하고 열대우림을 돌아다닐 수 있다.

어린아이들에게 상대적으로 많은 자유가 주어지는 덜 위험한 환경으로는 동아프리카의 하즈다족 사회가 있다. !쿵족의 환경처럼 그곳에도 표범을 비롯해 위험한 포식동물이 있지만, 구릉지가 많다는 점에서 !쿵족의 환경과 다르다. 따라서 먼 곳까지 보이기 때문에, 하즈다족의 경우에는 거주지로부터 멀리 떨어져 노는 아이들을 부모들이 계속 지켜볼 수 있다. 뉴기니의 열대우림도 그런대로 안전한 편이다. 위험한 포유동물이 없고, 맹독성 뱀은 많지만 마주치는 경우가 거의 없다. 가장 큰 위험은 타부족 사람이다. 따라서 나는 뉴기니 아이들이 혼자 돌아다니고 카누를 타는 모습을 자주 보았다. 게다가 내 뉴기니 친구들은 어렸을 때 혼자 숲에서 많은 시간을 보냈다고 말해주기도 했다.

가장 안전한 환경으로는 오스트레일리아의 사막과 마다가스카르 섬의 숲이 손꼽힌다. 최근에 오스트레일리아 사막에는 인간에게 위험한 포유동물이 없는 것으로 밝혀졌다. 뉴기니처럼, 오스트레일리아에도 독뱀이 있지만, 일부러 찾아다니지 않는 한 독뱀을 만나기 힘들다. 따라서 오스트레일리아 사막의 마르투족 아이들은 어른들의 보호를 받지 않고 식량을 찾으러 다닌다. 마다가스카르의 숲에도 큰 포식동물이 없고, 독성을 띤 식물과 동물도 거의 없다. 따라서 아이들이 자기들끼리 무리지어 참마를 캐러 나가도 안전하다.

**복합연령
놀이집단**

서부 개척 시대에 국경에는 사람이 뜸해서 교실이 하나뿐인 학교가 공통된 현상이었다. 주변에 사는 아이가 별로 없어 학교는 교실 하나에, 교사 한 명이 전부였다. 따라서 다양한 연령의 아이들이 한 교실에서 함께 배워야 했다. 그러나 오늘날 미국에서 인구밀도가 낮은 시골 지역을 제외하면, 이른바 '원룸 스쿨'은 먼 과거의 낭만적인 추억거리가 됐다. 이제 모든 도시에서, 또 적당한 인구를 지닌 시골 지역에서 아이들은 또래끼리 공부하고 즐겁게 논다. 교실은 연령별로 등급화된 까닭에, 대부분의 급우가 같은 연령인 또래이다. 동네 놀이집단은 연령별로 엄격하게 구분되지 않더라도, 대도시에서도 인구가 과밀한 지역에는 걸어서 다닐 수 있는 거리 내에 사는 아이들이 많아 12세 아동이 3세 아이와 함께 놀지는 않는다. 연령별 구분이란 원칙은 국가 정부를 갖춘 현대 사회의 학교에도 적용되지만, 기본적인 인구통계학적 사실 때문에 인구가 많아 비슷한 연령의 아이들이 근접한 곳에 많이 사는 국가 이전의 사회에도 적용된다. 예컨대 아프리카 군장사회에는 연령집단들이 있어, 비슷한 연령의 아이들이 동시에 입문식을 치르고 할례를 받았다. 특히 줄루족의 경우에는 같은 연령의 소년들이 군사집단을 이루기도 했다.

그러나 인구통계적인 이유로 소규모 사회의 교육 방식은 '원룸 스쿨'과 유사하다. 전형적인 수렵채집 무리사회는 대략 30명으로 이루어지며, 사춘기 이전의 아이는 남녀를 합해서 평균 12명 정도일 뿐이다. 물론 연령도 다양하다. 따라서 또래 연령이 많은 대도시와 달리, 연령별로 놀이집단을 분리할 수 없어 무리사회에서는 연령과 성별을 불문하고 모든 아이가 뒤섞여 지낸다. 이른바 하나의 복합연령 놀이집단을 이룬다. 이런 현상은 지금까지 연구된 모든 소규모 수렵채집 사회에서 공통적으로 확인된다.

이런 복합연령 놀이집단에서는 나이 많은 아이와 나이 어린 아이가 함께 지내면서 서로 이득을 얻는다. 나이 어린 아이는 어른만이 아니라 나이 많은 아이와도 어울림으로써 이득을 얻고, 나이 많은 아이는 어린 동생을 보살핌으로써 경험을 얻는다. 나이 많은 아이가 이렇게 경험을 축적하기 때문에, 수렵채집인이 십대에도 부모 노릇을 어엿하게 할 수 있는 이유가 어느 정도 설명된다. 서구 사회에도 십대 부모, 특히 결혼하지 않은 십대 부모가 많지만, 서구의 십대들은 동생을 보살핀 경험이 일천하기 때문에 부모 노릇을 제대로 하지 못한다. 하지만 소규모 사회에서는 십대에 부모가 되더라도 이미 오랫동안 동생들을 보살핀 경험이 축적돼 있어 큰 문제가 되지 않는다(274쪽 사진 참조).

예를 들어 설명해보자. 내가 뉴기니의 외딴 마을에서 지낼 때 모르시라는 12세 소녀가 나를 위해 식사를 준비해주었다. 2년 후, 다시 그 마을을 찾았을 때 모르시는 그 사이에 결혼해서 첫 아이를 안고 있었다. 당시 모르시는 14세에 불과했다. 그래서 나는 처음에 이렇게 생각했다. 모르시가 자기 나이를 제대로 알지 못하는 게 아닐까? 실제로는 16세나 17세가 아닐까? 그러나 모르시의 아버지는 마을의 출생과 사망을 기록하는 사람이어서 딸의 출생일도 직접 기록한 터였다. 그래서 다시 생각해보았다. 도대체 어떻게 14세 소녀가 능숙한 어머니가 될 수 있을까? 미국에서는 남자가 그처럼 어린 여자와 결혼하는 것조차 법으로 금지돼 있잖은가. 그러나 모르시는 자신의 자식을 여유만만하게 다루는 것 같았고, 마을의 원숙한 어머니와 조금도 다를 바가 없었다. 결국 나는 모르시가 어린 동생들을 다년간 키운 경험의 덕분이라고 결론지을 수밖에 없었다. 14세였지만 모르시는 당시 49세의 아버지였던 나보다 더 유능한 부모였다.

복합연령 놀이집단에서 비롯되는 또 다른 현상은 혼전 섹스이다. 혼전 섹스는 치밀하게 연구된 모든 소규모 사회에서 보고되는 현상이다. 대부분의 대규모 사회는 소년에게 적합한 활동과 소녀에게 적합한 활동이 따로 있다고 생각한다. 따라서 대규모 사회는 소년과 소녀에게 따로따로 놀라고 권고하며, 소년과 소녀의 수가 동성하고만 놀기에도 충분하다. 그러나 모든 연령을 합해서 10명밖에 되지 않는 무리사회에서는 불가능한 일이다. 수렵채집 사회의 아이들은 같은 침대나 같은 오두막에서 부모와 함께 잠자기 때문에 사생활이란 것이 없다. 심지어 아이들은 부모가 섹스하는 걸 보고 자란다. 말리노프스키의 기록에 따르면, 트로브리안드의 섬사람들은 자식들에게 섹스하는 모습을 보여주지 않으려고 특별히 조심하지 않는다. 그들은 자식을 꾸짖으며, 이불로 얼굴을 가리라고 나무랄 뿐이다. 따라서 아이들이 놀이집단에 들어가 다른 아이들과 어울리는 연령이 되면, 부모들의 이런저런 행동을 흉내내는 놀이를 하게 된다. 물론 섹스를 흉내내는 놀이도 하기 마련이다. 어른들은 아이들의 섹스 놀이를 전혀 간섭하지 않는다. !쿵족은 아이들의 섹스 놀이가 노골적이면 말리고 나서지만, 아이들의 섹스 실험을 당연하고 정상적인 것이라 생각한다. !쿵족 부모도 자신이 어렸을 때 그렇게 행동했기 때문이다. 따라서 아이들은 부모의 눈에 띄지 않는 곳에서 섹스 놀이를 한다. 성인과 어린이의 공개적인 섹스까지 허용하는 사회도 적지 않다. 시리오노족과 피라항족, 뉴기니 동부의 고원지대 사람들이 대표적인 예이다.

놀이와 교육
나는 뉴기니 고원지대의 한 마을에서 첫날 밤을 보낸 후, 마을 소년들이 내 오두막 옆에서 고함치며 노는 소리에 잠을 깼다. 돌차기놀이를 하거나 장난감 자동차를 끌고당기는 게 아니었다. 부족 전쟁을 흉내내며 놀고 있었다. 모두가 작은 활과 야생풀로 촉을 대신한 화살로 채워진 화살통을 갖고 있었다. 그 화살을 맞으면 아프지만 다치지는 않았다. 아이들은 두 편으로 나뉘어 서로 화살을 쏘아댔다. 한 소년이 '적진'을 향해 달려갔다. '적'이 화살을 쏘아대자 소년은 위아래로 또 좌우로 잽싸게 움직이며 화살을 피했다. 그리고 자기 진영을 돌아가 화살을 다시 장착했다. 고원지대의 실제 전쟁을 사실적으로 모방한 전쟁놀이였다. 화살이 치명적이지 않고, 참가자들이 어른이 아니라 소년이며, 그들이 실제로는 같은 편이어서 웃으며 즐긴다는 게 다를 뿐이었다.

뉴기니 고원지대의 삶으로 나를 안내해주었던 그 '놀이'는 전 세계 어린이들의 이른바 '교육 연극(education play)'의 전형이다. 아이들은 어른들의 행동에서 보고, 어른들의 얘기에서 들은 것을 모방해서 놀이를 만든다. 아이들은 재미를 위해 놀지만, 아이들이 놀이를 통해서 훗날 어른으로서 해야 할 역할들을 미리 연습하는 것이다. 예컨대 인류학자 칼 하이더는 뉴기니 고원지대의 다니족 사회에서, 아이들의 교육 연극이 성인에게만 허락된 의식(儀式)을 제외하면 어른들의 세계에서 실제로 진행되는 모든 것을 흉내내고 있다는 사실을 확인했다. 어른들의 삶을 흉내낸 대표적인 놀이로는 풀로 만든 창을 사용하는 전투가 있었다. 그런 창과 막대기를 사용해서 '적군'을 죽였고, 진짜 전사들을 흉내내며 실감나게 앞뒤로 구르면서 전진하고 후퇴했다. 공중에 매달린 이끼와 개미집을 표적으로 삼아 화살 사격 연습을 했고, 오두막을 짓고 도랑을 파며 밭을 개간하는 흉내도 냈다. 또 끈에 연결한 꽃을 돼지인 양 끌고다니며, '돼지'를 뜻하는 다니어를 중얼거렸고, 밤에는 모닥불을 둘러싸고 앉아 불붙은 장작이 떨어지는 걸 지켜보면서 그 장작이 가리키는 사람이 누군가의 장래 처남이 될 거라고 희희덕거렸다.

뉴기니 고원지대에서는 성인의 삶과 아이들의 놀이가 전쟁과 돼지를 중심으로 움직이는 반면에, 수단 누에르족 어른의 삶은 가축을 중심으로 이루어진다. 따라서 누에르족 아이들의 놀이에서도 가축이 중심이다. 아이들은 모래와 재와 진흙으로 장난감 가축 우리를 짓고, 진흙으로 만든 모형 가축들로 우리를 채우고는 목축 놀이를 한다. 뉴기니 해안 지역에서 살며 항해용 카누를 이용해서 물고기를 잡는 마일루족 아이들은 장난감 카누를 물에 띄우고, 주로 장난감 그물과 장난감 작살을 이용한 놀이를 한다. 브라질과 베네수엘라의 야노마미족 아이들은 아마존 열대우림의 식물과 동물을 조사하며 논다. 따라서 그들은 어린 나이에 박식한 자연주의자가 된다.

볼리비아 시리오노족의 경우, 남아는 생후 3개월만 되면 작은 활과 화살을 아버지에게 선물로 받는다. 물론 수년 후에야 그것들을 제대로 사용할 수 있다. 따라서 3세가 되면 남자아이는 살아 있지 않는 표적을 향해 화살을 쏘기 시작하고, 그 후에는 벌레와 새를 차례로 맞추는 연습을 한다. 8세가 되면 소년은 아버지를 따라 사냥에 나서기 시작하고, 12세가 되면 어엿한 사냥꾼이 된다. 한편 여자아이는 3세부터 작은 물렛가락을 갖고 놀며 실을 잣고, 바구니와 항아리를 만든다. 또 어머니를 도와 집안일을 시작한다. 남자아이에게는 활과 화살, 여자아이에게는 물렛가락이 시리오노족의 유일한 장난감이다. 시리오노족에게는 사내아이의 경우에 레슬링을 제외하면 우리의 술래잡기와 숨바꼭질에 상응하는 조직화된 놀이가 없다.

이처럼 어른들의 행동을 모방하며 미래를 준비하는 '교육적 놀이'와 달리, 아이들이 훗날 맞이할 어른들의 활동과 아무런 관계가 없는 놀이를 한다는 점에서 다니족의 놀이에는 칼 하이더의 표현대로 비교육적인 놀이가 있다. 끈으로 모형을 만들고, 풀을 매듭지어 그럴듯한 문양을 만들며, 공중제비로 언덕을 내려가고, 남방장수풍뎅이의 뿔을 부러뜨려 생긴 구멍에 억지로 풀줄기를 쑤셔 넣고 그것을 고삐로 삼아 장수풍뎅이를 이리저리 끌고 다니는 놀이들이 대표적인 예이다. 이 놀이들은 이른바 '아동문화'의 전형적인 예이다. 요컨대 아이들이 다른 아이들과 어울리는 법을 배우고, 성인이 되는 것과 아무런 관계가 없는 놀이인 셈이다. 하지만 교육적인 놀이와 비교육적인 놀이의 경계는 모호할 수 있다. 예컨대 끈으로 모형을 만드는 놀이에서 두 고리는 서로 만나 '짝짓기'하는 남자와 여자를 상징하고, 끈에 매달린 장수풍뎅이를 끌고 다니는 놀이는 끈에 묶인 돼지를 몰고 다니는 작업의 훈련으로 여겨질 수 있다.

수렵채집 사회와 무척 작은 농경 사회의 놀이들은 경쟁이 없고 우열을 가리지 않는다는 점이 일반적인 특징이다. 미국 아이들의 놀이는 점수를 기록하고 승패를 가르는 경우가 많지만, 수렵채집 사회의 놀이는 점수를 기록하거나 승자를 결정하는 경우가 거의 없다. 소규모 사회의 놀이는 공유를 강조하는 성인의 삶을 미리 연습하고, 경쟁을 억제하는 데 목적이 있다. 135쪽에서 내가 제인 구달을 인용하여 소개했던 놀이, 즉 뉴브리튼 섬 카울롱족 아이들이 바나나를 잘라 공평하게 나누어 먹는 놀이는 하나의 예에 불과하다.

장난감의 수와 공급원, 그리고 기능 면에서 현대 미국 사회는 전통적인 사회와 완전히 다르다. 미국 장난감 제조업자들은 이른바 창의력을 키우는 놀이라며 교육용 장난감을 대대적으로 광고한다. 미국 부모들은 장난감 회사에서 만든 장난감들이 자녀의 발달에 중요하다고 믿도록 세뇌당했다. 반면에 전통 사회에는 그런 장난감이 거의 없거나 전혀 없다. 아이들이 직접 만들거나, 부모가 만들어준 장난감이 전부이다. 케냐의 농촌에서 어린시절을 보낸 한 미국 친구가 내게 전해준 말에 따르면, 케냐 아이들은 무척 창의적이어서 막대기와 끈을 사용해서 바퀴와 차축이 있는 작은 자동차를 직접 만들어낼 정도다. 어느 날, 내 미국 친구와 그의 케냐 친구가 한 쌍의 골리앗풍뎅이에 줄을 연결해서 직접 만든 장난감 자동차를 끌게 하려고 했다. 두 소년은 오후 내내 그 일에 집중했지만, 수시간의 노력에도 불구하고 두 풍뎅이가 자동차를 똑바로 끌게 할

장난감 회사에서 제작한 온갖 장난감에 둘러싸인 미국 소녀. 장난감을 상점에서 구입하기 때문에, 전통 사회의 아이들이 직접 장난감을 설계해서 만드는 과정에서 얻는 교육적 효과를 전혀 누리지 못한다.

수 없었다. 내 친구는 미국에 돌아와서 미국 아이들이 기성품인 플라스틱 장난감을 갖고 노는 것을 보고, 미국 아이들이 케냐 아이들보다 덜 창의적이란 인상을 받았다고 말했다.

현대 국가 사회에는 정규교육이 있다. 학교와 방과후교실에서 놀이와는 별개의 행위로서, 교육위원회가 결정한 자료를 이용해서 전문교육을 받은 교사가 아이들을 가르친다. 그러나 소규모 사회의 교육은 놀이와 별개의 행위가 아니다. 소규모 사회의 아이들은 부모와 어른들을 따라다

모잠비크 아이들이 자신들이 직접 만든 장난감 자동차를 갖고 놀고 있다. 전통 사회 아이들은 만드는 과정을 통해 차축과 다른 부품들을 어떻게 설계해야 하는지 배워간다.

니면서, 모닥불을 둘러싼 어른들과 다른 아이들의 얘기를 들으면서 배운다. 예컨대 인류학자 뉴리트 버드 데이비드(Nurit Bird David)는 남인도의 나야카족에 대해서 이렇게 썼다. "현대 국가의 아이들이 학교에 다니기 시작할 때, 즉 6세에 니야가족 아이들은 독자적으로 작은 짐승을 사냥하러 나가고, 친척들을 방문해서 그들과 함께 지내며, 모든 어른의 감독에서 벗어나는 건 아니지만 부모의 그늘에서 벗어나 자유롭게 행동한다. (……) 게다가 교육은 무척 미묘하게 행해진다. 정규교육도 없고 암기도

집에서 만든 장난감 바구니를 머리에 멘 아카 피그미족 아이. 아카 피그미족이 뭔가를 운반할 때 머리에 메는 바구니와 유사하다.

없다. 맥락을 배제한 채 지식만이 전달되는 문화적인 공간(학교)이 없어 교실도 없고 시험도 없다. 나야카족 사회에서 지식은 사회적인 삶과 분리된 것이 아니다."

또 다른 예로 아프리카 음부티 피그미족을 생각해보자. 인류학자 콜린 턴불(Colin Turnbull)이 연구한 바에 따르면, 음부티 피그미족 아이들은 작은 활과 화살, 사냥용 그물, 작은 바구니를 갖고 놀면서 부모를 흉내낸다. 또 부모를 흉내내서 작은 집을 짓고 개구리를 포획하며, 영양인 척하기로 약속한 할아버지를 추격하며 사냥을 배운다. "어린아이들에게 삶은 간혹 건전한 의미에서의 체벌이 끼어드는 긴 놀이이다. (……) 그리고 성인이 되면, 그들은 어린시절에 장난처럼 생각했던 놀이가 더는 놀이가 아니라 현실이란 걸 깨닫는다. 그때부터 사냥은 진짜 사냥이 되고, 나무 타기는 아찔한 곳에 있는 꿀을 따기 위한 진지한 노력이 된다. 그네를 타며 부렸던 온갖 재주가 교묘하게 도망치는 사냥감을 추적하고, 고약한 물소를 피하기 위해서 이제 거의 매일 다른 형태로 반복된다. 그들이 당당하고 유명한 사냥꾼이 된 후에도 그들의 삶은 여전히 재미와 웃음으로 가득하기 때문에 처음에는 그런 변화를 인지하지 못하지만, 조금씩 깨달아간다."

소규모 사회에서 교육은 사회적 삶을 통해 자연스레 이루어지는 반면에, 일부 현대 국가에서는 기초적인 사회적 삶까지도 노골적인 교육이 필요한 지경이다. 예컨대 일부 미국 도시에서는 사람들이 이웃에 누가 사는지조차 모르고, 복잡한 교통과 납치의 가능성 및 인도의 부족으로 아이들이 안전하게 걷지도 놀지도 못하는 실정이다. 따라서 아이들은 '엄마와 나'라는 수업을 통해서 다른 아이들과 노는 법을 배워야 한다. 어머니나 다른 돌봄이가 아이를 데리고 교실에 들어간다. 교실에는 전문 교육을 받은 교사와, 십여 명의 아이들과 그들의 어머니가 기다리고 있다. 아이들은 원을 그리고 앉는다. 어머니들과 돌봄이들은 그 밖으로 둥그렇게 앉아 아이들이 노는 모습을 지켜보며 경험적 지식을 얻는다. 아이들은 차례로 말하고 듣는 법, 또 다른 아이들과 물건을 주고받는 법을 배운다. 현대 미국 사회의 많은 특징이 내 뉴기니 친구들에게는 이상하게만 보이겠지만, 미국 아이들이 친구를 만나서 함께 노는 법을 배우려고 특별히 시간을 할애해서 특별한 공간을 찾아가 가르침을 받아야 한다는 말을 들으면 기절초풍할 것이다.

:
그들의 아이들과
우리 아이들

 끝으로, 소규모 사회와 국가 사회의 양육법 차이에 대해 생각해보자. 물론 오늘날 현대 세계의 산업국가들 사이에도 많은 차이가 있다. 양육의 목표와 실천 방법은 미국과 독일, 스웨덴과 일본, 이스라엘 키부츠 사이에서도 다르다. 하나의 국가 사회에서도 농부들과 도시 빈민들과 도시 중산층의 차이가 있고, 세대 간의 차이가 있다. 예컨대 요즘 미국의 양육법은 1930년에 일반적으로 행해지던 양육법과 다르다.

 하지만 모든 국가 사회들 사이에는 기본적인 유사점이 있고, 국가 사회와 비국가 사회 사이에는 기본적인 차이점이 있다. 모든 국가 정부는 자국의 어린아이들에 대해 관심을 갖는 고유한 목적이 있지만, 그 목적이 부모의 목적과 반드시 일치하지는 않는다. 소규모 비국가 사회도 고유한 목적이 있지만, 국가 사회의 목적이 훨씬 더 명시적이고, 중앙에 집중된 상의하달식 리더십에 의해 관리되며, 명확한 집행기관에 의해 뒷받침된다. 모든 국가는 어린아이가 유용하면서도 순종적인 시민과 군인과 노동자로 성장하기를 바란다. 국가는 장래의 시민이 태어나기 무섭게 죽거나, 불에 화상을 입는 걸 달갑게 생각하지 않는다. 또한 장래의 시민들을 어떻게 가르치고, 그들에게 어떤 성관념을 심어줘야 하는지에 대한 분명한 방향이 있다. 국가들은 이런 생각을 공유하기 때문에 어린아이에 대한 정책들이 수렴하는 경향을 띤다. 그러나 비국가 사회의 양육법은 국가 사회의 양육법에 비해 훨씬 다채롭다. 예컨대 수렵채집 사회들은 해당 사회의 고유한 압력에 영향을 받는다. 여하튼 수렵채집 사회들의 양육법은 기본적인 면에서 서로 유사하지만, 하나의 집단으로서 접근할 때 수렵채집 사회들은 국가들과 확연히 다르다.

국가는 군사력과 기술에서, 또 인구수에서 수렵채집 사회보다 훨씬 우세하다. 지난 수천 년 동안 이런 이점들을 바탕으로 국가는 수렵채집인들을 정복할 수 있었고, 그 결과로 세계지도는 이제 철저하게 국가들로 분할됐고, 수렵채집 사회는 거의 사라지고 말았다. 그러나 국가가 수렵채집 무리사회보다 훨씬 강력하다고 해서, 국가가 어린아이를 더 바람직하게 키운다고 단정지을 수는 없다. 수렵채집 무리사회의 양육법에는 우리가 본받을 만한 방법이 적지 않다.

물론 우리가 수렵채집 사회의 모든 양육법을 받아들여 모방해야 한다는 뜻은 아니다. 누구도 우리에게 선택적인 유아살해, 죽음과 싸워야 하는 분만, 유아에게 칼과 불을 갖고 놀게 허락하는 수렵채집 사회의 관습을 받아들이자고 권하지는 않을 것이다. 아이들의 섹스 놀이를 묵인하는 풍습처럼 수렵채집인들의 일부 육아법이 어린아이들에게 실제로 해롭다는 걸 증명하기는 어렵지만, 여하튼 우리에게 거북하게 여겨지는 것은 사실이다. 그래도 일부 육아법은 국가 사회의 일부 시민들이 이미 받아들여 활용하고 있지만, 아기를 부모와 같은 침실이나 같은 침대에서 재우고, 3, 4세까지 모유를 먹이며, 체벌을 멀리하는 육아법을 여전히 거북하게 생각하는 사람들이 많다.

그러나 현대 국가 사회가 쉽게 받아들일 만한 수렵채집 사회의 육아법들이 꽤 있다. 예컨대 아기를 유모차에 거의 수평으로 눕히거나, 아기띠를 사용해서 수직으로 똑바로 세우더라도 뒤쪽을 보게 하는 방법보나 수직으로 똑바로 세우는 동시에 정면을 보게 하는 방법은 금방이라도 실행가능하다. 또 우는 아기에게 즉각적으로 일관성 있게 반응하고, 대리 부모를 통한 양육을 한층 광범위하게 사용하며, 아기와 돌봄이가 훨씬 더 자주 신체 접촉을 갖는 양육법도 즉시 채택할 수 있을 것이다. 교육적 효과가 있다는 복잡한 장난감을 아이들에게 끝없이 안겨주며 창의력을 발휘할 기회를 주지 않은 것보다, 아이들에게 갖고 놀고 싶은 장난감을 직접 만들어보라고 권장하는 양육법도 즉시 받아들일 만하다. 물론 아이들에게 동일한 연령으로만 구성된 놀이집단보다 복합연령 놀이집단을 마련해주면 더 나을 것이고, 안전이 보장된다면 아이들에게 무엇이든 조사할 수 있는 자유를 최대한 허락할 수도 있을 것이다.

나는 지난 49년 동안 직접 연구한 뉴기니 사람들에 대해서, 또 수렵채집 사회에서 오랫동안 살면서 그곳의 아이들이 성장하는 과정을 지켜보았던 서구 학자들의 의견에 대해서 많은 생각을 해보았다. 그 서구 학자들과 내가 소규모 사회 구성원들의 정서적인 안정감과 자신감, 호기심과 자주성에 충격을 받았다는 건 부인할 수 없는 사실이다. 어른만이 아니라 어린아이도 마찬가지였다. 소규모 사회를 연구한 학자라면 누구나 인정하듯이, 그들은 우리보다 훨씬 많은 시간을 서로 대화하는데 할애하며, 외부인들이 제공한 수동적인 오락거리, 예컨대 텔레비전과 비디오게임과 책에는 전혀 시간을 쓰지 않는다.

또한 우리는 어린아이들의 조숙한 사교 능력에도 놀랐다. 우리 대부분이 부러워하며 우리 아이들도 가졌으면 좋겠다고 바라는 능력이지만, 우리는 아이들을 평가하고 등급을 매기며 무엇을 어떻게 하라고 끊임없이 지시함으로써 그런 능력을 개발할 기회를 주지 않는다. 미국 십대들이 사춘기를 맞아 고뇌하는 정체성의 위기는 수렵채집 사회의 아이들에게는 문젯거리가 아니다. 수렵채집 사회를 비롯해 소규모 전통 사회에서 살았던 서구 사람들의 일치된 견해에 따르면, 그곳의 아이들이 양육되는 방법 덕분에 그런 부러운 자질들이 발달하는 것이다. 즉 긴 수유 기간, 오랫동안 부모 옆에서 잠을 자는 풍습, 대리 부모를 통해 아이에게 훨씬 많이 제공되는 사회적 본보기들, 돌봄이들의 끊임없는 신체 접촉을 통한 사회적 격려, 아기의 울음에 대한 돌봄이의 즉각적인 반응, 체벌의 최소화 등의 결과로 그곳 아이들이 얻는 정서적 안정감과 격려가 그런 자질들의 근원적인 힘이다.

그러나 소규모 사회 성인들의 정서적 안정감과 자주성 및 사교적 능력에서 받은 우리의 인상은 막연한 인상에 불과하다. 그 인상을 객관적으로 측정하거나 입증하기는 힘들다. 그 인상이 맞는 것이더라도 오랜 수유 기간과 대리 부모 등의 결과라고 단정하기는 어렵다. 하지만 최소한으로, 수렵채집인들의 양육법이 우리에게 색다르게 보이지만 해롭지는 않고, 그런 양육법이 반사회적인 인격 장애자들의 사회를 만들어내지는 않는다고 말할 수 있다. 오히려 그들의 양육법은 삶을 즐기면서도 커다란 역경과 위험에 대처할 수 있는 시민을 키워낼 가능성이 크다. 수렵채집인들의 생활방식은 거의 10만 년에 달하는 현생 인류의 역사에서 상당한 효과가 있었다. 1만 1,000년 전, 국지적으로 농업이 도래하기 전까지 전 세계인이 수렵채집인이었고, 5,400년 전까지는 누구도 국가 정부 하에서 살지 않았다. 그 오랜 시간 동안 지속적으로 실험해서 얻어낸 양육법에서 어떤 교훈을 얻을 수 있을지 진지하게 고민해볼 필요가 있다.

6

노인의 대우

누가 노인인가? - 노인을 돌봐야 한다고 생각하는 이유 - 왜 버리거나 죽이는가? - 노인의 유용성 -
사회의 가치관 - 사회의 관례 - 오늘날은 어떤가, 더 나아졌는가 더 나빠졌는가? -
노인을 어떻게 해야 하는가?

:

**누가
노인인가?**

나는 피지 공화국 비티레부 섬의 한 마을을 방문했을 때, 미국을 다녀왔다는 한 지역민과 얘기를 나눌 기회가 있었다. 그는 내게 미국에서 받은 인상에 대해 말해주었다. 미국인의 삶에는 부럽고 동경할 만한 특징도 많았지만 정나미 떨어지는 역겨운 특징도 많았고, 특히 노인에 대한 대우가 마음에 들지 않았다고 말했다. 피지의 시골 노인들은 평생을 보낸 마을에서 친척들과 오랜 친구들과 계속 어울리며 살아간다. 그들은 자식의 집에 주로 거주하고, 자식들은 노인이 된 부모를 공경하며 보살핀다. 심지어 치아가 닳아 잇몸밖에 남지 않은 노부모를 위해 음식을 미리 씹어 부드럽게 만들어주기도 한다. 하지만 미국에서는 많은 노인이 양로원에 보내지고, 자식들은 가끔 노부모를 찾아본다. 그 사실에 분통을 터뜨린 내 피지 지인은 비난하듯 버럭 소리를 질렀다. "노인은 물론 부모까지 버리는 못된 사람들!"

피지인보다 노인에게 훨씬 높은 지위를 부여하며, 노인이 성인 자녀들을 좌지우지하고 사회의 재산을 관리하고, 심지어 젊은이들이 40대가 될 때까지 결혼하는 걸 허락하지 않는 전통 사회도 적지 않다. 반면에 미국보다 노인에게 훨씬 낮은 지위를 부여하며 노인을 전혀 돌보지 않아 굶겨 죽이거나 아예 죽여버리는 전통 사회도 있다. 물론 어떤 사회이든 개인적인 편차가 크다. 내 미국 친구들 중에도 부모를 양로원에 보내고는 1년에 기껏해야 한 번 찾아가거나 전혀 찾아보지 않는 친구가 있는 반면에, 100번째 생일에 맞추어 자신의 22번째 책을 출간해서 연중 시시때때로 만나던 자식과 손자 및 증손까지 모두 불러 생일 파티 겸 출판기념회를 연 친구도 있다. 그러나 전통 사회들에서 노인 대우와 관련된 풍습의 편차는 미국에서 개인의 편차를 훌쩍 넘어선다. 내가 아는 한, 음식을 미리 씹어주면서까지 노부모를 헌신적으로 돌보는 미국인은 한 명도 없다. 물론 노부모를 목 졸라 죽였다고 착한 아들이라고 공개적으로 칭찬받은 미국인도 지금까지는 없었다. 노인의 운명은 대체로 가련할 수밖에 없다는 걸 대다수의 미국인이 인정한다. 그럼, 전통 사회가 노인들을 대우하는 다양한 풍습 중 어떤 풍습을 받아들여 교훈으로 삼고, 어떤 풍습을 멀리해야 할까?

얘기를 계속 진행하기 전에, 지금 제기되는 두 가지 반론을 먼저 생각해보자. 첫째, 몇 살부터 '노인으로 인정되는가에 대한 보편적인 규정이 없다는 것이다. 사회마다 다르고, 개인의 관점에 따라 다르다. 미국의 경우, 연방정부는 법적으로 노인을 65세 이상으로 규정한다. 달리 말하면,

사회보장연금을 신청할 자격이 시작되는 연령 이후의 사람들이다. 나는 십대 시절, 20대 후반인 사람들은 삶과 지혜의 절정기를 맞은 사람들이고, 30대는 이미 중년을 들어섰고, 60세를 넘긴 사람들은 노인이라 생각했다. 그러나 75세를 맞은 지금, 60대와 70대 초반이 내 삶에서 절정기였던 것으로 생각하며, 내 건강이 그대로 유지되면 85세나 90세에야 노년이 시작되지 않을까 싶다. 하지만 뉴기니 시골에서는 60세까지 사는 사람이 거의 없어, 50세도 노인으로 여겨진다. 지금도 기억에 생생하지만 당시 46세였던 내가 인도네시아령 뉴기니의 어떤 마을에 도착했을 때, 그곳 사람들은 내 나이를 알고는 놀라서 "세텡가 마티!"라고 소리쳤다. '거의 죽을 나이'가 됐다는 뜻이다. 그리고 한 십대 소년에게 항상 내 곁을 지키며, 내가 슬픈 일을 당하지 않도록 잘 살피라고 부탁했다. 결국 '노년'은 자의적으로 결정된 보편적인 나이로 결정되는 것이 아니라, 해당 사회의 기준에 따라 결정된다는 뜻이다.

두 번째 반론도 첫 번째 반론과 관계가 있다. 기대수명이 40세 이하인 지역에는 미국의 규정을 만족시키는 노년에 이르는 사람이 거의 없기 마련이다. 내가 지금까지 답사한 뉴기니의 거의 모든 마을에서 50세를 넘기는 사람은 거의 없지만, 여하튼 50세만 돼도 '라푼(노인)'으로 여겨진다. 물론 그런 마을에도 태어난 시기를 추정할 수 있는 사건들(일례로 1910년에 엄청나게 불어닥친 사이클론)을 기억하는 것으로 보아 70세를 넘긴 것으로 추정되는 사람이 한두 명쯤 있기는 하다. 그들은 운신을 제대로 못하고, 시력장애가 있거나 아예 아무것도 보지 못해 먹는 것까지 전적으로 친척들에게 의존하지만, 마을의 삶에서 여전히 중요한 역할을 한다(이 부분에 대해서는 뒤를 참조할 것). 다른 전통 사회에서도 이처럼 장수하는 노인들은 간혹 눈에 띈다. 예컨대 킴 힐과 막달레나 후타도는 파라과이 아체족 중에서 다섯 사람의 가계도를 재구성해서 그들이 각각 70세, 72세, 75세, 77세, 78세에 사망한 것으로 추정해냈다. 또한 낸시 하월은 82세로 추정되는 !쿵족 남자와 사진을 찍기도 했다. 그 노인은 무리가 거주지를 옮길 때 먼 거리를 꿋꿋하게 걸을 수 있었을 뿐 아니라, 자신이 먹을 식량의 대부분은 직접 채집했고 새로운 거주지에서 자신이 거주할 오두막까지 직접 세웠다.

사회마다 노인을 대우하는 기준이 현격하게 다른 이유를 어떻게 설명해야 할까? 사회마다 물질적인 환경이 달라 사회를 위한 유용성에서 노인의 위치가 달라지고, 노인을 부양할 젊은 사람이 얼마나 있느냐에 따라서 노인의 대우가 달라질 수도 있다. 또 다른 이유로는 사회가 소중하게 생각하는 문화적 가치를 생각해볼 수 있다. 예컨대 노인과 사생활 중 어느 쪽을 더 존중해야 하는가? 가족과 개인 중 어느 쪽이 더 중요한가? 노인도 자립적이어야 하는가? 물론 이런 문화적 가치들이 노인의 대우와 관련된 물질적인 환경과 항상 일치하는 것은 아니다.

노인을 돌봐야 한다고 생각하는 이유

노인을 돌봐야 한다는 순박한 생각부터 살펴보자. 그 생각이 완전하지는 않지만, 그 생각을 정리해보는 것만으로도 요즘에 어떤 이유에서 또 어떤 점에서 노인이 제대로 보살핌을 받지 못하는지 돌이켜보는 계기가 될 수 있다. 삶을 장밋빛으로 생각하는 사람이라면 부모와 자식을 서로 사랑해야 한다고 생각할 것이다. 부모는 자식을 위해 최선을 다하고, 또 자식을 위해 희생해야 하며, 자식들은 자신을 키워준 부모를 존중하고 고맙게 생각해야 한다고 생각할 것이다. 따라서 우리는 세계 어디에서나 자식은 노부모를 돌봐야 마땅하다고 생각할 것이다.

과거의 순진한 진화생물학자였다면 추론 방향은 달랐지만 이처럼 흐뭇하고 푸근한 결론을 내렸을지도 모른다. 자연선택은 궁극적으로 유전자의 전달이다. 인간은 자손을 매개로 할 때 자신의 유전자를 가장 확실하게 전달할 수 있다. 따라서 유전자가 부모를 자손의 생존과 번식에 증진하는 방향으로 행동하도록 유도하려면 자연선택은 부모에게 유리한 조건을 제시해야 한다. 문화선택(cultural selection)도 마찬가지이다. 문화선택은 학습된 행동의 전달에 관련된 것이어서, 부모는 자식에게 행동으로 본보기를 보여주어야 한다. 따라서 부모가 자식을 위해 희생해서, 심지어 목숨까지 희생해서 자손의 생존과 번식을 증진할 수 있다면, 부모의 희생은 충분히 이해된다. 그러나 자식에게는 없는 자원과 지위, 지식과 능력이 노부모에게 축적돼 있다. 자식은 부모가 그런 자원과 지위, 지식과 능력을 전달함으로써 자식을 돕는 게 유전자적으로나 문화적으로 부모에게 이익이라는 걸 알고 있다. 또한 자식은 노부모가 자신을 계속 도울 수 있도록 노부모를 돌보는 것이 자신에게도 이익이라고 생각한다. 일반적으로 말하면, 서로 밀접한 관계에 있는 개인들로 이루어진 사회에서는 젊은 세대가 자신들과 문화와 유전자를 공유하는 노년층을 돌보는 것이 모두에게 유리하다고 여긴다.

하지만 이런 장밋빛 예측은 부분적으로 진실이다. 일반적으로 부모가 자식을 돌보고, 자식은 부모를 돌보는 것, 더 나아가 젊은 세대가 전체적으로 노년층을 돌보는 것은 사실이다. 그러나 이런 결론이 대부분의 사회에서 적어도 일부 젊은이들에게는 적용되지 않고, 일부 사회에서는 대부분의 젊은이에게 적용되지 않는다. 그 이유가 무엇일까? 우리 추론에서 무엇이 잘못된 것일까?

 첫째로 순진하게도 세대 간의 이해 충돌을 고려하지 않았다는 게 잘못이다(요즘의 진화생물학자는 이런 실수를 범하지 않는다). 부모가 항상 자식을 위해 무한적으로 희생하지는 않는다. 또 자식이 항상 부모를 고맙게 생각하지도 않는다. 사랑에도 한계가 있다. 인간은 유전자와 문화를 최적으로 전달할 수 있는 방법을 계산해서, 그 결과에 따라 정확히 행동하는 다윈주의자가 아니다. 노인을 포함해 모든 인간이 자식만이 아니라 자신도 편안하게 살기를 바란다. 따라서 부모가 자식을 위해 기꺼이 감수하는 희생에는 한계가 있다. 자식은 어떻게 해서든 편안한 삶을 누리고 싶어 한다. 따라서 자식 세대는 부모 세대가 자원을 많이 소비하면 자신들이 향유할 자원이 줄어든다고 생각할 것이고, 그런 생각에는 충분한 타당성이 있다. 자식이 본능적으로 다윈주의자로 행동하더라도 노부모를 항상 돌봐야 하는 것은 아니다. 자식이 부모를 외면하거나 유기하고 심지어 죽여서라도 유전과 문화를 효과적으로 전달할 수 있는 많은 상황이 있다.

왜 버리거나 죽이는가?

이상의 추론에 따르면 어떤 사회의 자식(일반화하면 젊은 세대)이 부모(일반화하면 노령 세대)를 방치하거나 유기하고, 혹은 죽이는 걸까? 노인이 집단 전체의 안전을 중대하게 위협하는 장애가 되는 사회라고 보고된 사례가 의외로 많다. 이런 결과는 대체로 두 가지 상황에서 일어난다. 첫째는 거주지를 자주 옮겨야 하는 유목형 수렵채집 사회이다. 짐을 나르는 가축이 없는 유목민은 모든 짐을 등에 지고 이동해야 한다. 아기는 물론이고 4세 이하여서 어른들만큼 빨리 걷지 못하는 어린아이, 무기와 연장과 그 밖의 재산들, 또 이동 중에 먹어야 할 식량과 물까지 짊어져야 한다. 이런 짐에 노인과 병자까지 더해지면 무리 전체가 걸어서 이동하는 게 어렵거나 불가능하다.

둘째는 자연환경에서 비롯되는 상황이다. 특히 북극권과 사막에서는 심각한 식량 기근이 주기적으로 닥치고, 그런 기근의 시기를 견디기에 충분한 잉여식량을 축적할 수 없다. 모든 구성원이 건강을 유지할 수 있는 식량, 더 나아가 목숨이라도 부지할 수 있는 식량이 없다면 사회는 가장 덜 소중한 구성원, 혹은 가장 덜 생산적인 구성원을 단념해야 한다. 그렇지 않으면 모두의 생존이 위험에 빠질 것이기 때문이다.

하지만 모든 유목민과, 북극권과 사막에 거주하는 사회가 노인을 포기하는 것은 아니다. 아체족, 시리오노족, 이누이트족과 비교하면, !쿵족과 아프리카 피그미족은 노인을 쉽게 포기하지 않는 듯하다. 한 집단 내에서도 노인 개개인에 대한 대우는 가까운 친척들이 그 노인에게 얼마나 의존하고, 얼마나 정성껏 돌보느냐에 따라 다르다.

부담스런 노인은 어떻게 버려질까? 내 표현이 거북스럽고 섬뜩하게 여겨질 수 있겠지만, 직접적인 행동의 개입 정도에 따라 순서대로 정리해보면 다섯 가지 방법이 있다. 가장 소극적인 방법은 노인을 죽을 때까지 방치하는 방법이다. 노인을 상대하지 않고 먹을 것을 거의 주지 않아 굶어 죽게 내버려두거나, 정처없이 헤매다가 씻지 못해 불결한 상태로 죽게 방치하는 방법이다. 이 방법은 북극권의 이누이트족, 북아메리카 사막의 호피족, 남아메리카 열대 지역의 위토토족, 오스트레일리아 원주민 세계에서 주로 보고됐다.

두 번째 방법은 집단이 거주지를 옮길 때 노인과 병자를 의도적으로 유기하는 방법으로, 스칸디나비아 북부의 라프족(사미족), 칼라하리 사막의 산족, 북아메리카의 오마하족과 쿠테나이족, 남아메리카 열대우림의 아체족 등에서 다양한 형태로 나타난다. 예컨대 아체족은 늙은 남자를 숲에서 '백인의 길'까지 데려가서 다시는 목소리조차 들리지 않는 곳까지 앞만 보고 걸어가게 한다. 그러나 늙은 여자는 가차없이 죽임을 당한다. 병약한 사람은 움막이나 거주지에 남겨지고, 기운을 되찾으면 무리를 뒤쫓아올 수 있도록 약간의 땔감과 식량과 물을 제공받는 경우가 대부분이다.

인류학자 앨런 홀름버그가 볼리비아의 시리오노족과 함께 지내는 동안 우연히 그런 유기 사건이 있었다. 그는 그 과정을 다음과 같이 기록했다. "무리가 블랑코 강쪽으로 이주하기로 결정을 내렸다. 그들이 이주를 준비하는 동안, 나는 그물침대에 누워 있는 병든 중년 여인에게서 눈을 떼지 못했다. 그 여인은 심하게 앓아 말조차 제대로 하지 못했다. 나는 족장에게 그녀를 어떻게 할 계획이냐고 물었다. 족장은 그녀의 남편에게 물어보라고 대답을 떠넘겼다. 남편은 그녀가 걸을 수 없을 정도로 아프고 어차피 죽을 것이기 때문에 이곳에서 죽도록 내버려둘 거라고 내게 말했다. 예정대로 이튿날 아침 무리는 출발했다. 그리고 내 눈앞에서 가슴 아픈 사건이 벌어졌다. 무리 전체가 죽어가는 여인에게 작별 인사도

하지 않고 거주지를 빠져나갔다. 그녀의 남편조차 작별 인사를 건네지 않았다. 그녀에게 남겨진 것이라고는 모닥불 하나, 물이 담긴 작은 호리병, 개인 소지품이 전부였다. 그녀는 얼마나 아팠던지 불만의 소리조차 내뱉지 못했다." 홀름버그도 몸이 좋지 않아 치료를 받으려고 선교원으로 떠났다. 3주 후, 그가 그곳에 다시 돌아갔을 때 그녀의 흔적은 어디에도 없었다. 그래서 그는 무리의 다음 거주지를 찾아갔다. 그곳에서 그는 개미와 콘도르에 의해 뼈만 남겨진 그녀의 유해를 발견했다. "그녀는 무리의 운명을 따르기 위해 최선을 다했지만 결국 실패했다. 효용성을 끝낸 모든 시리오노족이 겪어야 하는 운명을 피할 수 없었다."

노인을 폐기하는 세 번째 방법은 노인에게 낭떠러지에서 몸을 던지거나, 바다에 뛰어들거나, 전투에서 목숨을 버리는 식으로 자살을 택하도록 유도하는 방법이다. 시베리아의 추크치족과 야쿠트족, 북아메리카의 크로족, 이누이트족과 바이킹족이 흔히 사용하던 방법이다. 뉴질랜드 의사이며 선원이던 데이비드 루이스(David Lewis)는 자신의 늙은 친구이며 항해자로 남서태평양의 리프 제도 출신이던 테바케가 정식으로 작별 인사를 건네고 혼자 배에 몸을 싣고 먼바다로 떠나 돌아오지 않았다는 기록을 남겼다. 정확히 말하면, 테바케는 애초부터 돌아올 생각이 없었던 것이 분명하다.

세 번째 방법이 누구에게도 도움을 받지 않는 자살이라면 네 번째 방법은 타인의 도움을 받는 자살이다. 더 정확히 말하면, 노인의 협조 하에 행해지는 살해라고 말할 수 있다. 노인을 목 조르거나, 칼로 찔러서 혹은 산 채로 매장해서 죽이는 방법이다. 과거에 추크치족은 자발적인 죽음을 기꺼이 받아들이면 사회 구성원들에게 칭찬받았고, 내세에서 가장 좋은 곳을 차지할 수 있다고 여겼다. 노인이 부인의 두 무릎 사이에 얼굴을 묻으면, 양편에 있는 두 남자가 노인의 목에 감은 밧줄을 힘껏 당겼다. 뉴브리튼 섬의 남서부를 차지한 카울롱족의 경우, 남편이 죽은 직후 미망인을 아들이나 여자쪽 형제들이 목 졸라 죽이는 풍습이 1950년까지 흔히 행해졌다. 이 풍습은 집행자에게 감정적인 충격을 주었지만 피하면 부끄러운 짓이라 여겨지던 의무였다. 한 카울롱족 아들은 어머니가 심한 모욕감을 주는 바람에 어쩔 수 없이 어머니를 죽일 수밖에 없었던 사연을 제인 구달에게 털어놓았다. "내가 머뭇거리자 어머니가 벌떡 일어나 마을 사람 모두가 들을 수 있을 정도로 크게 소리쳤습니다. 내가 머뭇거리는 이유가 어머니와 섹스하고 싶어서가 아니냐고 말입니다." 뱅크스 제도에서는 병든 노인이 친구들에게 자신을 산 채로 매장해서 병의 고통을 끝내달라고 부탁하면, 친구들은 친절을 베푼다는 뜻에서 그 부탁을 들어주었다. "모타 섬에서 한 남자가 독감으로 쇠약해진 형을 산 채로 매장했다. 그러나 동생은 형의 얼굴에 흙을 헐겁게 덮었다. 그리고 하염없이 울었고, 형이 아직도 살아 있는지 확인하려고 간혹 무덤을 찾아갔다."

마지막 방법은 가장 널리 사용되는 방법으로 노인의 협조나 동의를 받지 않고 폭력적으로 살해하는 방법이다. 목 졸라 죽이거나 산 채로 매장했고, 질식시켜 죽이기도 했다. 또 칼이나 도끼를 살해 도구로 사용했고, 목이나 등을 부러뜨려 죽이기도 했다. 킴 힐과 막달레나 후타도가 인터뷰한 한 아체족 원주민은 늙은 노파들을 어떻게 죽였는지 다음과 같이 설명했다(앞에 언급했듯이, 늙은 남자는 마을 사람들에게 떠밀려 혼자 마을을 떠나야 했다). "나는 관습에 따라 노파들을 죽였다. 숙모들이 여전히 목숨이 붙어 있어 움직일 수 있었지만 나는 그분들을 죽여야 했다. 그분들을 짓

밟았다. 그럼 그분들이 죽었다. 큰 강 옆에서. (……) 때로는 그분이 완전히 죽을 때까지 기다리지 않고 매장하기도 했다. 그분들이 여전히 움직이면 목이나 등을 부러뜨렸다. (……) 나는 늙은 노파들을 돌보지 않았다. 나 혼자서 그분들을 활로 찔러 죽였다."

배우자, 자식, 형제나 자매, 같은 사회의 구성원이 병자와 노인을 죽이거나 유기한다는 얘기에 우리는 등골이 섬뜩할 수 있다. 5장에서 쌍둥이나 기형인 아기가 태어나면 산모가 아기를 죽였다는 얘기를 보았을 때의 반응도 처음에는 그랬다. 그러나 유아살해의 경우에서 그랬듯이, 이번에도 이런 의문을 제기해봐야 한다.

유목 사회에서, 더 정확히 말해서 무리 전체가 먹기에 충분한 식량이 없는 사회에서 노인을 처리할 수 있는 다른 방법이 있었을까? 이제 피해자의 입장이 된 노인은 노인과 병자가 버려지거나 죽임을 당하는 걸 평생 지켜보며 살았고, 심지어 자기 부모를 그런 식으로 처리했을 수도 있다. 따라서 그런 죽음을 맞을 거라는 걸 이미 예상했을 테고, 여러모로 협조할 것이다. 다행히 우리는 식량이 넘치고 노인의료제도를 갖춘 사회에 살고 있어, 피해자나 가해자 혹은 자살을 돕는 사람으로 그런 시련을 감수하지 않아도 된다. 전시에 똑같이 끔찍한 결과를 낳을 두 대안 중 하나를 선택해야만 했던 구리타 다케오 일본 해군 제독에 대해 "그와 유사한 시련을 겪은 사람들만이 그를 심판할 수 있을 것이다"라고 말했던 윈스턴 처칠의 지적을 생각해보라. 이 책을 읽는 독자들 중에도, 병들어 건강을 상실한 노부모를 진료하는 의사에게 공격적인 의료 개입을 중단할 때가 됐다고 말해야 하는지, 아니면 통증을 억제하는 진통제와 진정제를 처방해서라도 목숨을 연명해달라고 말해야 하는지 결정해야 하는 순간을 맞아 유사한 시련을 이미 경험하거나 앞으로 경험할 사람이 많을 것이다.

**노인의
유용성**

전통 사회에서 노인은 어떤 점에서 유익한 역할을 할 수 있을까? 냉정하게 생각하면, 노인이 유익한 역할을 하는 사회라면 노인을 돌보고 공경해야 꾸준히 번영할 수 있을 것이다. 물론 일반적으로, 노인을 돌보는 젊은이들은 진화적인 이점을 거론하지 않고, 사랑과 존중과 의무라는 이유에서 노인을 공경한다고 말한다. 하지만 수렵채집인들이 굶주려서 누구를 먼저 먹어야 하는가라는 문제가 불거지면 냉정한 생각이 겉으로 표명될 수 있다. 노인이 맡은 역할 중에는 젊은이도 행하지만 여전히 노인의 권한 내에 있는 역할이 있는 반면에, 오랜 경험을 통해 다듬어진 노련미가 필요해서 노인에게 유달리 적합한 역할이 있다.

 남자는 창을 던져 사자를 죽일 수 없고, 여자는 몽곤고 숲에서 마을까지 무거운 짐을 지고 오갈 수 없는 연령에 언젠가 이르게 마련이다. 하지만 노인들은 다른 식으로 식량을 구해 손자들을 먹임으로써 자식 세대의 부양 부담을 줄여줄 수 있다. 아체족 남자들은 60대에도 작은 짐승과 열매를 집중적으로 사냥하고 채취하며, 무리가 거주지를 이동할 때 앞장서서 길을 개척한다. !쿵족 노인들은 덫을 설치하고 식물을 채취하며, 젊은이들과 함께 사냥에 나서서 짐승들이 남긴 발자국을 해석해서 효과적으로 사냥할 전략을 제시한다. 탄자니아의 하즈다 수렵채집인 여자들 중에서 가장 힘든 일을 하는 연령층은 폐경을 넘긴 할머니들이다. 그들은 덩이줄기와 열매를 채취하며 하루에 평균 7시간을 일한다. 달리 말하면, 노령에도 자식에게 의존하지 않고 자기 몫의 식량을 스스로 채취한다. 그러나 그런 할머니들에게는 항상 배고파 하는 손자들까지 딸려 있다. 하즈다족 할머니가 식량을 채취하는 데 더 많은 시간을 투자할수록 손자는 더 빨리 성장한다. 18세기와 19세기 핀란드와 캐나다의 농경인 사회에서도 유사한 현상이 기록으로 전해진다. 교회와 고고학계의 기록에 따르면, 친할머니와 외할머니가 모두 사망한 경우보다 한쪽이라도 생존해서 할머니와 함께 지낸 아이가 성인까지 살아남을 가능성이 컸고, 폐경기를 넘긴 여자가 50세를 넘겨 10년까지 생존하면 그녀의 자식들이 평균 두 자녀를 두는 확률도 높아졌다. 십중팔구 할머니의 도움 덕분이었을 것이다.

노인이 하루에 7시간씩 덩이줄기를 캐는 연령을 넘겨서도 떠맡을 수 있는 또 다른 역할로는 아기 돌보기가 있다. 노인이 아기를 돌봐주기 때문에 노인의 자식들은 아무런 걱정 없이 식량을 채취하는 데 전념할 수 있다. !쿵족의 조부모들은 연속해서 며칠 동안 손자를 돌보기도 한다. 그 덕분에 그들의 자녀들은 거추장스런 자식에게 방해받지 않고, 밤을 새며 며칠 동안 사냥과 채취 여행에 나설 수 있다. 사모아 노인들이 요즘 미국으로 이주하는 주된 이유도 손자를 돌보기 위함이다. 그래야 그들의 자식들이 집안일의 부담에서 벗어나 집 밖에 일자리를 구할 수 있지 않겠는가.

노인들은 성장한 자식들이 사용할 물건들, 예컨대 연장과 무기, 바구니와 항아리 및 직물을 만들기도 한다. 예컨대 말레이 반도의 수렵채집인, 세망족 노인들은 바람총(blowgun)을 능숙하게 만들었다. 바람총과 같

화살촉을 만드는 푸메족 노인. 전통 사회에서 노인을 소중하게 여기는 이유는 연장과 무기, 바구니와 항아리 및 직물을 능숙하게 만들기 때문이다.

은 무기와 연장의 제작은 노인이 과거의 능력을 마음껏 발휘할 수 있는 분야이다. 바구니와 항아리를 가장 뛰어나게 만드는 제작자도 주로 노인이다.

 세월이 지날수록 능력도 커져가는 또 다른 분야로는 의학과 종교, 여흥 관련 일, 정치가 있다. 전통 사회에서 마법사와 성직자, 예언자와 주술사가 흔히 노인이듯이 산파와 의료인도 대부분 노인이다. 노래와 놀이와 춤 등 여흥을 주도하고, 입문식을 인도하는 지도자도 노인이다. 노인은 인간관계를 구축하며 평생을 보낸 까닭에 광범위한 사회적 관계망에서 온갖 혜택을 누리며, 자식들을 그 관계망에 소개할 수 있다. 정치 지도자도 대체로 노인이다. 따라서 '부족의 원로'는 실질적인 부족의 지도자라 말해도 과언이 아니다. 이런 현상은 현대 국가 사회에서도 마찬가지이다. 예컨대 미국에서 대통령에 처음 당선된 정치인의 평균 연령이 54세이고, 연방 대법원 판사에 취임하는 법조인들의 평균 연령은 53세이다.

그러나 전통 사회에서 노인의 가장 중요한 역할은, 이 책의 독자들은 결코 경험하지 못할 역할이다. 문명 사회에서 정보는 주로 글이나 디지털로 기록된다. 따라서 최대의 정보 창고는 백과사전과 책, 잡지와 지도, 일기와 편지, 그리고 요즘에는 인터넷이다. 요즘 우리는 어떤 사실을 확인하려면 문서나 온라인을 뒤적거린다. 그러나 역사가 문자로 기록되기 전의 사회, 따라서 인간의 기억에 의존할 수밖에 없는 사회에서는 이런 선택이 불가능하다. 따라서 노인의 기억은 그 사회의 백과사전이고 도서관이다. 내가 뉴기니에서 지역민들을 인터뷰할 때, 그들은 확실하게 대답할 수 없는 질문을 받을 때마다 "잠깐만요, 노인에게 물어봅시다"라고 말했다. 노인은 부족의 신화와 전통적인 노래를 훤히 꿰뚫고 있을 뿐만 아니라, 누가 누구와 관계가 있고, 누가 언제 무슨 짓을 누구에게 했으며, 수백 가지에 달하는 지역 식물과 동물의 이름과 용도까지 알고 있다. 게다가 삶의 상황이 팍팍해지면 식량을 어디로 구하러 가야 하는지도 알고 있다. 따라서 요즘의 선장이 해도(海圖)를 삶과 죽음의 문제로 여기며 소중히 돌보듯이, 전통 사회에서 노인의 공경은 삶과 죽음의 문제가 된다. 나는 여기에서 부족의 생존에 반드시 필요한 지식과 관련된 사건 하나를 소개함으로써 노인의 이런 가치를 설명해보려 한다.

1976년 내가 남서태평양의 렌넬 섬을 방문했을 때 일어난 사건이었다. 나는 보크사이트 광산 개발이 렌넬 섬에 미칠 환경의 영향을 조사하기 위해서 그 섬에 파견됐기 때문에, 광산 개발을 위해 개간한 숲이 얼마나 신속하게 재생되고, 어떤 수종이 목재와 식용 열매 및 그 밖의 목적에 유용한지 알아내고 싶었다. 중년의 섬사람들은 렌넬 섬에 자생하는 126종의 식물 이름을 렌넬어로 거침없이 말해주었다(아누, 강고토바, 가이가게아, 카가로구로구 등). 게다가 각 종에 대해서 씨앗과 열매가 인간만이 아니라 짐승에게도 식용으로 적합한지 않은지, 또 새와 박쥐는 먹지만 인간은 먹을 수 없는 것(이에 관련된 새와 박쥐의 종에 대해서도 언급했다)과 인간도 먹을 수 있는 것을 구분해주었다. 인간이 먹는 종들 중에 일부는 "헝기 켕기가 있은 후에야 먹기 시작한 것"으로 다시 구분됐다.

나는 '헝기 켕기'란 말을 들은 적이 없어 그 뜻이 무엇이고, 원래 먹을 수 없던 열매가 어떻게 먹을 수 있는 열매로 바뀌었으냐고 물었다. 그들은 설명을 대신해서, 나를 한 오두막으로 데려가더니 그에 관련된 모든 지식을 전해준 사람을 소개해주었다. 남의 도움을 받지 않고는 혼자 걷지도 못할 정도로 무척 늙은 노파였다. '헝기 켕기(hungi kengi)'는 그 섬을 강타한 가장 파괴적인 사이클론을 뜻하는 렌넬어였다 유럽의 식민사로 추정하면 1910년 경이었다. 당시 노파는 결혼할 준비조차 않던 어린 아이였다. 따라서 우리가 처음 만난 1976년에 그 노파는 70대 후반이나 80대 초반이었던 것으로 추정된다. 여하튼 사이클론으로 렌넬 섬의 높은 쑥대밭이 됐고, 모든 밭이 파괴되어 살아남은 섬사람들은 굶어죽을 위기에 처했다. 밭을 새로 개간해서 수확을 거둘 때까지 섬사람들은 소화할 수 있는 것이면 무엇이든 먹어야 할 처지였다. 따라서 평소에 즐기던 야생 열매만이 아니라, 그 전에는 거들떠보지도 않던 열매들—즉, 나에게 '헝기 켕기가 있은 후에야 먹기 시작한 것'으로 알려주었던 열매들—에도 눈을 돌렸다. 이를 위해서는 차선으로 선택한 열매 중 어떤 것이 독이 없어 안전하게 먹을 수 있고, 독이 있더라도 음식을 준비하는 과정에서 제거할 수 있는 열매를 구분하는 지식이 필요했다. 다행히 헝기 켕기가 닥쳤을 때, 과거에 그처럼 파괴적인 사이클론을 겪고 어려움을 이겨낸 섬사람들이 있었다. 1976년 당시, 그 노파는 마을에서 과거의 경험과 지식을 물려받은 마지막 생존자였다. 대규모 사이클론이 렌넬 섬을 다시 강타한다면, 노파의 머릿속에 담긴 백과사전적 지식이 섬사람들을 기아에서 구해낼 모든 것이었다. 마을 사람들의 생존에 노인의 기억이 얼마나 중요한가를 보여주는 이런 얘기들은 문자가 없는 사회에서 얼마든지 들을 수 있다.

사회의 가치관

따라서 사회가 노인들을 돌보는 이유와 노인을 포기하는 이유의 대부분은 노인의 유용성에서 찾아진다. 노인을 공경하느냐 멸시하느냐는 사회의 가치관도 그 이유에서 한 부분을 차지한다. 물론, 두 이유는 서로 밀접한 관계가 있다. 노인이 유용한 역할을 할수록 구성원들에게 존중받을 가능성이 크다. 그러나 인간 문화의 다른 많은 분야에서 확인되듯이, 유용성과 가치관의 관계는 느슨하다. 달리 말하면, 경제적으로 유사하지만 노인을 상대적으로 더 존중하는 사회가 있다.

정도의 차이는 있지만, 노인에 대한 존중은 인간 사회에서 일반석인 현상이다. 현대 미국의 경우, 상대적으로 너그러운 형태의 존중이 약간은 경시하는 태도와 공존한다. 미국 아이들은 노인을 공경하고 노인에게 꼬박꼬박 말대꾸하지 않으며, 버스에서 서 있는 노인에게 자리를 양보하라고 배운다. !쿵족은 노인을 무척 공경한다. 미국보다 상대적으로 노인이 적기 때문일 것이다. !쿵족의 20퍼센트만이 60세를 겨우 넘긴다. 사자와 사고, 질병과 기습 공격 등 !쿵족의 삶에 내재한 온갖 위험을 이겨내고 그 연령까지 살아남았다는 것만으로도 존경받을 만하다.

가장 강렬한 형태의 노인 존중은 유교와 관련된 효도라는 개념이다. 효도는 전통적으로 중국과 한국, 일본과 타이완에서 일반화된 철학이어서, 일본에서는 1948년의 헌법을 근거로, 중국에서는 1950년의 혼인법을 근거로 효도가 법제화되기도 했다. 유교의 가르침에 따르면, 어린아이는 부모에게 절대적으로 순종해야 한다. 불순종과 무례한 태도는 손가락질 받아 마땅한 짓으로 여겨진다. 구체적으로 말하면, 어린아이, 특히 큰아들에게는 노부모를 봉양해야 할 신성한 의무가 지워진다. 오늘날에도 효도는 동아시아에서 건재해서, (얼마 전까지도) 중국에서는 거의 모든 노인, 일본에서는 노인의 4분의 3이 자식과 함께 대가족을 이루며 살았다.

이탈리아 남부, 멕시코 등 많은 사회에서 가족의 개념을 중시하는 것도 노인을 존중하는 형태의 하나이다. 도널드 카우길(Donald Cowgill)이 말했듯이, "가족은 사회 구조의 중심지로 여겨지고, 모든 구성원에게 전반적인 영향을 미치는 근원으로도 여겨진다. (……) 가족의 명예가 무엇보다 중요해서, 모든 구성원은 남성의 권위를 후원하고 가족을 위해 희생하며 부모를 공경하고 가족의 이름을 더럽히는 짓을 멀리해야 했다. (……) 가장은 구성원들에게 가족의 목표를 준수하기를 강요하며 분열된

충성을 용납하지 않는 지배적인 권위자로서 대부(代父)의 이미지를 띠었다. (……) 이런 구조 하에서 어떤 경우이든 개인의 자기표현은 가족의 이익보다 앞설 수 없어 제한적일 수밖에 없었다. (……) 자식들은 중년에 이른 후에도 가족의 활동에 노부모를 반드시 포함시켰고, 대다수가 노부모를 양로원에 보내는 걸 완강히 거부했다."

유교 정신에 물든 중국인, 남부의 이탈리아인, 멕시코 가정은 최연장자에게 주된 권위가 집중된 까닭에 '가부장적' 가족이라 일컬어지는 현상의 전형적인 예를 보여준다. 대다수의 목축 사회와 시골 지역의 가족도 마찬가지이며, 과거로 거슬러 올라가면 고대 로마와 히브리인의 가정도 크게 다르지 않았다. 가부장적 가족이 어떻게 조직화되는지 정확히 파악하기 위해서는 이 책을 읽는 대다수의 독자가 당연하게 여기고 인류학자들이 '신거제 가구(neolocal household)'라고 일컫는 주거 방식으로 살아가는 현대 미국인들을 생각해보면 된다. '신거제 가구'라는 개념은 신혼부부가 신랑이나 신부의 부모에서 떨어져 나와 새로운 가정을 꾸린다는 뜻이다. 새로운 가정은 갓 결혼한 부부와 (언젠가 태어날) 그들의 자식들로만 구성되는 핵가족을 이룬다.

이런 주거 방식은 우리에게 당연하고 자연스럽게 여겨지지만, 지리학적이고 역사학적 기준에서 보면 무척 예외적인 현상이다. 전통 사회에서는 5퍼센트만이 신거제 가구이다. 전통 사회에서 가장 흔한 형태는 '부거제 가구((patrilocal household)', 즉 갓 결혼한 부부가 신랑의 부모나 가족과 함께 사는 형태이다. 이 경우, 가족은 핵가족만이 아니라 수평적으로나 수직적으로 확대된 대가족으로 이루어진다. 수평적 확대, 즉 가장과 같은 세대에는 일부다처제라면 가장과 같은 울타리 내에서 살아가는 여러 부인들과 가장의 결혼하지 않은 누이들이 포함되고, 때로는 가장의 결혼한 동생들도 포함될 수 있다. 수직적으로 확대되어 다른 세대까지 포함하면 가장과 부인, 그들의 결혼한 자녀들 중 하나나 둘, 결혼한 자녀의 자식들, 즉 가장의 손자들이 한 울타리에 있게 된다. 수직적으로 확대되든 수평적으로 확대되든 간에 가족 전체는 경제·재정·사회·정치적으로 하나의 단위여서, 구성원 모두가 일상의 삶에서 공동으로 살아가며, 가장이 가장 중요한 위치를 차지한다.

부거제 가구가 노인을 공경하는 건 당연하다. 노인이 자식들과 같은 집에 살고, 집을 소유하고 관리하며, 경제적으로나 육체적으로 안정된 삶을 누린다. 물론 이런 가구 구조 때문에 성인 자녀가 노부모를 사랑한다고 말할 수는 없다. 성인 자녀의 감정은 애증이 엇갈린 상태이거나, 권위자에 대한 두려움과 존중심에 압도된 상태일 수 있고, 자신의 자식들에게 독선적인 권위를 휘두를 수 있을 때, 즉 자신의 시대를 기다리는 것일 수도 있다. 신거제 가구에서는 노부모를 향한 성인 자식의 감정이 무엇이든 간에 부모와 자식이 물리적으로 따로 살기 때문에 노인을 돌보기가 상대적으로 힘들다.

가부장적인 전통 사회에서 노인은 오랫동안 높은 지위를 누리지만, 현대 미국 사회에서 노인의 위치는 정반대의 상황에 처해 있다(전통적인 가치관을 유지하는 일부 이민자 공동체의 경우는 예외이다). 카우길이 현대 미국 사회의 문제점으로 지적했듯이 "우리는 노년을 유용성의 상실, 노쇠, 질병, 망령, 빈곤, 성욕의 상실, 비생산성, 죽음과 동일시하는 경향을 띤다." 이런 사고방식이 노인의 일자리 기회와 의료 관리에 부정적인 영향을 미친다. 의무적인 정년이 얼마 전까지 미국에서는 일반적인 현상이었고, 유럽에서는 지금도 일반화된 현상이다. 고용주들은 노인을 자기만의 방식에 굳어져서 관리하고 가르치기 힘들다고 생각하며, 상대적으로 융통성 있어 쉽게 배운다고 여겨지는 젊은 직원들에게 투자하고 싶어 한다. 보스턴 칼리지의 은퇴연구센터, 조애나 라헤이(Joanna Lahey)가 유망한 고용주들에게 지원자의 이름과 연령만을 달리한 거짓 이력서를 보낸 후에 반응을 조사하는 실험을 실시했다. 그 실험 결과에 따르면, 신입직의 경우에 35~45세의 여성이 50~62세의 지원자보다 서류 전형을 통과할 확률이 43퍼센트 높았다. 또한 '보건의료자원의 연령별 할당'이란 병원 정책은 보건의료자원이 제한될 때마다 진료 시간과 에너지와 돈을 '허약하고 쇠약하다'고 인식되는 노인의 생명을 구하는 데 투자해서는 안 된다는 근거로, 노인 환자보다 젊은 환자에게 우선권을 부여한다. 미국인과 유럽인은 30대에 이르면 염색과 성형수술 등으로 젊은 외모를 유지하려고 많은 돈을 투자한다는 사실이 놀랍지 않은가?

유럽도 크게 다르지 않지만, 현대 미국 사회에서 노인의 지위가 크게 떨어진 데는 적어도 세 가지 가치관이 원인으로 작용한 듯하다. 첫째는 사회학자 막스 베버(Max Weber)가 강조한 노동 윤리이다. 베버는 장 칼뱅(Jean Calvin)의 종교개혁과 관련지어 노동 윤리를 강조했다. 물론 베버는 독일을 중심으로 말했지만, 넓게는 현대 서구 사회에도 적용되는 노동 윤리이다. 베버의 복잡하고 많은 책과 논문을 한 문장으로 요약하는 건 위험한 짓이지만, 그는 노동을 삶의 중심이고, 사회적 지위와 정체성을 안겨주는 원천이며, 인격 형성에도 유익한 것이라고 보았다. 따라서 은퇴해서 일하지 않는 노인은 사회적 지위까지 상실한다는 결론이 내려진다.

둘째로 미국인의 가치관은 개인을 강조하는 사고방식과도 관계가 있다. 개인주의는 위에서 언급된 많은 사회가 강조하는 대가족과는 대척점에 있다. 미국의 자존심은 개인적인 성취로 측정되지, 개인이 속한 대가족의 집단적인 성취로 측정되지 않는다. 우리는 자주적이고, 독립독행해야 한다고 배운다. 독립심과 개인주의와 자아존중은 한결같이 미덕으로 추앙되지만, 자립하지 못하고 자신을 제대로 관리하지 못하며 남에게 의존하는 정반대의 특성들은 손가락질을 받는다. 실제로 미국에서 의존적 성격장애는 정신과 의사와 심리학자가 흔히 사용하는 임상진단이며, 미국정신의학회는 정신장애 301.6이라는 질병분류번호까지 붙여 치료가 필요한 질병으로 분류한다. 안타깝게도 의존적인 성격을 지닌 사람이 독립독행이란 미국의 미덕을 성취할 수 있도록 도와야 한다는 뜻이다.

또한 미국의 개인주의적 가치관은 사생활을 강조한다. 개인의 사생활은 세계 문화를 기준으로 할 때 무척 생소한 개념이다. 대부분의 세계 문화가 사생활을 중시하지 않으며, 바람직한 이상으로도 생각하지 않는다. 하지만 전통적인 거주 형태는 대가족으로 이루어지며, 그 대가족이 하나의 집, 하나의 터에 모인 여러 채의 주거지에서 살아간다. 심지어 무리 전체가 공동으로 사용하는 하나의 주거지에서 잠을 잔다. 대부분의 미국인은 생각할 수도 없겠지만, 부부의 섹스마저 전통 사회에서는 사생활이 거의 보장되지 않는 곳에서 행해진다. 부부용 그물침대나 깔개가 다른 부부들에게 흔히 보이고, 어린 자식들이 같은 깔개에 누워 있으면 눈을 감고 있기를 바랄 뿐이다. 미국의 신거제 거주 방식에 따르면, 결혼연령에 이른 자식은 부모에게서 독립해서 자기만의 가정을 꾸린다. 따라서 신거제 거주 방식은 사생활이 거의 보장되지 않는 전통적인 거주 형태와 완전히 다르다.

독립심과 개인주의, 독립독행과 사생활이란 가치관이 뒤얽힌 미국인의 생활방식에서 노인을 공경하고 돌보기는 힘들다. 갓난아기는 어떤 면에서도 독립할 수 없다는 이유로 아이의 의존성은 인정하지만, 수십 년 동안 혼자 힘으로 살아온 노인의 의존성은 마뜩잖게 여긴다. 그러나 현실은 잔혹해서 노인도 결국에는 혼자 힘으로 살 수 없고 독립독행할 수 없어 타인에게 의지하며 오랫동안 소중하게 간직하던 사생활을 포기할 수밖에 없는 지경에 이르기 마련이다. 의존은 당사자인 노인에게도 고통스럽지만, 과거에 꿋꿋하던 부모가 남에게 의존할 수밖에 없는 처지에 처한 모습을 지켜봐야 하는 중년의 자식도 고통스럽기는 마찬가지이다. 자존심 때문에 혼자 힘으로 살려고 끝까지 고집을 부렸지만 넘어져서 고관절이 부러지거나 침대에서 혼자 일어날 수 없는 사고로 더 이상 독립독행할 수 없는 지경에 이른 노인들을 얼마나 많이 보았던가? 하지만 미국의 이상은 미국 노인들에게 자존심을 상실하게 만들고, 상대적으로 젊은 돌봄이들에게는 노인에 대한 공경심을 잃게 만든다.

셋째로는 유난히 젊음을 강조하고 예찬하는 미국의 가치관이 노인에 대한 편견을 조장하는 듯하다. 물론 우리가 아무런 이유도 없이 젊음의 예찬을 문화적으로 선호한 것은 아니다. 달리 말하면, 젊음의 예찬은 철저하게 자의적으로 결정된 가치관이 아니다. 기술이 급속히 변하는 세계에서 젊은 세대가 새로운 교육을 받아 첨단지식으로 무장함으로써 일자리와 일상의 문제 등 중요한 일들에 더 능숙하게 대처할 수 있는 것은 사실이다. 나는 지금 75세이고, 내 부인은 64세이다. 우리는 요즘 텔레비전을 켤 때마다 젊음을 예찬하는 미국 문화를 떠받드는 현실 세계를 떠올린다. 우리 부부는 세 개의 장치만이 있던 텔레비전을 보며 자랐다. 그 시대의 텔레비전에는 전원 버튼, 음량조절 손잡이, 채널선택 손잡이가 전부였다. 우리 부부는 요즘 텔레비전을 켜고 조절하는 리모컨, 그것도 41개의 버튼이 달린 리모컨을 제대로 사용하지 못한다. 그래서 리모컨이 문제를 일으키면 25세인 아들에게 전화를 걸어 꼬치꼬치 물어야 한다. 젊음을 예찬하는 미국 문화를 부추기는 또 다른 외적인 요인은 경쟁력을 중요하게 생각하는 사회적 분위기이다. 이 때문에 속도와 인내력, 근력과 민첩성 및 신속한 반응력을 지닌 젊은 세대가 유리할 수밖에 없다. 상당수의 미국인이 해외에서 태어나 성장한 후에 미국으로 이주한 이민자의 자녀라는 사실도 무시할 수 없는 요인이다. 그들은 노부모가 영어를 어눌하게 말하며, 미국 사회가 돌아가는 방법에 대한 지식을 갖추지 못해 고생하는 모습을 지켜보며 성장한 사람들이다.

그렇다고 미국인들이 젊음을 소중하게 생각하는 데 타당한 이유가 있다는 것까지 부인하는 것은 아니다. 하지만 젊음을 예찬하는 우리 문화가 온갖 분야로 확대되어 자의적으로 해석되고 때로는 바람직하지 않은 영향을 미치는 듯하다. 우리는 젊은 사람을 아름답고 잘생겼다고 생각하지만, 황금색이나 갈색 혹은 검은색의 머리칼이 희끗한 은빛 머리칼보다 더 아름답다고 동경해야 할 이유가 무엇인가? 텔레비전과 잡지와 신문에 실린 의류 광고를 보면 모델이 한결같이 젊은 사람이다. 70세 노인이 남성용 셔츠와 여성용 드레스를 광고하면 이상하게 생각하는 이유가 무엇일까? 경제학자라면, 젊은층이 노년층보다 옷을 더 자주 바꿔 입고 구매하며 상표의 충성도가 낮기 때문이라고 대답할 것이다. 이런 경제학적 해석에 따르면, 70세 의상 모델과 20세 의상 모델의 비율은 의상 구매율

코카콜라 중국 광고. 젊음을 예찬하고 노인을 폄하하는 미국 문화가 유교권인 중국에까지 스며들어 광고 모델의 선정에 반영되고 있다. 노인들도 청량음료를 마시는데, 노인이 코카콜라를 벌컥벌컥 마시는 광고를 본 적이 있는가?

과 상표 교환율에서 70세 노인과 20세 젊은이의 비율이 엇비슷해야 한다. 그러나 70세 의상 모델의 비율은 거의 제로에 가깝지만, 70세 노인의 의상 구매율과 상표 교환율은 결코 그렇지 않다. 청량음료와 맥주, 자동차 광고도 다를 바가 없어, 한결같이 젊은 모델만이 등장한다. 하지만 노년층도 청량음료와 맥주를 마시고 자동차를 구입한다. 그럼에도 노인은 성인용 기저귀, 관절염 약, 은퇴설계 금융상품을 판매하는 데만 활용된다.

광고의 세계에서 찾아낸 이런 사례들이 처음에는 재밌게 여겨질 수 있겠지만, 노인차별의 한 단면에 불과하다는 걸 깨닫게 되면 그런 기분이

노인의 삶을 설계하고 컨설팅하는 기업의 광고. 노인은 청량음료, 의류, 자동차를 판매하는 광고 대신에 노인 전용 아파트, 관절염 약, 성인용 기저귀를 판매하는 광고에만 등장한다.

확 달아날 것이다. 우리는 젊음을 예찬하지만 노화를 부정적으로 생각한다. 70세 모델이 청량음료 광고에 사용되지 않는 자체는 심각한 문제가 아니지만, 고령의 구직자에게는 면접의 기회마저 주어지지 않고, 제한적인 보건의료자원 때문에 고령의 환자는 뒷전으로 밀려나는 현실은 심각한 문제가 아닐 수 없다. 젊은 시청자만이 아니라 노령의 시청자까지 목표로 삼는 청량음료와 맥주 광고에서, 노화에 대한 부정적인 시각이 미국의 젊은 세대에게만 팽배한 게 아니라 미국 노인들에게도 내면화돼 있다는 게 입증된다. 루이스 해리스 앤 어소시에이츠의 조사에서 밝혀졌듯이, 미국인들은 노인을 따분하고 완고하며 의존적이지만 등한시되고 고립되어 외로우며, 편협하고 유행에 뒤떨어지며, 소극적이고 가난하며, 굼뜨고 성적으로 활발하지 않으며, 병들고 기민하지 못하며, 비생산적이고 죽음을 지나치게 두려워하고, 범죄를 끝없이 걱정하며 인생에서 최악의 시기를 보내는 사람이라 생각한다. 따라서 잠을 자거나, 앉아서 아무것도 하지 않으며, 과거의 향수에 젖어 많은 시간을 보내는 사람이라 생각하기도 한다. 이런 부정적인 시각이 여론조사에 응답한 젊은층에서는 물론이고 노년층에서도 똑같이 확인됐지만, 조사에 응한 노인들은 이런 고정관념을 모든 노인에게 똑같이 적용해서는 안 된다고 주장했다.

사회의 관례 사회마다 노인을 대우하는 방법이 다른 요인에 대해 지금까지 살펴보았다. 그 요인들을 다시 정리하면, 노인을 감당하고 먹일 수 있는 사회의 역량과 노인의 유용성 및 그 유용성을 반영하지만 어느 정도까지는 독립변수인 사회의 가치관이다. 그러나 이 요인들은 노인과 관련된 일상의 결정에서 거의 거론되지 않는 설명적인 요인들에 불과하다. 예컨대 할아버지가 사냥에 참여하지 못하지만 오늘 사냥한 영양에서 최상급 고깃덩이를 잘라내서 할아버지를 드려야 하는가를 결정할 때 위에서 언급된 요인들은 거의 고려되지 않는다. 따라서 영양을 도살하는 손자는 "헝기 켕기가 닥치면 어떤 열매를 먹어야 하는지 할아버지가 알고 있다. 따라서 할아버지에게 이 고깃덩이를 드림으로써 할아버지의 유용성에 보상해야 한다"라는 일반적인 원칙, 즉 궁극적인 가치를 거론조차 않는다. 오히려 현실 생활에서의 결정은 사회의 관례에 따라 행해진다. 사회의 관례는 특정한 상황에 어떻게 해야 하는가를 명시하고 궁극적으로 유용성과 가치관을 반영하지만, 헝기 켕기에 대한 철학적 고민 없이 영양을 신속하게 도살하게 해주는 것이다.

사회마다 다르지만, 구성원들이 선택의 기준으로 삼는 다수의 관례가 있다. 이런 관례에 힘입어 노인들은 특정한 자원을 징발할 수 있다. 젊은층은 그 관례를 받아들여 노인을 공경하고, 노인이 자원을 징발하는 걸 인정한다. 해당 자원에 대한 두 계층의 이해관계가 명백히 충돌해서, 힘이 강한 젊은층이 그 자원을 강제로 획득할 수 있어도 관례들이 지켜진다. 젊은층은 무력을 행사하는 대신, 그들이 늙어 공경받을 때까지 묵묵히 기다린다. 이런 사례는 헤아릴 수 없이 많지만 세 가지만 예로 들어보자.

첫째는 단순한 예로 음식터부이다. 특정한 음식이 젊은이에게는 해롭지만 노인은 늙어가면서 면역력을 갖게 됐다는 믿음(젊은층과 노년층이 공유하는 믿음)에서 노인에게만 허용되는 경우이다. 어떤 사회에나 특정한 음식에 대한 터부가 있다. 비과학적인 터부이지만, 음식터부는 전통 사회에서 일반적인 현상이다. 예컨대 오마하족 젊은이가 짐승의 뼈를 쪼개 그 안에 있는 골수를 먹으면, 노인들에게 골수로 인해 발목을 삐게 된다는 꾸지람을 듣지만 노인은 안전하게 골수를 먹을 수 있다는 충고를 듣는다. 보르네오의 이반족 사회에서 노인들은 사슴고기를 마음껏 먹었지만 젊은이들은 사슴고기를 먹으면 사슴처럼 순해진다는 이유로 금지됐다. 시베리아의 추크치족 노인들은 순록 젖을 마셨지만, 젊은 남자가 순록 젖을 마시면 발기가 되지 않고 젊은 여자는 젖가슴이 축 늘어진다며 젊은이들을 보호한다는 명목 하에 순록 젖을 마시지 못하게 했다.

오스트레일리아 중부의 앨리스스프링스 근처에 살던 원주민 아란다족(혹은 아룬타족) 사회에서도 무척 교묘하게 조작된 음식터부가 확인된다. 가장 맛있는 음식은 노인, 특히 늙은 남자의 몫이었다. 젊은이가 그 금지된 음식을 어리석게 먹으면 끔찍한 결과가 닥칠 거라는 위협까지 더해졌다. 예컨대 젊은 남자가 왕쥐 암컷을 먹으면 할례를 받을 때 피가 멈추지 않아 죽게 되고, 살찐 에뮤를 먹으면 음경이 비정상적일 정도로 커지며, 앵무새를 먹으면 머리끝이 움푹 들어가기 시작해서 아래턱까지 구멍이 뚫리며, 들고양이를 먹으면 고약한 냄새를 풍기고 무척 고통스런 종기가 얼굴과 목에 생긴다는 위협이었다. 젊은 여자에게는 더 끔찍한 위협이 가해졌다. 왕쥐 암컷을 먹으면 월경으로 인한 피가 멈추지 않고, 캥거루 꼬리를 먹으면 조로하고 머리가 벗겨져 대머리가 되며, 메추라기를 먹으면 젖가슴이 발달하지 않고, 솔부엉이를 먹으면 반대로 젖가슴이 비대하게 부풀어서 터져버린다는 위협이었다.

많은 사회에서 노인들이 젊은 남자에게는 금지하며 자기들이 독점하는 데 성공한 또 하나의 중요한 자원은 어린 여자였다. 예컨대 남자가 40세 이후에는 훨씬 어린 여자와 결혼하고 많은 부인을 둘 수 있지만, 그 전까지는 결혼을 꿈도 꾸지 말아야 하는 관례가 지배적인 사회가 의외로 많았다. 이런 관례가 적용된 전통 사회로는 동아프리카의 아캄바족, 남아메리카의 아라우칸족, 서아프리카의 바콩족, 남서태평양의 뱅크스 섬 사람들, 북아프리카의 베르베르족, 시베리아의 추크치족, 보르네오의 이반족, 캐나다의 래브라도 이누이트족, 남아프리카의 코사족 및 오스트레일리아의 많은 원주민 부족들이 있다. 개인적으로 나는 뉴기니 북부의 저지대에서 이런 사례를 직접 경험했다. 요노라는 절름발이 노인이 10세도 되지 않은 소녀를 내게 가리키며, 장래의 자기 신붓감으로 '찍어 놓았다'고 말했다. 그 소녀가 태어나자마자 소녀의 부모에게 첫 할부금을 지불했고, 그 이후로 주기적으로 할부금을 지불해서, 소녀의 젖가슴이 발달하고 초경을 끝내면 바로 결혼할 계획이라는 것이었다.

음식터부를 필두로 노인의 특권과 관련해서 이런 의문이 생길 수밖에 없다. 왜 젊은 사람들은 그런 관례를 묵인하며 노인의 권위를 공경하는 것일까? 젊은이들은 자신들도 결국 그런 특권을 누리는 때가 올 거라는 기대감에서 관례에 순응하는 것일 수 있다. 그때가 오기 전까지는 모닥불 주변을 배회하며, 늙은 남편이 없는 틈에 성적인 만족을 채울 기회를 노린다.

많은 전통 사회에서 노인을 공경하고 보살피는 관례로 살펴본 위의 두 사례—음식터부, 젊은 부인의 독점—는 현대 산업사회에서는 더 이상 통용되지 않는다. 따라서 전통 사회의 젊은이들이 그런 관례들을 묵인한 이유가 우리에게는 궁금할 수밖에 없다. 하지만 끝으로 이번에 제시하는 사례는 이 책의 독자들에게도 무척 익숙할 것이다. 바로, 노인의 재산권 유지이다. 많은 전통 사회가 그렇듯이, 현대 사회에서도 대부분의 노인이 죽기 직전에야 상속을 통해 재산의 소유권을 양도한다. 따라서 젊은이들이 노부모를 보살피고 공경하는 배경에는 노부모가 유언을 바꿀지도 모른다는 두려움이 도사리고 있다.

이런 현상이 비교적 온건한 사례는 !쿵족의 무리사회에서 찾아진다. !쿵족 사회에서 땅의 소유권은 무리 전체에 있지 않고 가장 나이가 많은 연장자들에게 있다. 반면에 상대적으로 고압적인 사례는 목축 사회와 농경 사회에서 거의 예외없이 찾아진다. 손위 세대가 가장(家長)이라는 이유로 땅과 가축과 소중한 재산을 노년까지, 대부분의 경우 사망할 때까지 계속 소유한다. 따라서 가장은 유리한 위치에서 자식들에게 가족의 울타리를 떠나지 말고 자신을 돌보라고 설득할 수 있다. 구약성서를 예로 들면, 아브라함을 비롯한 히브리인 가장들은 노년까지 많은 가축을 소유했다. 시베리아 추크치족 노인들은 순록을 소유했고, 몽골족 노인들은 말을 소유했다. 나바호족 노인들은 말과 양, 젖소와 염소를 소유했고, 카자흐족 노인들은 앞의 네 가축 이외에 낙타까지 소유했다. 가축과 농지와 (오늘날에는) 다른 재산과 금융자산까지 관리함으로써 노인들은 젊은 세대에게 막강한 영향력을 행사한다.

노인 세대가 행사하는 힘이 막강하면 그런 사회의 정부는 '장로정부 (gerontocracy)'라 일컬어진다. 다시 말하면, 노인이 전권을 행사하는 정부라는 뜻이다. 고대 히브리 사회, 아프리카의 많은 목축 사회, 오스트레일리아의 많은 부족, 농촌 지역인 아일랜드가 대표적인 예이다. 도널드 카우길이 개괄적으로 말했듯이, "이곳(아일랜드)에서는 노인이 소유권을 보유하고 말년까지 가족의 농지를 관리하는 것이 관례이다. 그 사이에 아들들은 무보수로 가족 농지에서 계속 일을 하며, 경제적 지원을 전적으로 아버지에게 의존하고, 자신의 가족을 부양할 독립적인 수단이 없어 결혼조차 하지 못한다. 게다가 명확한 상속제도가 없어 아버지는 상속의 가능성을 일종의 협박 도구로 활용해서 자식들을 경쟁시키고, 자식들이 30대와 40대가 되어서도 자신의 뜻에 따르도록 유도한다. 궁극적으로 아버지는 자신과 부인을 위해서 '서쪽 방'—가장 널찍하고 가장 멋진 가구가 갖추어진 방—을 세심하게 마련해주고, 남은 평생 동안 경제적인 지원을 아끼지 않을 아들에게 농장을 맡긴다."

노인이 재산권을 무기로 우리 사회에서 누리는 힘에 비추어보면, 전통 사회에서 노인들이 음식터부와 어린 아내의 확보권을 젊은이들에게 강요하는 데 성공한 현상에 우리가 처음에 놀랐던 것이 잘못이었다는 게 쉽게 이해된다. 나는 처음 이런 관례의 존재를 처음 들었을 때, 무엇보다 "왜 젊은 부족민이 골수와 사슴고기처럼 맛있는 음식을 움켜쥐고 먹지 않는 것일까? 40세까지 기다리지 않고 자신이 선택한 아름답고 젊은 여인과 결혼하지 않는 이유가 무엇일까?"라는 의문이 들었다. 그들이 그렇게 행동하지 않는 이유는, 우리 사회에서 젊은이들이 부모의 뜻을 어기며 부모의 재산을 빼앗는 경우가 거의 없는 이유와 똑같다. 허약한 노부모에게만이 아니라 관례를 강요하는 사회 전체에게도 손가락질 받을 것이기 때문에 우리 젊은이들은 그렇게 행동하지 않는다. 그럼 왜 모든 젊은 부족민이 동시에 반발하며 일어나 "우리가 관례를 바꿀 겁니다. 이제부터 우리 젊은 사람들도 골수를 먹을 겁니다!"라고 말하지 않은 것일까? 전통 사회의 젊은 부족민들이 그렇게 행동하지 않는 이유는, 미국의 모든 젊은이가 반발하며 상속의 관례를 바꾸지 않은 이유와 똑같다. 어떤 사회에서나 기본적인 관례를 바꾸기 위해서는 힘든 과정을 오랫동안 거쳐야 한다. 게다가 상당한 영향력을 지닌 노년층이 관례를 바꾸는 걸 달갑게 생각하지 않고, 노인을 공경하고 존중해야 하는 학습의 결과가 하룻밤 사이에 사라지지는 않는다.

:
오늘날은 어떤가, 더 나아졌는가 더 나빠졌는가?

전통 사회에서 노인이 누리던 상황에 비교할 때 오늘날에는 어떤 변화가 있었을까? 하나의 요인은 더 나은 방향으로 현격하게 변했지만, 많은 다른 요인들은 더 나쁜 방향으로 변했다.

인류의 역사에서 과거의 어느 때보다 노인들이 평균적으로 훨씬 오랜 삶과 훨씬 나은 건강, 훨씬 많은 여흥의 기회를 즐길 수 있다는 건 무척 반가운 소식이다. 또한 부모가 자식의 죽음으로 가슴앓이할 가능성도 크게 줄어든 것도 좋은 소식이다. 현재 제1세계에 속한 26개국의 평균수명은 79세이며, 일본의 평균수명이 가장 높아 84세이다. 전통 사회의 평균수명에 비교하면 거의 2배에 달한다. 수명이 이처럼 크게 증가한 이유는 무엇보다 공중위생의 발달로 전염병에 효과적으로 대처한 덕분이다(깨끗한 음용수, 창문의 차폐, 예방주사). 현대 의학도 큰 역할을 했고, 한층 효과적인 식량 분배로 기아를 척결한 때문이기도 하다(8장과 11장 참조). 또한 믿기 힘들겠지만 두 번의 세계전쟁에도 불구하고, 전통 사회에 비교하면 국가 정부로 운영되는 사회에서는 전쟁으로 인한 사망자 수가 크게 줄었다(4장 참조). 현대 의학과 이동 수단 덕분에 노인들은 과거보다 훨씬 나은 양질의 삶을 즐긴다. 예컨대 나는 얼마 전에 아프리카 사파리 여행을 다녀왔는데 다른 14명의 여행자 중 3명이 86세부터 90세 사이였고, 모두가 천천히 걷는 데는 아무런 문제가 없었다. 또한 과거보다 훨씬 많은 사람이 장수해서 증손자까지 보는 즐거움을 누린다. 미국 남성의 57퍼센트, 미국 여성의 68퍼센트가 80세를 넘겨 장수한다. 제1세계에서 태어난 아기의 98퍼센트 이상이 유아기와 아동기를 너끈히 넘기는 반면에, 전통 사회에서는 그 비율이 50퍼센트에 불과하다. 따라서 과거에는 자식의 죽음으로 인한 가슴앓이가 흔한 현상이었지만 지금 제1세계에서는 무척 드물다.

하지만 이런 좋은 소식을 완전히 지워버리는 훨씬 나쁜 소식들이 있다. 그 나쁜 소식들의 일부도 인구통계학과 밀접한 관계가 있다. 출생률은 떨어진 반면에 노인의 생존율은 증가해서, 아동과 생산적인 젊은 노동자에 대한 노인의 비율이 크게 상승했다. 달리 말하면, 인구 피라미드가 뒤집어졌다. 과거에는 젊은층이 많고 노인이 적었지만, 이제는 노인이 많고 아기의 출생이 줄어들었다. 앞으로 80년 후에는 오늘날 줄어드는 아기 집단이 결국에는 노인 집단의 축소로 이어진다는 뜻이기 때문에 그다지 나쁠 것은 없지만 현 세대인 우리에게는 전혀 반갑지 않은 소식이다. 예컨대 가난한 나라들에서는 총인구에서 65세 이상이 차지하는 비율이 현재 2퍼센트에 불과하지만, 제1세계 국가들에서는 20퍼센트를 넘는다. 인간 사회에서 노인이 이처럼 많은 비율을 차지했던 적은 없었다.

이런 인구통계학적 구조로 인한 부정적인 결과는 불을 보듯 뻔하다. 더 많은 노인을 더 적은 생산 노동자가 부양해야 하기 때문에 사회가 노인을 부양해야 하는 부담이 더 무거워진다는 것이다. 은퇴한 노동자들에게 연금을 제공하는 미국 사회보장제도가 현재 위기를 맞고 있다는 뜨거운 논란의 근원은 바로 이런 잔혹한 현실에 있다. 유럽과 일본의 경우도 다를 바가 없다. 노인이 계속 일자리를 붙잡고 있으면 자식 세대와 손자 세대의 일자리를 빼앗는 셈이다. 실제로 이런 현상이 지금 벌어지고 있다. 그렇다고 노인이 은퇴해서, 점점 줄어드는 젊은층의 소득으로 사회보장제도를 계속 지원해주기를 바란다면, 젊은층의 재정 부담이 과거 어느 때보다 크게 늘어날 것이다. 또 우리는 아예 자식의 집에 들어가 살면서 자식들이 개인적으로 우리를 먹여 살리고 돌봐주기를 바라지만, 자식들의 생각은 다르다. 따라서 전통 사회가 삶을 끝내기 위해 선택한 방법들—남의 도움을 받는 자살, 자살의 권유, 안락사—을 재고해야 하는 세상으로 돌아가는 편이 낫겠다는 의구심마저 든다. 이 글을 쓰는 지금, 내가 확신을 갖고 이런 선택을 권장하는 것은 아니다. 하지만 이런 대책들이 입법부와 사법부에서 논의되고 시행되며 토론되는 빈도가 점점 잦아지는 것만은 분명하다.

인구 피라미드의 역전에서 비롯되는 또 다른 부정적인 결과는, 노인들이 숙련된 다양한 경험으로 사회에서 여전히 소중한 존재로 여겨지더라도 똑같은 가치를 지닌 노인이 많아짐에 따라 노인 개개인의 가치는 떨어진다는 점이다. 예컨대 렌넬 섬에 헝기 켕기를 경험한 노인이 100명쯤 살아 있다면, 헝기 켕기를 기억하던 80세의 노파가 그처럼 소중한 존재로 여겨지지 않았을 것이다.

노화의 과정은 남녀가 다르다. 제1세계에서는 여자가 남자보다 평균적으로 더 오래 산다. 달리 말하면, 남자가 홀아비가 될 가능성보다 여자가 미망인이 될 가능성이 훨씬 높다는 뜻이다. 미국을 예로 들면, 남성 노인의 80퍼센트가 부인이 있고 12퍼센트만이 홀아비이지만, 남편이 있는 여성 노인은 40퍼센트가 되지 않고 절반 이상이 미망인이다. 여성의 평균수명이 더 길기 때문이기도 하지만, 결혼할 당시 남성이 여성보다 연상인 경우가 많기 때문이기도 하다. 또한 상부한 여성보다 상처한 남성이 (연하의 부인을 새로 얻어) 재혼하는 경우가 더 많기 때문이기도 하다.

전통 사회에서 노인들은 성인의 삶, 혹은 평생을 살았던 무리 사회에서, 혹은 (정착 사회에서는) 같은 마을, 심지어 같은 집에서 말년을 보냈다. 그곳에서 그들은 그때까지 살아남은 오랜 친구들과 몇몇 자식과 함께 살면서, 평생 자신들을 지탱해주었던 사회적 유대를 이어갔다. 또 결혼과 동시에 신부가 신랑의 부모 집으로 가느냐, 아니면 신랑이 신부의 부모 집으로 가느냐에 따라서 그들은 아들이나 딸을 곁에 두고 살았다.

제1세계에서는 이런 사회적 유대가 노년까지 이어지는 경우가 크게 줄어들었거나 아예 사라졌다. 신거제 거주라는 관습에 따라, 신부와 신랑은 어느 쪽의 부모 옆에서도 살지 않고, 부모의 품을 떠나 그들만의 독립된 가정을 꾸린다. 이로 인해 '빈 둥지 증후군(empty nest syndrome)'이란 새로운 현상까지 생겨났다. 미국에서도 1900년대 초에는 막내가 집을 떠나기 전에 부부 중 적어도 한 명이 세상을 떠났고, 그로 인한 빈 둥지의 기간이 평균 2년을 넘지 않았다. 그러나 이제 대부분의 미국 부모가 10년 이상, 때로는 수십 년을 빈 둥지에서 살아야 하는 실정이다.

미국과 같은 빈 둥지 사회에 남겨진 노부모는 평생을 함께하는 친구를 만나기 힘들다. 미국인의 약 20퍼센트가 매년 거주지를 옮긴다. 달리 말하면, 노부모와 그들의 친구가 어린시절 이후로 반복해서 거주지를 옮겼다는 뜻이다. 많은 노인이 일반적으로 겪는 삶의 환경은 상당히 모순되고 고달프다. 예컨대 자식과 함께 살려고 한다면, 자식이 고향을 떠나기 때문에 노인은 오랜 친구와 이별을 고해야 한다. 그렇다고 가능하면 오랫동안 친구를 곁에 두고 살고자 한다면 자식의 옆에서 사는 걸 포기해야 한다. 때로는 오랜 친구와 자식 모두를 떠나 노인 전용 아파트에서 외롭게 살아가야 한다. 자식들이 번질나게 방문한 것도 아니지 않은가. 미국 노인들은 이런 상황에 처해 있기 때문에, 이 장의 첫 단락에서 인용했던 내 피지 지인이 "노인은 물론 부모까지 버리는 못된 사람들!"이라고 우리를 비난했던 것이다.

신거제 거주 방식과 잦은 이사 이외에 노인을 사회적으로 소외시키는 또 다른 요인은 노동시장에서의 은퇴이다. 이런 현상은 19세기 말부터 본격적으로 나타났다. 그 전까지, 인간은 몸과 정신이 쇠약해질 때까지 일했다. 하지만 이제 은퇴는 산업사회들에서 일종의 정책으로 보편적인 현상이 됐다. 은퇴 연령은 대략 50~70세 사이로 국가(노르웨이보다 일본이 더 낮다), 직종(대학교수보다 민간 항공사 조종사가 더 낮다)에 따라 다르다. 현대 산업사회가 은퇴를 정책으로 택한 데는 세 가지 이유가 있다. 첫째는 수명의 증가이다. 많은 사람이 더 이상 일을 계속할 수 없는 연령까지 생존하는 것이 사실이다. 과거에는 평균수명이 50세를 넘지 않아 60세나 70세에 은퇴를 규정하는 정책을 굳이 마련할 필요가 없었다. 둘째는 경제적 생산성의 향상이다. 따라서 상대적으로 적은 노동력으로 다수를 차지하는 비노동인구를 부양할 수 있게 됐다.

은퇴를 조장하는 마지막 요인은 은퇴한 노령자를 경제적으로 지원하는 다양한 형태의 사회보험이다. 정부가 부담하거나 정부가 부분적으로 지원하는 연금은 1880년대 비스마르크 수상 시대에 독일에서 시작되어, 그로부터 수십 년 후에는 서유럽과 북유럽 및 뉴질랜드로 확대됐다. 미국에서도 1935년 사회보장법이 통과되면서 노인의 최저생활을 보장하려는 노력이 시작됐다. 그렇다고 정년제가 순전한 축복이란 뜻은 아니다. 많은 노동자가 계속 일하기를 원하고 실제로 능력을 발휘할 수도 있는 데도, 어쩌면 생산성이 가장 높은 시기, 예컨대 60세나 65세에 은퇴를 강요받는 실정이다. 그러나 국민에게 은퇴를 선택할 가능성을 제시하고,

은퇴를 선택한 사람을 경제적으로 지원하는 메커니즘(노동자가 생산활동을 하는 동안 벌어들인 소득에 근거하여)을 국가가 제공하는 자체를 반대할 이유는 없는 듯하다. 하지만 은퇴에서 비롯된 새로운 문제, 즉 평생 종사하던 노동과의 관계가 단절되고, 그로 인해 신거제 거주 방식과 잦은 이사로 이미 시작된 사회적 소외가 더욱 심화됨으로써 야기되는 문제를 인정하고 해결하기 위해 노력해야 한다.

노인과 관련된 해묵은 문제들을 해결하려고 등장했지만 역시 새로운 문제를 야기한 또 하나의 제도는 노인들이 가족들과 떨어져 거주하며 보살핌을 받는 특수 시설들이다. 먼 과거에는 수도원과 수녀원이 노인을 떠맡아 보살폈지만, 노인들만을 위한 공공시설은 1740년 마리아 테레지아 여왕 시대에 오스트리아에 처음 등장했다. 요즘 이런 시설들은 다양한 형태를 띠며 노인 전용 아파트, 노인 공동생활체, 양로원, 호스피스 등 여러 이름으로 불린다. 예전보다 노인은 많아진 반면에 그들을 부양할 성인 자녀는 줄어든 데다 대부분의 성인 자녀가 집 밖에서 일하기 때문에 낮에 노인을 보살필 수 없는 현실을 해결하기 위해 이런 시설들이 만들어졌다. 노인을 위한 시설이 제대로 운영되면, 노인들은 그 시설로 이주함으로써 상실한 평생의 관계를 대신할 사회적 관계망을 새롭게 만들어갈 수 있다. 하지만 다수의 경우, 이런 시설들은 노부모가 자식들에게서 떨어져 나와 물질적인 욕구를 그런대로 충족시키는 공간을 제공하는 데 그치기 때문에 노인의 사회적 소외를 심화시킬 뿐이다. 성인 사식들이 노부모의 물질적인 욕구가 충족된다는 걸 알고 있어 각자의 사정에 따라 하루에 한 번, 일주일에 한 번, 1년에 한 번 노부모를 방문하거나 전혀 방문하지 않기 때문에 사회적인 욕구까지 그런 시설에서 충족되지는 않는다.

　노인의 사회적 소외가 심화되는 현재의 상황 뒤에는 노인이 세 가지 이유에서 과거만큼 유용한 존재가 아니라는 인식이 깔려 있다. 현대적 개념의 문자해독력과 학교교육과 급속히 변하는 기술 환경이다. 이제는 모든 지식이 글로 저장된다. 따라서 글을 읽고 이해하는 능력이 있으면 과거에 지식의 창고 역할을 하던 노인의 기억력에 의존할 필요가 없다. 또한 제대로 운영되는 국가 사회에는 교육제도가 있다. 제1세계에서 어린아이들은 의무적으로 교육기관을 다녀야 하기 때문에, 노인의 기억이 지식 창고로서의 역할을 끝냈듯이 집단으로서 노인은 더 이상 사회의 교사가 아니다. 기술의 신속한 발전도 노인의 사회적 소외를 부추기는 한 요인이다. 과거에는 기술이 느리게 변해서, 어린 시절에 배운 것이 거의 변하지 않아 70년 후에도 사용되는 경우가 많았다. 따라서 노인의 기술 능력이 여전히 유용할 수 있었다. 그러나 요즘에는 기술의 혁신이 급속히 이루어지기 때문에 거의 모든 것이 수년 후에는 구식이 된다. 따라서 노인이 70년 전에 받은 교육은 쓸모가 없다.

　내 경험을 바탕으로 하나의 예만 들어보자. 나는 1940년대와 1950년대 초에 학교를 다녔다. 당시 우리는 네 가지 방법으로 곱셈을 배웠다. 두 자릿수를 곱해서 정확한 답을 얻는 곱셈표, 종이에 직접 곱셈해서 정확한 답을 얻지만 네 자릿수가 넘는 수의 경우에는 따분하기 이를 데 없는 방법, 소수점 이하 세 자리까지 정확하고 신속하게 답을 구할 수 있는 계산자, 소수점 이하 네다섯 자리까지 상당히 신속하게 정확한 답을 구할 수 있는 로그표를 사용했다. 나는 네 방법 모두에 능숙했지만, 이제 그 능력들은 아무짝에도 쓸모없다. 내 아들 세대는 휴대용 계산기를 이용해서 소수점 이하 일곱 자리까지 수초만에 정확히 답을 구하기 때문이다. 또한 진공관 라디오를 조립하고, 수동기어 자동차를 운전하던 능력도 이제는 쓸모없어졌다. 나와 같은 시대를 살았던 사람들이 젊은시절에 배웠던 그 밖의 많은 것도 쓸모없어졌지만, 우리가 전혀 배우지 않은 많은 것이 반드시 필요한 지식이 됐다.

노인을 어떻게 해야 하는가?

요약하면, 현대 서구 사회에서 노인의 위상은 지난 세계에 현격하게 바뀌었다. 그로 인한 문제들이 현대인의 삶에서 재앙이나 마찬가지이기 때문에 우리는 그 문제들을 해결하려고 씨름하고 있다. 노인들은 장수를 누리며 건강한 삶을 향유하고, 사회의 다른 구성원들은 인류의 역사에서 어느 때보다 노인을 부양하기에 충분한 여력이 있다. 그러나 노인들은 과거 사회에 제공하던 효용성을 거의 상실하고, 육체적으로는 더 건강해졌지만 사회적으로는 더 빈곤한 상황에 떨어지고 말았다. 이 책을 읽는 독자들도 이미 이런 문제에 직면했거나, 앞으로 직면하게 될 것이다. 당신의 노부모를 어떻게 보살펴야 하는지 해결책을 찾아내야 할 때, 혹은 당신 자신이 늙어 노인이 되면 어떻게 하겠는가? 나는 개인적인 관찰과 경험을 바탕으로 몇 가지 제안을 해보려 한다. 그렇다고 내 제안들이 이 엄청난 문제를 해결할 수 있다고 주장하는 것은 아니다.

첫 번째 제안은 노인이 조부모로서 맡았던 전통적인 역할의 중요성을 되살리자는 것이다. 2차대전이 있기 전까지, 미국과 유럽에서 대부분의 가임기 여성은 집에서 지내며 자식들을 돌보았다. 그 이후로 젊은 여성들이 자아성취와 경제적 필요성에 자극받아 집 밖의 노동시장에 적극적으로 참여하기 시작했다. 그 결과로 요즘의 많은 젊은 부모에게도 익숙한 육아 문제가 대두됐다. 젊은 부모들은 베이비시터와 탁아시설 등을 이용해서 이 문제를 해결해보려 하지만, 이런 방편들은 신뢰성과 질에서 적잖은 문제를 안고 있다.

조부모를 이용하면 맞벌이 부부의 베이비시터 문제를 어느 정도 해결할 수 있을 것이다. 조부모에게는 자신의 손자를 정성껏 돌보겠다는 의욕도 있고 자식을 키운 경험도 있다. 또한 한 아이만을 전적으로 보살피며, 더 나은 일자리를 찾아 짤막한 구인란을 뒤적거리지도 않을 것이기 때문에 질적인 문제도 해결된다. 게다가 자신의 손자를 돌보는 일이기 때문에 기꺼이 무보수로 일하며, 급료나 상여금이 적다고 불평하지도 않을 것이다. 내 친구들 중에도 의사와 변호사, 교수와 경영자, 공학자 등 다양한 분야에서 일한 후에 은퇴한 할아버지와 할머니가 있다. 그들이 규칙적으로 손자들을 돌봐주기 때문에 그들의 딸과 아들, 며느리와 사위가 마음놓고 집 밖에서 일할 수 있다. !쿵족의 조부모들이 거주지에서 손자들을 완전히 떠맡아 자식들이 마음놓고 영양을 사냥하고 몽공고 열매를 채취할 수 있도록 해주었던 것처럼, 내 늙은 친구들도 똑같은 역할을 해내고 있는 셈이다. 이런 상황은 조부모와 부모와 자식, 즉 관련된 모두에게 이익이다. 그러나 나는 중요한 충고 하나를 덧붙이고 싶다. 부부가 30대나 40대 초반이 되어서야 아기를 낳아 부모가 되었다면 조부모는 70대 후반이나 80대 초반이 된다. 달리 말하면 하루 종일 어린 손자를 돌보기에 조부모의 힘이 부친다는 뜻이다.

두 번째 제안은 기술과 사회의 급속한 변화를 긍정적인 관점에서 접근하자는 것이다. 급속한 변화로 노인들의 능력이 좁은 의미에서는 쓸모없어졌지만, 넓은 의미에서 보면 노인들의 경험은 여전히 가치가 크다. 노인들의 경험은 현재 만연된 상황과 다른 상황들까지 아우르기 때문이다. 장래에 현재와 다른 상황이 벌어진다면, 현재의 젊은 성인들은 개인적으로 그 상황에 대처할 만한 지식이 부족할 수 있다. 그런 상황에 가장 적합한 경험을 지닌 사람은 노인일 수 있다. 우리 시대의 노인들은 내가 렌넬 섬에서 만난 80세의 노파, 즉 그 섬에 닥친 헝기 켕기를 유일하게 경험한 생존자와 비슷하다. 풍요의 시대에는 굶주림이 만연된 시기에 어떤 열매를 먹을 수 있는지에 대한 지식은 쓸모없고 불필요한 것으로 여겨지겠지만, 헝기 켕기가 다시 닥치면 그 노파만이 유일한 희망이지 않은가.

노인의 머릿속에 간직된 기억의 가치를 입증하는 사례는 무수히 많지만, 나는 직접 겪은 두 사건만을 언급해보려 한다. 먼저 내가 대학에 다닐 때 경험한 사건부터 얘기해보자. 내 지도교수는 1902년 생이었다. 말이 끌던 교통수단이 자동차로 교체되던 시기에 미국의 한 도시에서 성장한 그는 그 변화가 어떤 기분이었는지에 대해 얘기해주었다. 그때가 1956년이었다. 내 지도교수만이 아니라 그와 같은 시대를 살았던 사람들은 그런 변화를 무척 반갑게 받아들였다. 자동차의 등장으로 포장도로를 다닥다닥 때리는 말발굽 소리와 말똥이 거리에서 사라지면서 도시가 훨씬 깨끗해지고(!) 조용해졌기(!) 때문이었다. 요즘 자동차를 오염과 소음의 주범으로 생각하는 우리에게 내 지도교수의 기억이 터무니없게 여겨지지만, 넓은 관점에서 접근하면 그렇지 않다. 기술의 변화는 예측된 혜택을 안겨주지만 예기치 못한 문제를 거의 예외없이 야기한다는 교훈을 읽어낼 수 있지 않은가.

두 번째 사건은 당시 22세이던 아들 조슈아와 내가 어느 날 저녁 한 호텔에서 86세의 노인과 우연히 저녁식사를 함께했을 때 있었다. 그 노인은 1943년 11월 20일 남서태평양의 타라와 환초에서 일본군의 격렬한 저항을 뚫고 상륙작전에 참전한 해병대원이었다. 그는 당시 상황에 대해 자발적으로 우리에게 얘기해주었다. 2차대전에서 가장 격렬한 전투가 벌어진 상륙작전 중 하나였다. 사흘 동안 0.5평방마일도 안 되는 면적에서 1,115명의 미군이 전사했고, 그곳을 방어하던 4,601명의 일본군은 19명만이 살아남았을 정도였다. 그때까지 나는 타라와의 참사에 대한 얘기를 직접 들은 적이 없었고, 조슈아가 그런 참혹한 전쟁을 경험하지 않기를 바랐다. 그러나 조슈아와 그의 세대가 65년 전의 전쟁에서 생존한 퇴역군인에게 당시 전쟁이 어땠는지 직접 듣는다면 훗날 우리 조국을 위해 더 나은 선택을 할 수 있지 않겠는가. 위의 두 사건에서 노인과 고등학생을 맺어주는 프로그램이 있어야 하는 이유가 설명된다. 고등학생들이 교훈으로 삼을 만한 사건을 생생하게 들려주는 노인에게 직접 얘기를 듣는다면 더욱 효과적일 것이기 때문이다.

세 번째 제안은 나이가 들어가면 인간의 강점과 약점도 변한다는 걸 이해하고, 그런 변화를 건설적으로 활용하자는 것이다. 객관적인 증거를 제시하지 않아 복잡하고 방대한 문제를 지나치게 일반화하는 위험이 있지만, 나이가 들면 의욕과 체력, 인내력, 경쟁에 뒤처지지 않으려는 욕망, 집중력을 유지하는 능력, 제한적인 문제(예컨대 40대 이하의 학자에게 적합한 문제로 순수수학 문제나 DNA의 구조)를 해결하는 데 필요한 창의적인 추론 능력 등과 같은 유익한 속성이 줄어든다. 반면에 나이가 들면 한 분야의 경험, 인간과 인간관계에 대한 이해, 자신의 욕심을 앞세우지 않고 타인을 돕는 능력, 다면적인 요인들이 개입된 복잡한 문제(예컨대 40세 이상의 학자에게 적합한 문제로 종의 기원, 생태지학적 분포, 비교역사학)를 해결하는 데 필요한 종합적인 사고력 등과 같은 유익한 속성은 향상된다. 이런 강점의 변화로, 상대적으로 나이가 많은 노동자는 감독과 관리, 조언과 교육, 전략 수립과 통합에 관련된 일에 더 많은 시간을 할애하게 된다. 예컨대 내가 알고 지내는 농부들은 80대가 된 이후로 말을 몰고 트랙터를 운전하는 시간을 줄이고, 영농에 대한 전략적인 결정을 내리는 데 더 많은 시간을 할애하고 있다. 변호사 친구들은 법정에서 일하는 시간을 줄이고 젊은 변호사들을 멘토링하는 데 더 많은 시간을 투자하며, 외과 의사인 친구들은 오랜 시간이 걸리는 복잡한 수술을 하는 시간을 줄이고 젊은 의사들을 가르치는 데 집중하고 있다.

노인의 활용은 사회 전체가 직면한 문제이다. 노인에게 패기만만한 젊은이들처럼 계속해서 주당 60시간을 일하라고 요구하지 않고, 또 안타깝게도 유럽에 만연된 현상이지만 객관적인 근거도 없이 일정한 연령에 이르면 의무적으로 은퇴하라고 강요하는 정책 대신, 노인이 잘할 수 있고 원하는 일에 노인을 활용할 수 있는 방법이 무엇일까? 노인도 자신을 냉정하게 분석함으로써 자신에게 어떤 변화가 있었는지 인지해서, 현재의 능력을 활용할 수 있는 일을 찾는 노력이 필요하다. 위대한 음악가와 관련된 두 가지 사례를 생각해보자. 둘 모두 노년에 이르렀을 때 자신을 냉정하게 평가해서, 어떤 유형의 음악을 작곡할 수 있고 어떤 유형의 음악을 작곡할 수 없는지 공개적으로 고백한 정직한 사람들이었다. 작곡가

작곡가 리하르트 슈트라우스(좌)와 주세페 베르디(우)는 나이를 먹어감에 따라 변하는 음악적 재능을 최대한 활용하는 방법을 알았다. 둘 다 70세 이후에 자신의 인생에서 최고의 곡을 창작해냈다.

리하르트 슈트라우스(Richard Strauss)의 오페라 대본 작가인 슈테판 츠바이크(Stefan Zweig)는 슈트라우스의 나이 67세에 처음 만났는데, 그때를 이렇게 회상했다. "슈트라우스는 일흔 살이 되면 자신의 음악적 영감이 더는 때묻지 않은 순수한 힘을 유지할 수 없다는 걸 잘 알고 있다고 나에게 솔직하게 인정했다. 순수한 음악에는 창조적인 참신함이 극단적으로 필요하기 때문에 20대와 30대에 작곡한 걸작 〈틸 오이렌슈피겔의 유쾌한 장난〉과 〈죽음과 변용〉 같은 교향곡을 작곡할 수 없을 거라고 덧붙였다." 그러나 슈트라우스는 상황과 언어에서 여전히 영감을 받고, 거의 자연발생적으로 선율을 떠올리기 때문에 상황과 언어를 극적인 음악으로 표현해낼 수 있을 거라고 말했다. 이렇게 그는 84세에 마지막 작품이자, 그가 남긴 가장 위대한 작품의 하나로 손꼽히는 〈소프라노와 오케스트라를 위한 네 개의 마지막 노래〉를 완성해냈다. 죽음을 예견한 듯 차분하고 고즈넉한 분위기를 띠며 관현악적 기법을 드러나지 않게 사용하고, 58년 전에 작곡한 곡에서 몇몇 소절을 인용한 작품이었다. 한편 작곡가 주세페 베르디(Giuseppe Verdi)는 54세와 58세에 작곡한 위대한 오페라 〈돈 카를로스〉와 〈아이다〉로 작곡가로서의 삶을 끝내려 했다. 하지만 베르디는 출판업자의 설득을 받아들여 두 곡의 오페라를 더 작곡했다. 74세에 작곡한 〈오텔로〉와 80세에 작곡한 〈팔스타프〉로, 둘 다 곧잘 베르디의 가장 위대한 작품으로 여겨지지만, 예전의 작품에 비해 훨씬 응축되고 경제적이며 미묘하게 쓰여졌다.

신속하게 변하는 현 세계에 맞추어 노인을 위한 새로운 삶의 환경을 고안해내는 것이 우리 사회에 주어진 주된 과제이다. 과거의 많은 사회가 현재의 우리보다 노인들을 유효적절하게 활용하며, 노인들에게 더 나은 삶을 제공했다. 우리도 더 나은 해결책을 틀림없이 찾아낼 수 있을 것이다.

Jared Diamond

THE
WORLD
UNTIL
YESTERDAY

위험과 대처

4

7
건설적인 편집증

위험을 대하는 자세 – 한밤의 방문객 – 보트 사고 – 땅바닥에 꽂힌 나뭇가지의 정체 – 위험을 무릅쓰고 – 위험과 수다

**위험을
대하는 자세**

뉴기니를 방문하기 시작한 때 나는 경험도 없었고 조심성도 없었다. 그런 초창기에 뉴기니의 한 부족과 함께 한 달을 지내며 숲으로 뒤덮인 산에서 새를 관찰했다. 낮은 고도에 캠프를 마련하고 그곳의 새들을 관찰하며 일주일을 보내고나자 높은 지역에서 서식하는 새들을 관찰하고 싶은 욕심이 생겼다. 그래서 우리는 수백 미터 위쪽으로 장비를 옮겼다. 나는 다음 한 주 동안 본부로 삼을 캠프장으로, 높다란 나무들이 우거진 숲에서 정말 눈부시게 아름다운 곳을 골랐다. 널따랗고 평평한 산등성이로 길게 이어지는 오르막에 있는 곳이어서, 근처에 완만한 지형들이 있었다. 따라서 편하게 돌아다니면서 새들을 관찰할 수 있었다. 게다가 얼마 떨어지지 않은 곳에 개울이 있어, 멀리 가지 않고도

물을 얻을 수 있었다. 평평한 산등성이의 한쪽에 위치한 캠프장에서는 깊은 계곡으로 가파르게 떨어지는 절벽이 내려다보였다. 덕분에 캠프장에 앉아서도 매와 칼새, 앵무새가 하늘을 향해 솟구치는 모습을 지켜볼 수 있을 것 같았다. 나는 천막을 설치할 곳으로 거대한 나무 아래를 선택했다. 직선으로 곧게 뻗은 굵은 줄기가 이끼로 뒤덮인 나무였다. 그처럼 아름다운 곳에서 일주일을 보낸다는 생각만으로도 즐거운 기분에 들떠서 동행한 뉴기니 사람들에게 그곳에 천막을 설치하라고 말했다.

그러나 그들은 불안한 표정을 지으며 그곳에 천막을 치는 걸 거부했다. 그 나무가 죽은 나무여서, 캠프장을 덮쳐 우리 모두를 죽일 수도 있다는 것이었다. 물론 나도 그 나무가 죽었다는 걸 알았지만, 그들의 과민반응에 놀라지 않을 수 없었다. 그래서 "엄청나게 큰 나무예요. 아직도 끄떡없어 보이잖아요. 썩지 않았어요. 바람이 불어도 쓰러지지 않을 거예요. 게다가 여기엔 바람도 불지 않잖아요. 몇 년 안에 절대 쓰러지지 않을 거예요!"라고 반박했다. 그러나 뉴기니 친구들은 여전히 불안감을 떨치지 못했다. 그 나무 아래에 설치한 천막에서 자느니, 나무가 쓰러져도 닿지 않을 곳까지 멀리 떨어져서 이슬을 맞으며 자겠다고 우겼다.

당시 나는 그들의 두려움이 터무니없이 과장된 것이고 편집증에 가깝다고 생각했다. 그러나 뉴기니 숲에서 야영하는 삶이 계속되자, 나는 숲의 어딘가에서 나무가 쓰러지는 소리가 거의 매일 적어도 한 번씩 들린다는 걸 알게 됐다. 그 이후로는 쓰러진 나무에 깔려 죽는 뉴기니 사람들에 대한 얘기를 흘려듣지 않았다. 뉴기니 사람들이 숲에서 야영하며 많은 시간을 보냈다는 걸 인정하지 않을 수 없었다. 실제로 그들은 1년에 거의 100일 밤을 보내는 사람들이었다. 그들의 기대수명을 40세로 계산하면 4,000번의 밤을 숲에서 보낸다. 나는 수학적으로 계산해보았다. 만약 당신이 사망할 확률이 무척 낮은 행동을 하더라도, 예컨대 그 행동을 1,000번쯤 해야 죽을까 말까 하더라도 그 행동을 매년 100번씩 한다면, 당신은 40년의 기대수명을 다 살지 못하고 10년 내에 죽을 가능성이 무척 높다. 나무가 쓰러질지도 모른다는 위험 때문에 뉴기니 사람들이 아예 숲에 들어가지 않는 것은 아니다. 그러나 그들은 죽은 나무 아래에서 잠을 자지 않는 신중한 자세를 견지함으로써 그 위험을 줄인다. 그들의 편집증은 터무니없는 과민 반응이 아니라, 나름대로 타당성을 지닌다. 이런 의미에서 나는 그들의 편집증을 '건설적인 편집증(constructive paranoia)'이라 생각한다.

내가 뉴기니 사람들의 조심성을 칭찬하면서도 다분히 의도적으로 모순되게 표면적으로는 달갑지 않은 표현을 선택했다. 우리는 일반적으로 '편집증'이란 표현을 경멸적인 의미로 사용한다. 쉽게 말하면, 지나치게 과장되거나 근거없는 두려움을 뜻한다. 죽은 나무 아래에 천막을 설치하자는 내 제안에 뉴기니 사람들이 보인 반응이 처음에는 그런 인상을 주었다. 누군가 특정한 죽은 나무 아래에 천막을 설치하기로 결정한 날에 그 나무가 쓰러질 가능성은 거의 없다. 그러나 긴 안목에서 보면, 그런 편집증은 건설적이다. 전통 사회의 환경에서 불의의 사고로 죽지 않으려면 그런 편집증이 반드시 필요하다.

나는 뉴기니 사람들에게 많은 것을 배웠지만, 그런 자세만큼 나에게 깊은 인상을 준 것은 없었다. 뉴기니 섬에서만 흔한 현상이 아니라, 세계 전역의 많은 전통 사회를 연구한 논문에서도 확인되는 현상이다. 위험의 정도는 낮지만 그와 관련된 행동을 빈번하게 계속한다면 젊은 나이에 죽거나 불구가 되지 않기 위해서 매번 조심스레 행동하는 법을 배우는 게 더 낫다. 나는 이런 교훈을 받아들여 미국의 삶에서 위험도는 낮지만 자주 반복되는 행위를 행할 때, 예컨대 자동차를 운전할 때, 샤워실에 서 있을 때, 전구를 교환하려고 사다리를 올라갈 때, 계단을 오르내릴 때, 미끄러운 인도를 걸어갈 때 조심하고 또 조심한다. 내 조심스런 태도에 친구들은 짜증을 내고, 우스꽝스런 짓이라며 빈정대기도 한다. 그래도 나와 더불어 이런 건설적인 편집증을 공유하는 세 친구가 있다. 셋 모두 생활방식 덕분에 위험도가 낮은 사건이 반복되면 사고의 확률이 높아진다는 걸 깨달은 친구들이다. 한 명은 소형 비행기를 조종했던 친구이고, 다른 한 명은 런던의 길거리에서 비무장 경찰로 복무한 친구이며, 나머지 한 명은 낚시 안내인으로 산속의 개울에서 고무보트를 띄우던 친구이다. 셋 모두 각자의 일에 오랫동안 종사하면서 조심하지 않는 동료가 제명에 죽지 못하는 걸 보고 깨달은 사람들이다.

 물론 조종사, 경찰, 수로 안내인이 아니어도 뉴기니의 삶이나 서구 사회의 삶에는 위험 요인들이 있다. 그러나 현대 서구 사회의 삶과 전통 사회의 삶에 내재한 위험에는 차이가 있다. 무엇보다 위험의 유형이 다르다. 예컨대 우리에게는 자동차와 테러리스트와 심장마비가 위험하고, 그들에게는 사자와 적과 쓰러지는 나무가 위험하다. 그러나 위험의 전반적인 수준에서는 우리가 그들보다 훨씬 낮다. 우리의 평균수명이 그들의 두 배라는 사실은, 우리가 매년 지면하는 위험의 빈도가 결빈에 불과하다는 뜻이다. 또 다른 중대한 차이는, 미국인은 사고의 영향에서 거의 언제나 회복되는 반면에 사고를 당한 뉴기니 사람들은 불구가 되거나 목숨을 잃을 가능성이 훨씬 높다. 나는 보스턴에서 빙판길에 미끄러져 발목이 부러진 적이 있었다. 내가 미국에서 걷지 못할 정도로 사고를 당한 유일한 경우였다. 절뚝거리며 근처 공중전화까지 걸어가 의사인 아버지에게 전화를 걸었다. 아버지가 부리나케 달려와 나를 병원으로 데려갔다. 그러나 파푸아뉴기니의 부건빌 섬 해안에서 30킬로미터나 떨어진 내륙에서 무릎을 다쳐 걷지 못할 지경에 처했을 때는 외부의 도움을 구할 방법이 없었다. 뉴기니 사람들은 뼈가 부러지면 외과 의사에게 치료받지 못한다. 뼈를 적당히 접골해서 평생 절룩거리며 걷는 수밖에 없다.

이 장에서는 건설적인 편집증이 필요한 이유를 설명하기 위해서 내가 뉴기니에서 직접 겪은 세 사건을 소개해보려 한다. 첫 사건이 있었을 때, 나는 경험이 일천해서 근처에 치명적인 위험이 있는지도 눈치채지 못했다. 전통 사회에서는 완전히 다른 사고방식이 필요했지만, 당시 나는 평범한 서구인처럼 행동했다. 두 번째 사건은 10년 남짓 후에 있었고, 나에게 건설적인 편집증을 받아들여야 한다고 호되게 가르쳐준 사건이었다. 당시 내가 거의 목숨을 잃을 뻔한 실수를 저질렀다는 걸 인정할 수밖에 없었다. 그 순간에 똑같은 상황을 맞아서 조심하고 신중하게 행동했더라면 실수를 저지르지 않았을 것이고, 죽음의 문턱까지 다가갔다는 트라우마를 겪지도 않았을 것이다. 다시 10년 후에 세 번째 사건이 있었다. 당시 나와 동행한 뉴기니 친구는 내가 간과하고 넘어간 사소한 것들에도 조심하는 건설적인 편집증의 소유자였다. 나는 땅바닥에 꽂힌 나뭇가지 하나를 보았다. 지극히 평범한 나뭇가지였다. 그러나 그는 적대적인 종족의 존재를 알리는 표식이라며 그 나뭇가지 너머로 넘어가지 않으려 했다. 나는 사소한 것에도 조심하며 신중하게 대처하는 그의 자세에 깊은 인상을 받았다. 8장에서는 전통 사회에 낙치는 위험의 유형과, 그들이 위험을 판단하고 대처하는 방법에 대해 살펴볼 것이다.

한밤의 방문객   어느 날 아침, 나는 뉴기니 고원지대 사람 13명과 함께 꽤 큰 마을에서 며칠을 걸어야 도착할 수 있는 외딴 작은 마을을 향해 출발했다. 그 지역은 고도가 상당히 높은 구릉지여서 뉴기니에서도 인구밀도가 가장 낮았다. 그 지역 위에 자리잡은 고원지대의 골짜기들은 고구마와 타로토란을 집약적으로 재배하기에 적합해서 인구밀도가 높았고, 그 아래의 저지대에는 사고야자가 무성하게 자랐고 민물고기가 풍부했다. 한편 그 고도의 지역은 다른 지역들에 비해 뇌말라리아의 발생 빈도가 가장 높았다. 나는 출발하기 전에, 우리 여행이 사흘 정도 걸릴 것이고, 아무도 살지 않는 숲속을 끝없이 걷게 될 거라는 얘기를 들었다. 그 지역은 어디에나 인구가 무척 희박했고, 정부의 관리를 받기 시작한 지도 수년이 되지 않은 터였다. 게다가 얼마 전까지 전쟁이 끊이지 않았고, 죽은 친척의 인육을 먹는 족내 식인풍습(endocannibalism)이 여전히 행해진다고 보고된 지역이었다. 나와 동행한 뉴기니 사람들 중 일부는 그 지역민이었지만, 대부분은 고원지대의 다른 지역 출신이어서 그 지역에 대해 전혀 알지 못했다.

첫날은 그다지 나쁘지 않았다. 우리는 산비탈을 꾸불꾸불 조금씩 올라가서 산등성이를 넘은 후에 강줄기를 따라 산비탈을 다시 내려가기 시작했다. 뉴기니의 산행은 항상 힘들었지만, 둘째 날은 내가 뉴기니에서 힘겹게 걸었던 수많은 날들 중에서도 최악이었다. 아침부터 비가 부슬부슬

내렸지만 우리는 아침 8시에 출발했다. 길의 흔적은 어디에도 없었다. 우리는 급류를 따라 마냥 걸었고, 미끄러운 바윗돌을 기어올랐다가 조심스레 내려가기를 반복했다. 바위투성이 고원지대의 지형에 길들여진 뉴기니 친구들에게도 그 행로는 악몽이었다. 오후 4시쯤 우리는 급류를 따라 고도로 약 600미터 아래까지 내려갔고 기진맥진해서 더 이상 걸을 수 없을 지경이었다. 결국 비를 맞으며 천막을 치고, 쌀과 생선 통조림으로 저녁식사를 준비했다. 그렇게 배를 채운 후에 잠자리에 들었지만 비는 하염없이 내렸다.

우리가 설치한 두 천막의 모양과 배치를 설명하면, 그날 밤에 있었던 사건을 그런대로 이해할 수 있을 것이다. 내 뉴기니 친구들은 커다란 방수천의 중앙에 마룻대를 세우고 방수천의 양쪽을 마룻대와 평행하게 바닥까지 팽팽하게 늘어뜨렸다. 옆에서 보면 뒤집어진 V자 모양이었다. 따라서 그들의 천막은 옆에서 보면 양옆으로 닫혀 있었지만 앞뒤로는 열려 있어 사람들이 들락거릴 수 있었고, 마룻대가 상당히 높아 방수천의 가운데에서는 똑바로 서 있을 수 있을 정도였다. 내가 사용한 천막은 가벼운 금속틀을 사용한 유레카 소형 텐트로 밝은 녹색이었다. 앞쪽에는 커다란 플랩식 출입구, 뒤쪽에는 역시 플랩식 환풍구가 있었고, 지퍼를 이용해서 열고 닫을 수 있었다. 내 텐트의 앞쪽 출입구는 뉴기니 친구들의 커다란 방수천 천막의 '앞쪽'—양쪽으로 열린 쪽 중 하나—과 마주보았고, 둘은 서로 몇 미터밖에 떨어지지 않았다. 따라서 누군가 방수천 천막에서 걸어 나오면 먼저 내 텐트의 출입구를 지난 후에 텐트의 옆을 지나고, 다시 내 텐트의 뒤쪽 환풍구를 지나갈 수밖에 없었다. 물론 나는 출입구와 환풍구를 닫아두었다. 그러나 유레카 소형 텐트의 구조에 대해 모르는 사람이라면, 플랩의 지퍼를 열고 텐트에 들어간 후에 안쪽에서 출입구와 환풍구를 닫는다는 걸 몰랐을 것이다. 나는 환풍구 쪽으로 머리를 향하고 출입구 쪽으로 다리를 뻗은 자세로 누웠다. 텐트의 천이 투명하지 않았기 때문에 텐트 밖에서는 내가 보이지 않았을 것이다. 뉴기니 친구들은 추위를 이기려고 방수천 천막 안쪽에 모닥불을 지펴 두었다.

우리 모두가 끔찍한 하루를 겪은 탓에 지칠대로 지쳐서 금방 잠이 들었다. 몇 시간이 지났는지 모르지만, 나는 조심스런 발걸음 소리에 잠을 깼다. 누군가 내 텐트 부근에서 걷고 있다는 걸 땅의 움직임으로 느낄 수 있었다. 그런데 발걸음 소리와 움직임이 갑자기 멈추었다. 누군가 내 텐트 뒤쪽 근처에 서 있는 게 분명했다. 나는 13명의 뉴기니 친구들 중 한 명이 소변을 보려고 방수천 천막에서 나온 것이라 생각했다. 그런데 그가 내 텐트에서 조금이라도 멀리 떨어진 방수천 천막 뒤쪽으로 가지 않고 내 텐트 쪽으로 와서 텐트 뒤쪽과 머리 근처에 서 있다는 게 이상하게 여겨지기는 했다. 하지만 나는 피곤한 데다 졸려서, 그가 어디에서 소변을 보든지 상관할 바가 아니라는 생각에 그 행동에 큰 의미를 부여하지 않고 다시 잠에 떨어졌다. 잠시 후, 다시 잠을 깼다. 이번에는 뉴기니 친구들의 천막에서 웅성거리는 목소리와 그들이 다시 크게 지핀 모닥불의 환한 불빛 때문이었다. 그런 경우가 드물지 않았다. 뉴기니 사람들은 한밤중에 일어나 서로 얘기를 나누는 경우가 종종 있었다. 그래서 그들에게 좀 작게 말하라고 소리치고는 다시 잠이 들었다. 얼핏 보면, 내가 경험한 이날 밤의 사건은 특별한 의미가 없었다.

이튿날 아침 잠에서 깨자마자 출입구 플랩을 열고, 조금 떨어진 방수천 천막 아래에서 아침식사를 준비하고 있던 뉴기니 친구들에게 인삿말을 건넸다. 그들은 지난밤에 천막의 입구에 낯선 남자가 서 있어서 웅성거리고 모닥불을 크게 피웠던 거라고 내게 말했다. 그들이 쳐다보자 그 낯선 남자는 한 팔을 수평으로 쭉 뻗고 손목을 아래로 축 늘어뜨리는 몸짓을 해보였다고 덧붙였다. 그 몸짓에 몇몇 뉴기니인이 두려움에 질려 소리를 질렀고(그 이유에 대해서는 잠시 뒤에 언급하자), 나는 잠결에 그 소리를 그들이 한밤중에 일어나 얘기를 나누는 거라고 착각했던 것이었다. 여하튼 그들의 소리에 다른 뉴기니인들도 잠에서 깨어 일어나자, 그 낯선 사람은 비를 맞으며 어둠 속으로 달아났다. 그리고 뉴기니 친구들은 그 남자가 서 있던 젖은 땅에 남겨진 맨발의 발자국을 가리켰다. 그러나 지금 생각해봐도 뉴기니 친구들의 말에는 특별히 위험하다고 생각할 만한 것은 없었다.

비가 추적추적 내리는 밤에 아무도 살지 않는 숲까지 누군가 찾아온다는 것이 뜻밖의 일이기는 했다. 하지만 나는 뉴기니에서 지낼 때마다 예상하지 못한 뜻밖의 사건을 자주 겪은 터였고, 그때까지 어떤 부족에서도 개인적으로 위협을 당한다고 느낀 적이 없었다. 우리는 아침식사를 끝내고 천막을 정리한 후에 다시 여행을 시작했다. 그렇게 셋째 날이 시작됐다. 마침내 끔찍한 강박닥에서 올라와, 강변을 따라 널찍하게 펼쳐진 숲길을 걸었다. 나무들이 하늘 높이 치솟은 아름다운 숲이었다. 그래서 나는 경외감에 사로잡혀 높다란 고딕풍의 성당 안을 걷는 기분이었다. 뉴기니 친구들 때문에 놀라 달아나지 않은 새들을 관찰하고 싶은 욕심에 그들보다 몇 걸음 앞에서 걸으며 새들을 관찰했고, 마법의 성당 같은 숲을 마음껏 즐겼다. 최종 목적지인 마을 아래를 흐르는 널찍한 강에

도착한 후에야 걸음을 멈추고 일행을 기다렸다. 내가 그들보다 상당히 앞섰던지 그들은 한참 후에야 도착했다.

우리는 그 외딴 작은 마을에서 열흘을 보냈다. 그 열흘은 나름대로 무척 재밌어서 그날 밤의 사건을 까맣게 잊고 지냈다. 마침내 우리가 처음 출발한 큰 마을로 돌아갈 때가 됐을 때, 나를 동행한 13명의 뉴기니인들 중 지역민들이 강바닥을 힘들게 헤치며 걷는 길을 우회해서 완전히 다른 길로 돌아가자고 제안했다. 그 길은 숲을 지나는 마른 길로 상태가 훨씬 좋았고 큰 마을까지 돌아오는 데 이틀밖에 걸리지 않았다. 그래서 나만이 아니라 다른 뉴기니 사람들도 지역민들이 작은 마을을 찾아갈 때 그 좋은 길 대신에 힘들게 강바닥을 헤치며 사흘이나 걸었던 이유를 알 수 없었다.

그 후, 나는 그 지역에서 수년 전부터 활동하며 그 외딴 작은 마을에도 다녀온 적이 있던 선교사에게 그 얘기를 해주었다. 그리고 수년이 지난 후에 당시 여행에서 우리의 안내를 맡았던 지역민들 중 두 사람을 더 깊이 알게 됐다. 선교사와 그 두 사람의 설명에 따르면, 그날 밤 우리를 찾아온 사람이 그 지역에서 널리 알려진 사람이었다. 미치광이인 데다 위험한 주술사였다. 그는 활과 화살로 선교사를 죽이려고 위협한 적이 있었고, 한번은 그 외딴 작은 마을에서 싱글싱글 웃으면서 창으로 선교사를 쿡쿡 찔러대며 정말로 죽이려고 했다. 그 주술사는 그 지역에서 많은 사람을 실제로 죽였던 걸로 알려져 있었다. 심지어 그의 두 아내와 여덟 살 난 아들까지 죽였다는 소문이 있었다. 아들을 죽인 이유는 우스꽝스럽기 그지없었다. 아버지인 자기 허락을 받지 않고 바나나 하나를 먹었다는 이유였다. 그는 진짜 편집증 환자처럼 행동했고, 현실 세계와 상상 세계를 구분하지 못했다. 어떤 때는 마을에서 다른 사람과 함께 살기도 했지만, 어떤 때는 그날 밤 우리가 야영했던 숲에서 혼자 살기도 했다. 바로 그 숲에서 그는 실수로 그곳에 들어온 여자들을 죽였다.

그 남자가 분명히 미쳤고 위험했지만 지역민들은 그를 위대한 주술가라 생각하며 두려워했기 때문에 누구도 과감히 나서 그를 막지 않았다. 그날 밤 내 뉴기니 친구들에게 발각됐을 때 한 팔을 쭉 뻗고 손목을 늘어뜨린 몸짓은 뉴기니 사람들에게 전통적으로 화식조를 상징하는 몸짓이었다. 화식조는 뉴기니에서 몸집이 가장 큰 조류로, 그 지역에서는 강력한 힘을 지닌 마법사가 화식조로 변신할 수 있다고 믿었다. 화식조는 타조와 에뮤의 먼 친척으로 날지 못하며, 체중은 22~45킬로그램에 달하는 대단히 큰 새이다. 게다가 튼튼한 다리를 지닌 데다 면도날처럼 날카로운 발톱으로 개와 사람을 공격해서 배를 찢고 내장을 꺼내기도 하기 때문에 뉴기니 사람들이 무척 무서워한다. 그날 밤 그가 팔을 쭉 뻗고 손목을 늘어뜨린 모습은 화식조가 공격할 때 취하는 자세에서 목과 얼굴의 모습을 흉내낸 것이어서, 강력한 마법을 행할 거라는 뜻으로 해석된다.

그날 밤, 그 주술사는 우리 야영지까지 찾아와서 무엇을 하려 했던 것일까? 누구나 짐작하겠지만 그가 우호적인 목적에서 우리 주변을 얼씬거렸던 것은 아닐 것이다. 그는 푸른색 소형 텐트 안에 피부색이 하얀 사람이 있다는 걸 알았을 것이고, 적어도 그렇게 추측했을 것이다. 그런데 왜 그는 내 텐트의 앞쪽으로 오지 않고 뒤쪽으로 왔을까? 내 짐작에는 그가 내 텐트의 앞쪽과 마주보고 설치된 방수천 천막에 누워 있던 뉴기니 친구들에게 들키지 않고 텐트에 들어오려 했거나, 아니면 내 텐트의 구조를 잘못 파악해서 뒤쪽의 환풍구 플랩을 앞쪽으로 착각한 듯하다.

당시 내가 지금처럼 뉴기니에 대한 경험이 많았다면 틀림없이 건설적인 편집증을 발휘하며, 텐트 주변을 서성대는 발자국 소리를 듣고 느끼자마자 소리를 질러 다른 사람들에게 알렸을 것이다. 또한 이튿날 그랬던 것처럼, 뉴기니 친구들을 훨씬 앞서 혼자 걷지도 않았을 것이다. 돌이켜 생각해보면 나는 무모하게 행동하며 위험을 자초했던 셈이다. 그러나 당시 나는 위험 신호를 읽어내고 건설적인 편집증을 습관적으로 행할 만큼 뉴기니에 대해 알지 못했다.

보트 사고 두 번째 사고는 뉴기니 친구 말리크와 내가 인도네시아령 뉴기니로부터 20킬로미터쯤 떨어진 섬에서 본토로 돌아가려 할 때 있었다. 오후 4시쯤으로 날씨는 무척 맑았고, 해가 떨어지려면 두 시간은 족히 남은 때였다. 우리는 다른 승객들과 함께 목선에 올라탔다. 길이가 9미터 정도이고 선미에 두 대의 모터가 장착된 목선이었고, 선원은 세 청년이었다. 승객은 우리 이외에 네 사람이 더 있었다. 그들은 모두 뉴기니 사람이 아니었다. 한 사람은 뉴기니 본토에서 주로 일하는 중국인 어부였고, 나머지 세 사람은 암본 섬, 세람 섬, 자바 섬 출신이었다. 뱃고물의 약 1.2미터 앞에서부터 뱃머리로부터 3미터 뒤까지, 뱃전의 양편에 느슨히게 연결된 플라스틱 차양이 1.2미터 높이에서 선간과 객실에 씌워져 있었다. 세 선원은 모터가 설치된 뱃고물에 앉았고, 말리크와 나는 그들의 바로 앞에 등을 대고 앉았다. 차양이 우리 위쪽과 양편을 감싸고 있어 밖을 제대로 볼 수 없었다. 나머지 네 승객은 우리에게 등을 대고 뱃머리

쪽을 향해 앉아 있었다.

　선원들은 목선을 출발시키기가 무섭게 모터를 전속력으로 가동했다. 목선이 1미터가 넘는 파도를 뚫고 달리자, 바닷물이 차양 아래까지 튀겨 들어오며 점점 많아졌다. 다른 승객들이 악의없이 구시렁대기 시작했다. 점점 많은 바닷물이 튀겨 들어오자, 내 바로 뒤에 앉아 있던 선원이 차양의 느슨한 틈새로 물을 퍼내기 시작했다. 하지만 더 많은 물이 쏟아져 들어와, 목선의 앞에 쌓아둔 짐들이 물에 잠길 지경이었다. 나는 만약의 경우를 대비해서 쌍안경을 벗어 노란색의 작은 배낭에 넣었다. 그 배낭에는 여권과 돈, 비닐봉지로 감싼 모든 관찰기록이 들어 있었다. 나는 배낭을 무릎 위에 올려놓고 바싹 끌어안았다. 결국 말리크와 다른 승객들이 요란한 모터 소리와 파도가 부딪치는 소리를 뚫고 선원에게 속도를 늦추던지 돌아가자고 소리쳤다. (이 사건에 관련된 모든 대화는 인도네시아령 뉴기니의 공식 언어이며 공용어인 인도네시아어로 이루어졌다.) 그러나 그는 속도를 늦추지 않았고 더 많은 바닷물이 튀겨 들어왔다. 그동안 누적된 바닷물 때문에 배의 속도가 늦추어지자 배의 양편에서 물이 쏟아져 들어왔다.

　배가 바다에 점점 가라앉았다. 그 후로 몇 초의 시간은 그야말로 망연자실이어서 지금도 전혀 기억나지 않는다. 배는 점점 바다에 가라앉았지만 나는 플라스틱 차양 앞에 꼼짝없이 갇힌 채 두려움에 떨었다. 여하튼 나를 비롯해 모두가 우여곡절 끝에 배에서 빠져나와 바다로 뛰어들었다. 뱃고물 쪽에 있던 승객들은 차양으로 덮이지 않은 뒷공간으로 기어나가 바다로 뛰어들었는지 아니면 차양의 느슨한 틈새를 벌리고 바다로 뛰어들었는지, 또 우리 앞에 있던 승객들은 서로 밀치며 차양의 앞쪽으로 기어나갔는지 아니면 뒤쪽으로 기어나갔는지도 모르겠다. 여하튼 말리크의 말에 따르면, 선원들이 먼저 배에서 뛰어내렸고, 그 다음에는 나와 말리크가 차례로 배에서 뛰어내렸다.

바다에 뛰어든 직후의 순간도 나에게 공포의 시간이어서 아무것도 기억나지 않는다. 당시 나는 무거운 등산화를 신고, 긴소매 셔츠에 반바지를 입고 있었다. 가까스로 정신을 차렸을 때, 내게서 수미터쯤 떨어진 곳에서 배는 벌써 뒤집혀 바닥이 하늘을 향하고 있었다. 무거운 등산화 때문이었던지 나는 몸이 자꾸 물속으로 끌려들어가는 기분이었다. 겁에 질렸지만 그 와중에도 '가라앉지 않으려면 무엇을 붙잡아야 할까?'라는 생각이 번뜩 떠올랐다. 그런 생각에 눈을 옆으로 돌리자, 어떤 사람이 노란 구명구를 붙잡고 있었다. 필사적으로 팔을 뻗어 그 구명구를 움켜잡으려 했지만, 그는 매정하게도 나를 밀어냈다. 내가 물속에서 버둥대며 떠 있는 곳이 하필이면 파도가 높았다. 몇 번이고 바닷물을 삼켜야 했다. 잔잔한 수영장에서는 짧은 거리를 수영할 수 있었지만, 바다에서는 파도를 헤치면서 수영하기는커녕 떠 있기도 힘들었다. 내 몸을 떠받쳐줄 만한 것이 없다는 두려움이 걷잡을 수 없이 밀려왔다. 우리 짐꾸러미와 배의 연료통은 내 몸무게를 떠받쳐주기에 부력이 충분하지 않았다. 뒤집힌 배는 수면과 거의 맞닿아, 내가 올라타면 배까지 가라앉아 버릴 것만 같았다. 우리가 출발한 섬은 수킬로미터나 떨어진 것처럼 아득히 멀어 보였고, 다른 섬도 그에 못지않게 멀리 떨어져 있었다. 게다가 주변에 오가는 배도 보이지 않았다.

말리크가 내게로 헤엄쳐 와서 내 셔츠깃을 움켜잡고 나를 뒤집힌 배 쪽으로 끌고갔다. 그 후로 거의 30분 동안 말리크는 물속에 잠긴 모터에 발을 올려놓고 뱃고물에 매달려 있었고, 나는 말리크에게 목을 붙잡힌 채 왼쪽 뱃전의 뒤쪽에 매달려 있었다. 나는 두 팔을 쭉 뻗어 뒤집힌 배의 둥근 밑부분을 감싸안았지만, 선체의 밑바닥에는 붙잡을 것이 전혀 없어 몸을 가누기 힘들었다. 그래서 가끔 오른손을 뻗어 물속에 잠긴 모터를 붙잡아 보려 했지만, 그때마다 얼굴을 수면 쪽으로 기울일 수밖에 없어 파도가 얼굴을 찰싹찰싹 때렸다. 결국 물에 잠긴 왼쪽 뱃전 턱에 두 발을 끼워넣거나 걸쳐놓고 버티는 수밖에 없었다. 배가 뒤집힌 데다 내가 두 발을 뱃전 턱에 올려놓은 탓에 배가 물속으로 깊이 가라앉아 나는 수면 위로 얼굴만 간신히 내놓은 꼴이었다. 따라서 파도가 때때로 밀려와 얼굴을 때렸다. 게다가 파도가 밀려올 때마다 뱃전 턱에 느슨하게 달려 있던 나뭇조각과 차양 조각이 무릎을 문질러대서 살갗이 벗겨졌다. 나는 무거운 등산화를 벗어버리기로 작정하고 등산화 끈을 풀고 등산화를 벗는 동안 말리크에게 나를 붙잡아 달라고 부탁했다.

 때때로 주변을 둘러보며 나를 향해 밀려오는 파도가 있는지 살폈고, 유난히 큰 파도가 밀려오면 온몸에 힘을 주고 버텼다. 큰 파도에 얻어 맞으면, 거의 언제나 한쪽 다리가 뱃전 턱에서 밀려나가는 바람에 간신히 뱃전 턱에 올려진 다른 다리로 중심을 잡았지만 내 몸은 속절없이 빙글 돌았다. 두 다리 모두 뱃전 턱에서 떨어진 경우도 있었다. 그때마다 배에서 밀려나 개헤엄으로 힘겹게 배를 다시 잡거나 말리크의 도움을 받았고, 공포에 사로잡혀 두 다리를 다시 뱃전 턱에 올려놓으려고 애썼다. 배가 뒤집힌 후에는 파도가 밀려올 때마다 살아남는 데만 집중해서 딴 데에 정신을 팔 틈이 없었고, 살아남기 위한 투쟁에는 휴식 시간이 없다는 걸 절실히 깨달았다. 파도는 가차없이 나를 흔들어 배에서 떼어놓으려고 위협했고, 나는 파도의 충격에 배에서 떨어질 때마다 필사적으로 배로 돌아가 뭔가를 붙잡으려고 발버둥쳤다. 때로는 파도에 얼굴을 얻어맞고 숨을 헐떡이기도 했다.

뱃전 턱에 발을 올려놓은 나보다 모터에 몸을 지탱한 말리크의 자세가 더 안전할 것 같았다. 그래서 나는 뱃전에서 뱃고물로 천천히 옮겨갔다. 그리고 말리크 옆에 있는 물에 잠긴 모터에 발을 올려놓고 서서 몸을 약간 앞으로 기울여 둥근 선체를 두 팔로 감쌌다. 거기에는 선체에 부착된 작은 나뭇조각들이 있었다. 뱃전 턱이 부러지고 남은 조각들인 게 분명했다. 오른손으로 그 조각을 꽉 움켜잡았다. 배가 뒤집힌 후로 내가 처음 찾아낸 괜찮은 지지대였다. 모터 위에 올라서서 선체에 몸을 기댄 자세도, 물에 잠긴 뱃전 턱에 올라섰을 때보다 얼굴이 훨씬 위로 올라와서 파도를 피하기에 유리했다. 하지만 다리에 더 많은 힘을 줘야 해서 육체적으로 더 힘들다는 단점도 있었다.

우리는 멀리 보이는 두 섬의 어느 쪽으로도 움직이지 않는 듯했다. 게다가 이미 물속에 깊이 가라앉은 배가 완전히 침몰하면 나는 1분도 물에 떠 있을 수 없다는 걸 분명히 알고 있었다. 그래서 말리크에게 배가 선체 안쪽의 공기 덕분에 떠 있는 것 같은데 그 공기가 모두 빠져나가면 배가 가라앉지 않겠느냐고 물었다. 그러나 말리크는 배가 나무로 만들어졌기 때문에 절대 가라앉지 않을 거라고 대답했다. 결국 나는 배에 몸을 맡기고 밀려오는 파도에 적절하게 대응하며, 기다리며 바다를 지켜보는 수밖에 없었다(하지만 무엇을 기다렸던 것일까?). 나는 말리크에게 괜찮으냐고 틈나는 대로 물었다. 그렇게라도 내가 괜찮다는 걸 확인하고 싶었다.

배 안쪽에서 짐들이 떠올랐다. 몇몇 짐은 배에 끈으로 묶였던지 뱃머리 근처에서 맴돌았다. 내 여행가방 셋도 눈에 들어왔다. 그러나 다른 짐들은 파도에 밀려 하염없이 멀어져 갔다. 내 빨간 배낭과 초록색 더플백, 말리크의 짐꾸러미도 그렇게 사라져 갔다. 가장 중요한 것은 내 목숨을 구하는 것이고, 짐들은 목숨에 비하면 하잘것없다는 생각이 문득 머리를 스쳤다. 하지만 곧 나는 온갖 가정을 해보며 여행 과정에서 닥친 문제들을 어떻게 해결해야 하는지 생각하는 평소의 고약한 습관에 빠져들었다. 예컨대 여권을 잃어버리면 언제든지 다시 만들 수 있지만, 거의 2,800킬로미터 떨어진 인도네시아 수도에 있는 미국 대사관까지 가야 하는 번거로움을 감수해야 했다. 현찰과 여행자수표를 몽땅 잃어버리면? 내가 여행자수표 번호를 따로 적어두었는지도 확실하지 않았지만, 설령 적어두었더라도 그 종이가 뱃머리에서 맴도는 여행가방에 있는지 점점 멀어지는 더플백에 있는지도 정확히 기억나지 않았다. 여하튼 내가 구조되더라도 인도네시아 수도까지 날아가 여권을 새로 발급받기 위해서 상당한 돈을 빌려야 했다. 그 돈을 누구에게 어떻게 빌릴 수 있을까? 내게 가장 중요한 소지품들—여권, 현찰과 여행자수표, 새를 관찰한 기록을 남긴 공책—은 노란 배낭에 있었다. 배에서는 무릎에 올려놓고 바싹 끌어안고 있었지만 지금은 온데간데없었다. 그 배낭을 되찾지 못하더라도, 내가 그때까지 방문했던 주된 현장에서 보았던 새들의 이름을 기억에 의존해서 되살릴 수는 있을 것 같았다. 그런데 내가 앞으로 1시간을 더 살아 있을지도 모르는 상황에서 여권이랑 돈이랑 새를 관찰한 공책을 생각하는 게 부질없는 짓이라 걸 깨달았다.

역설적으로 들리겠지만 우리가 살아남으려고 발버둥치던 주변의 풍경은 아름답기 그지없었다. 구름 한 점 없이 맑은 하늘이 머리 위에 펼쳐져 있었고, 아름다운 열대의 섬들이 멀리에서 보였다. 새들도 이리저리 날아다녔다. 생존을 위한 몸부림을 잠시라도 잊고 싶은 심정에 나는 새들에게서 눈을 떼지 않았다. 제비갈매기 중에서도 작은 종에 속하는 작은 제비갈매기도 있었나? 큰제비갈매기가 아닐까? 검은댕기해오라기도 있군. 하지만 나는 평생 처음으로 죽음과 삶의 불확실한 갈림길에 있었다. 죽을지도 모른다는 암담한 가능성을 인정하고 싶지 않았다. 내가 죽으면 어머니와 약혼녀가 얼마나 충격을 받을지 생각해보았다. 그럴 경우, 어머니가 받을 전보를 혼잣말로 중얼거려 보았다. "댁의 아들, 재레드가 어제 태평양에서 익사했음을 알려드리게 되어 대단히 유감입니다."

살아남는다면 삶에서 생존보다 중요하지 않는 것은 절대 갖지 않겠다고 혼잣말로 다짐하기도 했다. 이 사고에서 결국 살아남는다면 내가 앞으로 어떻게 달라져야 할까? 그때까지 확신하지 못해 머뭇거렸지만 아이를 갖는 데 열중하겠다고 다짐했다. (실제로 그 후에 나는 자식을 갖기로 결심했다). 어떻게든 살아남는다면 뉴기니에 돌아가야 할까? 뉴기니 곳곳에 도사린 위험들—이런 배와 관련된 위험, 여행할 때마다 타는 소형 비행기의 추락 가능성, 외딴 산악지대에서 꼼짝하지 못할 정도로 다치거나 질병에 걸릴 위험—을 감수하면서까지 전에 답사하지 않은 산악지대에 서식하는 새들을 관찰할 가치는 없었다. 살아남기만 한다면 뉴기니에 다시는 돌아가지 않을 것 같았다.

그러나 살아남으면 어떻게 할 건지 생각하는 것보다 훨씬 급박한 문제에 직면해 있다는 걸 깨닫는 데는 오랜 시간이 걸리지 않았다. 뱃머리에 묶여 둥둥 떠 있는 내 여행가방 안에 에어 매트리스와 공기베개가 각각 둘씩 있다는 기억이 떠올랐다. 그것들에 공기를 주입하면 훌륭한 구명구가 될 것 같았다. 그래서 말리크에게 뱃머리에 걸터앉아 있는 사람들에게 여행가방을 열어서 매트리스와 베개를 꺼내 달라고 부탁해보라고 했다. 그리고 나는 주머니를 뒤적거려 여행가방 열쇠를 꺼내 말리크에게 건네주었고, 말리크는 그 열쇠를 뱃머리에 걸터앉은 사람에게 건네주었다. 그러나 누구도 내 여행가방을 열지 않았다. 내가 그때까지 듣도 보도 못한 이유로!

말리크와 나 이외에 배에 탔던 일곱 명─네 명의 승객과 세 명의 선원─은 모두 뒤집힌 선체의 앞쪽에 걸터앉아 있거나 매달려 있었다. 세람 섬 출신의 승객은 쓸 만한 도구를 찾겠다며 몇 번이고 물속으로 다이빙해 들어가 세 개의 구명구를 찾아내 뱃머리에 있던 일곱 명에게 나눠주었다. 하지만 누구도 말리크와 나를 도와주지는 않았다. 암본 섬사람은 눈물을 흘리며 "난 수영을 못해요! 우리는 죽을 거예요!"라고 지겹도록 흐느꼈다. 자바 섬사람은 끝없이 기도문을 암송했다. 중국인 어부는 해가 진 후에도 살아서 떠 있더라도 비와 큰 파도가 두렵다며 "하느님, 우리를 도와주십시오!"라고 소리쳤다. 말리크는 해가 지기 전에 우리가 구조되지 않으면 살아남을 희망이 없다고 냉정하게 말했다. 해류의 방향이 우리를 육지에서 먼바다로 밀고 가서 그날 밤을 넘기지 못할 거라고 덧붙였다. 해가 지기 전에 우리가 구조되지 못하면 어떤 사태가 닥칠지에 대해서 진지하게 생각하고 싶지 않았다. 햇살 아래에서 겨우 한 시간을 보냈을 뿐인 데도 흠뻑 젖어 온몸이 부들부들 떨리고, 흔들리는 선체에 매달려 있는 것도 힘든데 깜깜한 밤에 12시간 동안 계속 이 상태라면 훨씬 더 힘들 거라는 생각밖에 할 수 없었다. 그러나 세 선원과 세람 섬사람은 느긋하고 태연하게 보였다. 심지어 한 선원은 노래를 흥얼거렸고, 다른 선원들은 선체 주변을 여유 있게 헤엄치기도 했다. 세람 섬사람은 선체 위에 걸터앉아 두리안이란 커다란 과일을 우적우적 씹어 먹었다. 승객들이 섬에서 산 것으로 배가 뒤집힐 때 흘러나온 게 분명했다.

우리는 계속 주변을 두리번거리며 다른 배들이 있는지 살펴보았다. 주변에는 어떤 배도 보이지 않았다. 간혹 아득히 먼 곳에서 뉴기니 본토를 향해 가는 범선이 보일 뿐이었다. 일몰을 한 시간쯤 남겨둔 오후 5시 30분 경, 본토에서 출발해서 우리 쪽으로 달려오는 세 척의 세일링 카누가 보였다. 우리 옆을 지나가는 것 같았지만 거리가 멀었다. 한 승객이 선체에서 긴 나무토막을 뜯어내더니 거기에 셔츠를 묶고는 선체 위에 올라서서 나무토막과 셔츠를 흔들어댔다. 세일링 카누에 탄 사람들의 눈길을 끌기 위한 몸부림이었다. 그때 세람 섬사람이 내게 푸른 셔츠를 벗어달라고 말했다. 말리크가 재빨리 내 셔츠를 다른 나무토막에 묶고는 선체에 올라서서 흔들어댔다. 그리고 우리 모두가 입을 모아 소리쳤다. "톨롱!"(인도네시아어로 살려달라는 뜻) 그러나 우리와 세일링 카누 사이의 거리가 너무 멀었던지 아무도 우리 목소리를 듣지 못했다.

나는 여전히 뱃고물에 설치된 모터에 발을 얹고 서 있었다. 모터는 적어도 내 발에 안전한 발판 역할을 해주었지만, 미끄럽고 둥근 선체에 올라가 앉아 있거나 서 있는 일곱 사람에게는 붙잡을 게 전혀 없었다. 그런 와중에 이제 말리크까지 선체에 올라가 있었다. 그러나 두 다리가 벌써부터 마비되기 시작해서 밤새 모터 위에 불편하게 서 있을 수는 없다는 걸 알았다. 그래서 말리그에게 내가 모디 위에 서 있는 것보나 선체에 올라가 다른 사람들과 함께 앉아 있는 게 더 안전하겠냐고 물었다. 말리크는 주저없이 "예!"라고 대답했다. 뱃고물에서 배의 앞쪽으로 가려면, 선체에서 뱃머리나 뱃고물보다 훨씬 위험한 지역을 지나가야 했다. 그래도 나는 모터에서 선체로 기어올라가 우뚝 서서 조심스레 한 발씩 내밀었다. 곧바로 바다에 떨어졌지만 허겁지겁 선체로 돌아왔고 기어코 중국인 어부의 바로 뒤에 도달해서 그곳에 걸터앉았다. 그 자리는 여러모로 불편했다. 무엇보다 손과 발을 지탱할 곳이 전혀 없었다. 선체가 뒤뚱거릴 때마다 내 몸도 덩달아 흔들렸다. 덕분에 나는 몇 번이나 바다에 빠졌고 그때마다 선체에 다시 기어올라와야 했다. 더구나 몸이 일부나마 따뜻한 바닷물에 있지 않고 완전히 밖으로 노출되어 온몸이 부들부들 떨리기 시작했다. 얄궂게도 열대의 저지대에서 저체온증의 위험에 빠진 꼴이었다. 몸이 젖지 않았을 때는 뜨거워 견디기 힘들었지만, 끝없이 바닷물 세례를 받아 온몸이 젖고 바람을 그대로 맞자 한기가 들었다. 하지만 얼굴만은 파도보다 훨씬 높은 곳에 있었고, 모터 위에 불안하게 서 있지 않고 다리가 마비되지도 않았다. 그래서 뱃고물에 서 있던 것보다 새롭게 마련한 자리에서 더 오랫동안 버틸 수 있겠다는 생각마저 들었다.

  태양이 점점 수평선을 향해 떨어지고 있었다. 마침내 두 선원이 각각 구명구를 차지하고, 우리가 출발했던 섬을 향해 헤엄치기 시작하며 도와줄 사람들을 데려오겠다고 말했다. 멀리 있는 세 척의 세일링 카누가 우리를 보지도 못하고 목소리도 들을 수 없을 정도로 더 멀리 떨어진 곳으로 다시 지나갈지, 아니면 세 척 중 하나라도 우리쪽으로 가까이 지나갈지 알 수 없던 터였다. 남은 우리는 태양을 가리키며, 해가 지려면 몇 분이나 남았는지 가늠해보았고, 우리가 햇살을 완전히 받고 있어서 세일링 카누에게 보이지 않는 것은 아닐까 걱정하기도 했다. 세일링 카누 이외에 모터보트 한 척과 다른 배 한 척도 보였지만, 그 배들은 훨씬 더 먼 곳에 있었다.

그때, 가장 가까이에 있던 세일링 카누의 돛이 점점 크게 보이는 것 같았다. 카누가 꽤 큼직하게 보이는 것으로 보아, 그 카누도 우리를 보고 가까이 다가오는 게 분명한 듯했다. 우리에게서 100미터쯤 떨어진 곳에서 카누는 갑자기 멈추더니 돛을 내렸다. 카누에는 한 사람만 타고 있었다. 그는 노를 저어 우리에게 다가왔다. 우리 눈에도 그 카누가 뚜렷하게 보였다. 길이가 3미터에 불과한 작은 카누였고, 배가 바다에 깊숙이 내려앉아 건현이 15센티미터에 불과했다. 그 작은 카누가 우리 옆으로 다가오자, 가장 가까운 곳에 있던 두 사람, 즉 수영을 할 줄 모르는 암본 섬사람과 자바 섬사람이 우리와 상의도 않고 카누에 뛰어들었다. 한 사람이라도 더 타면 그 작은 카누마저 위험할 것 같았다. 카누 주인은 서둘러 노를 저어 우리에게서 멀어졌다. 이번에는 세 세일링 카누 중 두 번째 카누가 우리에게 다가오더니 역시 100미터 앞에서 돛을 내렸다. 첫 번째 카누보다는 더 컸고, 거기에 탄 두 사람이 노를 저어 다가왔다. 이번에는 두 사람과 우리 사이에, 또 우리끼리 그 세일링 카누에 몇 사람까지 태울 수 있고, 우리 중에 누가 탈 것인지에 대해 논의가 있었다. 처음에 세일링 카누에 탄 두 남자는 건현이 상당히 낮아 자칫하면 침몰할 위험이 있다며 두세 명만 태우겠다고 제안했지만, 결국 선체에 남아 있던 다섯 명 중 네 명을 태우는 데 동의했다. 한편 우리는 그때까지 우리 곁에 있던 선원이 마지막 구명구를 갖고 선체에 마지막까지 남기로 합의를 보았다.

내가 세일링 카누로 옮겨 다려고 하자, 밀리크가 내게 여권이 어디 있느냐고 물었다. 나는 여권이 노란 배낭에 있었고, 그 배낭이 십중팔구 뒤집힌 선체 안쪽에 있을 거라고 대답했다. 구명구를 꺼내려고 선체 안쪽을 이미 몇 번이고 다이빙했던 세람 섬사람이 다시 물속으로 뛰어들어가 내 노란 배낭을 갖고 나와 건네주었다. 그리고 모두 여섯 명이 탄 세일링 카누는 뒤집힌 선체에서 멀어지기 시작했다. 세일링 카누의 두 선원이 앞뒤를 차지하고 우리는 중국인 어부, 나, 말리크, 세람 섬사람의 순서로 앞 선원의 뒤에 앉았다. 나는 습관적으로 손목시계를 보았다. 몇 번이고 바닷물에 빠졌는데도 시계는 정상적으로 돌아갔다. 그때가 저녁 6시 15분, 일몰을 15분쯤 남겨두고 있었다. 우리가 뒤집힌 선체 위에서 때로는 바닷물 속에서 허우적대며 두 시간을 보냈다는 뜻이었다.

곧 어둠이 내려앉기 시작했다. 우리를 구조한 두 선원은 가장 가까운 섬을 향해 노를 저었다. 그날 오후 우리가 출발했던 바로 그 섬이었다. 세일링 카누는 바다에 깊이 내려앉아 건현이 겨우 몇 센티미터에 불과했다. 내 뒤에 앉은 사람들 중 하나가 끊임없이 물을 퍼냈다. 나는 작은 카누가 사람을 너무 많이 태워서 뒤집어질 수도 있겠지만 이번에는 무사할 거라는 막연한 생각이 들었다. 여하튼 나는 어떤 안도감을 느끼거나 이제는 살았다는 격한 감정을 느끼지는 않았다. 그저 아무런 감정도 없는 방관자가 된 기분이었다.

우리가 탄 카누가 섬을 향해 가는 도중에 왼쪽에서 갑자기 사람 목소리가 들렸다. 나는 그 목소리가 구명구에만 의존해 섬으로 돌아가겠다고 바다에 뛰어든 두 선원의 목소리일 거라고 생각했다. 하지만 인도네시아어로 외친 목소리여서 다른 사람들이 나보다 더 정확하게 알아들었다. 첫 번째 세일링 카누에 탔던 세 사람(카누 주인, 암본 섬사람과 자바 섬사람)이 외친 목소리였다. 그 카누는 무리하게 세 사람이나 탔던 까닭에 바닷물이 너무 많이 흘러 들어와 가라앉고 있었다. 우리 카누의 건현도 거의 수면과 맞닿은 지경이어서 한 사람도 더 태울 수 있는 형편이 아니었다.

우리 카누에서 누군가 물에 빠져 허우적대는 세 사람을 도와야 한다고 소리쳤지만, 우리를 구조한 두 선원은 매정하게 그들을 각자의 운명에 내버려두고 섬을 향해 계속 노를 저었다.

섬까지 돌아오는 데 얼마나 걸렸는지는 기억나지 않는다. 대략 한 시간쯤 걸렸을 거라고 추측할 뿐이다. 마침내 섬이 눈앞에 들어왔다. 커다란 파도들이 해변에서 부서졌고, 해변에 커다란 모닥불이 보였다. 나는 그 불이 무엇을 뜻하는지 궁금했다. 내 앞에서 중국인 어부와 뱃머리에 앉은 선원이 인도네시아어로 얘기를 주고받았다. 내 귀에도 '엠파트 풀루 리부(4만이란 뜻)'란 말이 되풀이되는 게 뚜렷이 들렸다. 중국인 어부가 뒤집힌 우리 배에서 어렵사리 되찾은 작은 가방을 열고 돈을 꺼내 선원에게 주었다. 당시 나는 선원이 피곤해서 우리를 모닥불이 있는 해변 근처에 내려주려 했지만, 중국인이 우리를 섬의 부두까지 데려가 달라고 유도하려고 4만 루피아를 주는 것이라 생각했다. 그러나 나중에 말리크가 내게 해준 말에 따르면, 선원은 "일인당 1만 루피아(약 5달러)를 주지 않으면 당신들을 뒤집힌 배로 도로 데려가서 거기에 떨궈놓을 거요!"라고 협박했다는 것이었다.

우리를 구조한 세일링 카누는 섬의 곶을 돌아, 모닥불이 지펴진 해변을 향해 다가갔다. 어둠 속이었지만 우리 뒤에서 모터 소리가 들렸고, 밝은 불빛을 밝힌 모터보트가 뒤에서 우리에게 서서히 다가왔다. 마침내 우리 카누가 얕은 물에 멈추었고, 밀리크와 중국인 어부, 세람 섬사람과 내가 차례로 내렸다. 그리고 바닷물을 첨벙이며 모터보트로 옮겨 탔다. 우연의 일치였는지 몰라도 그 모터보트는 중국인 어부 가족의 소유인 낚싯배였다. 낚시를 나갔다가, 구명구에만 의지해 섬으로 향했던 두 선원을 우연히 발견하고는 그들을 구했고, 우리의 뒤집힌 배까지 달려가 배에 여전히 묶여 뱃머리 부근에서 맴돌던 짐들을 찾아온 터였다(내 여행가방들은 찾아왔지만 말리크의 짐꾸러미는 하나도 찾지 못했다). 우리를 태운 모터보트는 서서히 뉴기니 본토를 향했다. 우리는 모터보트 선원들에게, 우리보다 먼저 출발한 세일링 카누에 탄 세 사람이 바다에 빠져 살려달라고 소리치는 걸 들었다고 알렸다. 하지만 우리가 소리를 들었던 곳 부근에 도착해서도 모터보트는 주변을 선회하며 그들이 있는지 확인하지 않고 곧장 뉴기니 본토로 달려갔다. 나중에 말리크가 해준 말에 따르면, 모터보트 선원들이 세일링 카누에 탄 세 사람도 어떻게든 해안에 도착했을 거라고 설명했다고 한다.

모터보트로 본토까지 가는 데는 약 1시간 반이 걸렸다. 나는 셔츠를 입지 않은 데다 한기가 몰려와 추위와 싸워야 했다. 우리는 밤 10시 경에야 배에서 내렸다. 우리에게 사고가 있었다는 소식이 벌써 전해졌던지 부두에는 기다리는 사람들이 모여 있었다. 그 사람들 중에서 자그마한 노파가 내 눈길을 사로잡았다. 외모로 짐작하건대 자바 출신인 듯했다. 나는 영화배우를 제외하고는 누구의 얼굴에서도 그처럼 극단적인 감정을 담은 표정을 본 적이 없었다. 노파의 얼굴은 피곤에 찌들고, 어떤 끔찍한 사건에서 비롯된 슬픔과 두려움과 의혹이 뒤범벅된 표정이었다. 노파는 사람들을 헤치고 나와 우리에게 묻기 시작했다. 노파는 앞서 출발한 세일링 카누에 탔던 자바 섬사람의 어머니였다.

이튿날 나는 자그만한 여인숙에서 지내며 여행가방과 그 안의 내용물에서 소금기를 씻어냈다. 쌍안경, 테이프리코더, 고도계 및 책과 슬리핑백 등 장비들은 엉망이 돼 되살릴 수 없었지만 옷가지는 그런대로 다시 사용할 수 있었다. 하지만 말리크는 모든 것을 잃어버렸다. 그 지역의 상황에서, 우리는 배를 잘못 운영해서 사고를 유발한 선원들에게 보상을 청구할 수 없었다.

이튿날 저녁 6시 경에 나는 해가 지면 햇살이 얼마나 빨리 사라지는지 다시 경험하고 싶어 근처 건물 옥상으로 올라갔다. 적도 근처에서는 햇살이 온대지역보다 훨씬 빨리 사라진다. 해가 수평선을 기준으로 비스듬히 떨어지지 않고 거의 수직으로 떨어지기 때문이다. 저녁 6시 15분, 우리가 전날 구조됐던 시간에 태양은 수평선 바로 위에 있었고, 햇살은 점점 어둑하게 변해갔다. 일몰은 정확히 6시 30분이었다. 6시 40분이 되자, 겨우 수백 미터 떨어진 곳에 있는 다른 배에 탄 사람에게도 우리와 우리의 뒤집어진 배가 보이지 않을 정도로 주변이 완전히 깜깜해졌다. 우리는 그야말로 구사일생으로 적시에 구조받은 셈이었다.

어둠에 잠긴 옥상에서 내려오며 나는 무력감을 느꼈고, 그 무모한 선원들이 내게 한 짓을 도무지 이해할 수 없었다. 나는 소중한 장비들을 잃어버렸고, 심지어 목숨까지 잃을 뻔하지 않았던가. 약혼녀와 부모, 누이와 친구들도 나를 다시 보지 못할 뻔했다. 뱃전 턱에 매달려 있었던 탓에 파도가 밀려올 때마다 무릎이 뱃전과 부딪치며 살갗이 벗겨지고 상처가 남았다. 이 모든 것이 무모한 세 젊은 선원 탓이었다. 그들은 높은 파도에도 불구하고 무지막지하게 운항하며 배에 들이치는 바닷물을 무시했고, 우리가 속도를 늦추기나 멈추라고 반복해서 요구했지만 늘은 척도 하지 않았다. 게다가 두 녀석은 구명구에만 의존해 섬으로 돌아가겠다고 바다에 뛰어들지 않았던가. 그런데도 세 선원은 사과조차 않았고, 우리에게 실제로 안겨준 고통과 상실에 대해서나 우리를 거의 죽음의 문턱까지 몰고갔던 잘못에 대해 조금도 미안해하는 기색을 보이지 않았다. 못된 녀석들!

나는 이런 생각에 잠긴 채, 일몰을 보려고 옥상까지 올라갔던 건물의 1층까지 내려왔다. 1층에서 한 남자를 만나 이런저런 얘기를 나누기 시작했다. 내친김에 내가 옥상까지 올라갔던 이유와 전날 우리가 겪은 사건을 그에게 말했다. 그는 자신도 전날 그 섬에 있었고, 본토에 오려고 했었다고 대답했다. 또 우리가 빌렸던 배와 큼직한 모터들을 보았고, 젊은 선원들과 그들의 가볍고 건방진 태도까지 보았으며, 그들이 승객을 기다리려고 배를 부두에 접안할 때 모터를 어떻게 다루는지도 눈여겨보았다고 말했다. 그는 배에 관한 한 경험이 많았다. 그래서 그 선원들과 그 배에 자신의 목숨을 맡기지 않기로 결정하고, 더 크고 안전한 배를 기다렸다가 본토에 돌아왔다고 덧붙였다.

그의 대답에 나는 뒤통수를 세게 얻어맞은 기분이었다. 결국 내가 경솔했던 셈이었다. 그 건방진 선원들 때문에만 내가 목숨을 잃을 뻔했던 것이 아니었다. 내 발로 그 배에 타지 않았던가. 누구도 내게 그 배를 타라고 강요하지 않았다. 그 사고는 궁극적으로 내 책임이었다. 내 힘으로 그 사고가 닥치는 걸 예방할 수 있었다. 왜 그 선원들이 그처럼 무모하게 배를 몰았을까 묻기 전에, 내가 왜 그처럼 어리석게 행동했을까 자책해야만 했다. 큰 배를 기다리기로 결정한 그 남자는 뉴기니 특유의 건설적인 편집증을 발휘해서, 정신적인 충격에 시달리고 죽음의 문턱까지 치닫는 사고를 피했다. 나도 그런 건설적인 편집증을 발휘했어야 했다. 그때의 교훈으로 그 이후로 지금까지 건설적인 편집증을 습관으로 삼고 있다.

땅바닥에 꽂힌 나뭇가지의 정체

이 장에서 소개하는 세 사건 중 마지막 사건은, 내가 건설적인 편집증의 장점을 절실하게 깨달은 보트 사고가 있고 오랜 시간이 지난 후에 일어났다. 뉴기니 저지대들에서는 곳곳에서 외따로 산악지대가 솟구쳐 오르기 때문에, 산악지대의 서식지에만 존재하는 종의 분포에 관한 한 그곳은 생물학자들에게 저지대의 '바다'에 둘러싸인 '섬'처럼 여겨진다. 산악지대의 가장 높은 곳에는 대부분 사람이 살지 않는다. 조류를 비롯해 그곳의 동물과 식물을 조사하기 위해서 그처럼 높은 고지대까지 올라가려면 두 가지 방법이 가능하다. 하나는 헬리콥터를 이용해서 직접 올라가는 방법이다. 하지만 뉴기니에서 헬리콥터를 전세로 구하기도 어렵지만, 숲으로 뒤덮인 뉴기니 산악지대에 헬리콥터가 착륙할 만한 개간지를 찾아내는 건 더더욱 어렵다. 따라서 다른 방법이 주로 사용된다. 먼저 산악지대에 가까운 마을을 찾아내서 항공기나 헬리콥터 혹은 배로 그 마을까지 장비를 옮긴 후에 그 마을에서부터 산악지대까지 걸어서 올라가는 방법이다. 뉴기니 지형은 무척 험준해서 마을에서 8킬로미터 이상 떨어진 캠프장까지 장비를 운반하는 것도 거의 불가능하다. 게다가 괜찮은 지도에도 대부분의 산꼭대기가 어디에 위치하고 고도가 얼마인지 표시돼 있지 않고, 가장 가까운 마을에 대한 정보도 구하기 어렵다. 따라서 항공조사로 해당 지역에 대한 지리적 정보를 얻어야 한다.

한 산악지대가 특별히 높지는 않았지만 외따로 우뚝 솟아 있어 내 관심을 끌었다. 그래서 언젠가 뉴기니 답사를 끝내고 이듬해 답사 계획을 세울 때 나는 소형 비행기를 전세 내어 그 산악지대 전체를 조사하며 가장 높은 봉우리의 위치를 확인했다. 그 봉우리에서는 어떤 방향으로도

40킬로미터 이내에 마을이 하나도 없었다. 개간된 밭도 보이지 않았고, 인간의 흔적이라 할 만한 징후가 부근에 전혀 없었다. 따라서 어떤 마을부터 시작해서 그 산봉우리를 공략할 수는 없었다. 헬리콥터를 이용할 수밖에 없어, 헬리콥터가 착륙할 만한 자연의 공터를 찾아내야 했다. (헬리콥터가 숲우듬지 위에서 정지비행을 하는 동안 윈치를 이용해서 승객과 짐을 지상까지 내려줄 수 있지만, 그렇게 하려면 특수한 헬리콥터와 상당한 훈련이 필요하다.) 뉴기니 숲의 첫인상은 푸른 나무들이 끊이지 않고 연속된 공간이지만, 지진으로 숲의 일부가 흔들리며 무너진 사태로 인한 자연의 공터, 혹은 습지에서 말라붙은 못, 강이나 못의 둑, 말라붙은 이화산이 간혹 눈에 띈다. 그때 조사 비행에서 나는 산사태로 인한 거대한 공터를 찾아내고 무척 기뻤다. 정상에서 4킬로미터쯤 떨어진 곳이었고, 고도로는 수백 미터가 낮은 곳이었다. 뉴기니의 기준에서 보면, 그 공터가 정상에서 너무 멀어 그곳에 캠프장을 설치할 수 없었다. 다시 말하면, 새를 관찰하려고 그곳에서 정상까지 하루만에 걸어 올라가는 건 불가능했다. 하지만 그 공터에 일차 캠프장을 설치해서 헬리콥터로 장비를 옮긴 후에, 산길을 개척해서 정상에서 가까운 숲에 이차 캠프장을 설치하고 장비를 직접 옮기면 가능할 것 같았다. 무척 힘든 작업이었지만 시도해볼 만했다.

헬리콥터의 착륙지를 찾는 문제는 그런대로 해결됐지만 뉴기니 땅주인의 허락과 도움을 받는 문제가 쉽지 않았다. 산봉우리 근처의 어디에도 인간의 흔적이 없는데 허락을 받으려면 대체 누구를 만나야 한단 말인가? 개인적인 경험으로, 그 산악지대의 동쪽으로 낮은 고도를 돌아다니는 유목민들이 있다는 걸 알고는 있었다. 그들과 친척 관계인 유목민들이 약간 서쪽으로 정상 근처에서 돌아다닌다는 여러 보고가 있었지만,

나는 항공 조사에서 그들의 흔적을 전혀 찾을 수 없었다. 또한 역시 개인적인 경험으로, 외딴 산악지대에 사는 유목민들은 주로 낮은 고도에서 지내며 사고야자를 재배한다는 것도 알고 있었다. 하기야 고도가 높은 지역에는 정착해서 살아가는 인구를 먹여 살리기에 충분한 식량거리가 없었다. 따라서 유목민들은 사고야자를 재배할 수 있는 최고 고도 위로 가끔 사냥을 위해 올라오는 게 고작이었다. 그러나 나는 여러 산악지역을 다녔지만, 그곳의 유목민들은 사냥조차 하지 않았다. 게다가 고도가 높은 지역에 서식하는 동물들은 인간을 본 적도 없고 사냥의 표적이 된 적도 없기 때문에 상당히 온순한 편이다.

내가 목표로 삼은 산봉우리 근처에서 유목민의 흔적을 찾지 못했다는 것은 두 가지를 뜻했다. 첫째로는 그 산의 소유권을 주장할 만한 뉴기니인을 찾아내지 못했고, 따라서 허락을 구할 지역민도 찾아내지 못했다는 뜻이었다. 둘째로 뉴기니에서 현장작업을 하려면 캠프장을 설치하고 운영할 지역민, 또 산길을 개척하고 새를 찾아내서 내게 이름을 알려줄 지역민의 도움이 필요하지만, 그곳에서는 그럴만한 지역민을 구할 수 없다는 뜻이었다. 이 문제는 뉴기니의 다른 곳에서 내가 이미 알고 있는 뉴기니 사람들을 데려오면 쉽게 해결할 수 있는 문제였다. 가장 큰 문제는 첫 번째 문제, 즉 산의 출입을 허락받는 문제였다.

뉴기니에서는 어떤 땅뙈기에나 소유권을 주장하는 종족이 있다. 그들이 그 땅에 한 번도 발을 들여놓지 않은 경우에도 마찬가지이나. 뉴기니에서 허락받지 않고 누군가의 땅에 무단으로 들어가는 건 절대적으로 피해야 하는 금기이다. 무단으로 들어갔다가 붙잡히면 모든 것을 빼앗기고 심지어 살해까지 당할 수 있다. 게다가 내가 방문하려는 지역에서 가장 가까이 살아가고, 따라서 그 지역의 소유권을 주장하는 종족에게 허락을 받았지만, 막상 그곳에 가면 다른 종족이 그 지역의 소유권을 주장하며 내가 자기들의 허락을 받지 않고 그곳에 들어왔다고 분개해서 낭패를 겪은 경우가 한두 번이 아니었다. 이럴 경우, 나 혼자만이 아니라 다른 지역의 뉴기니인들까지 데려가면 더욱 위험하다. 나와 달리 다른 뉴기니인들은 여자와 돼지를 훔치고 땅을 차지하려고 그곳에 침입한 것으로 여겨져서 그 지역의 땅주인들을 더욱 화나게 만들었기 때문이다.

나를 공터까지 태우고 간 헬리콥터가 떠난 후에 유목민을 만나면 어떻게 해야 할까? 물론 헬리콥터가 보급품과 나를 도와줄 사람들을 공터까지 실어 나르려고 몇 번이고 왕복할 것이기 때문에 유목민들에게 내 존재를 간접적으로 알릴 수 있을 것이다. 따라서 수킬로미터 내에 유목민들이 있다면, 그들도 헬리콥터를 보거나 그 소리를 들을 테니까 헬리콥터가 그 부근에서 착륙한 것이라 짐작하고 우리를 찾아올 것이다. 그런데 그 지역의 유목민이 '미접촉인'이라면, 즉 그때까지 백인이나 선교사나 정부 관리를 한 번도 본 적이 없는 종족이라면 상황이 더욱 복잡해진다. 미접촉 부족민과의 첫 접촉은 무척 위험하다. 서로 상대가 무엇을 원하고 무엇을 하려는지 모르기 때문이다. 또 언어가 통하지 않는 미접촉 부족민이 우리와 오랫동안 의사소통을 하려고 노력하더라도 몸짓언어만으로 우리의 평화적인 의도를 전달하기가 어렵거나 불가능하다. 그들이 그런 인내심을 보여주지 않으면 곧바로 위험이 닥친다. 그들이 겁을 먹거나 거꾸로 분개해서 곧바로 화살을 쏘아대기 시작할 수 있기 때문이다. 그런 유목민을 만나면 어떻게 해야 할까?

여하튼 지형을 조사하기 위한 정찰비행을 끝내고 나는 미국으로 돌아가 이듬해 헬리콥터를 이용해서 그 공터와 산봉우리를 탐사할 계획을 세우기 시작했다. 계획을 세우는 내내 거의 매일 밤, 나는 잠을 자면서도 숲에서 유목민들을 맞닥뜨리면 어떻게 해야 할지 상상하며 온갖 시나리오를 꾸며보았다. 한 시나리오를 예로 들면, 나는 그 자리에 앉아 두 손을 내밀며 무기도 없고 위협적인 사람도 아니라는 걸 보여준다. 그리고 억지로 미소를 지으며 조심스레 배낭에서 초콜릿 바를 꺼내 내가 먼저 조금 먹어 독이 없고 먹을 수 있는 것이란 걸 증명해보인 후에 나머지를 그들에게 건네준다. 그러나 내가 배낭을 뒤적이면 총을 꺼내는 것이라 착각하고 그들이 득달같이 화를 내거나 겁에 질려 도망칠 수 있었다.

    다른 시나리오로 이런 상상도 해보았다. 그 지역의 새를 연구하려고 온 것임을 알리기 위해서 그 지역 새들의 울음소리를 흉내내기 시작한다. 이 방법은 뉴기니인들을 처음 만났을 때 어색한 분위기를 누그러뜨리는 데 실제로 효과가 있었다. 그러나 그곳의 유목민들은 내가 미친 것이라 생각하거나, 새와 관련된 마법을 그들에게 걸려는 짓이라 생각할 수도 있었다. 또 다른 시나리오도 상상해보았다. 나를 도와줄 뉴기니인들이 그곳에 도착한 후에 우리가 한 명의 유목민을 우연히 만난다면, 어떻게든 그를 설득해서 우리 캠프장에 머물게 하다 우리는 그와 우호적으로 지내며 친구가 되고, 나는 그에게 그의 부족어를 배우기 시작한다. 게다가 우리가 수주 후에 헬리콥터를 타고 떠나기 전에 그에게 도망치지 말고 함께 살아가는 유목민들을 우리에게 데려오라고 설득한다. 하지만 겁에 질린 유목민을 어떻게 우리 캠프장에서 수주 동안, 그것도 그의 땅을 무단으로 침입한 다른 뉴기니 사람들과 함께 머물라고 설득할 수 있을까?

내가 상상해낸 시나리오들은 어느 것도 해피엔딩으로 끝날 가능성이 거의 없었다. 그렇다고 그 프로젝트를 포기할 수는 없었다. 하늘에서 관찰한 결과에 따르면 주변에 오두막의 흔적이 전혀 없었기 때문에, 또 내 경험에 비추어보면 저지대 유목민들은 산봉우리를 거의 찾아오지 않기 때문에 우리가 유목민을 마주칠 가능성이 거의 없었다. 계획대로 그 산봉우리를 탐사하기 위해서 1년 후에 뉴기니를 다시 방문했지만 유목민을 맞닥뜨릴 경우에 어떻게 대처해야겠다는 뚜렷한 복안은 없었다.

마침내 1년 후, 프로젝트를 실행에 옮기는 날이 왔다. 나는 목표지로부터 수백 킬로미터 떨어진 산악지대에서 네 명의 뉴기니인을 구했고, 약 0.5톤의 물품을 마련했다. 그리고 소형 비행기를 전세내어, 우리의 목표인 산봉우리에서 남쪽으로 약 60킬로미터 떨어진 마을의 자그마한 간이 활주로까지 날아갔다. 그 산악지대의 구릉지를 따라 비행하는 동안, 동쪽 비탈의 기슭에 강을 따라 드문드문 자리잡은 여덟 채의 오두막이 눈에 띄었지만, 산봉우리에서 가장 가까운 오두막도 동쪽으로 37킬로미터나 떨어진 곳에 있었다. 다음 날, 우리가 빌린 헬리콥터가 활주로에 도착했다. 우리는 지난 번에 정찰비행하며 결정해둔 널찍한 공터까지 장비와 물품을 옮기려면 헬리콥터가 네 번쯤 왕복해야 했다. 첫 비행에는 두 명의 뉴기니인이 탔고, 만약의 사고로 헬리콥터가 즉시 돌아오지 못할 경우를 대비해서 그들이 먹을 약간의 식량과 텐트와 도끼들을 실었다. 1시간 후, 헬리콥터가 흥미진진한 소식을 안고 활주로로 돌아왔다. 정상 주변을 비행할 때, 우리가 선택한 공터보다 상태가 훨씬 나은 캠프장을 발견했다는 것이었다. 산봉우리에서 겨우 1킬로미터 떨어진 지역이었고, 우리가 선택한 공터보다 더 높은 곳이었다. 그곳을 캠프장으로 선택하면, 우리가 캠프장과 산봉우리를 수시간만에 왕복할 수 있고, 일차 캠프장인 널찍한 공터에서 이차 캠프장까지 장비를 옮길 필요도 없다는 뜻이었다. 헬리콥터는 활주로에서부터 새로 선택한 캠프장까지 두 번 왕복하며 두 뉴기니인과 물품을 실어 날랐다.

마지막 비행에는 내가 나머지 물건들을 싣고 캠프장으로 향했다. 비행하는 동안, 나는 사람의 흔적을 찾아서 눈을 부릅뜨고 주변을 살폈다. 활주로에서는 북쪽으로 약 16킬로미터, 산봉우리에서는 남쪽으로 44킬로미터 떨어진 곳에 또 하나의 마을이 있었고, 작은 강이 흘렀다. 그 마을을 지나자 곧바로 두 채의 오두막이 눈에 들어왔다. 우리가 산악지대로 이어지는 첫 마을에 도착하기 전까지 평평한 저지대에 머물고 있던 유목민들의 것이 확실했다. 산악지대에 완전히 들어서자 어디에서도 인간의 흔적은 보이지 않았다. 오두막도 없었고 개간된 밭도 없었다. 여하튼 인간의 흔적이라 할 만한 것은 전혀 없었다. 뉴기니의 험준한 지형에서 44킬로미터라면 우리 캠프장으로 향하느니, 반대편인 바다로 향하는 편이 나았다. 따라서 우리는 원하지 않는 방문객을 맞이할 가능성이 낮았다. 이런 면에서 운이 좋았고, 그 산악지대는 정말로 사람이 살지 않는 전인미답의 땅일 가능성이 높았다.

우리가 새로 선택한 캠프장 위를 헬리콥터가 선회했다. 아래에서 네 명의 뉴기니인이 손을 흔드는 게 훤히 보였다. 공터는 십중팔구 사태로 무너진 듯한 가파른 비탈이 있는 아담한 협곡이었다(사태의 원인은 그 지역에서 잦은 지진이었을 것이다). 협곡 바닥은 식물조차 거의 자라지 않는 흙이어서, 헬리콥터가 착륙하기에는 안성맞춤이었다. 우리가 처음에 목표로 삼았던 널찍한 공터와 새로 선택한 공터를 제외하면, 우리 주변은 완전히 울창한 숲이었다. 헬리콥터 조종사와 나는 서둘러 착륙해서 짐을 내렸다. 나는 다시 헬리콥터에 올라타 산길을 개척할 방향을 결정하기 위해서 근처의 산봉우리로 향했다. 산등성이가 협곡 입구에서부터 산봉우리까지 곧장 이어졌지만 그다지 가파르지 않아 문제가 될 것은 없었다. 그러나 직선거리로 거의 60미터에 달하는 산봉우리 자체는 무척 가파라서, 산꼭대기까지 올라가려면 엄청나게 힘들 것 같았다. 그래도 사람의 인기척은 느껴지지 않았다. 오두막도 없었고 개간한 밭도 없었다. 헬리콥터는 나를 캠프장에 내려놓고, 19일 후에 돌아오겠다는 약속을 남긴 채 멀어져 갔다.

 헬리콥터 조종사의 약속은 우리를 안심시키기에 충분했다. 우리가 확인한 지형으로 판단할 때, 60킬로미터나 떨어진 활주로까지 걸어서 돌아가는 건 불가능했다. 내가 소형 무전기를 가져오기는 했지만, 산으로 가로막힌 지형에서 240킬로미터나 떨어진 헬리콥터 기지와 무전을 주고받을 수 없었다. 따라서 사고나 질병으로 긴급히 철수해야 할 경우를 대비해서, 나는 캠프장에서 멀지 않은 곳을 정기적으로 운항하는 소형 비행기에게 닷새마다 항로를 약간 벗어나 우리 캠프장을 선회해 달라고 부탁해두었다. 그리고 우리에게 아무런 문제가 없으면 조종사에게 무전기로 알리고, 위급한 사태가 벌어지면 경사지에 붉은색 에어 매트리스를 깔아두기로 약속했다.

 캠프장에 도착해서 이튿날은 캠프를 설치하느라 하루를 꼬박 보냈다. 인간의 흔적이 없다는 걸 재확인한 것이 무엇보다 기뻤다. 유목민들이 헬리콥터를 보았다면 경계심을 품고 우리를 찾아나섰겠지만 아직까지는 그런 징후가 전혀 보이지 않았다. 커다란 새들은 우리의 존재에도 아랑곳하지 않고 수십 미터 밖에서 협곡을 들락거렸다. 그런 현상은 새들이 인간을 두려워하지 않는다는 증거였고, 유목민들이 이 지역을 방문한 적이 없다는 분명한 증거이기도 했다.

셋째 날, 나는 산봉우리까지 올라가기로 결정했다. 뉴기니 친구들, 구미니와 파이아가 앞장서서 산길을 개척했고 나는 그들의 뒤를 따라갔다. 먼저 우리는 협곡에서 비탈을 따라 150미터쯤 위에 있는 산등성이까지 올라갔다. 산등성이에는 작은 풀밭 하나와 키 작은 떨기나무들이 있었다. 나는 사태가 오래전에 있었던 까닭에 풀과 나무가 자란 것이라 생각했다. 산등성이를 따라 조금 올라가자 빽빽한 숲이 우리를 맞았다. 우리는 그런대로 길을 만들면서 쉽게 위쪽으로 올라갔다. 산악지역에 서식하는 새들이 보이고, 새들이 지저귀는 소리도 들리기 시작했다. 나는 곧 새들을 관찰할 수 있겠다는 생각에 가슴이 두근거렸다. 솔새의 일종인 퍼플렉싱 스크럽렌, 꿀빨이새의 일종인 업스큐어 허니이터 등과 같이 희귀하고 거의 알려지지 않은 새들이 눈에 들어왔다. 마침내 피라미드 모양의 정상에 도착했다. 공중에서 관찰한 대로 무척 가파랐다. 그러나 우리는 나무 뿌리를 딛고 조금씩 올라갈 수 있었다. 기어코 산꼭대기에 올라서자, 하얀가슴 과일비둘기와 관모피토휘가 나를 반겨주었다. 둘 모두 저지대에서는 볼 수 없는 산악지역의 조류이다. 얼핏 보아도 산봉우리는 두 종이 서식하기에 충분히 높았다. 그러니 뉴기니의 다른 지역에서 그 정도의 고도에서 흔히 관찰되고 요란하게 지저귀는 다른 종들은 눈에 띄지 않았고, 실제로도 없는 것 같았다. 하기야 많은 종의 새들이 서식하기에는 이 산의 면적이 좁은 편이었다. 나는 파이아를 캠프로 돌려보내고,

구미니만을 데리고 새를 관찰하며 우리가 개척한 길을 따라 천천히 내려갔다.

그때까지 나는 한없이 즐겁고 편안했다. 모든 것이 순조로웠다. 내가 두려워했던 문제도 기우에 불과했다. 우리는 숲에서 헬리콥터가 착륙할 만한 곳을 찾아냈고, 편안한 캠프장을 설치했으며, 산봉우리까지 쉽게 올라갈 수 있는 길까지 만들었다. 유목민들이 방문한 흔적이 없다는 게 무엇보다 좋았다. 우리에게 남은 17일은 고산지대에서 서식하는 조류 중 어떤 새가 그곳에 있고 어떤 새가 없는지 관찰하기에 충분한 시간이었다. 구미니와 나는 기분좋게 길을 내려갔다. 그리고 숲에서 나와, 우리 캠프장 바로 위의 산등성이에서 오래전 사태로 작은 풀밭이 조성된 공터로 향했다.

그런데 갑자기 구미니가 걸음을 멈추고 허리를 굽히고는 땅바닥에 있는 뭔가를 뚫어지게 쳐다보았다. 내가 뭔가 흥미로운 것을 발견했느냐고 묻자 구미니는 "보세요!"라고만 말하며 뭔가를 가리켰다. 구미니가 가리킨 것은 60센티미터 높이의 묘목, 여하튼 몇 개의 잎이 붙은 작은 잎줄기에 불과했다. 그래서 나는 "아주 어린 나무에 불과하잖아. 이 공터에 저런 어린 나무는 많은데. 이 나무가 특별한 거라도 있나?"라고 물었다.

구미니가 대답했다. "아닙니다. 저건 어린 나무가 아닙니다. 땅바닥에 꽂힌 나뭇가지입니다." 나는 구미니의 말에 동의할 수 없었다. "왜 그렇게 생각하나? 그냥 땅에서 돋은 묘목일 수도 있잖아." 구미니는 내 말에 대답하지 않고 그 묘목을 움켜잡더니 쑥 뽑아냈다. 묘목은 쉽게 뽑혔다. 뿌리를 부러뜨리거나 뽑아내려고 크게 힘쓸 필요도 없었다. 구미니가 뽑아낸 묘목의 끝에는 뿌리가 없었다. 뿌리는 깨끗이 잘려나가 있었다. 나는 구미니가 힘껏 뽑아낸 탓에 뿌리가 부러진 것이라 생각했지만, 구미니는 묘목이 남긴 구멍 주변을 파헤치고 부러진 뿌리가 없다는 걸 내게 보여주었다. 구미니의 주장대로, 부러진 작은 나뭇가지가 땅바닥에 박힌 게 분명했다. 그럼, 어떻게 그 나뭇가지가 거기에 박힌 것일까?

구미니와 나는 고개를 들어 4.5미터 높이의 나무들을 쳐다보았다. 내가 말했다. "저 나무에서 부러진 나뭇가지가 떨어져서 땅바닥에 박힌 게 아닐까?" 그러나 구미니는 고개를 저으며 말했다. "나뭇가지가 부러져서 떨어졌다면, 부러진 끝부분은 정확히 아래를 향하고 잎들은 위로 향하도록 떨어질 수가 없습니다. 게다가 작고 가벼운 나뭇가지여서, 땅에 거의 10센티미터가 박힐 수 없습니다. 내 생각에는 누군가 나뭇가지를 부러뜨리고 끝부분을 날카롭게 다듬은 후에 땅에 박은 게 분명합니다. 잎은 위로 향하게 하고요. 경고의 뜻으로!"

그 말을 듣는 순간, 소름이 돋고 등골이 서늘해졌다. 무인도에 표착했다고 생각했는데 느닷없이 사람 발자국을 발견한 로빈슨 크루소가 머릿속에 떠올랐다. 구미니와 나는 그 자리에 주저앉아, 문제의 나뭇가지를 집어들고 주변을 둘러보았다. 우리는 거의 한 시간 동안 그곳에 앉아 온갖 가능성에 대해 얘기를 주고받았다. 정말 사람이 그 나뭇가지를 일부러 꽂아둔 것이라면, 그 부러진 나뭇가지 이외에 인간의 행위를 뜻하는 다른 흔적은 전혀 없는 이유가 무엇일까? 만약 사람이 그 나뭇가지를 꽂아둔 것이라면, 언제 그곳에 와서 그랬던 것일까? 잎들이 약간 시든 것으로 판단하건대 오늘이 아닌 것만은 분명했다. 그러나 잎들이 오그라들거나 마르지 않고 여전히 녹색을 띤 것으로 보아, 오래전은 아니었다. 그렇다면, 내가 생각한 대로 이 공터가 사태로 생긴 것이고, 그 후에 풀과 나무가 자란 것일까? 어쩌면 오래전에 버려진 밭일 가능성도 있었다. 하지만 나는 유목민이 며칠 전에 오두막에서 44킬로미터나 떨어진 그곳까지 걸어와서 나뭇가지 하나를 부러뜨려 땅에 박아두고는 다른 흔적은 전혀 남기지 않고 다시 먼 길을 돌아가지는 않았을 거라는 애초의 생각을 포기하고 싶지 않았다. 그러나 구미니는 부러진 나뭇가지가 인간의 행동처럼 보이려고 땅바닥에 저절로 박혔을 가능성은 거의 없다는 주장을 굽히지 않았다.

우리는 서둘러 캠프장으로 돌아갔다. 다른 뉴기니 친구들에게 우리가 보았던 것에 대해 말했다. 그들 역시 인간의 흔적을 보지 못한 터였다. 당시 나는 1년 동안 꿈꾸던 파라다이스에 어렵게 들어오지 않았던가. 땅바닥에 박힌 아리송한 나뭇가지 하나 때문에 붉은 매트리스를 펼쳐놓고 사흘 후에 우리 머리 위를 지나갈 비행기에게 긴급히 철수하겠다는 신호를 보내고 싶진 않았다. 건설적인 편집증을 잊는 짓이었지만, 내 생각에 그 나뭇가지의 존재는 얼마든지 자연스레 설명될 수 있었다. 나뭇가지가 수직으로 떨어져서 땅에 깊이 박혔던 것일 수 있지 않은가. 또 구미니가 나뭇가지를 뽑을 때 부러진 뿌리를 우리가 찾지 못했을 수도 있지 않은가. 그러나 구미니는 노련한 산사람이었고, 내가 뉴기니에서 만난 가장 뛰어난 산사람 중 한 명이었다. 그가 징조를 잘못 읽을 가능성은 없었다.

우리가 할 수 있는 대책이라곤 조심하고 또 조심하며 인간의 다른 징후를 경계하고, 근처에 숨어 있을지도 모를 유목민들에게 우리 존재를 드러낼 만한 행동을 하지 않는 것이었다. 캠프장을 설치하기 위해 요란한 소리를 내며 네 번이나 왕복한 헬리콥터 때문에 수십 킬로미터 반경 내의 유목민들은 이미 우리 존재를 눈치챘을 것이고, 따라서 우리가 조만간 그들과 맞닥뜨릴 가능성이 컸다. 여하튼 우리는 예방책으로 고함치지 않았다. 나는 새를 관찰하려고 캠프장보다 낮은 고도로 내려갈 때 특히 소리를 내지 않으려고 조심했다. 유목민이 낮은 고도에 있을 가능성이 훨씬 높았기 때문이다. 또 모닥불 연기로 멀리에서도 우리 존재를 눈치채지 못하도록, 어둠이 내린 후에는 큰불을 피워서 식사를 준비하는 것도 자제했다. 그런데 느닷없이 왕도마뱀들이 캠프장에 나타나 주변을 어슬렁대기 시작했다. 그래서 나는 뉴기니 친구들에게 방어용으로 활과 화살을 만들라고 지시했다. 그들은 내 지시에 따랐지만 시큰둥한 반응을 보였다. 갓 꺾어낸 생나무로는 좋은 활과 화살을 만들 수 없기도 했지만, 주변에 정말로 화난 유목민 무리가 있다면 생나무로 만든 네 개의 활과 화살은 아무짝에도 소용이 없었기 때문이었을 것이다.

그렇게 며칠이 지났다. 미스터리한 나뭇가지는 더 이상 발견되지 않았고, 수상한 인간의 징후도 없었다. 어느 오후에는 우리를 보고도 두려워하지 않고 달아나지도 않는 나무타기캥거루들을 만나기도 했다. 나무타기캥거루는 뉴기니에서 가장 큰 토착 포유동물로, 원주민 사냥꾼들이 가장 탐내는 사냥감이어서 사람이 사는 지역에서는 눈에 띄는 즉시 화살받이가 된다. 따라서 살아남은 나무타기캥거루들은 밤에만 움직여야 한다는 걸 터득해서, 무척 겁이 많고 사람이 눈에 띄면 부리나케 달아난다. 우리는 화식조들도 맞닥뜨렸다. 그 화식조들도 우리를 겁내지 않았다. 화식조는 뉴기니에서 가장 몸집이 큰 날지 못하는 새로 역시 사냥꾼들의 주된 표적이어서, 사람이 사는 지역에는 무척 드물고 겁도 많다. 큰비둘기와 앵무새도 우리를 보고 무서워하지 않았다. 이 지역의 동물들이 인간 사냥꾼이나 방문객을 전혀 경험하지 않았다는 증거가 한둘이 아니었다.

원래의 예정대로 19일 후에 헬리콥터가 돌아와서 우리를 다시 데려갈 때까지, 부러진 나뭇가지의 미스터리는 해결되지 않았다. 우리는 그 나뭇가지 이외에 다른 인간의 징후는 발견하지 못했다. 돌이켜 생각해보면, 멀리 떨어진 저지대의 유목민들이 수십 킬로미터를 걸어 고지대까지 올라와 밭을 개간하고 1, 2년 후에 돌아갔을 가능성은 없었다. 그것도 잎이 여전히 푸른색을 띤 것으로 판단하건대 우리가 도착하기 이틀 전에 나뭇가지 이외에는 어떤 흔적도 남겨놓지 않고 그곳을 떠났을 가능성은 더더욱 없었다. 그 나뭇가지가 어떻게 그곳에 있게 됐느냐는 설명할 수 없지만, 내 생각에는 구미니의 건설적인 편집증이 이번 경우에는 잘못 발휘된 듯하다.

그러나 구미니가 그런 건설적인 편집증을 획득하게 된 과정은 충분히 이해된다. 그가 살던 지역은 당시 얼마 전에야 정부의 관리를 받기 시작했고, 그전까지 전통적인 전쟁이 끊이지 않았다. 구미니보다 열 살이 많았던 파이아는 돌연장을 만들면서 성장한 사람이었다. 구미니와 파이아가 성장한 사회에서 낯선 사람의 징후에 민감하게 대응하며 조심하지 않은 사람은 오래 살지 못했다. 자연스럽게 설명되지 않는 나뭇가지를 의심하며, 그에 대해 동료들과 얘기를 나누며 한 시간을 보내고, 다른 나뭇가지들에도 경계심을 품는다고 손해볼 것은 없다. 나도 보트 사고를 겪지 않았더라면, 뉴기니를 탐사하던 초창기에 내가 죽은 나무에 캠프를 설치했을 때 뉴기니 사람들이 보인 반응을 과장된 것이라 일축했듯이, 구미니의 반응을 지나치게 과장된 것이라 무시하고 말았을 것이다. 그러나 당시 나는 뉴기니에서 상당한 시간을 보낸 까닭에 구미니의 반응을 충분히 이해할 수 있었다. 낯선 사람이 실제로 꽂아놓은 나뭇가지를 무시하는 치명적인 실수를 범하는 것보다, 자연스레 떨어졌더라도 부자연스럽게 보이는 나뭇가지까지 경고로 받아들이며 조심하는 편이 훨씬 낫다. 구미니의 건설적인 편집증은 경험 많고 조심스런 뉴기니인의 당연한 반응이었다.

:
**위험을
무릅쓰고**

내가 '건설적인 편집증'이라 일컫는 조심스런 태도가 뉴기니 사람들에게서 흔히 목격되지만, 그렇다고 그들이 우유부단하고 행동마저 머뭇거리는 사람들이란 오해를 남기고 싶지는 않다. 어느 사회에나 그렇듯이, 뉴기니에도 신중한 사람과 부주의한 사람이 있다. 또한 조심스런 사람들도 필요하면 언제든지 위험을 무릅쓰고 행동할 수 있다. 위험한 걸 뻔히 알면서도 어떤 행동을 취하지만, 시시때때로 경계심을 품고 신중하게 행동하는 것이 다르다. 식량을 얻고 삶을 꾸려가기 위해서는 어쩔 수 없이 위험을 감수해야 하기 때문이기도 하지만, 그런 행동을 사회에서 높이 평가하기 때문이기도 하다. 위대한 아이스하키 선수 웨인 그레츠키가 골망을 가르기 힘든 슛을 시도하는 위험성에 관련해서 남긴 명언을 나는 아직도 뚜렷이 기억한다. "슛을 시도하지 않으면 골인은 100퍼센트 불가능하나!"

내 뉴기니 친구들이라면 그레츠키의 말을 충분히 이해하며, 거기에 두 개의 각주를 덧붙일 것이다. 첫째, 슛을 실패한 대가로 곤경에 처한다면 전통 사회의 삶에 더욱 가깝겠지만, 그 후에는 더욱 신중하게 슛을 시도하게 될 것이다. 둘째, 하키 경기는 한 시간이란 제한된 시간에 끝나기 때문에 하키 선수는 완벽한 슛 기회를 기다릴 수 없다. 전통 사회의 삶에도 시간의 제약이 있다. 물을 찾아내는 위험을 무릅쓰지 않으면 며칠 내에 갈증으로 죽을 수 있고, 식량을 구하기 위해 위험을 감수하지 않으면 수주 내에 굶주려 죽을 수 있다. 또 우리가 어떤 짓을 하더라도 한 세기를 넘겨 살기는 힘들다. 전통 사회의 평균수명은 현대 제1세계 사람들의 평균수명보다 훨씬 짧다. 질병과 가뭄과 적의 공격 등 통제할 수 없는 요인들이 주된 원인이다. 전통 사회에는 개인적으로 아무리 조심하더라도 55세를 넘기기 힘들다. 달리 말하면, 평균수명이 80세에 이르는 제1세계 사회들보다 위험수위가 높은 사회에서 살고 있다는 뜻이다. 하키 경기 시간이 한 시간이 아니라 30분이라면, 어려운 슛을 더 자주 시도하는 웨인 그레츠키가 돼야 하는 셈이다. 전통 사회 사람들은 숙명처럼 받아들이지만 우리에게는 섬뜩하게만 여겨지는 예측가능한 위험의 예를 세 가지만 살펴보자.

!쿵족 사냥꾼들은 작은 활과 독화살만으로 무장한 채 막대기를 흔들고 고함을 지르며 사자나 하이에나 무리를 죽은 짐승에게서 쫓아낸다. 사냥꾼이 영양에게 상처를 입히더라도 작은 화살의 충격으로 영양이 죽지는 않는다. 영양은 도망치고, 사냥꾼들은 뒤를 쫓는다. 독의 효과가 서서히 작용해서 많은 시간이 지난 후에, 혹은 하루쯤 지나서 영양이 쓰러지면, 사자나 하이에나 무리가 영양의 시체를 먼저 발견하기 십상이다. 사냥꾼들이 그런 약탈자들을 영양의 시체에서 쫓아내지 못하면 굶주림을 각오해야 한다. 오랜만에 성찬을 즐기는 사자 무리를 겁줘서 쫓아내겠다며 막대기를 흔들며 다가가는 행동보다 더 위험한 짓이 있을까? 내

머리로는 도무지 생각해낼 수 없다. 하지만 !쿵족 사냥꾼들은 매년 수십 번씩 그런 행동을 되풀이하고, 그것도 이 땅에 살아 있는 수십 년 동안 되풀이한다. 다만, 배가 눈에 띄게 불룩해질 정도로 실컷 먹어서 슬슬 물러나려는 사자들에게 도전함으로써, 다시 말하면 시체를 금방 발견해서 한 걸음도 물러서지 않을 굶주리고 쇠약한 사자들에게 덤벼들지 않음으로써 !쿵족 사냥꾼들은 위험을 최소화한다.

뉴기니 동부 고원지대의 포레족 여인들은 결혼하면 고향에서 남편의 마을로 이주한다. 결혼한 여자가 부모와 혈족을 만나기 위해 고향 마을을 방문할 때 남편과 함께 찾아가거나 혼자 간다. 전쟁이 만연했던 전통적인 시대에 여자가 혼자 여행한 경우, 특히 적의 영토를 지날 때 겁탈당하거나 죽임을 당할 위험이 컸다. 따라서 여자들은 지나가는 지역에 사는 친척들에게 보호를 요청해서 위험을 최대한 줄이려고 애썼다. 하지만 위험과 보호는 둘 모두 예측하기 힘들었다. 예컨대 한 세대 전에 있었던 살인의 보복으로 공격받을 수도 있었고, 보호자들보다 복수를 모색하는 사람들이 수적으로 훨씬 많을 수도 있었다. 심지어 보호자들이 복수의 요구가 타당하다고 인정할 수도 있었다.

예를 들어 설명해보자. 인류학자 로널드 번트(Ronald Berndt, 1916~1990)는 오파피나 마을에서 자수비 마을의 남자에게 시집간 주무라는 여인에 대한 얘기를 남겼다. 한참의 시간이 지난 후, 주무는 어린 자식을 데리고 부모와 오빠들을 만나기 위해 오파피나를 방문하려 했다. 사수비에서 오파피나로 가려면 오라 지역을 지나야 했는데 이누사라는 오라 지역 여자가 오파피나 남자들에게 얼마 전 살해되는 끔찍한 사건이 있었다. 따라서 자수비의 인척들은 주무에게 오라 지역에 사는 아시와라는 남자 친척에게 보호해달라고 부탁하라고 조언했다. 그런데 아시와는 죽은 이누사의 오빠의 아들이기도 했다. 주무는 아시와를 만났지만, 안타깝게도 그 직후에 몇몇 오라 남자들에게 발각되고 말았다. 오라 남자들은 자기들 중 한 명이 아시와가 보는 앞에서 주무를 강간하는 걸 허락하라고 아시와에게 압력을 가했고, 결국에는 주무와 그녀의 자식까지 살해했다. 아시와가 주무를 적극적으로 보호하지 않고 미온적으로 대응한 이유는, 주무와 그녀의 자식을 죽이는 게 이누사의 죽음에 대한 마땅한 복수라고 생각한 때문이었다. 주무가 아시와의 보호를 철석같이 믿었던 것이 치명적인 실수였다며, 번트는 "전투와 복수와 재복수는 너무 흔해서 그곳 사람들은 그런 상황을 아무렇지도 않게 여기는 지경에 이르렀다"라고 말했다. 다시 말하면, 주무는 내키지 않았겠지만 부모를 다시 만나겠다는 희망을 영원히 포기했어야 했다. 그런 운명을 받아들이며 관련된 위험을 최소화해야 했다.

  건설적인 편집증과, 위험한지 알면서도 위험을 감수하는 행동 사이의 미묘한 균형에 관련된 세 번째 사례의 주인공은 이누이트족 사냥꾼들이다. 이누이트족이 겨울에 물범을 사냥할 때 주로 사용하는 방법은 바다를 덮은 얼음판의 숨구멍 중 하나를 지켜보며 몇 시간이고 서 있는 것이다. 물범이 잠깐 동안 숨을 쉬려고 그 구멍에 얼굴을 내미는 순간을 놓치지 않고 이누이트 사냥꾼은 작살을 던져 물범을 잡는다. 이 방법에는 얼음판이 분리되어 먼바다로 밀려나가는 위험이 있다. 그런 사고가 벌어지면, 사냥꾼은 얼음판에서 오도 가도 못한 채 얼음판이 깨져 바다에 빠져 죽거나 굶어 죽는 수밖에 없다. 사냥꾼은 육지에 머물며 그런 위험을 감수하지 않은 편이 훨씬 더 안전하겠지만, 육지에서의 사냥은 숨구멍에 얼굴을 내미는 물범을 사냥하는 경우보다 보상이 적기 때문에 굶주려 죽을 가능성이 그만큼 커진다. 이누이트족 사냥꾼들은 절대로 분리되지 않을 듯한 얼음판을 신중하게 선택하지만, 아무리 신중한 사냥꾼이어도 얼음판의 분리를 완벽하게 예측할 수는 없다. 북극권에는 그 밖에도 많은 위험이 도사리고 있어 전통적인 이누이트족 사냥꾼들의 평균수명은 짧은 편이다. 다시 말하면, 하키 경기 시간이 20분에 불과하다면 슛을 실패해서 곤경에 처하더라도 위험한 슛을 더 자주 시도해야 한다.

위험과 수다

끝으로, 전통 사회의 두 가지 특징, 즉 전통 사회에 내재한 위험과 전통 사회 사람들의 수다, 이 둘 사이의 관련성에 대해 잠시 생각해보고자 한다. 나는 뉴기니를 처음 여행한 때부터, 뉴기니 사람들이 미국인이나 유럽인보다 서로 훨씬 자주 얘기를 나눈다는 사실에 깊은 인상을 받았다. 그들은 지금 눈앞에서 일어나고 있는 일, 그날 아침과 전날에 있었던 일에 대해 끊임없이 이러쿵저러쿵 자신의 생각을 늘어놓았고, 심지어 누가 언제 무엇을 먹었고, 누가 언제 어디에서 소변을 보았으며, 누가 누구에 대해 어떤 얘기를 했다든지 누가 누구에게 무슨 짓을 했다는 시시콜콜한 얘기까지 주고받았다. 그들은 낮에만 얘기로 시간을 보내는 게 아니다. 때로는 한밤중에도 잠을 자다가 일어나 얘기를 계속한다. 그 때문에 나처럼 밤에는 누구에게도 방해받지 않은 잠을 자는 데 길들여진 서구 사람들은 오두막을 뉴기니 사람들과 함께 사용하면 밤에 숙면을 취하기가 어렵다. 실제로 많은 서구 학자가 !쿵족과 아프리카 피그미족 및 많은 전통 사회 사람들의 수다에 대해 비슷하게 지적하고 있다.

많은 사례가 있지만 내 기억에 뚜렷이 남은 하나의 사례만 소개해보자. 뉴기니를 두 번째로 여행한 때였다. 어느 날, 나는 뉴기니 고원지대 사람 둘과 함께 캠프의 천막 안에 있었고, 다른 사람들은 숲에 나가 있었다. 두 사람은 포레족이어서 포레어로 서로 얘기를 나누고 있었다. 당시 나는 포레어를 상당히 배운 터였고, 내가 이미 알고 있는 사건을 주제로 그들이 대화를 나누는 데다 똑같은 말을 자주 되풀이해서 그들의 말을 그런대로 알아들을 수 있었다. 그들은 고원지대의 특산물, 포레어로 '이사 아웨'인 고구마에 대해 얘기하고 있었다. 한 사람이 천막의 한 구석에 잔뜩 쌓인 고구마를 가리키며, 못마땅한 표정으로 다른 남자에게 말했다. "이사 아웨 캄파이(고구마가 하나도 없어)." 그리고 그들은 포레어의 기수법을 사용해서 고구마가 실제로 얼마나 있는지 헤아리기 시작했다. 10개의 손가락을 먼저 사용하고, 다시 10개의 발가락을 사용하고도 남으면 팔에 점을 하나씩 찍어가는 방식이었다. 그들은 각자 그날 아침에 몇 개의 고구마를 먹었는지에 대해 얘기했고, '붉은 사람'이 그날 아침에 몇 개의 고구마를 먹었는지에 대한 서로의 기억을 비교했다(' 붉은 사람'은 나였다. 포레족은 유럽인을 '테테키네'라 칭했다. 직역하면 '하얀 사람'이 아니라 '붉은 사람'이다). 먼저 얘기를 꺼낸 사람이 아침식사를 한 시간 전에 했는데도 고구마가 먹고 싶다고 말했다. 그들의 대화는 고구마더미가 얼마나 오랫동안 지속되고, 붉은 사람이 언제 고구마를 더 살지에 대한 얘기로 이어졌다. 그 대화에서 특별한 내용은 전혀 없었다. 그 대화가 내 기억에 포레어 단어 '이사 아웨'를 완벽하게 심어주었고, 그들이 고구마라는 하나의 주제만으로 이리저리 방향을 바꿔가며 오랫동안 대화를 이어가는 솜씨에 놀라서 내 기억에 아직도 생생하게 남아 있다.

우리는 이런 대화를 '무의미한 수다'에 불과한 것으로 무시하는 경향이 있다. 그러나 수다는 우리에게도 여러 기능을 하지만 뉴기니 사람들에게도 마찬가지이다. 텔레비전과 라디오, 영화와 비디오게임, 책과 인터넷 등과 같이 우리가 엄청난 시간을 할애하는 소극적인 오락 수단이 전통 사회 사람들에게는 없다. 반면에 수다는 뉴기니에서 주된 오락 수단이란 점에서 중요한 기능을 한다. 뉴기니에서 수다는 사회적 관계를 개발하고 유지하는 기능도 한다. 사회적 관계는 서구 사람에게만 중요한 것이 아니라 뉴기니 사람들에게도 못지않게 중요하다.

게다가 끝없이 이어지는 대화를 통해서 뉴기니 사람들은 주변의 위험에 대한 정보를 얻는 듯하다. 모든 것이 대화의 대상이 된다. 전날 이후로 무엇이 변했고, 다음에 어떤 일이 일어날 가능성이 있으며, 누가 무엇을 했고, 왜 그들이 그런 행동을 했는지에 대해 모든 사건이 세세하게 얘기된다. 우리는 미디어를 통해 주변 세상에 대한 대부분의 정보를 얻지만, 전통적인 뉴기니 사람들은 관찰을 통해서 또 대화를 통해 모든 정보를 얻는다. 그들의 생활환경은 우리보다 위험하다. 따라서 가능한 한 많은 정보를 끊임없이 나누고 얻음으로써 뉴기니 사람들은 자신들의 세계를 이해하려 애쓰고, 그들의 생명을 위협하는 요인들에 효과적으로 대처한다.

물론 대화는 우리에게도 위험을 피하게 해주는 기능을 한다. 우리도 이런저런 얘기를 나누지만, 그들만큼 위험에 직면하지 않고 정보를 얻을 수 있는 출처가 많기 때문에 대화의 필요성을 느끼지 못한다. 사라(가명)란 미국 여성이 문득 생각난다. 주변의 위험한 세상을 맞서 싸우려 했던 그녀의 노력에 나는 감탄하지 않을 수 없었다. 사라는 미혼모였고 하루 종일 일했지만 박봉에 시달리며 어린 아들과 자신의 욕구를 어떻게든 채우려고 열심히 노력했다. 영리하고 사교적인 여성이었던 까닭에 사라는 자신의 남편이자 아들의 아버지로서, 또 그들의 보호자이자 경제적 후원자로 적합한 남자를 만나려고 애썼다.

미혼모에게 미국 남성의 세계는 정확히 평가할 수는 없지만 위험으로 가득한 세계이다. 사라는 부정직하고 폭력적인 남자를 만나 미혼모가 됐지만, 그렇다고 남성을 멀리하며 데이트마저 거부하지는 않았다. !쿵족 사냥꾼들이 짐승 시체를 선점한 사자 무리를 보고도 포기하지 않고 온갖 경험을 활용하며 그 사자들의 위험 정도를 신속히 판단하듯이, 사라는 남자를 신속히 평가하는 능력을 키웠고 작은 위험의 징후도 경계하는 습관을 키워갔다. 사라는 비슷한 상황에 처한 여성들과 많은 얘기를 나누며, 남자에 대한 경험과 삶에서 만나는 기회와 위험을 공유했다. 덕분에 그 여성들은 서로 도움을 주며 남자를 보는 눈을 다듬어갈 수 있었다.

웨인 그레츠키라면 사라가 남자로 인해 수많은 실수를 저질렀음에도 불구하고 남자를 계속 만나는 이유를 이해할 것이다. (사라가 아이를 혼자 키우던 착한 남자를 만나 마침내 결혼해서 행복한 가정을 꾸렸다는 사실을 독자들에게 알릴 수 있어 정말 기쁘다.) 또한 내 뉴기니 친구들도 사라가 친구들에게 일상의 삶에서 겪은 사소한 일까지 털어놓으며 건설적인 편집증을 보이는 이유를 이해할 것이다.

8

사자와 다른 위험들

전통 사회의 삶에서 위험한 것들 – 사고들 – 경계심 – 인간의 폭력 – 질병 – 질병에 대한 대응 – 기아 – 예측할 수 없는 식량난 – 생산지의 분산 – 계절적 특징과 식량난 – 식용 식품의 확대 – 결집과 분산 – 위험에 대한 대응

**전통 사회의
삶에서 위험한 것들**

인류학자 멜빈 코너(Melvin Konner)는 보츠와나의 칼라하리 사막에서 수렵채집인인 !쿵족과 함께 2년을 살았다. 도로와 마을에서 아득히 멀리 떨어진 외딴 지역이어서, 가장 가까운 마을조차 마을을 관통하는 간선도로에 자동차가 평균 1분에 한 대가 겨우 다닐 정도로 자동차도 거의 없는 작은 마을이었다. 어느 날, 코너는 !코마라는 !쿵족 친구를 그 마을로 데려갔다. 하지만 !코마는 양방향에서 자동차가 전혀 보이지 않는 데도 길을 건너는 걸 두려워했다. !코마는 칼라하리 사막에서 사냥한 짐승의 시체를 먼저 차지한 사자들과 하이에나들을 쫓아내는 삶에 길들여진 사람이었다.

독일 선교사의 딸로 인도네시아령 뉴기니의 습한 숲에서, 즉 도로도 없고 자동차도 없고 마을도 없는 파유 부족의 마을에서 어린시절을 보낸

자비네 퀴글러도 비슷한 반응을 보였다. 자비네는 스위스의 기숙학교에 입학하려고 17세에 뉴기니를 떠났다. "그곳에는 믿기지 않을 정도로 많은 자동차가 있었다. 게다가 자동차들은 엄청나게 빠른 속도로 굉음을 울리며 질주했다! (……) 교통신호등이 없는 길을 건너야만 할 때마다 식은땀을 흘리기 시작했다. 자동차의 속도를 도무지 가늠할 수 없었다. 자동차에 치여 죽을 것만 같았다. (……) 내 친구들은 자동차들이 양방향에서 달려와도 겁내지 않았고, 교통의 흐름에 약간의 틈새만 있어도 길을 건넜다. 하지만 나는 돌로 변한 것처럼 꼼짝하지 못했다. (……) 5분 동안 나는 그 자리에서 계속 서 있었다. 너무 무서워서 발을 뗄 수 없었다. 결국 나는 교통신호등이 있는 횡단보도를 찾아낼 때까지 마냥 걸었다. 그때부터 친구들은 나와 함께 길을 건너려면 미리 계획을 철저하게 세웠다. 지금도 나는 대도시에서 혼잡하게 오가는 자동차들을 보면 무섭다." 당시 자비네 퀴글러는 뉴기니의 습한 숲에서 멧돼지와 악어를 조심하며 살아야 했던 삶에 길들여져 있었다.

위의 두 일화에서 몇 가지 중요한 사실이 확인된다. 첫째로, 어떤 사회에나 위험한 것이 있지만 사회마다 위험한 것이 다르다는 점이다. 낯선 위험과 익숙한 위험에 대한 우리의 인식이 사실과 동떨어진 경우가 적지 않다. 자동차가 서구의 삶에서 가장 위험한 것이란 점에서 코너의 !쿵족 친구와 자비네 퀴글러의 반응은 충분히 이해된다. 그러나 미국 대학생들과 여성 유권자들에게 삶을 위협하는 것을 순서대로 나열해 달라고 질문하면, 두 계층 모두 핵무기를 자동차보다 더 위험하다고 대답한다. 그러나 2차대전이 끝날 때쯤 일본에 투하한 두 원자폭탄으로 인한 사망자를 포함하더라도 핵무기에 의한 사망자 수는 자동차 사고의 사망자 수에 비하면 극히 일부에 불과하다. 또한 미국 대학생들은 살충제를 무척 위험하다고 생각하고(그들의 대답에 따르면, 총기류와 흡연 바로 다음으로 위험하다), 외과 수술을 상대적으로 안전하다고 생각하지만, 실제로는 외과 수술이 살충제보다 위험하다.

평균수명에서도 드러나듯이, 전통 사회의 생활방식이 서구의 생활방식보다 전반적으로 위험하다고 말할 수 있다. 하지만 평균수명의 차이는 비교적 최근의 현상이다. 실질적인 국가 정부가 약 400년 전에 태동되어 기아의 악영향을 대폭 줄이기 전까지, 또 공중위생 정책과 항생제로 200년 전부터 전염병을 차근차근 정복하기 시작하기 전까지, 유럽인과 미국인의 평균수명도 전통 사회의 평균수명보다 높지 않았다.

그럼, 전통 사회의 삶에서 가장 위험한 것은 무엇일까? 뒤에서 다시 보겠지만, 사자와 악어는 대답의 일부에 불과하다. 위험에 대한 대응에 대해 말하자면, 현대인은 대체로 위험을 최소화하는 효과적인 대책을 채택함으로써 합리적으로 대응하지만, 때로는 고집스레 부인하거나, 기도를 비롯한 종교적인 관례에 몰두하며 비이성적으로 '불합리하게' 대응하기도 한다. 그럼 전통 사회 사람들은 위험에 어떻게 대응할까?

여기에서 나는 전통 사회 사람들이 직면하는 네 가지 유형의 주된 위험—환경적 위험, 인간의 폭력, 감염병과 기생충병, 기아—에 대해 살펴보고자 한다. 환경적인 위험과 인간의 폭력은 현대 서구 사회에서도 해결하지 못한 중대한 문제인 반면에, 세 번째 문제, 특히 네 번째 문제는 현대 서구 사회에서는 크게 완화된 편이다(하지만 현대 세계의 다른 지역에서는 여전히 중대한 문제들이다). 또한 살충제에는 민감하게 반응하면서도 외과 수술의 위험은 과소평가하는 통계조사에서 보았듯이, 위험에 대한 우리의 평가가 어떻게 왜곡되는지에 대해서도 간략하게 언급할 생각이다.

사고들 전통 사회를 위협하는 위험들을 생각할 때, 우리는 가장 먼저 사자를 비롯한 환경적인 위험을 떠올리기 십상이다. 그러나 대부분의 전통 사회에서, 환경적인 위험은 죽음의 원인에서 질병과 인간의 폭력 다음으로 세 번째에 불과하다. 그러나 환경적인 위험이 질병보다 인간의 행동에 더 큰 영향을 미치는 것은 사실이다. 환경적인 위험의 경우에는 인과관계가 훨씬 신속하고 명확하게 인식되기 때문이다.

표 8.1은 일곱 곳의 전통 사회에서 확인된 사고사나 부상의 주된 원인을 정리한 것이다. 일곱 사회 모두 열대지방에 존재하며 사냥과 채집을 행하지만, 두 곳(뉴기니 고원지대와 카울롱족)은 농경을 통해 대부분의 식량을 얻는다. 물론 전통 사회들은 각각 다른 환경에 있기 때문에, 환경과 관련된 위험도 다르다. 예컨대 북극권의 이누이트족은 유빙에 실려 먼바다로 표류하거나 익사할 위험이 있지만, 칼라하리 사막의 !쿵족에게는 그런 위험이 전혀 없다. 반면에 아카 피그미족과 아체족은 쓰러지는 나무에 다치고 독뱀에게 물릴 위험이 다분하지만 이누이트족에게는 그런 위험이 없다. 카울롱족은 지반이 무너져 생긴 땅굴에 떨어질 위험이 있지만, 표에서 언급된 다른 종족들에게는 그런 위험이 없다. 카울롱족만이 지표가 얇게 덮인 싱크홀(sinkhole, 지하 암석이 용해되거나 기존의 동굴이

표 8.1_ 사고사와 부상의 원인

아체족(파라과이)	1. 독뱀 2. 재규어, 번개, 행방불명 3. 나무의 쓰러짐, 나무에서 떨어짐, 감염된 벌레에 물림, 감염된 가시에 긁힘, 화재, 익사, 추위 노출, 도끼에 벰
!쿵족(아프리카 남부)	1. 독화살 2. 화재, 큰 포식동물, 독뱀, 나무에서 떨어짐, 감염된 가시에 긁힘, 추위 노출 3. 행방불명, 번개
아카 피그미족(중앙아프리카)	나무에서 떨어짐, 나무의 쓰러짐, 큰 포식동물, 독뱀, 익사
뉴기니 고원지대	1. 화재, 나무의 쓰러짐, 감염된 벌레에 물림, 감염된 가시에 긁힘 2. 추위 노출, 행방불명
파유족(뉴기니 저지대)	전갈과 거미, 독뱀, 돼지와 악어, 화재, 익사
카울롱족(뉴브리튼 섬)	1. 나무의 쓰러짐 2. 나무에서 떨어짐, 익사, 도끼나 칼에 벰, 지표의 붕괴
아그타족(필리핀)	나무의 쓰러짐, 나무에서 떨어짐, 익사, 사냥과 고기잡이 중의 사고

붕괴되어 생긴 움푹 팬 웅덩이—옮긴이)이 많은 환경에 살기 때문이다. 표 8.1은 한 사회에서 성별과 연령별 차이를 고려하지 않은 것이다. 아체족, !쿵족 등 많은 전통 사회에서 여자보다 남자가 사고로 많이 죽는다. 짐승을 사냥하는 남자가 식물을 채집하는 여자보다 위험에 더 자주 노출되기 때문이기도 하지만, 남자가 여자보다 위험지향적인 성격을 지닌 때문이기도 하다. 표 8.1은 이런 차이를 고려하지 않았지만 일정한 결론을 보여주기에 충분하다.

표 8.1에서 가장 주목되는 점은 현대 서구 사회의 주된 사고사 원인이 전혀 언급되지 않는다는 것이다. 서구 사회에서 사고사로 인한 사망자 수를 순서대로 나열하면 자동차, 알코올, 총기, 외과 수술, 오토바이 등이다. 전통 사회에서도 간혹 알코올이 위험을 불러일으키는 요인이지만, 그 밖의 원인들은 전통 사회 사람들에게 위험한 것이 아니다. 그럼 사자

자동차 충돌은 현대인의 생명을 위협하는 주된 요인이다.

와 나무의 전도(顚倒) 같은 과거의 위험들이 자동차와 알코올 같은 새로운 위험으로 바뀐 것에 불과한 것일까? 하지만 환경적인 위험에서 현대 사회와 과거 사회 사이에는 각 사회의 특유한 위험 이외에 커다란 두 가지 차이가 있다. 첫째, 환경을 지배하려는 현대 사회의 노력이 자동차 같은 새로운 위험을 야기하기는 했지만 사고사로 인한 위험이 점진적으로 줄어들었다는 점이다. 둘째로는 현대 의학 덕분에 사고로 인한 피해를 회복해서 사망이나 평생의 불구로 발전할 가능성이 크게 줄어들었다는 점이다. 나도 손목 인대가 끊어졌을 때 외과 의사가 신속하게 부목을 덧대준 덕분에, 6개월 만에 치유되고 기능을 완전히 회복했다. 그러나 인대가 끊어지고 뼈가 부러진 뉴기니 사람들은 적절한 치료를 받지 못해 평생 불구로 지내야 했다.

인도네시아에서 적잖은 인명을 살상한 후 사살된 악어. 야생동물은 대부분의 전통 사회에서 주된 위협이다.

    이런 두 가지 차이가 전통 사회 사람들이 자진해서 정글의 생활방식을 포기하는 적잖은 이유이지만, 서구 사람들은 굳이 정글에서 살 필요가 없는 데도 막연히 전통 사회의 생활방식을 동경한다. 예컨대 많은 아체족 원주민들이 숲에서 사냥하는 자유로운 삶을 포기하고 보호구역에 정착해 살아가며 외부인들에게 구경거리로 전락하는 이유도 이런 차이로 설명된다. 내 미국인 친구는 뉴기니에서 수렵채집으로 살아가던 새로운 무리사회가 발견됐다는 소식을 듣고 그들을 만나려고 지구의 절반을 날아갔지만, 그들의 절반이 더 안전하고 편안하게 살아갈 수 있다는 이유로 이미 인도네시아의 한 마을로 이주해 티셔츠를 입고 지내는 모습을 보았을 뿐이다. 그들은 "먹을 쌀이 있고, 모기가 없다!"라는 말로 이주한 이유를 짤막하게 설명했다고 한다.

사자와 다른 위험들

표 8.1에 소개된 일곱 사회의 위험 요인들을 비교해서 읽어보면, 대다수 혹은 대부분의 전통 사회를 중대하게 위협하지만 우리 현대인에게는 낯설고 금시초문인 공통된 위험 요인들이 눈에 띈다. 야생동물들이 전통 사회의 구성원들에게 주된 위협인 것은 사실이다. 예컨대 재규어는 아체족 성인 남자의 사망 원인에서 8퍼센트를 차지한다. 많은 아프리카인이 사자와 표범, 하이에나와 코끼리, 물소와 악어에게 목숨을 잃지만, 아프리카에서 가장 많은 인명을 해치는 동물은 하마다. !쿵족과 아프리카 피그미족은 큰 육식동물에게만 목숨을 잃고 다치는 것이 아니라, 자신들이 사냥해서 부상당한 영양 같은 동물들에게도 목숨을 잃거나 물리고, 할퀴고 받히기도 한다. !쿵족이 짐승의 시신에서 사자 무리를 쫓아내려 한다는 말에 우리는 질겁하지만, 정작 !쿵족 사냥꾼들은 늙고 병들거나 부상을 당해 홀로 떨어져서 잽싼 먹잇감을 잡을 수 없어 나약한 인간을 공격할 수밖에 없는 사자를 가장 위험하다고 생각한다.

독뱀은 표 8.1에 나열된 열대지역의 사람들에게 상당히 위험한 동물이다. 독뱀은 아체족 성인 남자의 사망 원인에서 14퍼센트를 차지해서 재규어보다 높고, 사망까지 이르지 않더라도 팔다리를 잃는 사람은 훨씬 더 많다. 야노마미족과 아체족의 경우, 성인 중에서 독뱀에게 한 번 이상 물리지 않은 사람이 없을 정도이다. 환경적인 원인에서 야생동물보다 더 위험한 것이 나무이다. 숲에서 나무 자체가 쓰러지거나 굵은 나뭇가지가 부러져 떨어지며 사람을 덮칠 때(7장 앞부분에서 언급한 내 경험을 참조하기 바란다), 혹은 사냥을 하거나 열매와 꿀을 채취하려고 나무에 올라갔다가 떨어져서 죽거나 다치는 사람이 많다. 난방을 위한 모닥불이 들불보다 더 위험하다. 예컨대 뉴기니 고원지대 사람들과 !쿵족은 어렸을 때는 모

브라질에서 아사이 야자열매를 따려고 나무에 오르는 남자. 전통 사회에서는 나무에서 떨어지거나, 쓰러지는 나무에 깔려서 죽거나 다치는 사람이 많다.

닥불 옆에서 놀고, 성인이 된 후에는 모닥불 옆에서 잠을 자기 때문에 대부분의 부족민에게 화상 흉터가 있다.

추위와 습한 기후에 노출되어 사망하는 위험은 열대지역 밖의 문제만이 아니다. 뉴기니의 고원지대와 몇몇 열대지역에서도 추위로 인한 사망이 때때로 확인된다. 아체족은 남회귀선 근처인 파라과이에 살고 있지만, 겨울에는 기온이 영하로 떨어지기도 한다. 모닥불도 없이 한밤중에 숲에 갇힌 아체족은 추위에 얼어죽을 위험성이 크다. 언젠가 나는 뉴기니에서도 가장 높은 산악지대에서 완벽한 준비를 갖추고 옷도 따뜻하게 입고 하이킹하고 있었다. 표고가 3,350미터를 넘는 곳이어서 진눈깨비가 내리고 돌풍까지 불었다. 그런데 그날 아침에는 날씨가 맑아 반바지와 티셔츠만 입고 등교해서 집으로 돌아가던 일곱 명의 뉴기니 학생들을 마주쳤다. 서너 시간 후에 다시 만났을 때 그 학생들은 걷잡을 수 없이 몸을 부들부들 떨며 휘청거렸고 말조차 하지 못했다. 나와 함께 동행한 지역민들이 학생들을 황급히 대피소로 데려가며 근처의 바위더미를 가리켰다. 지난해에 23명의 남자가 갑자기 닥친 궂은 날씨를 피해 그곳에 대피했다가 추위를 견디지 못하고 죽었던 곳이었다. 익사와 번개는 전통 사회만이 아니라 현대 사회에서도 똑같이 발생하는 환경적인 위험이다.

!쿵족과 뉴기니인과 아체족을 비롯한 많은 수렵채집인들은 환경에서 거의 눈에 띄지 않는 흔적을 찾아내고 단서를 읽어내서 짐승을 추적하는 데 탁월한 능력을 지녔다. 하지만 그들도 때로는 실수를 저지르며 방향을 상실해서, 해가 떨어지기 전에 주거지로 돌아가지 못해 치명적인 결과를 맞는다. 특히 어린아이는 이렇게 행방불명되는 경우가 많다. 내 뉴기니 친구들도 이런 비극적인 사건을 두 번이나 겪었다. 하나는 어른들과 함께 걷던 한 소년이 갑자기 사라져서 며칠 동안 샅샅이 뒤졌지만 영영 찾을 수 없었던 사건이었고, 다른 하나는 노련하고 강인한 남자가 오후 늦게 산에서 길을 잃고 마을을 찾지 못해서 밤에 숲에서 추위와 싸우다 사망한 사건이었다.

환경적인 요인에 따른 사고의 다른 원인으로는 무기와 연장도 빼놓을 수 없다. !쿵족이 사용하는 화살에는 강력한 독이 묻어 있어서, 사고로

화살에 조금이라도 긁히면 사냥 중에 사망하는 치명적인 결과를 낳을 수 있다. 또 요즘에도 요리사와 벌목꾼이 그렇듯이, 세계 전역의 전통 사회에서는 자신의 칼과 도끼에 베는 사고가 빈번하다.

사고사나 부상의 원인으로 사자나 번개만큼 극적이지는 않지만, 벌레에 물리고 가시에 긁히는 사고로 인한 죽음과 부상도 꽤나 흔한 편이다. 습한 열대지역에서 각다귀, 거머리, 이, 모기, 진드기 등에 물리고 할퀴어 감염될 경우, 제대로 치료하지 않으면 손을 댈 수 없을 정도의 농양으로 발전할 수 있다. 내 경험을 예로 들면, 2년 전에 나와 함께 수주 동안 숲을 헤집고 다녔던 델바라는 뉴기니 친구를 다시 만났을 때 그가 전혀 걷지를 못하고 집에 틀어박혀 지낸다는 걸 알고 깜짝 놀랐다. 감염된 벌레에게 살짝 긁혔을 뿐인데 그런 지경에 이르렀다는 것이었다. 그래서 나는 비상용으로 갖고 온 항생제를 그에게 먹였다. 개미와 벌, 지네와 전갈, 거미와 말벌은 인간을 물거나 할퀴는데 그치지 않고, 때로는 치명적인 독을 주입하기도 한다. 느닷없이 쓰러지는 나무와 더불어, 침으로 찌르는 말벌과 날카로운 이빨로 깨무는 개미는 숲에서 사는 내 뉴기니 친구들이 가장 두려워하는 위험 요인이다. 심지어 인간의 피하에 알을 낳는 벌레들도 있다. 피하에서 애벌레가 부화되면 흉터가 영원히 없어지지 않는 커다란 농양을 일으킨다.

전통 사회에서 발생하는 사고의 이런 원인들은 무척 다양하지만, 그런대로 일반화를 시도해볼 수 있다. 사고의 중대한 결과로는 죽음만이 있는 게 아니다. 살아남더라도 일시적으로 혹은 항구적으로 신체 기능을 상실해서 자식과 친척을 부양하기 힘들 수 있으며, 질병에 대한 저항력이 떨어지고, 팔다리를 절단해서 불구가 될 수도 있다. 죽음까지는 아니어도 이런 '사소한' 결과 때문에 뉴기니 친구들과 나는 개미와 말벌을 무서워했고, 감염된 가시에 긁히지 않으려고 조심했다. 또 독뱀에 물리면 살아남아도 괴저(壞疽)로 인해 물린 팔이나 다리를 절단하거나, 신체 기능이 마비되어 불구가 되기도 했다.

뒤에서 다시 다루겠지만 어디에나 존재하는 기아의 위험처럼, 환경에 따른 위험도 사망자와 부상자의 수에서 추론할 수 있는 수준 이상으로 인간의 행동에 영향을 미친다. 위험을 줄이려고 행동을 조심하기 때문에 사망자의 수는 상당히 적은 편이다. 예컨대 !쿵족의 경우, 1,000명의 사망자 중에서 사자를 비롯한 포식동물에 의한 죽음은 5명에 불과하다. 이런 결과로 인해, 사자가 !쿵족의 삶에서 그다지 큰 위험 요인이 아니라는 잘못된 결론이 내려질 수 있다. 그러나 엄격히 말하면, 사망자가 적다는 것은 사자가 !쿵족의 삶에 깊은 영향을 미쳤다는 뜻이다. 뉴기니인은 위험한 포식동물이 없는 환경에서 살기 때문에 밤에 사냥한다.

하지만 !쿵족은 밤에 사냥하지 않는다. 밤에는 위험한 동물과 그런 동물의 흔적을 간과하기 어려울 뿐 아니라, 위험한 포식동물이 밤에 더 활동적이기 때문이다. !쿵족 여인들은 항상 무리지어 채취에 나서고, 짐승들을 불시에 맞닥뜨려 도망치지 않으려고 끊임없이 떠들고 목청을 높여 얘기를 나눈다(도망치면 포식동물이 흥분해서 공격하기 십상이다). 또한 포식동물이 주변에서 어슬렁거리면 !쿵족은 하루나 이틀 정도 거주지 밖으로 나가지 않는다.

대부분의 사고—포식동물과 독뱀, 쓰러지는 나무, 나무에서 떨어짐, 들불, 추위에의 노출, 익사, 벌레에 물리고 가시에 긁히는 사고—는 식량을 구하기 위한 행동들과 밀접한 관계가 있다. 따라서 집이나 거주지를 벗어나지 않으면 대부분의 사고를 피할 수 있지만, 그렇게 하면 식량을 구할 수 없다. 따라서 환경적인 위험은 웨인 그레츠키의 약간 변형된 원칙으로 설명된다. "슛을 하지 않으면 실패하는 슛도 없겠지만 득점할 수도 없다." 하지만 전통 사회의 채집인들과 농경인들은 웨인 그레츠키보다 꾸준한 득점(식량)과 위험 간의 균형에 신경써야 했다. 이와 마찬가지로, 현대 도시에서 살아가는 우리도 집에서 꼼짝하지 않고 고속도로에서 시속 100~160킬로미터로 질주하는 수많은 운전자들과 맞닥뜨리지 않으면 자동차 사고 같은 도시의 삶에서 비롯되는 주된 위험들을 피할 수 있다. 그러나 직장과 쇼핑 때문에 대부분의 도시인이 운전을 피할 수 없다. 웨인 그레츠키라면 이렇게 말할 것이다. "운전하지 않으면 봉급도 없고 먹을 것도 없다."

경계심

전통 사회 사람들은 환경적 요인에 따른 위험을 떠안고 살아야 하는 현실에 어떻게 대응할까? 7장에서 설명한 건설적인 편집증, 9장에서 살펴볼 종교적인 대응 및 그 밖의 고유한 관습과 사고방식으로 그들은 주변의 위험에 대응해왔다.

!쿵족은 항상 경계심을 늦추지 않는다. 채집을 나갈 때나 숲을 걸을 때도 그들은 짐승과 낯선 사람이 주변에 있는지 눈과 귀로 살피고, 모래에 남겨진 흔적을 조사해서 어떤 짐승, 어떤 사람이 그 흔적을 남겼는지, 또 그 짐승(혹은 사람)이 어느 방향으로 어떤 속도로 얼마 전에 갔는지 추론해서 계획을 수정할지 말지를 결정한다. 거주지에 머물 때도 !쿵족은 경

계심을 풀지 않는다. 야생동물, 특히 뱀이 거주지에 침범하는 경우가 많기 때문이다. 예컨대 블랙 맘바라는 커다란 독뱀이 거주지에 들어오면, !쿵족은 그 뱀을 죽이려고 시도하지 않고 차라리 그 거주지를 포기해버린다. 우리 눈에는 이런 행동이 과민반응으로 보일 수 있지만, 블랙 맘바는 크기도 2.4미터에 이르며 빠르고 긴 독아에 강력한 신경독을 지녀 물리면 치명적이기 때문에 아프리카에서 가장 위험한 뱀 중 하나이다.

어떤 위험한 환경에서나 경험이 축적되면 위험을 최소화하는 행동 법칙이 암묵적으로 구축된다. 외부인에게는 과민반응으로 보이더라도 당사자들에게는 따르는 게 훨씬 나은 행동 법칙이다. 제인 구달이 뉴브리튼 섬의 열대우림에서 살아가는 카울롱족의 세계관에 대해 썼던 내용은 다음의 사례만 바꾸면 다른 지역의 전통 사회에도 똑같이 적용될 수 있다. "사고는 예방이 중요하다. 어떤 특정한 행동을 어떻게 언제 어떤 환경에서 행하고 행하지 않아야 하는가를 아는 것이 개인의 생존과 성공을 위해 반드시 필요하다. 자연환경에 관련된 행동이나 기술의 급격한 변화는 극단적으로 위험한 짓이라 여겨진다. 올바른 행동의 폭은 상당히 좁다. 그 폭을 넘어서면 발밑의 지표가 갑자기 꺼지고, 나무가 느닷없이 쓰러지면서 자신을 덮치며, 반대편 강둑으로 가려고 강을 건널 때 급격히 강물이 불어나는 위험이 닥칠 수 있다. 예컨대 나는 강바닥에 놓인 돌들을 깡충깡충 건너뛰지 말고("그럼 강물이 불어난다"), 불을 갖고 놀지 말며("그럼 땅이 갈라진다", 혹은 "네가 불에 데서 요리를 못할 거다"), 동굴박쥐를 사냥할 때는 그놈들의 이름을 부르지 말라("그럼 동굴이 무너진다")는 말을 귀가 따갑도록 들었다. 그 밖에도 자연환경과 관련된 많은 금기가 있었다." 뉴기니의 한 친구가 내게 요약해서 표현한 삶의 철학, "모든 일에는 이유가 있다. 따라서 우리는 조심해야 한다"라는 말에도 똑같은 사고방식이 잠재돼 있다.

서구 사람들은 마초처럼 위험한 상황을 오히려 찾아나서고 즐기거나, 두려워하지 않는 척하며 두려움을 감추려 하지만, 나는 경험 많은 뉴기니 사람들에게서 그런 반응을 한 번도 보지 못했다. 미국 인류학자 마저리 쇼스탁(Marjorie Shostak, 1945~1996)은 !쿵족에게 서구 사람들의 이런 마초적 기질이 없다는 점에 주목했다. "사냥은 위험하다. !쿵족은 용감하게 위험에 맞서지만, 자신의 용기를 입증하려고 일부러 위험을 찾아나서거나 위험을 무릅쓰지는 않는다. 위험한 상황을 능동적으로 피하는 태도는 비겁하다거나 남자답지 못하다고 여겨지지 않고 신중하다고 여겨진다. 게다가 어린 소년들에게 두려움을 이겨내고 성인 남자처럼 행동하라고 강요하지도 않는다. !쿵족의 표현을 빌리면, 무엇 때문에 불필요한 위험을 감수하는가. 죽을 수도 있는데!"

쇼스탁은 카셰라는 12세 !쿵족 소년의 설명을 통해, 그 소년이 사촌과 아버지와 함께 길고 날카로운 뿔을 지닌 커다란 영양, 샤무아를 성공적으로 사냥한 과정을 소개했다. 아버지가 샤무아를 사냥하는 걸 도왔느냐는 쇼스탁의 질문에 카셰는 빙그레 웃으면서 떳떳하게 대답했다. "아니요, 나는 나무에 올라가 있었어요!" "카셰의 미소는 조금도 겸연쩍은 웃음이 아니었다. 나는 어리둥절해서 다시 물었다. 카셰의 대답은 똑같았다. 샤무아가 도망치는 걸 멈추고 우뚝 섰을 때 그와 사촌은 새빨리 나무 위로 올라갔다고. 나는 카셰와 그의 사촌에게 사냥을 맡겼다면 모두가 굶어죽었겠다며 카셰를 약올렸다. 하지만 카셰는 낄낄대고 웃으며 말했다. '맞아요. 하지만 우리는 너무 무서웠어요!' 내가 약올려도 카셰는 조금도 무안해하는 기색이 없었고, 우리 문화였다면 용기가 없는 행동이었다고 손가락질 받았을 행동을 변명하려고도 하지 않았다. (……) 그에게는 위험한 짐승에 맞서 사냥하는 방법을 배울 시간이 앞으로 많았다. 그의 생각에, 또 아버지의 표정으로 판단하건대 카셰가 언젠가 그런 사냥꾼이 되리라는데 조금의 의심도 없었다. 내가 그의 아버지에게 물었을 때, 아버지는 환히 웃으며 '나무에 올라갔다고요? 물론이죠. 아직 어린 아이들인데. 괜히 위험한 짐승에게 덤볐다가는 다칠 수도 있습니다'라고 말했다."

뉴기니인, !쿵족을 비롯해 전통 사회 사람들이 위험에 관련해서 오랫동안 주고받는 얘기는 텔레비전과 책을 대신한 소일거리일 수 있지만, 여기에는 교육적인 가치도 있다. 킴 힐과 막달레나 후타도의 책을 인용해서, 아체족이 모닥불 주변에서 주고받는 대화가 어떤 것인지 알아보자. "사고사에 대한 얘기는 무리사회 구성원들이 한자리에 모인 저녁에 행해진다. 그들은 낮에 겪은 사건들을 과거에 있었던 사건에 빗대어 얘기한다. 아이들은 그런 얘기들을 귀담아 들으며, 숲의 위험에 대한 소중한 교훈을 배운다. 그 교훈들이 그들의 생존에도 도움이 되기 때문이다. 예컨대 야자나무 애벌레를 삼킬 때는 애벌레의 머리를 먼저 꽉 잡아야 한다는 걸 잊어서 죽은 소년이 있었다. 애벌레의 턱이 소년의 턱에 걸리는 바람에 소년이 질식해 죽은 것이었다. 또 한 청소년이 사냥하는 동안 어른들에게서 멀리 떨어져 걷다가 길을 잃어 행방불명되었고, 결국 며칠 후에 시체로 발견된 경우도 있었다. 한 사냥꾼은 아르마딜로 굴을 파다가 그 구멍에 머리부터 떨어져 질식해 죽었다. 또 다른 사냥꾼은 원숭이를 겨냥해 쏜 화살을 되찾으려고 나무에 올라가다가 서의 40미터 아래로 떨어져 죽었다. 한 소녀는 썩은 병나무가 쓰러지며 남긴 구멍에 떨어져 목이 부러져 죽었다. 몇몇 남자가 재규어에게 공격당한 사건도 있었다. 두세 사람은 시신이라도 찾았지만 나머지 사람들은 영원히 사라져서 시신조차 찾지 못했다. 한 소년은 밤에 거주지에서 잠을 자다가 독뱀에게 얼굴을 물렸고, 이튿날 죽었다. 한 소녀가 장작을 마련하려고 자르던 나무가 하필이면 노파에게 쓰러져서, 그 노파는 그 자리에서 즉사했다. 그 후로 그 소녀는 그날의 실수를 잊지 말라는 뜻에서 '쓰러지는 장작'이란 별명으로 불렸다. 한 남자는 긴코너구리에게 물렸는데 결국 그 상처 때문에 죽었다. 1985년에도 한 사냥꾼이 긴코너구리에게 손목을 물려 대동맥과 대정맥에 구멍이 생기는 유사한 사고가 있었다. 현대 의학의 도움을 받지 못했다는 그 사냥꾼은 십중팔구 죽었을 것이다. 한 어린 소녀가 통나무 다리를 건너다가 강에 떨어져서 강물에 휩쓸려 사라졌다. (……) 끝으로 억세게 운이 없는 경우로 보이는 사건을 덧붙이면, 폭풍우가 치는 동안 번개가 거주지를 때려 여섯 명이 한꺼번에 죽은 사건도 있었다."

인간의 폭력 전통 사회마다 인간의 폭력에 의한 사망의 빈도와 형태는 제각각이지만, 인간의 폭력은 전통 사회에서 대체로 첫 번째 사망 원인이거나 질병 다음으로 두 번째 사망 원인이다. 이런 편차의 주된 요인은 폭력을 억압하고 저지하려는 국가와 외부의 간섭이다. 폭력의 유형은 다소 자의적이지만 전쟁(3장과 4장 참조)과 살인으로 나뉘어질 수 있다.

전쟁은 다른 부족 간의 집단적인 싸움으로 정의되는 반면에 살인은 같은 부족에 속한 개개인의 살해로 정의된다. 하지만 평소에 우호적인 관계에 있던 이웃한 부족들 간의 살해는 같은 부족 내의 살해인지 타부족과의 전쟁인지 결정해야 할 때 이런 이분법은 모호해진다. 게다가 어떤 유형으로 살해가 행해졌느냐에 따라 이분적인 구분은 더욱 모호해진다. 예컨대 아체족의 살해에는 유아살해와 노인살해가 있지만, !쿵족의 경우에는 없다. 하지만 !쿵족의 경우, 유아살해의 빈도에 대한 다른 의견을 지닌 학자들이 적지 않다. 피해자의 선별, 피해자와 살해자의 관계도 전통사회마다 크게 다르다. 예컨대 아체족의 경우에는 폭력의 피해자가 주로 유아와 어린아이이지만, !쿵족의 사회에서 폭력의 주된 피해자는 성인 남자이다.

 !쿵족의 폭력에 대한 연구는 여러 면에서 시사적이다. 인류학자들의 초기 연구에서 !쿵족은 평화롭고 비폭력적인 종족으로 묘사되며, !쿵족에 대한 현대적 연구가 초창기였던 1959년에 발표된 책에는 《악의 없는 사람들(The Harmless People)》이란 제목이 붙여지기도 했다. 1960년대 !쿵족과 함께 3년을 지낸 캐나다 인류학자 리처드 리는 살인까지는 아니어도 주먹다짐으로 발전한 34건의 싸움을 직접 목격했고, !쿵족들에게 확인한 결과에서도 그 기간 동안 살인은 한 건도 없었다. 리가 그곳에서 지낸지 14개월이 되고 정보 제공자들을 더 깊이 알게 되자, 그들은 자진해서 과거의 살인에 대해 리에게 말해주기 시작했다. 리는 정보 제공자들의 증언을 다각도로 비교해서, 1920년부터 1969년까지 있었던 22건의 살인에서 살인자와 피해자의 이름과 성별과 연령, 살인자와 피해자의 관계, 살인의 상황과 동기, 계절과 시기 및 부기를 정리해서 목록을 작성했

다. 리는 유아살해와 노인살해가 무척 드문 경우라고 생각해서 이 목록에 유아살해와 노인살해는 포함하지 않았지만, 낸시 하월이 인터뷰한 !쿵족 여인들의 증언에 따르면 유아살해가 적잖았던 것으로 판단된다. 그러나 리는 자신이 연구한 지역에서 1920년부터 1969년까지 폭력으로 인한 총사망자는 22명에 불과했던 것으로 결론지었다.

!쿵족 사회에서 있었던 22건의 살인은 전쟁보다 부족 내의 살인으로 해석돼야 마땅한 듯하다. 일부 살인에서 살인자와 피해자는 같은 주거지에서 살았다. 피해자와 살인자가 다른 주거지에서 살았던 경우도 있었지만, 그 때문에 한 주거지의 집단이 다른 주거지의 집단을 살해하려 시도한 사례(즉, 전쟁)는 없었다. 실제로 리가 연구한 !쿵족 지역에서 1920년부터 1969년까지 전쟁이라 할 만한 사건은 한 건도 보고되지 않았다. 그러나 !쿵족의 증언에 따르면, 당시 최연장자의 조부모 세대—즉 목축민 츠와나족이 !쿵족을 연례적으로 방문해서 거래하던 19세기—에는 그들도 다른 전통 사회에서 목격된 '전쟁'과 외형적으로는 유사한 기습 공격이 있었다. 4장에서 보았듯이, 장사꾼들이 이누이트족을 방문하기 시작하면 이누이트족 사회에서도 전쟁이 억제되는 효과가 있었다. 물론 이누이트족과 !쿵족이 전쟁을 억제할 의도적인 목적에서 장사꾼들과 거래한 것은 아니었지만, 이누이트족은 장사로 이득을 취하는 더 많은 기회를 얻기 위해서, 즉 자신들의 이익을 위해서 전쟁을 스스로 포기했다. !쿵족의 경우도 마찬가지였을 것이라 여겨진다.

!쿵족의 살인율에 대해 살펴보면, 49년 동안 22건의 살인이 있었다. 2년에 1건도 채 안 된다는 뜻이다. 어떤 날의 신문을 펼쳐도 지난 24시간 동안 자신이 사는 도시에서 일어난 살인 사건을 다룬 기사를 읽을 수 있

는 미국 도시인에게는 거의 무의미한 수치이다. 물론 이런 차이는 인구의 차이에서 비롯된다. 미국 도시의 경우에는 인구가 수백 만에 달하지만 리가 연구한 !쿵족 사회의 인구는 약 1,500명에 불과했다. 이런 기준 인구에 관련지으면, !쿵족의 살인율은 연간 10만 명당 29건으로 미국 살인율의 3배이며, 중국과 영국, 프랑스와 독일에서 발생하는 살인율의 10~30배에 달한다. 미국의 살인율은 전쟁에 의한 사망을 배제한 채 계산한 결과라고 반박할 사람도 있을 것이다. 하기야 미국의 경우에는 전쟁으로 인한 사망률이 더 높기는 하다. 그러나 !쿵족의 살인율에도 '전쟁', 즉 한 세기 전에 사라진 기습 공격에 따른 사망이 포함되지 않았다. !쿵족 사회에서 전쟁으로 인한 사망자 수는 전혀 알려져 있지 않지만 다른 전통 사회들과 마찬가지로 그 비율이 상당히 높았을 것으로 여겨진다.

!쿵족 사회에서 49년 동안 22건의 살인이 있었다는 사실은 다른 이유에서도 시사적이다. 평균 27개월에 1건의 살인이 있었다는 사실은, 인류학자가 그 부족과 함께 1년을 살더라도 그 기간 동안에 살인이 일어나지 않을 확률이 크다는 뜻이다. 따라서 인류학자는 그 부족을 평화롭고 비폭력적인 사람들이라 결론지을 가능성이 크다. 인류학자가 5년, 즉 !쿵족의 살인율을 고려할 때 살인 사건이 벌어지기에 충분한 기간을 그들과 함께 지내더라도 살인이 인류학자의 눈앞에서 일어나지 않을 수 있다. 따라서 폭력의 빈도에 대한 인류학자의 평가는 정보 제공자들이 그 살인을 인류학자에게 말해주느냐 않느냐에 따라 달라진다. 미국이 제1세계에서 살인율이 가장 높은 사회이지만, 나는 살인을 직접 목격한 적이 한 번도 없다. 게다가 내 지인들에게 살인을 직접 목격했다는 얘기를 들은

적도 손가락으로 꼽을 정도이다. 낸시 하월의 계산에 따르면, 인간의 폭력은 !쿵족 사회에서 두 번째로 높은 사망 원인이었던 것으로 추정된다. 달리 말하면, 감염병과 기생충병으로 인한 사망보다 많지는 않았지만, 퇴행성 질환과 사고로 인한 사망보다는 많았다.

폭력에 의한 사망이 !쿵족 사회에서 최근에 종식된 이유를 생각해볼 필요도 있다. 리에게 보고된 최후의 살인은 1955년 봄에 있었던 사건으로, 두 남자가 한 남자를 살해한 사건이었다. 두 살인자는 경찰에게 체포돼 재판에 회부됐고 결국 투옥되어 고향에 돌아가지 못했다. 이 사건은 경찰이 !쿵족의 살인 사건에 개입해서 살인자를 투옥한 첫 사례가 있은 지 3년 후에 있었다. 게다가 1955년부터 리가 자신의 분석을 발표할 때까지, 적어도 리가 연구한 지역에서는 살인 사건이 단 한 건도 없었다. 이런 변화에서 강력한 국가 정부가 폭력을 줄이는 데 큰 역할을 한다는 결론이 내려진다. 강력한 정부의 이런 역할은 지난 50년의 뉴기니 식민지 역사와 그 이후의 역사에서도 확인된다. 정확히 말하면, 오스트레일리아와 인도네시아가 그전까지는 국가 정부가 없던 뉴기니의 동부와 서부 지역을 각각 관리하기 시작한 후에 폭력 사건이 급격히 감소했다. 인도네시아 정부의 엄격한 관리가 계속된 인도네시아령 뉴기니에서는 폭력이 꾸준히 낮은 수준으로 유지됐지만, 오스트레일리아 식민정부가 독립정부에게 관리권을 점진적으로 넘겨준 파푸아뉴기니에서는 폭력이 다시 증가했다. 국가 정부의 관리 하에서 폭력이 감소한다고 해서, 분쟁이 폭력으로 발전하기 전에 대부분의 분쟁을 원만하게 해결하는 비폭력적인 수단이 전통 사회들에 없다는 뜻은 결코 아니다(2장 참조).

!쿵족 사회에서 일어난 22건의 살인을 분석해보면 다음과 같다. 살인

자 모두와 22명의 피해자 중 19명이 20세에서 55세 사이의 성인 남자였다. 3명의 피해자만이 여성이었다. 모든 사건에서 살인자는 피해자와 아는 사이였고 심지어 먼 친척이었다. !쿵족 사회에는 미국처럼 강도질이나 교통체증에 따른 낯선 사람들에 의한 살인이 거의 없었다. 모든 살인이 거주지 내에서 다른 구성원들이 보는 앞에서 공공연히 범해졌다. 1948년에 있었던 한 사건을 예로 들면, 이미 두 사람을 살해한 적이 있어 악명 높았던 살인광, 트위가 사셰라는 남자에게 기습적으로 독화살을 맞았다. 부상당한 트위는 화가 났던지 쿠셰라는 여인의 입을 창으로 찔렀고, 쿠셰의 남편 은네이시의 등을 독화살로 쏘았다. 곧 많은 주민이 모여들어 트위에게 활세례를 퍼부었다. 트위는 온몸에 활을 맞아 호저처럼 변했지만, 사람들은 죽은 트위에게 다시 창을 무지막지하게 던졌다. 하지만 나머지 17건의 살인은 인간사에 흔히 있는 다툼이 원인이었다. 예컨대 은와마에서 한 남자가 자신의 처제와 결혼하려는 남자의 청혼을 처제가 거부하면서 큰 다툼이 벌어졌다. 남자는 처제와 청혼자에게 화살을 쏘아 죽였다. 청혼자의 아버지와 형제들, 그리고 문제의 남자와 그의 협력자들이 서로 화살을 쏘고 창을 던지며 크게 싸웠다. 이런 다툼이 반복되는 과정에서 청혼자의 아버지는 옆구리에 창을 맞은 데다 독화살을 넓적다리에 맞아 치명적인 부상을 당해 죽음을 맞았다.

!쿵족 사회에서 대부분의 살인(22건 중 15건)은 살인이 살인을 낳고, 그 살인이 다시 살인을 부르는 반목과 불화의 일부였다. 이런 보복의 악순환이 전통 사회 전쟁의 특징이다(3장과 4장 참조). !쿵족 사회에서 복수 다음으로는 간통이 살인의 주된 동기로 자주 언급된다. 예컨대 한 남자가 자신의 아내와 잠자리를 함께한 간통자를 공격해서 부상을 입혔고,

그 후 간통자가 남편을 살해하는 사건이 있었다. 또 어떤 남편은 다른 남자와 간음한 부인을 독화살로 죽인 후에 마을을 떠나 다시 돌아오지 않았다.

많은 소규모 전통 사회에는 !쿵족보다 폭력적이지 않은 사회가 있는 반면에(예컨대 아카 피그미족, 시리오노족), !쿵족보다 폭력적인 사회도 있다(예컨대 아체족, 야노마미족, 그린란드와 아이슬란드 바이킹족). 아체족이 1971년 전까지 수렵채집인으로 숲에서 살던 때, 폭력은 질병을 훨씬 앞선 죽음의 주된 원인이었다. 아체족의 경우, 폭력에 의한 사망의 절반 이상이 비(非)아체족인 파라과이인에 의해 자행됐지만, 아체족 간의 살인도 사망 원인의 22퍼센트를 차지했다. !쿵족 사회에서 폭력의 피해자는 대부분 성인 남자였지만, 아체족의 경우에 살인의 피해자는 대부분 어린아이이거나 유아였다(81퍼센트). 다시 말하면, 죽은 성인과 함께 묻으려고 어린아이(주로 계집아이)를 죽이는 경우도 있었고, 아버지가 죽거나 행방불명된 후에 죽임을 당하거나 방치되어 죽은 아이들도 있었다. 또 형이 태어난 직후 태어났다는 이유로 애꿎게 죽임을 당하는 유아도 있었다. 또 !쿵족의 경우와 달리 아체족의 경우, 집단 내에서 성인 간의 가장 흔한 살인은 충동적인 다툼의 결과가 아니라, 의례적이고 미리 계획된 다툼의 결과이다. !쿵족의 경우에도 그랬듯이, 국가의 개입으로 아체족 간의 폭력은 크게 줄어들었다. 파라과이 정부의 직간접적인 영향으로 아체족 간의 성인 살인은 종적을 감추었고, 어린아이와 유아의 살해도 눈에 띄게 줄었다.

국가 정부와 경찰이 없는 전통 사회에서 구성원들은 끊임없는 폭력의 위험에서 어떻게 자신을 지켰을까? 첫째로는 다양한 형태로 표현되는 건설적인 편집증이다. 대부분의 전통 사회에서 확인되는 제1의 원칙은 낯선 사람을 경계하라는 것이다. 따라서 낯선 사람은 우리 영토를 정찰하러 왔거나 우리 부족민을 죽일 의도에서 침입한 것이기 때문에 낯선 사람이 우리 영토에서 발견되면 죽이거나 쫓아내는 것이 원칙이었다. 또 하나의 원칙은 이른바 동맹의 배반 가능성을 주의하고, 따라서 변덕스런 동맹에게는 역으로 먼저 배반하라는 것이다. 예컨대 야노마미족의 전쟁 전술은 성대한 잔치를 열어 이웃 마을 사람들을 초대해서, 그들이 무기를 내려놓고 먹는 데 열중하면 그들을 죽이는 것이다. 선교사 돈 리처드슨(Don Richardson)의 보고에 따르면, 뉴기니 남서 지역의 사위족은 배반을 하나의 이상으로 높이 평가한다. 적을 친구인 양 속여서 우리 마을에 자주 초대해서 음식을 나눠 먹고, 그를 죽이기 직전에 "투위 아소나이 마카에린!"(우리는 너를 죽이려고 우호적으로 대하며 배불리 먹였다!)이라고 선언하며 그의 얼굴에 어린 두려움을 보는 게 적을 무지막지하게 죽이는 것보다 낫다는 것이다.

 공격의 위험에서 벗어나는 또 하나의 전술은, 방어하기에 적합하고 주변을 훤히 내다볼 수 있는 곳에 마을을 조성하는 것이다. 예컨대 뉴기니의 산악지대 마을들은 주로 언덕 꼭대기에 자리잡고 있다. 미국 남서부에서 발견되는 많은 후기 아나사지족의 정착지는 사다리로만 접근할 수 있는 곳에 있어, 사다리를 걷어내면 마을에 들어갈 수가 없었다. 따라서 그곳 사람들은 계곡 바닥을 흐르는 강에서 물을 구한 후에 먼 거리를 짊어지고 올라갈 수밖에 없었지만, 이런 고생이 계곡 바닥의 강변에 살다가 다른 부족에게 기습 공격을 당하는 위험보다 더 나은 것으로 여겨졌다. 인구밀도가 높아지고 폭력의 행사가 증가하면서 사람들은 뿔뿔이 흩어져 보호받지 못하는 오두막에 살던 관례를 버리고, 함께 모여 마을을 형성하고 울타리를 쌓아 자신들을 지키는 방향으로 변해가는 경향을 띤다.

집단은 다른 집단과 우호적인 관계망을 구축해서 자신을 보호하고, 개인들도 서로 결연관계를 맺어 자신들을 보호한다. 나도 뉴기니에서 확인했지만, 다른 학자들도 다른 전통 사회에서 확인하고 깊은 인상을 받았던 끝없는 대화는 관계망에 속한 사람들이 상대에 대해 많이 알고, 끊임없이 상대의 행동을 감시하는 기능도 한다. 특히 전통 사회는 신랑이 신부의 부족과 함께 살지 않고 신부가 신랑의 부족에게로 옮겨가서 사는 부계 거주 방식을 띠기 때문에, 한 집단에서 태어나 다른 집단으로 시집가는 여성은 누구보다 훌륭한 정보원이다. 실제로 시집간 여자가 고향의 혈족들에게, 남편과 결혼으로 맺어진 인척들이 공격할 계획을 세운다는 걸 귀띔해주는 경우가 많다. 끝으로, 저녁마다 모닥불 옆에서 나누는 사고에 관련된 대화들은 시간을 죽이는 기능만이 아니라 환경적인 위험에 대해 어린아이들과 부족민들을 교육시키는 기능도 갖기 때문에, 기습 공격과 타부족에 대한 끝없는 대화를 듣는 사람들은 즐거움도 얻지만 인간에 의해 비롯되는 위험에 대한 경각심도 갖게 된다.

:

질병　　　　　전통 사회에 따라 다르지만, 질병은 인간의
　　　　　　　　생명을 위협하는 가장 위험한 요인이거나
　　　　　　　　(예컨대 아그타족과 !쿵족. 질병이 차례로 사망 원
인의 50~86퍼센트, 70~80퍼센트를 차지한다), 폭력 다음으로 위험한 요인으

로 여겨진다(예컨대 아체족의 경우, 숲에서 살아가는 환경적인 요인에 따른 죽음의 원인에서 질병이 4분의 1을 차지한다). 하지만 영양공급이 부족한 사람들이 더 쉽게 감염되므로, 식량 부족이 감염병의 원인으로 많은 사망에 기여한 요인이라는 사실을 고려해야 한다.

어떤 유형의 질병이 상대적으로 위험한가는 전통 사회의 생활방식과 지리적 위치 및 연령에 따라 크게 다르다. 일반적으로는 감염병이 유아와 어린아이에게 가장 위험하며, 모든 연령층에게도 위험한 편이다. 십이지장충과 촌충 같은 기생충과, 말라리아와 수면병을 유발하는 병원체인 벌레에 기생하는 원생 기생충과 관련된 질병은 북극권과 사막과 추운 산악지대에 사는 사람들보다 뜨거운 열대기후권에 사는 사람들에게 더 큰 문제이다. 북극권과 사막 같은 환경에서는 원생동물이 기생하는 벌레와 기생충 자체가 생존하기 힘들기 때문이다. 뼈와 관절과 연조직의 퇴행에서 비롯되는 질병들—예컨대 관절염, 골관절염, 골다공증, 골절, 치아 마모 등—은 인생의 말년에 중요해진다. 주로 앉아서 일하는 현대인에 비해서 전통 사회 사람들은 신체를 많이 사용하기 때문에 같은 연령대에서도 퇴행성 질병에 걸릴 확률이 높다. 하지만 요즘 제1세계에서 가장 높은 사망 원인으로 지목되는 질병들, 예컨대 죽상경화증에 따른 관상동맥질환과 그 밖의 질환들, 고혈압에서 비롯되는 뇌졸중과 그 밖의 질환들, 성인 당뇨병과 대부분의 암이 전통 사회에서 거의 발견되지 않거나 전혀 확인되지 않는다. 건강 양상에서 제1세계와 전통 사회가 이처럼 뚜렷하게 다른 이유에 대해서는 11장에서 살펴보기로 하자.

지난 두 세기만에 사망 원인에서 감염병의 위세는 제1세계에서 크게 줄어들었다. 이런 변화의 원인으로는 국가 정부가 공중위생의 중요성을 인식하면서 깨끗한 물을 공급하려고 설치한 상수도 시설, 백신의 개발 등 여러 공중위생 대책들이 손꼽힌다. 물론 감염병의 원흉인 병원균에 대한 과학적 지식이 발달한 덕분에 감염병을 효과적으로 예방할 수 있는 합리적인 대책 수립과 항생제의 발견도 빼놓을 수 없다. 그러나 전통 사회에서는 공중위생에 대한 인식이 부족해서 감염병과 기생충병이 쉽게 전염됐고, 지금도 마찬가지이다. 전통 사회에서는 배설물을 쏟아낸 곳의 근처에 있는 물을 마시고, 그 물로 조리하고 목욕하고 손발을 씻기 때문이다. 또한 음식물을 다루기 전에 손을 씻는 중요성을 알지 못하기 때문이기도 하다.

위생과 질병의 관계를 내가 절실하게 깨닫게 된 사례 하나만을 소개해보자. 내가 인도네시아를 여행할 때였다. 당시 나는 인도네시아 동료들과 함께 사용하던 캠프장에서 사방으로 뻗은 숲길을 매일 혼자 다니며 새를 관찰하느라 대부분의 시간을 보냈다. 그러던 어느 날 갑자기 설사병에 걸렸다. 설사는 시도 때도 없이 나를 괴롭혔다. 나는 무엇이 잘못됐는지 알아내고, 또 예측할 수 없이 닥치는 설사의 공격을 나름대로 계산해보려고 머리를 쥐어짰다. 마침내 연결고리를 찾아냈다. 친절하기 그지없는 한 인도네시아 동료가 내 안위에 책임감을 느꼈던지 내가 사고를 당하거나 길을 잃지 않았는지 확인하려고, 매일 느지막하게 캠프장을 나와 나를 뒤쫓아왔다. 그는 나를 만나면, 캠프장에서부터 간식거리로 가져온 비스킷을 습관처럼 건넸고, 내가 안전한 걸 확인해서 기분이 좋았던지 나와 잠시 얘기를 나누고는 캠프장으로 돌아갔다. 어느 날 저녁, 내가 친절한 친구를 만나고 그가 건넨 비스킷을 먹고나면 어김없이 30분 후에 설사의 공격이 시작된다는 걸 문득 깨달았다. 예컨대 내가 그를 아침 10시에 만나면 설사의 신호가 10시 30분에 시작됐고, 그를 오후 2시 30분에 만나면 설사의 공격이 오후 3시에 시작됐다. 그날 이후로 나는 비스킷을 고맙게 받았지만, 그가 등을 돌리면 몰래 버렸다. 그러자 설사의 공격이 감쪽같이 사라졌다. 문제는 비스킷 자체보다, 비스킷을 다루는 그의 습관에 있었다. 비스킷이 캠프장에서는 원래의 셀로판 봉지에 보관돼서 내가 꺼내면 아무런 문제가 없었다. 따라서 설사의 원인은 그 친구의 손가락에서 비스킷으로 전달된 병원균이었던 것이 분명했다.

만연하는 감염병의 유형은 수렵채집에 의존하는 유목민이나 가족 단위의 농경 사회처럼 소규모 집단과, 현대 사회와 상대적으로 최근에 서구화된 사회 및 전통적으로 인구가 과밀했던 구세계의 농경 사회처럼 대규모 집단 간에 다르다. 수렵채집 사회의 주된 질병은 말라리아를 비롯해 절지동물이 옮기는 열병과 피부 감염이다. 서구의 방문객들에게 감염된 적이 없는 수렵채집인들에게 정착생활을 하는 사람들의 질병, 예컨대 디프테리아와 독감, 홍역과 볼거리, 백일해와 풍진, 천연두와 장티푸스는 두려운 질병이 아니다. 만성적으로 상존하거나 갑작스레 나타났다가 갑작스레 사라지는 수렵채집 사회의 감염증과 달리, 인구가 밀집한 사회의 질병들은 급성 전염병으로 확산된다. 따라서 한 지역에서 단기간에 많은 사람이 병에 걸리고 신속하게 회복되거나 사망하며, 그 질병은 지역적으로 1년 남짓 후에 사라진다.

이런 전염병들이 인구과밀 지역에서만 발생하여 상당히 오랫동안 유지되는 이유는 전염병학과 세균학의 연구로 인해 수십 년 전부터 꾸준히 밝혀졌다. 그 전염병들이 효과적으로 전이되고 급성으로 발병하며, 인간에게만 국한된 질병이고, 살아남은 사람들에게는 평생 지속되는 면역력이 생긴다는 특징도 밝혀졌다. 고름이 흐르는 물집에서 피부로 옮겨간 병원균을 통해서, 환자가 기침이나 재채기를 하며 공기 중에 배출하거나, 환자가 배설할 때 근처의 수역(水域)에 침입한 병원균을 통해서 전염병은 환자에게서 근처의 건강한 사람에게로 쉽게 옮겨진다. 건강한 사람도 환자와 직접 접촉하거나, 환자가 만진 물건을 접촉하거나 환자가 내뱉은 호흡을 들이마시면, 혹은 병원균에 오염된 물을 마시면 감염된다. 전염병이 급성으로 발병하는 것은 환자가 감염되고 수주 내에 사망하거나 회복된다는 뜻이다. 전염력이 강하고 질병이 급성으로 발병한다는 것은, 해당 지역에 거주하는 모두가 짧은 기간 내에 그 질병의 공격을 받아 사망하거나 회복된다는 뜻이다. 살아남은 사람이 평생의 면역력을 획득한다는 것은, 그 전염병의 공격을 전혀 받지 않은 아기들이 태어날 때까지 그 지역에서 누구도 그 전염병에 걸리지 않는다는 뜻이다. 끝으로, 어떤 전염병이 인간에게만 국한되어 발병한다는 것은 그 전염병이 동물이나 토양에서 자활할 수 없다는 뜻이다. 따라서 그 전염병이 소멸되면, 먼 곳에서 다시 확산될 때까지 나타나지 않는다. 이런 특징들이 복합되면, 인간에게만 국한되더라도 인구수가 많기 때문에 전염병들은 한 지역에서 다른 지역으로 옮겨다님으로써 어떤 곳에서는 소멸되지만 다른 곳에서는 여전히 위세를 떨치며 존속할 수 있다. 홍역의 경우, 최소한으로 필요한 인구 규모는 수십만 명으로 알려져 있다. 따라서 전염병은 "인간 집단에게 면역력을 깃게 하며 급속히 확산되는 감염성 질병", 즉 간단히 말해서 '대중성 질병(crowd disease)'으로 요약될 수 있다.

약 1만 1,000년 전 농경문화가 도래하지 않았다면 대중성 질병은 존재할 수 없었을 것이다. 농업의 탄생으로 인구가 폭발적으로 증가하면서 대중성 질병이 존속하는데 필요한 인구 규모에 이르게 되었다. 전에는 수렵채집에 의존하던 유목민들이 농업을 받아들이며 인구가 과밀하고 비위생적인 마을에 항구적으로 정착해서 다른 마을들과 교역하며, 병원균에게 신속히 옮겨다니기에 적합한 조건을 제공했다. 분자생물학자들이 최근의 연구에서 증명했듯이, 인간에게 국한된 대다수 혹은 대부분의 대중성 질병을 일으키는 병원균들은 돼지와 소 같은 가축의 대중성 질병에서 비롯된 것이다. 요컨대 우리가 약 1만 1,000년 전 야생동물을 길들이기 시작하며 그런 동물들을 자주 가까이에서 접촉함으로써 병원균들이 짐승에서 인간으로 전이되는 이상적인 조건을 제시한 셈이다.

물론 소규모 수렵채집인 사회에 대중성 질병이 없다고 해서, 수렵채집인들이 전염병에서 완전히 자유롭다는 뜻은 아니다. 그들도 전염병에 걸리지만, 그들의 전염병은 네 가지 점에서 대중성 질병과 다르다. 첫째, 그들에게 전염병을 유발하는 병원균은 인간에게만 국한된 것이 아니라 동물에게도 존재하며(예컨대 원숭이에게도 존재하는 황열병의 병원균), 토양 속에서 생존할 수도 있다(예컨대 보툴리누스 식중독이나 파상풍의 원인인 병원균들). 둘째, 대다수의 질병이 급성이지 않고 만성적이다. 한센병과 매종(습하고 열대성인 지역에서 발생하는 전염성 질환—옮긴이)이 대표적인 예이다. 셋째, 일부 질병의 전염력은 무척 약하다. 이 경우에도 한센병과 매종이 대표적인 예이다. 넷째, 대부분의 질병이 환자에게 항구적인 면역력을 주지 않는다. 따라서 어떤 질병에 걸린 후에 회복되더라도 다시 그 병에 걸릴 수 있다. 이런 네 가지 특징 덕분에, 전염병들은 짐승과 토양 및 만성적인 환자를 매개로 새로운 사람을 감염시키고 또 감염시킴으로써 소규모 인구 집단에서도 존속할 수 있다.

수렵채집인과 소규모 농경인이 대중성 질병에 면역력을 지닌 것은 아닙니다. 그들의 사회에서는 대중성 질병이 존속할 수 없을 뿐입니다. 오히려 소규모 인구 집단은 대중성 질병에 무척 취약하다. 일부 대중성 질병의 치사율이 어린아이보다 성인에게 더 높다는 사실에서 그들이 외부 세계의 방문객에게 쉽게 감염된다는 걸 확인할 수 있다. 인구가 과밀한 제1세계의 도시에서도 얼마 전까지 모두가 어렸을 때는 홍역을 치렀지만, 수렵채집인의 소규모 사회에서 성인들은 홍역을 치른 적이 없어 홍역이 유행하면 사망할 가능성이 크다. 유럽인과 접촉하면서 도래한 전염병들로 인해 이누이트족, 아메리카 원주민들, 오스트레일리아 원주민들이 실질적으로 절멸했다는 안타깝고 끔찍한 얘기들이 많이 전해진다.

질병에 대한 대응

전통 사회에서 질병이 다른 세 가지 위험, 즉 사고와 폭력과 기아와 다른 이유는 그런 위험들에 내재한 메커니즘을 이해하는 방법이 다르고, 그에 따라 효과적인 치유책이나 예방책도 다르기 때문이다. 예컨대 어떤 사람이 사고나 폭력이나 기아로 다치거나 죽으면, 그 원인과 근본적인 과정은 명백하다. 쓰러지는 나무에 깔렸거나, 적의 화살에 맞은 것이다. 혹은 부족한 식량으로 인한 굶주림이다. 적절한 치유책과 예방책도 그에 못지않게 분명하다. 죽은 나무 앞에서 잠을 자시 않고, 적의 동태를 면밀히 감시하거나 먼저 죽이는 것이며, 충분한 식량을 확보하는 것이다. 하지만 질병의 경우에는 원인에 대한 경험적인 올바른 이유와, 과학에 근거한 예방책과 치유책은 지난 두 세기 전부터 눈에 띠는 성과를 거두었다. 그전까지는 전통 사회에서는 물론이고 국가 사회에서도 질병으로 많은 사람이 죽었다.

그렇다고 전통 사회 사람들이 질병을 예방하고 치유하는 데 속수무책이었다는 뜻은 아니다. 시리오노족은 인간의 배설물이 이질과 십이지장충병 같은 질병과 밀접한 관계가 있다는 걸 알고 있다. 따라서 시리오노족의 경우, 아기가 배설하면 어머니가 즉시 아기의 배설물을 씻어내고 바구니에 담아 숲에서 멀리 떨어진 곳에 버린다. 그러나 시리오노족도 위생 관념이 철저하지는 않는 것이 인류학자 앨런 홀름버그의 관찰에서 확인된다. 어머니가 식사를 하느라 한눈파는 틈에 시리오노족 아기가 배설했고, 그 배설물 위에 누워 뒹굴어 온몸을 더럽히고 심지어 배설물을 입에 넣었다. 마침내 어머니가 그 모습을 보고는 자기 손가락을 아기의 입에 넣어 배설물을 긁어내고 몸에 묻은 배설물을 닦아냈지만 아기를 물에 씻기지는 않았다. 게다가 손을 씻지도 않고 음식을 다시 먹기 시작했다. 피라항족은 한 접시에서 개들과 함께 식사를 한다. 개들에게 기생하는 기생충과 세균이 인간의 몸에 옮겨가기에 더할 나위 없이 확실한 방법이다.

전통 사회 사람들은 시행착오를 거듭한 끝에, 특정한 질병을 치유하는 데 도움을 주는 식물을 알아낸다. 뉴기니 친구들은 말라리아를 비롯한 열병이나 이질을 치료하고, 유산을 유도하는 데 사용하는 식물이라며 나에게 곧잘 알려주곤 한다. 서구 민족식물학자들은 전통 사회의 이런 약리적 지식을 꾸준히 연구해왔고, 서구의 제약회사들은 이런 식물들에서 약물을 추출해왔다. 전통 사회의 의학적 지식이 흥미롭기는 하지만 전반적인 효과는 여전히 제한적이다. 말라리아는 뉴기니 저지대와 산악지역에서 여전히 가장 흔한 질병과 사망의 원인이다. 말라리아의 원인이 아노펠레스속에 속한 모기가 옮기는 말라리아원충속이란 걸 과학자들이 밝혀내고, 다양한 치료제를 개발한 후에야 뉴기니 저지대 사람들이 말라리아에 걸리는 확률이 50퍼센트에서 1퍼센트로 떨어질 수 있었다.

질병의 원인을 받아들이는 관점과, 그에 따라 취해지는 예방책과 치유책은 전통 사회마다 다르다. 모든 전통 사회에는 아니지만, 일부 사회에는 질병을 전문적으로 다루는 치유자가 있다. 그런 치유자를 서구에서는 '샤먼'이라 칭하고, 그 지역 사람들은 특별한 호칭으로 부른다. !쿵족과 아체족은 질병을 숙명적으로 받아들이는 경향을 띤다. 다시 말하면, 운명에 따른 것이라며 구제할 방법이 없다고 생각한다. 그러나 아체족은 나름대로 생물학적인 설명을 곁들이기도 한다. 예컨대 어린아이의 장질환은 젖을 떼고 거친 음식을 먹기 시작한 때문이고, 열병은 박쥐고기를 먹거나 꿀을 물에 희석하지 않고 너무 많이 먹었기 때문에, 혹은 지나치게 많은 애벌레나 해로운 음식을 먹어 피가 더러워진 때문이라고 설명한다. 이런 설명들이 간혹 정확할 수 있지만, 아체족을 질병으로 인한 높은 사망률에서 구해내지는 못했다. 다리비족, 파유족, 카울롱족, 야노마미족 등 많은 전통 부족이 일부 질병의 원인을 저주나 마법 혹은 주술사의 탓이라 생각하며, 문제의 주술사를 기습해서 죽이거나 주술가에게 제물을 바쳐서라도 질병에서 벗어나려 한다. 다니족과 다리비족과 !쿵족 사회에는 원혼이나 혼령이 원인이리 생각하는 질병도 있다. 따라서 !쿵족의 치유자들은 무아지경에 들어가 혼령과 대화를 시도하기도 한다. 카울롱족과 시리오노족 및 많은 전통 부족은 질병을 도덕적이고 종교적인 관점에서 설명한다. 다시 말하면 부주의해서, 자연의 뜻을 거스르는 짓을 해서, 금기를 위반해서 스스로 질병을 자초했다는 것이다. 예컨대 카울롱족은 남자가 호흡기 질환에 걸리면 여자에 의해 더럽혀진 탓이라 생각한다. 정확히 말하면, 월경을 하거나 출산한 여자가 더럽힌 물건을 실수로 만지면, 혹은 여자가 이미 밟고 지나간 나무나 다리 아래를 지나거나 여자가 건넌 강에서 물을 마시면 남자가 호흡기 질환에 걸린다는 기상천외한 생각이었다. 우리 서구인이 남성의 호흡기 질환에 대한 카울롱족의 이런 이론을 경멸하지만, 우리에게 암의 원인이 카울롱족에게 남성 호흡기 질환의 원인만큼 오리무중이었던 과거에 우리도 암의 원인을 번질나게 도덕적인 관점에서 찾으려 했다는 사실을 간과해서는 안 될 것이다.

기아

1913년 2월, 영국 탐험가 알렉산더 프레더릭 리치먼드 울러스턴(Alexander Frederick Richmond Wollaston, 1875~1930)은 뉴기니에서 가장 높은 산의 설선(雪線)에 성공적으로 오른 후 산악지역의 숲을 기분좋게 거닐었다. 하지만 얼마 전에 죽은 듯한 시신 두 구를 발견하고 놀라지 않을 수 없었다. 그의 표현에 따르면, 그 후의 이틀은 그의 삶에서 가장 섬뜩했던 시간이었다. 이틀 동안, 뉴기니 산악지역 사람들의 시신을 30구 이상이나 더 맞닥뜨렸다니 그럴만도 했다. 대부분의 시신이 여성과 어린아이였고, 혼자 혹은 다섯 명이 무더기로 산길 옆의 허름한 피신처에 누워 있었다. 여자 하나와 어린아이 둘이 죽은 채 널브러진 무리의 틈에서 아직 살아 있는 세 살배기 어린 소녀를 발견하고, 그는 황급히 그 소녀를 캠프장으로 데려가 우유를 먹였지만, 소녀는 몇 시간을 넘기지 못하고 죽었다. 또 한 남녀가 두 아이를 데리고 캠프장을 찾아왔지만, 어린아이 하나만을 제외하고 모두가 죽었다. 그들은 저장해둔 고구마를 더 먹고 돼지까지 잡아먹었지만 숲에서도 야자나무의 고갱이밖에 구할 수 없어 영양부족에 시달리던 상태였다. 따라서 그들은 굶주려 죽은 것이 분명했다.

전통 사회에서 사망의 원인으로 흔히 인정되고 언급되는 사고와 폭력과 질병에 비교할 때, 울러스턴이 목격한 기아로 인한 사망은 그다지 자주 언급되지 않는다. 소규모 사회는 식량을 공유하기 때문에 굶주림으로 한 사람만이 사망하는 경우가 거의 없다. 따라서 기아에 의한 사망은 집단 사망으로 나타날 가능성이 크다. 그럼에도 불구하고, 기아는 사망의 원인으로 제대로 다루어지지 않았다. 대부분의 환경에서 인간은 영양섭취가 심각할 정도로 부족하면, 기아로 죽기 전에 다른 이유로 죽는 경우가 많다. 요컨대 저항력이 떨어져서 질병에 쉽게 걸리기 때문에, 건강한 사람이었다면 회복됐을 텐데도 질병에 의해 사망한 것으로 기록된다. 인간은 육체적으로 약해지면 나무에서 떨어지거나 익사하는 사고를 당하기도 쉽고, 건강한 적에게 대항하지 못하고 죽임을 당하기 십상이다. 소규모 사회들이 식량에 집착하며 식량을 확보하기 위해 동원하는 다양하고 정교한 대책들에서 그들의 삶을 위협하는 주된 요인으로 기아를 얼마나 염려했는지 짐작할 수 있다. 그 대책들에 대해서는 뒤에서 자세히 살펴보기로 하자.

더욱이 식량 부족은 칼로리의 부족이란 의미에서 기아라는 형태를 띠지만, 한편으로는 특정한 비타민(각기병, 펠라그라(니코틴산 결핍 증후군), 악성 빈혈, 구루병, 괴혈병 등에 관련된 비타민), 특정한 미네랄(지방성갑상샘종, 철

결핍성 빈혈과 관련된 미네랄), 단백질(단백질 부족에 따른 크와시오르코르)의 결핍으로도 나타난다. 이런 특정한 영양소의 결핍에 따른 질병들은 수렵채집인보다 농경인에게서 흔하다. 수렵채집인이 농경인보다 다양한 형태의 음식을 섭취하기 때문이다. 기아와 마찬가지로 특정한 영양소 결핍에 따른 질병의 경우에도, 당사자가 해당 영양소의 결핍만으로 사망하기 전에 사고나 폭력 혹은 감염증으로 사망하는 경우가 많기 때문에 제대로 적시되지 않는다.

기아는 풍요로운 제1세계 시민은 생각조차 할 수 없는 위험이다. 우리는 매년 계절과 관계없이 언제든지 식량을 구할 수 있기 때문이다. 물론 제1세계에도 갓 수확한 장과(漿果)처럼 1년에 수주 동안만 구할 수 있는 계절성 식품이 있지만, 전체적인 식량의 규모는 거의 언제나 일정하다. 하지만 소규모 사회에서는 하루하루를 예측하기 힘들고, 또한 연중 일정한 계절에는 식량 부족이 충분히 예측되기 때문에 모두가 마음을 단단히 먹고 그 계절을 이겨낸다. 풍년과 흉년을 예측하는 것도 불가능하다. 따라서 식량은 전통 사회 사람들에게 거의 언제나 대화의 주된 주제이다. 나도 포레족 친구들이 방금 배불리 먹고도 고구마를 두고 그처럼 오랜 시간을 대화하는 걸 처음 보았을 때 놀라지 않을 수 없었다. 볼리비아의 시리오노족에게 최대의 관심사는 식량이다. 그 때문인지 시리오노족이 가장 자주 입에 올리는 말이 "내 배가 텅 비었다"와 "먹을 것 좀 주시오"이다. 섹스와 식량의 위치가 시리오노족과 서구인에게는 정반대이다. 시리오노족에게 가장 큰 근심거리는 식량이지만, 원하면 실질적으로 언제라도 섹스를 할 수 있어 섹스로 식량 부족을 보충한다. 그러나 서구인에게 가장 큰 근심거리는 섹스이지만, 원하면 언제라도 먹을 수 있어 먹는 것으로 성적 욕구불만을 보충한다.

우리 현대인과 달리, 전통 사회들, 특히 척박한 환경이나 북극권에 자리잡은 사회들은 시시때때로 식량 부족에 시달린다. 앞에서도 말했듯이, 예측가능한 식량 부족도 있지만 느닷없이 닥칠 때도 있다. 필요할 때 사용하려고 잉여식량을 저장하는 전통 사회는 많지 않다. 저장할 만큼 잉여식량을 생산하지 않기도 하지만, 뜨겁고 습한 기후에서는 식량이 빨리 상하기 때문이고, 유목하는 삶을 살기 때문이다. 게다가 잉여식량을 저장하더라도 침략자들에게 빼앗길 위험이 있다. 전통 사회들은 좁은 지역에서 식량을 구하기 때문에 식량 부족에 위협받지만, 제1세계는 자국의 영토에서 생산되는 식량들을 분배하고 부족한 식량을 지극히 먼 국가에서라도 수입해서 보충할 수 있다. 우리처럼 자동차도 없고 도로와 철로 및 선박도 없기 때문에 전통 사회는 식량을 멀리까지 운송할 수단이 없어 가까운 이웃 사회로부터 식량을 구할 수밖에 없다. 또한 우리처럼 조직적으로 식량을 저장하고 운송하며 타지역들과 교환하는 국가 정부도 없다. 하지만 전통 사회도 기근의 위험에 대처하기 위한 많은 방법을 나름대로 갖추고 있다.

예측할 수 없는 식량난

부족사회의 식량공급은 최단기간과 최소공간으로 따지면 사냥의 성공여부에 따라 하루하루가 다르다. 식물은 움직이지 않기 때문에 하루의 채취량을 예측할 수 있지만, 동물은 돌아다니기 때문에 뛰어난 사냥꾼도 어떤 날에는 빈손으로 돌아올 수 있다. 수렵채집인들이 이런 불확실성을 해결하기 위해서 거의 보편적으로 택한 방법은 서너 명의 사냥꾼을 중심으로 무리지어 살면서, 사냥꾼들이 사냥한 짐승을 공유함으로써 한 사냥꾼의 들쑥날쑥한 성과를 상쇄하는 것이다. 리처드 리는 아프리카 칼라하리 사막의 !쿵족 사회에서 직접 목격한 이런 해결책을 설명했고, 모든 대륙과 모든 환경의 수렵채집인들에게로 확대해 일반화하며 다음과 같이 말했다. "식량을 가족끼리만 먹지 않는다. 식량은 함께 살아가는 무리, 심지어 30명 이상의 무리사회 구성원 모두가 항상 공유한다. 몸을 움직일 수 있는 사람들 중 일부만이 매일 숲으로 나가 채취하고 사냥하지만, 매일 사냥한 고기와 채취한 식량은 구성원 모두에게 공평하게 분배되도록 나눈다. 한마디로, 사냥하고 채취하는 무리사회는 공유하는 사회이다." 리가 수렵채집인의 사회에서 찾아낸 공유와 공평의 원칙은 소규모 목축 사회와 농경 사회에도 적용된다. E. E. 에번스 프리처드가 연구한 수단의 누에르족이 대표적인 예이다. 에번스 프리처드는 그들이 육고기와 우유, 물고기와 곡물 및 맥주까지 공유한다며 다음과 같이 덧붙였다. "가정마다 자체의 식량을 소유하고 제각기 식사준비를 하며 공동체원의 욕구와 관계없이 살아가지만, 여자와 어린아이까지는 아니어도 남자들은 서로 상대의 집에서 식사하기 때문에, 외부에서 보면 공동체 전체가 공동의 식량을 함께 나누는 것처럼 보인다. 손님을 환대하고, 육고기와 물고기를 분배하는 관습 때문에, 소유권이란 기본적인 원칙에서 예상되는 범위보다 식량의 공유가 훨씬 광범위하게 이루어진다."

시간과 공간에서 식량공급에 영향을 미치는 두 번째로 좁은 변수는 식량 확보를 예측하기 힘든 변화로, 이런 변화는 지역 공동체 전체에게 악영향을 미친다. 예컨대 춥고 습한 날씨가 며칠 동안 계속되면 아체족은 사냥을 나가도 빈손으로 돌아오기 일쑤이고, 사냥 자체도 평소보다 위험해진다. 따라서 그들은 굶주림만이 아니라 추운 날씨와 호흡기 감염과도 싸워야 한다. 한편 야노마미족의 주식인 플랜틴(바나나의 일종—옮긴이)과 복숭아야자 열매는 익는 시기를 예측하기 힘들다. 따라서 어떤 때는 먹을 것이 부족하고, 어떤 때는 먹을 것이 넘쳐흐른다. 누에르족의 주식인 기장 밭은 가뭄이나 폭우로 망치거나, 코끼리떼와 메뚜기떼, 산까치떼의 공격을 받아 황폐화되기도 한다. !쿵족은 예측할 수 없지만 평균 4년에 한 번꼴로 심한 가뭄으로 인해 기근과 싸워야 한다. 트로브리안드 섬사람들에게 가뭄은 드물게 닥치지만 공포의 대상이다. 뉴기니 고원지대의 농경인들에게는 10년에 한 번꼴로 닥치며 주식인 고구마를 싹부터 죽이는 서리를 가장 두려워한다. 파괴적인 사이클론은 수십년에 한 번꼴로 느닷없이 들이닥쳐 솔로몬 제도를 쑥대밭으로 만든다.

소규모 사회들은 이처럼 느닷없이 닥치며 식량을 파괴하는 자연현상을 이겨내기 위해서, 거주지를 옮기거나 체내에 식량을 저장하고, 다른 지역의 부족들과 협정을 맺거나 식량 생산지를 곳곳에 분산하는 등 여러 방법을 사용한다. 먼저, 유목하는 수렵채집인은 특정한 밭에 얽매이지 않기 때문에 식량난이 닥치면 그 순간에 식량을 확보하기가 조금이라도 쉬운 곳으로 거주지를 옮긴다. 또 식량이 썩거나 적의 습격대가 저장한 식량을 훔쳐가는 걸 방지해야 하는 문제를 근원적으로 해결하기 위해서 기회가 있을 때마다 음식을 섭취해서 체내의 지방으로 저장할 수 있다면, 그 지방은 썩지도 않고 도적질을 당하지도 않을 것이다. 이처럼 식량이 풍부할 때, 서구 사회에서 핫도그 많이 먹기 대회에 참여하는 사람이 아니면 믿기지 않을 정도로 무지막지하게 먹는 소규모 사회에 대해서는 11장에서 자세히 살펴보기로 하자. 여하튼 이런 사회의 구성원들은 비대하게 살이 쪄서 식량 기근의 시대에 그런대로 버틸 수 있다.

살을 찌워놓으면 식량이 부족한 수주 동안은 그런대로 버틸 수 있겠지만, 1년 간의 기아를 이겨낼 수는 없다. 따라서 장기적인 해결책의 하나는, 한쪽 지역은 식량이 충분하지만 다른 쪽은 식량 부족에 시달릴 때 식량을 공유하기로 이웃한 사회끼리 상호협정을 맺는 것이다. 식량 확보의 가능성은 지역에 따라, 또 시기에 따라 변동이 심하다. 그러나 상당한 거리가 떨어진 두 지역은 식량 생산의 변동이 서로 다를 수 있다. 따라서 우리 부족이 다른 부족과 호혜협정을 맺어, 그들에게는 식량이 충분하지만 우리에게는 부족할 때 그들이 우리에게 그들의 땅에 들어오는 걸 허용하거나 식량을 보내주고, 반대로 그들에게 식량이 부족할 때 우리가 그들에게 은혜를 갚으면 서로에게 이익이다.

예컨대 !쿵족이 사는 칼라하리 사막 지역에서는 특정한 달의 강수량이 지역에 따라 10배씩 차이가 난다. 리처드 리의 표현을 빌리면, "사막의 한 지역은 먹을 것이 풍성하지만, 걸어서 몇 시간밖에 떨어지지 않는 지역은 햇볕에 바짝 태워진다." 리는 1966년 7월부터 1967년 6월까지 12개월 동안 간지 지방에서 다섯 곳의 월별 강수량을 비교했다. 연간 총강수량은 2배 이하의 차이밖에 없었지만, 특정한 달의 강수량은 완전히 달랐다. 비가 전혀 내리지 않은 지역부터 25센티미터까지 내린 지역이 있었다. 쿰 지역은 연간 강수량이 가장 많았지만, 1967년 5월에는 다섯 지역 중에서 가장 메마른 지역이었고, 1966년 11월과 1967년 2월에는 두 번째로 메마른 지역이었다. 반면에 칼크폰테인 지역은 연간 강수량이 가장 적었지만, 1967년 3월과 1967년 5월에는 두 번째로 비가 많이 내린 지역이었다. 따라서 어떤 지역에서든 쿰 지역과 같은 지역에 사는 무리는 특정한 시기에 가뭄과 식량 부족을 겪기 십상이지만, 유사시에 서로 돕기로 협정을 맺은 무리가 있다면, 비가 충분히 내려 식량이 충분한 다른 무리를 찾아가면 된다. 지역적으로 예측하기 힘든 사막 환경에서 !쿵족이 생존하기 위해서는 이런 호혜주의가 반드시 필요하다.

   호혜주의는 간혹 적대적 관계로 끊기기는 하지만 전통 사회들에서 흔한 현상이다. 트로브리안드 섬사람들은 지역적인 식량 부족을 해소하기 위해서 마을들 간에 식량을 분배한다. 알래스카 북부의 이누피아크족의 경우에는 기근이 닥치면 가족들이 개별적으로 다른 지역의 친척이나 협력자에게 이주해서 함께 살아간다. 남아메리카의 야노마미족이 주식으로 삼는 가장 중요한 열매는 복숭아야자와 플랜틴이다. 둘 모두, 특히 복숭아야자는 지역 사람들이 배불리 먹고도 남을 정도로 수확하지만, 농익은 후에는 썩기 때문에 저장되지 않는다. 따라서 두 열매는 익는 동안에 소비돼야 한다. 이처럼 한 지역에서 잉여식량이 생산되면 이웃 부족들을 초대해서 성대한 잔치를 벌이며, 이웃들이 잉여식량을 생산할 때 은혜에 보답하기를 기대한다.

생산지의 분산 :

지역적으로 닥치는 식량 부족이란 예측하기 힘든 위험을 극복하기 위한 또 하나의 장기적인 해결책은 생산지의 분산이다. 나는 이 방법을 뉴기니에서 보았다. 어느 날 새를 관찰하는 동안, 한 뉴기니 친구의 밭을 우연히 발견했다. 마을에서 북동쪽으로 1.5킬로미터쯤 떨어진 숲 한복판을 개간한 밭이었고, 그가 마을의 서쪽과 동쪽에 분산해서 개간한 다른 밭들로부터는 수킬로미터나 떨어진 곳이었다. 도대체 그는 무슨 생각으로 이처럼 외딴 곳에 새로 밭을 개간한 것일까? 그렇게 멀리 떨어진 곳을 오가는 시간만 고려해도 비효율적이란 생각이 들었고, 외딴 곳에 있어 멧돼지와 도둑의 습격에서 밭을 지키기도 힘들 것 같았다. 하지만 전통 사회 사람들의 행위가 우리 기준에는 이해되지 않더라도 그런 행동에는 언제나 분명한 이유가 있다. 그럼, 그의 동기는 무엇이었을까?

많은 서구 학자들과 개발 전문가들도 다른 곳에서 이처럼 밭을 분산해둔 현상을 보고 처음에는 어리둥절했다. 가장 흔히 논의되는 사례가 수십 곳에 분산된 작은 땅뙈기를 경작한 중세 영국의 농부들이다. 현대 경제사학자들은 이런 영농법을 불필요하게 낭비되는 시간과, 땅뙈기들 사이에 필연적으로 존재하는 경작하지 못하는 경계지 때문에 지극히 비효율적이라 평가했다. 또한 안데스의 티티카카 호수 근처에서 생활하는 농부들의 분산된 밭을 연구한 캐럴 골란드(Carol Goland)의 보고서를 읽고, 개발 전문가들은 분개하며 이렇게 말했다. "그 농부들의 영농법은 비효율적이기 그지없어…… 그들이 어떻게 지금까지 살아남았는지 놀라울 지경이다. (……) 유산과 결혼으로 한 농부의 밭이 끊임없이 여러 마을로 쪼개지고 분산된 까닭에, 농부는 하루 일과의 4분의 3을 밭들 사이를 오가는 데 허비해야 한다. 게다가 밭의 면적이 수평방미터가 되지 않은 경우도 있다." 따라서 개발 전문가들은 농부들끼리 농지를 교환해서 땅을 한 곳에 집약시키는 방법을 제안했다.

그러나 페루의 안데스 지역을 계량적으로 연구한 골란드의 보고서에 따르면, 얼핏 보기에는 미친 짓 같은 그런 현상에는 분명한 이유가 있다. 쿠요쿠요 지방에서 골란드가 연구한 농부들은 감자와 그 밖의 작물을 분산된 밭들에서 키운다. 농부마다 평균 17곳에 밭을 보유하고 있었으며, 최대로 26곳까지 보유한 농부가 있을 정도이다. 밭의 평균 면적은 15미터×15미터에 불과하다. 농부들은 간혹 밭을 빌리거나 사기 때문에 밭을 한 곳에 집약시키는 건 불가능한 것이 아니지만, 그들은 결코 그렇게 하지 않는다. 그 이유가 무엇일까?

골란드가 찾아낸 단서는 매년 밭마다 수확량이 다르다는 것이었다. 그런데 수확량의 변화는 밭의 고도와 경사와 방위 등과 같은 환경적인 요인들, 그리고 농부가 조정할 수 있는 노동에 관련된 요인들(예컨대 거름주기와 제초작업, 씨의 밀도, 파종의 시기 등)에서 극히 일부만이 예측가능할 뿐이다. 대부분은 어떤 식으로든 그해의 지역별 강수량과 강수 시기, 병충해, 도적질 등에 영향을 받기 때문에 예측할 수도 없고 통제할 수도 없다. 어떤 해에나 밭마다 수확량이 크게 다르지만, 어떤 농부도 어느 밭이 어느 해에 수확량이 좋을지 예측할 수 없다.

쿠요쿠요 지역에서는 모든 농부가 어떤 대가를 치르더라도 연말에 수확을 좋게 해서 가족을 기아에 시달리게 하는 결과를 피하려 한다. 쿠요쿠요 지역에는 풍년이 들어도 미래에 닥칠지도 모를 흉년에 대비해서 식량을 저장할 수 있을 만큼 충분히 수확하는 농부는 하나도 없다. 따라서 그곳 농부들의 목표는 시간당 평균 수확량을 극대화하는 것이 아니다. 만약 9년간의 풍년과 1년의 흉년을 합해서 얻은 값으로 당신의 시간당 평균 수확량이 지극히 높더라도, 시간당 놀라운 수확량을 거두었던 때를 돌이켜보며 흡족해할 틈도 없이 흉년이 닥친 문제의 1년 때문에 당신은 굶어 죽을 것이다. 따라서 농부들의 목표는 시간당 평균 수확량이 높지 않더라도 매년 기아선을 넘는 수확량을 확실히 생산하는 것이다. 이런 이유에서 밭의 분산은 타당성을 갖는다. 만약 당신에게 널찍한 밭 하나만이 있다면 그 밭의 평균 수확량이 아무리 높더라도, 그 밭의 수확량이 어느 해에 불가피한 현상으로 크게 떨어지면 당신은 굶어 죽을 것이다. 그러나 밭이 여러 곳에 있고 밭마다 수확량이 들쑥날쑥하다면, 특정한 해에 일부 밭의 수확량이 형편없어도 다른 밭의 수확량이 괜찮으면 당신은 얼마든지 생존할 수 있다.

이런 가정을 검증하기 위해서 골란드는 20가구가 소유한 모든 밭―전체 488곳―의 수확량을 2년 연속으로 측정했다. 그 결과를 바탕으로, 각 가구가 동일한 면적을 경작하지만 밭을 한 곳에 집약시켰을 경우, 또 밭을 2곳, 3곳, 4곳…… 14곳까지 분산했을 경우, 각 가구의 총수확량이 어떻게 달라졌을지 계산해보았다. 분산된 밭이 많을수록 시간당 평균 수확량은 낮았지만, 기아선 이하로 수확량이 떨어지는 위험도 낮았다. 골란드가 Q라 명명한 가구를 예로 들어보자. Q는 중년의 남편과 부인과 15세의 딸 하나가 전부였다. 그들이 기아를 피하려면 매년 에이커당 1.35톤의 감자를 수확해야 했다. 만약 그들이 한 곳에만 감자를 심었다면 어떤 해에나 굶어 죽을 가능성이 37퍼센트로 상당히 높았다. 따라서 3년에 한 번꼴로 닥치는 흉년에 그들이 앉아서 굶어 죽어야 한다는 뜻이었기 때문에, 기아선보다 두 배나 높은 에이커당 3.4톤을 수확하는 밭을 선택하더라도 그들에게는 조금도 위안이 되지 않았을 것이다. 밭을 6곳에 분산해도 기아의 위험에서 완전히 자유롭지는 않았다. 7곳 이상으로 밭을 분산해야만 기아의 위험이 제로로 떨어졌다. 물론 밭을 7곳 이상으로 분산하면 평균 수확량이 에이커당 1.9톤으로 떨어졌지만 1.5톤 미만으로는 결코 떨어지지 않았다. 따라서 그들은 기아로 굶어 죽을 염려가 없었다.

골란드가 연구한 20가구는, 그들이 기아를 벗어나기 위해서 경작해야 한다고 계산된 밭의 수보다 평균적으로 두세 곳을 더 경작했다. 물론, 밭이 분산된 까닭에 그들은 농기구를 운반하고 밭들을 오가는 동안 더 많은 칼로리를 소비할 수밖에 없었다. 하지만 골란드의 계산에 따르면, 그로 인해 추가로 필요한 칼로리는 농작물에서 얻는 총칼로리의 7퍼센트에 불과했다. 기아를 피할 수 있다면 그 정도의 희생은 감수할 만했다.

요컨대 통계학이나 수학적 분석을 사용하지 않고도 오랜 경험을 통해서 안데스의 농부들은 수확량이 지역별로 예측할 수 없을 정도로 들쑥날쑥한 까닭에 기아의 위험을 조금이라도 벗어나기 위해서는 밭을 분산하는 게 최선이라는 걸 알아냈다. 농부들의 전략은 "계란을 한 바구니에 모두 담지 말라"는 격언과 완벽하게 맞아떨어진다. 중세 영국 농부들이 밭을 분산한 이유도 비슷하게 설명될 수 있을 것이다. 또한 농업 개발 전문가들이 지독히 비효율적이라며 분개하면서까지 비난했던 티티카카 호수의 농부들이 실제로는 똑똑했고, 농지 교환을 제안했던 전문가들의 판단이 실제로는 잘못된 것이었다는 이유도 이 격언으로 설명된다. 내 뉴기니 친구가 원래의 밭에서 수킬로미터나 떨어진 외딴 곳에 다시 밭을 마련한 행동에 나는 처음에는 어리둥절했지만, 뉴기니 사람들은 밭을 분산하는 이유로 다섯 가지를 언급했다. 폭풍우, 병충해, 돼지, 쥐에 의해서 모든 밭이 한꺼번에 황폐화되는 위험을 줄이고, 기후권이 다른 세 곳

2008~2009년 세계금융위기가 닥쳤을 때, 하버드가 기부금으로 투자한 원금과 수익이 폭락하는 사태가 벌어졌다. 하버드의 투자 관리자들은 수익이 어떤 위험수준을 웃도는 조건에서 장기적인 시간당 평균 수익율을 극대화하는 농부들의 위험관리 전략을 따랐어야 했다.

의 고지를 경작해서 다양한 작물을 얻기 위함이었다. 뉴기니 농부들이 수적으로는 적지만 면적으로는 넓은 밭을 경작하는 걸 제외하면 골란드가 연구한 안데스의 농부들과 비슷하다(뉴기니 농부들은 5곳에서 11곳까지 평균 7곳을 경작하지만, 안데스 농부들은 9곳에서 26곳까지 평균 17곳을 경작한다).

세계 전역의 소규모 농부들은 시간당 평균 수확량을 극대화하는 방법과, 수확량이 일정한 위험수준 이하로 떨어지지 않게 하는 방법의 차이를 알고 있지만, 미국의 많은 투자자들은 그 차이를 무시한다. 예컨대 당신에게 당장은 필요하지 않은 돈을 투자해서 먼 미래에 사용하려 한다면, 때때로 닥치는 불경기에 이익률이 제로 이하로 떨어지더라도 시간당 평균 이익률을 극대화하는 방향을 택하는 게 맞다. 그러나 투자 수익에 의존해서 현재를 살아간다면, 농부들의 전략을 따라야 한다. 다시 말하면, 시간당 평균 수익률이 낮더라도 당신이 생활하는 데 필요한 수준보다 연수익이 항상 높아야 한다. 내가 이 글을 쓰는 지금 이 순간에도, 미국에서 가장 똑똑하다는 투자자들 중 일부는 이런 차이를 무시한 결과를 호되게 치르고 있다. 미국 대학교 중에서 하버드 대학교는 가장 많은 기부금을 보유하고, 그 기부금을 바탕으로 시간당 가장 높은 평균 수익률을 올려왔다. 따라서 하버드 대학교의 기부금 관리자들은 과거에 보수적인 관리자들이 멀리했던 수익성 높은 투자에 뛰어들어 거둔 성공과 기법으로 유명해졌다. 관리자는 자신이 책임진 투자의 장기적인 평균 성장률과 연계해서 연봉을 받았다. 그러나 하버드가 투자해서 거둔 이익은 만일의 경우를 대비해서 비축되지 않고, 하버드 대학교의 운영예산에 쓰인다. 2008~2009년 세계 금융위기가 닥쳤을 때, 장기적인 수익을 극대화하는 데 초점을 맞춘 많은 투자들이 그랬듯이 하버드가 기부금으로 투자한 원금과 수익도 폭락하는 사태가 벌어졌다. 따라서 하버드는 고용을 동결하고, 과학 연구동을 세우려던 10억 달러의 계획을 무기한 연기하는 수밖에 없었다. 돌이켜 생각해보면, 하버드의 기부금 관리자들은 농부들의 전략을 따랐어야 했다.

계절적 특징과 식량난

지금까지 우리는 전통 사회가 식량 공급의 예측하기 힘든 변동에서 비롯되는 기아의 위험에 어떻게 대처하는지 살펴보았다. 물론 예측할 수 있는 계절적 변동도 있다. 온대지역 사람들은 봄·여름·가을·겨울의 차이에 익숙하다. 식량 저장과 장거리 운송으로 슈퍼마켓에서 판매되는 상품들의 계절적인 변화가 거의 눈에 띄지 않는 오늘날에도 지역에서 생산되는 신선한 과일과 채소는 여전히 예측가능하다. 예컨대 로스앤젤레스의 내 집 근처에는 생산자 직거래 농산물 시장이 있다. 지역에서 생산된 계절적인 상품들이 판매되는 시장으로 4월과 5월에는 아스파라거스, 5월과 6월에는 장과류와 딸기, 6월과 7월에는 복숭아와 살구, 7월부터 이듬해 1월까지는 호박, 10월부터 이듬해 1월까지는 감이 대세를 이룬다. 북아메리카와 유라시아의 온대지역에서도 현대식 저장방법과 장거리 운송이 등장해서 생산량의 변동을 해소하기 전에는 신선한 과일과 채소 이외에 다른 식품의 확보는 계절적으로 변동이 있었다. 따라서 농장의 가축들을 추려서 도살하는 가을에는 육고기가 풍부했고, 젖소와 양이 새끼를 낳는 봄과 여름에는 젖이 넉넉했으며, 물고기가 강을 거슬러 올라오고 해안을 향해 다가올 때는 연어와 청어 같은 물고기가 많았다. 또 특정한 계절에는 순록과 들소처럼 철따라 이동하는 야생동물들의 살코기가 풍부했다.

따라서 온대지역에서 수개월은 풍요의 시기였고, 수개월은 예측가능한 기근의 시기였다. 저장한 식량이 바닥나서, 허리띠를 졸라매며 최악의 경우에 닥칠 기아의 위험을 견뎌야 했다는 뜻에서 예측가능한 기근이었다. 그린란드 바이킹들에게 이런 기근의 시기는 매년 겨울이 끝날 쯤에 닥쳤다. 그들이 지난해에 저장해둔 치즈와 버터와 육포를 거의 소진했지만 젖소와 양과 염소는 아직 새끼를 낳지 않아 젖을 생산하지 못했고, 계절적으로 이동하는 하프물범들도 아직 해안가에 이르지 않은 때였기 때문이다. 더구나 겨울이 끝나갈 쯤에는 그린란드에 상주하는 물범들도 새끼를 낳기 위해 육지에 올라오지 않았다. 이런 이유에서 1930년 경 겨울이 끝날 쯤에 그린란드에서 두 정착지 중 한 곳의 주민들이 모두 굶어 죽은 것으로 여겨진다.

미국인과 유럽인 및 온대지역에 거주하는 사람들은 열대지역, 특히 적도 근처에는 계절적 변화가 없다고 생각하는 경향이 있다. 물론 기후의 월별 변화는 온대지역보다 열대지역에서 심하지 않지만, 대부분의 열대지역은 우기와 건기로 뚜렷이 나뉜다. 예컨대 파푸아뉴기니의 포미오 지역은 적도에서 남쪽으로 수백 킬로미터밖에 떨어지지 않았지만 무척 습해서(연간 강수량이 6,600밀리미터), 가장 건조한 달에도 약 150밀리미터의 비가 내린다. 하지만 포미오에서 가장 습한 달(7월과 8월)에는 가장 건조한 달(2월과 3월)보다 7배나 많은 비가 내리기 때문에 식량 생산과 생활조건도 크게 달라진다. 따라서 저위도 지역, 심지어 적도에서 거주하는 사람들도 예측가능한 기근의 시기를 겪는다. 대부분의 경우, 기근의 시기는 건기에 닥치며, 건기는 지역에 따라 다르다. 칼라하리 사막의 !쿵족과 파푸아뉴기니 고원지대의 다리비족에게는 9월과 10월, 콩고 이투리 삼림지대의 음부티 피그미족에게는 12월부터 이듬해 2월까지, 뉴브리튼 섬의 카울롱족에게는 1월이 기근의 시기이다. 그러나 일부 저위도 지역에서는 우기에도 기근을 피하지 못한다. 예컨대 오스트레일리아 북서지역의 응가린인족은 12월, 수단의 누에르족은 6월부터 8월이 우기인데도 기근과 싸워야 한다.

전통 사회들은 예측가능한 계절적 식량난에 크게 세 가지 방법으로 대처했다. 식량의 저장, 식용 식품의 확대, 분산과 결집이 그것이다. 첫 번째 방법은 현대 사회에서도 흔히 사용된다. 우리도 냉장고와 냉동고, 통조림과 병에 식품을 저장하고, 건조한 식품을 밀봉포장에서 오랫동안 보관하지 않는가. 전통 사회에서도 식량이 풍부한 계절(예컨대 온대지역의 수확기)에 축적된 잉여식량을 따로 보관해두고, 식량이 부족한 시기(예컨대 온대지역의 겨울)에 소비하는 경우가 적지 않았다. 식량 저장은 계절이 뚜렷이 구분되는 환경에서 살아가기 때문에 식량의 확보 가능성이 계절별로 들쑥날쑥한 정주사회에서 행해졌다. 거주지를 자주 옮겨 다닌 유목형 수렵채집인들은 식량을 저장하는 경우가 거의 없었다. 배도 없고 개가 끄는 썰매도 없었다면 많은 식량을 짊어지고 이동하기 힘들었을 것이고, 야생동물이나 다른 부족이 약탈할 위험이 상존해서 기존의 거주지에 안전장치도 없이 식량을 방치해두고 떠나면 나중에 돌아올 때까지 안전하게 남아 있을 거라는 보장이 없었기 때문이다. (하지만 일부 수렵채집인들, 예컨대 일본의 아이누족, 북서 태평양 연안의 원주민들, 그레이트 베이슨의 쇼쇼니족, 북극권의 일부 부족은 계절적으로 정주생활을 했기 때문에 상당한 양의 식량을 저장했다.) 정주생활을 하더라도 가족 단위로 살던 소규모 사회는 식량을 저장하더라도 침략자들을 방어할 수 없었기 때문에 아예 식량을 거의 저장하지 않았다. 식량 저장은 뜨겁고 습해서 금세 상하는 열대지역보다 한랭지역에서 주로 행해졌다. 표 8.2를 참조하기 바란다.

식량을 저장할 때 현실적으로 해결해야 하는 주된 문제는 식량이 미생물에 의해 부패하는 걸 막는 것이다. 다른 살아 있는 생명체와 마찬가지로 미생물에게도 따뜻한 기온과 물이 필요하다. 이런 이유에서 식량을 차게 보관하거나(냉장고가 개발되기 전에 열대지역에서는 불가능한 방법이었다), 건조해서 보관하는 방법이 주로 사용된다. 그런데 일부 식품은 자연 상

표 8.2_ 전통 사회의 식량 저장

유라시아	
유라시아 목축민	낙농품: 버터, 치즈, 스퀴르, 발효유
유럽 농경인	밀과 보리, 소금에 절인 생선과 말린 생선, 낙농품, 감자와 덩이줄기, 식초에 절인 채소, 맥주, 기름
한국	김치: 절이고 발효시킨 배추와 무와 오이. 소금에 절이거나 발효시킨 생선과 새우
아이누족(일본)	견과류, 말리고 얼린 생선, 말린 사슴고기, 뿌리 녹말
응가나산족(시베리아)	훈제, 혹은 말리거나 얼린 순록고기, 정제한 거위 지방
이텐미족(캄차카)	말리고 발효시킨 생선
남북 아메리카	
대부분의 원주민 농경인	말린 옥수수
북아메리카 대평원 원주민	페미컨: 말린 들소고기, 정제한 지방, 말린 장과류
안데스 산맥	얼리고 말린 육고기와 덩이줄기와 생선
이누이트족	얼린 고래고기, 얼리거나 말린 카리부고기, 물범 기름
북서 태평양 해안지역	말리고 훈제한 연어, 정제한 바다빙어 기름, 말린 장과류
그레이트 베이슨(쇼쇼니족)	메스키트 녹말, 잣, 말린 고기
캘리포니아 북부 내륙	도토리, 말린 연어
아프리카	
누에르족	기장, 맥주
태평양	
동폴리네시아	발효시킨 타로토란과 빵나무 열매, 말린 바나나와 녹말
마오리족(뉴질랜드)	지방으로 가열해서 밀폐한 새고기, 덩이줄기
트로브리안드 제도(뉴기니)	참마
뉴기니 저지대	사고야자 녹말, 말린 생선
뉴기니 고원지대	덩이줄기, 고구마, 살아 있는 돼지
오스트레일리아 원주민	야생초의 씨를 이용한 빵

태에서 수분을 많이 함유하지 않아, 약간만 건조하면 본래의 형태로 수 개월, 심지어 수년까지 저장할 수 있다. 대다수의 견과류, 곡물, 감자와 순무 같은 덩이줄기, 꿀이 대표적인 예이다. 이런 식품들은 저장을 목적으로 만들어진 저장고나 용기에 보관되지만, 다수의 뿌리채소는 필요할 때까지 수개월 동안 지하에 파묻어두는 간단한 방법으로 '저장'할 수 있다.

하지만 육고기와 생선, 과즙이 많은 열매와 장과류 등과 같은 식품들은 수분을 다량으로 함유해서, 시렁에 올려놓고 햇빛에 말리거나 연기에 익혀 말리는 오랜 과정이 필요하다. 예컨대 훈제 연어는 요즘에는 구하기 힘든 맛있는 진미로 여겨지지만, 북서 태평양 연안지역의 원주민들에게는 주식이었다. 말린 들소고기에 지방과 말린 장과류를 더해 만들어진 페미컨은 북아메리카 대평원에 살던 원주민들의 주식이었다. 안데스 지역의 원주민들도 육고기와 생선 및 감자와 오카(안데스괭이밥의 덩이줄기)를 냉동건조법(얼리고 햇빛에 건조시키는 과정을 번갈아 반복하는 방법)으로 건조시켜 저장했다.

수분이 많은 식품을 취해서 대부분의 수분을 제거하고 영양물질만을 취하는 방식으로 건조시킨 식품들도 있다. 이런 식품의 대표적인 예로 오늘날에도 흔한 것이 올리브에서 취한 올리브 기름, 우유로 만든 치즈, 밀을 빻아 만든 밀가루이다. 지중해의 전통 사회 사람들, 유라시아의 목축민들, 유라시아의 농경인들은 위에서 언급한 식품들을 차례로 수천 년 동안 만들어서 저장해왔다. 지방을 추출하고 정제해서 수분이 적은 형태로 저장하는 방법은 뉴질랜드 마오리족의 새 사냥꾼들, 북아메리카의 들소 사냥꾼들, 북극권의 해양포유동물 사냥꾼들의 사회에서 주로 행해졌다. 북서 태평양 연안지역의 원주민들은 기름덩어리인 빙어류에서 지방을 추출해 정제했다. 바다빙어라고 불리는 작은 물고기로 말리면 촛불처럼 태울 수 있기 때문에 영어로는 캔들피시(candlefish)라고 불린다. 뉴기니 저지대 사람들의 주식은 사고야자의 고갱이에서 추출한 녹말이다. 폴리네시아인들과 일본의 아이누족은 뿌리에서 녹말을 추출했고, 그레이트 베이슨의 쇼쇼니족은 완두콩의 일종인 메스키트에서 녹말을 추출했다.

건조하지 않고 식량을 보존하는 다른 방법들도 사용됐다. 예컨대 겨울이면 기온이 영하 이하로 떨어지는 북극권과 북유럽 지역에서는 겨울에 식품을 얼려서, 얼음으로 채운 지하방이나 땅속에 묻어두는 간단한 방법을 사용했다. 이 경우에는 식량이 이듬해 여름까지 냉동상태로 유지됐다. 나는 영국 케임브리지 대학교의 박사 과정에 있을 때 동굴탐험을 취미로 즐기던 영국 친구들과 함께 이스트앵글리아의 시골 지역을 드라이브하다가 이런 관습의 흔적을 우연히 보았다. 우리는 그 지역의 한 지주를 만나 이런저런 얘기를 나누었고, 그는 자신의 땅에 있는 이상한 건물을 우리에게 보여주었다. 당시에는 누구도 그 건물의 용도를 몰랐다. 오래된 벽돌들이 아름답게 곡선을 이룬 둥근 지붕으로 지어진 건물이었다. 주인은 오랫동안 잠겨 있던 문을 열고 우리에게 안을 보여주었다. 건물 안에 들어가자, 직경 3미터 가량의 수직 갱도가 한눈에 들어왔다. 수직 갱도 안쪽에도 벽돌들이 덧대져 있었고, 나무 사다리가 아래쪽으로 설치돼 있었지만, 무척 깊어 사다리 끝도 보이지 않았고 갱도의 바닥도 보이지 않았다.

다음 주말, 우리는 동굴을 탐험할 때 사용하던 밧줄과 아세틸렌등(燈),

작업복을 준비해서 그곳을 다시 찾아갔다. 우리는 깊은 수직 갱도를 내려가면 옆으로 여러 갱도가 있는 잊혀진 보물창고를 찾아내기를 내심으로 바랐다. 동굴탐험단에서 유일한 미국인이었고 가장 날렵했던 까닭에 내가 썩어가는 나무 사다리를 타고 가장 먼저 내려가는 위험을 떠안았다. 실망스럽게도 10미터를 내려가자 사다리는 더러운 바닥에 닿았고, 옆으로 이어지는 갱도도 없었고 보물도 없었다. 오래된 벽돌들이 훨씬 더 아름답게 쌓여 있다는 걸 제외하면, 무슨 용도로 쓰였는지 짐작할 만한 단서도 찾아내지 못했다. 그날 저녁, 케임브리지로 돌아와서 나는 저녁식사를 함께하던 친구들에게 그 미스터리한 수직 갱도에 대한 얘기를 꺼냈다. 공학을 전공하는 한 선배가 주말마다 그곳을 돌아다닌다며 "분명히 얼음 창고일 거야!"라고 소리쳤다. 그 선배의 설명에 따르면, 19세기 말에 냉장고가 발명되기 전까지 영국 사유지에는 그런 건물들이 흔했고, 따뜻한 표토층 이하까지 깊이 파서 겨울에 저장 식품과 얼음덩어리로 채워두면 이듬해 여름까지 식품이 얼려진 상태로 유지된다는 것이었다. 우리가 다시 찾아낸 얼음 창고의 규모를 고려하면, 엄청난 양의 식품을 저장할 수 있었을 것이라 판단된다.

 식품을 저장하는 또 하나의 전통적인 방법은 식품을 삶아서 미생물을 죽인 후에, 뜨겁고 살균된 상태로 용기에 넣고 그 용기를 밀봉하는 것이다. 2차대전 당시, 미국 정부는 도시 거주자들에게 뒷마당에 승리를 염원하는 채마밭을 조성하고 식품을 삶은 후에 밀폐된 용기에 보관함으로써 우리의 애국적인 병사들을 위해 식량을 아끼자고 독려했다. 내가 어린시절을 보낸 보스턴 집의 한 지하실방에는 가을에 수확한 토마토와 오이로 잔뜩 채워진 병들로 가득했다. 내 부모와 누이와 나는 겨우내 *그것*

들을 먹었다. 어머니는 낡은 압력솥으로 야채를 삶아 병에 보관하기도 했다. 덕분에 나는 어린시절에 압력솥이 폭발해서 걸쭉해진 야채들이 부엌 천장에 덕지덕지 달라붙은 모습을 한두 번 본 것이 아니었다. 뉴질랜드의 마오리족은 육고기를 비슷한 방식으로 처리해서 오랫동안 저장했다. 다시 말하면, 육고기를 삶아서 뜨거운 상태로 용기에 담은 후에 지방을 녹여 용기를 밀폐해서 미생물의 침입을 막는 방식이었다. 마오리족은 미생물에 대해 몰랐지만 어떻게든 그런 방법을 알아냈다.

건조하거나 얼리지 않고, 또 삶지도 않고 식품을 오랫동안 보존하는 다른 방법도 사용됐다. 미생물의 성장을 억제하는 물질을 이용해서 식품을 절이고 발효시키는 방법이었다. 식품에 첨가되는 소금이나 식초, 식품 자체가 발효되는 동안 발생하는 알코올이나 식초나 젖산이 미생물의 성장을 억제한다. 이렇게 만들어진 대표적인 식품으로는 맥주와 포도주를 비롯한 알코올성 음료, 한국인의 주식으로 끼니마다 식탁에 빠짐없이 오르는 김치로 소금물에 발효시킨 배추와 무와 오이, 아시아 유목민들의 발효시킨 말젖, 폴리네시아의 발효시킨 타로토란과 빵나무 열매, 캄차카에 살던 이텐미족의 발효시킨 생선이 있다.

잉여식품을 저장하는 마지막 방법으로는 잉여시품을 비시품으로 전환해두고 힘든 시기가 닥치면 식품으로 다시 전환하는 방법을 생각해볼 수 있다. 요즘과 같은 현금경제에서 농부들이 사용하는 방법으로, 농부들이 수확하거나 노축할 때 수확물을 팔아 받은 돈을 은행에 넣어두고, 나중에 그 돈을 인출하여 슈퍼마켓에서 다른 식품을 구매하는 경우이다. 엄밀하게 말하면, 뉴기니 고원지대에서 행하는 돼지 사육은 푸드뱅킹, 즉 식량을 저장하는 한 방법이다. 고원지대 사람들의 주식인 고구마는 수개월밖에 저장되지 않는다. 하지만 돼지에게 고구마를 먹이고 수년 후에 돼지를 도살해서 식량으로 삼는다면, 고원지대 사람들은 고구마를 돼지의 몸에 저축해두었다가 돼지고기로 전환하는 셈이다. 고구마를 수개월보다 훨씬 오랫동안 효과적으로 저장하는 방법이 아닐 수 없다.

식용 식품의 확대   식량 저장 이외에 계절적 식량 기근에 대처하는 또 다른 전략은 식용 식품을 확대해서, 식량이 풍부한 시기에는 거들떠보지도 않던 식품까지 먹는 것이다. 6장에서 렌넬 섬의 예를 들었듯이, 그곳 사람들은 먹을 수 있는 야생식물을 두 종류로 구분한다. 하나는 평소에 먹는 식물이고, 다른 하나는 사이클론에 밭이 황폐화된 까닭에 어쩔 수 없이 먹는 식물이다. 그러나 렌넬 섬사람들은 평소에 대부분의 식용 식물을 밭에서 얻기 때문에, 야생식물의 분류가 정교한 편이 아니다. 하지만 !쿵족은 예부터 수렵채집인으로 살면서 농사를 짓지 않았기 때문에 야생식물을 선호해서 무척 정교하게 분류하고 있다. 그들은 지역에서 자생하는 200종 이상의 야생식물종에 이름을 붙였고, 그중에서 105종을 먹을 수 있는 것이라 생각한다.

또 선호도에 따라 야생식물을 여섯 종류로 나눈다. 무엇보다 광범위하게 분포되어 연중 어느 때에나 구할 수 있고, 쉽게 채취할 수 있으며, 맛도 있고 영양도 풍부한 식물이 가장 선호된다. 이런 기준을 모두 만족하기 때문에 선호도에서 최고의 식물은 몽곤고 열매이다. !쿵족은 식물에서 섭취하는 칼로리의 거의 절반을 몽곤고 열매에서 얻을 정도로, 몽곤고 열매와 선호도에서 필적할 만한 음식은 짐승고기뿐이다. 드문 데다 일부 지역에서만 자생하고, 일정한 계절에만 구할 수 있으며, 맛도 없고 소화하기도 어려우며, 영양도 거의 없다고 여겨지는 식물의 선호도는 당연히 낮다. !쿵족은 새로운 거주지로 옮기면, 몽곤고 열매와 그 밖의 13가지 선호 식물을 채취해서 그것들만을 먹는다. 이런 상황은 거주지 근처에서 몽곤고 열매와 다른 선호 식물을 더 이상 찾을 수 없을 때까지 계속된다. 그 후에야 그들은 선호도를 한 단계씩 낮추어가며 덜 바람직한 식물로 옮겨간다. 9월과 10월, 뜨거운 건기에는 식량을 구하기 힘들기 때문에 !쿵족은 땅까지 파내며 평소에는 거들떠보지도 않던 맛없는 실뿌리까지 채취해서 깨죽깨죽 먹는다. 약 10종의 나무에서 흘러나오는 먹을 수 있는 수액은 낮게 평가되고 소화하기도 어렵다고 여겨지기 때문에, 기회가 있을 때에도 부수적으로만 채취된다. 선호도에서 가장 낮은 식물은 연간 몇 번밖에 먹지 않는다. 풍부하지만 구역질과 환각을 유발한다고 여겨지는 열매, 독초를 먹고 죽은 젖소에서 얻은 살코기가 대표적인 예이다. !쿵족의 이런 선호도 사다리가 요즘 제1세계 시민들의 삶과는 아무런 관계가 없다고 착각해서는 안 된다. 실제로 많은 유럽인이 2차대전 동안 식량이 부족했을 때 이와 유사한 방식으로 연명했다. 예컨대 당시 쥐고기를 먹었다고 내게 고백한 영국인 친구들이 한둘이 아니다.

!쿵족 사회에서 동쪽으로 480킬로미터쯤 떨어진 곳에 그웸베 통가족 농경인들이 살고 있다. !쿵족에 비하면 인구밀도가 100배는 높다. 따라서 흉년이 들면, 상대적으로 소수인 !쿵족에 비해서 그들이 주변 환경의 야생식물들에 훨씬 큰 압력을 가하기 마련이다. 흉년이 들면, 통가족

은 !쿵족 지역에도 있지만 !쿵족은 먹을 수 있는 것이라 분류하지 않는 21종의 식물을 먹는다. 이런 식물 중 하나가 열매 껍질이 독성을 띤 아카시아나무이다. !쿵족은 매년 이 열매 껍질을 풍족하게 채취할 수 있지만 손도 대지 않는다. 하지만 기근의 시기에 통가족은 이 열매 껍질을 채취해서, 독성을 제거하기 위해 하루 동안 물에 담궈두었다가 삶아 걸러낸 후에 먹는다.

식용 식품을 확대하는 마지막 사례로 뉴브리튼 섬의 카울롱족을 생각해보자. 카울롱족의 주식은 밭에서 재배하는 타로토란이고, 돼지고기는 의식(儀式)에서 중요한 위치를 차지한다. 카울롱족이 톡 피신으로 '타임 빌롱 항기리(굶주림의 시기)'라 칭하는 것은 건기인 10월부터 이듬해 1월까지를 뜻한다. 따라서 밭에서 먹을 것을 구하기 힘든 때이다. 그럼 카울롱족은 숲에 들어가 뱀과 작은 짐승을 사냥하고, 벌레들을 잡고, 평소에는 좋아하지 않던 야생식물을 채취한다. 이런 식물들 중 하나가 독성을 띤 야생 견과류로, 독성을 제거하려면 며칠 동안 물에 담궈두어야 한다. 또 다른 하나는 야생 야자나무로 줄기를 불에 구워 먹지만, 평소에는 돼지나 먹는 것이라고 거들떠보지도 않던 것이다.

:
결집과 분산　　식량 저장과 식용 식품의 확대 이외에, 예측가능한 계절적 식량 기근에서 비롯되는 문제를 해결하기 위해 전통 사회가 택한 방법은 주기적으로 결집과 분산을 되풀이하는 인구이동이다. 식량 자원이 부족한데다 일부 지역에 몰려 있으면, 사람들은 그 지역에 모여 살아간다. 그러나 식량 자원이 널리 균등하게 분배되는 시기에 사람들은 전 지역에 골고루 흩어진다.

유럽에서 예를 찾아보면 알프스의 농부들이다. 그들은 겨울에는 골짜기의 농가에서 시간을 보내지만, 풀이 다시 돋고 산비탈을 덮었던 눈이 녹는 봄과 여름에는 젖소와 양을 끌고 고산지대의 목초지로 올라간다. 이처럼 계절에 따라 결집과 분산을 되풀이하는 삶의 방식은 세계 전역의 농경 사회와 수렵채집 사회에서 흔한 현상이다. 수렵채집인으로는 오스트레일리아 원주민들, 이누이트족, 북서 태평양 연안의 원주민들, 그레이트 베이슨의 쇼쇼니족, !쿵족과 아프리카 피그미족이 대표적인 예이다. 기근의 시기에 사람들이 모이면 연례 의식이 행해지고, 춤잔치와 입문식 및 결혼을 위한 협상도 진행되며 무리들에게 사교를 위한 기회를 제공한다. 이런 인구이동이 쇼쇼니족과 !쿵족의 사회에서 어떻게 진행되는지 예를 들어 살펴보자.

미국 서부에 위치한 그레이트 베이슨의 쇼쇼니족은 계절적으로 극단적인 차이를 보이는 사막에서 살아간다. 여름에는 지독히 건조하고 뜨거운 반면에(낮온도가 섭씨 32도를 넘어 38도에 이른다), 겨울에는 몹시 춥다(하루 종일 영하로 떨어지는 때가 많다), 게다가 강우량이 연간 250밀리미터에 불과하며, 그것도 대부분이 겨울에 눈으로 내린다. 따라서 식량이 부족한 계절인 겨울에 주로 소비되는 식량은 저장한 잣과 메스키트 녹말이다. 기을이면 쇼쇼니족은 잣나무 숲에 모여들이 단기간에 잣을 대량으로 수확하고 가공해서 저장한다. 그 후에는 서로 관계가 있는 2~10가족이 무리를 지어, 물이 있는 숲에 마련한 거주지에서 겨울을 보낸다. 봄이 찾아와 날씨가 따뜻해져서 식물이 다시 자라고 짐승들이 활동을 시작하면,

그 무리가 핵가족으로 나뉘며 더 높은 지역이나 더 낮은 지역으로 뿔뿔이 흩어진다. 여름에는 식량 자원이 어디에서나 풍부하고 다양하기 때문에 쇼쇼니족은 다양한 식품에서 영양을 보충한다. 씨와 뿌리, 덩이줄기, 장과류와 견과류 및 여러 식물을 채집하고, 메뚜기와 파리 애벌레 등 여러 곤충을 잡아 먹는다. 토끼와 설치동물, 파충동물 등 작은 짐승만이 아니라 사슴과 큰뿔양, 영양과 말코손바닥사슴과 들소까지 사냥하고, 물고기를 잡기도 한다. 여름이 끝나면 쇼쇼니족은 다시 잣나무 숲에 모여들고, 겨울을 함께 보낼 무리를 구성한다. 그레이트 베이슨과 환경이 다른 사막, 즉 아프리카 남부의 사막에 사는 !쿵족도 물을 좇아, 결국 물사정에 따라 달라지는 식량 자원을 좇아 결집과 분산을 반복한다. !쿵족은 건기에는 몇 군데 되지 않는 항구적인 샘을 중심으로 집결하고, 우기에는 완전히 믿을 수는 없지만 계절적으로 물웅덩이가 형성되는 308곳으로 흩어진다.

위험에 대한 대응

지금까지 우리는 전통 사회에 흔히 닥치는 위험들과, 전통 사회 사람들이 그 위험들에 어떻게 대응하는지 살펴보았다. 끝으로, 위험에 대한 실질적인 대책(위험을 어떤 식으로 평가하든 간에)과 우리의 대응(우리가 위험을 얼마나 염려하고, 얼마나 포괄적으로 위험을 막으려 하는가)을 비교해보자. 순진하게 생각하면, 우리는 철저하게 합리적이고 여러 곳에서 정보를 얻기 때문에, 위험에 대한 우리의 대응은 각 유형의 위험에서 매년 실제로 사망하거나 부상당한 사람의 수로 판단한 심각성에 비례할 것이다. 그러나 이런 순진한 생각은 적어도 다섯 가지 이유에서 여지없이 무너진다.

첫째, 매년 어떤 유형의 위험으로 사망하거나 다치는 사람의 수는 적을 수 있다. 우리가 그런 위험을 경계하며 위험을 최소화하기 위해 무진 노력할 것이기 때문이다. 만약 우리가 철저하게 합리적이라면, 쉽게 합산되는 실제 사망자 수보다, 추정하기 힘들겠지만 우리가 어떤 대책도 취하지 않았다면 사망했을지도 모를 사람의 수로 위험의 정도를 평가해야 할 것이다. 이 장에서 언급된 여러 사례 중 두 사례가 이 경우에 적용된다. 전통 사회에서 평소에는 기아로 사망하는 사람이 거의 없다. 그 이유는 한 사회를 지탱하는 많은 관습이 조직적으로 운영되며 기아로 사망할 위험을 줄이기 때문이다. !쿵족 사회에서 사자에게 죽임을 당하는 사람이 거의 없는 이유는 사자가 위험하지 않기 때문이 아니라, 사자가 무척 위험한 짐승이어서 !쿵족이 사자의 공격을 피하기 위해 정교한 대책을 취하기 때문이다. 예컨대 해가 떨어진 후에는 거주지를 떠나지 않고, 낮에 거주지를 나갈 때도 사자의 흔적과 징후를 찾아 주변을 면밀히 살피며, 여자들이 거주지를 나설 때는 항상 무리지어 다니고 끊임없이 큰 소리로 얘기를 나누며, 늙고 다친 사자나 굶주리고 홀로 다니는 사자를 조심한다.

실질적인 위험과 위험에 대한 우리의 대응이 불일치하는 두 번째 이유는 웨인 그레츠키의 변형된 원칙 "적극적으로 위험에 달려들 때 위험한 상황에서 이익을 얻을 가능성은 가파르게 상승한다"—으로 설명된다. !쿵족은 자신들이 사냥한 짐승을 먼저 차지하고 뜯어먹는 사자들을 쫓아내지만, 편히 쉬는 사자에게 덤벼들지는 않는다. 누구도 재미로 불난 집에 뛰어들지는 않지만 그런 집에 갇힌 우리 자식을 구하기 위해서는 과감히 뛰어든다. 요즘 많은 미국인과 유럽인과 일본인이 원자력 발전소의 건설 타당성을 재검토하며 고민하는 이유는, 첫째로는 일본 후쿠시마 원자력 발전소의 사고로 원자력의 위험성을 재인식하게 되었고, 둘째로는 석탄과 석유와 가스를 사용하는 발전소를 줄임으로써 지구온난화를 감축하는 이익이 원자력의 위험을 상쇄하기 때문이다.

셋째, 인간은 위험을 습관적으로 잘못 평가한다. 심리학자들이 광범위하게 연구했듯이, 적어도 서구 세계는 그렇다. 미국인에게 오늘날 가장 위험한 것이 무엇이냐고 물으면, 가장 먼저 테러리스트, 항공기 추락, 핵발전소 사고를 언급하지만 이런 위험들로 사망한 미국인을 모두 합해도 자동차나 알코올이나 흡연으로 사망한 미국인보다 훨씬 적다. 지난 40년 동안 어떤 해에도 이 결과가 뒤집어진 적이 없었다. 미국인이 생각하는 위험 순위를 실제 사망 원인(혹은 위험한 행위의 시간당 사망 확률)과 비교해 보면, 미국인들이 핵발전소 사고의 위험(미국 대학생과 여성 유권자는 가장 위험한 것으로 꼽았다)과 DNA를 기반으로 한 기술, 새로운 화학공학, 스프레이 통을 지나치게 과대평가하고 있다는 걸 확인할 수 있다. 반면에 알코올과 자동차와 흡연의 위험은 과소평가되고, 상대적으로 덜하지만 외과 수술과 가전제품과 식품 방부제의 위험도 과소평가되는 편이다. 이런 편견들은 우리가 통제할 수 없는 사건, 많은 사상자가 발생할 가능성이 있는 사건, 생소하고 잘 몰라서 평가하기 어려운 위험이 관련된 상황을 두려워하는 성향에서 비롯된다(따라서 테러리스트와 항공기 추락과 원자력 발전소 사고를 두려워하는 것이라 여겨진다). 그러나 오래전부터 존재한 것이어서 그런대로 통제할 수 있는 듯한 일상적인 위험, 또 우리가 자발적으로 받아들이는 위험, 많은 사람보다 개개인을 죽음에 몰아넣는 위험은 대수롭지 않게 받아들인다. 이런 이유에서 우리는 자동차와 알코올과 흡연의 위험을 과소평가하고, 접이식 사다리에 겁 없이 올라가는 것이다. 우리는 이런 위험을 선택할 때 얼마든지 통제할 수 있다고 생각하며, 이런 위험이 다른 사람들을 죽일지는 몰라도 우리 자신은 조심하고 강하기 때문에 괜찮다고 생각한다. 미국 엔지니어 천시 스타(Chauncey Starr, 1912~2007)가 말했듯이, "우리는 직접 하면 즐거운 일을 다른 사람에게 맡기는 걸 싫어한다."

넷째, 위험을 남들보다 적극적으로 받아들이고, 심지어 위험을 찾아다니며 즐기는 사람들이 있다. 스카이다이빙과 번지점프와 경주용 자동차를 취미로 즐기는 사람들, 강박적인 도박사가 대표적인 예이다. 보험회사들이 수집한 자료에 따르면 남성이 여성보다 위험을 더 자주 찾아다니고, 남성이라도 위험을 추구하는 강도가 20대에 절정을 이루지만 나이가 들면서 점점 줄어든다는 일반적인 직관이 확인된다. 나는 얼마 전에 아프리카 빅토리아 폭포를 둘러보고 돌아왔다. 폭이 1,500미터가 넘는 잠베지 강이 108미터 아래의 좁은 틈새로 떨어지고, 그보다 훨씬 좁은 협곡을 따라 '끓어오르는 솥(Boiling Pot)'이라 불리는 웅덩이로 몽땅 흘러들어간다. 폭포의 굉음, 검은 바위벽, 틈새와 협곡을 완전히 뒤덮은 안개, 폭포 아래에서 거세게 휘감기는 물을 보고 있으면, 지옥이 정말 있다면 지옥의 입구가 바로 그런 모습일 거라는 생각이 든다. '끓이오르는 솥' 바로 위로 협곡을 가로지르는 다리가 있다. 잠비아와 짐바브웨의 국경이 잠베지 강이어서, 관광객들은 그 다리로 두 나라를 오갈 수 있다. 그런데 그 다리에서 물보라로 가득한 검은 협곡으로 번지점프하는 관광객들이 있었다. 나는 그 광경을 보았을 때 두 다리가 후들거려 다리에 발을 들여놓을 수조차 없었다. 번지점프만이 내 아내와 자식들의 목숨을 구할 수 있는 유일한 방법이란 협박을 받았더라도 나는 그곳에서 번지점프를 할 수 없을 것 같았다. 그러나 잠시 후, 내 아들의 동기생이라며 22세인 리라는 젊은이가 우리를 찾아왔다. 리는 그 협곡에서 발목에만 밧줄을 묶고 머리부터 먼저 떨어지는 번지점프를 했다고 자랑스레 떠벌렸다. 나라면 평생 모은 예금을 갖다 바치더라도 피하고 싶었던 그 위험한 짓을 녀석이 자발적으로 했다는 사실에 놀라지 않을 수 없었다. 하지만 나도 같은 나이였던 22세에 동굴을 탐험하며 똑같이 위험한 짓을 감행했다는 걸 깨닫고는 리의 무모한 행동을 이해할 수 있었다.

다섯 째, 보수적인 다른 사회보다 위험을 너그럽게 받아들이는 사회가 있다. 이런 차이는 제1세계 국가들에서도 확인되며, 아메리카 원주민들과 뉴기니 부족들 사이에서도 관찰된다. 하나의 예만 들어보자. 최근에 이라크에서 군사작전을 시행하는 동안 미군이 프랑스군이나 독일군보다 위험 앞에서 무모하게 행동했다는 평가가 있었다. 객관적인 증거는 없지만 그 차이를 나름대로 추측해보면, 프랑스와 독일은 두 번의 세계 전쟁을 통해서 어리석을 정도로 위험한 군사작전 때문에 거의 700만의 애꿎은 시민이 목숨을 잃었다는 교훈을 배운 반면에, 현대 미국을 건국한 이민자들은 위험을 회피하는 고향 사람들과 고향을 떠나서 낯설고 새로운 땅으로 이주하는 위험을 기꺼이 받아들였다는 차이에서 비롯된 듯하다.

요컨대 모든 인간 사회는 위험에 부딪치지만, 지역에 따라, 또 생활방식에 따라서 사회가 직면하는 위험은 다르다. 나는 자동차와 접이식 사다리를 위험하다고 생각하지만, 뉴기니 저지대 사람들은 악어와 사이클론과 적대적인 부족을 위험하다고 생각하며, !쿵족은 사자와 가뭄을 위험하다고 생각한다. 따라서 사회마다 위험하다고 인지하는 것이 다르기 때문에 위험을 경감하기 위한 대책들도 다르다. 그러나 WEIRD(서구의 문명화되고 산업화된 부유한 민주적인) 사회에서 살아가는 우리가 위험을 항상 명확하게 인식하는 것은 아니다. 예컨대 DNA를 기반으로 한 기술과 스프레이 통에 쏟는 강박관념을 떨쳐내고, 흡연이나 헬멧을 쓰지 않은 채 자전거를 타는 습관적인 행위에 내재된 위험에 집중하는 편이 더 나을 것이다. 전통 사회가 우리처럼 자신의 삶에 내재한 위험을 잘못 평가하고 있느냐 않느냐는 앞으로의 연구 과제이다. WEIRD한 현대인들은 대부분의 정보를 텔레비전, 즉 세상을 깜짝 놀라게 하지만 무척 드문 사건과 사망을 집중적으로 다루는 미디어를 통해 대부분의 정보를 간접적으로 얻기 때문에 위험을 잘못 평가하는 게 아닐까? 하지만 전통 사회 사람들은 직접 경험을 통해서, 혹은 친척과 이웃에게 모든 정보를 얻기 때문에 위험을 우리보다 정확히 평가하는 것은 아닐까? 어떻게 해야 우리는 위험을 더 현실적으로 생각하는 방법을 터득할 수 있을까?

Jared Diamond

THE WORLD UNTIL YESTERDAY

종교와 언어 그리고 건강

5

9

전기뱀장어는 종교의 진화에 대해
우리에게 무엇을 말해주는가?

종교에 대한 여러 의문들 – 종교의 정의 – 종교의 기능과 전기뱀장어 – 인과관계를 찾아서 – 초자연적인 믿음 – 종교의 설명적 기능 – 불안감의 완화 – 위안의 제공 – 조직과 순종 – 이방인을 대하는 행동 규범 – 전쟁의 정당화 – 헌신으로 얻는 '훈장' – 종교의 성공 여부를 판단하는 기준 – 종교의 기능 변화

:

종교에 대한
여러 의문들

"태초에는 모든 사람이 밀림 속의 커다란 쇠나무를 중심으로 모여 살았고 같은 언어를 사용했다. 한 남자가 기생충에게 감염되어 고환이 엄청나게 부어오른 까닭에 하루 종일 그 나무의 나뭇가지에 앉아 시간을 보냈다. 여하튼 덕분에 그는 거대한 고환을 땅바닥에 기대 놓을 수 있었다. 밀림의 동물들이 호기심에 슬금슬금 다가와서 그의 고환에 코를 대고 냄새를 맡았다. 따라서 사냥꾼들은 쉽게 짐승을 찾아내고 사냥할 수 있어, 모두가 배불리 먹고 행복하게 지냈다.

그러던 어느 날, 한 고약한 사람이 어떤 예쁜 여인을 차지하려고 그 여인의 남편을 죽였다. 죽은 남편의 친척들이 그 살인자를 공격했고, 살인자는 자신의 친척들을 동원해서 맞싸웠다. 결국 살인자와 그의 친척들은

목숨을 구명하려고 쇠나무 위로 도망쳤다. 공격자들은 쇠나무의 한쪽에 걸려 있던 칡줄을 잡아당겨 쇠나무의 우듬지를 땅바닥까지 끌어내려 적들을 사로잡으려고 했다.

그러나 칡줄이 중간에서 끊어지며 쇠나무가 엄청난 힘으로 되튕겨 제자리로 돌아갔다. 그 바람에 살인자와 그의 친척들이 사방으로 내던져졌다. 그들은 쇠나무에서 사방팔방으로 아득히 먼 곳으로 떨어져서 서로 다시는 만나지 못했다. 시간이 지나면서 그들의 언어도 점점 달라졌다. 이런 이유에서 오늘날 사람들은 제각각의 언어를 사용하며 상대의 말을 알아듣지 못하는 지경이 됐고, 사냥꾼이 식량으로 삼을 짐승을 사냥하는 것도 어려워졌다."

뉴기니 북쪽 지역에서 살아가는 한 부족에서 구전으로 전해지는 이야기로, 기원신화라 일컬어지는 신화의 전형적인 예이다. 우리에게는 성경의 창세기에서 에덴동산과 바벨탑 이야기로 익히 알려진 이야기이다. 유대-그리스도교의 신화와 유사하지만, 뉴기니의 전통 사회들에는 다른 소규모 사회들과 마찬가지로 사원과 성직자와 성서가 없었다. 부족사회의 신앙 체계는 기원신화에서는 유대-그리스도교를 고스란히 떠올려주지만 다른 면들에서는 현격하게 다른 이유가 무엇일까?

지금까지 알려진 모든 인간 사회에는 '종교', 더 정확히 말하면, 종교와 유사한 것이 있었다. 종교가 인간의 보편적인 욕구를 채워준다는 뜻이고, 종교가 우리 모두에게 공통된 본성의 일부에서 탄생한 뜻으로 해석된다. 그렇다면 그 욕구가 무엇이고, 인간 본성에서 그 일부가 무엇일까? 또 '종교'를 실질적으로 규정하는 것은 무엇일까? 어떤 신앙 체계가 종교로 승화되기 위해서는 하나이든 다수이든 신에 대한 믿음, 요컨대 초자연적인 힘에 대한 믿음이 있어야 하고, 다른 무엇도 반드시 있어야만 하는 것일까? 인간의 진화사에서 종교는 언제 처음 등장했을까? 인간의 조상은 약 600만 년 전에 침팬지에서 분기됐다. 종교를 무엇이라 정의하더라도 침팬지에게 종교가 있다고는 누구도 생각하지 않을 것이다. 그러나 약 4만 년 전, 우리 크로마뇽인 조상과 네안데르탈인 친척에게도 종교가 있었을까? 기독교와 불교 같은 신앙이 부족 사회의 신앙보다 역사적으로 후기라면, 종교의 발전에도 역사적 단계들이 있었을까? 우리는 종교를 인간의 사악한 면보다 고결한 면과 관련시켜 생각한다. 그럼 왜 종교가 때때로 살인과 자살을 가르치는 것일까?

 종교가 제기하는 이런 의문들은 소규모 사회부터 인구가 조밀한 사회까지, 또 전통 사회부터 현대 사회까지, 전 범위의 인간 사회를 탐구하려는 이 책의 목적에서도 무척 흥미로운 과제이다. 종교는 전통적인 관습들이 현대적 형태를 띤 사회에서도 여전히 번성하는 분야이다. 오늘날 세계를 지배하는 주요 종교들은 1,400~3,000년 전에야 탄생했다. 그것도 오늘날 그 종교들을 신봉하는 사회들보다 훨씬 작고, 훨씬 전통적이었던 사회에서 시작됐다. 하지만 종교는 사회의 규모에 따라 다르고, 그런 차이에는 설명이 필요하다. 게다가 나만이 아니라 이 책을 읽는 독자의 대부분이 삶의 어느 시점에서 개인적으로 종교적 믿음에 의문을 품고, 때로는 믿음까지 상실한다. 이런 상황이 닥칠 때, 종교가 다른 사람에게는 다른 것을 의미하며, 그 다른 것이 무엇인지 알고 있으면, 개인적으로 그 의문을 해소하는 데 적합한 대답을 찾을 수 있을 것이다.

 개인이나 사회나 종교에 막대한 시간과 자원을 투자한다. 서너 가지만 예를 들어보자. 모르몬교도는 원칙적으로 수입의 10퍼센트를 소속된 교회에 기부해야 한다. 호피족은 평균 사흘 중 하루를 종교 의식에 헌신적으로 참가했고, 과거 티벳에서는 국민의 4분의 1이 승려였던 것으로 추정된다. 중세 유럽에서는 교회와 성당을 건립하고, 성직자들을 후원하며, 수도원과 수녀원을 지원하는 데 재원의 일부가 쓰였다. 또한 십자군의 엄청난 원정 비용까지 부담해야 했다. 따라서 경제학자들의 용어를 빌리면, 종교는 '기회비용'을 초래한다. 달리 말하면, 더 많은 곡물을 생산하거나 댐을 쌓고 정복을 위해 더 많은 군인을 양성하며 한층 유익한 행위에 투자됐어야 할 시간과 재원이 종교에 투자된 것이었다. 종교가 이런 기회비용을 상쇄할 만큼 실질적인 이득을 안겨주지 않았다면, 우연히 어딘가에서 탄생한 무신론적인 사회가 종교적인 사회들을 압도하며 세계를 정복했을 것이다. 그렇다면 왜 세계는 무신론적인 사회가 되지 않은 것일까? 도대체 종교가 분명히 우리에게 안겨주는 이익이 무엇일까? 요컨대 종교의 '기능'은 무엇일까?

신앙인에게 종교의 기능에 대한 이런 의문의 제기는 무의미하고, 심지어 모욕적인 짓으로 여겨질 수 있다. 또 독실한 신앙인이라면, 신이 정말로 존재하기 때문에 종교가 인간 사회에 거의 보편적이고, 바위의 편재성에 의문을 품지 않듯이 종교의 편재성을 설명하기 위해 종교의 기능과 이득을 굳이 따져야 할 이유는 없다고 대답할지도 모른다. 당신이 이런 신앙인이라면, 잠깐만이라도 다음과 같은 상상을 해보기 바란다. 한 고등생명체가 안드로메다 은하를 출발해서 빛의 속도보다 훨씬 빠른 속도로 우주를 여행하며 우주에 산재한 수조 개의 항성과 행성을 방문해서 생명의 다양성을 연구한다. 그 안드로메다 생명체는 정기적으로 지구를 방문한다. 지구의 생명체는 빛과 유기적이고 무기적인 화학반응을 통해서만 에너지를 얻지만, 안드로메다 생명체는 빛과 유기적이고 무기적인 화학반응을 통해서만이 아니라 전자기 방사선, 열과 바람, 핵반응 등을 통해 다양하게 에너지를 얻는다. 약 기원전 11000년부터 기원후 2051년 9월 11일까지 비교적 짧은 기간 동안, 지구는 인간이라 지칭하며 몇몇 흥미로운 생각을 고수하던 하나의 생명체에게 지배받았다. 특히, 우주를 창조한 하느님이란 전능한 존재가 있는데 그 하느님이 우주에 존재하는 무수한 생명체보다 인간을 특별히 사랑하고, 전능한 면을 제외하고는 인간들이 자신들과 비슷하다고 생각한 점이 흥미로웠다. 물론 안드로메다 생명체와 그 밖의 많은 생명체는 우주가 실제로 어떻게 창조됐는지 이미 알았고, 설령 전능한 존재가 실제로 존재하더라도 우주에서 살아가는 수십억의 다른 생명체보다 열등해서 관심거리도 되지 않는 인간을 특별히 사랑하고 인간과 비슷하게 생겼다는 상상이 터무니없다는 걸 알았기 때문에, 안드로메다 생명체는 그런 믿음이 망상이란 걸 알면서도 연구할 만한 가치가 있다고 생각했다. 또 안드로메다 생명체는 인간 세계에 수천 가지의 종교가 있고, 대부분의 신앙인이 자신의 종교만이 진실하고 다른 모든 종교는 거짓이라 생각하는 것도 알게 됐지만, 안드로메다 생명체가 보기에는 모든 종교가 거짓이었다.

그러나 이런 전능한 신에 대한 믿음은 인간 사회에서 보편적인 현상이었다. 안드로메다 생명체는 평소에 알고 있던 보편사회학을 동원해서, 종교가 개인과 사회에 엄청난 시간과 자원을 강요함에도 불구하고, 또 종교가 개인에게 고통스럽고 자멸적인 행동을 강요함에도 불구하고 인간 사회가 존속되는 이유를 나름대로 찾아보았다. 안드로메다 생명체가 논리적으로 추론한 결과에 따르면, 종교가 어떤 보상적 이득을 안겨주는 게 틀림없었다. 그렇지 않으면, 그런 시간과 자원의 강요와 자멸적인 충동에 시달리지 않는 무신론적 사회가 종교적인 사회를 진작 대체했어야 했다. 따라서 종교의 기능에 대해 의문을 품는 자체를 모욕적인 짓이라 생각하는 독자가 있다면, 잠깐만이라도 한 걸음쯤 뒤로 물러서서 뉴기니 부족 종교의 기능에 대해 의문을 품어보고, 안드로메다 생명체의 입장이 되어 종교가 인간 사회에서 차지하는 전반적인 기능에 대해서도 의문을 품어보기 바란다.

종교의 정의

종교가 무엇인지 정의부터 해보자. 그래야 일치된 관점에서 종교라는 현상을 논의할 수 있지 않겠는가. 그리스도교와 부족 사회의 종교들, 심지어 고대 그리스와 로마의 다신교까지 모든 종교가 공유하는 특징이 무엇일까? 또 어떤 현상이 다른 현상(예컨대 주술, 애국심, 삶의 철학 등)이 아니라 종교로 규정되기 위한 필요조건과 충분조건은 무엇일까?

표 9.1은 종교학자들이 제시한 16가지의 정의를 나열한 것이다. 11번과 13번 정의, 즉 에밀 뒤르켐과 클리퍼드 기어츠의 정의는 다른 학자들에 의해 가장 자주 인용되는 정의이다. 하지만 우리는 위의 어떤 정의에도 선뜻 동의하기 어렵다. 게다가 대다수의 정의가 계약서를 작성하는 법률가들이 사용하는 표현과 유사하여 무척 난해하며, 우리에게 논란이 분분한 분야에 뛰어드는 것이니 조심하라고 경고하는 듯하다.

우리가 "포르노가 무엇인지 명확하게 정의할 수는 없지만, 포르노를

표 9.1_ 종교에 대한 정의들

1. 초자연적인 통제력, 특히 개인적으로 순종하는 신에 대한 인간의 인식.(《옥스퍼드 콘사이스 사전》)
2. 체계화되는 믿음과 숭배로, 윤리적인 규범과 철학을 지니는 경우가 많다.(《웹스터 뉴월드 사전》)
3. 어떤 대상이나 인간, 보이지 않는 존재, 혹은 초자연적이고 신성하며 고결한 진리로 여겨지는 사상 체계, 그런 믿음이나 사상 체계와 관련된 도덕률과 관습과 가치, 관례와 전통 및 의식(儀式)에 관한 집단의 공통된 믿음이나 사고방식에 근거해서 사회를 결속하는 시스템.(위키피디아)
4. 넓은 의미에서, 또 가장 보편적인 관점에서 종교는…… 보이지 않는 질서가 있고, 최고선은 그 질서에 조화 있게 순응하는 데 있다는 믿음으로 이루어진다.(윌리엄 제임스)
5. 참여자들이 초자연적인 존재 혹은 존재들에 대한 믿음을 맹세하고, 그 초자연적인 존재의 승인을 구하려는 사회 시스템.(대니얼 데닛)
6. 자연과 인간을 지배한다고 여겨지는 초인적인 힘을 달래고 회유하려는 행위.(제임스 프레이저 경)
7. 인간을 궁극적인 실존 조건에 관련시키는 일련의 상징적인 형태와 행위.(로버트 벨라)
8. 한 사회의 '궁극적인 관심'을 지향하는 믿음과 관습의 체계.(윌리엄 레사와 이반 보그트)
9. 초인적인 존재들은 인간을 도울 수도 있고 해칠 수 있다는 믿음은 거의 보편적인 현상이다. 이런 믿음은 종교에 대한 어떤 정의에서나 명시해야 하는 핵심 변수이다. (……) 나는 종교를 '문화적으로 가정된 초인적인 존재와 문화적으로 정형화된 방식으로 상호작용하는 제도'라 정의할 것이다.(멜포드 스피로)
10. 여러 문화에 존재하는 종교의 공통분모는 최고선이 보이지 않는 질서에 의해 규정된다는 믿음이다. 그 질서에 맞추어 살라고 명령하며 개인과 집단을 지원하는 일련의 상징들과, 그렇게 맞추어 살려는 감정적인 헌신도 어떤 문화에서 공통적으로 확인된다.(윌리엄 아이언스)
11. 종교는 신성한 것, 즉 다른 것들과 구분되고 금지된 것과 관련된 믿음과 관습—믿고 따르는 모든 사람을 '교회'라 일컬어지는 하나의 도덕적 공동체로 결집시키는 믿음과 관습—이 결합된 체계이다.(에밀 뒤르켐)
12. 개략적으로 말하면, 종교는 (1) 비용이 많이 들어 거짓으로 꾸미기 어려운 것으로 (2) 죽음이나 기만 같은 인간의 실존적인 고민거리를 초월한 (3) 초자연적인 존재들의 반사실적이고 반직관적인 세계를 향한 공동체의 헌신이다.(스콧 아트란)
13. 종교는 (1) 일반적인 존재의 질서라는 개념들을 체계화하고 (2) 그런 개념들에 사실적이란 매력을 덧씌워서 (3) 감정과 동기가 유례없이 현실적으로 보이게 함으로써 (4) 인간에게 강력하고, 널리 미치며, 오래 지속되는 감정과 동기를 심어줄 목적으로 (5) 작용하는 상징 체계이다.(클리퍼드 기어츠)
14. 종교는 신화를 창조하고 널리 알리기 위해서, 이타주의와 상호이타성을 장려하기 위해서, 공동체 구성원들이 서로 협조하며 화합하는 헌신의 수준을 겉으로 드러내기 위해서 인간 문화에 반드시 필요한 메커니즘으로 진화한 사회적 제도이다.(마이클 셔머)
15. 종교를 굳이 정의하자면, 여러 사회에서 인간이 경험적이고 도구적인 관점에서는 합리적으로 이해하고 통제할 수 있다고 생각되지 않는 상황과 삶의 면면들에 대한 반응으로 발전시키며 중요한 의미를 부여하는 일련의 믿음과 관습과 제도일 것이다. 그런 의미 부여 덕분에 종교는 우주에서 인간이 차지하는 위치와 근본적인 관련이 있다고 여겨지는 '초자연적인' 질서의 존재에 관한 인간의 생각과 관련된 행동들과 사건들을 판단하는 일종의 기준이 되고, 개인으로서의 운명과 동료들의 관계에 의미를 부여하는 가치가 된다.(탤컷 파슨스)
16. 종교는 억압받는 사람들의 한숨이고, 비정한 세계의 심장이며, 영혼 없는 상황의 영혼이다. 종교는 인민의 아편이다.(카를 마르크스)

보면 포르노라는 걸 안다!"라고 말하며 포르노그래피를 정의하는 곤란한 문제를 피해가듯이, 종교를 정의하는 문제도 그렇게 피해갈 수 있을까? 그렇게 할 수는 없다. 안타깝게도 종교의 정의에서 그런 어중간한 태도는 도움이 되지 않는다. 어떤 학자도 널리 확산되고 잘 알려진 행위를 종교로 인정하는 데 동의하지 않는다. 예컨대 불교와 유교와 신도(神道)를 종교로 여겨야 하느냐에 대한 오랜 논쟁이 종교학자들 사이에서 있었다. 현재의 추세에 따르면, 불교는 종교라 생각하고 유교는 종교라 생각하지 않지만, 10~20년 전만 해도 유교는 종교로 여겨졌다. 현재 유교는 삶의 방식, 즉 세속적인 철학이라 일컬어진다.

이처럼 종교를 정의하기 어렵다는 사실은 상당히 시사적이다. 우리가 종교로 뭉뚱그리는 현상에는 종교와 사회에 따라, 또 종교의 진화 단계에 따라 강하거나 약하게 나타나고, 혹은 실질적으로 존재하지 않는 다양한 요소들이 있으니, 종교를 판단할 때 조심하라는 뜻이다. 종교는 때때로 희석되어 부분적으로만 종교와 관련된 속성을 지닌 현상으로 서서히 변한다. 이런 이유에서 일반적으로 세계 4대 종교의 하나로 여겨지는 불교가 정말로 종교인지 아니면 삶의 철학에 불과한 것인지를 두고 논쟁이 벌어진다. 종교는 흔히 다섯 가지의 속성을 지녀야 하는 것으로 정의된다. 1) 초자연적인 존재에 대한 믿음, 2) 사회운동이라 생각하며 그 운동에 동참하는 회원들, 3) 비용이 많이 드는 구체적인 증거를 보여줘야 하는 헌신, 4) 행동을 실질적으로 규제하는 규칙들(즉 '도덕률'), 5) 초자연적인 존재와 힘을 현실의 삶에 개입하도록 유도할 수 있다는 믿음(즉 기도)이다. 하지만 뒤에서 다시 다루겠지만, 종교를 이 다섯 가지 속성의 총체적인 결합으로 정의하고, 하나라도 빠진 현상은 종교가 아니라는 딱지를 붙이는 건 합당하지 않다. 그렇게 한다면 많은 사람이 종교라고 인정하는 현상까지 배제되기 때문이다.

첫 번째 속성은, 내가 캘리포니아 대학교에서 문화지리학을 처음 가르칠 때 학부생들에게 종교를 정의하며 기초적인 근거로 제시한 것이었다. 당시 나는 이렇게 말했다. "종교는 우리가 오감으로 실제로 존재한다는 증거를 직접 제시할 수 없지만 오감으로 확증되는 현상들을 설명해달라고 간구할 수 있는 초자연적인 존재에 대한 믿음이다." 이런 정의에는 두 가지 장점이 있다. 첫째로는 초자연적 존재에 대한 믿음이 종교의 가장 일반적인 특징 중 하나라는 걸 인정한다는 것이고, 둘째로는 종교의 주된 기원과 초기 기능 중 하나가 설명이었다는 걸 강조하는 것이다. 대부분의 종교는 신, 혼령 등 '초자연적'이라 일컬어지는 존재를 가정한다. '초자연적'이라 일컬어지는 이유는 그 존재들, 혹은 그런 존재가 입증되는 결과가 자연세계에서는 직접 인지되지 않기 때문이다. (여기에서 나는 '초자연적'이란 단어를 이런 중립적인 의미로 계속 사용할 것이다. 요컨대 이 단어에 때때로 함의되는 경멸적인 의미를 완전히 배제한다.) 많은 종교가 한 걸음 더 나아가, 초자연적인 세계의 존재, 즉 우리가 이 땅에서 죽은 후에 옮겨가는 천당과 지옥 같은 사후 세계의 존재까지 상정한다. 따라서 초자연적인 힘의 존재를 확신하며, 혼령이나 유령을 보았고 그들의 목소리를 들었다고 주장하는 신앙인도 적지 않다.

그러나 내가 캘리포니아 대학의 학생들에게 제시한 정의가 불충분하다는 걸 깨닫는 데 오랜 시간이 걸리지는 않았다. 그 이유도 역시 시사적이다. 초자연적인 존재에 대한 믿음은 종교의 특징이기도 하지만, 누구도 종교적이라 생각하지 않는 현상이기도 하다. 예컨대 선녀, 유령, 요정, UFO와 외계인의 존재를 믿는 현상이다. 신을 믿으면 종교이고, 선녀를 믿으면 종교가 아니라고 생각하는 이유가 무엇일까? (도움말: 선녀를 믿는 사람들은 매주 특정한 날에 만나서 의식을 행하지 않는다. 또 자신들을 하나의 공동체로 규정하지 않고 선녀를 믿지 않는 사람과 경계를 긋지도 않으며, 선녀에 대한 믿음을 지키기 위해서 죽지도 않는다.) 반대로, 모두가 종교라 생각하지만 초자연적인 존재를 믿지 않는 조직도 있다. 랍비까지 포함해서 많은 유대인들, 유니테리언파, 일본인은 불가지론자이거나 무신론자이지만 자신들을 하나의 종교에 소속돼 있다고 생각하며, 외부에서도 그렇게 생각한다. 부처는 자신을 어떤 신과도 결부시키지 않으며, 자신이 찾아낸 해탈로 가는 길을 가르칠 뿐이라고 말했다.

내가 종교를 정의하며 범한 가장 큰 잘못은 종교의 두 번째 속성—종교란 믿음을 굳게 공유하는 사람들의 사회운동—을 완전히 배제했다는 점이다. 신을 믿지만 자신이 구상한 교리를 믿는 사람들, 또 안식일이면 방에 혼자 앉아 신에게 기도하며 자신이 직접 썼지만 누구에게도 보여주지 않은 책을 읽는 사람은 종교 행위를 하는 사람이 아니다. 그런 사람은 혼자 살면서 기도에 열중하는 은둔자이다. 그러나 그 은둔자도 궁극적으로는 어떤 신앙 공동체의 출신이어서 그 공동체에서 믿음을 얻은 사람이고, 더구나 공동체원들이 은둔자를 꾸준히 찾아가고 지원하는 경우가 많다. 또 내가 알기에, 백지상태에서 자신의 종교를 창안해내고 사막에 들이기 혼자 살면서 식량의 제공을 기부하고 방문자를 기부했던 은둔자는 한 명도 없었다. 설령 그런 은둔자가 있었다면, 그래서 많은 학자가 그를 사교성은 없지만 전형적인 종교적 은둔자라 생각하더라도 나는 그를 비종교적인 은둔자, 즉 인간을 싫어한 사람이라 정의할 것이다.

많은 종교에서 발견되는 세 번째 속성은, 신봉자들이 비용이 많이 들고 고통스러운 희생을 감수하면서까지 집단에 헌신하는 모습을 다른 사람들에게 설득력 있게 보여준다는 것이다. 첫째로는 시간의 희생이다. 예컨대 다른 활동을 중단한 채 하루에 다섯 번씩 메카를 향해 절하며 기도하거나, 일요일이면 어김없이 교회에 출석한다. 또 복잡한 의식, 기도문과 찬송가를 외우느라 오랜 시간을 보내고(외국어를 배우는 것만큼이나 오랜 시간이 걸린다), 젊은 시절의 2년을 선교 활동에 보내며(특히 모르몬교도), 자기 돈을 들여 메카를 방문하거나 성지 순례에 나서야 한다. 둘째로는 교회에 기부하는 돈이나 재산의 희생이다. 소중한 가축을 제물로 바친다. 더 정확히 말하면, 야생에서 사냥해서 비용이 전혀 들지 않은 야생동물이 아니라 애지중지하는 어린 양, 심지어 자식까지 하느님에게 제물로 바친다. 셋째로는 몸의 안락이나 진실한 마음을 포기하며 금식하고, 손가락 관절을 끊어내며, 성기의 포피를 잘라내거나 세로로 길게 자르기도 한다. 혹은 코나 혀, 성기, 몸구멍의 안쪽이나 신체의 일부를 베어내 피를 흘린다. 이처럼 비용이 많이 들고 고통스러운 희생을 감수함으로써 자신이 종교에 진정으로 헌신하고, 필요하다면 목숨까지 희생할 수 있다는 믿음을 구성원들에게 보여준다. 그렇게 희생하지 않고 "나는 그리스도인이다!"라고 외치기만 한다면 개인적인 이득을 위해서(일부 죄수가 가석방 허가를 받을 생각에 그렇게 하듯이) 목숨을 연명하려고 거짓말하는 걸로 여겨질 수 있다. 두 번째와 세 번째 속성, 즉 사회운동과 희생은 어떤 행위가 종교로 여겨지기 위한 필요조건인 듯하지만, 충분조건은 아니다. 어떤 믿음을 깊이 공유하며 지지자들에게 값비싼 희생을 요구하는 비종교적인 사회운동은 얼마든지 있다. 애국심이 대표적인 예이다.

종교의 네 번째 속성은, 신과 초자연적인 존재가 인간의 행동에 실질적인 영향을 미친다는 믿음이다. 이런 행동 규칙들은 사회의 유형에 따라 법, 도덕률, 금기, 의무 등 다양한 형태를 띤다. 실질적으로 거의 모든 종교에 이런 행동 규칙이 있지만, 이 행동 규칙들이 종교에서만 기인하는 것은 아니다. 세속적인 현대 국가 정부, 무수한 비종교적인 단체 및 무신론적이거나 불가지론적인 시민들도 자신들만의 행동 규칙에 따라 움직인다.

끝으로 다수의 종교에서 초자연적인 존재가 규칙을 준수하는 고결한 사람에게는 보상을 주고 규칙을 위반하고 악행을 저지르는 사람은 응징하지만, 기도와 헌금과 희생으로 초자연적인 존재의 개입을 유도해서 현실의 삶을 이겨내는 데 도움을 달라고 간구할 수 있다고 가르친다.

따라서 종교는 다섯 가지 속성의 결합체이며, 그 속성들의 강도가 종교마다 다를 뿐이다. 이 다섯 가지 속성을 이용하면, 종교와 몇몇 관련된 현상을 구분할 수 있다. 그 현상들은 다섯 가지 속성 중 일부만 갖지 전부를 갖지는 않기 때문이다. 예컨대 애국심과 민족적 자긍심은 소속된 사람들을 외부인과 구분하며 헌신의 증거로 희생, 심지어 목숨의 희생까지 요구하는 사회운동이란 점에서 종교와 유사하다. 예컨대 미국의 독립기념일과 추수감사절 및 현충일에 행하는 의식과 기념식을 생각해보라. 그러나 종교와 달리, 애국심과 민족적 자긍심은 초자연적인 존재에 대한 믿음을 가르치지 않는다. 종교를 믿는 사람들처럼, 스포츠팬들은 사회집단(예컨대 보스턴 레드삭스 팬클럽)을 형성하며, 다른 팀을 지지하는 사회집단(예컨대 뉴욕 양키스 팬클럽)과 자신들을 구분짓지만 초자연적인 존재를 신봉하지 않고, 팬클럽의 일원이라는 증거로 큰 희생을 요구하지 않으며, 도덕적 행위를 폭넓게 규제하지도 않는다. 마르크스주의와 사회주의 등 정치운동도 종교처럼 헌신적인 지지자들을 끌어들이고, 지지자들에게 이상을 위해 목숨까지 희생하는 동기를 부여하며 광범위한 도덕률을 지니지만, 초자연적인 존재에 의지하지는 않는다. 반면에 주술과 마법, 미신과 수맥탐사(점 막대기로 지하수의 위치를 찾아낼 수 있다는 믿음)는 초자연적인 존재를 믿기 때문에 일상의 행동에 영향을 미친다. 그러나 주술과 미신 및 그와 관련된 현상들은 지지자들로 이루어진 헌신적인 사회집단이란 속성을 만족시키지 못한다. 다시 말하면, 일요일마다 마주치는 검은 고양이를 위험하다고 믿는 사람들이 집단을 형성해서, 검은 고양이를 위험하다고 생각하지 않는 사람들과 자신들을 구분짓지는 않는다. 한편 불교와 유교와 신도(神道)는 경계가 극히 모호해서 종교인지 삶의 철학인지 명확하게 구분짓기 어렵다.

**종교의 기능과
전기뱀장어**

종교는 인간 사회에서 거의 보편적인 현상이지만, 동물의 세계에서는 종교와 조금이라도 유사한 현상이 전혀 발견되지 않는다. 그러나 예술과 언어처럼 인간만이 지닌 고유한 특징에 대해 의문을 품듯이, 종교의 기원에 대해서도 의문을 품어야 마땅하다. 600만 년 전, 우리 조상은 유인원이었고, 그 유인원들에게는 종교가 없었을 것이다. 그러나 문자 기록이 처음 등장한 약 5,000년 전에는 종교가 있었다. 599만 5,000년 사이에 어떤 일이 있었던 것일까? 동물들과 인간의 조상들에게 종교보다 앞서 존재했던 것은 무엇이고, 종교는 언제 어떤 이유에서 생겨난 것일까?

종교 학자들이 150년 전 종교를 과학적으로 연구하기 시작한 이후로 채택한 가장 일반적인 방법론은 '기능적 접근법(functional approach)'이었다. 학자들은 "종교는 어떤 기능을 하는가?"라는 의문을 품었고, 종교가 개인과 사회에 막중한 비용을 강요한다는 사실에 주목했다. 예컨대 사람들에게 독신의 삶을 강요하고, 자식을 갖는 걸 포기하며, 거대한 피라미드를 짓는 데 물심양면으로 헌신하고, 소중한 가축만이 아니라 어린 자식과 자신까지 제물로 바치며, 똑같은 말을 지겹도록 되풀이하며 많은 시간을 보내라고 요구한다. 종교에는 어떤 기능이 있어 그런 막대한 비용을 상쇄하고도 남을 정도의 이득을 안겨주는 게 틀림없다. 그렇지 않다면, 종교는 애초부터 생겨나지도 않았을 것이고, 생겨났더라도 오랫동안 유지되지 못했을 것이다. 종교가 탄생하면서 인간의 어떤 문제를 해결해준 것일까? 기능적 접근법을 간략히 요약하면, "종교는 어떤 기능을 행하고 어떤 문제를 해결하기 위해서, 예컨대 사회질서를 유지하고 불안해하는 사람들에게 위안을 주고, 순종을 가르치기 위해서 만들어진 것이다"라고 주장하는 것일 수 있다.

다른 접근법, 즉 비교적 최근에 진화심리학에서 시작된 접근법은 이런 주장에 반대한다. 이 접근법에 따르면, 종교는 어떤 특정한 목적을 위해서, 또 어떤 특정한 문제를 해결하기 위해서 진화된 것도 아니고 의식적으로 만들어진 것도 아니다. 어떤 군장이 종교적인 이유를 들먹이며 신하들에게 피라미드를 건설해야 한다고 설득하면 신하들을 더 쉽게 지배할 수 있을 것이란 기발한 생각을 어느 날 갑자기 떠올려 무(無)에서 종교를 만들어낸 것도 아니었다. 동료의 심리를 능숙하게 읽어내는 어떤 수렵채집인이 최근에 있었던 동료의 죽음에 낙담해서 사냥조차 나가지 않는 부족민들을 염려해서, 그들에게 위안과 새로운 희망을 주려고 사후 세계에 관한 이야기를 꾸며냈을 가능성도 거의 없다. 종교는 우리 조상이었고, 그 위로 동물 조상이었던 생명체들이 지녔던 어떤 능력들의 부산물로 생겨났을 가능성이 크다. 그 능력들이 발전하는 과정에서 뜻밖의 영향을 미치며 점진적으로 새로운 기능을 획득했다는 것이 진화심리학에서 파생된 접근법의 결론이다.

나와 같은 진화생물학자의 판단에, 종교의 기원에 대한 두 접근법은 서로 모순되지 않는다. 엄밀히 말하면, 서로 다른 두 단계이다. 생물학적 진화도 비슷하게 두 단계로 진행된다. 첫째, 개체 간의 차이는 유전자의 돌연변이와 재조합으로 발생한다. 둘째, 자연선택과 자웅선택 때문에 개체들마다 생존하고 번식하며 유전자를 다음 세대에 전해주는 방법이 다르다. 다시 말하면, 어떤 기능을 행하고 삶의 문제를 해결하는 데 다른 개체들보다 뛰어난 개체들이 있다. 기능적인 문제(예컨대 추운 기후권에서의 생존)는 어떤 동물이 더 두꺼운 털이 필요하다는 걸 깨닫거나, 추운 날씨가 더 두꺼운 털을 갖도록 돌연변이를 자극하기 때문에 해결되는 것이 아니다. 오히려, 무엇(생물학적 진화의 경우에는 분자유전학의 메커니즘)이 다른 무엇(이 경우에는 더 두꺼운 털이나 더 가는 털을 지닌 동물)을 만들어내고, 어떤 생활환경이나 환경적인 문제(이 경우에는 추운 날씨)가 일부 동물에게만 유용한 기능을 부여한다. 따라서 유전자의 돌연변이와 재조합은 생물학적 다양성의 기원이며, 그 결과로 탄생한 개체들을 자연선택과 자웅선택의 기능을 기준으로 걸러낸다.

진화심리학자들도 이와 유사하게 생각하며, 종교를 인간의 두뇌가 지닌 어떤 특성의 부산물이지, 피라미드를 쌓거나 사별한 친척들을 위로하려는 이유가 아닌 다른 이유에서 생겨난 것이라 주장한다. 진화생물학자의 생각에, 종교의 탄생은 당연한 것이고 조금도 놀라운 것이 아니다. 진화의 역사는 처음에는 어떤 기능을 위해서 선택되지만 점차 발전해서 결국에는 다른 기능을 수행하도록 선택되는 돌연변이와 부산물의 연속이다. 예컨대 창조론자들은 600볼트의 전압으로 상대를 죽이는 전기뱀장어를 들먹이며 진화를 의심하고, 필연적으로 거쳤을 중간 단계의 저전압 뱀장어는 상대를 전기 충격으로 죽일 수 없어 아무짝에도 소용없었을 것이기 때문에 600볼트 전기뱀장어가 자연선택으로는 전기가 없는 정상적인 뱀장어로부터 결코 생겨날 수 없다고 주장했다. 하지만 600볼트의 전기뱀장어는 정상적인 물고기가 전기장을 탐색하고 전기를 발생하는 능력의 부산물로, 즉 기능의 변화를 통해 진화된 것이란 사실이 밝혀졌다.

많은 물고기의 껍질에는 주변 환경의 전기장에 민감한 감각기관이 있다. 전기장은 물리적인 환경(예컨대 해류, 염도가 다른 물의 뒤섞임)이나, 생물학적인 환경(물고기의 근육을 수축시키는 전기의 특성)에서 비롯된다. 전기에 민감한 감각기관을 지닌 물고기는 이런 감각기관을 두 가지 기능에서 사용할 수 있다. 하나는 먹잇감을 탐지할 때이고, 다른 하나는 환경, 특히 눈이 거의 소용없는 흙탕물이나 밤에 헤엄칠 때이다. 먹잇감은 민물보다 전기 전도가 높기 때문에 약탈자의 감각기관에 탐지된다. 주변 환경의 전기장을 탐지하는 능력은 수동적 전기탐지(passive electrodetection)라 불릴 수 있으며, 전기 발생을 위한 특수한 기관이 굳이 필요없다.

그러나 일부 어종은 한 걸음 더 나아가, 낮은 전압의 전기장을 자체로 발생한다. 따라서 자체의 전기장을 활용하거나, 그 전기장을 변형시킴으로써 주변의 대상들을 탐지할 수 있다. 전기를 발생하는 기관은 어류의 여섯 계통 이상에서 독자적으로 진화했다. 대부분의 전기 발생 기관은 전기를 발생하는 근육막에 기원을 두고 있지만, 한 어종의 전기 발생 기관은 신경에서 발달했다. 많은 학자가 이런 능동적 전기탐지 능력을 가정할 뿐 객관적인 증거를 제시하지 못했지만, 동물학자 한스 리스만(Hans Lissmann, 1909~1995)이 처음으로 이런 능동적 전기탐지 능력의 확실한 증거를 제시했다. 리스만은 식량을 보상으로 겉모습은 똑같지만 전기를 전도하는 물체와 그렇지 않은 물체, 예컨대 전기를 전도하는 금속 원판과 똑같이 생겼지만 전기를 전도하지 않는 플라스틱이나 유리 원판을 구분하도록 전기어(電氣魚)들을 조건화했다. 당시 나는 리스만이 연구하던 케임브리지 연구동 옆에 있던 실험실에서 연구하고 있었다. 어느 날, 리스만의 한 친구가 나에게 전기어의 전기탐지력에 대한 이야기를 해주었다. 리스만이 사로잡아 실험실에서 관찰하는 전기어가 주중에 매일 거의 똑같은 시간에 흥분한다는 사실에 주목했고, 한 여조교가 그 시간이면 퇴근하려고 칸막이 뒤로 들어가 머리를 빗질할 때 발생하는 전기장을 그 물고기가 탐지한 때문이란 걸 알아냈다는 이야기였다.

저전압 물고기는 전기 발생 기관과 껍질의 전기탐지 능력을 활용해서 두 기능의 효율성을 높인다. 두 기능, 즉 먹잇감을 탐지하는 기능과 어두운 곳에서 헤엄치는 기능은 전기탐지 능력을 지녔지만 전기 발생 기관을 갖지 않는 많은 물고기에게도 있다. 저전압 물고기들은 서로 상대의 전기 충격을 활용해서 제3의 기능을 만들어내서 서로 의사소통한다. 어종과 개체에 따라 전기 충격의 패턴이 다르기 때문에 물고기들은 전기 충격에서 정보를 끌어내고, 그렇게 함으로써 전기 충격을 발생하는 상대

물고기의 종과 성, 크기와 우호성 여부를 알아낼 수 있다. 또한 저전압 물고기는 같은 종의 다른 물고기들에게 사회적 메시지를 전달할 수 있다. 예컨대 "여기는 내 영역이니까 침범하지 마라!"거라 "난 타잔, 넌 제인, 너 때문에 흥분했어. 섹스하고 싶다"라는 의사를 전기적 신호로 전달할 수 있다.

수볼트의 전기를 발생하는 물고기들은 먹잇감을 탐지할 수 있을 뿐만 아니라, 자체의 전기 충격을 활용해서 제4의 기능을 행할 수도 있다. 즉, 피라미처럼 작은 먹잇감을 죽이는 기능이다. 전압이 높을수록 더 큰 먹잇감을 죽일 수 있다. 1.8미터의 전기뱀장어는 600볼트의 전압을 발생해서, 강을 건너는 말을 인사불성으로 만들 수 있다. (나는 전기뱀장어의 전기 발생을 주제로 박사논문을 작성했기 때문에 이런 진화사를 아직도 생생하게 기억한다. 당시 나는 전기 발생의 분자적 현상에 얼마나 몰두했던지 그 최종적인 결과를 깜빡 잊고, 첫 실험에서 거의 충동적으로 전기뱀장어를 맨손으로 잡았다. 그 충격은 엄청났다.) 고전압 물고기들도 강력한 전압을 활용해서 두 가지 기능을 한다. 하나는 공격자에게 전기 충격을 가함으로써 이른바 포식자로부터 자신을 지키는 것이고, 다른 하나는 '전류 어법', 다시 말해서 자신의 양극에 먹잇감을 끌어모아 먹잇감을 사냥하는 것이다. 전류 어법은 요즘에 상업적인 어부들이 전기의 집어(集魚) 효과를 이용하려고 건전지나 발전기로 전기를 발생시킬 때 사용하는 방법이기도 하다.

자연선택으로는 전기를 발생하지 않는 정상적인 물고기에서 600볼트의 전기뱀장어가 진화할 수 없다고 반대하는 회의적인 창조론자들에게로 돌아가보자. 필연적으로 거쳤을 중간 단계의 저전압 전기 발생 기관은 생존에 어떤 도움도 되지 않아 아무짝에도 소용 없었을 것이란 게 그들의 주장이다. 창조론자들의 이런 주장에는 600볼트의 전기 충격으로 먹잇감을 죽이는 게 전기 발생 기관의 원래 기능이 아니었고, 그런 살상력은 다른 기능들을 위해 처음에 선택된 기관의 부산물이었다고 반박할 수 있다. 앞에서 이미 보았듯이, 전기 발생 기관은 자연선택으로 여섯 가지 기능을 연속적으로 획득함으로써 전기 출력을 제로에서 600볼트까지 끌어올렸다. 요약하면, 전기를 발생하지 않는 물고기는 주변 환경의 전기장을 탐지해서 먹잇감을 파악하는 수동적 전기탐지 능력을 지닐 수 있고 헤엄칠 수 있으며, 저전압 물고기는 위의 두 기능을 더 효과적으로 수행할 수 있을 뿐만 아니라 전기 충격으로 서로 의사소통까지 할 수 있다. 한편 고전압 물고기는 먹잇감을 전기 충격으로 죽일 수 있고, 포식자로부터 자신을 지키고, 전류 어법까지 사용할 수 있다. 인간의 종교는 여섯 가지가 아니라 일곱 가지 기능을 아우르면서 전기뱀장어를 훌쩍 넘어섰다.

**인과관계를
찾아서**

그럼 종교는 인간의 특징에서 어떤 속성의 부산물로 생겨난 것일까? 인간 두뇌가 끊임없이 원인과 인과관계와 의도를 추론하고, 그리하여 우리 생존에 도움이 되는 예측치(predictive value)를 인과관계에 따라 설명해보려고 노력하는 과정에서 점점 발달한 능력의 부산물이 종교일 거라는 그럴듯한 의견이 있다. 물론 동물도 두뇌를 지닌 까닭에 어느 정도까지는 의도를 추론할 수 있다. 예컨대 가면올빼미는 칠흑같은 어둠 속에서도 소리로만 쥐의 존재를 탐지해낼 수 있다. 정확히 말하면, 쥐의 발자국 소리를 듣고 쥐의 방향과 속도를 계산해냄으로써 쥐가 그 방향으로 그 속도로 계속 달릴 거라는 의도를 추론해내면, 쥐의 행로로 정확히 계산해낸 지점을 정확히 예정된 시간에 갑자기 달려들어 쥐를 잡는다. 그러나 동물들, 우리와 가장 가까운 친척까지도 인간에 비하면 추론 능력이 턱없이 부족하다. 예컨대 버빗원숭이로 알려진 아프리카 원숭이들에게 땅에서 사는 비단뱀은 가장 두려운 포식자이다. 따라서 원숭이들은 비단뱀을 보면 독특한 소리로 울부짖어 동료들에게 위험을 알린다. 그 울음소리를 들은 원숭이들은 재빨리 나무 위로 피신한다. 하지만 놀랍게도 그처럼 영악한 원숭이들조차 비단뱀이 풀에 남긴 흔적을 보고서도 주변에 비단뱀이 있을 수 있다는 걸 추론해내지 못한다. 원숭이의 이처럼 미약한 추론 능력을 우리 인간의 능력과 어떻게 비교할 수 있겠는가. 우리는 자연선택으로 뇌가 사소한 단서들에서도 정보를 최대한으로 끌어내고, 추론을 잘못하는 필연적인 실수를 무릅쓰고라도 언어를 이용해서 그 정보를 정확히 전달하는 능력을 가다듬었다.

 예컨대 우리는 다른 사람들이 인과관계에 따라 행동한다고 생각한다. 우리는 다른 사람들이 우리처럼 어떤 의도를 갖고 행동한다는 걸 알고 있으며, 인간이 천차만별인 것도 알고 있다. 따라서 우리는 다른 사람들을 이해하고 그들이 보내는 신호들(예컨대 얼굴 표정과 말투, 그들이 행하거나 행하지 않는 것, 그들이 말하거나 말하지 않는 것 등)을 면밀히 관찰하고 분석해서, 어떤 특정한 사람이 다음에 무엇을 할 것인지 예측하고, 어떻게 해야 우리가 원하는 방향으로 그가 행동하도록 영향을 미칠 수 있는지 생각하느라 많은 시간을 보낸다. 이 모든 것이 두뇌 활동이다. 또한 우리는 동물도 인과관계에 따라 행동한다고 생각한다. 예컨대 !쿵족은 자신들이 사냥한 짐승을 먼저 차지한 사자에게 접근할 때 사자의 배와 행동을 유심히 살핀 후에 사자가 배불리 먹어서 쫓아내면 순순히 물러날 것인지, 아니면 아직 배를 채우지 못해 물러서지 않을 것인지를 추론한다. 물론 우리 자신도 인과관계에 따라 행동한다고 생각한다. 우리 행동이 필연적으로 어떤 결과로 이어진다는 걸 알기 때문에, 어떤 식으로 행동하면 성공하고 어떤 식으로 행동하면 그렇지 않다는 걸 알게 되면, 당연히 성공과 관련된 행동을 반복하려고 애쓴다. 이런 인과관계를 찾아내는 두뇌의 능력 덕분에 인간은 하나의 종으로서 번성할 수 있었다. 또 이런 이유에서 1만 2,000년 전, 즉 우리가 농업을 발견하고 금속과 문자를 발명하기도 전에, 여전히 수렵채집인으로 살면서도 어느 포유동물보다 훨씬 광범위한 지역, 즉 북극권부터 적도까지 남극을 제외하고 모든 대륙으로 퍼져 나갈 수 있었다.

우리는 지금도 인과관계를 어떻게든 설명해보려고 애쓰고 있다. 우리의 전통적인 설명 중에는 나중에 과학적으로도 맞았다고 입증됐듯이 정확한 추론으로 정확히 예측한 경우도 있지만, 부적절한 추론으로 정확히 예측한 경우도 있다(어떤 어종에 독성이 함유된 걸 모른 채 금기 때문에 특정한 어종을 먹는 걸 회피한 경우). 물론 예측 자체가 틀린 경우도 있다. 예컨대 수렵채집인들은 인과관계를 지나치게 일반화해서, 인간과 동물 이외에 움직이는 것들, 예컨대 강과 해와 달에도 인과관계를 적용한다. 전통 사회 사람들은 이처럼 움직이는 무생물을 살아 있는 존재라 생각하거나, 살아 있는 존재에 의해 움직여지는 것이라 생각하는 경향이 있다. 심지어 꽃과 산과 바위처럼 움직이지 않는 무생물도 인과관계에 따라 행동한다고 생각한다. 오늘날 우리는 이런 생각을 자연적인 것과 구분되는 초자연적인 것에 대한 믿음이라 일컫지만, 전통 사회 사람들은 대체로 자연적인 것과 초자연적인 것을 구분하지 않는다. 그들은 관찰해서 알아낸 예측치로 인과관계를 설명한다. 예컨대 태양(혹은 태양을 마차에 싣고 다니는 신)이 매일 하늘을 가로지른다는 그들의 이론은, 그들이 관찰해서 알아낸 사실에 부합한다. 물론 그들에게는 애초부터 천문학에 관한 지식이 없어, 태양을 살아 있는 행위자라 생각하는 그들의 믿음이 잘못된 것이라고 지적하는 것은 무의미하다. 그들의 입장에서 그런 믿음은 어리석은 생각이 아니라, 부인할 수 없는 자연 현상에 대한 그들의 생각을 논리적으로 확대한 것이다.

따라서 인과관계를 설명해보려는 노력이 지나치게 일반화되어, 오늘날 우리가 초자연적인 믿음이라 일컬어지는 것까지 확대된 형태가 식물과 무생물에도 인과관계를 적용한다. 우리 행동의 결과에 대한 탐구는 또 다른 형태의 것이다. 전에는 수확량이 많았던 밭에서 올해 수확량이 적었다면 농부는 이번에는 무엇이 달랐는지 그 원인을 찾으려 할 것이다. 카울롱족 사냥꾼들은 어떤 사냥꾼이 숲에서 싱크홀에 빠졌다면 무엇 때문에 그가 싱크홀에 빠졌는지 알아내려 할 것이다. 전통 사회 사람들과 마찬가지로, 농경인과 사냥꾼은 원인을 설명하려고 머리를 짜낸다. 그들이 찾아낸 설명 중에는 과학적으로 옳은 것도 있지만, 우리 눈에 비과학적인 금기로 여겨지는 것도 있다. 예컨대 안데스 지역의 농부들은 변경계수(coefficient of variation)라는 개념을 모르지만, 8곳에서 22곳까지 밭을 분산시켜 놓고(8장 참조), 비를 주관하는 신들에게 예부터 기도했다. 카울롱족 사냥꾼들은 싱크홀이 있는 지역에서 박쥐를 사냥할 때 동굴박쥐의 이름들을 부르지 않으려고 조심한다. 밭의 분산이 최소 수준을 웃도는 수확량을 확보하기 위해서 과학적이고 합리적인 방법이고, 비를 주관하는 신에게 기도하고 박쥐 이름을 부르지 않는 금기는 과학적으로 어떤 타당성도 없는 종교적인 미신에 불과하지만 경험적으로 깨달은 지혜라는 것이 분명히 확인됐다. 농부들과 사냥꾼들에게 과학적인 타당성과 종교적인 미신의 구분은 무의미하다.

인과관계를 설명해보려는 지나친 노력은 질병에 관련한 이론에서도 벌어진다. 누군가 병에 걸리면, 환자와 그의 친구들과 친척들은 다른 중요한 사건이 발발하면 흔히 그랬듯이 질병의 원인도 설명해보려 한다. 환자가 행한 행동(예컨대 어떤 물웅덩이에서 물을 마셨는가)이나 환자가 소홀히 한 행동(예컨대 식사하기 전에 손을 씻지 않았는가, 혹은 혼령에게 도움을 간구하지 않았는가) 때문에 질병이 발병한 것일까? 다른 사람의 행동(예컨대 다른 병자가 그의 얼굴에 대고 재채기를 했는가, 혹은 주술사가 그에게 마법을 행한 것인가) 때문에 질병이 발병한 것일까? 전통 사회 사람들과 마찬가지로, 제1세계의 시민들은 과학의 시대에 사는 사람들답게 과학적으로 질병의 원인을 납득할 때까지 찾아보려 애쓴다. 그 결과로, 우리는 어떤 물웅덩이에서 물을 마시거나, 식사하기 전에 손을 씻지 않은 게 타당한 질병의 원인이며, 혼령에 도움을 간구하지 않은 건 질병과 아무런 관계가 없다는 사실을 확신하게 됐다. 하지만 예컨대 당신이 위암에 걸린 이유가 유전자 PX2R의 211형을 유전으로 물려받은 때문이란 설명은 그다지 만족스럽지 않고, 당신에게 무력감을 안겨줄 뿐이다. 그래서 당신의 식습관이 원인이었을지도 모른다고 생각한다. 의사들의 치료로 병세가 호전되지 않을 때 우리가 나름대로 치료법을 찾아나서듯이, 전통 사회 사람들도 질병의 치료법을 꾸준히 찾아왔다. 이런 전통적인 치료법은 때때로 많은 이유에서 유익하게 여겨진다. 여하튼 대부분의 질병은 저절로 치유되고, 초목을 이용한 많은 전통적인 치료제의 약리적 효과가 입증됐기 때문이다. 또 샤먼이 환자를 대하는 자세가 환자의 두려움을 덜어주며 이른바 플라세보 효과를 유도할 수 있다. 게다가 정확하지는 않더라도 어떤 질병의 원인을 밝혀내면, 환자에게 속수무책으로 죽음을 기다리지 않고 어떤 조치를 취하게 함으로써 기분을 조금이나마 북돋워줄 수 있다. 이런 노력에도 불구하고 환자가 죽으면, 그가 금기를 위반하는 죄를 범한 탓으로 해석하거나, 강력한 힘을 지닌 주술사에게 책임을 돌리고 그를 찾아내 죽여야 한다는 뜻이 된다.

현대 과학도 "마땅히 설명할 방법이 없다. 원인을 찾으려는 노력을 중단하는 게 낫다"라고 말하며 우리에게 만족스런 해답을 주지 못하는 사건들까지 인과관계로 설명하려는 노력을 여전히 계속하고 있다. 예컨대 가장 조직화된 종교의 주된 문제는 악의 존재까지 신의 섭리로 해석하는 신정론(神正論)이다. 성경에서 욥기의 주제이기도 하다. 전지전능하고 선한 하느님이 정말 존재한다면, 왜 악이 이 땅에서 활개치는가? 땅바닥에 꽂힌 부러진 막대기 하나를 보고도 그 이유를 찾으려고 한 시간을 논의하는 전통 사회 사람들이라면, 사회의 규칙을 착실하게 따르는 착한 사람이 부상당하고 경쟁에서 패하며 때로는 죽는 이유를 두고 당연히 열띤 토론을 벌일 것이다. 그가 금기를 어겼을까, 정말로 악령이 존재하는 것일까? 신들이 화난 것일까? 또 한 시간 전까지 숨을 쉬고 움직이며 따뜻하던 사람이 갑자기 숨을 쉬지 않고 움직이지 않으며 돌처럼 차갑게 변한 이유도 나름대로 설명하려고 머리를 쥐어짤 것이다. 영혼이라 일컬어지는 그 사람의 일부가 새의 몸에 들어간 것일까, 지금은 다른 곳에서

프랑스의 라스코 동굴 깊은 곳에 그려진 유명한 이 벽화는 현대의 방문객들에게 경외감을 불러일으킨다. 추정하건대 인간의 종교는 적어도 빙하시대인 1만 5,000년 전까지 거슬러 올라가는 듯하다.

살고 있는 것일까? 지금은 과학의 시대이기 때문에, 이런 노력은 원인을 찾으려는 설명이 아니라 '의미'를 찾는 것이라고 반박할 사람도 있을 것이다. 또 과학만이 원인을 설명할 수 있기 때문에, 의미를 찾으려면 종교에 눈을 돌려야 할 것이고, 그렇지 않으면 의미를 찾으려는 갈망은 무의미하다고 반박할 사람도 있을 것이다. 그러나 과거에는 모두가, 지금도 대부분이 '의미'의 답을 구하고 싶어 한다는 사실을 간과해서는 안 된다.

요컨대 우리가 지금 종교라 칭하는 것은 인간이 뇌를 이용해서 인과관계를 설명하고 예측해보려는 집요한 노력의 부산물로 탄생한 것일 수 있다. 따라서 오랫동안 자연적인 것과 초자연적인 것이 구분되지 않았을 것이고, 종교와 삶도 구분되지 않았을 것이다. '종교'가 인간 진화의 과정에서 생겨났다면, 우리 뇌가 점진적으로 복잡하게 발달했듯이 종교도 점진적으로 생겨났을 것이라 추측해볼 수 있다. 1만 5,000년 전, 크로마뇽인은 바느질해서 몸에 맞는 옷을 입었고 새로운 도구를 고안해냈으며, 라스코와 알타미라 및 쇼베 동굴의 벽에 다채로운 염료로 동물과 인간의 모습을 남겼다. 그 벽화들은 동굴 깊은 곳에 그려져서 촛불을 켜야만 보이고, 그곳을 방문하는 많은 현대인에게 종교적인 경외감을 안겨준다. 선사시대 화가들이 실제로 경외감을 불러일으킬 의도로 그렸는지는 확실하지 않지만, 종교라 할 만한 믿음을 견지하기에 충분히 발달된 두뇌가 그들에게 있었던 것은 확실하다. 네안데르탈인 친척의 경우에도 황토를 이용한 염료로 시신을 꾸미고 매장했다는 증거로 미루어보아 종교라 할 만한 믿음이 있었던 게 거의 확실하다. 따라서 내 생각에, 우리 조상들은 행동적으로 현생 인류인 호모 사피엔스의 6만 역사, 어쩌면 훨씬 이전부터 종교적인 믿음을 지녔을 것이라 가정해도 무난할 듯하다.

초자연적인 믿음

실질적으로 모든 종교에는 고유한 초자연적인 믿음이 있다. 달리 말하면, 어떤 종교를 믿는 사람들은 우리가 자연계에서 경험한 현상과 모순되고, 그 종교의 신봉자가 아니면 누구도 믿지 않을 현상을 굳게 믿는다. 표 9.2는 이런 믿음들의 대표적인 예를 수록한 것일 뿐,

표 9.2_ 특정한 종교의 초자연적인 믿음들

1. 재주넘기 한 번으로 수천 킬로미터를 여행할 수 있는 원숭이 신이 있다.(힌두교)
2. 외딴 곳에서 먹지도 않고 물도 마시지 않으며 나흘을 보내고, 왼손의 한 손가락 관절을 끊어내면 혼령들에게 큰 선물을 받을 수 있다.(크로족)
3. 한 여자가 남자와 섹스하지 않고도 임신해서 한 아기를 낳았다. 그 아기는 성장해서 죽은 후에, 하늘나라에 있는 것으로 여겨지는 천국이란 곳으로 올라갔다.(가톨릭)
4. 샤먼이 어두컴컴한 집에 마을의 모든 성인과 함께 앉아 있다. 그들이 모두 눈을 감는다. 샤먼은 바다의 밑바닥까지 내려가서, 마을에 닥친 모든 불행을 초래했던 바다의 여신을 달랜다.(이누이트족)
5. 간음으로 비난받는 사람의 유죄 여부를 결정하기 위해서 독성을 띤 반죽을 닭에게 억지로 먹인다. 닭이 죽지 않으면 그 사람이 무죄라는 증거이다.(아잔데족)
6. 종교를 지키기 위한 투쟁에서 목숨을 희생한 사람은 아름다운 처녀들로 가득한 천국에 올라간다.(이슬람)
7. 1531년 멕시코시티의 북쪽 테페약 언덕에서 성모 마리아가 기독교로 개종한 한 원주민에게 나타나서 나우아틀어(당시 그곳에서 폭넓게 쓰이던 아스텍어)로 말했다. 그 후에 그는 사막에서는 좀처럼 자랄 수 없는 장미를 채집할 수 있었다.(멕시코 가톨릭)
8. 1823년 9월 21일 뉴욕주 서부 지역에 있는 맨체스터 빌리지 근처의 한 언덕 꼭대기에서 모로나이 천사가 조지프 스미스라는 남자에게 나타나서, 성경에서 잊혀진 책으로 번역되기를 기다리던 황금판이 묻힌 곳을 알려주었다. 그 책이 바로 모르몬경이다.(모르몬교)
9. 한 초자연적인 존재가 사랑하던 종족에게 중동의 한 사막지역을 주며 영원한 고향으로 삼으라고 명령했다.(유대교)
10. 1880년대 하느님이 일식(日蝕) 동안에 워보카라는 파이우트족 사람에게 나타나서, 원주민들이 교령춤(交靈, Ghost Dance)이란 의식에 참여하면 2년 안에 들소들이 다시 평원에 가득할 것이고 백인들이 사라질 것이라고 알려주었다.

이런 예는 헤아릴 수 없이 많다. 종교의 특징에서 초자연적인 믿음만큼 종교를 믿는 사람과 그렇지 않은 세속적인 사람을 확실히 구분짓는 것은 없다. 정상적인 사람이 그런 초자연적인 믿음을 기꺼이 받아들인다는 사실이 세속적인 사람에게는 놀라울 뿐이다. 또한 초자연적인 믿음만큼 두 다른 종교를 믿는 사람을 구분짓는 것도 없다. 자신이 속한 종교의 초자연적인 믿음은 당연하게 받아들이면서도 타종교의 초자연적인 믿음은 터무니없고 불합리한 싯이라 생각하기 때문이다. 대체 초자연적인 믿음이 종교의 보편적인 특징으로 자리잡은 이유가 무엇일까?

초자연적인 종교적 믿음은 초자연적인 비종교적 믿음과 다를 바가 없는 무지한 미신에 불과하며, 인간 두뇌가 자신까지 기만하며 어떤 것이든 쉽게 믿는다는 걸 입증할 뿐이라고 주장하는 학자들이 있다. 얼토당토않은 초자연적인 비종교적 믿음은 얼마든지 찾아낼 수 있다. 예컨대 많은 유럽인이 검은 고양이를 보면 불운의 징조라 생각하지만, 검은 고양이는 실제로 상당히 흔하다. 고양이가 많은 지역에서 검은 고양이를 보고 나서 한 시간 후에, 혹은 그런 지역에서 검은 고양이를 전혀 마주치지 않고서 한 시간 후에 당신에게 특별히 불운이라 할 만한 사건이 일어났는지 않았는지 반복해서 기록해보라. 그 결과에 통계학자의 통계 기법, 카이제곱검증법(chi-square test)을 적용하면, 검은 고양이 가설이 맞을 확률은 1,000분의 1도 되지 않는다는 걸 쉽게 확인할 수 있다. 뉴기니 저지대에서 살아가는 몇몇 부족은 로랜드 마우스 배블러(Lowland Mouse-Babbler)로 알려진 작은 새의 아름다운 노랫소리를 들으면 누군가 최근에 죽었다는 뜻으로 받아들이지만, 그 새는 뉴기니 저지대 숲에서 가장 흔하고 가장 번질나게 울어대는 종류의 새이다. 이런 믿음이 사실이라면 그 지역 사람들은 며칠 내에 씨가 말라버릴 것이다. 하지만 유럽인들이 검은 고양이를 두렵게 생각하듯이, 내 뉴기니 친구들도 그 작은 새의 노랫소리를 흉조라 확신한다.

더 놀라운 비종교적 미신은 수맥탐사이다. 다우징(dowsing), 막대기 점(占, rhabdomancy) 등으로 알려진 수맥탐사라는 비과학적인 믿음에 오늘날에도 많은 사람이 돈을 쏟아붓고 있는 실정이다. 유럽에서는 400년 전에 이미 자리잡았고, 기원전의 시대에도 존재했던 것으로 보고되는 이

다우저는 갈라진 나뭇가지의 회전으로 지하수의 위치를 알아낼 수 있다고 주장한다. 따라서 땅주인들은 우물을 파야 할 곳을 알고 싶을 때 다우저의 도움을 받는다. 결과를 예측하기 어려운 상황에 처할 때 일종의 의식에 의지하려는 인간의 속성이 다우저의 존재에서 읽힌다.

믿음에 따르면, 다우저(dowser)라고 불리는 수맥탐사자가 쥐고 있는 갈라진 나뭇가지의 회전은 보이지 않는 지하수의 위치와 때로는 깊이까지 알려준다. 따라서 땅주인들이 우물을 파야 할 곳을 알고 싶을 때는 다우저를 초빙하는 경우가 다반사이다. 대조시험에서 확인됐듯이, 다우저가 지하수를 찾아내는 성공률은 무작위로 우물을 파는 때와 다를 바가 없다. 그런데도 지질학자들조차 지하수의 위치를 찾아내기 힘든 지역의 땅주인들은 다우저에게 거액의 보수를 지급하며 지하수를 찾아달라고 부탁하고, 물이 나올 가능성이 거의 없는 우물을 파느라 더 많은 돈을 허비한다. 이런 믿음 뒤에는 우리가 성공한 사례만 기억하고 실패한 사례를 잊는다는 심리가 감춰져 있다. 따라서 우리가 믿는 미신들이 성공 사례만을 증거로 삼아 진실처럼 굳어지는 것이다. 이처럼 입증되지 않는 비과학적인 생각들은 인간에게 자연스럽게 여겨진다. 하지만 작위적인 현상과 조작된 현상을 구분하는 대조시험과 과학적 방법은 반직관적이고 부자연스럽다. 따라서 전통 사회에서 과학적인 접근은 눈에 띄지 않는다.

어쩌면 종교적인 미신이 검은 고양이를 흉조라 믿는 비종교적인 미신보다 인간의 불완전함을 더 극명하게 보여주는 증거이다. 그러나 많은 비용을 들이면서까지 비합리적인 종교적 미신을 헌신적으로 믿는 종교의 시종일관한 특징이란 게 선뜻 이해되지 않는다. 표 9.2에서 언급된 10곳의 신봉자들이 자신들의 믿음에 쏟았거나 지금도 쏟는 투자는 검은 고양이 공포증으로 인해 검은 고양이를 피하려는 행동보다 경제적으로나 시간적으로 훨씬 부담스럽고, 따라서 그들에게 미치는 영향도 가혹하다. 따라서 종교적 미신은 단순히 인간의 추론력에서 우연히 나타난 부산물이 아니라, 어떤 깊은 의미가 있는 듯하다. 그렇다면, 그 의미가 무엇일까?

일부 종교 학자들이 최근에 제시한 해석에 따르면, 종교적 미신을 믿는 행위가 자신의 종교에 헌신하고 있다는 걸 다른 사람들에게 보여주는 기능을 한다는 것이다. 오랜 역사를 지닌 모든 인간 집단들—보스턴 레드삭스 팬들, 헌신적인 가톨릭 신자들, 애구신이 강한 일본인들 등—은 누가 구성원으로서 신뢰를 주는가를 확인하는 기본적인 문제에 똑같이 부딪친다. 당신이 삶의 많은 부분을 집단에 투자할수록 구성원들의 면면을 정확히 확인하는 게 중요하다. 그래야 당신과 이상을 공유한다고 주장하지만 실제로는 그렇지 않고 일시적인 이득을 취하려는 사람에게 이용당하지 않을 것이기 때문이다. 예컨대 어떤 남자가 보스턴 레드삭스 팀의 모자를 쓰고 있다는 이유로 그를 레드삭스 팬으로 받아들이며 환영했지만, 뉴욕 양키스 팀이 홈런을 치자 그가 벌떡 일어나 환호성을 지른다면 당신은 생명의 위협까지 느끼지는 않겠지만 심한 모욕감을 떨치기 힘들 것이다. 그러나 그런 사람이 전선에서 당신과 함께하는 군인이지만 적의 공격이 시작되기 무섭게 총을 내던지거나, 당신에게 총구를 겨눈다면, 당신은 그를 잘못 읽은 탓에 목숨까지 잃을 수 있다.

이런 이유에서 어떤 종교에든 소속되면 진실로 많은 비용을 들여서라도 헌신한다는 믿음을 증명해보여야 한다. 요컨대 종교를 위해 시간과 자원을 희생하고, 고난을 인내하며 비용이 많이 들더라도 이런저런 표현을 겉으로 드러내 보여야 한다. 우리 감각에 모순되고, 외부인이라면 결코 믿지 않을 비합리적인 믿음을 받아들이는 것도 그런 표현 중 하나이다. 예컨대 당신이 다니는 교회의 설립자가 어머니와 아버지의 정상적인 성행위로 태어났다고 당신이 주장한다면, 누구나 그렇게 믿기 때문에 당신은 교회에 특별히 헌신하는 모습을 보여준 것이 아니다. 그러나 당신이 무수한 반대되는 증거에도 불구하고 교회의 설립자가 처녀의 몸에서 태어났다고 수십 년째 완강히 주장한다면, 그런데 누구도 그런 비합리적인 믿음을 당신에게서 떨쳐내지 못했다면, 교회 신도들은 당신이 앞으로도 그런 믿음을 꾸준히 지켜갈 것이고 교회를 결코 버리지 않을 믿을 만한 사람이라고 더욱 확신하게 될 것이다.

하지만 종교의 초자연적인 믿음으로 받아들일 수 있는 것에 한계가 없는 것은 아니다. 스콧 아트란(Scott Atran)과 파스칼 부아예(Pascal Boyer)는 독자적인 연구의 결과로, 세계 전역에 현재 존재하는 종교적인 미신은 인간이 이론적으로 만들어낼 수 있는 모든 임의적인 미신의 일부에 불과하다고 지적했다. 파스칼 부아예의 표현을 빌리면, "하느님은 한 분밖에 없다! 하느님은 어디에나 계신다. 하지만 하느님은 수요일에만 존재하신다"와 같은 교리를 주장하는 종교는 없다.

우리가 믿는 종교적인 초월적인 존재는 월등한 힘을 가진 것을 제외하면 놀랍게도 인간이나 동물, 혹은 다른 자연물과 유사하다. 종교에서 믿는 초월적인 존재는 선견지명을 지니고, 무궁무진하게 오래 살며, 우리보다 훨씬 강하고 훨씬 많이 움직이며, 미래를 예측할 수 있고, 변신술에 능하며 벽을 마음대로 통과할 수 있다. 구약성서의 신이 화를 냈다면, 그리스의 신들과 여신들은 질투하고 먹고 마셨으며 섹스를 즐겼다. 인간의 능력을 능가하는 신들의 능력은 우리가 개인적으로 꿈꾸는 힘의 투영이다. 신들은 우리가 할 수 있기를 바라는 것을 할 수 있다. 나는 벼락을 마음대로 조절해서 악한 사람들을 혼내는 꿈을 꾼다. 나처럼 이런 상상을 하는 사람이 적지 않을 것이다. 그러나 내가 수요일에만 존재하는 상상을 해본 적은 한 번도 없었다. 따라서 많은 종교의 신들이 악인들을 혼내는 존재로 그리고, 어떤 종교도 수요일에만 존재하는 환상을 제시하지 않는 것이 나에게는 조금도 놀랍지 않다. 이런 점에서, 종교의 초자연적인 믿음은 비합리적이지만 감정적으로는 그럴듯하고 수긍할 만하다. 따라서 종교의 초자연적인 믿음은 합리적으로 생각하면 받아들이기 어렵지만 그런대로 믿을 만하다.

**종교의
설명적 기능**

인간 사회의 역사에서, 시간이 지나면서 종교의 기능들도 달라졌다. 종교의 가장 오래된 두 기능은 오늘날 서구화된 사회들에서 크게 줄어들었거나 거의 사라졌다. 반대로 종교가 현대 사회에 행하는 주된 기능들 중 일부는 소규모 수렵채집인과 농경인 사회에는 존재하지 않았다. 과거에는 미약하거나 존재하지 않았던 네 가지 기능이 한때 가장 중요하게 여겨졌지만, 이제는 다시 줄어들었다. 종교가 진화하는 동안 기능들의 이런 변화는, 생물학적 진화 과정에서 많은 생물학적 기관(예컨대 물고기의 전기 발생 기관)의 기능이 변하고 사회조직의 형태가 변하는 과정과 유사하다.

이제부터는 여러 학자가 제시한 종교의 일곱 가지 주된 기능을 살펴보고, 종교가 사라질 것인지 아니면 생존할 수 있을지에 대해 의문을 제기하고, 만약 생존한다면 어떤 기능이 끈덕지게 유지될 것인지 생각해보기로 하자. 내 개인적인 추론에 근거한 것이지만, 사회가 진화하는 동안 나타났다가 사라진 순서대로 일곱 가지 기능을 개략적으로 살펴보기로 하자. 다시 말하면 인류의 역사에서 초기에 주된 기능을 했지만 지금은 예전만큼은 못한 기능부터 시작해서, 처음에는 존재조차 미미했지만 언젠가부터 혹은 지금은 주된 위치에 올라선 기능으로 끝내려 한다.

종교의 원래 기능은 설명이었다. 과학이 도입되지 않은 전통 사회들도 주변에서 일어나는 모든 현상을 설명하지만, 오늘날 과학자들이 현실적이고 과학적이라 평가하는 설명과 초자연적이고 종교적이라 평가하는 설명을 구분하는 능력은 없다. 전통 사회 사람들에게는 과학적인 설명이나 초자연적인 설명이나 모두 설명이며, 이후에 종교적이리 평가된 설명도 터무니없는 것은 아니다. 예컨대 뉴기니 사회들이 새들의 행태에 관해 내게 전해주었던 많은 설명들은 현대 조류학자들의 판단에도 통찰력 있고 정확한 것으로 여겨진다(예컨대 새들의 울음소리에 담긴 다양한 기능). 부족사회의 기원신화와 성경의 창세기처럼, 기원신화들은 우주와 인간의 존재 및 언어의 다양성을 설명해준다. 고대 그리스인들은 많은 현상을 과학적으로 설명했지만, 신들을 초자연적인 존재들로 들먹이며 일출과 일몰, 조류와 바람과 비 등을 엉뚱하게 설명했다. 오늘날에도 창조론자들과 다수의 미국인은 하느님을 조물주라 여기며, 하느님이 우주와 우주 법칙을 창조했고, 인간을 비롯하여 모든 동물과 식물을 창조했다고 믿는다. 그러나 창조론자들이라도 하느님을 들먹이며 일출과 일몰, 조류와 바람을 설명하지는 않는다. 오늘날 세속인 중에도 하느님이 우주와 우주 법칙을 창조했다고 믿는 사람이 많지만, 그들은 그렇게 창조된 우주에는 신의 개입이 거의 없었거나 전혀 없었을 거라고 생각한다.

종교가 원래 지녔던 설명적 기능은 서구화된 현대 사회에서 과학으로 인해 크게 퇴색됐다. 현재 우리가 알고 있는 우주의 기원은 빅뱅과, 그 후에 일어난 물리학 법칙들이다. 현대 언어의 다양성도 이제는 바벨탑이나 뉴기니 쇠나무에 걸려 있던 칡줄이 끊어진 탓이라는 기원신화로 설명되지 않고, 언어 변화의 역사적 과정을 관찰한 결과로 적절하게 설명된다(10장 참조). 일출과 일몰과 조류의 설명은 이제 천문학자들의 몫이 됐고, 바람과 비는 기상학자들에 의해 설명된다. 새들의 노랫소리는 동물행동학에 의해 설명되고, 인간을 비롯해 모든 동식물의 기원에 관한 해석은 진화생물학자들의 몫이 됐다.

많은 현대 과학자에게 마지막으로 정복해야 할 종교적 설명은 '조물주 하느님'이다. 과학이 우주가 존재하는 이유에 대해 아직 확실하게 말할 수 있는 게 전혀 없기 때문일 수도 있다. 내가 하버드 대학에 입학한 1955년, 위대한 신학자 폴 틸리히(Paul Tillich)가 합리적인 사고방식으로 무장한 학부생들에게 "아무것도 없어도 상관없었을 텐데 왜 뭔가가 존재하는 것일까?"라는 도전적인 질문을 던졌던 때가 아직도 내 기억에 생생하다. 과학적 학문을 전공하던 우리는 틸리히에게 아무런 대답도 하지 못했다. 그러나 돌이켜 생각해보면, 틸리히가 그 질문에 대답하며 '하느님'을 언급했을 때 '하느님'은 그의 부족한 대답에 이름을 붙인 것에 불과하다고 우리는 반박할 수 있었을 것이다. 실제로 과학자들은 지금도 틸리히의 질문에 대답하려고 몰두하고 있으며, 지금까지 이런저런 대답을 내놓았다.

**불안감의
완화**

종교의 두 번째 기능은 초기 사회에서 가장 뚜렷한 역할을 맡았을 것이라 추정되는 기능이다. 요컨대 우리가 통제할 수 없는 위험과 문제에 대한 불안감을 완화하는 역할이다. 사람들이 자신들의 힘으로 모든 것을 실질적으로 해내야 할 때 기도와 의식에 의지하며 신들에게 제물을 바치고 신탁(神託)과 샤먼에게 조언을 구하며, 징조를 읽고 금기를 준수하며 주술을 행할 가능성이 가장 높다. 물론 이런 행위들은 과학적으로 아무런 효과가 없어 원하는 결과를 얻기 힘들다. 하지만 비록 거짓이라도 마음으로 받아들이면, 우리가 아직 무력한 존재가 아니어서 포기하지 않고 뭔가를 하고 있다고 확신함으로써, 불안감을 조금이나마 떨쳐내고 뭔가를 책임진 사람으로서 최선을 다하고 있다는 자부심을 가질 수 있다.

무력감으로부터 위안을 얻으려는 갈망은 이스라엘의 종교적인 여성들을 연구한 인류학자 리처드 소시스(Richard Sosis)와 펜 한트베르커(W. Penn Handwerker)의 논문에서 확인할 수 있다. 2006년 레바논 전쟁 중에 헤즈볼라는 이스라엘 북부의 갈릴리 지역을 겨냥해 카투샤 로켓탄을 쏘았다. 특히 제파트와 인근 지역에 매일 수십 발의 로켓탄이 떨어졌다. 로켓탄이 날아오는 동안 공습경보가 요란하게 울리며 제파트 주민들에게 방공호로 피신해서 목숨을 지키라고 알렸지만, 그들의 집을 지킬 방법은 전혀 없었다. 로켓탄의 위협은 예측할 수도 없었고 통제할 수도 없었던 것이었다. 그럼에도 불구하고, 소시스와 한트베르커가 인터뷰한 여성의 약 3분의 2가 로켓탄의 공격에 의한 스트레스를 이겨내기 위해서 매일 찬송가를 불렀다고 대답했다. 왜 그렇게 했느냐는 질문에 그들의 공통된 대답은 아무것도 할 수 없는 상황을 이겨내기 위해서 '뭔가를 해야만 했다'라는 것이었다. 찬송가를 부른다고 로켓탄의 방향을 바꿀 수는 없었지만, 그들이 뭔가 대책을 취하고 있다는 위안을 주었다. (물론 그들이 이렇게 설명하지는 않았다. 그들은 찬송가를 부르면 로켓탄의 파괴력에서 집을 지킬 수 있으리라 믿었다.) 같은 지역에서 찬송가를 부르지 않은 여성들과 비교하면, 찬송가를 부른 여성들은 밤에 상대적으로 편히 잠들었고 집중하는 데도 어려움이 없었다. 또한 괜스레 분노를 터뜨리지 않았고, 불안감과 두려움과 긴장감에 크게 시달리지도 않았다. 따라서 그들은 어리석은 짓을 함으로써, 통제할 수 없는 위험에서 자연스레 유발되는 불안감으로 인해 부차적인 위험에 빠질 가능성을 줄이는 이익을 실질적으로 얻었다.

예측할 수 없고 통제할 수 없는 상황에 빠진 적이 있는 사람이라면 누구나 알듯이, 우리 인간은 불안감을 극복하지 못하면 무분별하게 행동하며 문제를 증폭시키는 경향을 띤다.

종교의 이런 기능은 초기 종교 사회에서 최고조에 이르렀지만, 국가정부가 점점 강해지며 폭력의 빈도와 그 밖의 위험을 줄이고, 저장한 식량을 분배하여 국민을 기아의 위험에서 구해내는 힘을 구축함으로써, 더구나 지난 2세기 전부터는 과학과 과학기술까지 발전한 덕분에 사회가 삶의 과정을 통제하는 능력을 키워간 후로 종교의 이런 기능은 줄어들었을 것이다. 그렇다고 전통 사회들이 전반적으로 무력했던 것만은 아니다. 오히려 위험을 최대한으로 줄이기 위해서 관찰과 경험을 활용한 전통 사회들의 능력에 우리는 감탄하지 않을 수 없다. 예컨대 뉴기니의 농경인들을 비롯해 많은 전통 사회의 농경인들은 고구마 등 수십 가지의 곡물을 각각 어디에서 어떻게 재배하는 것이 최선이고, 김매기와 뿌리덮기를 어떻게 하고, 거름을 어떻게 주며, 배수와 관개를 어떻게 해야 하는지 알고 있다. 또 !쿵족을 비롯한 많은 사냥꾼들은 사냥을 나가면 짐승의 흔적을 관찰하고 해석해서, 먹잇감의 수효와 거리, 속도와 방향을 예측해낸다. 또한 다른 짐승들의 행동을 면밀히 관찰해서 먹잇감의 위치를 파악하는 단서로 삼는다. 어부들과 뱃사람들은 나침반 같은 항해 도구가 없이도 해와 별, 바람과 해류, 구름에 비친 반사광, 바닷새, 바다 생물들의 발광 등 위치를 가늠할 수 있는 지표들의 움직임을 파악해서 항해할 수 있다. 모든 전통 사회가 적의 공격을 감시하려고 망루를 세웠고, 동맹을 결성하거나 매복했다가 적을 먼저 공격하기도 했다.

그러나 우리 현대인의 방법보다 전통 사회 사람들의 방법은 효율성에서 한계가 있었고, 그들이 통제할 수 없는 영역이 더 많았다. 곡물의 수확량은 느닷없이 닥치는 가뭄과 홍수, 우박과 폭풍, 저온 현상과 병충해의 영향을 받는다. 짐승들의 이동도 무시하기 힘든 요인이다. 또 전통 사회의 의학 지식에는 한계가 있기 때문에 대부분의 질병이 그들에게는 천형이나 다를 바가 없다. 이스라엘 여성들이 찬송가를 하염없이 불렀지만 로켓탄의 방향을 바꿀 수 없었듯이, 전통 사회 사람들이 최선을 다해도 어쩔 수 없는 것들이 많다. 하지만 우리와 마찬가지로 그들도 아무것도 하지 않으며 속수무책으로 지내지는 않는다. 그렇게 행동하면 불안감이 가중되고 무력감에 시달리며 더 많은 실수를 범하고 최선을 다할 수도 없게 된다. 이런 이유에서 전통 사회 사람들, 심지어 과학 시대를 살아가는 우리조차 기도와 의식, 징조와 주술, 금기와 미신, 샤먼 등에 의지한다. 그들과 우리는 이런 대책들이 효과가 있을 거라고 믿으며 불안감을 조금이나마 떨쳐내고, 마음을 진정시키고 자신의 일에 더욱 집중하게 된다.

예를 들어 설명해보자. 민족지학자 브로니스와프 말리노프스키는 뉴기니 근처에 있는 트로브리안드 제도의 섬사람들을 연구했다. 그곳 사람들은 환경이 다른 두 지역에서 물고기를 잡는다. 환경이 다르기 때문에 물고기를 잡는 법도 다르기 마련이다. 한 곳은 잔잔한 내해의 석호여서, 일부 지역에 독을 풀어 기절하거나 죽은 물고기를 건져 올리기만 하면 된다. 다른 한 곳은 널찍한 바다여서, 통나무배를 띠고 파도를 뚫고 나가 작살이나 그물로 물고기를 잡아야 한다. 석호에서의 고기잡이는 쉽고 안전하며, 수확량을 예측할 수 있다. 그러나 먼바다에서의 고기잡이는 위험하고 예측할 수 없다. 물고기 떼가 운좋게 특정한 곳에 특정한 시간에 몰려오면 그야말로 횡재이지만, 그날 물고기 떼를 만나지 못하면 위험만 감수한 채 거의 맨손으로 돌아올 가능성이 크다. 따라서 섬사람들은 먼 바다로 고기잡이를 나가기 전에 주술적인 의식을 행하며 안전과 성공을 기원한다. 경험에 근거해서 최선의 계획을 세우더라도 위험이 곳곳에 도사리고 있기 때문이다. 그러나 석호에서 고기잡이를 할 때는 어떤 주술적인 행위도 하지 않는다. 결과가 쉽게 예측되기 때문에 누구라도 안심하고 걱정없이 석호에 나가 물고기를 잡으면 그만이다.

또 다른 예는 !쿵족의 사냥꾼에서 찾아진다. 그들은 노련한 솜씨를 지녀 행운에 기대지 않는다. !쿵족의 어린 소년들은 걷기 시작할 때부터 작은 활과 화살을 갖고 놀며, 청소년이 되면 아버지와 함께 사냥을 시작한다. 또 저녁이면 남자들은 모닥불 가에 모여 과거의 사냥에 관해 되풀이해서 얘기하고, 누가 어디에서 어떤 짐승을 사냥했는지에 대한 얘기도 주고받으며, 향후의 사냥 계획을 세운다. 사냥을 하는 동안에는 짐승들과 새들의 모습을 유심히 관찰하고 소리에도 귀를 기울이며 사냥감의 위치를 추정하고, 발자국들을 조사해서 어떤 짐승이 지나갔고 지금은 어디쯤에 있고 어디로 향하고 있는지 알아낸다. 따라서 사막 사냥의 달인인 !쿵족에게는 주술이 필요 없을 것이라 생각할 수도 있다. 하지만 !쿵족은 아침에 사냥을 나갈 때마다 그날 아침에는 먹잇감이 어디에 나타날까 고민하며 불안감과 싸워야 한다.

따라서 !쿵족은 어느 방향이 가장 좋고, 어떤 사냥감을 맞이할 준비를 해야 하는지 예언해준다고 여겨지는 신탁 원판을 살펴보며 불안감을 달랜다. 신탁 원판은 영양 가죽으로 만든 대여섯 개의 얇은 원판으로 직경은 5센티미터에서 7.5센티미터까지 제각각이며, 원판마다 고유한 이름이 있고 위아래가 구분된다. 사냥꾼이면 누구나 그런 원판들을 갖고 있다. 한 사냥꾼이 대표로 가장 큰 원판이 위에 올라가도록 왼손바닥에 원판들을 차곡차곡 올려놓고, 원판들을 흔들고 거기에 입김을 불어넣는다. 그리고 엄숙한 목소리로 질문을 던진 후에, 땅바닥에 미리 펼쳐놓은 옷 위에 원판들을 던진다. 원판들이 겹쳐졌는지 않았는지, 또 어떤 원판이 똑바로 떨어지고 어떤 원판이 뒤집어 떨어졌는지 등 땅바닥에 펼쳐진 원판들의 패턴을 보고 주술가가 해석한다. 패턴은 일정한 규칙에 따라 해석되는 듯하다. 여하튼 원판 1부터 원판 4까지 뒤집어 떨어지면 사냥이 성공한다는 예언인 건 확실하다.

물론 원판들이 !쿵족에게 전혀 새로운 것을 말해주는 것은 아니다. !쿵족 남자들은 짐승들의 행태를 속속들이 알고 있어, 원판이 어떤 패턴을 띠더라도 그들의 사냥 계획은 성공할 확률이 높다. 그러나 원판의 패턴은 로르샤흐 테스트(Rorschach Test, 좌우 대칭의 불규칙한 잉크 무늬가 어떠한 모양으로 보이는가에 따라 그 사람의 성격이나 정신 상태, 무의식적 욕망 따위를 판단하는 인격 진단 검사법—옮긴이)처럼 상상을 동원해서 해석되는 듯하지만, 사냥에 나서는 남자들에게 마음을 가다듬게 해주는 기능을 한다. 원판을 던지는 의례적인 절차는 사냥꾼들에게 한 방향으로 사냥을 나가도록 합의를 유도한다는 점에서 유용하다. 사냥꾼들이 어쨌든 한 방향으로 합의하면, 논쟁을 벌이며 의견이 갈리는 것보다 더 낫기 때문이다.

오늘날에는 과학과 지식이 성공 여부를 결정하는 데 큰 역할을 하기 때문에 우리는 예전만큼 기도와 의식과 주술에 의존하지 않는다. 그러나 아직도 우리가 통제할 수 없는 것이 많고, 과학과 기술로도 성공을 보장할 수 없는 위험한 분야들이 많다. 이런 경우에는 우리도 기도와 제물과 의식에 의지한다. 얼마 전까지만 해도 바다의 안전한 항해, 풍성한 수확, 전쟁에서의 승리, 특히 질병의 치유를 염원하며 기도에 열중하는 사람들이 많았다. 의사가 환자의 결과를 확실히 예측하지 못할 때, 특히 의사가 더는 손을 쓸 수 없다고 인정할 때 환자들은 기도에 매달린다.

종교적인 의식이나 기도와 불확실한 결과 간의 관련성은 두 구체적인 예에서도 찾아진다. 도박사는 주사위를 던지기 전에 자기만의 고유한 의식을 종종 따르지만, 체스 선수들은 체스를 두기 전에 그런 의식을 치르지 않는다. 주사위 게임은 그야말로 행운의 게임인 반면에 체스에서는 행운을 기대하기 어렵기 때문이다. 당신이 말을 잘못 움직여 게임에 진다면 당신에게는 어떤 변명의 여지도 없다. 상대의 반응을 예측하지 못한 것은 전적으로 당신의 잘못이기 때문이다. 이와 유사하게, 뉴멕시코 주의 서부에서 지하수를 찾아내기 위해서 우물을 파려는 농부는 곧잘 다우저에게 도움을 청한다. 그 지역은 지질학적으로 무척 복잡하기 때문에 지하수의 깊이와 양이 예측하기 힘들 정도로 들쑥날쑥해서, 지질 전문가들도 겉모습만으로는 지하수의 위치와 깊이를 정확히 예측할 수 없다. 하지만 텍사스 팬핸들 지역에서는 지하수면이 약 38미터의 깊이에 일정하게 위치하기 때문에 물이 필요하면 어디에서건 그 깊이까지만 우물을 파면 된다. 따라서 이곳 사람들도 수맥탐지법을 잘 알고 있지만 누구도 다우저에게 도움을 받지 않는다. 다시 말하면, 뉴멕시코 농부들과 주사위 도박사는 먼바다로 고기잡이를 나가는 트로브리안드 섬사람들과 !쿵족 사냥꾼들처럼 의식에 의지함으로써 예측 불가능한 현실을 이겨내려 하지만, 텍사스 팬핸들 지역의 농부들과 체스 선수들은 석호에서 고기잡이를 하는 트로브리안드 섬사람들처럼 특별한 의식에 의지할 필요가 없다.

요컨대 (비종교적인 의식과) 종교적인 의식이 아직도 우리 곁에 존재하는 이유는, 우리가 불확실성과 위험에 직면할 때 그런 의식이 불안감을 해소하는 데 도움을 주기 때문이다. 하지만 종교의 이런 기능은 서구화된 현대 사회보다 불확실성과 위험에 더 자주 부딪쳤던 전통 사회에서 훨씬 더 중요했다.

위안의 제공

이번에는 1만 년 전부터 확대된 것으로 여겨지는 종교의 기능에 대해 살펴보자. 삶이 힘겨울 때 위안와 희망 및 의미를 부여하는 종교의 기능이다. 구체적인 예를 들자면, 자신의 죽음이나 사랑하는 사람의 죽음을 앞두었을 때 종교는 우리에게 위안을 줄 수 있다. 일부 포유동물들 특히 코끼리는 가까운 동반자의 죽음을 의식하고 슬퍼한다. 그러나 인간을 제외한 다른 동물들이 언젠가는 자신도 죽는다는 걸 알고 있을 거라 확인할 방법은 없다. 인간은 자의식과 한층 발달된 추론력을 갖게 되고, 주변 사람들이 죽는 걸 관찰한 결과에서 일반화함으로써 죽음이란 운명을 피할 수 없다는 걸 깨달았을 것이다. 지금까지 관찰되고, 고고학적으로 입증된 거의 모든 인간 집단은 시신을 버리기도 했지만 매장하거나 화장함으로써, 혹은 수의를 입히거나 미라로 만듦으로써 죽음의 의미를 알고 있었다는 증거를 보여준다.

얼마 전까지 움직이고 말을 하며 따뜻하던 사람이 이제는 움직이지 않고 말도 하지 않으며 차갑게 변한 걸 보면 누구라도 놀랄 것이다. 게다가 그런 일이 우리에게도 언젠가 닥칠 거라고 생각하면 섬뜩하기만 하다.

대부분의 종교는 죽음의 현실을 효과적으로 부인하고, 육신과 맺어진 영혼을 위한 사후세계가 있다고 상정함으로써 위안을 준다. 영혼은 원래의 육신을 본뜬 모형과 함께 천당 혹은 다른 이름으로 일컬어지는 초자연적인 곳으로 가거나, 새나 다른 사람으로 변신해서 이 땅에서 계속 살아간다. 이처럼 사후세계를 주장한 종교들은 간혹 한 걸음 더 나아가, 사후세계를 들먹이며 죽음 자체를 부인할 뿐 아니라 죽음 후에는 훨씬 나은 것, 예컨대 영생, 사랑하는 사람과의 재결합, 근심으로부터의 해방, 신주(神酒), 아름다운 처녀 등이 우리를 기다리고 있다는 희망을 제시하기도 한다.

우리는 죽음을 앞둔 고통 이외에, 삶을 살아가는 과정에서도 숱한 고통을 겪는다. 종교는 이런 고통을 다양한 방법으로 달래준다. 삶의 고통은 무의미하게 일어난 임의적인 사건이 아니라 깊은 의미가 담겨 있다는 '설명'이 대표적인 예이다. 예컨대 우리에게 사후세계에 들어갈 수 있는 자격이 있는지 시험하는 것이고, 우리가 지은 죄의 대가를 치르는 것이며, 어떤 악한이 행한 악행이기 때문에 주술사의 힘을 빌려 그를 찾아내서 죽여야 한다는 의미이다. 다른 방법은 이 땅에서 고통받은 대가로 사후세계의 삶은 완전히 다를 거라는 약속이다. "그렇다, 너는 이 땅에서 고통받았다. 하지만 두려워하지 마라. 너는 죽은 후에 보상받을 것이다!" 세 번째 방법은 우리가 이 땅에서 겪는 고통은 사후의 행복한 삶으로 보상받겠지만 우리에게 악행을 저지른 사람들은 사후에 비참하게 살 거라는 약속이다. 이 땅에서 우리의 적들을 응징하면 우리에게 유한한 복수와 만족감을 주지만, 적들이 사후에 단테의 지옥에서 시달려야 하는 영원한 고문은 우리에게 최고의 복수와 만족감을 안겨줄 것이다. 지옥에는 두 가지 기능이 있다. 하나는 이 땅에서 우리가 보복할 수 없었던 적들을 혼냄으로써 우리의 마음을 위로해주는 것이고, 다른 하나는 우리가 못된 짓을 하면 우리도 지옥으로 보낼 거라고 협박함으로써 종교의 도덕적 명령에 순종하게 만드는 것이다. 따라서 사후세계의 존재는 "모든 원한은 나중에 해결된다"라며 우리에게 걱정하지 말라고 안심시키고, 신정론(악령과 선한 하느님의 공존)의 모순까지 해결한다.

위안이라는 종교의 기능은 인류의 진화사에서 초기에 등장했을 것이다. 정확히 말하면, 우리가 언젠가는 죽는다는 걸 깨닫고, 삶이 고통스러운 이유에 의문을 품을 정도로 똑똑해졌을 때였을 것이다. 수렵채집인들은 사후에 혼령으로 생존한다고 믿는다. 그러나 위안의 기능은 이른바 세상을 거부하는 종교들, 즉 사후세계가 존재한다고 주장하는 데 그치지 않고 이 땅에서 살아가는 진정한 목적은 구원을 받아 사후세계를 준비하는 것이라 주장하는 종교들이 등장한 후로 크게 확대됐다. 세상을 거부하는 현상은 그리스도교와 이슬람교 및 불교의 일부 종파에서 강하게 드러나지만, 플라톤 철학을 비롯한 세속적인 철학, 즉 비종교적인 철학의 특징이기도 하다. 수도원의 수사들과 수녀들이 세속적인 세계에서 멀리 떨어져 생활하기 때문에 세상을 등진 것처럼 보이지만, 그들은 예배를 집전하고 신도들을 가르치며 설교하기 위해서 매일 세속의 세계에 나가기도 한다. 그러나 세속의 세계와 철저히 담을 쌓고 지내는 수도회들도 있다. 시토 수도회가 대표적인 예이다. 시토 수도회의 대수도원이었던 영국의 리보 수도원, 파운틴스 수도원, 제르보 수도원은 마을에서 멀리 떨어져 세워진 덕분에 약탈당하지 않았고, 버려진 후에도 재활용되지 않아 영국에서 가장 보존 상태가 좋은 수도원 유적들이다. 한편 누구도 살지 않던 아이슬란드에서 은둔자로 살아간 아일랜드의 수사들은 세상을 거부한 훨씬 더 극단적인 사례였다.

복잡한 대규모 사회에 비해서, 소규모 사회들은 세상의 거부와 구원과 사후세계를 크게 강조하지는 않는다. 이런 차이에는 적어도 세 가지 이유가 있다. 첫째, 평등하던 소규모 사회가 복잡한 대규모 사회로 발전되면서 사회의 계급화와 불평등이 심해진 때문이다. 사회가 커지고 복잡해지면서 왕과 귀족, 상류층과 부자들이 다수를 이루는 가난한 농부들과 노동자들을 지배했다. 주변 사람들 모두가 당신만큼 고통받는다면 불공평하다고 불평할 이유가 없고, 열망해야 할 좋은 삶을 구체적으로 보여주는 본보기도 없다. 그러나 일부가 당신보다 훨씬 안락한 삶을 누리며 당신을 지배한다면, 설명하고 위안을 구해야 할 것이 많아진다. 바로 그런 것을 종교가 제공한다.

복잡한 대규모 사회가 소규모 사회보다 위안과 사후세계를 강조하는 두 번째 이유는, 수렵채집인이 농경인이 되어 더 큰 사회에 모여 살기 시작하면서 삶이 더 팍팍해졌다는 걸 보여주는 고고학적이고 민족지학적인 증거에서 찾아진다. 농업으로 전환하면서 하루 평균 노동시간이 증가했지만 영양섭취는 악화됐다. 감염병과 신체 학대가 증가하며 수명이 줄었다. 실제로 산업혁명 기간에 노동시간은 길어지고, 위생과 건강과 오락은 축소되어 도시 프롤레타리아 계급의 생활 조건은 크게 악화됐다. 세 번째 이유는 뒤에서 다시 살펴보겠지만, 복잡하고 인구밀도가 높은 사회는 도덕률을 강화하고 선과 악을 거의 이분법적으로 구분한 까닭에 신정론의 문제가 더욱 심해진 때문이다. 우리는 도덕적으로 행동하며 법을 잘 지키는 데 범법자들과 세상은 우리를 잔혹하게 대하고도 벌을 받지 않는 이유가 무엇일까?

 이런 세 가지 이유에서, 종교의 위안 기능이 역사적으로 나중에 발달하고 인구가 많은 사회에서 확대된 이유가 설명된다. 간단히 말하면, 그런 사회들이 우리에게 강요하는 고약한 환경 때문에 우리가 위안받기를 간절히 바라는 것이다. 불행이 겹칠수록 사람들이 더욱 종교적으로 변해가고, 가난한 사회계층과 지역, 그리고 국가가 부유한 계층과 국가보다 종교적인 이유가 이런 위안 기능으로 설명되는 듯하다. 오늘날 종교가 일상의 삶에서 중요하다고 말하는 시민의 비율이 일인당 국내총생산(GDP)이 1만 달러 이하인 대부분의 국가에서는 80~99퍼센트에 이르고, 일인당 국내총생산이 3만 달러 이상인 대부분의 국가에서는 17~43퍼센트에 불과하다. (다음 구절에서 다시 보겠지만, 이런 결과는 부유한 미국이 종교적 열의가 높은 이유를 설명하지 못한다.) 미국 내에서도 부유한 지역보다 가난한 지역에 교회가 더 많고 예배에 참석하는 신도도 더 많은 듯하다. 상식적으로 생각하면, 부유한 지역일수록 교회를 세울 재원이 더 많고 예배에 참석할 여가 시간이 더 많을 텐데도 말이다. 미국 사회에서도 종교적 열의가 가장 높고, 교리적으로 가장 근본적인 교파는 소외되고 혜택을 받지 못하는 사회 집단에 주로 존재한다.

 앞에서 언급한 대로 종교의 기반을 약화시키기에 충분한 두 요인—과학에 빼앗긴 설명이란 종교의 원래 기능, 테크놀로지의 발달과 사회적 효율성의 증가로 우리가 통제할 수 없어 기도에 의지할 수밖에 없는 위험의 감소—에도 불구하고, 종교가 현대 세계에서도 그대로 유지되고 심지어 성장하는 결과는 처음에는 의외로 여겨질 수 있다. 종교가 사라질 기미를 전혀 보이지 않는 이유는 '의미'를 찾으려는 인간의 집요함 때문인 듯하다. 우리 인간은 무의미하고 공허하며 덧없게 여겨지는 삶에서, 또 예측할 수 없는 불행한 사건들에서 어떤 의미를 찾으려고 애썼다. 그러나 과학이 도래하며, '의미'는 중요한 것이 아니며, 우리 개개인의 삶은 자기증식(self-propagation)만을 성공의 기준으로 삼는 유전자 집합체에 불과해서 정말로 무의미하고 공허하며 덧없는 것이라 말해주는 듯하다. 무신론자라면, 신정론의 문제는 애초부터 존재하지 않은 것이며 선과 악은 순전히 인간이 정한 것에 불과하다고 주장할 것이다. 암이나 자동차 사고로 X와 Y는 죽고 A와 B는 죽지 않은 건 순전히 우연히 일어난 재앙일 뿐이며, 사후세계라는 것은 없다고도 주장할 것이다. 또 당신이 이 땅에서 고통받고 학대받았더라도 사후세계에서 보상 따위는 없다고 주장할 것이다. 이런 무신론자들에게 당신이 "그런 말은 듣고 싶지 않다. 거짓말하지 마라. 과학이 우리에게 의미를 어떻게 줄 수 있는지 보여줘봐라"라고 반발한다면, 무신론자들은 "의미를 찾는 건 쓸데없는 짓이다. 제발 정신 차려라. 의미를 찾는 짓을 당장 그만둬라. 의미라는 건 없다! 도널드 럼스펠드가 이라크 전쟁 중에 약탈이 있었다는 주장에 반박했듯이, '쓸데없는 짓'일 뿐이다"라고 대답할 것이다. 그러나 인간의 두뇌는 먼 옛날부터 의미를 열망했고, 지금 우리가 지닌 두뇌도 똑같다. 수백만 년의 진화사는 우리에게 "정말 의미라는 것이 없더라도 나는 그 말을 믿고 싶지 않다. 그 말을 절대 믿지 않을 거다. 과학이 나한테 의미를 주지 못한다면 종교를 통해 의미를 찾을 거다!"라고 말해주고 있다. 과학과 테크놀로지가 발달한 21세기에도 종교가 유지되고, 심지어 성장하는 이유는 바로 여기에 있는 게 거의 확실하다. 또한 세계에서 과학과 테크놀로지가 가장 발달한 미국이 부유한 제1세계 국가들 중에서 가장 종교적인 국가인 이유도 전부까지는 확실히 아니어도 부분적으로는 여기에 있는 듯하다. 유럽보다 미국의 빈부격차가 더 큰 것도 적잖은 이유일 수 있다.

조직과 순종   종교의 남은 네 가지 특징—규격화된 조직, 정치적 순종의 설교, 도덕률을 통한 이방인을 대하는 행동의 규제, 전쟁의 정당화—은 소규모 사회에는 존재하지 않았고, 군장사회와 국가가 등장한 후로 나타났지만, 현대 세속 국가에서는 쇠퇴했다. 지금 우리가 당연하게 여기는 현대 종교의 특징은 규격화된 조직이다. 대부분의 현대 종교에는 랍비, 목사, 이맘 등이라 불리는 상근 성직자가 있고, 그들은 급료나 삶에 필요한 물품을 제공받는다. 또 대부분의 현대 종교에는 절, 회당, 모스크, 교회라 불리는 성전이 있다. 어떤 종파에서 그 종파에 속한 성전들은 규격화된 경전(성경, 토라, 코란 등), 의식 순서, 미술과 음악, 건축, 의상을 사용한다. 따라서 로스앤젤레스에서 자란 가톨릭 신자가 뉴욕을 방문해서 뉴욕 가톨릭 성당의 일요 미사에 참석해도 낯설지 않은 기분을 느낄 수 있다. 그러나 소규모 사회의 종교에서는 이런 모든 특징이 규격화되지 않거나(의식 순서, 미술과 음악, 의상), 아예 존재하지 않는다(상근 성직자, 성전, 경전). 소규모 사회에도 샤먼이 있는 경우가 있고, 일부 샤먼은 보수아 선물을 받기도 하지만, 하루 종일 성직에만 종사하는 전문직 종사자가 아니다. 샤먼도 무리사회나 부족사회의 신체가 건강한 성인들과 똑같이 사냥하고 채집하며 곡물을 재배해야 한다.

역사적으로는 고대 인간 사회가 부유해지고 인구가 많아지며 중앙집권화된 까닭에 새롭게 야기된 문제를 해결하기 위해서 종교의 이런 조직적 특징들이 대두됐다. 무리사회와 부족사회는 인구도 적고 생산성도 떨어져서, 성직자와 군장, 세금 징수원, 도공(陶工), 샤먼 등 어떤 분야의 전문가를 먹여 살릴 수 있을 만큼 많은 잉여식량을 생산할 수 없다. 대신 남녀를 불문하고 성인이면 누구나 사냥과 채집과 농경에 종사하며 자신의 식량을 스스로 구해야 한다. 면적도 넓고 생산성도 높은 사회만이 잉여식량을 생산해서, 식량을 생산하는 데 참여하지 않는 군장을 비롯한 지도자들, 솜씨가 뛰어난 전문가를 먹여 살릴 수 있다.

식량의 이런 분배는 어떻게 처음 시작됐을까? 다음과 같은 세 가지 분명한 사실이 겹치면서 어떤 딜레마가 야기됐을 것이다. 첫째, 인구가 많은 사회가 소규모 사회에게 이길 가능성이 크다. 둘째, 인구가 많은 사회에는 지도자와 관료가 필요하다. 20명이면 모닥불 가에 앉아 어렵지 않게 합의에 이를 수 있지만, 2,000만 명이면 그런 식의 합의가 불가능하기 때문이다. 셋째, 지도자와 관료를 먹여 살릴 수 있어야 한다. 그러나 어떻게 군장이나 왕은 사회에 기생하는 계급이 식량을 훔치는 행위를 농부들이 허용하도록 유도했을까? 이 문제는 민주사회의 시민인 우리에게도 익숙한 문제이다. 우리도 선거 때마다 "지난 선거 이후로 현직 의원이 나랏돈에서 두둑한 보수를 받을 만한 일을 했는가?"라는 똑같은 의문을 품지 않는가.

고대 이집트와 메소포타미아부터 시작해서 폴리네시아의 하와이를 거쳐 잉카 제국까지, 익히 알려진 군장사회와 초기 국가 사회가 고안해낸 해결책은 다음과 같은 교리를 지닌 조직화된 종교를 선포하는 것이었다.

군장이나 왕은 신과 관련이 있거나, 곧 신이다. 군장이나 왕은 농부를 대신해서 비를 내려주거나 반드시 풍작을 이루게 해달라고 신에게 선처를 호소할 수 있다. 또 군장이나 왕은 농부들을 조직적으로 동원해서 도로와 관개수로와 창고 등 모두에게 이로운 공공시설을 건설하는 데 이바지한다. 농부들은 이런 혜택을 누리는 대가로 군장과 성직자 및 세금 징수원을 먹여 살려야 한다. 규격화된 신전에서 행해지는 규격화된 의례들이 농부들에게 이런 종교적 교리를 가르치는 역할을 하기 때문에 농부들은 군장과 군장의 신하들에게 순종하게 된다. 군장이나 왕에게 순종하는 군대도 농부들로부터 거둔 식량으로 먹여 살린다. 그래야 군장이 군대를 앞세워 이웃한 땅을 정복해서 농부들에게 더 많은 땅을 분배할 수 있기 때문이다. 군대의 존재는 군장에게도 두 가지 점에서 유리하다. 첫째로는 이웃 사회와 전쟁을 벌임으로써, 군장을 전복하려는 음모를 꾸밀 수도 있는 야심찬 젊은 귀족들의 협력을 끌어낼 수 있다는 것이다. 둘째로는 군대를 동원해서 농부들의 반란을 진압할 수 있다는 것이다. 초기 신정국가가 바빌론 제국이나 로마 제국 같은 제국으로 발전하며, 더 많은 식량과 노동력을 징발하게 되자, 국가를 떠받치는 종교의 속임수는 더욱 정교하게 변했다. 이런 이유에서 카를 마르크스는 종교를 인민의 아편이라 정의했고(표 9.1 참조), 민중계급을 억압하는 수단으로 보았다.

물론 유대-그리스도교의 세계에서는 오래전부터 이런 추세가 역전되어, 종교는 이제 과거만큼 국가의 시녀가 아니다. 정치인들과 상류계급은 이제 신성을 내세우지 않고 다른 수단을 동원해서 농부들을 설득하거나 억압한다. 그러나 종교와 국가의 융합은 일부 무슬림 국가들과 이스라엘에서는 여전하며, 얼마 전까지 일본과 이탈리아에서도 마찬가지였다. 미국 정부조차 화폐에서 하느님을 들먹이고, 의회와 군대에 공식으로 목사를 두고 있으며, 민주당 출신이든 공화당 출신이든 모든 대통령이 "하느님, 미국을 축복하소서"라는 말로 연설을 끝낸다.

**이방인을 대하는
행동 규범**

국가 사회에서는 중요한 위치를 차지했지만 소규모 사회에는 존재하지 않았던 종교의 또 다른 특징은 신도들에게 이방인을 대하는 도덕적인 행동 규범을 강요했다는 것이다. 모든 세계 종교는 무엇이 옳고, 무엇이 잘못된 것이며, 어떻게 처신해야 한다고 가르친다. 그러나 종교와 도덕의 이런 관계, 특히 이방인을 대하는 행동에 관련된 규범은, 내가 경험한 뉴기니의 여러 사회에는 무척 미약하거나 아예 존재하지 않는다. 오히려 사회적 의무는 인간관계에 크게 영향을 받는다. 무리 사회나 부족사회의 구성원은 수십 명 혹은 수백 명에 불과하기 때문에 모두가 서로 아는 사이이고, 상대의 인간관계까지 알고 지낸다. 피로 맺어진 친척, 결혼으로 맺어진 친척, 같은 씨족원, 다른 씨족에 속한 같은 마을 사람 등 관계에 따라 사회적 의무도 달라진다.

예컨대 상대를 이름으로 부를 수 있는지, 상대와 결혼할 수 있는지, 음식을 공유하며 한 지붕 아래에서 살자고 요구할 수 있는지 등이 그런 관계에 따라 결정된다. 가령 당신이 어떤 부족민과 다툰다면, 모든 부족민이 당신 둘 모두와 관계가 있거나 둘 모두를 알기 때문에 싸움을 말린다. 하지만 낯선 사람을 우호적으로 대하지는 않는다. 낯선 사람은 적대적인 부족에 속한 사람이기 때문이다. 만약 숲에서 낯선 사람을 마주치면 달아나거나 그를 죽여야 한다. 우리 현대인처럼 인삿말을 건네고 우호적인 얘기를 나누기 시작하는 풍습은 자살행위와 다를 바가 없다.

따라서 약 7,500년 전, 일부 부족사회가 군장사회로 발전해서 인구수가 수천 명에 이르자 새로운 문제가 발생했다. 수천 명이면 개개인이 상대의 이름과 인간관계를 알기에는 너무 많은 숫자였다. 과거 부족사회의 행동 규범은 여러 면에서 부족했기 때문에 신생 군장사회와 국가는 잠재적인 불안정에서 비롯되는 커다란 문제들에 봉착했다. 예컨대 같은 군장사회에 속해 있지만 낯선 사람인 까닭에 당신이 부족사회의 행동 규범에 따라 그 사람과 맞붙어 싸웠다면, 당신 친척들은 당신 편에 가담하고 상대의 친척들은 상대의 편에 가담해서 큰 싸움으로 발전했을 것이다. 게다가 그 싸움에서 한 사람이라도 죽었다면, 사망자의 친척들이 살인자의 친척들 중 하나를 죽여 복수하려는 시도를 멈추지 않았을 것이다. 이처럼 다툼과 복수의 끝없는 악순환으로부터 사회를 구해내기 위해서 군장사회와 국가는 어떤 방법을 동원했을까?

대규모 사회에 닥친 이런 딜레마를 해결하려고 동원된 방법은 현대 사회에서도 사용하는 방법이며, 군장사회와 초기 국가 사회의 문헌에서 그에 관련된 정보를 구할 수 있다. 인간관계의 유무를 불문하고 사회의 모든 구성원들 사이에는 우호적인 행동 규범이 강요됐다. 정치 지도자들, 즉 군장과 왕은 대리인들을 앞세워 그런 규범을 강요했고, 그 규범을 종교의 새로운 기능으로 받아들여 정당화했다. 요긴대 신과 초자연적인 존재가 그 규범을 만들었다고 여겨지며, 공식적인 도덕률로 성문화됐다. 사회 구성원들에게는 어린시절부터 행동 규범을 따르도록 가르쳤고, 규범을 위반하면 즉 다른 사람을 공격하면 신의 뜻을 위반한 것이기 때문에 엄한 벌로 다스려졌다. 유대교와 그리스도교도의 경우에는 십계명이 대표적인 예이다.

그 후에 세속화된 사회에서는 이런 도덕적 행동 규범이 종교의 한계를 넘어섰다. 오늘날 종교를 믿는 사람들만이 아니라 무신론자들까지 이방인을 죽이지 않는 이유는 사회가 주입한 가치관 때문이며, 하느님의 분노에 대한 두려움보다는 법이라는 강력한 제재 수단에 대한 두려움 때문이다. 그러나 군장사회가 등장한 때부터 세속 국가가 탄생할 때까지, 종교는 행동 규범을 신의 말씀이라 정당화했고, 그 덕분에 사람들은 대규모 사회에서 번질나게 마주치는 낯선 사람들과도 사이좋게 더불어 살 수 있었다. 낯선 사람들이 사이좋게 어울리며 살게 해주었고, 정치 지도자에게 순종하라고 군중을 가르쳤다는 점에서 종교의 기능은, 사회질서의 유지라는 역할을 맡은 종교의 양면성이라 할 수 있다. 이런 이유에서 볼테르는 "신이 존재하지 않는다면 신을 만들어라도 내야 할 것이다"라고 빈정대며 말했던 것이 아니겠는가. 관점에 따라, 종교의 이런 역할들은 긍정적으로 해석됐고(사회적 화합을 촉진한다는 점에서), 부정적으로도 해석됐다(억압적인 지배계급에 의한 대중의 착취라는 점에서).

전쟁의 정당화

과거의 역사에서 무리사회와 부족사회에는 없었지만, 군장사회와 국가가 등장하면서 야기된 또 하나의 새로운 문제는 전쟁이었다. 부족사회는 행동 규범을 정당화하기 위해서 종교보다 혈연관계나 인척관계를 주로 이용하기 때문에 부족민들은 아무런 관계도 없는 타부족민을 죽여도 도덕적 딜레마에 빠지지 않는다. 그러나 국가가 종교를 들먹이며 아무런 관계가 없는 사람들과도 사이좋게 지내라고 요구한다면, 어떻게 해야 전시에는 그런 규범을 무시하라고 시민들을 설득할 수 있을까? 국가는 전쟁을 선포한 타국가의 시민들을 약탈하고 죽여도 좋다고 자국의 시민들에게 허락한다. 정확히 말하면 명령한다. 국가가 18년 동안 한 소년에게 "살인하지 마라"라고 가르쳤는데, 국가가 태도를 돌변해서 "이런 상황에서 살인해야만 한다!"라고 명령하면서도 병사들을 혼란에 몰아넣지 않고 나쁜 사람들을 죽이게 하려면 어떻게 해야 할까?

고대의 역사에서나 최근의 역사에서, 종교가 새로운 기능을 떠맡으며 구원에 나선다. 십계명은 같은 군장사회나 국가에 속한 시민들을 대하는 행동에만 적용된다. 대부분의 종교는 자신만이 진실이며 다른 모든 종교는 거짓이라고 주장한다. 과거에도 그랬지만, 오늘날에도 여전히 시민들에게는 그런 거짓된 종교를 믿는 사람들을 약탈하고 죽이는 게 허락되며, 반드시 그렇게 해야만 한다고 가르친다. "하느님과 조국을 위하여!", "포르 디오스 오 포르 에스파냐(신을 위하여, 에스파냐를 위하여)!", "고트 미트 운스(신은 우리와 함께 계시리라)!"라며 고결한 애국심에 호소하는 모든 행위의 어두운 면이다. 살인을 일삼는 종교적 광신자들이 고질적이고 비도덕적인 전통의 후예들이라고 인정하더라도 그들의 죄까지 줄어드는 것은 아니다.

성경의 구약성서는 이교도들을 잔인하게 처단하라는 권고들로 가득하다. 예컨대 신명기 20장 10~18절에서는 이스라엘 민족에게 대량학살이 의무라고 명령한다. 너희가 멀리 떨어진 도시에 접근할 때 그곳 사람들이 항복하면 모두를 노예로 삼고, 항복하지 않으면 남자를 모두 죽이고 여자와 어린아이를 노예로 삼으며 가축과 모든 것을 약탈하라고 명령한다. 그러나 그곳이 가나안 사람이나 히타이트 사람처럼 거짓된 신을 믿는 가증스런 사람들의 도시라면, 하느님은 이스라엘 사람들에게 그 도시에서 숨쉬는 모든 것을 멸살하라고 명령했다. 여호수아서에서는 여호수아가 그런 명령을 충실하게 받아들여 400여 도시의 주민을 학살함으로써 영웅이 됐다고 칭찬한다. 탈무드로 알려진 랍비들의 해설서는 "[하느님을 믿는 사람들을] 살인하지 마라"와 "[다른 신을 믿는 사람들을] 죽여야 한다"라는 두 원칙 간의 모순에서 비롯되는 잠재된 모호함을 분석한다. 예컨대 어떤 탈무드 해설자에 따르면, 이스라엘 사람이 의도적으로 이스라엘 사람을 살해하면 살인죄이지만, 이스라엘 사람이 아닌 사람을 의도적으로 죽이면 무죄이다. 또한 아홉 명이 이스라엘 사람이지만 한 명의 이교도가 낀 무리에게 돌을 던지다가 이스라엘 사람을 죽여도 무죄이다. 그가 이교도를 맞추려다 실수한 것일 수 있기 때문이다.

공정하게 말하면 이런 세계관은 신약성서보다 구약성서에서 더욱 강하게 나타난다. 신약성서의 도덕률은 이방인을 대하는 행동 규범의 방향을 크게 바꾸었기 때문이다. 적어도 이론적으로는 바꾸었다. 하지만 현실에서는 그렇지 않았다. 유럽의 그리스도교 식민주의자들이 비유럽인들에게 인류의 역사에서 가장 무차별적인 대량학살 사건들을 저지르고도, 구약성서만이 아니라 신약성서까지 들먹이며 그런 만행을 도덕적으로 정당화하지 않았던가.

흥미롭게도 뉴기니인들은 다른 무리의 살해와 다툼을 정당화하려고 종교를 들먹이지 않는다. 많은 뉴기인이 이웃 부족을 공격해서 대량학살한 얘기를 내게 해주었다. 그들의 설명에서 나는 종교적 동기를 전혀 감지하지 못했다. 실제로 그들은 신을 위해서, 진실한 종교를 위해서 죽음을 감수한다거나, 어떤 이상을 위해서 자신을 희생하는 거라고 말하지 않았다. 반면에 국가가 등장하면서 나타나기 시작한 종교에 기반을 둔 이데올로기는, 신이 임명한 지도자에게 순종하고, 같은 국가에 속한 시민들에게는 십계명과 같은 도덕적 계율을 반드시 지키며, 다른 국가(즉, 이교도)와 싸울 때는 목숨까지도 희생할 수 있어야 한다는 의무감을 시민들에게 주입했다. 이런 이유에서 종교적 광신도들이 지배하는 사회는 무척 위험하다. 그들을 따르는 극소수가 대의(大義)를 위해 목숨을 내놓고(2001년 9월 11일의 테러에 참가한 사람은 19명이었다), 광신도 사회 전체는 그들을 앞세워 훨씬 많은 적을 죽인다(2001년 9월 11일의 테러로 사망한 사람은 2,996명이었다). 다른 무리는 가차없이 죽여야 한다는 잘못된 행동 규범은 지난 1,500년 동안 거의 극한으로 치달았다. 광신적인 그리스도교도와 무슬림은 경쟁하듯이 서로 상대를 죽이고 노예로 삼았으며 개종을 강요했다. 20세기에 들면서 유럽 국가들은 다른 유럽 국가의 수백만 시민을 살상한 만행을 정당화하려고 세속적인 근거를 덧붙였지만, 종교적 광신은 지금도 여러 다른 사회에서 강력한 위세를 떨치고 있다.

헌신으로 얻는 '훈장'

세속인은 지금까지 나열한 종교의 특징들에 여전히 어리둥절하고 혼란스럽기도 할 것이다. 가장 눈에 띄는 특징은 비합리적인 초자연적인 믿음과의 관련성이다. 그런데 모든 종교가 자신들의 그런 믿음은 강력하게 고수하면서도 타종교의 믿음은 고려할 가치도 없다며 묵살한다. 비용이 많이 들고, 심지어 자해와 자살까지 번질나게 권장하기 때문에 사람들로 하여금 오히려 종교를 등지게 만드는 듯하다. 또한 도덕률을 가르치고 보편성을 주장하면서도 타종교인들에게는 똑같은 도덕률을 적용하지 않고 오히려 그들을 죽이라고 부추기는 명백한 위선도 마찬가지이다. 이런 모순을 어떻게 설명해야 할까? 내가 지금까지 연구한 결과에 따르면, 두 가지 해결책이 설득력 있게 받아들여진다.

첫째, 특정한 종교를 신봉하는 사람들이 그 종교에 헌신하고 있다는 확실한 '훈장'을 달고 싶은 욕구를 칭찬하는 것이다. 다수 혹은 대부분이 다른 종교를 믿으며 당신의 종교에 적대적이거나, 다른 모든 종교의 진실성을 의심하는 세계에서, 당신과 같은 종교를 믿는 사람들은 함께 살아가며 서로 의지한다. 당신의 안전과 재산과 생명은 동료 신도들을 정확히 파악하고, 당신이 그들을 신뢰하는 만큼 그들도 당신을 신뢰할 수 있다는 증거를 보여줄 수 있느냐에 달려 있다. 당신이 종교에 헌신하고 있다는 어떤 증거를 보여줘야 그들이 당신을 믿을 수 있을까?

동료들에게 믿음을 주기 위해서는 누구도 일시적인 이득을 얻기 위해서 거짓으로 흉내낼 수 없는 확실한 증거를 보여줘야 한다. 이런 이유에서 종교의 '훈장'은 항상 비용이 많이 든다. 의식과 기도와 성가를 배우고 반듯하게 행하기 위해서는 많은 시간을 투자해야 한다. 순례에도 나서야 하고, 돈과 선물과 제물을 아낌없이 내놓아야 한다. 다른 사람들이 어리석은 짓이라고 조롱하고, 합리적으로 생각하면 도저히 받아들일 수 없는 믿음을 공개적으로 지지하고, 몸에 영원히 흔적을 남길 고통스런 자해를 공개적으로 행한다. 예컨대 신체의 민감한 부분에 상처를 내고 피를 흘리거나, 성기를 흉측하게 수술하거나, 손가락 관절을 잘라낸다.

누군가 평생 지워지지 않을 상처를 몸에 남기며 종교에 헌신하는 모습을 보여준다면, 그저 입으로만 "나를 믿으시오. 나는 당신 편입니다. 나는 지금 당신과 똑같은 모자를 쓰고 있습니다(하지만 어제 샀더라면 더 싸게 샀을 것이고 내일이면 벗어 던질지도 모릅니다)"라고 말하는 것보다 믿음을 얻는 데 훨씬 효과적일 것이다. 본질적으로 똑같은 이유에서, 진화생물학자들은 동물들의 신호(예컨대 공작의 꼬리)도 상대에게 믿음을 주려고 값비싼 대가를 치르고 진화한 것이라 생각한다. 예컨대 암컷 공작이 커다란 꼬리를 과시하는 수컷 공작을 만나면, 우월한 척하지만 작은 꼬리를 가진 수컷보다 그 수컷이 그처럼 큰 꼬리를 갖고도 생존할 수 있을 정도로 더 나은 유전자를 지니고 영양섭취도 좋았을 것이라고 확신한다는 것이다.

종교가 집단에게 협동과 헌신을 어떻게 조성하는가를 보여주는 흥미로운 예는 미국 공동체의 생존율에서 찾아진다. 현재까지 미국의 역사에서, 이상을 공유하며 함께 생활하는 공동체를 결성한 사람들이 많았다. 종교적인 이상을 공유하는 공동체도 있지만, 비종교적인 이상을 앞세운 공동체도 적지 않다. 미국에서는 1960년대와 1970년대에 비종교적인 공동체가 우후죽순으로 결성됐다. 그러나 모든 공동체는 재정적이고 사회적인 압력, 심지어 성(性)과 관련된 압력을 받기 마련이고, 외부 세계의 유혹까지 이겨내야 한다. 따라서 대다수의 공동체가 창립자의 생전에 점진적으로, 혹은 급작스레 해체된다. 예컨대 1960년대 내 친구 하나가 북캘리포니아의 아름답고 목가적이지만 외딴 곳에 공동체를 창립했다. 하지만 공동 창립자들이 외로움과 지루함, 사회적 긴장 등 이런저런 이유로 하나둘씩 떠나갔다. 결국 내 친구만이 공동체에 남았다. 그 친구는 지금도 그곳에 살지만 회원은 한 명도 없이 혼자 그곳을 지키고 있을 뿐이다.

리처드 소시스는 19세기와 20세기 초에 미국에 세워진 수백여 공동체의 운명을 비교했다. 거의 모든 공동체가 결국에는 해체되고 말았지만, 후터파로 알려진 종교 공동체만은 눈부신 성공을 거두며, 소시스가 조사한 20곳의 후터파 공동체 모두가 존속했다. 후터파 공동체들을 제외하면, 199곳의 공동체가 본래의 이데올로기에 대한 믿음을 상실하거나 자연재해로 결국 해체되거나 소멸됐다. 물론 카리스마를 지닌 지도자의 사망과 외부인들의 적대감도 적잖은 원인이었다. 하지만 연평균 해체 확률은 종교 공동체보다 세속적 공동체가 4배나 높았다. 종교적 이데올로기가 세속적 이데올로기보다 회원들에게 비합리적으로 여겨지더라도 꾸준히 헌신하고, 공동체를 떠나는 게 합리적인 선택이더라도 공동체를 떠나고 싶은 욕구를 억제하며, 공동체로 살아가기 때문에 재산을 공동으로 소유해서 무임승차한 회원에게 이용당하고 있다는 생각을 떨쳐내라고 설득하는 데 효과적인 게 분명하다. 이스라엘에는 수십 년 전부터 종교적 이데올로기로 결성된 키부츠와 그보다 훨씬 많은 수의 세속적인 키부츠가 있지만, 종교적인 키부츠에는 종교적인 관습(예컨대 일주일에 하루는 노동을 하지 않는다)으로 고비용이 강요되지만 언제나 종교적인 키부츠가 세속적인 키부츠보다 더 성공적이다.

종교의 성공 여부를 판단하는 기준

종교의 모순을 해결하는 데 내가 설득력 있다고 생각한 또 하나의 해결책은 진화생물학자 데이비드 슬론 윌슨(David Sloan Wilson)

의 접근법이다. 윌슨의 주장에 따르면, 종교는 인간 집단을 규정하는 역할을 한다. 따라서 다른 종교를 믿는 인간 집단은 경쟁 관계에 있는 집단이 된다. 종교의 상대적 성공을 측정하는 가장 확실한 기준은 신도의 수이다. 오늘날 가톨릭 신자는 10억 명이 넘고, 유대교인은 약 100만 명이지만, 알비파 마니교도(선과 악이 영원히 투쟁한다는 이원론을 믿은 그리스도교의 한 종파로 한때는 신도수가 많았다)는 한 명도 없는 이유가 무엇일까?

윌슨의 또 다른 주장에 따르면, 종교의 신도수는 신도수를 늘이는 경향을 띤 과정들과 신도수를 줄이는 경향을 띤 과정들의 균형 여부에 영향을 받는다. 신도가 자식을 낳아 자식에게 성공적으로 종교적인 믿음을 심어주거나, 다른 종교를 믿는 사람이나 종교를 믿지 않던 사람이 개종하면 신도수가 증가한다. 반대로 신도가 사망하거나, 신도가 본래의 믿음을 상실하고 다른 종교로 개종하면 신도수가 줄어든다. 이쯤에서 "당연한 얘기를 하는군요. 그래서 어쨌단 말입니까? 그렇게 말한다고 그리스도의 부활을 믿는 가톨릭 신자가 그렇지 않은 유대교 신자보다 많은 이유가 설명됩니까?"라고 반박할 사람도 있을 것이다. 그러나 윌슨의 접근법은 어떤 종교의 믿음이나 관례가 신도수의 등락과 관련된 과정들 하나하나에 미치는 영향을 개별적으로 조사하는 기본틀을 제시해준다는 점에서 큰 장점이 있다. 영향의 결과가 쉽게 구해지는 경우도 있지만 그렇지 않은 경우도 많다. 여하튼 종교들은 성공하기 위해서 다양한 전략을 폭넓게 사용하는 것으로 밝혀졌다.

예컨대 셰이커교로 알려진 미국 종교는 신도들에게 독신의 삶을 요구하며 다른 종교들이 교세를 넓히기 위해 흔히 사용하던 방법을 거부했지만, 19세기의 한 기간에 무척 성공했다. 셰이커 교도들은 수십 년 동안 순전히 개종자를 끌어들임으로써 성공을 거두었다. 반대로 유대교는 개종자를 애써 구하지 않았지만 수천 년 동안 존속하고 있다. 그리스도교와 이슬람교는 포교에 열중하는 까닭에 지금은 유대교보다 신도수가 훨씬 많다. 그러나 유대교는 인구 증가에 기여하는 요인들—예컨대 상대적으로 높은 출생률, 박해받은 시기를 제외하면 낮은 사망률, 경제적 기회를 창출하기 위한 열성적인 교육, 강력한 상부상조, 타종교로의 낮은 개종률—때문에 지금까지 끈덕지게 존속해왔다. 알비파 마니교도의 경우에는 선과 악의 힘이 영원히 싸운다는 믿음 때문에 소멸되고 말았다. 알비파에게는 자식을 낳지 말라는 교리도 없었고, 개종자를 받아들이는 걸 금지하는 교리도 없었다. 다만, 그들의 믿음이 주류이던 가톨릭 교도들에게 미움을 받았다. 따라서 가톨릭 교도들이 알비파에게 성전(聖戰)을 선포하고는 그들의 근거지를 포위하고 점령했다. 그리고 알비파 신도들을 모조리 불태워 죽였다.

　서구의 종교사에서 제기되는 가장 중요한 의문 중 하나, 즉 "무수히 많은 유대교의 작은 종파들이 기원후 1세기에 로마 제국에서 서로 경쟁했을 뿐 아니라 다른 종교들과도 경쟁했을 텐데, 300년 후에 한 종파가 그리스도교가 되어 지배적인 종교로 부상한 이유가 무엇일까?"라는 의문에 대답하기 다소 까다로운 이유가 윌슨의 기본틀에서 밝혀진다. 로마 제국 말기에, 그리스도교가 주된 종교로 부상하게 된 결정적인 이유로는 적극적인 포교(주류이던 유대교와 달리), 아기를 많이 낳으라고 권장하고 대부분의 아기를 성인까지 생존시킬 수 있었던 관습(당시 유대교와 로마의 이교도 신앙, 또 현재의 그리스도교와 달리), 충실한 사회적 시설로 로마인보다 낮았던 전염병 사망률, 용서라는 교리를 꼽을 수 있다. 특히 용서는 다른 뺨을 내밀라는 단순화된 개념으로 흔히 잘못 이해되지만, 실제로는 용서부터 보복까지 상황에 따라 대응이 달라지는 무척 복잡한 대응 시스템의 일부이다. 모의 게임 형식을 빌려 행한 실험에 따르면, 어떤 상황에서는 당신에게 못된 짓을 한 사람을 용서할 때 미래에 당신이 이득을 얻을 가능성이 가장 높았다.

윌슨의 기본틀로 설명되는 또 하나의 사례는 모르몬교의 성공이다. 모르몬교는 지난 두 세기 동안 가장 급속하게 성장한 종교 중 하나이다. 모르몬교도가 아닌 사람들은 내가 앞에서 인용한 모르몬교의 창시자, 조지프 스미스(Joseph Smith)의 주장, 즉 1823년 9월 21일 모로나이 천사가 그에게 나타나서 맨체스터 빌리지 근처의 한 언덕 꼭대기에서 묻힌 채 번역되기를 기다리는 황금판의 위치를 알려주었다는 주장(표 9.2 참조)을 곧이곧대로 믿지 않을 것이다. 또한 모르몬교가 아닌 사람들은 황금판을 직접 보았고 만졌다고 주장하는 11명의 증인(올리버 카우더리, 크리스천 휘트머, 하이럼 페이지 외 8인)의 맹세도 의심할 것이다. 따라서 모르몬교도가 아닌 사람들은 "그처럼 말도 안 되는 주장으로 모르몬교가 어떻게 폭발적으로 성장할 수 있었을까?"라고 궁금할 수밖에 없다.

윌슨의 접근법에서, 어떤 종교의 신도수 증가는 교리의 사실 여부에 관계 없이, 교리와 교리에 관련된 관례가 신도들에게 아기를 낳아 건강하게 키우고 개종자를 적극적으로 받아들이며 조직을 원만하게 꾸려가도록 어떻게 유도하느냐에 달려 있다는 게 확인된다. 윌슨의 표현을 빌리면, "터무니없는 믿음도 현실 세계에서 받아들일 수 있는 행동들을 자극하면 받아들여질 수 있다. (……) 사실에 근거한 지식이 수용가능한 행동을 자극한다고 항상 그 자체로 충분하지는 않다. 때로는 사실과 동떨어진 상징적인 믿음체계가 더 성공한다."

　모르몬교는 교리와 관례 덕분에 신도수를 획기적으로 늘리는데 눈부신 성공을 거두었다. 모르몬교도들은 대체로 많은 자식을 낳는다. 또 그들은 강력한 상호부조적인 사회를 결성하여 충분하고 만족스러운 사회생활을 제공하고 일의 소중함을 일깨워준다. 포교를 강조하며 젊은 모르몬교도에게는 해외에서나 국내에서 개종자를 확보하기 위해 2년이란 시간을 헌신하도록 요구한다. 모르몬교도들은 수입의 10퍼센트를 십일조로 교회에 바쳐야 한다(미국 연방정부와 주에 납부하는 연방세와 지방세는 별도). 이처럼 시간과 재원을 강력하게 요구하는 데도 모르몬교도가 되기로 결심한 사람들의 신앙심은 의심할 여지가 없다. 조지프 스미스와 11명의 증인이 황금판을 통해 신의 계시를 받았다는 선언의 신빙성과 합리성에 관련해서도 이렇게 생각해보자. 그들의 주장과, 예수와 모세에게 신의 계시가 있었다는 성경의 얘기와 무슨 차이가 있는가? 수천 년이란 시간 간격이 있고, 우리가 다른 식으로 교육받았기 때문에 다른 식으로 의심하는 차이밖에 더 있는가?

　고결한 도덕률을 설교하면서도 다른 종교를 믿는 사람들을 죽이라고 부추기는 종교의 근본적인 위선에 대해 윌슨은 어떻게 말할까? 윌슨은 이 문제에 관련해서, 종교의 성공(진화생물학의 용어로는 '적응성') 여부는 상대적이어서 타종교들의 성공과 비교해서 판단돼야 한다고 말한다. 싫건 좋건 간에, 종교는 타종교를 믿는 사람들을 죽이거나 강제로 개종시킴으로써 '성공'(신도수로 판단할 때)의 가능성을 높일 수 있고, 실제로도 그렇게 해왔다. 윌슨을 인용하면 "나는 종교에 관련해 대화를 시작할 때마다 신의 이름으로 자행된 무수한 악행들을 귀가 따갑도록 듣는다. 대부분의 경우, 어떤 종교 집단이 타종교 집단에 가한 끔찍한 행위이다. 이런 증거들에도 불구하고 종교가 적응성을 띤다고 말할 수 있는 이유가 무엇일까? 적응성을 상대적 개념으로 이해하면 어렵지 않다. 어떤 행동이 도덕적으로 용서되지 않더라도 진화적 관점에서는 설명될 수 있다는 걸 강조하는 것이 중요하다."

**종교의
기능 변화**

끝으로, 내가 종교의 기능과 정의에 관련해서 처음에 제기한 의문으로 돌아가보자. 지금쯤이면 독자도 종교를 정의하기 어려운 이유를 어느 정도 짐작할 것이다. 물고기의 전기 발생 기관처럼, 종교도 진화하면서 그 기능을 꾸준히 바꿔왔기 때문이다. 일곱 가지 기능이 다양하게 결합되며 종교를 특징짓는다는 점에서, 여섯 가지 기능을 일방적으로 받아들인 전기 발생 기관보다 종교가 더 자주 기능을 바꿔왔던 것은 사실이다(540쪽 그림 9.1 참조). 일곱 가지 기능 중에서 네 가지는 종교사의 첫 단계에서는 전혀 존재하지 않았고, 다섯 가지는 다른 단계에서 여전히 존재했지만 쇠락하기 시작했다. 기원전 5만 년 경 모든 것에 의문을 품는 지적인 인간이 탄생한 쯤에는 두 기능이 이미 나타나서 정점에 이르렀지만, 수천 년 전부터 내리막길에 들어서 꾸준히 쇠락했다. 특히 초자연적인 설명은 급속히 쇠락한 반면에, 통제할 수 없는 위험에서 비롯되는 불안감의 완화라는 기능은 의식(儀式)의 개입으로 다소 완만하게 줄어들었다. 나머지 다섯 기능 중 네 가지는 인간이 탄생한 초기에 전혀 없었고 한 가지는 상당히 미약했다. 그러나 세 기능은 군장사회와 초

그림 9.1_ 종교의 기능 변화

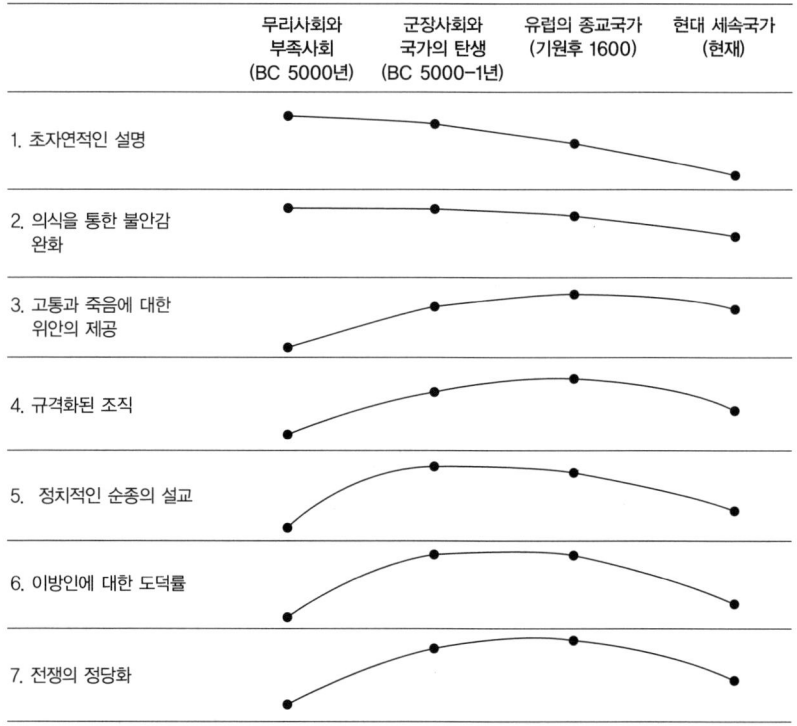

기 국가 사회에서, 두 기능은 후기 르네상스 국가에서 정점에 이르렀지만, 그 이후로 완만하게 혹은 급격하게 쇠락했다.

　기능의 이런 변화로 종교는 전기 발생 기관보다 정의하기 어렵다. 전기 발생 기관들은 전기장을 발생하며 주변 환경을 탐지하는 특성을 공유하지만, 모든 종교가 공유하는 종교의 특징은 하나도 없기 때문이다. 표 9.1의 정의에 더해서, 위험을 무릅쓰고 종교를 다른 식으로 정의한다면 나는 이런 정의를 제안하고 싶다. "종교는 어떤 특성들의 집합체로, 그 특성들을 공유하는 인간 집단과, 그 특성들을 똑같은 형태로는 공유하지 않는 인간 집단을 구분한다. 특히 세 가지 특성—초자연적인 설명, 통제할 수 없는 위험에서 비롯되는 불안감의 완화, 고통스런 삶과 예견된 죽음에 대한 위안의 제공—중 하나 혹은 그 이상, 때로는 세 가지 모두가 언제나 공유돼야 한다. 초기 단계 이후에 종교는 규격화된 조직, 정치적인 순종, 자신과 같은 종교에 속한 낯선 사람을 받아들이는 아량, 타종교를 믿는 집단과 벌이는 전쟁의 정당화를 꾸준히 지원해왔다." 이런 정의는 표 9.1의 억지스런 정의들만큼 억지스런 면이 있지만, 내 생각에는 현실에 부합하는 정의인 듯하다.

종교의 미래는 어떻게 될까? 앞으로 30년 내에 세상이 어느 방향으로 흘러가느냐에 달려 있다. 생활수준이 전 세계에서 향상된다면 그림 9.1에서 1번과 4~7번의 기능은 계속해서 쇠퇴하겠지만, 2번과 3번 기능은 꾸준히 지속될 가능성이 크다. 종교는 무엇보다 개인의 삶과 죽음에 의미를 부여한다고 주장하는 덕분에 생명력을 지속적으로 유지하겠지만, 종교가 부여하는 의미는 과학적인 관점에서는 무의미한 것일 수 있다. 의미의 추구에 대한 과학계의 반응이 맞더라도, 따라서 종교에서 말하는 의미가 착각에 불과하더라도 많은 사람이 과학계의 반응을 흔쾌히 받아들이지 않을 것이다. 그러나 대다수의 세계인이 빈곤의 늪에서 허덕인다면, 더구나 세계 경제와 생활수준 및 평화가 악화된다면, 종교의 모든 기능, 심지어 초자연적인 설명 기능까지 되살아날 수 있다. 종교의 미래에 대한 답은 내 자식 세대에 가서야 정확히 밝혀질 것이다.

10
여러 언어로 말하기

다중언어 – 세계의 언어들 – 언어는 어떻게 진화하는가? – 언어 다양성의 지형도 – 전통 사회의 다중언어 – 이중언어의 이점 – 알츠하이머병 – 사라지는 언어들 – 언어는 어떻게 사라지는가? – 소수집단 언어는 해로운가? – 왜 언어를 보존해야 하는가? – 어떻게 해야 언어를 보호할 수 있을까?

다중언어

: 내가 산악지역의 숲에서 20명의 뉴기니 고원지대 사람들과 함께 일주일을 보내던 때였다. 어느 날 저녁, 모닥불을 빙 둘러싸고 모인 사람들은 두 공용어, 톡 피신과 모투어 이외에도 여러 토착 언어를 동시에 사용하며 대화를 나누었다. 뉴기니에서 여러 부족이 모인 경우에 흔히 볼 수 있는 현상이었다. 당시 나는 뉴기니 고원지대를 걷거나 운전해 지나갈 때마다 15~30킬로미터마다 새로운 언어를 맞닥뜨리는 데에 이미 익숙해진 터였다. 더구나 나는 그보다 얼마 전에 저지대에서 만난 뉴기니 친구에게 자신의 마을로부터 수킬로미터밖에 떨어지지 않은 지역 내에서 다섯 가지의 언어가 사용되고, 그 자신도 어렸을 때 다른 아이들과 놀면서 그 다섯 가지 언어를 모두 배웠고, 학교를 다니기 시작하면

서 세 가지 언어를 더 배웠다고 들은 터였다. 그래서 그날 저녁, 호기심에 나는 모닥불 주변을 돌아다니며, 한 사람 한 사람에게 자신이 대화할 수 있을 정도로 충분히 아는 언어들을 전부 말해달라고 부탁했다.

20명의 뉴기니인 중에서 가장 적은 수의 언어를 말하는 사람이 다섯 가지였고, 대다수가 8~12개의 언어를 말했고, 챔피언은 무려 15개 언어를 말하는 남자였다. 뉴기니인이 주로 학교에서 책을 통해 배우는 영어를 제외하면, 모두가 책도 없이 사회생활로만 그 모든 언어를 배운 것이었다. 이쯤 되면 "그날 저녁의 대화에서 오갔던 그 많은 토착 언어들이 단순히 방언이 아니라 서로 의사소통이 되지 않는 언어였단 말인가?"라는 의문이 생길 것이다. 일부는 중국어처럼 성조어이지만, 일부는 그렇지 않다. 게다가 여러 어족으로 구분된다.

반면에 미국의 경우에는 본토박이 미국인은 하나의 언어만을 사용한다. 교양 있는 유럽인은 학교에서 모국어 이외에 다른 언어를 배우기 때문에 대체로 두세 개, 때로는 그 이상의 언어를 알고 있다. 따라서 뉴기니인이 모닥불 가에서 나누는 대화와 미국인이나 유럽인의 실생활에서 뚜렷이 나타나는 언어적 차이는, 소규모 사회와 현대 국가 사회에서 사용되는 언어의 차이를 그대로 보여준다. 또한 그 차이는 향후 수십 년 내에 더욱 뚜렷해질 것이다. 현대화된 뉴기니에서도 여전히 확인되는 현상이지만, 과거에는 각 언어의 사용자가 현대 국가에서 쓰이는 언어의 사용자보다 훨씬 적었다. 또한 인구의 대다수가 다중언어 사용자였고, 제2언어를 학교의 정식 교육보다 어린시절부터 사회생활을 통해 습득했다.

안타깝게도 언어들이 인류의 역사에서 유래가 없을 정도로 급속히 사라지고 있는 실정이다. 현재의 추세가 계속된다면, 수만 년의 현생 인류

역사로부터 우리에게 전해진 언어의 95퍼센트가 2100년쯤이면 완전히 소멸되거나 빈사상태에 빠질 것이다. 그때쯤이면 우리 언어의 절반이 실질적으로 완전히 소멸될 것이고, 남은 언어의 대부분도 노인만이 사용해서 죽어가는 언어가 될 것이다. 소수의 언어만이 살아 있는 언어로 부모로부터 자식에게로 전달될 것이다. 언어가 급속히 사라지고 있다. 약 9일마다 하나꼴로 사라지고 있다. 그런 언어들을 연구하는 언어학자도 거의 없어, 그 언어들이 사라지기 전에 모두를 서술하고 기록해두기에 시간이 턱없이 부족하다. 언어학자들이 직면한 시간과의 전쟁은 생물학자가 직면한 문제와 유사하다. 생물학자들도 세상 곳곳에 존재하는 식물종과 동물종의 대부분이 멸종의 위험에 처한 까닭에 기록되기도 전에 사라지고 있다는 걸 절감하고 있기 때문이다. 코카콜라 문명이 세계 전역으로 확산되는 마당에, 새와 개구리 등은 급속히 사라지고 있다는 가슴 아픈 소식이 연이어 들리고 있지 않은가. 그래도 동식물의 멸종에 관련한 논의는 그런대로 많은 편이지만, 언어의 소멸에 대한 관심은 턱없이 부족한 편이다. 따라서 토착 문화의 존속에 언어가 차지하는 중요성에 대한 관심도 부족하기는 마찬가지이다. 어떤 언어나 생각과 말을 전달하는 수단이며, 그 자체로 독특한 세계관이 담겨 있다. 따라서 대부분의 언어가 소멸될 운명에 처하며, 그로 인해 우리 문화 유산까지 대부분 조만간 사라질 수 있다는 비극의 그림자가 오늘날 우리를 뒤덮고 있다.

    왜 언어가 이처럼 급속도로 사라지고 있는 것일까? 언어가 정말 중요한 것일까? 지금처럼 많은 언어가 세계 전체에, 혹은 사라질 위험에 처한 언어를 아직 사용하는 전통 사회들에는 좋은 현상일까 나쁜 현상일까? 내가 방금 말한 언어의 소실은 비극이라는 말에 동의하지 않는 독자도 많을 것이다. 오히려 언어의 다양성이 내전을 부추기고 교육을 방해한다고 생각하며, 언어가 훨씬 적은 세상이 더 낫다고 생각할 것이다. 또 언어의 다양성은 우리가 기꺼이 떨쳐내야 할 과거 세계의 특징들—만성적인 부족 전쟁, 영아살해, 노인의 유기(遺棄), 잦은 굶주림—의 하나라고 생각할 사람도 적지 않을 것이다.

그럼 개인적으로는 다양한 언어를 배우는 게 유리할까 불리할까? 하나의 언어를 배워 유창하게 구사하려면 많은 시간과 노력을 투자해야 한다. 확실하게 유용한 기술을 배우는 데 그런 시간과 노력을 투자하는 게 더 낫지 않을까? 전통 사회의 다중언어가 개인과 사회에게 갖는 가치에 대한 이런 의문들이 내 호기심을 돋우었듯이 독자의 흥미도 돋우리라 생각한다. 여하튼 이 장을 읽고, 당신 자식들을 이중언어 사용자로 키우는 게 나은지, 전 세계가 하루라도 빨리 영어를 공용어로 말하는 게 나은지 스스로 판단해보기 바란다.

**세계의
언어들**

위에서 제기한 의문들을 본격적으로 다루기 전에, 얼마나 많은 언어가 오늘날까지 아직 존재하고, 그 언어들이 어떻게 발달했으며, 어디에서 사용되고 있는지 살펴보기로 하자. 현대 세계에서 지금도 사용되거나 얼마 전까지 사용된 것으로 알려진 언어의 수는 대략 7,000개이다. 이 엄청난 수에 많은 독자가 놀랐을 것이다. 우리가 기껏해야 이름만 아는 언어도 수십 개에 불과하고, 그 대부분도 한 번도 들어본 적이 없기 때문이다. 대부분의 언어가 문자도 없이 소수에 의해서만 사용되고, 산업 세계에서는 전혀 사용되지 않는다. 예컨대 유럽 쪽 서러시아에 존재하는 토착 언어는 100개가 되지 않지만, 아프리카 대륙과 인도 대륙에는 각각 1,000개가 넘는 토착 언어가 있다. 아프리카의 나이지리아와 카메룬에만 차례로 527개 언어와 286개 언어가 있고, 태평양의 작은 섬나라 바누아트(면적: 12,190평방킬로미터)에도 110개의 언어가 있다. 세계에서 언어의 다양성이 가장 높은 곳은 뉴기니 섬이다. 텍사스 주보다 약간 넓은 지역에 약 1,000개의 언어와 아직 알려지지 않은 상당수의 언어, 그것도 어족(語族)마저 다른 언어들이 바글바글 모여 있는 셈이다.

7,000개의 언어 중에서 '빅 나인'을 사용하는 사람이 세계 인구의 3분의 1을 넘는다. 빅 나인은 각각 1억 명 이상이 사용하는 주요 언어들이다. 물론 가장 많은 사람이 사용하는 언어는 만다린, 즉 7억 명 이상의 중국인이 사용하는 표준 중국어이다. 만다린 다음으로는 스페인어, 영어, 아랍어, 힌디어, 벵골어, 포르투갈어, 러시아어, 일본어가 차례로 뒤를 잇는다. 폭을 넓혀 상위 70개 언어—세계에 존재하는 언어의 1퍼센트—를 '주요 언어'라고 한다면, 세계 인구의 거의 80퍼센트가 주요 언어를 사용하는 셈이다.

그러나 세계에 존재하는 대부분의 언어가 소수만이 사용하는 '작은' 언어이다. 세계 인구 70억을 7,000개의 언어로 나누면, 한 언어를 사용하는 평균수는 100만 명이 된다. 그런데 빅 나인의 사용자가 각각 1억 명을 넘기 때문에 이런 평균수는 무의미하다. 따라서 '전형적인' 언어의 기준은 언어 사용자의 '중앙값'으로 표현하는 편이 낫다. 다시 말하면, 세계 언어의 절반은 사용자가 더 많고, 나머지 절반은 사용자가 더 적은 언어가 '중앙값'에 있는 언어가 된다. 이 중앙값은 수천 명에 불과하다. 따라서 세계 언어의 절반은 사용자가 수천 명도 되지 않고, 사용자가 60~200명에 불과한 언어도 많다.

그러나 언어의 수와 언어 사용자의 수에 대한 이런 논란에서도 내가 뉴기니인들이 모닥불 가에 모여 나누는 대화를 소개하며 예상했던 의문이 제기된다. 개별언어와 어떤 언어의 방언은 어떻게 다른가? 이웃한 집단들 간의 언어 차이는 점진적으로 달라진다. 따라서 이웃한 집단들은 서로 100퍼센트, 92퍼센트, 75퍼센트, 42퍼센트를 이해할 수도 있고, 전혀 이해하지 못할 수도 있다. 언어와 방언의 경계는 임의적이지만 70퍼센트를 상호 이해 가능성으로 잡는다. 요컨대 이웃한 집단들이 서로 다른 식으로 말하면서도 상대의 말을 70퍼센트 이상 알아들으면, 그들은 똑같은 언어의 다른 방언을 말하고 있는 것으로 여겨지지만, 70퍼센트 미만으로 이해하면 그들은 별개의 언어를 사용하는 것으로 여겨진다.

그러나 방언과 언어를 이처럼 언어학적인 관점에서 단순하고 임의적으로 정의하고, 이 정의를 그대로 실생활에 적용하면 애매한 경우에 부딪치기 십상이다. '방언 연속체(dialect chain)'가 제기하는 문제가 대표적인 예이다. 가령 ABCDEFGH라는 마을들이 연이어 있다고 할 때, 어떤 마을이나 양편에 있는 마을과는 의사소통이 되지만, 연속체의 양끝에 있는 A와 H는 의사소통이 되지 않을 수 있다. 언어집단들 간의 상호 이해 가능성이 비대칭적인 것도 문제이다. A는 B의 말을 대부분 알아듣지만, B는 A의 말을 제대로 알아듣지 못하는 경우이다. 내 친구들의 경우이지만 구체적인 예를 들면, 포르투갈어를 사용하는 친구들은 스페인어를 사용하는 친구들의 말을 거의 알아듣지만, 스페인어를 사용하는 친구들은 포르투갈어를 사용하는 친구들의 말을 거의 알아듣지 못한다.

위의 두 문제는 방언과 언어를 엄격히 언어학적인 관점에서 구분할 때 야기되는 전형적인 문제이다. 더 큰 문제는 언어학적인 차이만이 아니라, 정치적이고 좁은 개념의 민족적 차이로도 언어와 방언이 구분된다는 점이다. 이런 현상에 언어학자들은 "언어는 육군과 해군의 지원을 받는 방언이다"라고 빈정거릴 정도이다. 예컨대 스페인어와 이탈리아어는 방언이 아니라 별개의 언어로 규정하는 70퍼센트의 기준을 통과하지 못하는 듯하다. 실제로 내 스페인 친구들과 이탈리아 친구들은 서로 상대의 말을 대부분 알아듣고, 약간만 공부하면 서로 이해하는데 별 문제가 없을 거라고 말한다. 그러나 언어학자가 70퍼센트라는 기준을 적용하며 뭐라고 말하든 간에, 스페인 사람과 이탈리아 사람만이 아니라 누구나 스페인어와 이탈리아어는 별개의 언어라고 주저없이 말한다. 두 언어가 자체의 육군과 해군을 지닌 데다, 거의 1,000년 동안 별개의 정부와 교육체제를 지닌 때문이다.

　반대로 유럽의 언어들은 형태가 지역적으로 확연히 다른 경우가 많다. 물론 해당 국가의 정부는 그처럼 다른 지방어들을 당연히 방언에 불과하다고 생각하지만, 당사자들은 지역이 다르면 의사소통이 되지 않는다. 내 친구들을 예로 들면, 북독일 친구들은 바이에른 시골 지역 사람들의 말을 전혀 알아듣지 못하고, 북이탈리아 친구들은 시칠리아에서 길을 잃을 정도이다. 그러나 그런 지방어들은 자체의 육군과 해군을 갖지 못한 까닭에, 그들의 중앙정부는 상호 이해 가능성이란 기준을 무시하고 그런 지방어들을 방언으로 분류한다.

　유럽 국가들 내에서 이런 지역적 차이는 60년 전에는 훨씬 더 심했다. 텔레비전이 본격적으로 보급되고, 내부의 이동이 잦아지면서 오랜 '방언'의 차이가 희석되기 시작했다. 예를 들어보자. 내가 1950년 영국을 처음 방문했을 때, 내 부모는 누이 수잔과 나를 이스트앵글리아에 있는 베컬스라는 조그만 도시에 사는 그랜섬 힐이라는 친구의 집에 데려갔다. 내 부모와 친구 부부는 즐겁게 환담을 나누었지만, 누이와 나는 어른들의 대화를 듣는 것도 지겨워서 시내 구경을 나갔다. 정확히 헤아리지는 않은 탓에 모퉁이를 오른쪽으로 여러 번 돌고 나자, 우리는 방향감각을 상실하고 길을 잃어버렸다. 그래서 아버지 친구의 집으로 돌아가려고 한 남자에게 길을 물었다. 그 남자는 우리의 미국식 영어를 알아듣지 못했다. 천천히 또렷하게 발음해도 그는 우리 말을 알아듣지 못했다. 그러나 그는 우리가 어린아이인 데다 길을 잃은 걸 알아차렸고, 우리가 "그랜섬 힐, 그랜섬 힐"이라고 되풀이해 말하자 그때서야 환히 웃으며 찾아가는 방향을 한참 동안 말했지만, 수잔과 나는 한 마디도 알아들을 수 없었다. 우리는 그가 영어를 말하는 거라는 생각조차 들지 않았다. 천만다행으로 그가 우리에게 한 방향을 가리켰다. 그래서 우리는 마냥 그 방향으로 걸었고, 마침내 그랜섬 힐 씨의 집 근처에서 눈에 익은 건물을 만나 무사히 그 집으로 돌아갈 수 있었다. 텔레비전이 지난 수십 년 전부터 영국에 전반적으로 보급된 까닭에, 베컬스를 비롯해 영국 여러 지역에서 과거에 사용하던 지역 '방언'들이 BBC 영어로 동질화되고 70퍼센트의 이해 가능성이란 엄격한 언어학적 규정—어떤 부족도 육군과 해군을 지니지 않은 뉴기니에서 사용돼야 하는 규정—을 적용하면, 이탈리아에서는 적잖은 '방언'이 언어로 여겨져야 한다. 이런 이탈리아 방언들이 언어로 재규정되더라도 이탈리아와 뉴기니 사이의 언어 다양성이란 간극은 약간 좁혀질 뿐, 크게 좁혀지지는 않는다. 이탈리아에서 '방언'을 사용하는 사람의 평균수가 뉴기니에서 한 언어를 사용하는 사람의 평균수인 4,000명 정도라면, 이탈리아에는 1만 개의 언어가 있어야 할 것이다. 이탈리아 방언들의 독립성을 주장하는 사람들도 이탈리아에 수십여 개의 언어가 있다고 주장할지 몰라도, 이탈리아에 1만 개의 개별 언어가 있다고 주장할 사람은 없다. 뉴기니가 이탈리아보다 언어적으로 훨씬 다양한 땅이라는 건 누구도 부인할 수 없는 사실이다.

:
**언어는
어떻게 진화하는가?**

왜 우리 인간 세계는 동일한 언어를 공유하지 않고 7,000개나 되는 언어를 갖게 됐을까? 인터넷과 페이스북을 통해 언어가 확산되기 수만 년 전에도 언어의 차이가 사라질 기회는 많이 있었다. 과거에도 대부분의 사회가 결혼과 거래를 통해 이웃한 사회와 접촉하며 단어, 생각, 행동을 교환했기 때문이다. 하지만 이런 접촉에도 불구하고 과거의 전통적인 환경 하에서도 언어들이 갈라져서 다른 형태를 띠도록 유도한 뭔가가 있었을 것이다.

대략 다음과 같지 않을까 생각해본다. 마흔 살이 넘은 사람이라면, 언어가 지난 수십 년 동안 꾸준히 변해서 전혀 사용되지 않는 단어들이 있는 반면에 새롭게 만들어진 단어도 있고, 발음도 변했다는 걸 한두 번 느낀 게 아닐 것이다. 예컨대 나는 1961년에 살았던 독일을 다시 방문할 때마다, 독일 청년들은 내가 1961년 이후에는 거의 사용되지 않는 낡은 독일 단어를 여전히 사용하는 걸 눈치채고('저것/저것들'을 뜻하는 jener/jene), 새롭게 생긴 독일 단어들의 뜻을 내게 알려주려고 애쓴다(예: 핸드폰을 뜻하는 신조어 '핸디'(Handy)는 1961년에 없었다). 그러나 독일 청년들과 내가 의사소통을 하는 데는 아무런 문제가 없다. 이와 유사하게, 마흔 살이 되지 않은 미국인들은 과거에 흔히 쓰이던 '밸리후(ballyhoo, 야단법석)' 같은 단어들을 알아듣지 못하지만, 내 어린시절에는 존재하지 않았던 '구글링(Googling)'이란 단어를 매일 사용한다.

동일한 언어집단에서 파생된 두 언어집단이 지리적으로 떨어진 탓에 수세기 동안 독자적으로 변하면, 두 언어집단은 서로 알아듣기 힘든 방언을 만들어낸다. 미국식 영어와 영국식 영어의 미세한 차이, 퀘벡 프랑스어와 프랑스 프랑스어의 큰 차이, 아프리칸스어와 네덜란드어의 훨씬 더 큰 차이를 생각해보라. 2,000년 동안 분화되면 언어집단들이 서로 알아듣기 힘들 정도가 되지만, 언어학자들의 눈에 그 집단들은 여전히 관련 언어를 사용하는 사람들이다. 예컨대 프랑스어와 스페인어와 루마니아어는 라틴어에서 파생됐고, 영어와 독일어와 그 밖의 게르만계 언어들은 원시 게르만어에서 파생됐다. 하지만 1만 년이 지나면 그 차이가 너무 현격해서, 대부분의 언어학자가 그 언어들에서 눈에 띄는 관련성을 찾을 수 없어 별개의 어족에서 속하는 것이라 판단할 것이다.

시간이 흐르면서 인간 집단은 독자적으로 다른 단어와 다른 발음을 만들어내기 때문에 언어의 차이는 심화되기 마련이다. 그러나 과거에 이리저리 흩어진 사람들이 삶의 지평을 넓히는 과정에서 언어의 경계를 넘어 다시 접촉할 때, 분화된 언어들까지 다시 융합되지 않는 이유는 무엇일까? 예컨대 독일과 폴란드의 국경선에는 두 나라의 마을들이 함께 있다. 그러나 그곳의 사람들은 독일어와 폴란드어가 뒤섞인 혼합어를 사용하지 않고 각 언어의 방언을 여전히 사용하고 있다. 대체 그 이유가 무엇일까?

혼합어를 말하는 주된 단점은 언어의 기본적인 기능, "당신이 누군가에게 말하는 즉시, 당신의 언어는 당신이 속한 집단의 정체성을 상대에게 지체없이 알려주는 증명서 역할을 한다"라는 기능과 관계가 있다. 전쟁 중에 간첩은 적군의 제복을 훔쳐 입기는 쉽지만, 적군의 언어와 발음을 그럴듯하게 흉내내기는 상당히 어렵다. 당신의 언어를 말하는 사람들은 당신 편이다. 따라서 그들은 당신을 동국인이라 판단하며 당신을 도울 것이고, 적어도 곧바로는 당신을 의심하지 않을 것이다. 하지만 다른 언어를 사용하는 사람은 잠재적으로 위험한 이방인으로 여겨지기 마련이다. 친구와 이방인의 즉각적인 구분은 오늘날에도 여전히 중요하다.

예컨대 당신이 우즈베키스탄에 있는데 등뒤에서 누군가 미국식 억양으로 영어로 말하는 목소리가 들린다면 얼마나 안심이 되겠는가. 친구와 이방인의 구분은 과거에 훨씬 더 중요해서(1장 참조), 종종 삶과 죽음을 결정하는 문제였다. 어떤 공동체의 언어를 말하는 것이 무엇보다 중요하다. 그래야 당신은 '우리 편'으로 생각하는 어떤 집단이 있을 것이기 때문이다. 하지만 언어의 경계에서 혼합어를 말하면 양쪽 집단 모두가 당신의 말을 알아들을 수는 있어도 어느 쪽도 당신을 '우리 편'으로 생각하지 않을 것이다. 따라서 당신은 어느 쪽에서도 환영받지 못하고 보호받지도 못한다. 이런 이유에서 언어집단들은 하나의 언어를 말하거나 하나의 방언 연속체를 형성하는 하나의 세계가 되지 않고, 수천 개의 개별 언어를 말하는 세계로 분화된 것이 아닐까.

언어 다양성의 지형도

언어들은 세계 전역에 불공평하게 분포돼 있다. 다시 말하면, 약 10퍼센트의 지역에 거의 절반의 언어가 모여 있다. 예컨대 세계에서 가장 큰 세 나라, 러시아, 캐나다, 중국은 면적이 1,700만 평방킬로미터를 넘거나 그 면적에 가깝지만, 언어 다양성은 극단적으로 낮아 차례로 약 100개, 80개, 300개의 토속 언어밖에 존재하지 않는다. 그러나 언어 다양성이 가장 높은 지역인 뉴기니와 바누아투는 면적이 차례로 78만 평방킬로미터와 1만 2,000평방킬로미터에 불과하지만 토속 언어는 약 1,000개와 110개가 존재한다. 달리 말하면, 하나의 언어가 러시아와 캐나다와 중국에서는 17만, 12만, 3만 평방킬로미터의 면적에서 말해지고, 뉴기니와 바누아투에서는 780평방킬로미터와 110평방킬로미터의 면적에서 말해지고 있다는 뜻이다. 왜 언어 다양성은 지리적으로 이처럼 큰 차이를 보이는 것일까?

언어학자들은 생태적이고 사회경제적이며 역사적인 요인에서 그 답을 찾는다. 언어 다양성—예컨대 1,000평방마일당 토속 언어의 수—은 많은 설명 요인들과 상관관계가 있지만, 그 요인들도 서로 상관관계가 있다. 따라서 어떤 요인이 언어 다양성에 실질적으로 주된 영향을 미쳤고, 어떤 요인이 이런 주된 요인과의 상관관계를 통해서 간접적인 영향을 미쳤는지 알아내기 위해서는 다중회귀분석(multiple regression analysis) 같은 통계학적 방법론을 사용해야 한다. 예컨대 롤스로이스 소유자와 수명 사이에는 양(陽)의 상관관계가 있다. 쉽게 말하면, 롤스로이스 소유자가 롤스로이스를 소유하지 못한 사람보다 평균적으로 더 오래 산다는 뜻이다. 롤스로이스의 소유가 직접적으로 수명을 연장해주기 때문이 아니라, 롤스로이스 소유자는 부자여서 건강관리를 위해 많은 돈을 쓰기 때문이다. 결국 건강관리가 장수의 실질적인 원인인 셈이다. 그러나 언어의 다양성과 관련된 요인들에 관해서는 아직 일치된 의견이 없다.

언어 다양성과 상관관계가 있는 생태적 요인으로는 위도, 기후 변화, 생물학적 생산성, 지역별 생태학적 다양성이 주로 언급된다. 첫째, 적도에서 극지로 갈수록 언어 다양성은 감소한다. 다른 모든 조건이 똑같다고 할 때, 동일한 면적에서 고위도 지역보다 열대 지역에 언어가 더 많다. 둘째, 동일한 위도에서는 기후 변화가 (계절 변화에 따라 일정하든, 해마다 예측할 수 없이 변하든 간에) 심한 지역일수록 언어 다양성은 감소한다. 예컨대 계절적으로 변하는 열대 사바나 지역보다 연중 내내 축축한 열대 우림에서 언어 다양성이 높다. (위도와 계절적 특성 간의 상관관계를 통해서, 계절에 크게 영향을 받는 고위도 지역보다 계절에 상대적으로 영향을 덜 받는 열대 지역에서 언어 다양성이 높은 이유가 어느 정도는 계절적 특성이란 요인으로 설명된다.) 셋째, 생산성이 높은 환경일수록 언어 다양성은 증가하는 경향을 띤다. 따라서 사막 지역보다 열대우림 지역의 언어 다양성이 더 높다. 하지만 부분적으로 이런 결과는 사막을 비롯해 상대적으로 비생산적인 환경이 계절의 영향을 많이 받기 때문일 수 있다. 끝으로, 생태적으로 다양한 지역일수록 언어 다양성은 증가한다. 특히 평평한 지역보다 험준한 산악 지역에서 언어 다양성은 높게 나타난다.

위에서 언급한 생태적 요인들은 상관관계에 불과하지만, 그 자체로는 설명이 아니다. 언어 다양성을 근원적으로 설명하는 요인들로는 인구 규모, 이동성, 경제 전략이 주로 제시된다. 첫째, 언어집단의 생존 능력은 인구수에 비례한다. 50명만 사용하는 언어는 5,000명이 사용하는 언어보다 사라질 가능성이 높다. 그 언어를 말하는 사람들이 모두 죽거나, 그 언어 자체를 포기할 가능성이 더 높기 때문이다. 따라서 생물학적 생산성이 낮은 지역은 사람도 많이 살 수 없어 언어 다양성이 떨어지고, 각 언어를 사용하는 사람들에게 상대적으로 넓은 면적이 필요하다. 예컨대 극지방이나 사막 지역의 경우, 한 집단이 자족하며 생존하려면 수만 평방마일의 면적이 필요하지만, 생산성이 높은 지역에서는 수백 평방마일이면 충분하다. 둘째, 계절에 상관없이 해마다 환경이 일정하면 언어집단은 주기적으로 이동하거나 다른 집단과 빈번하게 거래하지 않고 한 곳에 거주하며 자급자족할 수 있다. 끝으로, 생태적으로 다양한 지역에는 많은 언어집단이 모여 살 수 있지만, 각 집단은 생존을 위해 해당 지역의 생태계에 맞추어 고유한 경제 전략을 구사하기 마련이다. 예컨대 고도에 따라 생태계의 환경이 다르다면, 산악지역에는 산악 목축인과 농경인, 저지대의 강변에는 어민, 저지대의 사바나에는 목축인이 살 수 있다.

따라서 이런 생태적인 요인들에서, 뉴기니가 훨씬 넓은 러시아, 캐나다, 중국보다 5~10배나 많은 언어를 지닌 여러 이유가 짐작된다. 뉴기니는 적도에서 조금 위쪽에 위치해서 기후 변화가 거의 없는 편이다. 뉴기니의 생태는 습하고, 토지는 비옥하고 생산적이다. 따라서 뉴기니인들은 해마다, 혹은 계절마다 거의 혹은 전혀 옮겨다니지 않는다. 그들은 생존에 필요한 모든 것을 좁은 땅에서 얻을 수 있어, 소금, 연장을 만들기 위한 돌, 조개껍질과 깃털 같은 장식품을 제외하면 다른 지역과 교역할 필요가 없다. 뉴기니는 고도 변화가 심해 생태적으로 다양해서 5,000미터까지 치솟은 고원지대, 강과 호수, 해안, 사바나와 숲까지 있다. 중국과 캐나다에는 뉴기니보다 훨씬 높은 산들이 있고, 고도의 높낮이도 더 크지 않냐고 반박할 사람도 있을 것이다. 그러나 뉴기니가 열대 지역에 위치함으로써 표고 2,400미터 고원지대에서도 많은 사람이 연중 내내 살며 농사를 지을 수 있지만, 중국과 캐나다의 고원지대는 겨울이면 무척 춥기 때문에 소수만이 살거나(예: 티벳), 아예 아무도 살지 않는다.

이런 생태적 요인들 이외에, 사회경제적이고 역사적인 요인들도 언어 다양성에 영향을 미친다. 첫째, 수렵채집인 언어집단은 소수에 불과하지만 농경인 언어집단보다 더 넓은 지역을 차지하는 듯하다. 예컨대 전통적으로 수렵채집인이었던 오스트레일리아 원주민의 경우에는 언어당 평균 1만 2,000평방마일의 면적을 차지했지만, 주로 농경인이었던 뉴기인인은 언어당 면적이 300평방마일에 불과했다. 나는 인도네시아령 뉴기니에서 작업할 때, 근처에 농경인(중앙 공원지대)과 수렵채집인(레이크스 플레인)이 살아가는 지역에서 작업한 적이 있었다. 생활방식에 따라 각각 20여 종류의 언어가 있었다. 수렵채집인 언어의 평균 사용자 수는 388명에 불과했지만, 농경인 언어의 평균 사용자 수는 18,241명이었다. 수렵채집인 언어집단이 그처럼 적은 주된 이유는 식량 확보의 어려움이다. 그 때문에 인구밀도가 낮을 수밖에 없다. 동일한 환경에서도 수렵채집인의 인구밀도가 농경인의 인구밀도보다 10~100배 정도 낮은 이유는 자명하다. 수렵채집인은 야생식물 중에서 먹을 수 있는 극히 일부만을 채취할 수밖에 없어 식량이 상대적으로 부족한 반면에, 농경인은 땅을 개간해서 밭과 과수원으로 만들어 충분한 식량을 확보할 수 있기 때문이다.

언어 다양성과 관련된 두 번째 사회경제적인 요인은 정치 조직이다. 무리사회에서 국가로 발전할수록 정치는 복잡해지며 언어집단의 인구와 면적이 증가하면 언어 다양성은 줄어든다. 예컨대 오늘날 미국은 동쪽 해안부터 서쪽 해안까지 영어 하나만을 사용하는 국가이지만, 인구수는 전 세계가 수천 개의 언어를 사용하며 수렵채집에 의존하는 무리사회와 부족사회로만 이루어졌던 때의 인구보다 약 30배나 많다. 현재 미국 영토인 땅에 원주민 무리사회와 부족사회와 군장사회가 지배하던 때에는 수백 개의 언어가 사용됐지만, 이제는 영어가 그 많은 언어들을 거의 대체해버렸다. 이런 변화의 근본 원인은 프롤로그에서도 말했듯이 인구가 증가하면서 정치가 덩달아 복잡해진 때문이다. 다시 말하면, 수십 명으로 구성된 사회는 지도자가 없어도 집단 회의에서 대부분의 결정을 내릴 수 있지만, 수백만 명으로 구성된 사회를 끌어가려면 지도자와 관료가 필요하기 때문이다. 국가는 정복하고 합병한 집단의 언어를 억압하고 자국의 언어를 강요한다. 관리의 편의성과 국가 통합을 위한 정책 때문에만 지배 언어가 확대되는 것은 아니다. 정복당하고 합병된 사람들이 새로운 국가에서 경제사회적인 기회를 얻기 위해서 자발적으로 지배 언어를 받아들이기 때문이기도 하다.

  정치 구조가 복잡해지면서 언어 다양성이 줄어드는 결과는 역사적 요인에서 비롯되기도 한다. 세계 곳곳은 역사적으로 '언어 압살(language steamroller)'에 의해 몸살을 앓았다. 인구수, 식량, 테크놀로지 등에서 유리한 집단이 그런 이점을 활용해서 이웃한 집단을 침략해서 그 지역에 자신들의 언어를 강요하며 그곳의 토착 언어를 대체하거나, 그곳 사람들을 몰아내고 죽이거나 전향자들을 받아들여 자신들의 언어를 사용하도록 만들었다. 역사적으로 가장 흔했던 언어 압살은 강대국이 국가가 없던 종족의 땅을 침략한 때에 있었다. 유럽 국가들이 남북아메리카를 침략해서 원주민 언어들을 대체하고, 영국이 오스트레일리아를 정복해서 원주민 언어들을 대체하고, 러시아가 우랄산맥을 넘어 태평양까지 진출하며 시베리아 토속 언어들을 대체한 사례들은 비교적 최근의 예이다. 과거의 문헌에서도 국가 주도의 언어 압살이 확인된다. 로마 제국이 지중해 지역과 서유럽까지 진출하며 에트루리아어, 대륙 켈트어 등 많은 언어를 이 땅에서 영원히 지워버렸다. 잉카 제국과 그 후손들은 안데스 산맥을 넘어 케추아어와 아이마라어에 영향을 주었다.

언어학자가 아닌 사람들은 잘 모르겠지만, 문자가 사용되기 전에 농경인이 수렵채집인의 땅을 점령해 그곳의 언어를 압살한 적도 있었다. 이런 현상은 역사적인 문헌보다 언어학적이고 고고학적인 증거에서 추론된다. 반투어와 오스트로네시아어족을 사용하던 농경인들이 아프리카와 동남아시아 섬에 살던 수렵채집인들을 정복해 그들의 언어를 대체한 경우가 대표적인 예이다. 물론 수렵채집인들이 한층 발달한 테크놀로지를 앞세워 다른 수렵채집인들을 침략해서 그곳의 언어를 압살한 경우도 있었다. 1,000년 전 이누이트족이 개썰매와 카약 같은 기술을 이용해서 캐나다 북극권 동쪽으로 진출한 사례가 대표적인 예이다.

이런 역사적 확장의 결과로, 지리적 경계가 허술하던 지역들은 언어의 압살자들에게 반복해서 침략당했다. 그때마다 침략자들의 언어가 기존의 언어 다양성을 지워버렸기 때문에 다양성이 크게 줄어드는 결과가 빚어졌다. 그러나 시간이 지나면, 침략자의 언어는 방언으로, 그 후에는 개별 언어로 분화되지만, 서로 밀접한 관계가 있는 언어들이다. 이런 과정의 초기 단계는 1,000년 전에 있었던 이누이트족의 영토 확장에서 잘 드러난다. 알래스카부터 그린란드까지 동쪽의 이누이트족은 서로 이해가능한 방언들을 사용하며, 그 방언들은 모두 한 언어에서 파생된 것이다. 2,000년 전에 있었던 로마와 반투족의 영토 확장 결과에서는 그보다 약간 후기 단계가 확인된다. 이탈리아어파에 속한 언어들, 즉 프랑스어와 스페인어와 루마니아어는 무척 유사하지만 의사소통까지는 불가능하기 때문이다. 그 이후의 단계는 오스트로네시아어족의 확산 결과에서 엿볼 수 있다. 약 6,000년 전에 시작되어 지금은 8개 어파의 1,000개 언어로 분화됐지만, 여전히 상당히 유사해서 근원적으로 관계가 있는 것이 분명하다.

언어학자 조애나 니컬스(Johanna Nichols)의 용어를 빌리면, '언어 확산 지역'과 '잔여 지역'의 지리적 조건은 확연히 다르다. 언어 확산 지역은 침략하기 쉬운 지역인 반면에, 레퓨지아(refugia, 생태학 용어로 빙하기와 같은 대륙 전체의 기후 변화기에 비교적 기후 변화가 적어 다른 곳에서는 멸종된 것이 살아 있는 지역—옮긴이)인 잔여 지역은 산악지역처럼 외부 집단이 침략하기 어려운 지형이어서, 그곳의 언어들은 오랫동안 살아남아 분화되지만, 원래의 어족으로 유지된다. 캅카스 산맥, 북오스트레일리아, 캘리포니아, 뉴기니가 대표적인 예이다. 캅카스 산맥 지역에는 세 개의 고유한 어족 이외에, 다른 세 주요 어족에 속한 침략어들이 최근에 더해졌을 뿐이다. 오스트레일리아 원주민 언어들은 27개 어족으로 분류되는데 26개 어족이 북오스트레일리아에 남아 있다. 캘리포니아 원주민 언어는 약 80개로 무척 많지만 학자에 따라 6~22개의 어족으로 다양하게 분류된다. 뉴기니에서 사용되는 1,000여 개의 언어는 수십 여 개의 어족으로 분류된다.

따라서 뉴기니가 언어와 어족의 수에서 어느 지역보다 압도적인 우위에 있는 이유들을 어느 정도 짐작할 수 있다. 앞에서 언급한 생태적인 이유들—계절 변화, 정주 생활, 많은 인구를 감당할 수 있는 생산적인 환경, 다양한 생존 전략을 지닌 인간 집단들이 공존할 수 있는 생태적 다양성—이외에, 사회경제적이고 역사적인 요인들도 고려해야 한다. 이런 관점에서 생각하면, 뉴기니에서는 전통적으로 국가 정부가 없어 언어 다양성을 압살하려는 주된 세력이 없었고, 뉴기니를 자연적으로 경계짓는 산악 지형 때문에 고원지대의 농경이 확산되면서도 지배적인 어족(이른바 트랜스뉴기니어족과 관련된 어족)이 과거부터 존재하던 수십 개의 다른 어족을 압살할 수 없었다.

**전통 사회의
다중언어 :**

이런 이유들로 현 세계는 어제까지의 전통 사회로부터 7,000여 개의 언어를 물려받았고, 국가 정부가 없던 수렵채집인들과 소규모 농경인들의 언어집단들에는 요즘의 현대 국가 사회보다 해당 언어의 사용자가 훨씬 적었다. 그럼, 이중언어와 다중언어는 어땠을까? 현대 국가 사회와 비교할 때 전통 사회는 이중언어를 사용하는 경우가 더 많을까 적을까, 아니면 거의 비슷했을까?

 이중언어(혹은 다중언어)와 단일언어 사용의 구분은 언어와 방언의 구분보다 훨씬 어렵고 자의적이다. 모국어만큼 제2언어를 유창하게 구사할 수 있어야 이중언어를 사용한다고 말할 수 있을까? 힘들어도 대화할 수 있는 언어는 어떻게 처리해야 할까? 예컨대 우리가 학교에서 배우는 라틴어와 고대 그리스어처럼 읽을 줄은 알지만 말하지는 못하는 언어는 어떻게 해야 할까? 또 말하지는 못하지만 남이 한 말은 알아들을 수 있는 언어는 어떻게 해야 할까? 미국에서 태어난 이민자 아이들은 부모의 언어를 알아듣지만 말하지는 못한다. 뉴기니 사람들은 듣고 말할 줄 아는 언어와, 알아듣기는 하지만 말하지는 못하는 언어를 구분한다. 이처럼 이중언어의 정의에 대한 분명한 합의가 없기 때문에, 전 세계를 대상으로 이중언어의 분포를 비교한 자료도 없다.

그렇다고 절망해서 미리 포기하고 이 문제를 대충 넘어갈 필요는 없다. 입증되지는 않았지만 이중언어 사용에 관련한 단편적인 정보들이 많기 때문이다. 미국에서 영어를 사용하는 부모에게서 태어난 미국인은 여러 분명한 이유에서 단일언어 사용자이다. 미국에서는 영어 이외에 다른 언어를 사용할 필요가 거의 없고, 대부분의 미국인이 다른 언어를 말할 기회조차 거의 없다. 게다가 미국 이민자들은 대부분 자발적으로 영어를 배우고, 영어를 사용하는 미국인은 영어를 사용하는 사람을 배우자로 선택하기 때문이기도 하다. 유럽에서도 대부분의 국가가 하나의 공용어만을 국어로 인정하고, 부모가 유럽 토박이인 경우에 대부분의 토박이 유럽인은 학교에 입학하기 전에는 국어만을 배운다. 하지만 미국에 비하면 유럽 국가들은 면적이 작고, (적어도 오늘날에는) 경제·정치·문화적으로 자급자족력이 부족한 편이다. 따라서 유럽인들은 학교에서 정규교육으로 외국어를 배우고 상당한 실력을 갖춘다. 예컨대 스칸디나비아 국가들의 백화점에서 일하는 점원들은 외국인 고객을 도와주기 위해서 자신이 유창하게 구사할 수 있는 언어들의 국기가 그려진 핀을 재킷에 꽂고 있다. 하지만 유럽에 널리 확산된 다중언어 사용은 고등교육의 대중화, 2차대전 이후에 진행된 정치·경제의 통합, 영어를 사용하는 대중매체의 확산에서 비롯된 최근의 현상일 뿐이다. 과거에는 유럽의 국민국가에서도 단일언어가 주로 사용됐다. 그 이유는 자명하다. 국가라는 언어집단은 수백만 명의 사용자로 구성된 대규모 집단이고, 국가 사회는 통치와 교육, 상업과 오락, 군대에서 하나의 언어를 사용하는 게 유리하기 때문이다. 또 뒤에서 다시 다루겠지만 국가는 어떤 식으로든 다른 언어를 압살하고 자국어를 확산시킬 수 있는 강력한 수단들을 보유하고 있기 때문이다.

반면에 소규모 비국가 사회에서는 다중언어 사용이 일반적이고 관례화된 현상이다. 그 이유도 역시 단순하다. 앞에서도 말했듯이, 전통적인 언어집단은 소규모(언어 사용자가 수천 명 이하)이고 적은 면적을 차지한다. 바로 옆에 다른 언어를 사용하는 언어집단이 있는 경우가 비일비재하다. 따라서 그들은 다른 언어를 사용하는 사람을 빈번하게 만나서 거래할 수밖에 없다. 교역하고, 동맹과 자원의 공유를 협상하기 위해서, 심지어 배우자를 얻어 그 배우자와 의사소통하기 위해서도 전통 사회 사람들은 이중언어를 넘어 다중언어 사용자가 돼야 한다. 제2언어와 그 밖의 언어까지 어린시절에 집에서 혹은 친구들과 어울리면서 배운다. 정규교육을 통해 배우는 것이 아니다. 내 경험에 비추어보면, 뉴기니인들에게는 5개 이상의 언어를 능숙하게 구사하는 게 원칙이다. 내가 뉴기니 사람들에게 받은 깊은 인상을 두 대륙, 즉 원주민 시대의 오스트레일리아와 남아메리카 열대 지역에 대한 간략한 설명으로 보충해서 설명해보자.

원주민 시대의 오스트레일리아에는 약 250개의 언어집단이 있었다. 그들 모두의 생활방식은 수렵채집이었고, 각 언어집단의 구성원은 평균 1,000명 안팎이었다. 믿을 만한 보고서들에 따르면, 대부분의 원주민이 적어도 이중언어 사용자였고, 대부분이 다수의 언어를 알았다. 인류학자 피터 서튼(Peter Sutton)이 케이프요크 반도의 케이프키어위어 지역에서 수행한 연구를 예로 들어보자. 총 683명의 지역민은 21개의 씨족으로 나뉘어졌고, 씨족의 평균 인원수는 33명이었으며, 씨족마다 다른 형태의 말을 사용했다. 그들의 말은 5개의 언어와 대략 7개의 방언으로 분류된다. 따라서 각 언어의 사용자 수는 형태로는 약 53명, 언어로는 약 140명이 된다. 이 지역에서 과거의 원주민들은 적어도 5개의 언어나 방언을 말했고 알아들었다. 언어집단이 무척 소수였기 때문이기도 했지만, 다른 언어집단과의 결혼을 선호해서 60퍼센트의 결혼이 다른 언어를 사용하는 사람들 사이에서, 16퍼센트가 같은 언어의 다른 방언을 사용하는 사람들 사이에서 이루어졌고, 24퍼센트만이 같은 방언 사용자들 사이에서 맺어졌다. 지리적으로나 언어적으로 멀리 떨어진 곳에서 짝을 찾으려는 성향이 없었다면, 언어적으로 유사하고 지리적으로 가까운 이웃끼리, 즉 같은 방언을 쓰는 사람들끼리 맺어지는 경우가 훨씬 더 많았을 것이다.

케이프키어위어에는 많은 사회집단이 있고 다양한 언어가 존재하기 때문에, 대화가 여러 언어로 이루어지기 십상이다. 만약 당신이 누구에게 말을 건다면, 상대의 언어나 방언으로 대화를 시작하는 것이 관례이다. 또 당신이 방문객이라면 그 지역의 언어로 대화를 시작하는 것이 예의이다. 그 후에 당신의 언어로 전환할 수 있지만, 상대는 자신의 언어로 대답해도 상관없다. 따라서 당신이 여러 사람을 상대할 때는 상대의 언어로 말을 건넴으로써, 당신이 선택한 언어가 당신이 말을 건네는 사람을 가리키는 역할을 한다. 또한 어떤 언어를 선택하느냐에 따라 당신의 의도를 암묵적으로 전달할 수도 있다. 예컨대 어떤 언어를 선택하면 "당신과 나는 싸울 까닭이 없다"라는 뜻이고, 어떤 언어를 선택하면 "당신과 나는 서로 불만이 있지만, 이제부터라도 화해하고 싶다"라는 뜻이며, 또 어떤 언어를 선택하면 "나는 착하고 예절바른 사람이다"라는 뜻인 반면에 어떤 언어를 선택하면 "나는 당신에게 무례하게 말해서 당신을 모욕하는 것이다"라는 암묵적인 메시지가 담겨 있다. 오늘날에도 뉴기니의 전통적인 지역에서 그렇듯이, 과거의 수렵채집인 사회에서는 이런 다중언어가 일반적인 현상이었던 것으로 여겨진다. 그 이유는 앞에서 보았듯이, 언어집단이 무척 작아 다른 언어를 사용하는 사람을 거의 매일 만나 대화하고, 다른 언어집단과 결혼하는 경우가 잦았기 때문일 것이다.

아서 소런슨(Arthur Sorensen)과 진 잭슨(Jean Jackson)이 아마존 분지의 북서 지역, 콜롬비아와 브라질의 국경에 있는 바우페스 강 유역에서 연구한 자료도 흥미롭다. 약 1만 명의 원주민이 4어족에 속한 대략 21개의 언어를 사용하며, 강변의 열대우림에서 농경과 고기잡이 및 사냥으로 삶을 꾸려간다는 점에서 문화적으로 유사하다. 케이프키어위어의 원주민들처럼, 바우페스 강변의 원주민들도 언어적으로 다른 집단과 결혼하지만, 그 원칙이 훨씬 더 철저하게 지켜진다. 잭슨이 연구한 1,000건 이상의 결혼에서, 단 한 건만이 같은 언어집단에서 이루어진 듯하다. 남자는 성인이 된 후에도 어렸을 때 자랐던 부모의 롱하우스(longhouse, 아메리카 원주민들의 일자형 전통 주택—옮긴이)에 머물지만, 다른 언어집단의 여자는 결혼과 동시에 남편의 롱하우스로 이주한다. 따라서 하나의 롱하우스에는 여러 언어집단에서 시집온 여자들이 있기 마련이다. 소런슨이 집중적으로 연구한 롱하우스의 경우에는 세 언어집단의 여자들이 있었다. 아이들은 유아시절부터 아버지와 어머니의 언어를 배우고, 나중에는 롱하우스에서 함께 기거하는 다른 여자들의 언어까지 배운다. 따라서 아이들은 4개의 언어(남자들의 언어, 세 언어집단에서 시집온 여자들의 언어)를 알게 된다. 게다가 대부분이 방문자들로부터 또 다른 언어를 배운다.

바우페스 강변의 원주민들은 어휘와 발음을 조용히 듣고 습득해서 충분히 숙지한 후에야 그 언어를 말하기 시작한다. 그들은 언어들을 철저하게 구분하며, 각 언어를 정확히 발음하려고 열심히 연습한다. 그들은 소런슨에게 한 언어를 유창하게 구사하려면 1~2년이 걸린다고 말했다. 정확히 말하는 걸 무엇보다 중요하게 생각했고, 한 언어로 대화하는 중에 다른 언어의 단어를 사용하는 걸 부끄럽게 생각했다.

두 대륙과 뉴기니의 소규모 사회들을 관찰한 결과에 따르면, 과거에는 사회생활을 통해 습득하는 다중언어의 사용이 보편적인 현상이었고, 현대 국가 사회의 단일언어나 학교의 정규교육을 통해 습득한 다중언어는 새로운 현상인 듯하다. 그러나 이런 일반화는 제한적인 관찰을 근거로 한 것이어서 잠정적인 가정에 불과하다. 고위도 지역과 알래스카 동부의 이누이트족 사회처럼 언어 다양성이 낮은 지역이나 최근에 언어의 확장이 이루어진 지역에서는 단일언어가 소규모 사회의 특징이었던 듯하다. 이런 일반화도 전통적으로 작은 언어집단들에 대한 단편적인 연구와 예상에 근거한 것이다. 따라서 이런 결론을 확고히 하려면, 다중언어 사용에 대한 표준적인 정의를 먼저 결정하고, 그 정의를 근거한 체계적인 연구가 있어야 한다.

이중언어의
이점

이번에는 전통 사회의 다중언어나 이중언어 사용이 개인적인 관점에서, 또 전체적인 손익계산에서 단일언어 사용자에 비해 이익인지 손해인지, 아니면 이도 저도 아닌지를 살펴보자. 여하튼 여기에서 제시되는 이중언어 사용의 매력과 최근에 찾아낸 실질적인 이점은 외국어 학습이 우리 삶을 풍요롭게 해준다는 일반적인 주장보다 훨씬 마음에 와 닿을 것이다. 이 책에서는 이중언어가 개인에게 미치는 영향만을 살펴보고, 이중언어 사용이 사회 전체에 미치는 효과가 긍정적인지 부정적인지는 뒤에서 다시 다루기로 하자.

현대 산업국가, 특히 이민자를 250년 동안 꾸준히 받아들여 이제는 국민의 상당 부분이 비영어권인 미국에서 이중언어는 뜨거운 논쟁거리이다. 미국에서 주로 제시되는 관점은 이중언어 사용이 특히 이민자 어린이들에게 해롭다는 것이다. 자칫하면 그 아이들이 주로 영어로 말하는 미국 문화를 받아들이는 데 걸림돌이 되기 때문에 부모의 언어를 배우지 않는 편이 낫다는 것이다. 이런 관점은 토박이 미국인에게만이 아니라 제1세대 이민자 부모들에게서도 폭넓게 받아들여진다. 예컨대 나의 조부모와 장인과 장모는 나의 부모와 아내가 영어밖에 모른다고 생각했던지 자식들 앞에서 이디시어와 폴란드어를 사용하는 걸 애써 피했다. 토박이 미국인들이 이런 관점을 옹호하는 데는 이질적인 것, 특히 외국어에 대한 두려움과 의심도 적잖게 작용한다. 또한 토박이 미국인 부모만이 아니라 이민자 부모는 아이들이 두 언어에 동시에 노출되면 혼란스러워할 수 있고, 한 언어에만 노출되면 그 언어를 더 빨리 배우지 않겠느냐고 생각한다. 이런 추론은 합리적인 걱정이기는 하다. 두 언어를 배우려면 발음과 단어 및 문법 구조를 이중으로 배워야 하고, 각 언어를 배우는 데 할애하는 시간은 절반밖에 되지 않을 테니, 이중언어를 사용하는 아이는 두 언어를 능숙하게 말하기는커녕 한 언어도 제대로 말하지 못하는 지경이 될 거라는 걱정이다.

실제로 1960년대 미국과 아일랜드와 웨일스에서 시행된 연구들에 따르면, 단일언어를 사용하는 아이들에 비해서 이중언어를 사용하는 아이들이 언어적으로 현격하게 뒤떨어졌고, 언어의 구사 능력을 무척 느리게 습득했으며, 각 언어의 어휘력도 크게 부족했다. 그러나 이 연구들에서는 이중언어와 인과관계가 없는 변수들을 무시한 것으로 밝혀져 이런 결론은 잘못된 것이었다. 다른 나라보다 미국에서 이중언어는 특히 빈곤과 관계가 있다. 미국에서 이중언어를 사용하는 아이들과 영어만을 사용하는 아이들을 비교하면, 후자는 상대적으로 부유한 지역의 출신이어서 더 나은 학교를 다니고, 부모가 제대로 교육을 받고 부유해서 사회적으로 높은 지위에 있고 어휘력도 풍부하다. 따라서 이런 상관관계에 있는 변수들만 고려해서는 이중언어를 사용하는 아이들의 언어능력을 올바로 평가할 수 없다.

따라서 이런 변수를 제어하기 위해서 같은 학교를 다니고 부모의 사회경제적인 지위가 유사한 아이들, 즉 이중언어를 사용하는 아이들과 단일언어를 사용하는 아이들을 비교하는 연구가 최근에 미국과 캐나다와 유럽에서 시행됐다. 그 결과에 따르면, 두 집단 모두 언어 습득에서 중요한 단계(예컨대 첫단어와 첫 문장을 말하는 연령, 50개의 어휘를 습득하는 연령)를 동일한 연령에 통과하는 것으로 밝혀졌다. 또 이중언어를 사용하는 아이들이나 단일언어를 사용하는 아이들이나 성인이 된 후에는 기본적인 어휘력과, 상황에 따라 적절한 단어를 생각해내는 능력이 똑같거나, 단일언어를 사용하는 아이들이 약간 낫다(어휘력이 10퍼센트까지 낫다). 하지만 이런 결과를 "3,300단어와 3,000단어로, 결국 단일언어를 사용하는 아이들의 어휘력이 약간 더 낫다"라는 식으로 해석하는 것은 잘못이다. 오히려 "이중언어를 사용하는 아이들의 어휘력이 훨씬 낫다. 그 아이들은 3,000개의 영어 단어와 3,000개의 중국어 단어, 즉 6,000개의 단어를 알지만, 단일언어를 사용하는 아이들은 영어 3,300단어만을 알기 때문이다"라고 해석해야 마땅하다.

지금까지의 연구에서 이중언어 사용자와 단일언어 사용자의 일반적인 인지 능력의 차이는 아직 입증되지 않았다. 후자가 전자보다 평균적으로 더 영리하고, 더 신속하게 생각한다는 속설은 사실이 아니다. 그러나 (확실하지는 않지만) 단어를 떠올리는 속도와, 뭔가에 이름을 붙이는 능력은 단일언어 사용자가 약간 나은 듯하다는 구체적인 차이가 있기는 하다. 그러나 이런 구체적인 차이들 중에서 지금까지 일관되게 확인되는 차이는 인지 과학자들이 '실행 기능(executive function)'이라 칭하는 것이고, 이 기능은 이중언어 사용자가 더 우수한 듯하다.

실행 기능이 무엇인지 알려면, 어떤 사람이 길을 건너고 있다고 상상해보면 된다. 우리는 시각, 청각, 후각, 촉각, 미각과 개인적인 판단까지 더해서 온갖 형태로 엄청난 양의 정보를 끊임없이 받아들인다. 눈앞에서 어른거리는 광고판과 머리 위의 구름, 사람들이 대화하는 소리와 새들이 지저귀는 소리, 도로를 밟는 발끝과 양옆에서 흔들대는 두 팔에서 느껴지는 촉감, 그날 아침 식사를 할 때 아내가 그에게 했던 말의 의미 등이 보행자의 감각에 봇물치럼 밀려든다. 그가 길을 건너지 않는다면 사람들의 말이나 광고판의 글, 혹은 아내가 아침에 했던 말에 집중할 것이다. 하지만 길을 건널 때는 자동차에 치여 죽지 않으려면, 양 방향에서 제각각의 속도로 다가오는 자동차를 보고 듣는데 집중하고, 갓돌에서 발을 내려놓는 느낌에 집중해야 한다. 다시 말하면, 삶의 과정에서 뭔가를 하기 위해서는 그 순간에 입력되는 감각의 99퍼센트와 시시때때로 떠오르는 생각을 억제하고, 당면한 과제와 관련된 1퍼센트에 집중해야 한다. 인지적 통제(cognitive control)로도 알려진, 뇌의 이런 실행 기능 과정은 전전두엽 피질로 알려진 부분에서 행해지는 것이다. 실행 기능 덕분에 우리는 선택적으로 집중할 수 있고, 딴 데 정신을 팔지 않고 문제를 해결하는 데 집중할 수 있으며, 많은 일을 동시에 행할 수 있고, 머릿속에 저장된 엄청난 양의 단어와 정보로부터 그 순간에 필요한 단어를 생각해내서 사용할 수 있다. 달리 말하면, 실행 기능은 대단히 중요한 것이다. 우리가 상황에 맞추어 완벽하게 기능하기 위해서 반드시 필요한 실행 조정 기능은 특히 생후 5년 사이에 발달한다.

이중언어 사용자는 실행 기능에서 특수한 문제를 겪는다. 단일언어 사용자는 어떤 단어를 들으면, 그 단어를 하나의 단어 창고와 비교하고, 어떤 단어를 말할 때는 그 단어를 하나의 단어 창고에서 꺼내면 된다. 그러나 이중언어 사용자는 두 언어를 따로따로 유지한다. 따라서 어떤 단어를 들으면, 그 소리의 의미를 해석하기 위해서 어떤 언어의 창고를 사용해야 하는지 즉각적으로 알아내야 한다. 예컨대 스페인어와 이탈리아어를 사용하는 이중언어자는 'b-u-rr-o'라는 소리가 스페인어에서는 '당나귀'를 뜻하지만 이탈리아어에서는 '버터'를 뜻하는 거라고 배웠다. 따라서 이중언어 사용자는 뭔가를 말하고 싶을 때마다 현재의 대화에서 사용되는 언어로부터 적절한 단어를 생각해내야 한다. 특히 스칸디나비아의 백화점 점원들처럼, 다양한 외국어를 사용하는 사람들을 상대하는 다중언어 사용자는 임의적인 규칙들로 이루어진 언어 창고들을 수분마다, 때로는 더 자주 바꿔야 한다.

나는 실행 기능을 제대로 조정하지 못해 낭패를 당한 후에야 다중언어 사용자에게 실행 기능이 중요하다는 걸 절실하게 깨달았다. 1979년 인도네시아에서 연구하며 인도네시아어를 배우기 시작했다. 그 전에 나는 독일과 페루와 파푸아뉴기니에서도 상당한 기간 동안 살았기 때문에 독일어와 스페인어와 톡 피신을 헷갈리지 않고 편안하게 사용할 수 있었다. 게다가 러시아어를 비롯해 다른 언어들도 배웠지만, 그 언어들을 편하게 말할 수 있을 만큼 오랫동안 그 나라들에서 산 적은 없었다. 나는 처음 인도네시아 친구들에게 인도네시아어를 배우기 시작했을 때 인도네시아어 단어를 나름대로 열심히 발음해보려 했지만 나도 모르게 같은 뜻을 지닌 러시아어 단어를 발음하는 걸 깨닫고는 깜짝 놀랐다. 인도네시아어와 러시아어는 아무런 관계도 없는데! 나는 영어와 독일어, 스페인어와 톡 피신을 완벽하게 정리된 칸에 따로따로 유지할 수 있었지만, "영어와 독일어 스페인어와 톡 피신 이외의 언어"를 위한 다섯 번째 칸을 만들어내지 못했던 것이다. 인도네시아에서 오랜 시간을 보낸 후에야 내 머릿속에서 오락가락하던 러시아어 단어 창고를 억누르고 인도네시아어로 간신히 대화할 수 있었다.

요컨대 이중언어나 다중언어 사용자들은 끊임없이 무의식적으로 실행 조정 기능을 행하는 셈이다. 그들은 말하거나 생각할 때마다, 또 다른 사람의 말을 들을 때마다 실행 조정을 행해야만 한다. 다시 말하면, 깨어 있는 시간 내내 끊임없이 실행 기능을 작동해야 한다. 스포츠, 예술 공연 등 삶의 여러 영역에서, 실력은 훈련을 통해서 향상된다. 그러나 이중언어를 사용하는 행위, 즉 훈련은 어떤 실력을 향상시킬까? 이중언어 사용은 두 언어를 교체하는 특수한 능력만을 향상시킬까, 아니면 전반적인 면에서 이중언어 사용자에게 유익할까?

최근의 연구들은 이런 의문의 답을 구하기 위해서, 3세부터 80세까지 이중언어 사용자들과 단일언어 사용자들의 문제 해결 능력을 비교하는 시험법을 고안해냈다. 종합적인 결론에 따르면, 모든 연령에서 이중언어 사용자는 한 가지 특수한 유형의 문제에서만 강점을 보였다. 그러나 그 문제는 보편성을 지닌 특수한 문제, 즉 규칙들이 예측할 수 없이 변하기 때문에, 혹은 현혹시키고 쟁점 자체와 관계가 없지만 무시해야 마땅한 그럴듯한 암시가 있기 때문에 무척 헷갈리는 과제를 해결하는 문제였다. 예컨대 아이들에게 붉은색이나 푸른색으로 토끼나 보트가 그려지고, 황금색 별의 유무로 구분되는 일련의 카드를 보여주었다. 그리고 황금색 별이 있으면 기억을 더듬어 색으로 카드들을 분류하고, 황금색 별이 없으면 기억을 더듬어 그려진 물건으로 카드들을 분류하라고 지시했다. 동일한 규칙으로 시험을 반복하면(예컨대 '색으로 분류'), 단일언어 사용자나 이중언어 사용자나 똑같은 성공률을 보였다. 그러나 규칙을 바꾸자 단일언어 사용자가 이중언어 사용자보다 훨씬 더 힘들어했다.

또 다른 시험을 예로 들어보자. 아이들을 컴퓨터 모니터 앞에 앉히고, 빨간 사각형은 모니터의 왼쪽에서, 푸른 사각형은 모니터의 오른쪽에서 순간적으로 반짝이게 했다. 모니터 아래에 놓인 키보드에는 붉은 키와 푸른 키가 하나씩 있어, 아이들에게 모니터에서 번쩍이는 사각형의 색깔과 똑같은 키를 누르게 했다. 붉은 키가 키보드의 왼쪽에, 푸른 키가 키보드의 오른쪽에 있으면, 다시 말해서 모니터에서 반짝이는 사각형의 색깔과 같은 방향에 있으면, 이중언어 사용자와 단일언어 사용자는 똑같은 정도로 잘 해냈다. 그러나 혼동을 주려고 키보드에서 붉은 키와 푸른 키의 위치를 바꿔놓자, 다시 말해서 붉은 키는 키보드의 오른쪽에, 푸른 키는 키보드의 왼쪽에 놓자, 이중언어 사용자가 단일언어 사용자보다 더 잘 해냈다.

규칙을 바꾸거나 혼란스러운 정보를 제공하는 시험에서 이중언어 사용자의 이런 우위는 언어와 관련된 과제에서만 나타날 거라는 예상이 처음에는 지배적이었다. 하지만 이중언어 사용의 이점은 상당히 포괄적이어서, 공간과 색과 양과 관련된 비언어적 과제에서도 나타난다는 게 입증됐다(공간과 색에서의 우위는 앞에서 언급했다). 그렇다고 이중언어 사용자가 모든 면에서 단일언어 사용자보다 뛰어나다는 뜻은 아니다. 규칙이 바뀌지 않은 과제, 무시해야 할 현혹시키는 암시가 없는 과제의 수행 능력에서는 두 집단의 차이가 없다. 하지만 우리 삶은 현혹시키는 정보와 변화무쌍한 규칙으로 가득하다. 위의 사소한 시험에서 나타난 이중언어 사용자의 이점이 혼란스럽고 변덕스런 실생활에도 적용된다면, 이중언어 사용자가 단일언어 사용자보다 유리하다는 뜻이 된다.

이런 비교 시험이 최근에 유아를 대상으로 시도됐다. '이중언어를 사용하는 유아'를 시험한다는 자체가 무의미하고 불가능하다고 생각할 사람도 있을 것이다. 유아는 말다운 말을 할 수 없기 때문에 이중언어 사용자라거나 단일언어 사용자라고 규정할 수도 없고, 카드들을 분류하고 키보드를 누르라고 지시할 수도 없는 게 사실이다. 하지만 유아는 말을 할 수 있기 훨씬 전에도 듣는 말을 구분하는 능력을 키워간다. 따라서 유아가 다른 소리를 다르게 반응하는가를 관찰함으로써 유아의 구분 능력을 시험할 수 있다. 시험 결과에 따르면, 세상의 어떤 언어에도 노출된 적이 없는 갓난아기도 자궁에서만 들었던 '모국어'이든 않든 간에 세상의 온갖 언어에서 사용되는 많은 자음과 모음의 차이를 구분할 수 있다는 게 밝혀졌다. 생후 1년 동안, 유아는 주변의 말을 듣게 되면서, 주변에서 듣지 못하는 비모국어의 변별적 특징들을 구분하던 초기의 능력을 상실하고, 모국어의 변별적 특징을 구분하는 능력을 섬세하게 다듬어간다. 예컨대 영어는 두 유음(流音, liquid) 'l'과 'r'을 구분하지만, 일본어는 구분하지 않는다. 이런 이유에서 토박이 일본인이 영어를 말하면, 토박이 영어 사용자들에게는 'lots of luck'을 'rots of ruck'으로 잘못 발음하는 것처럼 들린다. 반대로 일본어는 단모음과 장모음을 구분하지만, 영어는 구분하지 않는다. 하지만 갓 태어난 일본 유아는 'l'과 'r'을 구분할 줄 알며, 갓 태어난 영국 유아는 단모음과 장모음을 구분할 줄 안다. 그러나 일본과 영국에서는 그런 구분이 어떤 의미도 없기 때문에 유아들은 생후 1년만에 그 능력을 상실한다.

최근에는 이른바 '유아 이중언어자(crib bilingual)', 즉 어머니와 아버지의 모국어가 다르지만 아기에게 태어난 날부터 각각 자신의 모국어를 가르치기로 결정해서 요람에서부터 두 언어를 들으면서 자란 유아에 대한 연구들이 잇달아 발표됐다. 유아 이중언어자는 실행 기능에서 단일언어 사용자보다 우월한 위치에 있어, 실제로 말을 시작한 후에도 규칙이 변하는 상황과 혼란스런 정보에 더 낫게 대처할 수 있을까? 말을 하지 못하는 유아의 실행 기능을 어떻게 시험할 수 있을까?

인지심리학자 아그네스 코바치(Ágnes Kovács)와 자크 멜러(Jacques Mehler)는 이탈리아의 도시 트리에스테에서 실시한 기발한 연구에서, 생후 7개월의 단일언어 유아들과, 이탈리아어 이외에 슬로베니아어, 스페인어, 영어, 아랍어, 덴마크어, 프랑스어 혹은 러시아어를 아버지와 어머니에게 듣는 이중언어 유아들을 비교했다. 그 유아들에게 컴퓨터 모니터의 왼쪽에서 불쑥 나타나는 귀여운 인형 그림을 보여주고, 그림 쪽으로 눈길을 돌리면 보상을 해주며 유아들을 훈련시켰다. 유아들은 인형이 나타나는 방향으로 눈길을 돌렸고 그런 놀이를 좋아하는 것처럼 보였다. 그 후에 AAB, ABA, ABB(예컨대 lo-lo-vu, lo-vu-lo, lo-vu-vu)와 같이 아무런 의미도 없는 세 음절을 유아에게 발음해주고, 한 경우(예컨대 lo-lo-vu)에만 모니터에 인형이 나타나도록 조작해두었다. 6번의 시도 이내에, 단일언어 유아와 이중언어 유아는 똑같이 lo-lo-vu라는 발음을 듣자마자 모니터 왼쪽에 귀여운 인형이 나타날 거라고 예상하고 왼쪽으로 눈길을 돌려야 한다는 원칙을 알아냈다. 그 규칙을 바꾸어, 모니터의 왼쪽이 아니라 오른쪽에 인형이 나타나고, lo-lo-vu가 아니라 lo-vu-lo에 반응하도록 유아들을 유도했다. 6번의 시도 이내에 이중언어 유아들은 이전의 원칙을 잊고 새로운 반응 원칙을 알아냈지만, 단일언어 유아들은 10번의 시도 이후에도 잘못된 소리, 즉 lo-lo-vu에 반응하며 모니터의 잘못된 쪽, 즉 왼쪽으로 눈길을 돌릴 뿐이었다.

알츠하이머병

이런 결과들에서 추정해보면, 이중언어 사용자들이 lo-lo-vu와 lo-vu-lo를 구별하는 사소한 과제에서만이 아니라 규칙들이 변덕스레 바뀌는 혼란스런 세상을 살아가는 데도 단일언어 사용자보다 유리하다고 결론지을 수 있는 듯하다. 하지만 어린 자식이나 손자에게 두 언어를 줄기차게 옹알거리겠다고 결심하기에는 부족하다며 더 확실한 증거를 요구하고 싶은 독자들이 있을 것이다. 이런 독자들을 위해서 인생의 황혼녘, 즉 알츠하이머병을 비롯한 노인성 치매라는 비극이 운명처럼 다가오는 노년에도 이중언어 사용이 유익하다는 연구들을 소개해보자.

알츠하이머병은 노인성 치매의 가장 흔한 형태로 75세 이상 노인의 5퍼센트, 85세 이상 노인의 17퍼센트에게 발병한다. 알츠하이머병은 건망증과 단기 기억의 감퇴로 시작해서, 치료가 되지 않아 약 5~10년 내에 사망한다. 이 질병은 부검이나 뇌영상으로 확인되는 뇌병변, 예컨대 뇌위축이나 특수 단백질의 축적 등과 관계가 있다. 현재까지 치료약과 예방약이 개발되지 않았다. 정신적으로나 육체적으로 자극적인 삶—꾸준한 공부, 복잡한 직업, 자극적인 사회활동과 여가활동, 육체 운동—을 사는 사람은 치매에 걸릴 확률이 낮다. 하지만 단백질이 축적되기 시작해서 알츠하이머병의 증상이 나타날 때까지의 긴 잠복기는, 자극적인 삶과 알츠하이머병과의 인과관계에 의문을 제기한다. 자극이 정말로 알츠하이머병의 증상을 억제하는 것일까? 정상인은 단백질 축적의 초기 단계를 겪지 않았기 때문에 혹은 알츠하이머병으로부터 우리를 보호하는 유전적인 이점 때문에 자극적인 삶을 살 수 있는 게 아닐까? 자극적인 삶이 알츠하이머병의 진행을 억제하는 결과가 아니라 원인일지도 모른다는 바람에서, 알츠하이머병의 발병을 두려워하는 노년층에게는 브리지 게임을 즐기거나, 온라인 게임에 도전하고 스도쿠를 풀어보라고 권해진다.

지난 수년 간의 연구에서 밝혀진 흥미로운 결과에 따르면, 어린시절부터 이중언어를 사용하면 알츠하이머병을 예방하는 효과가 있다. 캐나다 토론토의 병원들에서 알츠하이머병(일부는 다른 유형의 치매)이 거의 확실하다고 진단받은 400명의 환자는 대부분이 70대였고, 이중언어 사용자는 단일언어 사용자보다 첫 증상이 4,5년 늦게 나타난 걸로 밝혀졌다. 캐나다의 평균수명은 79세이다. 따라서 70대에서 4,5년이란 시간은 사망하기 전에 알츠하이머병의 증상이 나타날 가능성이 47퍼센트만큼 줄어든다는 뜻으로 해석된다. 이중언어 환자와 단일언어 환자의 직업적 지위는 엇비슷했지만, 평균적인 교육 수준은 이중언어 환자가 단일언어 환자보다 낮았다. 여하튼 높지 않았다. 교육은 알츠하이머병 증상의 낮은 발병과 관계 있기 때문에, 이런 조사 결과는 교육의 차이로 이중언어 환자들의 낮은 발병을 설명할 수 없다는 뜻이다. 그들은 상대적으로 낮은 교육을 받았지만 알츠하이머병의 발병이 상대적으로 낮지 않은가! 더 흥미로운 결과는, 동일한 인지 장애의 수준에서 뇌영상을 비교해보면 이중언어 환자가 단일언어 환자보다 뇌위축이 더 심하다는 것이었다. 달리 말하면, 동일한 정도의 뇌위축에서 이중언어 환자가 단일언어 환자보다 인지 장애를 덜 겪는다는 뜻이다. 이중언어 사용이 뇌위축에 따른 영향을 부분적으로 억제하는 것이라 해석된다.

이중언어 사용의 억제력은 교육과 자극적인 사회활동의 억제력이 제기하는 인과관계에 대한 해석만큼 애매하지 않다. 교육과 자극적인 사회활동은 알츠하이머 병변들의 초기 단계를 억제하는 원인보다 결과일 수 있으며, 그렇다면 교육과 사회활동을 즐기도록 유도하는 유전적 인자가 알츠하이머병을 억제하는 것일 수 있다. 그러나 이중언어 사용은 알츠하이머병의 초기 병변이 나타나기 수십 년 전, 유전자에 관계 없이 어린시절에 결정된다. 대부분의 이중언어 사용자는 자신의 결정이나 유전자 때문에 이중언어 사용자가 되지는 않는다. 이중언어를 사용하는 사회에서 우연히 성장하거나, 부모가 모국을 떠나 다른 언어를 사용하는 땅에 이주한 때문에 이중언어 사용자가 된다. 따라서 이중언어 사용자가 알츠하이머병에 덜 걸린다는 사실에서, 이중언어 사용 자체가 알츠하이머병을 억제한다고 말할 수 있다.

어떻게 그럴 수 있을까? "사용하지 않으면 잃는다"라는 격언으로 간단히 대답할 수 있다. 대부분의 신체기관은 사용하면 기능이 향상되고, 사용하지 않으면 기능이 떨어진다. 이런 이유에서, 운동선수들과 예술가는 연습하고 또 연습한다. 알츠하이머병 환자들에게 브리지 게임이나 온라인 게임에 참여하거나 스도쿠 퍼즐을 풀어보라고 권하는 이유도 여기에 있다. 그러나 이중언어 사용이 뇌를 끊임없이 훈련시킬 수 있는 가장 확실한 방법이다. 브리지 게임이나 스도쿠에 열중하는 사람도 하루에 극히 일부의 시간 동안에만 게임을 할 수 있는 반면에, 이중언어 사용자들은 깨어 있는 시간이면 매순간 뇌를 추가로 훈련시킨다. 의식적으로든 무의식적으로든 그들의 뇌는 "나에게 말해진 소리를 A와 B 중 어느 언어의 임의 규칙에 따라 해석해서 말하고 생각해야 하는가?"라는 의문에 끊임없이 결정을 내려야 한다.

이쯤이면, 아직 답이 구해지지 않았지만 답이 명백한 다음의 의문들에 내가 관심을 갖는 이유에 많은 독자가 공감할 것이다. 하나의 언어를 더 알 때 알츠하이머병의 발병이 억제된다면, 두 개의 언어를 더 알면 억제 효과가 더 크지 않을까? 그래서 억제 효과가 언어의 수와 비례한다면, 정비례할까? 그 정도까지는 아닐까? 예컨대 이중언어 사용자가 하나의 언어를 더 사용한다는 이유로 4년을 억제할 수 있다면, 5개의 언어를 사용하는 뉴기니인과 오스트레일리아 원주민, 바우페스 강변의 원주민과 스칸디나비아 백화점의 점원은 억제 효과를 4년만 누릴까, 아니면 $4 \times 4 = 16$년을 누릴까? 아니면 하나의 언어를 추가로 사용하는 경우보다 4개의 언어를 추가로 사용하면 4배를 훨씬 넘어 50년의 억제 효과를 누릴까? 당신의 부모가 당신을 유아 이중언어자로 키우는 혜택을 누리지 못해서 고등학교에 입학한 14세 이후에야 다른 언어를 배우기 시작했더라도 유아 이중언어자만큼의 억제 효과를 획득할 수 있을까? 위의 의문들은 언어학자들에게는 이론적인 관심사이겠지만, 자식을 최선의 방향으로 키우려는 부모들에게는 현실적인 관심사일 것이다. 언어 다양성이 세계 전체에는 이익이든 않든 간에, 개인은 이중언어나 다중언어를 사용함으로써 문화적으로 풍요로운 삶을 넘어 다른 부분들에서도 여러모로 유리한 듯하다.

:
**사라지는
언어들**

세계에 존재하는 7,000개의 언어는 여러 면에서 무척 다양하다. 예를 들어보자. 언젠가 나는 태평양 부건빌 섬의 산악지역에 있는 로토카스 마을 근처의 정글에서 새를 관찰하고 있었다. 나를 안내하며 그 지역의 새 이름을 로토카스어로 알려주던 마을 사람이 갑자기 "코피피!"라고 소리치며, 무척 아름답게 노래하는 새를 가리켰다. 옥구슬이 은쟁반에 구르는 소리처럼 맑고 떨리는 음색이었고, 두세 음으로 이루어진 느릿한 상승조 악구를 형성했다. 각 악구는 서로 달라, 프란츠 슈베르트가 작곡한 짤막한 노래와도 같은 효과를 자아냈다. 문제의 새는 긴 다리에 짧은 날개를 지닌 명금류로 그 전까지 서구 학계에 알려지지 않은 새였다.

나는 그 안내인과 이런저런 얘기를 나누는 과정에서, 부건빌 산악지역의 음악에 코피피의 노랫소리만이 아니라 로토카스어의 독특한 발음이 더해진 걸 조금씩 알게 됐다. 안내인은 나에게 새 이름들을 하나씩 알려주었다. 코피피, 쿠루피, 보쿠피, 코피카우, 코로로, 케라보, 쿠루에, 비쿠로이…… 그 이름들에 쓰인 자음은 k와 p, r과 v가 전부였다. 나중에야 알았지만, 로토카스어는 자음이 6개뿐이어서 세계에서 자음 수가 가장 적은 언어이다. 영어에는 자음이 24개이고, 지금은 멸실된 터키의 우비흐어에는 약 80개의 자음이 있었다. 아무튼 로토카스족은 뉴기니의 동쪽 남서태평양에 떠 있는 부건빌 섬의 산악지역 열대우림에서 살아가며, 세계의 어떤 인간 집단보다 적은 소리로도 용케 풍부한 어휘를 만들어내고 명확하게 의사소통을 해냈다.

그러나 그들의 언어가 지금 부건빌의 산악지역에서, 물론 세계에서도 사라지고 있다. 로토카스어는 코네티컷 주의 4분의 3에 불과한 면적을 지닌 섬에서 말해지는 18개 언어 중 하나에 불과하다. 마지막으로 조사했을 때도 로토카스어의 사용자는 4,320명에 불과했지만 지금은 그 수가 계속 하락하고 있다. 그 언어가 사라지면, 로토카스족이 3만 년 동안 커뮤케이션하며 추적한 문화적 실험이 종말을 고하는 셈이다. 이런 소멸 과정은 로토카스어만이 아니라 세계에 존재하는 대부분의 언어에 금방이라도 닥칠 비극의 전조이다. 지금은 언어학자들만이 언어의 소멸률을 진지하게 추정하며, 소수집단 언어를 보존할 방법을 고민하고 있을 뿐이다. 현재의 소멸률이 지속되면, 2100년쯤에는 현재 세계에 존재하는 언어의 대부분이 완전히 소멸되거나, 노인만이 사용하고 후세에 전해지지 않는 죽어가는 언어가 될 것이다.

물론 언어의 소멸은 70년 전에야 시작된 새로운 현상이 아니다. 고대 문헌에서도 확인되고, 언어와 인간의 분포에서도 추론할 수 있듯이, 언어들은 수천 년 전부터 소멸돼 왔다. 고대 로마의 학자들이 남긴 글에서, 또 로마 제국의 영토에서 발굴된 유물과 동전에 쓰인 글에서 확인되듯이, 라틴어가 프랑스와 스페인에서는 켈트어파를 대체했고, 이탈리아에서는 에트루리아어, 움브리아어, 오스카어, 팔리스키어 등을 대체했다. 수메르어, 후르리어, 히타이트어로 쓰인 고대 문헌들에서도 비옥한 초승달 지역에서 수천 년 전에 사용됐지만 지금은 사라진 언어들이 있었던 것으로 확인된다. 9,000년 전부터 인도유럽어족이 서유럽으로 확산되기 시작한 후에는 피레네의 바스크어를 제외하고 유럽에 존재하던 모든 언어가 소멸됐다. 아프리카 피그미족, 필리핀과 인도네시아의 수렵채집인들, 고대 일본인도 과거에는 다른 언어를 사용했지만, 그 언어들은 차례로 반투어와 오스트로네시아어족과 현대 일본어로 대체되며 소멸되는 운명을 맞았다. 그 밖에 무수한 언어가 흔적도 없이 사라진 것이 분명하나.

소피 보로드캔(2008년 1월 사망)의 사망으로 알래스카에서 과거에 사용하던 북아메리카 원주민 언어의 하나이던 에야크어는 이 땅에서 영원히 사라졌다.

과거에도 언어가 소멸됐다는 증거들이 있지만, 현재의 소멸 상황은 그 속도가 엄청나게 빠르다는 점에서 과거와 다르다. 지난 1만 년 동안 많은 언어가 소멸되고, 오늘날 우리에게 7,000개의 언어가 전해졌다. 현재의 속도로 소멸이 진행되면 다음 세기에는 수백 개의 언어만이 남겨질 것이다. 오늘날 소멸률이 이처럼 높은 이유는 세계화와 국가 정부가 세계 전역으로 확대되며 동질화를 종용하기 때문이다.

알래스카 원주민들이 사용하던 20개의 언어로 대부분의 언어에 닥친 운명을 설명해보자. 알래스카 남쪽 해안에 살던 수백 명의 원주민이 과거에 사용하던 에야크어를 쓰는 사람은 1982년 마리 스미스 존스와 그녀의 누이 소피 보로드킨뿐이었다. 1992년 마리가 80세에 사망하고, 2008년에는 소피가 93세로 사망하면서 에야크족의 언어 세계는 이 땅에서 영원히 사라졌다. 알래스카에 존재하는 18개의 다른 원주민 언어들도 빈사 상태이다. 그 언어들을 배우는 아이가 이제는 한 명도 없기 때문이다. 노인들이 여전히 그 언어들을 사용하고 있지만, 그 수가 언어별로 1,000명을 넘지 않아, 그들이 모두 세상을 떠나면 그 언어들도 에야크어와 같은 운명을 맞을 것이다. 그나마 아이들이 지금도 열심히 배우고 있어 아직 소멸의 길에 들어서지 않은 알래스카 원주민 언어는 이제 둘밖에 남지 않았다. 1,000명 정도가 사용하는 시베리아 유픽어와, 1만 명 정도가 사용하는 중앙 유픽어이다.

세계 언어의 현 상황을 정리한 논문들에서는, "우비흐어(80개의 자음을 지닌 터키어)를…… 완벽하게 말하던 마지막 생존자, 하시 오스만 출신의 테우피크 에셴이 1992년 10월 이스탄불에서 사망했다. 한 세기 전만 해도 흑해의 동쪽 캅카스 계곡에서 5만 명이 이 언어를 사용했었다", "쿠페뇨어(남캘리포니아 원주민 언어)는…… 150명이던 인구가 이제는 9명만 남았고…… 그들 모두가 50세를 넘겨…… 거의 소멸될 위기를 맞았다", "야마나어(칠레 남부와 아르헨티나에서 과거에 사용되던 원주민 언어)의 사용자는…… 칠레에만 세 여자가 남았고, 그들은 스페인 남자들과 결혼해서 아이들에게 스페인어를 가르치고 있다…… 아르헨티나에서는 이미 소멸됐다"라는 식의 구절을 흔히 볼 수 있다.

언어의 소멸 위기 정도는 지역에 따라 다르다. 언어적으로 가장 절망적인 위기에 빠진 대륙은 오스트레일리아이다. 과거에는 약 250개 언어가 사용됐고, 각 언어의 사용자도 5만 명을 넘지 않았다. 따라서 현재는 오스트레일리아 토속어의 절반 정도가 이미 소멸된 상황이고, 살아남은 언어도 대부분의 경우 사용자가 100명 이하이다. 자식에게 전해지는 언어도 20개에 미치지 못하기 때문에, 21세기 말에는 극소수의 언어만이 존속할 가능성이 크다. 북아메리카에 존재하던 수백 개의 원주민 언어들 중에서 3분의 1이 이미 소멸됐고, 3분의 1은 소수의 노인만이 사용하고 있으며, 두 언어(나바호어와 유픽 에스키모어)만이 지역 라디오 방송국에서 방송되고 있을 뿐이다. 중앙아메리카와 남아메리카에서 사용되던 약 1,000개의 원주민 언어들 중에서 안정된 미래가 보장된 언어는 파라과이에서 스페인어와 더불어 공식 언어로 사용되는 과라니어뿐이다. 수백 개의 원주민 언어가 아직 비참한 상황에 빠지지 않은 유일한 대륙은 아프리카이다. 지금까지 살아남은 대부분의 원주민 언어가 수천 명, 때로는 수백만 명에 의해 사용되고 있으며, 소규모로 정주 생활을 하는 농경인들도 자신들의 언어를 고집스레 지켜가고 있는 듯하다.

언어는 어떻게 사라지는가?

언어는 어떻게 소멸되는 것일까? 인간을 살상하는 많은 방법—머리를 타격해 곧바로 죽이거나, 목을 졸라 서서히 죽이거나, 오랫동안 방치해서 죽이는 방법 등—이 있듯이, 언어를 멸절하는 방법도 많다. 물론 가장 확실한 방법은 해당 언어를 말하는 사람을 모두 죽이는 것이다. 백인들은 캘리포니아에서 마지막까지 살아 있던 원주민, 래슨봉(峰) 근처에 400명 정도가 살던 야히 부족의 일원인 이시라는 남자의 언어를 그렇게 멸절했다. 황금을 찾아 캘리포니아로 몰려든 골드러시

최후까지 살아남은 캘리포니아 야히족의 일원인 이시는 1911년 8월 29일 은신처에서 나와 미국 사회에 들어왔다. 그는 지칠 대로 지치고 겁에 질린 모습이었으며 죽임을 당할 거라고 생각했다.

가 있은 후, 1853년부터 1870년까지 정착자들은 무차별적인 학살을 자행하며, 대부분의 야히족을 죽였다. 이시는 가족과 함께 달아났고, 나중에는 혼자 남아 1911년까지 숨어 지냈다. 한편 영국 식민지 개척자들은 1800년대 초에 태즈메이니아 성인에게는 5파운드, 어린아이에게는 2파운드가 걸린 현상금에 눈이 멀어 태즈메이니아 사람들을 죽이거나 생포함으로써 그곳에 존재하던 모든 원주민 언어를 없애버렸다. 결과는 죽음으로 똑같지만 덜 폭력적인 방법도 원주민 언어들을 멸절하는데 큰 역할을 했다. 예컨대 미국 그레이트 플레인스의 만단족 수천 명에게 닥친 재앙이있다. 1750년과 1837년 사이에 유행한 콜레라와 천연두 때문에 만

단어를 능숙하게 구사하는 사용자는 1992년쯤에는 6명의 노인밖에 남지 않았다.

언어를 멸절하는 두 번째로 확실한 방법은 해당 언어 사용자들을 죽이지는 않지만 그들에게 그 언어의 사용을 금지하고, 사용하다가 발각되면 엄하게 벌주는 방법이다. 북아메리카 원주민 언어들이 지금 대부분 소멸되거나 빈사상태에 빠진 이유가 궁금하면, 미국 정부가 원주민 언어들에게 최근까지 시행한 정책을 생각해보면 된다. 수세기 동안 우리는 원주민 아이들을 부모의 '야만적인' 환경에서 떼어내서 영어만을 사용하는 기숙학교에 강제로 입학시키면, 그래서 원주민 언어의 사용을 완전히 금지하고 위반한 경우에는 체벌과 모욕으로 다스리면 원주민들을 '교화'할 수 있고 영어만을 가르칠 수 있다고 주장했다. 1885년부터 1888년까지 원주민 문제 담당관을 지낸 J. D. C. 앳킨스는 이런 정책의 정당성을 증명하려고 "원주민들에게 토박이말(쉽게 말하면, 원주민어)을 가르치는 건 그들 자신에게도 유익하지 않을 뿐 아니라 그들의 교육과 교화하는 대의에도 이롭지 않다. 따라서 정부가 관할하는 원주민 학교에서는 앞으로 원주민 언어의 사용이 허용되지 않을 것이다. (……) 영어는 백인과 흑인 모두에게 적합한 만큼 붉은 원주민들에게도 적합할 것이다. 또한 원주민 어린이들에게 그들의 야만적인 방언을 가르치는 것은 그들에게도 무익 유해하다고 생각된다. 문명화를 향한 첫걸음, 즉 원주민들에게 야만적인 관습의 악영향과 광기에서 구해내는 첫걸음은 그들에게 영어를 가르치는 것이다"라고 주장했다.

1879년 오키나와를 합병한 후, 일본 정부는 '한 나라, 한 국민, 한 언어'라는 정책을 도입했다. 달리 말하면, 오키나와 원주민 아이들에게 일본어를 가르치며 10여 개에 달하던 오키나와 원주민 언어의 사용을 허락하지 않겠다는 뜻이었다. 게다가 일본은 1910년 한국을 합병했을 때도 한국어의 교육을 금지하고 일본어를 가르치라고 강요했다. 러시아는 1939년 발트삼국을 재합병하자, 그곳 학교에서 에스토니아어, 라트비아어, 리투아니아어의 사용을 금지하고 러시아를 가르치도록 했다. 그러나 그 발트어들은 가정에서 계속 사용된 덕분에, 1991년 발트삼국이 다시 독립을 쟁취하자 국어로서의 지위를 되찾았다. 유럽 본토에서 유일하게 살아남은 켈트어는 브르타뉴어로, 50만 명의 프랑스 시민에게는 여전히 주된 언어이다. 하지만 프랑스 정부는 공식적으로 브르타뉴어의 사용을 초등학교와 중등학교에서 금지해서, 사용자는 줄어들고 있는 추세이다.

그러나 대부분의 경우, 로토카스의 사례에서 보았듯이 언어의 소멸은 한층 은밀하게 진행된다. 정주생활을 하는 호전적인 부족들이 점령한 지역들이 정치적으로 통합되면 평화가 정착되고, 이동성과 족외혼이 증가한다. 젊은이들은 경제적 기회를 찾아 고향을 떠나 도시로 이주한다. 그러나 도시에는 다른 배경을 지닌 사람들이 압도적으로 많다. 따라서 사람들은 서로 의사소통을 위해서도 본래의 언어를 버리고 다수가 사용하는 언어를 선택하는 수밖에 없다. 다른 언어를 사용하는 남녀가 결혼해서 서로 의사소통을 하려면 다수의 언어를 사용하는 편이 낫다. 게다가 그런 부부는 자식에게 다수의 언어를 물려준다. 자식들은 어머니나 아버지의 언어를 집에서 배우더라도 학교에서는 다수의 언어를 사용해야 한다. 고향에 남은 사람들도 권위와 권세를 얻고, 외부 세계와 교역하기 위해서 다수의 언어를 배운다. 직장, 신문과 라디오와 텔레비전에서도 대부분의 노동자, 고객과 광고주와 구독자가 공유하는 다수의 언어를 주로 사용한다.

　소수집단의 젊은이들은 이중언어 사용자이지만, 그들의 자식들은 다수의 언어만을 사용하는 단일언어 사용자가 되는 경향을 띤다. 따라서 소수집단의 언어들이 부모 세대에서 자식 세대로 전달되는 과정은 두 가지 이유에서, 혹은 둘 중 하나의 이유에서 끊어진다. 첫째는 부모가 자식들이 학교와 직장에서 성공하기를 바라는 마음에서 본래의 언어보다 다수의 언어를 배우기를 원한다는 것이다. 둘째는 자식들이 텔레비전과 학교 교육 및 친구들을 이해하기 위해서 부모의 언어를 배우지 않고 다수의 언어를 배우고 싶어 한다는 것이다. 나는 폴란드와 한국, 에티오피아와 멕시코 등 많은 나라에서 미국으로 이민온 가정에서 자식들이 영어만을 배우고 부모의 언어를 배우지 않는 공통된 현상을 적잖게 보았다. 결국 소수집단의 언어는 노인만이 사용하고, 노인들이 모두 죽으면 그 언어는 사라진다. 이런 종말에 이르기 훨씬 전부터 소수집단 언어는 복잡한 문법의 상실, 망각에 의한 고유한 단어의 상실, 외래어와 문법적 특성의 유입으로 변질된다.

　현재 세계 전역에 존재하는 7,000개의 언어 중에는 상대적으로 심각한 멸실 위험에 처한 언어들이 있다. 언어의 멸실 위기가 어느 정도인지 판단할 때, 그 언어가 가정에서 부모로부터 자식에게 여전히 전달되고 있는가를 확인하는 게 중요한다. 그런 전달이 중단되면, 그 언어는 운명을 다한 것이나 마찬가지이다. 아무리 길어도 90년 정도가 지나면, 지금 그 언어에 능통한 마지막 사람이 그 언어와 함께 이 땅에서 사라질 것이기 때문이다. 어떤 언어가 부모 세대에서 자식 세대로 꾸준히 전달되려면 그 언어를 사용하는 사람이 많아야 하고, 그 언어를 말하는 사람이 국민

중에서 상당한 비율을 차지하며, 정부가 그 언어를 공식적으로 국어나 지역어로 인정하고, 사용자가 자신의 언어에 대해 자부심을 지니고, (러시아인들이 시베리아로, 네팔인들이 인도의 시킴 주로, 인도네시아인들이 인도네시아령 뉴기니로 대거 이주한 경우처럼) 다른 언어를 사용하는 사람이 대거 유입되어 그 언어를 압도하지 않아야 한다.

반면에 주권국가의 공식적인 국어로 인정된 언어들은 그런대로 안정된 미래를 보장받는다. 현재 이런 언어의 수는 약 192개이다. 하지만 대부분의 국가가 영어나 스페인어, 아랍어나 포르투갈어, 혹은 프랑스어를 공용어로 채택했고, 다른 언어를 공용어로 채택한 국가는 약 70개국에 불과하다. 인도의 헌법에 명기된 22개의 지역어처럼 지역어를 포함하더라도 정부에 의해 공식적으로 보호받는 언어는 수백여 개에 불과하다. 정부로부터 보호받지 않더라도 사용자가 100만 명이 넘는 언어는 공식적인 지위에 상관없이 안전하다고 여겨질 수 있지만, 이 범위에 포함되는 언어도 200개 남짓에 불과하며, 게다가 다수가 공용어로 보호받는 실정이다. 물론 소수집단 언어이지만 정부의 지원으로 안전한 언어도 있다. 덴마크의 자치령인 페로 제도에서 5만 명이 사용하는 페로스어, 30만 명의 아이슬란드인이 공용어로 사용하는 아이슬란드어가 대표적인 예이다. 하지만 사용자가 100만 명이 넘더라도 얼마 전까지 정부의 지원을 전혀 혹은 거의 받지 못해 위기에 처한 언어들도 있다. 나우아틀어(멕시코에 140만 명의 사용자)와 케추아어(안데스 지역에 900만 명의 사용자)가 대표적인 예이다. 그러나 아일랜드 정부가 아일랜드어를 강력하게 지원하며 아일랜드 학교에서도 공용어로 아일랜드어를 가르치지만 아일랜드에서도 아일랜드어가 쇠퇴하고 영어가 부상하는 현상에서 보듯이, 국가의 지원이 언어의 안전을 완전히 보장하지는 않는다. 이런 이유에서, 언어학자들은 현재의 추세가 계속된다면 7,000개의 언어 중에서 수백 개를 제외하고 모든 언어가 금세기 말이면 멸실되거나 빈사상태에 빠질 거라고 예측하고 있다.

소수집단 언어는 해로운가?

세계 곳곳에서 소수집단 언어가 멸실 위기에 처한 것은 부인할 수 없는 사실이다. 하지만 이쯤에서 다음과 같은 의문을 제기해보자. 그래서 어쨌다는 건가? 언어의 소멸이 정말로 나쁜 것인가? 언어가 많으면 의사소통을 방해하고 분쟁을 야기하기 때문에 수천 개의 언어가 존재하면 정말 해로운 것인가? 실제로 많은 사람이 이런 의문들을 제기하며, 언어의 소멸을 반기는 듯하다. BBC가 사라지는 언어의 가치를 옹호하기 위한 프로그램을 방영한 후, 방송국에 쇄도한 시청자들의 반응이 대체로 이런 관점을 띠었다. 몇몇 시청자 의견을 인용해보자.

"감정에 호소하는 쓰레기 같은 프로그램! 언어들이 소멸한 이유는, 그 언어들이 존속과 진화에 필요한 지적이고 문화적이며 사회적인 역동성을 갖추지 못해 죽어가는 사회의 표현 수단이었기 때문이다."

"바보 같은 프로그램이었다. 언어의 목적은 의사소통에 있다. 누구도 그 언어를 말하지 않는다면, 그 언어는 존재 목적을 상실한 것이다. 그런 언어를 배우느니 차라리 클링온어(〈스타 트렉〉에 등장하는 클링온족이 쓰는 말—옮긴이)를 배우는 게 낫겠다."

"7,000개의 언어는 언어학자들에게나 필요하다. 언어가 다르면 사람들이 분열되지만, 공용어는 사람들을 하나로 묶어준다. 언어는 적을수록 더 좋다."

"인류는 하나로 통합돼야 한다. 그래야 앞으로 전진할 수 있다. 서로 의사소통조차 되지 않는 작은 단위의 부족들로 분열돼서는 앞으로 전진할 수 없다. 심지어 5개의 언어가 있더라도 특별히 좋을 게 뭐가 있는가? 어떻게든 그 언어들을 기록해두고, 그 언어들에서 배울 수 있는 것은 배우자. 하지만 그 후에는 역사에 맡기자. 하나의 세계, 하나의 인류, 하나의 공용어, 하나의 공통된 목표, 그래도 우리는 얼마든지 살아갈 수 있다."

"내게 묻는다면 7,000개 언어 중에서 6,990개는 필요없다고 대답할 것이다. 그 언어들이 사라지게 내버려두자."

BBC에 시청자 의견을 남긴 사람들은 두 가지 주된 이유에서, 세계에 존재하는 언어들의 대부분이 멸실되는 걸 찬성한다. 첫 번째 이유는 그야말로 한 줄로 요약된다. "우리에게는 서로 원활하게 의사소통하기 위해서 하나의 공통된 언어가 필요하다." 그렇다, 맞는 말이다. 모두가 원만하게 의사소통하려면 공통된 언어가 필요하다. 그렇다고 소수집단의 언어를 없앨 필요까지는 없다. 소수집단 언어를 사용하는 사람들이 이중언어 사용자가 되면 그만이다. 예컨대 덴마크는 세계에서 일곱 번째로 부유한 국가이지만 덴마크어를 말하는 사람은 500만 명에 불과한 덴마크 사람들뿐이다. 거의 모든 덴마크 사람이 영어와 다른 유럽어를 유창하게 구사하며 사업에 활용한다. 덴마크 사람들이 부유하면서도 행복한 이유는 덴마크어를 말하기 때문이다. 덴마크 사람들이 덴마크어와 영어를 사용하는 이중언어자가 되려고 자발적으로 노력하는 건 순전히 그들의 몫이다. 이와 마찬가지로 나바호족이 나바호어와 영어를 사용하는 이 중언어자가 되려고 자발적으로 노력하는 것도 그들의 선택일 뿐, 다른 사람들이 참견할 일이 아니다. 나바호족은 미국인들에게 나바호어를 배우라고 요구하지도 않고, 원하지도 않는다

BBC에 시청자 의견을 남긴 사람들이 언어의 멸실을 찬성하는 두 번째 주된 이유는, 다수의 언어가 내전과 민족 분쟁의 원인이라고 생각하기 때문이다. 요컨대 언어의 차이 때문에 서로 상대를 민족이 다른 사람들이라 생각한다는 것이다. 오늘날 많은 나라를 갈갈이 찢어놓은 내전들은 언어 경계선(linguistic line)으로 결정된다고 흔히 주장된다. 다수의 언어가 어떤 가치를 갖더라도, 세계 곳곳에서 자행되는 살상을 중단시키려면 언어의 멸실은 우리가 감당해야 할 대가라는 것이다. 쿠르드족이 쿠르드어를 버리고 터키어나 아랍어를 받아들이면, 스리랑카의 타밀족이 신할라어를 사용하기로 합의하면, 또 퀘벡의 프랑스계 사람들과 미국의 히스패닉계 사람들이 영어를 사용하면 세계가 한층 더 평화로워지지 않겠느냐는 것이다.

상당히 설득력 있는 주장이다. 그러나 단일언어라는 유토피아에 함축된 가정은 잘못된 것이다. 언어의 차이가 분쟁에서 가장 핵심적인 원인이 아니기 때문이다. 선입견에 사로잡힌 사람들은 어떤 차이라도 핑계를 삼아 상대를 증오한다. 종교와 정치, 민족과 의상 등 어떤 차이라도 트집을 잡는다. 2차대전이 끝난 이후 유럽에서 자행된 최악의 대량 학살 사건에는 동방정교도인 세르비아인과 몬테네그로인(나중에 서로 갈라졌다), 가톨릭교도인 크로아티아인, 무슬림인 보스니아인이 연루됐다. 그들 모두가 옛 유고슬라비아에 속해 같은 언어를 사용하지만 서로 학살극을 벌

였다. 역시 2차대전 이후 아프리카에서 벌어진 최악의 대량 학살은 1994년 르완다에서 있었다. 후투족이 약 100만 명의 투치족과 르완다에 살던 대부분의 트와족을 학살했다. 하지만 그들 모두가 르완다어를 사용한다. 한편 2차대전 이후, 캄보디아에서는 세계 최악의 대량 학살이 벌어졌다. 크메르어를 사용하는 캄보디아인이 독재자 폴 포트의 명령을 받아 역시 크메르어를 사용하는 캄보디아인을 200만 명이나 학살했다. 인류의 역사에서 최악의 대량 학살은 스탈린 치하의 러시아에서 있었다. 러시아인들은 수천만 명을 학살했는데, 대부분의 피해자가 러시아어를 사용하는 사람들로 정치적인 의견이 달랐을 뿐이다.

소수집단이 평화를 위해서 고유한 언어를 포기하고 다수의 언어를 받아들여야 한다고 믿는 사람들에게, 소수집단이라는 이유로 종교와 민족성 및 정치적 견해를 포기하면서까지 평화에 이바지해야 한다고 믿느냐고 묻고 싶다. 종교의 자유, 정체성의 자유, 정치적 견해의 자유는 양도할 수 없는 인간의 권리에 속하지만 언어는 그렇지 않다고 생각한다면, 쿠르드족이나 프랑스계 캐나다인은 어떻게 설명한 것인가? 스탈린과 폴 포트, 르완다와 옛 유고슬라비아만이 아니라 그 밖에도 많은 역사적 사례가 우리에게 단일언어가 평화의 파수꾼은 아니라고 말해주고 있다.

언어와 종교, 민족성과 정치적 견해 등에서 인간이 다를 수밖에 없다면, 독재와 대량 학살을 피하는 유일한 대안은 서로 관용을 베풀며 더불어 사는 것이다. 이런 바람이 덧없는 희망만은 아니다. 과거에는 종교를 두고 숱한 전쟁을 벌였지만, 지금은 다른 종교를 지닌 사람들이 미국과 독일, 인도네시아를 비롯한 많은 나라에서 평화롭게 공존하고 있지 않은가. 이와 마찬가지로 많은 나라가 언어적 관용을 베풀며 다른 언어를 사용하는 사람들을 따뜻하게 받아들이고 있다. 예컨대 네덜란드에는 두 공용어(네덜란드어와 프리지아어), 뉴질랜드에는 두 공용어(영어와 마오리어), 핀란드에는 세 공용어(핀란드어, 스웨덴어, 라프어), 스위스에는 네 공용어(독일어, 프랑스어, 이탈리아어, 로망슈어)가 있고, 잠비아에는 공용어가 43개, 에티오피아에는 85개, 탄자니아에는 128개, 카메룬에는 286개가 있다. 내가 잠비아를 여행하며 한 고등학교 교실을 방문했을 때의 기억이 아직도 생생하다. 한 학생이 내게 물었다. "선생님은 미국에서 어느 부족 사람입니까?" 그리고 학생들은 환한 얼굴로 각자의 부족 언어로 내게 말을 걸었다. 그 작은 교실에만 7개의 언어가 사용되고 있었다. 하지만 누구도 부끄러워하거나 두려워하지 않았고, 서로 죽이려고 하지도 않았다.

**왜 언어를
보존해야 하는가?**

이제 결론은 내려졌다. 소수집단 언어를 사용하는 사람들이 또 하나의 언어를 배워야 한다는 부담을 제외하면 언어를 보존한다고 해로운 것도 없고 성가신 것도 없다. 그런 부담과 노력을 기꺼이 견뎌 낼 것인지는 그들이 결정할 몫이다. 그럼, 언어 다양성을 보존하면 긍정적인 이점이 있을까? 세계인이 만다린 표준 중국어, 스페인어, 영어, 아랍어, 힌디어, 즉 빅 5 언어에 집중하는 걸 방치해서는 안 될 이유가 있는가? 성급한 독자기 "물론이다!"라고 대답하기 전에 한 걸음 더 나아가 이렇게 묻고 싶다. 작은 언어가 큰 언어에게 굴복해야 한다고 생각한다면, 세계에서 가장 많은 인구가 사용하는 만다린을 모두가 받아들여 영어도 사라져야 한다. 그것이 논리적인 결론이다. 영어를 보존해서 무슨 소용이 있는가? 많은 대답이 가능하겠지만 나는 여기에서 세 가지만 제시해보려 한다.

　첫째, 둘 이상의 언어가 존재하면 우리는 개인적으로 이중언어 사용자나 다중언어 사용자가 될 수 있다. 이 장의 앞에서, 나는 이중언어가 개인적인 차원에서 인지적 이점을 갖는다는 걸 입증했다. 여전히 이중언어 사용이 알츠하이머병의 증상을 억제한다는 연구 결과를 의심하는 사람들이 있겠지만, 모국어의 어휘력이 풍부하면 그렇지 않은 사람보다 윤택한 삶을 누리듯이, 하나 이상의 언어를 유창하게 구사하는 사람이면 누구나 다른 언어를 알기 때문에 삶이 풍성해진다. 언어마다 고유한 장점이 있다. 어떤 사물을 표현하거나, 어떤 느낌을 표현하는데 상대적으로 쉬운 언어가 있다. 논란이 많지만 사피어-워프 가설이 맞다면, 언어의 구조는 그 언어를 말하는 사람이 생각하는 방법을 결정한다. 따라서 사용하는 언어를 바꾸면 세상을 관찰하고 생각하는 방법이 달라진다. 따라서 언어의 소멸은 소수집단의 자유만을 박탈하는 것이 아니다. 다수의 선택권까지 박탈하는 것이다.

　둘째, 언어는 인간 정신이 창조해낸 가장 복잡한 작품이다. 언어마다 소리와 구조가 다르고 사고의 패턴이 다르다. 따라서 한 언어가 사라지면 언어 자체만이 사라지는 것이 아니다. 문학과 문화 및 많은 지식이 언어로 표현된다. 언어를 상실하면 그 언어로 표현된 문학과 문화와 지식도 대부분 상실한다. 언어마다 숫자체계, 기억장치, 공간의 방위체계도 다르다. 예컨대 숫자는 영어보다 웨일스어나 만다린으로 세는 게 더 쉽다. 전통 사회는 주변에서 자생하는 수많은 식물과 동물의 고유한 이름을 갖고 있다. 따라서 그 사회의 언어가 사라지면 민족생물학적 정보가 담긴 백과사전이 사라지는 셈이다. 셰익스피어의 작품들이 만다린으로 번역될 수야 있겠지만, "사느냐 죽느냐, 그것이 문제로다"라는 햄릿의 유명한 대사가 번역된 만다린으로만 읽힌다면 영어를 사용하는 사람들은 영어의 소멸을 인류의 손해라고 생각할 것이다. 부족사회 사람들도 자체의 고유한 구전문학을 지니고 있다. 그런 문학의 상실도 인류에게는 손해이다.

그러나 여전히 이렇게 생각하는 사람이 있을 것이다. "언어의 자유, 독특한 문화유산, 생각과 표현의 다양한 선택권 등에 대한 그런 막연한 말들은 이제 지겹다. 그런 것들은 위기를 맞은 현대 세계에서 우선권이 낮은 사치품일 뿐이다. 세상에 닥친 절망적인 사회경제적인 문제를 해결할 때까지 몽매한 북아메리카 원주민 언어 같은 사소한 것들에 시간을 낭비할 수 없다."

그럼, 그 몽매한 북아메리카 원주민 언어들(또 세계 전역에 존재하는 수천 개의 몽매한 언어들)을 사용하는 사람들이 겪는 사회경제적인 문제를 생각해보기 바란다. 그들은 미국 사회에서 가장 가난한 집단이다. 그들의 문제는 일자리의 협소한 문제만이 아니다. 넓게 보면, 문화의 붕괴라는 커다란 문제까지 직면한 상황이다. 언어와 문화가 붕괴된 집단은 자부심과 자립심까지 상실하며, 사회경제적인 문제의 수렁에 빠져드는 경향을 띤다. 오래전부터 그들은 자신들의 언어와 문화에 관련된 모든 것이 생각만큼 가치 있는 게 아니라는 얘기를 들어왔다. 그 결과로, 국가 정부가 부담하는 복지 혜택과 건강관리 비용이 막대하다. 게다가, 알코올과 마약과 관련된 문제의 해결도 국가 정부의 몫이다. 한마디로, 그들이 국가 경제에 기여하는 몫보다 그들에게 쏟는 비용이 훨씬 크다. 그러나 최근에 미국에 넘어온 이민자 집단처럼 자신들의 언어와 문화를 고집스레 유지한 소수집단들은 이미 국가 경제에 막대한 기여를 하고 있다. 원주민 소수집단들 중에서도 문화와 언어를 원형대로 유지한 집단들은 그렇지 않은 집단에 비해서 경제적으로 자립해서 사회복지를 요구하는 목소리가 더 적다. 예컨대 체로키어를 가르치는 학교를 졸업해서 체로키어와 영어를 사용하는 이중언어자인 체로키족은 체로키어를 말할 줄 모르는 체로키족보다 교육을 더 많이 받아 적극적으로 일자리를 구하고, 당연히 더 많은 임금을 받는다. 오스트레일리아 원주민의 경우에도, 전통적인 부족 언어를 배운 원주민은 문화적으로 단절된 원주민보다 약물을 멀리하는 경향을 띤다.

국가 정체성의 중추로서 언어는 한 국가 내에서의 소수민족들에게는 물론이고 그 국가에 속한 모든 국민에게도 생존이냐 소멸이냐를 뜻한다. 2차대전 초기, 즉 1940년 5월과 6월 영국의 상황을 생각해보자. 당시 나치군의 침략에 저항하던 프랑스군이 괴멸되고 있었고, 히틀러는 이미 오스트리아와 체코슬로바키아, 폴란드와 노르웨이, 덴마크와 베네룩스를 점령한 뒤였으며, 이탈리아와 일본과 러시아가 히틀러와 동맹이나 협약을 맺은 상태였다. 또 미국은 여전히 중립을 고수하고 있었다. 독일의 임박한 침략을 영국이 저지할 가능성은 거의 없었다. 영국 정부 내에서도 영국이 가망 없는 저항을 시도하느니 히틀러와 어떤 식으로 거래해야 한다는 목소리가 높았다.

1940년 5월 13일과 6월 4일, 윈스턴 처칠은 하원의사당에서 연설했다. 이 두 번의 영어 연설은 20세기 가장 자주 인용되고 가장 인상적인 연설로 여겨진다. 특히 처칠은 이렇게 말했다. "저는 피와 땀과 눈물밖에 달리 드릴 것이 없습니다. (……) 여러분은 묻습니다. 우리 정책이 무엇이냐고? 저는 이렇게 대답하겠습니다. 바다와 육지와 하늘에서, 우리의 모든 능력을 다하고, 하느님이 우리에게 주실 수 있는 모든 힘을 다하여 전쟁을 하는 것입니다. 어둡고 한탄스러운 인류의 범죄사에서 유례가 없던 극악무도한 폭압과 맞서 싸우는 것입니다. (……) 우리는 결코 약해지거나 실패하지 않을 것입니다. 우리는 끝까지 싸울 것입니다. 우리는 프랑스에서 싸울 것이고, 바다와 대양에서 싸울 것입니다. 우리는 더욱 자신 있게, 더욱 강한 힘으로 하늘에서 싸울 것입니다. 어떤 대가를 치르더라도, 우리 섬을 지켜낼 것입니다. 우리는 해변에서도 싸울 것이고, 상륙지에서도 싸울 것이고, 들판에서도 싸울 것이고, 길에서도 싸울 것이고, 언덕에서도 싸울 것입니다. 우리는 결코 항복하지 않을 것입니다."

실제로 영국은 결코 항복하지 않았다. 히틀러와 타협하려고도 하지 않았다. 집요하게 싸웠고 1년 후에는 러시아와 미국을 차례로 동맹군에 끌어들였다. 그리고 5년 후에는 히틀러를 물리쳤다. 그러나 그런 결과는 운명지워진 것이 아니었다. 만약 1940년에 유럽에서 큰 언어들이 작은 언어들을 완전히 흡수해서 영국을 비롯해 유럽의 모든 국가가 서유럽에서 가장 큰 언어, 즉 독일어를 공용어로 받아들였다면 어떻게 됐을까? 그래서 처칠이 하원의사당에서 영어가 아닌 독일어로 연설을 했다면 1940년 6월에 어떤 일이 벌어졌을까?

물론 처칠이 연설이 번역될 수 없다는 뜻은 아니다. 독일어로 번역된 처칠의 연설은 영어만큼 감동적이다. 그러나 내가 말하려는 요점은, 영어가 영국인들에게 절망적인 상황에 맞서 싸우게 독려했던 모든 것의 대리자였다는 것이다. 영어를 말한다는 것 자체가 수천 년 동안 독자적으로 구축한 문화와 역사, 갓 시작된 민주주의, 그리고 영국이란 정체성의 후예라는 걸 뜻한다. 또한 제프리 초서, 윌리엄 셰익스피어, 알프레드 테니슨 등 영문학계 거장들의 후예라는 걸 뜻한다. 영어를 말한다는 것은 독일을 비롯한 유럽 대륙의 다른 국가들과 정치적 이상이 다르다는 걸 뜻한다. 1940년 6월에 영어를 말한다는 것은 죽음을 무릅쓰고 싸워서 지켜야 할 무언가가 있다는 걸 뜻했다. 누구도 객관적으로 입증할 수는 없지만, 1940년 6월 영국이 이미 독일어를 사용하고 있었다면 영국인들이 히틀러에게 저항했을까 의심스럽다. 언어적 정체성의 보존은 사소한 일이 아니다. 덴마크인들이 부유하고 행복한 이유는 언어의 정체성을 유지하고 있기 때문이다. 일부 원주민과 이민자가 소수집단인 데도 부유한 이유는 언어의 정체성을 유지한 때문이다. 언어의 정체성이 영국인들에게 자유를 주었다.

어떻게 해야 언어를 보호할 수 있을까?

언어 다양성이 해롭기는커녕 이로울 수 있다는 걸 인정한다면, 언어 다양성이 줄어들고 있는 현재의 추세를 늦추기 위해서 무엇을 해야 할까? 현대 세계에서 몇몇 큰 언어를 제외하고 모든 언어를 멸실하는 엄청난 파괴적인 흐름을 우리는 속수무책으로 지켜봐야만 하는 걸까?

아니다, 우리가 아무것도 못할 상황은 아니다. 첫째, 언어학자들이 본격적으로 나선다면 지금보다 훨씬 많은 역할을 해낼 수 있을 것이다. 대다수의 언어학자는 사라지는 언어의 연구에 우선순위를 낮게 둔다. 얄궂게도 언어학자들은 자신들의 연구 대상인 언어가 사라지고 있는 데도 거의 관여하지 않았지만, 최근에야 비로소 많은 언어학자가 사라지는 언어의 현실에 관심을 갖기 시작한 것도 그나마 다행이다. 정부와 사회가 나선다면, 더 많은 언어학자를 훈련하고 지원해서 죽어가는 언어를 사용하는 마지막 세대를 연구하고 녹음해둘 수 있을 것이다. 그렇게 한다면, 마지막 세대가 죽은 후에도 그 종족의 후손들이 조상의 언어를 되살릴 수 있는 선택권을 가질 수 있을 것이기 때문이다. 영국에서 콘월어가 그런 식으로 되살아났고, 지금 알래스카에서는 에야크어를 되살리기 위한 운동이 진행되고 있다. 언어의 부활에서 가장 눈부신 성공 사례는 히브리어가 민족어로 되살아나서 지금은 500만 명이 사용하는 언어로 자리잡은 것이다.

둘째, 정부는 정책과 금전으로 소수집단의 언어를 지원할 수 있다. 네덜란드 정부가 프리지아어(네덜란드 인구의 약 5퍼센트가 사용)를 지원하고, 뉴질랜드 정부가 마오리어(뉴질랜드 인구의 2퍼센트 이하가 사용)를 지원하는 사례가 대표적인 예이다. 미국 정부는 두 세기 동안 북아메리카 원주민 언어들을 억압한 후에야 그 언어들의 사용을 권장하는 법안을 1990년에 통과시켰고, 그 후에는 북아메리카 원주민 언어의 연구에 소액의 지원금(연간 약 200만 달러)을 할당했다. 하지만 그 액수에서 짐작할 수 있듯이, 멸실 위기에 빠진 언어들에 대한 정부의 지원은 가야 할 길이 요원하다. 미국 정부가 멸종 위기에 빠진 동물과 식물을 보존하려고 투자하는 돈에 비하면, 멸실 위기에 빠진 언어를 보존하기 위해 쓰는 비용은 미약하기 짝이 없다. 캘리포니아가 콘도르란 한 종의 새에만 투자하는 돈이, 멸실 위기에 봉착한 100개가 넘는 북아메리카 원주민 언어들에 투자하는 돈을 넘어선다. 나 자신이 열정적인 조류학자여서 캘리포니아 콘도르의 보호에 막대한 돈이 투자되는 걸 적극적으로 찬성하며, 콘도르 보호 프로그램에 투자되는 돈이 에야크어 보존 프로그램에 전용되는 건 원하지 않는다. 그래도 내가 이런 비교를 하는 이유는, 우선순위의 결정에서 일관성이 전혀 없다는 걸 지적하려는 것이다. 멸종 위기에 빠진 조류가 중요하다면, 왜 멸실 위기를 맞은 언어에는 그만큼의 가치를 부여하지 않는가? 인간이라면 언어의 중요성을 이해하기 더 쉬울 텐데 말이다.

셋째, 웨일스인과 퀘벡인 및 몇몇 북아메리카 원주민들이 자신들의 언어를 적극적으로 권장해서 상당한 성공을 거두었듯이 소수집단 언어를 사용하는 사람들이 앞장서서 자신들의 언어를 세상에 알려야 한다. 그들은 자신들의 언어를 지켜야 하는 살아 있는 보호자들이다. 요컨대 조상의 언어를 자식 세대와 다른 사람들에게 전달하고, 정부에 압력을 가해 지원금을 받아내기에 가장 유리한 위치에 있는 사람들이다.

그러나 소수집단의 이런 노력은 다수의 강력한 반대에 부딪치며 힘든 투쟁을 계속해야 할 것이다. 이런 반발은 어느 사회에나 흔히 있었다. 그래도 다수의 언어를 사용하는 사람들과 정부 대표들은 소수집단 언어들을 적극적으로 지원하지는 못하더라도 중립적인 입장을 유지하며, 그 언어들을 말살하는 행위들을 막을 수는 있다. 우리가 이렇게 해야 하는 이유는 소수집단을 위한 것이기도 하지만, 궁극적으로는 우리 자신을 위한 것이기 때문이다. 언어 다양성이 사라진 메마르고 무기력한 세계보다 풍요롭고 활기찬 세계를 우리 자식 세대에게 전해주는 게 더 낫지 않겠는가.

11

염분과 당분, 비만과 나태

비전염성 질병 – 염분 섭취 – 염분과 혈압 – 고혈압의 원인 – 염분은 어디에 있는가 – 당뇨병 – 당뇨병의 유형 – 유전자와 환경 그리고 당뇨병 – 피마족과 나우루 섬사람들 – 인도의 당뇨병 – 유전자와 당뇨병 – 왜 유럽인들은 당뇨병 유병률이 낮을까? – 비전염성 질병의 미래

비전염성 질병 :

내가 파푸아뉴기니에서 연구하기 시작한 1964년 당시, 대다수의 뉴기니인이 전통적인 생활방식으로 살아가며 식량을 직접 재배하고, 염분과 당분이 적은 식사를 했다. 고원지대의 식단에서 주식은 뿌리 작물(고구마, 타로토란, 참마)이어서, 고원지대 사람들은 뿌리 작물에서 하루에 필요한 칼로리의 거의 90퍼센트를 섭취했다. 반면에 저지대의 주식은 사고야자의 고갱이에서 추출한 녹말가루였다. 현금을 가진 사람들은 식료품점에서 그래키, 생선 통조림, 야간이 소금과 설탕 등을 사치품으로 구입했다.

나는 뉴기니 사람들의 많은 부분에서 인상을 받았지만, 특히 체형에서 깊은 인상을 받았다. 호리호리하면서도 근육질이었고, 신체적으로 기운

이 넘쳐서 모두가 서구의 날씬한 보디빌더처럼 보였다. 짐이 없으면 그들은 가파른 산길을 거의 뛰듯이 달려 올라갔고, 무거운 짐을 짊어지고도 맨몸인 나만큼이나 빨리 하루 종일 걸었다. 몸무게가 45킬로그램 정도에 불과한 자그마한 여인이 거의 30킬로그램에 달하는 쌀부대를 등에 짊어지고 이마에 두른 끈에 지탱한 채 커다란 돌덩이들로 뒤덮인 강바닥과 산을 너끈하게 걷던 모습이 아직도 내 기억에 생생하다. 뉴기니에서 작업하던 초기에 나는 비만은커녕 과체중인 사람도 전혀 보지 못했다.

뉴기니의 병원 기록과, 뉴기니인의 건강진단에서도 이런 건강한 모습은 확인된다. 오늘날 제1세계 시민을 죽음에 몰아넣는 비전염성 질병들, 즉 당뇨와 고혈압, 뇌졸중과 심근경색, 죽상경화증, 일반적인 심혈관 질환, 암 등은 전통적인 삶을 살던 뉴기니의 시골 지역에서 드물거나 전혀 없었다. 평균수명이 짧았기 때문에 그런 질병들이 없었던 것만은 아니다. 60대, 70대, 80대까지 장수한 뉴기니인에게서도 그런 질병들은 나타나지 않았다. 뉴기니의 수도이자 가장 큰 도시인 포트모르즈비의 종합병원 내과병동에 1960년대 초에 입원한 2,000명을 조사한 결과에서도 관상동맥 질환은 단 한 건이 없었고, 고혈압도 4건에 불과했다. 그 4명의 환자도 순수한 뉴기니인이 아니라 혼혈이었다.

그렇다고 전통적인 삶을 살던 뉴기니인들이 아무런 걱정 없이 건강한 삶을 누렸다는 뜻은 아니다. 그들도 결코 질병에서 자유롭지 않았다. 그들 대부분의 수명이 예나 지금이나 서구인의 수명보다 짧다. 사고사와 폭력 이외에, 그들을 죽음으로 몰아간 질병들은 제1세계에서 이제 사망 원인으로 거의 추정되지 않는 질병들이었다. 정확히 말하면, 위장관 감염으로 인한 설사, 호흡기 감염, 말라리아, 기생충병, 영양부족, 일차적

질환으로 허약해진 사람들에게 닥친 이차적 질환 등이었다. 다시 말하면, 서구인들은 전통적인 인간 질병들을 그런대로 정복하고 새로운 현대적 질병과 싸우고 있지만, 과거보다 평균적으로 더 나은 건강과 장수를 누리고 있다.

제1세계 시민들을 죽음으로 몰아가던 새로운 질병들이 1964년에 이미 뉴기니에서도 모습을 드러내기 시작했다. 특히, 유럽인들과 가장 먼저 접촉하고 서구식 식습관과 생활방식을 받아들인 사람들에게서 그런 질병들이 눈에 띄었다. 요즘 뉴기니인들의 식습관과 생활방식 및 건강 문제가 폭발적으로 서구화되고 있는 실정이다. 수만, 어쩌면 수십만의 뉴기니인들이 이제는 기업인과 정치인, 비행기 조종사와 컴퓨터 프로그래머 등으로 일하고, 슈퍼마켓에서 식료품을 구입하며, 식당에서 식사를 하고 운동을 거의 하지 않는다. 대도시와 소도시처럼 서구화된 환경에서는 과체중이고 비만인 뉴기니 사람을 만나는 게 어렵지 않다. 세계에서 당뇨병의 유병률(약 37퍼센트)이 가장 높은 집단 중 하나가 와니겔라족이다. 뉴기니에서 가장 먼저 유럽인을 접촉하고 거의 서구화된 삶을 살고 있기 때문이라 여겨진다. 도시 거주자들 중에서는 심근경색까지 보고되는 실정이다. 1998년 이후, 나는 뉴기니 유전 지역에서 연구해왔다. 그곳에서 일하는 직원들은 뷔페식 식당에서 하루 세 끼를 마음껏 먹을 수 있다. 또한 식탁에는 소금통과 설탕 그릇이 빠짐없이 놓여 있다. 뉴기니 사람들은 전통적인 마을에서 식량 부족에 시달리며 자랐기 때문인지, 끼니때마다 어김없이 식당에 푸짐하게 차려진 음식을 보면 언제나 접시에 넘치도록 음식을 담고, 스테이크와 샐러드에 소금과 설탕을 거의 쏟아붓는다. 따라서 석유회사는 뉴기니 출신의 건강 전문가들을 고용해서 직원들에게 건강한 식사법의 중요성을 가르쳐야 할 지경이다. 그러나 건강 전문가들마저 때로는 서구인의 질병에 걸린다.

내가 뉴기니에서 직접 목격한 이런 변화는 어느새 세계 전역으로 퍼진 서구화된 생활방식과 관련된 비전염성 질병의 급속한 확산에 따른 일례에 불과하다. 이런 질병들은 감염병과 기생충병과 다르다. 감염병과 기생충병은 감염균(박테리아나 바이러스)과 기생충이 원인이고, 병원균의 확산을 통해 사람에게서 사람으로 전염된다. 많은 감염병이 감염균에 감염되는 즉시 발병하고, 수주 내에 환자가 죽거나 회복된다. 그러나 기생충병과 일부 감염병(에이즈와 말라리아와 결핵) 및 모든 비감염성 질병은 서서히 진행되어 수년, 심지어 수십 년이 지난 후에야 증세가 나타나며, 환자는 치명적인 상황에 이르거나 치료되거나 삶을 마감하며, 때로는 합병증으로 세상을 떠난다. 현재 유행하는 주요 비감염성 질병들로는 심혈관질환(심근경색과 뇌졸중과 말초혈관질환), 일반적인 형태의 당뇨병, 일부 형태의 신장병 및 위암과 유방암과 폐암 등이 있다. 이 책을 읽는 대다수의 독자, 특히 유럽인과 미국인과 일본인의 90퍼센트는 이런 비전염성 질병들 중 하나로 삶을 마감하겠지만, 저소득 국가에서는 다수가 전염병으로 목숨을 잃는다.

이런 비전염성 질병들은 지금도 전통적인 생활방식을 유지하는 소규모 사회에는 드물거나 전혀 없다. 고대 문헌에서도 이런 질병들 중 일부가 확인되지만, 수세기 전부터 서구 세계에서 확산되기 시작했다. 비전염성 질병이 네 가지 유형의 집단에서 유행병처럼 확산된다는 사실에서, 서구화된 생활방식의 확산과 비전염성 질병은 상관관계가 있는 게 확실하다. 최근 들어 갑작스레 부유해져서, 대부분의 시민이 서구식 생활방식을 '즐기는' 국가들—사우디아라비아를 비롯한 아랍의 산유국들, 나우루 공화국과 모리셔스처럼 급작스레 풍요로워진 섬 국가들—의 경우에는 그야말로 전 국민이 위험하다. 실제로 세계에서 당뇨의 유병률이 15퍼센트를 넘는 8대 국가 모두가 아랍 산유국이거나 부유한 섬나라이다. 개발도상국가에서 제1세계로 이민간 사람들도 검약하던 생활방식을 갑자기 서구식 생활방식으로 바꾼 탓에, 고향에 머물며 전통적인 생활방식을 계속 꾸려가는 고향 사람들보다, 또 새롭게 둥지를 튼 나라에서 오래 전부터 살던 사람들보다 비전염성 질병의 유병률이 높게 나타난다. 영국과 미국, 모리셔스 등 중국이나 인도보다 부유한 국가로 이주한 중국인과 인도인, 이스라엘로 이주한 예멘과 에티오피아의 유대인이 대표적인 예이다. 파푸아뉴기니, 중국, 아프리카 국가들과 같은 개발도상국가에서는 비전염성 질병이 시골 지역에서 도시로 이주해서 정주형 생활방식을 받아들이고 식료품점에서 구입한 음식을 소비하기 시작한 사람들에게서 주로 나타나기 때문에 도시형 유행병으로 여겨진다. 끝으로, 이주하지 않고도 서구식 생활방식을 받아들여, 안타깝게도 세계에서 당뇨병을 비롯한 비전염성 질병의 유병률이 가장 높은 집단으로 유명해진 비유럽권 집단들이 있다. 흔히 언급되는 대표적인 사례로는 미국의 피마족, 뉴기니의 와니겔라족, 오스트레일리아의 많은 원주민 부족이 있다.

    그야말로 자연실험으로 확인된 네 집단은 어떤 과정을 거쳐 서구식 생활방식을 받아들이든 간에 과거에 전통적인 삶을 살던 사람들이 서구식 생활방식을 받아들이기만 해도 비전염성 질병에 걸린다는 걸 분명하게 보여준다. 깊이 분석하지 않는 한, 서구식 생활방식의 어떤 부분이 이런 유행병을 유발한다고 말할 수는 없다. 서구식 생활방식에는 적은 육체

활동, 고칼로리 섭취, 체중 증가와 비만, 흡연과 지나친 음주, 과도한 염분 섭취 등 많은 특징이 있다. 또한 서구인은 섬유질을 적게 섭취하고, 단당류(특히 과당)와 포화지방과 트랜스 불포화지방을 많이 섭취한다. 생활방식이 서구화되면, 이런 변화들이 거의 동시에 진행된다. 따라서 비전염성 질병의 원인을 추적할 때, 이런 변화들 중 어떤 것이 상대적으로 중요한 역할을 했는지 찾아내기 어렵다. 일부 질병의 경우에는 원인이 명확하다. 예컨대 흡연이 폐암의 중대한 원인이고, 염분 섭취가 고혈압과 뇌졸중의 중대한 원인인 것은 분명하다. 그러나 당뇨병과 몇몇 심혈관 질환 등과 같은 질병의 경우에는 동시에 작용하는 위험인자들 중 어느 것이 더 관련있는지 아직 밝혀지지 않았다.

보이드 이튼(S. Boyd Eaton), 멜빈 코너, 마저리 쇼스탁의 선구적인 연구로 이 분야에 대한 이해가 조금이나마 나아졌다. 그들은 '구석기 식습관(paleolithic diet, 수렵채집인 조상들과 현재까지 남아 있는 수렵채집인들의 식습관과 생활방식)'에 대한 정보를 수집했고, 우리 조상들과 서구화된 현대인에게 발병하는 주된 질병들의 차이를 조사했다. 그들은 그 결과를 바탕으로, 문명사회의 비전염성 질병들이 구석기 시대의 식습관과 생활방식에 적응된 우리 몸의 유전적 구조와, 현재 우리가 즐기는 식습관과 생활방식의 불균형에서 비롯되는 것이라 추론해냈다. 그들은 그런 가정을 시험한 끝에, 문명사회의 새로운 질병에서 벗어나기 위한 식습관과 생활방식을 제안했다. 그들이 발표한 논문과 책에 대한 정보는 참고문헌에서 확인해보기 바란다.

서구식 생활방식과 관련된 비전염성 질병들에 대한 얘기는, 우리가 전통적인 생활방식으로부터 얻을 수 있는 교훈들 중에서 곧바로 실천할 수 있는 사례가 될 수 있다. 대체로 전통 사회 사람들은 위에서 언급한 비전염성 질병들에 걸리지 않지만, 서구화된 삶을 사는 사람들은 대체로 이런 비전염성 질병으로 사망한다. 그렇다고 우리가 전통적인 생활방식을 대대적으로 받아들여 국가 정부를 전복하고, 유아살해와 종교 전쟁을 다시 시작하며, 주기적인 굶주림에 시달려야 한다고 제안하는 것은 아니다. 오히려 전통적인 생활방식에서 어떤 부분이 우리를 비전염성 질병으로부터 지켜주는지 찾아내서, 그 부분을 받아들이는 것이 우리의 최종 목표이다. 완전한 답을 찾으려면 더 많은 연구를 기다려야 하겠지만, 전통 사회에 국가 정부가 없기 때문이라는 건 답이 아니고, 염분의 적은 섭취가 답의 일부라는 건 거의 확실하다. 이미 세계 전역에서 수천만 명이 건강한 삶을 영위하기 위해서, 위험인자들에 대한 현재의 지식을 의식적으로 활용하고 있다. 여기에서는 현재 유행병처럼 확산되는 두 가지 비전염성 질병, 즉 염분의 과다한 섭취에서 비롯되는 질병과 당뇨병에 대해 자세히 살펴보기로 하자.

염분 섭취 화학자들이 '염(鹽)'으로 분류하는 화학물질은 많지만, 일반인에게 '염'은 염화나트륨을 뜻한다. 쉽게 말해서 염은 우리가 음식의 간을 맞추는 데 사용하는 소금이며, 지나치게 많이 섭취하면 병에 걸린다. 오늘날 우리는 식탁에 놓인 소금통만 들면 소금을 얻을 수 있고, 궁극적으로 그 소금은 슈퍼마켓에서 구입한 것이다. 소금은 값도 싸서 거의 무한정으로 구할 수 있다. 문제는 소금에서 얻은 염분을 몸 밖으로 배출하는 것인데 주로 소변과 땀으로 배출된다. 세계인의 일일 평균 염분 섭취량은 대략 9~12그램이며, 주로 6~20그램 사이에 분포돼 있지만 아시아가 다른 지역보다 섭취량이 많다.

그러나 전통적으로 우리는 소금을 소금통에서 구한 게 아니라 자연환경에서 채취해야 했다. 소금통이 식탁마다 어김없이 놓이기 전에 세계는 어떤 모습이었을지 상상해보자. 과거에는 소금을 배출하는 게 문제가 아니라 소금을 섭취하는 게 문제였다. 대부분의 식물은 나트륨을 거의 함유하지 않기 때문이다. 하지만 동물의 세포외액에는 고농축 나트륨이 필요하다. 따라서 육식동물은 세포외액에 나트륨을 지닌 초식동물을 잡아먹음으로써 필요한 나트륨을 쉽게 얻지만, 초식동물은 나트륨을 섭취해야 하는 문제에 부딪친다. 이런 이유에서, 소금을 핥을 수 있는 곳을 찾아가는 동물은 사슴과 영양이지 사자와 호랑이는 아니다. 또한 이누이트족과 산족처럼 육고기를 많이 먹는 수렵채집인들은 염분 요구량을 쉽게 충족했지만, 사냥한 동물을 도살하고 조리하는 과정에서 나트륨이 풍부한 피와 세포외액을 상당히 상실했기 때문에 그들의 총염분 섭취량도 하루에 1~2그램에 불과했다. 주로 채식하며 육고기를 제한적으로 섭취한 전통적인 수렵채집인과 농경인 중에서도 해변이나 내해에 소금이 퇴적된 곳 근처에 살았던 사람들은 소금을 쉽게 구할 수 있었다. 예컨대 솔로몬 제도의 라우족은 해변가에 살며 조리할 때도 소금물을 사용하기 때문에, 또 이란의 유목 목축인인 카슈카이족은 본거지에 자연 소금광산이 있기 때문에 그들의 일일 평균 염분 섭취량은 약 10그램에 달한다.

하지만 많은 전통적인 수렵채집인과 농경인의 일일 염분 섭취량을 계산해보면 3그램 이하이다. 지금까지 조사된 결과에 따르면, 브라질의 야노마미족이 가장 낮다. 그들의 주식인 바나나는 나트륨 함량이 무척 낮아, 그들의 일일 평균 염분 배출량이 50밀리그램에 불과하다. 미국인이 하루에 배출하는 염분량의 200분의 1에 불과하다. 《컨슈머 리포트(Consumer Report)》의 분석에 따르면, 빅맥 햄버거 하나에만 1.5그램(1,500밀리그램)의 염분이 함유돼 있다. 1.5그램은 야노마미족 한 사람이 무려 한 달 동안 섭취하는 염분량이다. 2.8그램의 치킨 누들 스프 한 그릇을 먹으면, 야노마미족 한 사람이 거의 두 달 동안 섭취하는 염분을 먹는 셈이다. 최고 기록 보유자는 로스앤젤레스에 있는 내 보금자리 근처의 중국 식당이 아닐까 싶다. 정확히 확인되지는 않았지만, 그 식당에 판매하는 프라이팬에 볶은 더블 누들 콤보는 18.4그램의 염분을 함유한 것으로 분석되어, 야노마미족 한 사람이 무려 1년하고도 사흘 동안 섭취하는 염분량과 똑같다.

　전통 사회 사람들도 염분을 원하지만 얻기가 쉽지 않다. (물론 우리도 염분을 원한다. 하루만이라도 가공되지 않고 염분이 없는 신선한 음식만을 먹어보라. 그럼, 다음 날 음식에 소금을 조금 뿌려 먹으면 소금맛이 얼마나 기막힌지 알 수 있을 것이다.) 뉴기니 동하이랜드 사람들의 식단은 나트륨이 적게 함유된 고구마가 90퍼센트를 차지한다. 언젠가 그들은 내게 수십 년 전, 즉 유럽인이 교역품으로 소금을 갖고 오기 전에, 소금을 얻기 위해서 어떤 노력을 기울였는지 말해주었다. 특정한 식물들의 잎을 수거해서 태워 재로 만들었다. 재를 한 곳에 모아놓고 물을 부었다. 재를 통과한 물을 증발시키면 소량의 쓰디쓴 소금을 얻을 수 있었다. 서뉴기니 고원지대의 두굼 다니족은 골짜기에 있는 두 곳의 자연 염호(鹽湖)에서 소금을 얻었다. 해면질인 바나나 줄기 조각을 염호에 푹 담궈서 소금기가 스며들게 한 후에 바나나 줄기 조각을 꺼내 햇볕에 말렸다. 바나나 줄기 조각을 태워 재로 만들었고, 재에 물을 뿌려 축축해진 덩어리를 반죽해서 케이크 모양으로 만든 후에 사용하거나 다른 부족에게 팔았다. 전통 사회 사람들이 염도가 높지 않은 데도 쓰디쓴 소금, 그것도 눈곱만큼 얻기 위해서 기울인 노력에 비추어보면, 뉴기니 사람들이 서구식 뷔페 식당에서 식사할 때마다 소금통을 움켜잡고 스테이크와 샐러드에 순수한 소금을 무지막지하게 뿌리는 건 조금도 이상하지 않다.

국가 정부가 등장한 후로 염전과 소금 광산 혹은 노천 소금광에서 소금이 산업적인 규모로 생산되면서, 어디에서나 쉽게 구할 수 있게 됐다. 소금이 양념으로 사용된 사례 이외에, 겨울용 저장 식품을 위해 사용된 사례는 약 5,000년 전 중국에서 처음 발견된다. 소금에 절인 대구와 소금에 절인 청어는 유럽인의 식단에서 빼놓을 수 없는 음식이 됐고, 소금은 세계에서 가장 빈번하게 거래되고 가장 많은 세금이 걷히는 상품이 됐다. 로마 병사들은 소금으로 급여를 받았다. 따라서 '급여'를 뜻하는 'salary'는 라틴어에서 '돈'이나 '동전'을 뜻하는 단어가 아니라, '소금 (sal)'을 뜻하는 단어에서 파생됐다. 소금 때문에 전쟁을 벌인 경우도 한두 번이 아니었고, 소금에 붙여진 세금 때문에 혁명이 일어나기도 했다. 마하트마 간디는 영국 식민 정책의 부당함에 항의하며 인도인들을 규합해서 한 달 동안 바닷가까지 걸어가, 마음대로 사용할 수 있는 바닷물로 직접 소금을 만들고, 영국이 강요한 소금세의 납부를 거부함으로써 영국법을 능욕했다.

우리 몸은 염분을 적게 섭취하는 전통적인 식습관에 여전히 적응돼 있지만, 염분을 과하게 섭취하는 식사법이 도입된 결과로, 과도한 염분 섭취는 현대 세계에 존재하는 거의 모든 비전염성 질병을 유발하는 위험인자이다. 염분의 이런 악영향은 간접적으로 혈압을 높이는 역할을 한다. 고혈압은 일반적인 심혈관 질환들, 뇌졸중과 울혈심부전, 관상동맥질환과 심근경색만이 아니라 제2형 당뇨병과 신장병과도 관련된 중요한 위험인자의 하나이다. 염분 섭취는 혈압을 높이는 역할과는 별개로, 동맥을 두껍고 뻣뻣하게 만들고 혈소판응집을 조장하며 좌심실의 질량을 증가시켜 건강에도 악영향을 미친다. 이 모든 것이 심혈관 질환의 위험성을 높이기 때문이다. 게다가 염분 섭취는 뇌졸중과 위암의 발병과도 관계있는 것으로 밝혀졌다. 하나만 더 덧붙이면, 염분 섭취는 우리에게 갈증을 유발해서 칼로리가 높은 달콤한 청량음료를 마시게 함으로써 비만에도 간접적이지만 중대한 영향을 미친다. 누구나 알겠지만, 비만은 많은 비전염성 질병과 관련된 중대한 위험인자이다.

염분과 혈압

잠시 쉬어 가는 뜻에서, 혈압과 고혈압에 대해 집중적으로 살펴보자. 의사가 청진기를 귀에 꽂고 당신 팔에 두른 고무 패드를 부풀리며 귀담아듣고는 패드의 공기를 빼내며 "혈압은 80에서 120입니다"라고 말할 때, 그 숫자들은 무엇을 뜻하는 것일까? 혈압은 수은의 밀리미터 단위로 표현된다. 물론 그런 일이 절대 없어야 하겠지만 동맥이 수직의 수은 기둥에 갑자기 연결되는 경우에 혈압이 수은 기둥을 끌어올린다. 당연한 말이겠지만, 혈압은 심장이 박동할 때마다 변한다. 심장이 수축하면 혈압이 올라가고, 심장이 이완하면 혈압이 내려간다. 따라서 의사는 두 번째 숫자를 먼저 측정하고, 첫 숫자를 나중에 측정한다(예컨대 80과 120). 120은 심장박동에서 최고혈압을 가리키고, 80은 심장박동 사이의 최저혈압을 가리킨다. 혈압은 자세와 행동 여부, 불안 수준 등에 따라서도 변한다. 따라서 혈압은 일반적으로 편하게 등을 대고 누운 자세에서 측정한다. 이런 조건에서 80~120은 미국인의 평균 혈압이다. 정상혈압과 고혈압을 명확하게 구분하는 선은 없다. 하지만 혈압이 높을수록 심장마비와 뇌졸중, 신부전, 대동맥 파열로 사망할 가능성이 높아진다. 일반적으로 90~140보다 높은 혈압은 고혈압이라 진단되지만, 그보다 낮은 혈압을 지닌 사람이 50세에 뇌졸중으로 사망하기도 하고, 그보다 혈압이 높은 사람이 90세에도 건강하게 살다가 자동차 사고로 죽기도 한다.

단기적으로는 불안 수치가 높거나 격한 운동을 한 후에 혈압이 올라간다. 하지만 장기적으로는 다른 요인들, 특히 염분 섭취와 연령(전통 사회보다 서구화된 현대 사회에서)이 혈압의 상승 요인으로 여겨진다. 염분 섭취와 혈압의 관계는 2,000년 전에 발간된 중국 의학서적 《황제내경》에서 처음 기록된 듯하며, 이 책에서는 "소금을 많이 섭취하면 맥이 굳어지고 경직된다"라고 말한다. 우리와 가장 가까운 동물 친척인 침팬지를 대상으로 한 실험에 따르면, 침팬지는 하루에 6~12그램의 염분을 제공하는 퓨리나 사료를 먹는 동안 혈압이 건강한 수준인 50~120을 유지했지만, 연령이 증가함에 따라 평균 혈압도 높아졌다. 1년 7개월 후, 염분 섭취를 하루에 25그램으로 높이자 침팬지의 혈압은 60~155로 높아졌다. 인간의 기준에 따르면, 적어도 최고혈압으로 판단하면 고혈압으로 판정받을 만하다.

우리 인간에게도 염분 섭취가 혈압에 영향을 미친다는 건 분명하다. 염분을 지나치게 적게 섭취하거나, 지나치게 많이 섭취하면 혈압에 좋지 않은 영향을 미치는 건 분명하다. 1980년대의 국제 인터솔트(INTERSALT, International Study of Sodium, Potassium, and Blood Pressure) 연구에서는 동일한 방법을 사용해서 52개 개체군의 염분 섭취량과 혈압을 측정했다. 앞에서 언급했듯이, 세계에서 염분 섭취량이 가장 적은 집단인 브라질의 야노마미족은 혈압도 세계에서 가장 낮아, 놀랍게도 61~96에 불과했다. 염분 섭취량이 야노마미족 다음으로 낮은 두 집단, 브라질의 싱구족과 파푸아뉴기니 아사로 계곡의 고원지대 사람들의 혈압도 다음으로 낮아 각각 62~100, 63~108이었다. 이 세 집단를 비롯해 전통적인 생활방식을 유지하며 염분을 적게 섭취하는 다른 수십여 집단은, 미국을 비롯해 서구화된 삶을 사는 모든 집단과 달리, 연령이 증가함에 따라 혈압도 증가하는 징후를 전혀 보이지 않았다.

정반대에는 일본이 있다. 고혈압과 지독히 짠 음식과 관련된 치명적인 뇌졸중(일본인의 주된 사망 원인으로 미국보다 5배나 높다)의 잦은 발병 때문에 의사들은 일본을 '졸중의 땅'이라 칭할 정도이다. 일본에서도 북서부에 위치한 아키타 현(縣)의 상황은 최악이다. 맛있는 쌀로 유명하지만, 그곳의 농부들이 쌀을 소금으로 맛을 내고, 짠 일본식 된장국을 먹으며, 끼니때마다 짠 젓갈을 빼놓지 않는다. 300명의 성인을 조사한 결과에 따르면, 하루에 5그램 이하의 염분을 섭취하는 사람은 한 명도 없었다(5그램이면 야노마미족 한 사람이 석 달 동안 섭취하는 염분량이다). 아키타 현민의 평균 섭취량은 27그램이었고, 한 사람은 염분을 얼마나 사랑했던지 무려 61그램이나 섭취했다. 슈퍼마켓에서 판매하는 740그램들이 소금 봉지

하나를 거의 12일만에 먹어 치우고, 야노마미족 한 사람이 평균 3년 3개월 동안 섭취하는 양의 염분을 매일 먹었던 셈이다. 50세 아키타 현민의 평균 혈압은 93~151로, 아키타에서는 고혈압이 일반적인 현상이었다. 따라서 아키타 현민의 뇌졸중으로 인한 사망 빈도가 일본 평균의 두 배가 넘는 건 당연했다. 아키타 현의 일부 마을에서는 주민의 99퍼센트가 70세를 넘기지 못하고 사망했다.

따라서 양극단의 염분 섭취가 혈압에 큰 영향을 미친다는 증거는 누구도 부인할 수 없다. 염분 섭취가 지나치게 적으면 저혈압을 유발하고, 염분 섭취가 지나치게 많으면 고혈압을 유발한다. 하지만 야노마미족이나 아키타의 농부처럼 극단적인 식사법을 따르고 싶은 사람은 없을 것이다. 그럼, 세계 염분 섭취량의 중간쯤에서 약간의 변화를 주면 혈압에 거의 영향을 주지 않을까? 여러 이유에서, 중간 범위를 취할 경우의 영향에 대해서도 여전히 논란이 있는 건 당연하다. 무엇보다, 염분 섭취량의 중간 범위가 좁은 편이다. 예컨대 인터솔트가 연구한 52개 개체군 중 48개 개체군(야노마미족과 염분을 극단적으로 적게 섭취하는 다른 세 집단을 제외한 모든 개체군)의 일일 염분 섭취량은 6~14그램 사이였다. 대부분의 개체군에서 염분 섭취량과 혈압의 개인적인 편차가 커서, 개체군 간의 평균 차이를 희석시키는 경향을 띤다. 대상자를 일주일 동안 병실에 가두고 섭취하는 모든 음식의 염분 수치와 배출한 소변을 측정하지 않으면, 염분 섭취량 자체도 일관되게 측정하기 무척 어렵다. 병실 밖에서 정상적인 생활을 하고 싶어 하는 도시인이나, 정글에서 살아가는 야노마미족의 염분 섭취량을 정확히 측정하는 건 불가능하다. 따라서 염분 섭취량은 24시간 동안 배출한 소변으로 측정하는 게 일반적인 관례이지만, 소변량은 빅맥 햄버거를 먹느냐 치킨 누들 수프를 먹느냐에 따라 크게 달라진다.

이런 불확정성에도 불구하고, 많은 자연 실험과 조작 실험에 따르면 염분 섭취량은 정상 범위 내에 있어도 혈압에 영향을 미치는 듯하다. 지역적 편차와 개인적인 편차 및 이민에 따른 변화가 자연 실험이다. 뉴펀들랜드와 솔로몬 제도에서도 내륙 지역 사람들보다 해안 지역 사람들의 염분 섭취량이 더 많다. 나이지리아에서는 염호 근처에 사는 시골 사람들이 그렇지 않은 시골 사람들보다 염분 섭취량이 많다. 어떤 경우이든 염분의 섭취가 많은 개체군이 평균 혈압도 높다. 케냐와 중국에서 확인되듯이, 시골 사람들이 도시로 이주하면서 염분 섭취량도 대체로 증가하고, 따라서 혈압도 올라간다. 일본의 경우, 남쪽에서 북쪽으로 올라갈수록 염분 섭취량이 증가하고, 아키타 현에서 정점에 이른다. 염분 섭취량의 이런 추세는 고혈압과 뇌졸중으로 인한 사망의 추세와 비례한다. 한 도시의 개인들을 비교해도, 고혈압과 뇌졸중 사망은 염분 섭취량과 비례한다.

이번에는 조작 실험으로 넘어가 보자. 미국인들은 30일 동안 (적절한) 저염식, 뉴기인들은 10일 동안 (적절한) 고염식, 중국인들은 7일 동안 (적절한) 저염식이나 고염식을 제공했다. 모든 피험자에게서 염분 섭취량의 등락에 혈압의 등락이 확인됐다. 전염병학자들은 네덜란드 헤이그 교외에서 갓난아이를 둔 476명의 어머니에게 협조를 얻어, 유아들에게 6개월 동안 두 종류의 식품 보조제 중 하나를 먹였다. 두 식품 보조제는 염분 함량만 약간 달랐다. 염분 함량이 약간 높은 식품 보조제를 먹은 아기들의 혈압은, 염분 함량이 약간 적은 식품 보조제를 먹은 아기들의 혈압을 6개월 내내 항상 웃돌았다. 실험이 끝난 후에도 아기들에게 15년 동안 원하면 무엇이든 먹게 해주었다. 흥미롭게도 유아기에 6개월 동안의 염분 섭취로 인한 영향이 영구적인 것으로 밝혀졌다. 십대가 된 후에도 전자에 속한 아이들의 혈압이 후자에 속한 아이들의 혈압보다 여전히 높았다(짠 음식을 선택하도록 영구적으로 조건화된 때문이라 여겨진다). 마지막으로, 평균 염분 섭취량이 많고 뇌졸중 사망률도 높은 것으로 유명한 네 나라—중국, 핀란드, 일본, 포르투갈—를 생각해보자. 네 나라의 정부는 수년 전, 혹은 수십 년 전부터 공중보건 캠페인을 꾸준히 지속한 덕분에 지역적으로 혹은 국가적 차원에서 혈압과 뇌졸중 사망률을 낮추는 효과를 거두었다. 예컨대 핀란드의 경우, 20년 동안 공중보건 캠페인을 실시해서 국민의 염분 섭취량을 줄여 평균 혈압을 낮추는 성과를 거두었고, 그 덕분에 뇌졸중과 관상동맥 질환으로 인한 사망률을 75~80퍼센트 줄이고 평균수명을 5~6년 가량 늘리는 부수적 효과까지 거두었다.

고혈압의 원인

고혈압이란 문제를 제대로 해결하기 위해서는 과도한 염분 섭취 이외에 무엇이 고혈압의 원인인지 알아야 한다. 또 과도한 염분 섭취가 일부 사람에게만 고혈압의 원인이 되는 이유도 알아야 한다. 왜 혈압이 다른 사람보다 훨씬 높은 사람이 있는 것일까? 고혈압 환자 중 5퍼센트에는 호르몬 불균형이나 경구 피임약을 복용한 경험 등과 같이 분명히 확인할 수 있는 원인이 있는 것으로 밝혀졌다. 하지만 나머지 95퍼센트에는 그런 뚜렷한 원인이 없다. 의학계에서는 이런 경우에 대한 우리의 무지를 완곡하게 표현해서 '본태성 고혈압(essential hypertension)'이라 칭한다.

　본태성 고혈압의 경우에는 가깝거나 먼 친척들의 혈압이 얼마나 일치하는지 비교해서 유전적 요인의 역할을 분석해볼 수 있다. 같은 집안에서 사는 경우, 일란성 쌍둥이는 모든 유전자를 공유하기 때문에 혈압도 무척 비슷하다. 그러나 이란성 쌍둥이, 형제자매, 부모와 친자식의 경우에는 유전자의 거의 절반을 공유하기 때문에, 일란성 쌍둥이만큼 유사하지는 않지만 그래도 유사한 편이다. 반면에 입양한 형제자매, 혹은 부모와 입양한 자식은 직접적으로 유전적인 관계는 없지만 동일한 가정 환경을 공유하기 때문에 유사성이 훨씬 떨어지지만 전혀 없지는 않다. (통계학과 상관계수를 아는 독자를 위해서 덧붙이면, 혈압의 상관계수가 일란성 쌍둥이는 0.63, 이란성 쌍둥이 혹은 부모와 친자식은 0.25, 입양한 형제자매 혹은 부모와 입양한 자식은 0.05이다. 일란성 쌍둥이의 상관계수가 1이라면, 혈압이 거의 완전히 유전자에 의해 결정된다는 뜻이다. 따라서 태어난 후에 어떤 짓을 하더라도 혈압에 영향을 받지 않는다는 뜻이다.) 물론 우리 유전자가 혈압에 중대한 영향을 미치는 건 사실이지만, 일란성 쌍둥이의 혈압이 무척 유사하나 똑같지 않다는 점에서 환경적인 요인도 중대한 역할을 한다.

　이런 결과들의 상대적 중요성을 이해하기 위해서, 고혈압을 테이삭스병과 같은 유전병과 비교해보자. 테이삭스병은 하나의 유전자가 없기 때문에 발병한다. 모든 테이삭스병 환자에게는 그 동일한 유전자가 없다. 그 유전자가 없는 사람은 생활방식이나 환경과 관계없이 테이삭스병으로 사망한다. 반면에 고혈압에는 많은 유전자가 관련돼 있고, 그 유전자들 하나하나가 개개인의 혈압에 작은 영향을 미친다. 따라서 고혈압 환자들의 조건은 유전자들이 어떻게 복합작용을 하느냐에 따라 다르다. 게

다가 유전적인 요인으로 고혈압에 걸리기 쉬운 사람이 실제로 고혈압 환자가 되느냐 않느냐는 생활방식에 크게 영향을 받는다. 따라서 고혈압은 유전학자들이 주로 연구 대상으로 삼는 특이하고 동질적이며 지적으로 고상한 질병이 아니다. 당뇨병과 궤양처럼 고혈압은 잡다한 원인들에서 비롯되는 일련의 복합적인 증상이며, 그 원인들은 환경적인 요인과 유전적 배경의 상호작용에 영향을 미친다.

고혈압의 발병에 영향을 미치는 환경이나 생활방식과 관련된 요인들은, 여러 조건에서 생활하는 인간 집단들에서 고혈압의 발병률을 비교한 연구들을 통해서 상당히 확인됐다. 지금까지 확인된 바에 따르면, 염분 섭취 이외에 비만과 운동 부족, 과도한 음주, 과도한 포화지방의 섭취, 부족한 칼슘 섭취 등이 중대한 위험 요인으로 밝혀졌다. 고혈압 환자들이 이렇게 추정된 위험 요인들을 최소화하는 방향으로 생활방식을 바꾸면 혈압을 낮추는 효과를 얻을 수 있기 때문에, 이런 결론은 맞는 듯하다. 게다가 의사들이 주문(呪文)처럼 "염분 섭취를 줄이고 스트레스를 받지 마라. 콜레스테롤과 포화지방의 섭취를 줄이고, 술을 적당히 마시고, 체중을 줄여라. 당장 담배를 끊고 규칙적으로 운동해라"라고 권고하는 말을 귀가 따갑도록 듣지 않았는가.

그럼, 염분과 혈압 사이에는 어떤 관계가 있을까? 다시 말하면, 어떤 생리적인 메커니즘에 의해서, 염분 섭취가 증가하면 모두에게는 아니어도 다수에게서 혈압이 상승하는 것일까? 이 질문은 세포외액의 양적 팽창으로 거의 설명된다. 정상적인 사람인 경우, 염분의 섭취가 증가하면 여분의 염분은 신장을 통해 소변으로 배출된다. 그러나 신장의 염분 배출 메커니즘에 문제가 있는 사람의 경우, 증가된 염분 섭취량을 그대로 배출하지 못한다. 그 결과로 염분이 축적되어 일정한 수준을 넘으면 갈증을 유발하여 물을 마시게 만들고, 그로 인해 혈액량이 증가한다. 이런 변화에 대응해서 심장은 더 자주 펌프질하고, 혈압이 상승하며, 이렇게 상승된 압력을 이용해서 신장이 더 많은 염분과 수분을 여과하고 배출하게 만든다. 그 결과로 새로운 정상 상태가 형성된다. 이 상태에서는 염분과 수분의 배출량이 다시 섭취량과 동일해지지만, 더 많은 염분과 수분이 몸에 저장되기 때문에 혈압이 높아진다.

그러나 염분의 섭취량이 증가하면 혈압이 상승하는 결과가 대부분이 아니라 일부에게만 나타나는 이유가 무엇일까? 여하튼 대부분의 사람이 하루에 6그램 이상의 염분을 섭취해도 그럭저럭 '정상적인' 혈압을 유지할 수 있다. (야노마미족 의사라면 그들의 혈압을 정상이라 생각하지 않겠지만, 적어도 서구의 의사들은 그런 혈압을 정상이라 생각한다.) 따라서 과도한 염분 섭취만으로는 기계적으로 모두가 고혈압 환자가 되지는 않는다. 일부만이 고혈압으로 발전한다. 그들은 무엇이 다른 것일까?

의사들은 염분 섭취량의 변화에 혈압이 민감하게 반응하는 사람들을 '염분에 민감한 사람'이라 칭한다. 혈압이 높은 사람은 혈압이 정상인 사람에 비해 염분 민감성이 두 배 가량 높은 경우가 많다. 하지만 혈압이 상승한 때문에 사망한 사람은 대체로 고혈압인 사람(90~140 이상으로 무척 높은 혈압을 지닌 사람)이 아니라, 정상적인 혈압을 유지하다가 혈압이 약간 상승한 사람이다. 정상적인 혈압을 지닌 사람이 고혈압인 사람보다 압도적으로 많기 때문일 것이다. 다시 말하면, 고혈압인 사람이 개인적으로 사망할 위험이 높지만 그 정도로는 정상 혈압인 사람이 압도적 다수라는 요인을 상쇄할 수 없다는 뜻이기도 하다. 고혈압인 사람과 정상

혈압인 사람의 생리적인 차이를 보면, 고혈압인 사람의 주된 문제는 신장의 어딘가에 있다는 많은 증거가 있다. 정상 혈압인 쥐에서 신장을 떼어 고혈압인 쥐에게 이식하거나, 정상 혈압인 공여자의 신장을 떼어 심각한 고혈압으로 고생하는 사람에게 이식하면, 수혜자의 혈압이 떨어진다. 반대로 고혈압인 쥐의 신장을 적출해서 정상 혈압인 쥐에게 이식하면, 신장을 이식받은 쥐의 혈압이 올라간다.

혈압에 영향을 미치는 많은 인간 유전자의 대부분이 신장의 나트륨 처리에 관계하는 단백질들의 유전암호를 지정한다는 사실도 고혈압인 사람의 신장이 고혈압의 근원이라는 걸 가리키는 증거이다. (기억하겠지만, 소금은 염화나트륨이다.) 우리 신장은 두 단계로 나트륨을 배출한다. 첫 단계에서는 신장관의 입구에 있는 사구체(glomerulus)라는 여과장치가 (염분을 함유한) 혈장을 걸러낸 후에 신장관에 보낸다. 다음 단계에서는 이렇게 여과된 나트륨의 대부분이 신장관을 지나는 동안 혈액에 다시 흡수되고, 다시 흡수되지 않은 나트륨이 소변으로 배출된다. 두 단계 중 어느 단계라도 제대로 작동하지 않으면 고혈압으로 이어진다. 나이가 들면 혈압이 높아지는 경향을 띠는 이유는 사구체의 여과 기능이 떨어지기 때문이고, 고혈압인 사람의 혈압이 점점 높아지는 이유는 신장관이 나트륨을 더 많이 재흡수하기 때문이다. 어떤 경우이든, 즉 나트륨을 걸러내는 여과 기능이 떨어지든 재흡수되는 나트륨이 많아지든 나트륨과 수분이 많아지고, 혈압이 상승한다.

의사들은 고혈압인 사람들의 높은 나트륨 재흡수력을 '결함'이라 생각하며 "고혈압인 사람의 신장에는 나트륨을 배출하는데 유전적 결함이 있다"라는 식으로 말한다. 하지만 나는 진화생물학자의 관점에서, 오랫동안 구축된 큰 개체군에서 빈번하게 눈에 띄는 형질이 겉으로 해롭게 보인다고 '결함'이라 일축될 때마다 내 안에서 경종이 울리는 듯한 기분을 지울 수 없다. 충분한 세대를 두고 고려할 때, 생존을 크게 방해하는 유전자들이 전체적인 순효과에서 생존과 번식의 가능성을 어떻게든 높이지 않는 한 확산될 가능성은 거의 없다. 지금까지 의학계는 표면적으로 결함이 있어 보이는 유전자들이 그 결함을 상쇄하는 이익을 제공함으로써 확산되는 좋은 사례들을 제공해왔다. 예컨대 겸상적혈구 헤모글로빈은 빈혈을 초래하는 경향을 띤 돌연변이 유전자이다. 따라서 해로운 유전자인 게 분명하다. 그러나 이 유전자는 말라리아를 억제하는 기능을 하므로, 아프리카와 지중해의 말라리아가 유행하는 지역에서 이 유전자의 전체적인 순효과는 이익이다. 따라서 치료받지 않는 고혈압인 사람이 신장에 축적된 염분 때문에 사망하는 이유를 이해하기 위해서는 "인간이 염분을 축적하는 신장으로부터 어떤 조건에서 이익을 얻었던 것일까?"라는 의문을 품어야 한다.

  그 답은 간단하다. 인류의 역사에서 소금통이 등장하기 전까지 대부분의 인간이 소금을 얻기 힘든 환경에서 살았기 때문에, 신장에 염분을 효과적으로 보유하는 사람이 땀의 발산이나 설사로 염분을 잃는 경우를 이겨낼 수 있다. 그러나 소금을 언제든지 손쉽게 구할 수 있는 시대가 도래하면서 그런 기능을 지닌 신장은 유해물이 되고 말았고, 결국 치명적인 결과를 낳는 과도한 염분 축적과 고혈압으로 이어졌다. 이런 이유에서, 또 많은 사람이 소금을 구하기 힘들던 전통적인 생활방식을 버리고 슈퍼마켓의 소중한 고객이 되는 삶을 택한 때문에 고혈압이 세계 전역에서 유행하게 됐다. 수만 년 전 아프리카 사바나에서 염분 결핍의 문제를 너끈하게 견뎌낸 조상들의 후손인 우리가 이제는 로스앤젤레스의 길거리에서 소금 과다의 문제로 죽어가는 사람이 됐다는 것은 진화의 아이러니가 아닐 수 없다.

**염분은
어디에 있는가**

염분 섭취를 줄이는 게 우리 건강에 좋다면, 어떻게 해야 염분 섭취를 줄일 수 있을까? 나는 오래전부터 염분 섭취를 자제해왔고, 음식에 소금을 절대 뿌리지 않기 때문에 적어도 소금에 관한 한 내 식습관은 나무랄 데가 없다고 자부했었다. 염분을 얼마나 섭취하고 얼마나 배출하는지 과학적으로 측정해본 적은 없었지만, 그 수치가 낮을 거라는 확신도 있었다. 안타깝게도 요즘에야 깨달았지만, 염분 섭취량을 측정했더라면 야노마미족의 수치보다 훨씬 높았을 것이고, 소금통을 끼고 사는 보통 미국인들의 수치보다 크게 낮지는 않았을 것이다.

이런 뒤늦은 깨달음을 애석하게 생각하는 이유는 우리가 일상적인 식사에서 섭취하는 음식물과 관계가 있다. 북아메리카와 유럽의 경우, 염분 섭취량의 약 12퍼센트만이 가정에서 조리하는 사람이나 식사하는 개개인의 지식에 좌우될 뿐이다. 따라서 내가 우쭐하며 염분을 멀리하던 습관은 그 12퍼센트에 불과했다. 신선한 상태의 음식에 자연적으로 존재하는 염분도 약 12퍼센트를 차지한다. 안타깝게도 우리가 섭취하는 염분의 나머지 75퍼센트는 '감춰져 있다'. 쉽게 말하면, 우리가 구입하는 음식, 즉 가공식품이나 식당의 음식에 다른 사람들이 첨가한 75퍼센트의 염분이 있다. 따라서 미국인들과 유럽인들은 24시간 동안 소변을 채취하는 실험 대상이 되지 않는 한 하루에 염분을 얼마나 섭취하는지 전혀 알 수 없다. 소금통의 사용을 자제한다고 염분 섭취량을 획기적으로 줄일 수 없다. 우리가 슈퍼마켓에서 구입하는 식품들, 또 식당에서 선택하는 음식들에 대해 정확히 알아야 한다.

가공식품에는 같은 종류의 가공하지 않은 식품에 비해 훨씬 많은 염분이 함유돼 있다. 예컨대 소금을 가미하지 않고 찜통에 찐 신선한 연어에 비해서, 통조림으로 가공한 연어에는 염분이 파운드당 5배가 많고, 슈퍼마켓에서 구입한 훈제 연어에는 12배나 많다. 치즈버거 하나와 감자튀김으로 구성된 전형적인 패스트푸드식 식사에 함유된 약 3그램의 염분은 미국인이 하루에 섭취하는 총염분량의 3분의 1이며, 집에서 소금을 가미하지 않고 비슷하게 조리한 스테이크와 감자튀김에 함유된 염분량의 13배에 달한다. 그 밖에 염분 함류량이 유난히 많은 가공식품으로는 소금에 절인 쇠고기 통조림, 가공치즈, 볶은 땅콩이 있다. 놀랍겠지만, 미국인과 영국인이 곡물류 식품—빵, 오븐에 구운 식품, 아침식사용 시리얼—을 통해 매일 가장 많은 염분을 섭취하고 있다. 대부분의 사람이 곡물류 식품에는 염분이 없을 거라고 생각했을 텐데 말이다.

왜 가공식품 제조업자들은 그렇게 많은 염분을 가미하는 것일까? 첫 번째 이유는 비용을 거의 들이지 않고 값싼 맛없는 식품을 먹음직하게 만들 수 있기 때문이다. 또 다른 이유는 육고기에 염분 함유량을 높이면 육고기 사체에 함유된 수분, 즉 결합수(bound water)의 무게가 올라가서, 결합수만으로 최종 상품의 무게가 20퍼센트쯤 증가하기 때문이다. 이런 식으로 제조업자들은 육고기 자체의 양을 슬쩍 줄이고는 똑같은 값을 받지만, 슈퍼마켓에서 판매되는 가공육은 83퍼센트만이 원래의 육고기이고 17퍼센트의 결합수가 더해진 것이다. 하지만 염분이 갈증을 유발하는 결정요인이란 점도 무시할 수 없는 이유이다. 염분 섭취량이 많아질수록 우리는 더 많은 액체를 마실 수밖에 없다. 그런데 미국인과 유럽인이 마시는 액체의 상당량이 청량음료이거나 생수이다. 이런 음료들을 판매하는 회사들이 바로 우리에게 갈증을 유발하는 짭잘한 스낵과 가공식품을 판매하는 회사들이다. 마지막으로 하나의 이유만 더 덧붙이면, 대중이 이미 염분에 중독되어 소금기 없는 식품보다 소금맛을 더한 식품을 더 좋아하기 때문이다.

우리가 섭취한 염분의 근원에 대한 분석이 동아시아와 남아시아 및 개발도상국으로 넘어가면 완전히 달라진다. 그곳 사람들은 가공식품이나 식당의 음식이 아니라 집에서 조리한 식품을 통해 대부분의 염분을 섭취한다. 예컨대 중국인이 섭취하는 염분량의 72퍼센트가 조리하는 과정에서 혹은 식탁에서 더해지고, 나머지 8퍼센트는 짭짤한 간장이 차지한다. 일본인이 염분을 섭취하는 주요 근원은 간장(20퍼센트)과 일본식 된장국(10퍼센트), 소금에 절인 채소와 과일(10퍼센트), 신선한 생선과 소금에 절인 생선(10퍼센트), 식당과 패스트푸드점 및 집에서 첨가한 소금(10퍼센트)이다. 따라서 많은 아시아 국가에서 일일 염분 섭취량은 12그램을 넘는다. 개발도상국가들에는 양념과 절인 식품에도 염분이 있지만 조리하는 과정에서도 소금이 더해진다.

고혈압과 뇌졸중 및 염분과 관련된 질병은 의료비와 병원비에 부담을 주고, 일자리의 상실로 이어지기 때문에 많은 정부가 국민들에게 염분 섭취를 줄이라는 캠페인을 꾸준히 진행해왔다. 그러나 각국 정부는 식품 회사의 협조 없이는 그런 목표를 달성할 수 없다는 걸 깨닫고, 식품회사들에게 가공식품에 첨가하는 염분의 양을 줄이라고 설득했다. 그 결과로, 염분 첨가량이 매년 혹은 2년마다 10퍼센트나 20퍼센트씩 점진적으로 줄어들었다. 물론 감소량이 극히 적어 소비자가 그 변화를 인식하기는 힘들다. 여하튼 영국과 일본, 핀란드와 포르투갈은 20~40년 전부터 이런 캠페인을 지속적으로 진행한 끝에 국민의 염분 섭취량만이 아니라 국민 의료비용이 줄어들고, 앞에서 언급된 국민보건통계가 개선되는 성과를 거두었다.

결국 산업국가의 시민들은 식품회사의 손에 좌지우지되는 무력한 노리개에 불과한 것일까? 정부의 효과적인 캠페인에 의존하는 방법 이외에 우리가 스스로 염분 섭취와 혈압을 줄일 수는 없는 것일까? 소금통을 멀리하는 것 이외에도 좋은 방법이 있다. 무엇보다, 신선한 식품을 주로 섭취하고 가공식품을 적게 먹는 건강식을 택하면 된다. 채소와 과일, 섬유질과 복합 탄수화물, 치즈 같은 저지방 낙농식품, 통곡물, 가금류, 생선(지방이 많은 생선도 상관없다), 식물성 기름, 견과류 등을 많이 섭취한다. 반면에 붉은 살코기, 당분과 염분을 함유한 음료수, 버터와 크림, 콜레스테롤, 포화지방을 가능하면 적게 섭취한다. 지원자를 받아 시행한 대조실험에서도 확인됐듯이, DASH(Dietary Approaches to Stop Hypertension, 혈압 중지를 위한 식사요법) 다이어트라고 명명된 이런 식이요법은 혈압을 눈에 띄게 줄이는 효과가 있었다.

이쯤에서 '나는 맛없는 저지방 다이어트를 받아들일 수 없다. 10년을 더 살자고, 어떻게 음식을 먹는 즐거움을 버리란 말인가? 물과 맛없는 저염분 크래커을 먹으면서 80세까지 사느니, 맛있는 음식을 실컷 먹고 포도주를 마시면서 즐겁게 70세까지 사는 게 낫다!'라고 생각할 사람도 있다. 하지만 DASH 다이어트는 이른바 지중해식 식단을 모델로 만들어진 것이다. 지중해식 식단은 이탈리아와 스페인과 그리스 사람들과 많은 프랑스인이 전통적으로 즐기는 식단이어서 그렇게 일컬어지지만, 감미로운 지방이 38퍼센트나 함유돼 있다. DASH 다이어트와 지중해식 식단에 함유된 지방은 우리 몸에 좋은 단일불포화지방이 대부분이다. 그곳 사람들은 크래커를 먹지 않지만, 서구 문명에서 최고로 손꼽히는 요리들을 마음껏 즐긴다. 이탈리아 사람들은 기막히게 맛있는 파스타와 빵, 치즈와 올리브유 등 이탈리아의 유명한 음식들을 매일 배부르게 먹으면서도 서구 세계에서 평균적으로 가장 날씬한 사람들이다. 하지만 미국인들은 지중해식 식단과 완전히 다른 식으로 배를 채우기 때문에 서구 세계에서 허리가 가장 굵다. 게다가 미국 성인의 3분의 1이 비만이고, 또 다른 3분의 1이 과체중이다. 그러나 이런 결과가 이탈리아 음식을 먹는 즐거움을 포기한 대가라는 걸 안다면 가슴 아프지 않을 사람이 있을까?

당뇨병 : 염분이 고혈압의 원인이듯이, 서구인이 주로 섭취한 음식에 함유된 당분과 당분을 형성하는 탄수화물은 당뇨병의 원인이 된다. 내 쌍둥이 아들이 건강한 식습관을 배우기에는 턱없이 어렸을 때, 아내와 나는 두 녀석을 슈퍼마켓에 데려갈 때마다 사탕의 위협과 싸워야 했다. 아침식사용 식품을 고를 때마다 녀석들은 애플시나몬 치리오스와 프루트 루프스를 두고 무엇을 고를까 망설였다. 제조업자의 표기에 따르면, 탄수화물이 각각 85퍼센트와 89퍼센트였고, 그 탄수화물의 절반 가

량이 당분의 형태였다. 유명한 닌자 거북이가 포장 상자에 그려진 틴에 이지 뮤턴트 닌자 거북이 치즈 파스타 디너(탄수화물 81퍼센트)의 유혹도 대단해서, 아이들은 우리 부부에게 그것을 사 달라고 졸랐다. 간식거리로는 프루트 베어스(탄수화물 92퍼센트, 단백질 없음)와 테디 그레이엄 베어 위치 초콜릿 쿠키(탄수화물 71퍼센트)가 빠지지 않았다. 제조업자가 밝힌 성분에 따르면, 둘 모두에 옥수수 시럽과 당분이 가득했다.

이런 식품들에는 섬유질이 거의 없거나 전혀 없었다. 진화의 역사에서 우리가 적응한 음식물과 비교하면, 이런 식품들에는 당분과 그 밖의 탄수화물이 훨씬 많았고(15~55퍼센트 대신에 71~95퍼센트), 단백질과 섬유질의 함유량은 훨씬 적었다. 내가 특정 상표 이름까지 거론한 이유는 그 상표의 식품들이 유별났기 때문이 아니라, 유사한 종류의 식품들이 지닌 성분의 전형이었기 때문이다. 1700년 경, 당분 섭취량은 영국과 미국에서 일인당 연간 1,800그램(약 4파운드) 정도에 불과했지만 지금은 일인당 연간 68,000그램(약 150파운드)을 넘는다. 현재 미국 인구의 4분의 1이 연간 200파운드가 넘는 당분을 섭취하고 있다. 미국 중학교 3학년 학생들을 조사한 한 연구 보고서에 따르면, 섭취하는 식품의 40퍼센트가 당분과 당분을 형성하는 탄수화물이었다. 내가 위에서 언급한 식품들이 슈퍼마켓에서 아이들과 그들의 부모를 유혹하는 한, 이 책을 읽는 많은 독자가 탄수화물 대사(carbohydrate metabolism)에서 비롯되는 가장 흔한 질병인 당뇨병으로 죽음을 맞이할 것이고, !쿵족에게는 거의 없는 충치로도 고생할 것이다. 나는 1970년대 스코틀랜드에서 살았다. 당시만 해도 스코틀랜드는 빵과 사탕을 엄청나게 먹어대는 지역이어서, 적잖은 사람이 충치 때문에 대부분의 치아를 십대에 잃는다는 섬뜩한 얘기를 들었다.

당뇨병이 우리 몸에 가하는 많은 폐해의 궁극적인 원인은, 포도당이 지나치게 혈액에 농축되는 현상이다. 따라서 과잉된 포도당이 소변으로 빠져나간다. 이런 이유에서 당뇨병의 원래 이름은 직역하면 '꿀로 넘치다(diabetes mellitus)'라는 뜻이다. 당뇨병은 감염병도 아니고, 병세가 급속히 진행되는 치명적인 질병도 아니다. 따라서 당뇨병은 에이즈처럼 언론의 헤드라인을 차지하지 못한다. 하지만 오늘날 당뇨병은 세계적으로 확산되어 사망자 수와 고통에서 에이즈를 훨씬 능가한다. 당뇨병은 서서히 진행되며 삶의 질을 떨어뜨린다. 몸의 모든 세포가 혈당에 노출되기 때문에 당뇨병은 어떤 기관에나 악영향을 줄 수 있다. 미국에서 성인들이 실명하는 가장 주된 원인이 당뇨병 합병증이다. 질환성 다리 절단에서 두 번째로 많은 원인, 신부전 원인의 3분의 1도 당뇨병의 합병증이다. 당뇨병은 그 밖에도 뇌졸중과 심근경색, 말초혈관질환과 신경변성의 주요 위험 요인이다. 게다가 미국인이 의료비로 연간 1,000억 달러 이상을 지출하는 원인이기도 하다(총의료비의 15퍼센트). 당뇨병을 임상적으로 연구한 개척자였던 영국인 의사, 윌프리드 오클리(Wilfrid Oakley, 1905~1998)의 표현을 빌리면, "인간이 자신의 운명을 조종하는 선장이 될 수 있을지 모르지만 어차피 혈당의 포로이다".

2010년, 전 세계에서 당뇨병 환자의 수는 약 3억 명으로 추산됐다. 진단받지 않은 사례, 특히 개발도상국가에서는 의학적으로 조사되지 않은 사례가 많았을 것이기 때문에 실제로는 이 숫자보다 훨씬 많았을 것이다. 현재 당뇨병 환자의 증가율은 연간 약 2.2퍼센트로, 세계 성인 인구 증가율의 거의 2배이다. 다시 말하면, 인구 대비 당뇨병 환자의 비율이 증가하고 있다는 뜻이다. 세계 인구가 꾸준히 증가하고 노령화되며 도시로 이주한다는 사실을 제외하고 다른 모든 조건이 변하지 않는다면, 2030년쯤이면 당뇨병 환자의 수가 약 5억 명에 달할 것이다. 이런 추측이 맞다면, 그때 당뇨병은 세계에서 가장 흔한 질병 중 하나가 되고 가장 중대한 공중보건문제가 될 것이다. 그러나 실제 상황은 이보다 훨씬 심각하다. 당뇨병과 관련된 다른 위험 요인들(특히 풍요로운 삶과 농촌의 비만)도 증가하는 추세여서, 2030년쯤에는 크게 높아질 것이다. 실제로 당뇨병 환자가 제3세계에서 폭발적으로 증가하고 있으며, 세계에서 인구가 가장 많은 두 나라인 인도와 중국은 이제야 시작 단계에 불과하다. 과거에는 주로 부유한 유럽인과 북아메리카인의 질병으로 여겨졌던 당뇨병이 2010년에 이미 두 가지 충격적인 기록을 세웠다. 하나는 세계 당뇨병 환자의 절반 이상이 현재는 아시아인이며, 다른 하나는 당뇨병 환자가 가장 많은 두 나라가 인도와 중국이란 것이다.

당뇨병의 유형

우리가 포도당(혹은 포도당을 함유한 탄수화물)을 섭취할 때 정상적인 경우라면 어떻게 될까? 포도당이 창자에서 흡수되면 혈액에서 포도당의 농도가 올라가며, 췌장에게 인슐린이란 호르몬을 분비하라는 신호를 보낸다. 인슐린은 다시 간에게 포도당의 생성을 줄이라는 신호를 보내고, 근육세포와 지방세포에게는 포도당을 받아들여 글리코겐이나 지방으로 저장해두었다고 다시 식사하기 전까지 에너지원으로 사용하라는 신호를 보낸다(따라서 혈액의 포도당 농도가 상승되는 게 중단된다). 아미노산과 같은 다른 영양소들도 인슐린의 분비를 유도하며, 인슐린은 식품에서 당분 이외에 다른 성분에 영향을 미친다(예컨대 지방의 분해를 방지한다).

이런 정상적인 대사 과정에서 많은 것이 잘못될 수 있다. 따라서 '당뇨병'이란 명칭은 높은 혈당 수치에서 비롯되는 공통된 증상들과 관련된 다양한 근원적인 문제들에 붙여진다. 이런 다양한 문제들은 대략 두 유형으로 나뉠 수 있다. 하나는 제2형이라 일컬어지는 인슐린 비의존성 당뇨병으로, 흔히 '성인 당뇨병'(정확히는 성인기 발증형 당뇨병)으로도 알려져 있다. 다른 하나는 제1형이라 일컬어지는 인슐린 의존성 당뇨병이며, 흔히 '소아 당뇨병'(정확히는 소아기 발증형 당뇨병)으로 알려져 있다. 상대적으로 드문 소아 당뇨병은 환자의 항체가 인슐린을 분비하는 자신의 췌장세포를 파괴하는 자기면역질환이다. 1형 당뇨병 환자는 대체로 마른 체형을 지니며, 인슐린을 생성하지 못해 매일 인슐린 주사를 맞아야 한다. 또 1형 당뇨병 환자 중에는 면역체계와 관련된 인자들의 유전암호를 지정하는 특정한 유전자(HLA 대립유전자)를 지닌 사람이 많다. 반면에 2형 당뇨병은 인슐린에 대한 세포들의 저항력 증가와 관계가 있다. 따라서 세포들이 포도당을 정상적인 비율로 받아들이지 못한다. 췌장이 이런 상황에서 더 많은 인슐린을 분비하는 한, 세포들의 저항력이 극복되고 혈당도 정상 범위를 유지할 수 있다. 그러나 결국에는 췌장이 지쳐서 세포들의 저항력을 이겨낼 만큼 충분한 인슐린을 분비할 수 없게 되면 혈당 수치가 올라가고, 환자는 당뇨병에 걸린다. 2형 당뇨병 환자는 비만인 경우가 많다. 초기 단계에서는 식이요법과 운동을 통해서 체중을 줄이면 약물이나 인슐린 주사에 의존하지 않고도 증상을 관리할 수 있다.

하지만 요즘들어 2형 당뇨병이 십대에서도 점점 확산되는 추세인 반면에 1형 당뇨병은 성인이 된 후에 처음 나타날 수 있기 때문에, 2형 당뇨병과 1형 당뇨병을 구분하기 쉽지 않은 경우가 적지 않다. 또한 인슐린 저항성이란 정의에서 짐작할 수 있듯이 2형 당뇨병도 많은 유전자와 관련이 있고, 증상도 다양하다. 이제부터 1형에 비해 환자가 훨씬(약 10배) 많은 2형 당뇨병(이하 '당뇨병')을 집중적으로 살펴보기로 하자.

유전자와 환경 그리고 당뇨병

2000년 전, '단맛이 나는 소변(honey urine)'이란 질병을 발견한 인도 의사들은 "그 질병이 씨로 대대로 전해지고", "부적절한 식습관에도 영향을 받는다"라고 설명했다. 요즘 의사들은 이런 뛰어난 통찰력을 재확인한 끝에 표현을 바꿔서, 당뇨병은 유전적인 요인만이 아니라 환경적인 요인과도 관계가 있고, 임신한 동안 태아에 영향을 미친 자궁 내의 요인과도 관계가 있는 듯하다고 말한다. 유전자가 당뇨병과 관계가 있다는 증거가 무엇일까? 만약 당신의 일차 친족(부모나 형제자매) 중에 당뇨병 환자가 있다면, 당신은 당뇨병 환자가 될 위험성이 그렇지 않은 경우보다 10배나 높다는 것이다. 그러나 고혈압과 달리, 당뇨병은 동일한 유전자 하나의 돌연변이로 모든 환자에게 발생하는 단순한 유전병(예컨대 겸상적혈구 빈혈증)이 아니다. 당뇨병과 관련된 수십여 개의 유전적 감수성 인자들이 지금까지 확인됐지만, 다수 유전인자들이 어느 하나라도 돌변변이를 일으키면 인슐린 저항성 때문에 혈당 수치가 높아진다는 공통된 특징만을 갖는다. (거듭 말하지만, 이 설명은 2형 당뇨병에만 적용된다. 1형 당뇨병과 관련된 유전적 감수성 인자들은 다르다.)

이처럼 당뇨병에 관련된 유전인자들 이외에, 당뇨병은 환경적인 요인과 생활방식이란 요인에도 영향을 받는다. 만약 당신이 유전적으로 당뇨병에 걸릴 확률이 높더라도 반드시 당뇨병에 걸리는 것은 아니다. 이런 점에서 당뇨병은 당신이 근육디스트로피(근육위축병)나 테이삭스병과 관련된 한 쌍의 유전자를 지닌 경우와 다르다. 나이를 먹을수록, 일차 친족 중에 당뇨병 환자가 있을수록, 특히 어머니가 당뇨병 환자이면, 당신도 당뇨병에 걸릴 위험은 증가한다. 이런 경우에 당신은 어떻게 해볼 도리가 없다. 그러나 당뇨병과 관련된 다른 위험 요인들은 우리가 얼마든지 관리할 수 있다. 예컨대 체중을 줄이려고 노력하고, 운동을 규칙적으로 하며, 고칼로리 식습관을 버리고, 지나친 당분과 지방의 섭취를 자제하면 된다. 대부분의 당뇨병 환자, 즉 대부분의 2형 당뇨병 환자는 이런 위험 요인들을 줄이면 증상까지 줄일 수 있다. 예컨대 정상적인 체중보다 비만인 경우, 당뇨병의 유병률이 5~10배 높다. 따라서 당뇨병 환자라도 식습관을 개선하고 규칙적으로 운동해서 체중을 줄이면 건강을 다시 회복할 수 있다. 따라서 당뇨병에 걸릴 소인을 지닌 사람도 똑같은 방법을 사용해서 당뇨병을 예방할 수 있다.

내가 11장을 시작하면서 서구식 생활방식과 일반적인 비전염성 질병의 관계를 증명하려고 언급한 자연 실험을 비롯해, 많은 유형의 자연 실험에서 당뇨병의 환경적인 요인들이 설명된다. 당뇨병이 세계적으로 유행하는 근본적인 원인은, 당뇨병과 관련된 환경적인 요인들이 세계 전역으로 확산된 때문이다. 동일한 개체군이 서구식 생활방식을 택하거나 풍요로운 삶을 누리면서 당뇨병의 유병률이 증가한 경우, 반대로 서구식 생활을 버리고 절제된 삶을 시작하면서 당뇨병의 유병률이 감소한 경우가 대표적인 자연 실험의 예이다. 일본의 경우, 당뇨병 유병률과 경제 지표의 시대별 그래프가 거의 평행선이어서 연도별 등락까지 거의 똑같을 정도이다. 그 이유는 자명하다. 돈이 많을 때는 더 많이 먹어 당뇨병 증상이 나타날 위험성이 더 커지기 때문이다. 반면에 빈곤한 상황에서는 당뇨병과 그 증상이 줄어들거나 사라진다. 프로이센 군대에게 파리가 포위당했던 1870~1871년 가혹한 식량 배급으로 굶주림에 시달렸던 프랑스의 당뇨병 환자들이 대표적인 예이다. 오스트레일리아 원주민 집단들이 편안한 서구식 생활방식을 일시적으로 포기하고 옛날처럼 전통적인 채집 생활을 다시 시작했을 때 당뇨병 징후가 사라진 예도 있었다. 한 집단은 7주만에 체중이 평균 8킬로그램이 줄었을 정도였다. 누구나 알듯이, 비만이 당뇨병의 주된 위험 요인이다. 비지중해식 스웨덴 식습관(설탕과 마가린, 유제품, 술과 동물성 기름, 곡물로부터 칼로리의 70퍼센트 이상 섭취)을 석 달 동안 포기하고, 날씬한 이탈리아인들의 지중해식 식단을 택한 스웨덴 사람들의 당뇨병 징후와 허리 둘레가 줄어든 사례도 있었다. 또한 수렵채집인들의 식습관과 유사하게 설계된 '구석기 식습관'을 택한 스웨덴 사람들이 예전보다 훨씬 건강해지고, 허리가 훨씬 날씬해진 사례도 있었다.

고향을 떠나 검소하고 엄격한 삶을 포기하고, 슈퍼마켓에서 판매하는 고칼로리의 음식을 섭취하며 별로 운동하지 않는 생활방식을 택한 집단들에서 당뇨병이 폭발적으로 증가한 현상도 자연 실험의 또 다른 예이다. 1949년과 1950년 마법의 융단 작전 덕분에 이스라엘로 이주함으로써 중세적인 삶에서 갑자기 20세기의 세계에 맞닥뜨린 예멘의 유대인들이 대표적인 예이다. 이스라엘에 도착한 직후에는 당뇨병 환자가 한 명도 없었지만, 그 후로 20년이 지나지 않아 13퍼센트가 당뇨병에 걸렸다. 다른 이민자들, 예컨대 이스라엘로 이주한 에티오피아의 유대인들, 미국으로 이주한 멕시코인과 일본인, 뉴질랜드로 이주한 폴리네시아 사람들, 모리셔스와 싱가폴로 이주한 중국인들, 모리셔스와 싱가폴, 피지와 남아프리카공화국, 미국과 영국으로 이주한 아시아인들도 기회를 찾아 새로운 땅으로 떠났지만 당뇨병까지 덤으로 얻었다.

근래에 다소 풍요로워지고 서구화된 개발도상국가들에서도 당뇨병 환자가 증가했다. 특히 아랍 산유국 8개국과 새로이 부국의 대열에 뛰어든 섬나라들은 인구 대비 당뇨병 환자의 비율이 세계에서 가장 높다(모두 15퍼센트 이상). 라틴아메리카 국가들과 카리브해 연안 국가들의 경우도 모두 5퍼센트를 넘는다. 동아시아와 남아시아에서도 1.6퍼센트 정도인 가장 가난한 다섯 국가를 제외하면 모든 국가가 4퍼센트를 넘는다. 상대적으로 급속히 발전한 국가들에서 당뇨병 유병률이 높은 것도 최근의 현상이다. 인도의 당뇨병 유병률은 1959년만 해도 1퍼센트가 되지 않았지만 지금은 8퍼센트에 달한다. 반면에 사하라 이남의 국가들은 여전히 가난에서 탈피하지 못한 탓인지 당뇨병 유병률이 5퍼센트에 미치지 못한다.

국가 평균에서는 생활방식의 차이에 따른 국내의 편차가 드러나지 않지만, 국내의 편차도 자연 실험의 한 현상이다. 세계 전역에서 도시화로 인해 국민의 운동량이 줄어들고 슈퍼마켓의 이용자가 증가한 대가로 비만과 당뇨병이 증가했다. 이미 언급했듯이 뉴기니의 수도로 이주해 도시 생활을 시작한 와니겔라족의 경우에는 당뇨병 유병률이 37퍼센트에 이르며, 오스트레일리아 원주민들로 도시 생활을 시작한 무리들의 당뇨병 유병률도 상당히 높다(최고 33퍼센트). 뉴기니와 오스트레일리아의 전통 사회에서는 당뇨병이 전혀 없었기 때문에 두 사례는 무척 충격적이다.

따라서 서구식 생활방식이 어떤 이유로든 당뇨병과 밀접한 관계가 있다는 걸 부인할 수 없다. 그러나 서구식 생활방식에도 많은 요인들이 복합적으로 뒤엉켜 있다. 대체 어떤 요인이 당뇨병의 발병에 가장 큰 영향을 미칠까? 상관관계로 뒤얽힌 영향들의 결과를 구분하기 쉽지 않지만, 가장 중대한 위험 요인으로 셋만 꼽자면, 비만과 운동 부족(이 둘에 대해서는 우리 의지로 개선할 수 있다)과 당뇨병의 가족력(우리 의지로 개선할 수 없는 요인)인 듯하다. 우리가 통제할 수 없는 다른 위험 요인으로는 출생시의 체중이 있다. 식습관이 적어도 부분적으로 비만과 관계가 있는 게 확실하지만, 식습관은 당뇨병에 직접적인 영향을 미치는 듯하기도 하다. 비만에 가까운 사람들 중에서도 지중해식 식습관을 지닌 사람들은 당분과 포화지방산, 콜레스테롤과 트리글리세라이드(중성지방)를 과도하게 섭취하는 사람들보다 당뇨병의 발병률이 낮은 듯하기 때문이다. 운동 부족은 비만과 밀접한 관계가 있기 때문에 당뇨병의 위험 요인이지만, 흡연과 염증과 과도한 음주는 직접적인 위험 요인인 듯하다. 요컨대 2형 당뇨병은 유전적인 요인과 자궁 내의 요인에 근본적인 원인이 있지만, 당뇨병 증상으로 나타나는 생활방식과 관련된 요인들에 의해서 삶의 과정에서 그 근본적인 요인들이 덮여지는 듯하다.

:
**피마족과
나우루 섬사람들**

환경적인 요인들이 당뇨병에 영향을 미친다는 증거는 세계에서 당뇨병 유병률이 가장 높은 두 종족, 피마족과 나우루 섬사람들의 비극에서 찾아진다. 피마족부터 살펴보자. 피마족은 2,000여 년 전부터 애리조나 남부의 사막 지역에서 정교한 관계시설을 갖춘 영농법을 근간으로 살아가며, 사냥과 채집으로 식량을 보충했다. 그 사막 지역의 강수량은 해마다 들쑥날쑥하기 때문에 5년을 주기로 흉년이 닥쳤다. 그때마다 피마족은 야생에서 얻은 식량, 특히 야생 토끼와 완두콩의 일종인 메스키트에 전적으로 의존해야만 했다. 그들이 주로 선택한 야생식물에는 섬유질이 많았고 지방이 적었다. 따라서 당뇨병을 예방하기에는 이상적인 음식들이었다. 이처럼 짧은 기간이었지만 주기적으로 굶주림의 시간이 반복되는 긴 역사에서, 피마족은 19세기 말에 평소보다 긴 굶주림의 시간을 맞닥뜨려야 했다. 그들이 오래전부터 관개시설의 물로 이용하던 강의 상류에서 백인 정착자들이 물길을 바꾼 때문이었다. 당연히 흉작이 닥쳤고, 피마족은 오랜 굶주림에 시달릴 수밖에 없었다. 오늘날 피마족은 상점에서 구입한 식품들을 먹는다.

1900년대 초에 피마족들을 접촉한 관찰자들의 보고에 따르면, 피마족 사회에 비만은 극히 드물었고 당뇨병은 거의 존재하지 않았다. 그런데 1960년대 이후로 비만이 급속도로 증가해서, 지금은 135킬로그램이 넘는 사람들도 흔히 눈에 띈다. 그들 중 절반이 신장 대비 체중에서 90번째 백분위수를 넘어선다. 다시 말하면, 신장 대비 체중이 그들의 절반보다 적은 미국인이 10퍼센트가 되지 않는다는 뜻이다. 피마족 여성은 하루에 약 3,160칼로리(미국 여성 평균보다 50퍼센트가 많다)를 섭취하고, 40퍼센트가 비만이다. 이처럼 비만하기 때문에, 피마족은 현재 세계에서 당뇨병 유병률이 가장 높은 집단이라는 오명까지 얻고 말았다. 35세 이상에서는 절반, 55세부터 64세까지는 70퍼센트가 당뇨병 환자여서, 안타깝게도 실명과 사지 절단 및 신부전으로 발전하는 빈도가 무척 높다.

두 번째 사례인 나우루 섬은 미크로네시아인들이 선사시대에 개척한 남태평양 열대 지역에 외따로 떨어진 조그만 섬이다. 나우루 섬은 1888년 독일에 합병됐지만, 1914년 오스트레일리아가 점령했고, 결국 1968년 세계에서 가장 작은 공화국으로 독립을 이루어냈다. 그러나 나우루 섬은 바깥 세상에 거의 알려지지 않은 현상이지만, 어떤 유전병이 유행하는 곳이라는 달갑지 않은 명성을 얻고 있는 곳이기도 하다. 우리가 익히 알고 있는 감염성 질환들의 유행은 병원균의 전달이 극성을 부릴 때 급속히 번지지만, 감염되기 쉬운 잠재적인 피해자의 수가 줄어들면 시들해진다. 잠재적인 피해자의 수가 줄어드는 이유는 생존자들이 면역력을 얻기 때문이기도 하지만, 유전적으로 취약한 사람들 사이에도 사망률의 차이가 있기 때문이다. 반면에 유전병의 유행은 환경적인 위험 요인들이 증가할 때 급속히 번지지만, 환경적인 요인들에 취약한 잠재적인 피해자의 수가 줄어들면 시들해진다. 그러나 이 경우에 잠재적인 피해자의 수가 줄어드는 이유는 유전적으로 취약한 사람들 사이에 사망률의 차이 때문이지, 후천적으로 획득한 면역력 때문은 아니다. 당뇨병에 대한 면역력은 누구도 획득하지 못한다.

나우루 섬의 전통적인 생활방식은 농업과 어업에 기반을 두었지만, 가뭄과 섬의 척박한 토양 때문에 자주 굶주림에 시달려야 했다. 그러나 초기의 유럽 방문자들이 남긴 기록에 따르면, 섬사람들은 통통한 편이었고, 뚱뚱한 몸집을 동경했다. 따라서 여자들도 살이 쪄서 남자들에게 매력적으로 보이려고 애썼다. 1906년의 토양 조사에서 처음 밝혀졌듯이, 나우루 섬의 척박한 토양 아래에는 세계에서 인산염이 가장 많이 함유된 돌로 가득하다. 인산염은 비료의 기본 성분이다. 따라서 광산 회사가 바위를 채굴하기 시작했고, 1922년부터 섬사람들에게 채굴료를 지급하기 시작했다. 이런 새로운 소득 덕분에, 나우루 섬사람들의 평균 일일 당분 섭취량이 1927년쯤에는 1파운드(약 450그램)에 달했고, 나우루 섬사람들이 광부로 일하기를 싫어해서 노동자를 수입해야 할 지경에 이르렀다.

2차 대전 동안에는 일본군이 나우루 섬을 점령했다. 일본군은 나우루 섬사람들을 강제 노동에 동원했고 식량 배급을 하루 0.5파운드의 호박으로 줄였다. 게다가 대부분의 섬사람이 투르크 섬으로 강제 이송되어, 그곳에서 절반 정도가 굶어 죽었다. 전쟁이 끝난 후, 나우루 섬으로 귀환한 생존자들은 다시 채굴료를 받는데 만족하며 농업을 거의 완전히 포기했다. 그리고 슈퍼마켓에서 쇼핑을 시작하며 커다란 설탕 포대들로 쇼핑 카트를 채웠고, 일일 권장 칼로리의 두 배를 먹었다. 게다가 주로 앉아서 생활하며, 그 조그만 섬에서 돌아다니는 데도 자동차를 이용할 정도였다(나우루 섬의 반경은 평균 2.4킬로미터에 불과하다). 1968년 독립한 후에 일인당 연간 채굴료가 2만 3,000달러로 치솟아, 나우루 섬사람들은 세계에서 가장 부유한 사람들이 됐다. 오늘날 그들은 태평양 섬사람들 중에서 가장 비만하며, 평균 혈압도 가장 높다. 게다가 그들의 평균 체중은 같은 신장인 백인 오스트레일리아 사람의 체중보다 50퍼센트나 더 무겁다.

나우루 섬에 일하던 유럽인 의사들은 그곳에서 광부로 일하던 수입 노동자들에게서는 당뇨병을 인지하고 확진까지 했지만, 나우루 섬사람에게서는 1925년에서야 첫 사례가 발견됐다. 두 번째 사례는 1934년에 있었다. 하지만 1954년 이후에는 당뇨병의 발병률이 급증해서, 질병으로는 가장 높은 사망 원인이 됐다. 현재 20세 이상에서는 3분의 1, 55세 이상에서는 3분의 2, 70세까지 생존한 사람들 중에서는 70퍼센트가 당뇨병 환자이다. 지난 10년 동안, 당뇨병의 유병률이 떨어지기 시작했지만, 환경적인 위험 요인들이 완화된 때문이 아니라(비만과 운동 부족은 예전과 다를 바가 없다), 유전적으로 가장 취약한 사람들이 사망한 때문이라 여겨진다. 이런 해석이 맞다면, 나우루 섬사람들은 40년이란 시간만에 취약한 사람들이 도태됐다는 점에서, 내가 알기에 인간 개체군에서 가장 신속하게 자연도태된 사례가 아닌가 싶다.

인도의 당뇨병 표 11.1은 세계 각지의 당뇨병 유병률을 비교한 것이다. 평균 유병률이 국가들 사이에 큰 차이가 있는 게 확연히 눈에 띈다. 몽골과 르완다는 1.6퍼센트로 낮은 반면에, 아랍에미레이트는 19퍼센트, 나우루 공화국은 31퍼센트로 무척 높기 때문이다. 그러나 표 11.1에서 보듯이, 국가 평균으로는 생활방식의 차이에 따른 국내의 큰 편차를 확인할 수 없다. 적어도 개발도상국가에서는 전통적인 방식으로 삶을 영위하는 가난한 농촌 지역에 비해서 상대적으로 부유하고 서구화된 도시인들의 유병률이 훨씬 높다.

인도가 이런 지역별 차이를 극명하게 보여주는 좋은 예이다. (인도에 관련한 정보는 마드라스 당뇨병 연구재단의 V. 모한 교수에게 제공받았다.) 2010년 인도의 당뇨병 유병률은 8퍼센트였다. 그러나 수십 년 전까지 인도에 당뇨병 환자는 거의 없었다. 1938년과 1959년의 조사에 따르면, 오늘날 당뇨병의 거점이 돼 버린 캘커타와 뭄바이 같은 대도시에서도 당뇨병 유병률이 1퍼센트 이하에 불과했다. 1980년대에 들면서 유병률이 상승하기 시작했다. 처음에는 상승 속도가 느릿했지만, 지금은 폭발적으로 증가해서 현재 인도는 세계에서 가장 많은 당뇨병 환자가 있는 국가가 됐다(4,000만 명 이상). 그 이유는 세계 전역에서 당뇨병이 증가하는 이유와 똑같다. 도시화와 생활수준의 향상, 도시에서 부유한 사람이나 가난한 사람이나 언제든지 저렴한 값으로 구입할 수 있는 패스트푸드(달콤하고 지방이 많은 고칼로리 식품)의 확산, 육체노동 대신에 앉아서 일하는 사무직의 증가, 아이들만이 아니라 성인까지 매일 수시간씩 모니터 앞에 꼼짝하지 못하게 붙잡아두는 비디오게임과 텔레비전과 컴퓨터 등이 원인이다. 인도에서는 텔레비전의 이런 역할이 계량화되지 않았지만, 오스트레일리아에서 시행된 한 연구에 따르면, 허리둘레와 흡연, 음주와 식습관 등 다른 위험 요인을 조절하더라도 텔레비전을 시청하는 시간이 하루에 1시간씩 증가하면 심혈관 질환(대부분이 당뇨병과 관련된 질환)으로 사망할 확률이 18퍼센트씩 증가하는 것으로 밝혀졌다. 그러나 다른 위험 요인들도 텔레비전 시청 시간과 비례해서 증가하기 때문에 실제 수치는 18퍼센트보다 훨씬 높을 것이다.

　인도의 국가 평균 유병률은 8퍼센트이지만, 지역과 생활방식의 차이에 따른 유병률의 편차는 상당히 크다. 가장 낮은 시골 지역의 유병률은 0.7퍼센트에 불과해서, 비만인 사람이 없고 신체적으로 활동적이라는 뜻이다. 반면에 도시에서 주로 앉아서 생활하며 비만인 인도인의 경우에는

표 11.1_ 2형 당뇨병의 유병률

개체군	유병률
유럽인과 중동의 '백인'	
41개 서유럽 국가	6(범위: 2~10)
4개 비유럽권 서구 국가 (오스트레일리아, 캐나다, 뉴질랜드, 미국)	8(범위: 5~10)
1개 무척 가난한 아랍국가(예멘)	3
2개 가난한 아랍국가(요르단, 시리아)	10
6개 부유한 아랍국가	16(범위: 13~19)
예멘계 유대인, 전통 생활	~0
예멘계 유대인, 서구화된 생활	13
아프리카인	
탄자니아 시골 지역	1
르완다	2
남아프리카공화국 도시 지역	8
아프리카계 미국인	13
아시아 인도인	
인도 도시 지역, 1938~1950	~1
인도 시골 지역, 현재	0.7
싱가폴 도시 지역	17
모리셔스 도시 지역	17
케랄라 도시 지역	20
피지 도시 지역	22
중국인	
중국 시골 지역	~0
홍콩 도시 지역	9
싱가폴 도시 지역	10
타이완 도시 지역	12
모리셔스 도시 지역	13
태평양 섬사람들	
나우루, 1952	0
나우루, 2002	41
나우루, 2010	31
파푸아뉴기니, 전통 생활	~0
파푸아뉴기니, 와니겔라 도시 지역	37
오스트레일리아 원주민들	
전통 생활	~0

개체군	유병률
서구화된 생활	25~35
아메리카 원주민들	
칠레 마푸체족	1
미국 피마족	50

오른쪽에 쓰인 숫자는 백분율로 나타낸 당뇨병의 유병률을 가리킨다. 다시 말하면, 해당 지역의 인구수에 대해 2형 당뇨병으로 고생하는 환자의 비율을 가리킨다. 이 수치들은 이른바 연령 표준화 유병률로 다음과 같은 뜻이다. 해당 개체군의 2형 당뇨병 유병률은 연령과 비례하기 때문에, 연령별 차이를 고려하지 않은 채 연령 분포가 다른 두 개체군의 유병률을 그대로 비교하면 잘못된 해석을 낳을 수 있다. 해당 연령에서 두 개체군의 유병률이 같더라도 연령 분포가 달라지면 유병률의 원천값(raw value)도 달라질 수 있기 때문이다(노령층에서 유병률이 더 높다). 따라서 개체군의 유병률을 연령의 함수로 먼저 측정하고, 그 개체군이 표준화된 연령 분포를 갖는 경우에 그 유병률이 개체군 전체에 갖는 의미를 계산한다.
같은 종족이어도 부유하고 서구화된 개체군, 혹은 도시 생활을 하는 개체군이 가난하고 전통적인 삶을 사는 시골의 개체군보다 유병률이 높다는 점에 주목해야 한다. 또한 서유럽인을 제외하면, 조사한 모든 인간 집단에서 생활방식의 차이로도 유병률의 편차(12퍼센트 이상)가 크다는 점도 주목된다. 세계 기준으로 보면 서유럽인들의 유병률은 그다지 높지 않다. 여기에서는 여러 이유가 있을 것이다. 끝으로 위의 표에서는 급격한 서구화와 그 이후에 닥친 당뇨병 환자에 대한 자연선택의 결과로, 나우루 섬의 유병률이 크게 상승했다가 떨어지는 현상이 확인된다.

유병률이 11퍼센트에 달하고, 인도에서 가장 도시화된 주 중 하나로 남서부에 위치한 케랄라 주의 에르나쿨람 행정구에서는 20퍼센트까지 치솟는다. 국가 평균 당뇨병 유병률이 세계에서 두 번째로 높은 인도양 모리셔스 섬의 유병률은 훨씬 높아 24퍼센트에 달한다. 이 섬으로 이주한 인도인들이 고향에 거주하는 인도인들보다 훨씬 빠른 속도로 서구화된 삶을 받아들인 때문이라 여겨진다.

당뇨병과 관련된 인도인의 생활방식 요인들 중에는 서구에서도 당뇨병과 관련된 요인으로 계산되는 것들이 있지만, 서구인의 예상을 완전히 뒤집어놓는 요인들도 있다. 서구에서와 마찬가지로, 인도에서도 당뇨병은 비만과 고혈압 및 활동 부족과 관련이 있다. 그러나 유럽과 미국의 당뇨병 전문가들은 인도에서는 당뇨병 유병률이 가난하고 교육받지 못한 시골 사람들보다 부유하고 교육받은 도시인들에서 더 높다는 사실을 알면 깜짝 놀랄 것이다. 중국과 방글라데시와 말레이시아를 비롯한 개발도상국가에서는 비슷한 추세를 보이지만, 서구에서는 추세가 정반대이기 때문이다. 예컨대 인도의 당뇨병 환자들은 대학을 졸업하고 고등교육을 받은 사람들이며, 문맹인 경우가 거의 없다. 2004년의 조사에 따르면, 도시 인도인의 당뇨병 유병률은 평균 16퍼센트였지만 시골 지역의 평균 유병률은 3퍼센트에 불과했다. 서구 세계의 추세와는 정반대였다. 이런 모순된 현상을 설명하려면, 서구식 생활방식이 인도보다 서구에서 더 오랫동안 행해졌고 개체군들에게 확산된 결과인 두 가지 점에 주목해야 할 것이다. 첫째, 서구 사회가 인도 사회보다 훨씬 부유하다는 점이다. 따라서 인도보다 서구의 가난한 시골 사람들이 당뇨병과 관련된 패스트푸드를 더 쉽게 접근하고 소비할 수 있다. 둘째, 교육받은 서구인들은 주로 앉아서 생활하고 패스트푸드에 수시로 접근할 수 있지만, 반드시 운동해야 하고 패스트푸드가 건강에 좋지 않다는 얘기를 귀가 따갑도록 들었지만, 그런 충고가 교육받은 인도인들에게 아직 폭넓게 전달되지 않았을 가능성이 있다. 한 조사에 따르면, 인도의 거주자 중 25퍼센트(당뇨병의 위험군)가 당뇨병이란 단어조차 들어본 적이 없는 것으로 밝혀졌다.

서구에서와 마찬가지로 인도에서도 당뇨병의 궁극적인 원인은 만성적인 고혈당이며, 임상 결과도 부분적으로 유사하다. 그러나 생활방식 요인들이나 개체군들의 유전자가 인도와 서구가 다르기 때문인지는 몰라도, 다른 면들에서는 인도의 당뇨병은 서구 세계에 알려진 당뇨병과 다르다. 서구인들은 2형 당뇨병을 특히 50세 이후에 나타나는 성인병으로 생각하지만, 인도의 당뇨병 환자들은 유럽인보다 10년, 심지어 20년 먼저 증상을 보이며, 발증 연령이 지난 10년 전부터 더 낮아지는 경향을 띠고 있다(이런 현상은 다른 개체군들에서도 확인된다). 따라서 인도에서는 이미 십대 후반에 '성인기 발증형 당뇨병'(2형 당뇨병, 인슐린 비의존성 당뇨병)이 '소아기 발증형 당뇨병'(1형 당뇨병, 인슐린 의존성 당뇨병)보다 더 자주 나타날 정도이다. 비만이 인도와 서구 모두에서 당뇨병의 위험 요인이지만, 인도와 다른 아시아 국가들에서 비만이라 할 수 없는 사람들도 당뇨병에 걸리는 경우가 많다. 인도와 서구의 당뇨병 환자들은 증상도 다르다. 인도의 당뇨병 환자들은 합병증으로 실명하거나 신장질환에 걸릴 가능성이 낮지만, 상대적으로 젊은 나이에 관상동맥질환에 걸릴 가능성이 높다.

현재는 가난한 인도인이 부유한 인도인보다 당뇨병의 위험이 낮지만, 패스트푸드가 급속히 확산되며 인도의 수도, 뉴델리의 빈민가 사람들도 이제 당뇨병에서 완전히 자유롭지는 않다. 마드라스 당뇨병 연구재단의 S. 산디프 박사, A. 가네산, 모한 교수는 현재의 상황을 다음과 같이 요약했다. "인도의 당뇨병은 더 이상 부유하고 풍족한 사람의 질병이 아니다. 당뇨병이 인도 사회의 중산층과 빈곤층에게도 중대한 문제로 대두되고 있는 실정이다. 여러 연구에서 밝혀졌듯이, 가난한 당뇨병 환자는 적절한 치료를 받지 못하기 때문에 합병증으로 고생할 가능성이 훨씬 크다."

**유전자와
당뇨병**

당뇨병이 유전자와 관계있다는 증거는 진화론에 곤혹스런 문제를 제기한다. 유전적으로 당뇨병에 취약한 사람들이 자연선택으로 제거되어 후손들에게 유전자를 전달하지 못해서, 당뇨병이 점진적으로 사라져야 마땅했다면, 그런 소모성 질환이 아직도 대다수의 인간 집단에 여전히 남아 있는 이유가 무엇일까?

다른 유전병들을 설명할 때 흔히 사용되는 두 가지 방법—반복 돌연변이와 선택 결과의 결여—은 당뇨병의 경우에는 전혀 적용되지 않는다. 첫째, 당뇨병의 유병률이 근육디스트로피의 유병률만큼 낮다면(1만 명 중 약 1명), 당뇨병과 관련된 유전자들의 출현은 반복 돌연변이의 산물에 불과하다고 설명될 수 있다. 다시 말하면, 어떤 돌연변이를 지닌 아기가 그 돌연변이를 지닌 노인이 관련 질병으로 사망하는 비율로 똑같이 태어나야 한다는 뜻이다. 하지만 서구화된 사회에서 당뇨병의 실제 유병률 범위인 3~50퍼센트까지 돌연변이가 그렇게 빈번하게 일어나지는 않는다.

둘째, 유전학자들은 위의 진화론적 수수께끼에 이런 식으로 대답한다. 요컨대 출산이나 양육의 시간이 한참 지나고 노인이 돼서야 당뇨병으로 사망하기 때문에 노인 당뇨병 환자의 사망이 당뇨병 유발 유전자에 선택 불리를 가하지 않는 것으로 추정된다는 것이다. 이런 주장은 폭넓게 받아들여지지만, 두 가지 분명한 이유에서 잘못된 것이다. 2형 당뇨병이 유럽인에게는 물론이고 나우루 섬사람과 인도인 등 비유럽계 사람들에게서도 주로 50세 이후에 발병하지만, 당뇨병은 20대와 30대로 생식가능 연령대에 있는 사람들, 특히 임신한 여성에게 악영향을 미친다. 태아와 갓난아기도 당뇨병에 걸릴 위험이 증가하기 때문이다. 실제로 현재 일본에서는 1형 당뇨병보다 2형 당뇨병에 걸린 아이들이 더 많다. 1형 당뇨병이 '소아 당뇨병'이라 불리는 게 무색할 지경이다. 게다가 현대 제1세계 사회와 달리, 전통 사회에서는 조부모가 식량 공급, 사회적 지위, 자식과 손자의 생존에 중요한 역할을 하기 때문에 어떤 노인도 '생식가능 연령'을 넘긴 선택적으로 불필요한 존재로 여겨지지 않는다.

따라서 우리가 급작스레 서구식 생활방식을 받아들이기 전에도 당뇨병을 유발하는 유전자들이 실제로는 자연선택에 의해 선택받았다고 가정해야 마땅하다. 2형 당뇨병으로 발전하는 수십 건의 유전적 장애가 이미 확인됐다는 사실에 비추어보면, 그런 유전자들 하나하나가 자연선택에 의해 수십 번씩 선택받고 보존된 것이 분명하다. 그럼, 당뇨병과 관련된 유전자들이 전에는 우리에게 어떤 도움을 주었고, 지금은 어떤 이유에서 우리를 곤혹스런 지경에 빠뜨린 것일까?

인슐린의 순효과 덕분에 우리가 끼니마다 먹는 음식을 지방으로 저장해서 이미 저장된 지방을 분해하지 않아도 된다는 사실을 기억해야 한다. 30년 전, 이런 사실에 영감을 받은 유전학자 제임스 닐(James Neel)은 당뇨병의 원인이 '절약 유전자형(thrifty genotype)'일 거라고 추측했다. 다시 말하면, 그 유전자형을 보유한 사람은 음식물로 섭취한 포도당을 지방으로 저장하는 효율성이 뛰어날 것이라는 추측이었다. 예컨대 혈액에서 포도당 농도가 조금이라도 올라가면 즉각적으로 반응하며 인슐린을 신속하게 분비하는 사람들이 있다. 이처럼 인슐린을 신속하게 분비하도록 명령하는 유전자를 지닌 사람들은, 음식물로 섭취한 포도당이 소변으로 빠져나가기 위해 혈액의 농도를 높일 틈도 없이 포도당을 지방으로 격리할 수 있다. 때때로 식량이 풍부할 때 이런 유전자를 지닌 사람들은 음식을 한층 효과적으로 활용해서 지방을 저장하고 신속하게 살을 찌운다. 따라서 그 후에 닥치는 기아의 시기를 한층 여유롭게 이겨낼 수 있게 된다. 이런 유전자는 풍요와 기아가 예측할 수 없이 반복되던 전통적인

뉴기니 고원지대 발리엠 계곡의 다니족의 잔치. 전통 사회에서 잔치는 무척 드문 행사였다. 이 지역에서 섭취한 음식들은 저지방 고구마여서 살찌지 않았다. 따라서 비만이 되거나 당뇨병을 염려할 필요가 없었다.

생활방식에서는 유익했겠지만, 현대 세계에서는 비만과 당뇨병의 원인이 되고 말았다. 우리가 운동을 등한시하고 슈퍼마켓에서만 먹을 것을 구입하며, 날이면 날마다 고칼로리 음식을 섭취하기 때문이다. 결국 많은 사람이 운동을 거의 하지 않고 당분이 많은 음식을 규칙적으로 섭취하는 지금, 절약 유전자형이 재앙의 청사진으로 돌변한 셈이다. 따라서 우리는 뚱뚱해진다. 굶주림에 시달리며 지방을 소비할 틈이 없기 때문이다. 그래도 우리 췌장은 끊임없이 인슐린을 분비하다가 결국 그 능력을 상실해버리거나, 근육세포나 지방세포가 인슐린에 저항성을 띠게 된다. 그렇게 되면 우리는 결국 당뇨병 환자가 된다. 아서 퀘슬러(Arthur

현대인의 식사. 미국을 비롯해 부유한 현대 사회의 시민들은 하루에 세 번씩 '향연'을 즐기고(일일 권장 칼로리를 훨씬 넘어서는 칼로리를 섭취한다는 점에서), 살을 찌게 하는 음식(사진에서는 프라이드 치킨)을 먹는다. 따라서 비만이 되기 일쑤이고 결국 당뇨병에 걸린다.

Koestler)의 뒤를 이어, 당뇨병의 권위자 폴 지메트는 이처럼 당뇨병을 유발하는 제1세계의 생활방식이 제3세계로 확산되는 현상을 '코카 식민지화(coca-colonization, 코카콜라와 식민지화의 합성어—옮긴이)'라고 칭했다.

 오늘날 제1세계에서 살아가는 우리는 매일 정해진 시간에 정해진 양의 음식을 먹는데 익숙해져 있기 때문에, 인류의 진화에서 얼마 전까지 거의 모든 인류가 겪었던 삶의 패턴이었고, 지금도 세계의 많은 지역에서 계속되는 삶의 패턴, 즉 식량 부족 사태가 빈번하게 닥치고 마음껏 먹을 수 있는 시기는 드물었던 변덕스런 시대를 상상하기 힘들다. 나는 농경과 사냥으로 살아가던 뉴기니 사람들과 함께 현장에서 작업할 때 그런 변덕스런 식량 상황에 자주 맞닥뜨렸다. 지금도 기억에 생생한 한 사건을 예로 들어보자. 당시 나는 십여 명을 고용해서 무거운 장비를 들게 하고, 산악지대에 마련한 캠프장까지 가파른 산길을 하루 종일 올라갔다. 해가 떨어지기 직전에 우리는 캠프장에 도착했다. 식량을 운반한 다른 짐꾼들이 벌써 도착했으리라 생각했지만 그들은 길을 잘못 들었던지 도착해 있지 않았다. 짐꾼들이 지친 데다 굶주리기도 해서 나는 그들에게 맞아 죽을 것만 같았다. 하지만 짐꾼들은 호탕하게 웃으며 "괜찮습니다. 먹을 게 없는 건 별문제도 아닙니다. 오늘밤은 그냥 굶은 채 자고 내일까지 기다렸다가 실컷 먹을 겁니다"라고 말했다. 하지만 돼지를 도살하고 잔치를 벌이면 그들은 완전히 다른 사람으로 변한다. 내 뉴기니 친구들은 며칠 동안 잔치를 계속하며 걸신들린 것처럼 먹어댄다. 밑 빠진 독이란 표현이 무색할 정도로 엄청나게 먹어대고, 심지어 과식해서 배탈을 호소하는 사람들이 있을 정도이다.

이런 일화들은 인간의 진화사에서 우리 인간이 불규칙하게 번갈아 닥치는 풍요와 기아의 환경에 어떻게 적응했는지 잘 보여준다. 8장에서 나는 전통적인 삶의 환경에서 기아가 빈번하게 닥치는 이유를 개략적으로 설명했다. 요컨대 식량 부족은 매일 달라지는 사냥의 결과, 순간적으로 닥치는 혹독한 기후, 예측가능한 계절의 변화, 예측 수 없는 기후 변화, 잉여식량을 저장할 수 있는 능력의 부재, 식량을 체계적으로 저장해서 관리하는 국가 정부의 부재 등과 관계가 있다고 말했다. 그러나 표 11.2에 소개된 일화들은 전통 사회에 식량이 넘치도록 많은 시기의 폭식에 관련한 얘기들이다.

기아와 폭식이 주기적으로 반복되는 전통 사회의 생존 조건에서는 절

표 11.2_ 식량이 넉넉할 때 행해지는 폭식의 사례들

대니얼 에버렛(《잠들면 안 돼, 거기 뱀이 있어》, 76~77쪽). "그들[피라항족]은 먹는 것을 즐긴다. 마을에 먹을 것이 있으면 언제든 그들은 모두 먹어치운다. (……) 한두 끼를 거르거나, 하루 종일 먹지 않는 것쯤은 대수롭지 않게 생각했다. 나는 그들이 사흘 동안 거의 쉬지 않고 춤을 추는 모습도 보았다. (……) 도시에 처음 나간 피라항족 사람들은 서양 사람들의 식생활, 특히 하루에 세 끼를 꼬박꼬박 먹는 관습을 보고 상당히 놀란다. 도시에 처음 나가 음식을 먹을 때 피라항족 사람들은 게걸스럽게 먹어댄다. 단백질과 녹말을 배가 터질 정도로 먹는다. 두 번째로 식사할 때도 마찬가지로 많이 먹는다. 세 번째 식사 때가 되면 그들은 싫증을 내기 시작한다. 음식을 앞에 두고 곤혹스러운 표정을 짓고 때로는 '또 먹어?'라고 묻는다. 음식이 있을 때 남김없이 먹어치우는 이들의 관습은 예컨대 언제든 음식이 넘치고 아무리 먹어도 음식이 남는 환경에서 혼란을 겪게 되는 것이다. 피라항족은 3주에서 6주 정도 도시에 나갔다 오면 마을 사람들보다 대개 15킬로그램은 더 쪄서 돌아온다(처음에는 45~57킬로그램). 배와 허벅지에 지방 덩어리가 출렁거린다."

앨런 홀름버그(《긴 활의 유목민》, 89쪽). "[볼리비아의 시리오노족이] 가끔 먹는 음식의 양은 어마어마하다. 네 사람이 한자리에 앉아 27킬로그램의 페커리돼지 한 마리를 먹어치우는 건 흔한 일이다. 고기가 넉넉하면 한 사람이 24시간에 13.5킬로그램을 너끈하게 먹어치우기도 한다. 나도 참석했던 한 잔치에서는 두 사람이 6마리의 거미원숭이(마리당 4.5~6.8킬로그램)를 하루 만에 깨끗하게 먹어치우고도 그날 밤에 배가 고프다고 투덜거렸다."

이탈리아의 인류학자, 리디오 치프리아니(Lidio Cipriani, 《안다만 섬사람들》, 54쪽). "[인도양에 있는 안다만 제도의] 옹게족에게 몸을 씻는다는 것은 몸에 그림을 그린다는 뜻이지만, 그런 의식은 악령을 물리친다는 뜻도 있지만, 사냥을 넉넉히 한 덕분에 엄청난 잔치를 벌인 후에 그들에게서도 냄새가 고약했던지 돼지기름 냄새를 없애기 위한 조치이기도 하다. 그런 잔치를 벌인 후에 그들은 며칠 동안 끔찍한 소화불량에 시달린다. 따라서 먹는 것을 본능적으로 바꿔서 채소를 날로 먹거나 조리해서 먹는다. 1952년부터 1954년까지 세 번의 그런 잔치가 있었는데 나는 돼지고기와 꿀이 넘치는 잔치에 한 번 참석했다. 옹게족 사람들은 거의 배가 터질 때까지 먹었고, 결국에는 움직이지도 못했다. 그리고 몸을 씻고 몸에 그림을 그리는 의식이 시작됐다."

위의 책, 117쪽. "썰물이 빠져나가면, 정어리 떼가 섬의 곳곳에서 바다쪽으로 뻗은 모래톱에 갇힌다. 그럼 옹게족은 웅덩이에서 웅덩이로 카누를 밀고 다니며 정어리를 넘치도록 쓸어 담는다. 바닷물이 갇힌 곳마다 정어리로 가득해서 옹게족은 정어리를 담을 수 있는 게 하나도 남지 않을 때까지 계속 작업한다. 나는 세계 어디에서도 이런 대량학살을 본 적이 없었다. 이때 잡히는 안다만 제도의 정어리는 여느 때보다 커서, 0.5킬로그램이 넘은 것도 적지 않다. (……) 남녀노소 모두가 열심히 작업하며 두 손을 정어리더미에 밀어넣는다. 그래서 그들의 몸에서는 며칠 동안 비린내가 풍긴다. (……) 모두가 함께 모여 정어리를 조리하서 (일시적으로) 먹을 수 없을 때까지 먹는다. 먹고 남은 정어리들은 즉석에서 만든 시렁에 얹어지고, 그 밑에 생나무에 불을 지펴 정어리들을 연기로 뒤덮는다. 며칠 후, 정어리가 완전히 떨어지면 고기잡이가 다시 시작된다. 정어리 떼가 섬을 떠날 때까지 이런 삶이 수주 동안 계속된다."

약 유전자형을 지닌 사람들이 유리했을 것이다. 풍요의 시기에 많은 지방을 저장해두었다가 빈곤의 시기에 칼로리를 상대적으로 덜 태우면 굶주림을 더 잘 견뎌낼 수 있기 때문이다. 얼마 전까지만 해도 대부분의 사람들에게 비만과 감량이란 두려움은 얼토당토않은 사치로 여겨졌을 것이다. 하기야 전통 사회의 상식으로는 이해되지 않는 터무니없는 두려움이었다. 오늘날 우리를 당뇨병으로 유도하는 유전자들이 과거에는 우리가 기아를 견디는데 도움을 주었던 것일지도 모른다. 지금은 당뇨병과 고혈압의 원인으로 지목되는 소금이나 달콤한 음식과 기름진 음식도 마찬가지이다. 지금은 그런 음식들을 쉽게 구할 수 있지만, 과거에는 그런 음식들이 지닌 맛 때문에 우리는 소중한 영양분을 적게나마 보충할 수 있었다. 고혈압의 경우에서도 보았듯이, 당뇨병의 경우도 진화의 아이러니가 아닐 수 없다. 수만 년 전 아프리카 사바나에서 굶주림의 문제를 너끈하게 견뎌낸 조상들의 후손인 우리가 이제는 풍요로운 삶과 밀접한 관계가 있는 당뇨병으로 죽어가는 심각한 위험에 처한 사람이 되었으니 말이다.

따라서 모든 인간이 전통적으로 공유했던 풍요와 기아의 생활방식이 자연선택으로 결국에는 절약 유전자형 가설에 맞아떨어지는 유전자를 선택했고, 그 유전자 덕분에 우리는 그런 상황에서도 견뎌낼 수 있었다. 그러나 적어도 식량의 풍요가 계속되는 서구화된 환경에서는 그 유전자가 실질적으로 모든 개체군을 당뇨병의 위험에 빠지게 하는 결과를 낳고 말았다. 이렇게 추론할 때 피마족과 나우루 섬사람들이 세계에서 가장 높은 유병률을 나타내는 이유가 무엇일까? 내 생각에는 그들이 상대적으로 최근에 절약 유전자형의 강력한 선택에 시달렸기 때문인 듯하다. 피마족은 북아메리카의 다른 원주민들과 마찬가지로 처음에는 주기적인 굶주림을 견디는 정도였다. 그런데 그들은 19세기 말에 상당히 오랫동안 지속된 굶주림에 시달리며 자연선택을 강요받았다. 백인 정착자들이 그들의 밭으로 이어진 관개수로를 차단함으로써 수확량이 급감한 때문이었다. 당시의 곤경을 이겨낸 피마족은 식량을 충분히 확보할 수 있을 때마다 지방을 체내에 축적함으로써, 다른 원주민들보다 유전자적으로 굶주림을 훨씬 잘 견뎌내도록 적응된 사람들이었다.

한편 나우루 섬사람들은 코카 식민지화가 있기 전에 극심한 자연선택의 광풍을 두 번이나 겪었다. 첫째, 나우루 섬사람들은 태평양의 다른 섬사람들처럼, 그러나 대륙의 거주자들과 달리, 다른 섬에 가려면 수주 동안 카누를 항해해야 했던 사람들이었다. 그런 지루한 항해에 대한 많은 검증된 사례에서 확인되듯이, 뱃사람들은 굶어죽기 일쑤였고 애초부터 뚱뚱했던 사람만이 살아남았다. 이런 이유에서 태평양 섬사람들은 지금도 대체로 뚱뚱한 편이다. 둘째, 나우루 섬사람들은 2차대전 동안 태평양의 다른 섬사람들에 비해서 극심한 기아에 시달렸고, 사망률도 높았다. 그 결과로, 당뇨병 감수성 유전자들이 훨씬 많은 개체군만이 살아남았다. 게다가 전쟁이 끝난 후, 인산염 채굴권 덕분에 되찾은 풍요와 넘쳐흐르는 식량, 그리고 신체 활동의 부족으로 인해 그들은 비만해질 수밖에 없었다.

제임스 닐이 제시한 절약 유전자 가설의 타당성은 인간 사회에서 찾아지는 세 가지 증거와 두 종류의 동물 모델로 뒷받침된다. 첫째, 당뇨병에 걸리지 않은 나우루 섬사람들과 피마족, 아프리카계 미국인과 오스트레일리아 원주민의 식후 혈장 인슐린 수치는 유럽인에 비해 몇 배나 높다. 둘째, 뉴기니 고원지대 사람과 오스트레일리아 원주민, 케냐의 마사이족 등 전통적인 생활방식을 지닌 집단들의 혈당 수치는 미국의 백인보다 훨씬 낮다. 셋째, 당뇨병에 걸리기 쉬운 태평양 섬사람들과 아메리카 원주민들과 오스트레일리아 원주민들은 충분한 음식을 섭취하면, 유럽인들보다 비만해질 가능성이 훨씬 높다.

이번에는 동물 모델에 대해 말해보자. 당뇨병과 비만과 관련된 유전자를 지닌 실험실 쥐가 정상적인 쥐보다 굶주림을 더 잘 견딘다. 따라서 때때로 닥치는 기근의 시기에는 그런 유전자가 유리하다고 말할 수 있다. 이스라엘 사막쥐는 식량 부족이 번질나게 닥치는 사막의 척박한 환경에 적응돼 있기 때문에 '서구화된 식량'이 넉넉하게 제공되는 실험실에 갇혀 지내면 인슐린 수치가 높아지고, 인슐린 저항성이 생기며, 뚱뚱해지고 당뇨병에 걸린다. 그러나 이 사막쥐에게 먹이를 제한하면 이런 증상들이 사라진다. 따라서 당뇨병과 관련된 유전자를 지닌 실험실 쥐와 이스라엘 사막쥐는 풍요와 기아가 반복되는 '전통적인 조건'에서는 신속하게 인슐린을 분비하도록 명령하는 절약 유전자의 이점과, '슈퍼마켓 조건'에서는 그런 절약 유전자의 단점을 확실하게 보여주는 동물 모델로 여겨진다.

:
왜 유럽인들은 당뇨병 유병률이 낮을까?

당뇨병 전문가들은 피마족과 나우루 섬사람들을 예외적으로 높은 당뇨병 유병률의 사례로 지적하며, 유럽인의 상대적으로 낮은 유병률을 정상인 양 해석했다. 그러나 지난 수십 년 동안 조사해서 확보한 정보에 따르면, 서구화된 생활방식을 받아들인 다른 모든 개체군의 높은 유병률과 현격한 차이를 보이는 유럽인의 낮은 유병률이 예외적인 현상이다. 피마족과 나우루 섬사람들은 정상적인 높은 유병률 중에서 가장 높은 개체군일 뿐이다. 실제로 오스트레일리아의 일부 원주민 집단과 뉴기니의 많은 집단도 이미 높은 유병률을 보이고 있다. 비유럽계 개체군을 폭넓게 조사한 연구에 따르면, 아메리카 원주민들, 북아프리카인, 사하라 이남의 아프리카계 흑인, 중동인, 인도인, 동아시아인, 뉴기니인, 오스트레일리아 원주민들, 미크로네시아인, 폴리네시아인 등 서구화된 하위 집단들의 유병률은 11퍼센트를 넘어섰고, 15퍼센트를 넘는 곳도 적지 않다. 이들을 기준으로 삼으면, 유럽만이 아니라 오스트레일리아, 캐나다, 뉴질랜드, 미국에서 살아가는 유럽인들의 낮은 유병률이 특이한 편이다. 41개 유럽 국가의 당뇨병 유병률은 2~10퍼센트이고, 평균값은 6퍼센트에 불과하다(표 11.1을 참조).

유럽과 다른 지역의 유럽인들이 세계에서 가장 부유하고 가장 잘 먹는 사람들이며, 이른바 서구식 생활방식을 시작한 사람들이란 사실을 고려하면, 그런 결과는 의외이다. 슈퍼마켓에 의존하며 비만을 유발하는 나태한 생활방식을 서구식이라 칭하는 이유는, 그런 생활방식이 유럽인과 하얀 미국인의 세계에서 처음 시작되어 이제는 다른 집단들에게로 확산되고 있기 때문이다. 이런 패러독스를 어떻게 설명해야 할까? 유럽인들의 당뇨병 유병률이 가장 높지 않고, 오히려 가장 낮은 이유가 무엇일까?

당뇨병을 집중적으로 연구한 몇몇 학자가 내게 비공식적으로 제시한 설명에 따르면, 유럽인들은 기아를 거의 경험하지 않은 까닭에 절약 유전자를 선택할 기회가 없었기 때문이라는 것이다. 하지만 역사적 사실은 그렇지 않다. 중세 시대와 르네상스 시대에, 물론 그 이전에도 기아가 유럽 전역을 휩쓸어 많은 사람이 죽었다는 기록들이 넘칠 정도로 많다. 이처럼 기아가 반복됐다면 유럽에서도 다른 지역들처럼 절약 유전자가 선택됐어야 했다. 하지만 르네상스 이후의 식량 역사에 근거해서 가설을 세우는 편이 더 타당할 듯하다. 다른 지역들처럼 유럽을 오랫동안 주기적으로 유린하던 기아가 1650년부터 1900년 사이에 차근차근 사라졌다. 1600년대 말 영국과 네덜란드를 시작으로, 1800년대 말에는 남프랑스와 남이탈리아를 마지막으로 유럽에서 기아가 자취를 감추었다. 유명한 예외적인 사태가 있었지만, 네 가지 요인이 복합된 결과로 유럽에서는 기아가 종식됐다. 1) 잉여식량을 기근 지역에 신속하고 효율적으로 재분배한 국가 정부의 개입, 2) 육로와 해로를 통한 효과적인 식량 운송, 3) 1492년 콜럼버스의 대항해 이후로 신세계에서 많은 농작물(대표적인 예는 감자와 옥수수)을 가져온 항해자들 덕분에 다각화된 농업, 4) 유럽 외 세계의 많은 인구 밀집 지역처럼 관개시설에 의존하지 않고, 천수(天水)에 의존한 까닭에 유럽 내에서 식량 운송으로도 해결할 수 없을 정도로 광범위한 지역에서 흉작이 닥칠 위험이 없었다.

유럽의 기근 종식에 오점을 남긴 유명한 예외적인 사태는 1840년대 아일랜드에 닥친 감자 기근이었다. 아일랜드 사태는 예외적이지만, 유럽의 다른 지역들에서는 기근을 종식시킨 처음 세 요인들이 제대로 작동하지 않을 때 닥칠 수밖에 없는 불행을 여실히 보여줌으로써 오히려 위의 원칙들을 입증해준 사태였다. 아일랜드 감자 기근은 유럽에서는 예외적으로 감자라는 하나의 작물에 의존했고, 감자의 질병이 확산된 때문이었다. 다른 섬(그레이트 브리튼)이 민족지학적으로 다른 정부가 지배하며, 아일랜드의 기근에 비효율적이고 시큰둥하게 대응한 결과로 아일랜드 섬에 기근이 닥쳤던 것이다.

유럽의 식량 역사를 근거로 나는 다음과 같이 추론해보려 한다. 현대 의학이 도래하기 수세기 전에, 나우루 섬사람들과 마찬가지로 식량을 확실히 공급받게 되면서 유럽인들에게 당뇨병이 전염병처럼 번졌을 것이고, 절약 유전자형을 지닌 사람들이 당뇨병에 걸려 죽어갔을 것이다. 당뇨병에 걸린 산모가 낳은 많은 아기는 태어나면서 죽고, 당뇨병에 걸린 성인은 다른 성인보다 일찍 죽고, 당뇨병에 걸린 성인의 자식과 손자는 제대로 치료받지 못하거나 영양을 제대로 공급받지 못해 죽어갔을 것이다. 이런 현상이 수세기 동안 계속된 결과로 절약 유전자를 지닌 사람들은 유럽에서 조금씩 사라졌을 것이다. 하지만 초창기에 유럽에서 수수께끼처럼 확산됐을 것이라 추정되는 당뇨병과 오늘날 나우루 섬사람들과 다른 개체군들에게 확산되고 입증된 당뇨병 사이에는 큰 차이가 있었다. 요즘 당뇨병 유병률이 높은 개체군들은 풍족한 식량을 급작스레, 그러나 안정되게 공급받았다는 공통점이 있다. 예컨대 나우루 섬사람들은 10여 년 동안, 예멘계 유대인은 단 한 달 동안 풍족한 식량을 안정되게 공급받은 결과로, 당뇨병 유병률이 20~50퍼센트까지 치솟았다. 현대 당뇨병 전문가들의 눈에는 이런 현상이 당연하게 보였을 것이다. 나우루 섬사람들에게서 이미 확인됐듯이, 절약 유전자를 지닌 사람이 한 세대나 두 세대만에 자연선택으로 사라질 것이기 때문에 이런 상승은 조만간 줄어들 것이라 추정된다. 반면에 유럽에서는 식량 생산이 수세기 동안 꾸준히 증가했다. 따라서 유럽에서는 1400년대부터 1700년대까지, 즉 전문가들이 당뇨병에 주목하기 훨씬 전에 당뇨병 유병률이 눈에 띄지 않을 정도로 서서히 증가했을 것이다. 엄격히 말하면, 피마족과 나우루 섬사람들, 와니겔라족, 교육받은 인도 도시인들과 아랍의 부유한 산유국 시민들이 생활방식을 바꾼 것은 이제 한 세대밖에 되지 않는다. 게다가 그들에게서 나타나는 당뇨병 유병률의 급격한 변화는 유럽에서 수세기 동안 진행

작곡가 요한 세바스티안 바흐, 그는 당뇨병 환자였을까? 유일한 진품 초상화에서 확인되는 통통한 얼굴과 두 손, 말년에 악화된 시력과 필체는 당뇨병으로 진단받기에 충분한 징후들이다.

된 변화가 압축돼 나타난 것에 불과하다.

내가 유럽에서도 전염병처럼 번졌을 것이라 가정한 당뇨병에 요한 세바스티안 바흐(1685~1750)도 쓰러졌을 것이라 추정된다. 바흐의 의료 기록이 제대로 남아 있지 않아 사망 원인을 확신할 수는 없지만, 그의 유일한 진품 초상화에서 확인되는 통통한 얼굴과 두 손, 말년에 시력이 떨어졌다는 기록, 시력 악화와 신경 손상의 후유증인 듯한 필체의 악화는 당뇨병으로 진단받기에 충분한 징후들이다. 바흐가 살던 시대에 당뇨병은 '호니히쉬세 하른루어'(꿀같이 단 소변 질병)라 칭해지며 독일에서 유행했던 것이 확실하다.

비전염성 질병의 미래

여기에서 나는 요즘 폭발적으로 증가한 많은 비전염성 질병(non-communicable disease, NCD), 특히 서구식 생활방식과 관련된 비전염성 질병 중에서 두 가지, 고혈압과 2형 당뇨병만을 집중적으로 다루었다. 내가 여기에서 다루지 않았지만, 보이드 이튼과 멜빈 코너와 마저리 쇼스탁이 깊이 있게 다룬 다른 주요한 비전염성 질병으로는 관상동맥 질환과 그 밖의 심장병, 동맥경화증과 말초혈관 질환, 다양한 신장 질환, 통풍 및 폐암과 위암, 유방암과 전립선암 등이 있다. 또한 여기에서 서구식 생활방식의 위험 요인으로 염분과 당분, 고칼로리 섭취, 비만과 운동 부족을 주로 거론했지만, 내가 간략하게만 언급했던 흡연과 과도한 음주, 콜레스테롤과 트리글리세라이드(중성지방), 포화지방과 트랜스지방도 중요한 위험 요인이다.

비전염성 질병들이 서구화된 사회에서 압도적으로 주된 사망 원인이라는 것은 부인할 수 없는 사실이다. 따라서 이 책을 읽는 독자도 서구화된 사회의 일원일 것이기 때문에, 78~81세(서구화된 사회의 평균수명) 사이에 비전염성 질병으로 갑작스레 급사할 때까지 건강을 걱정하지 않고 여유만만하게 살 수는 없다. 비전염성 질병은 환자에게 최종적인 죽음을 안겨주기 수년, 혹은 수십 년 전부터 건강을 악화시키고 삶의 질을 떨어뜨리는 주된 원인이기 때문이다. 그러나 똑같은 비전염성 질병들이 전통 사회에는 실질적으로 존재하지 않는다. 이것만으로도 우리가 전통 사회로부터 삶과 죽음의 가치에 대하여 배워야 할 것이 많다는 분명한 증거가 아니겠는가? 하지만 전통 사회에서 배워야 하는 '전통적으로 사는 방법'이 간단한 문제는 아니다. 전통적인 삶에도 우리가 결코 모방하고 싶지 않은 면들이 있다. 폭력의 악순환, 잦은 기근, 감염병으로 인한 짧은 수명이 대표적인 예이다. 전통 사회 사람들을 비전염성 질병들로부터 지켜주었던 부분들이 어떤 것이었는지 알아내야 한다. 그런 바람직한 부분들 중 일부는 이미 명백하게 밝혀졌지만(예컨대 끊임없이 몸을 움직이고, 당분 섭취를 줄여라), 여전히 논란이 분분한 부분들도 적지 않다(예컨대 식이 지방의 최적 수준).

현재 전염병처럼 확산되는 비전염성 질병은 앞으로 더욱 확산되겠지만 결국에는 줄어들 것이다. 안타깝게도 피마족과 나우루 섬사람들의 경우에는 이미 최정점에 달했다. 삶의 수준이 급격히 향상되는 인구가 많은 나라들이 현재로서는 요주의 대상이다. 아랍의 부유한 산유국들은 최정점에 거의 근접한 듯하고, 북아프리카는 최정점에 도달하려면 아직 멀었다. 중국과 인도는 현재 진행 중이지만 앞으로 상황이 더욱 악화될 것이다. 인구가 많고, 비교적 최근에 비전염성 질병이 확산되기 시작한 국가로는 방글라데시, 브라질, 이집트, 인도네시아, 이란, 멕시코, 파키스탄, 필리핀, 러시아, 남아프리카공화국, 터키가 있다. 인구가 상대적으로 적지만 비전염성 질병이 전염병처럼 확산되기 시작한 국가는 라틴아메리카와 동남아시아의 모든 국가들이다. 약 10억 명이 살고 있는 사하라 사막 이남의 아프리카에서도 비전염성 질병들이 나타나기 시작했다. 아프리카에 닥칠 미래를 생각하면 한숨만 나올 뿐이다.

그러나 비전염성 질병과의 싸움에서 우리가 질 수밖에 없다고 낙담할 필요는 없다. 우리 인간은 새로운 삶의 방식을 만들어낸 유일한 생명체이다. 따라서 순전히 우리 힘만으로 생활방식을 바꿀 수 있다. 특정한 유전자와 특정한 질병의 관계를 연구해서 어떤 특정 유전자가 우리 개개인을 특정한 질병에 걸리게 하는지 알아내려는 분자생물학의 연구에서 큰 도움을 기대할 수 있을 것이다. 하지만 사회 전체가 그런 연구나 마법의 약이나, 저칼로리 감자 튀김을 마냥 기다릴 수는 없다. 생활방식만을 바꿔도 모든 위험까지는 아니어도 많은 위험을 줄일 수 있다는 건 이미 명백히 증명됐다. 담배를 끊고, 규칙적으로 운동하며, 칼로리 섭취량과 음주량을 줄이면 된다. 또 소금과 염분이 더해진 음식, 설탕과 당분이 가미된 청량음료, 포화지방과 트랜스지방, 가공식품, 버터와 크림, 붉은 살코기를 제한적으로 섭취하고, 섬유질이 풍부한 음식, 과일과 채소, 칼슘과 복합 탄수화물의 섭취량을 늘리면 된다. 지금보다 천천히 먹는 습관을 들이는 것도 중요하다. 역설적으로 들리겠지만, 음식을 게걸스레 빨리 먹을수록 더 많이 먹게 되고, 결국 살이 찔 수밖에 없다. 빨리 먹으면 식욕을 억제하는 호르몬이 분비될 시간이 충분하지 않기 때문이다. 이탈리아 사람들이 날씬한 이유는 건강한 식단에도 있지만, 끼니때마다 대화를 나누며 오랫동안 식사하기 때문이기도 하다. 이런 모든 변화가 있을 때 수십억의 세계인이 피마족과 나우루 섬사람들을 이미 덮친 운명에서 벗어날 수 있을 것이다.

 이상의 조언은 따분할 정도로 식상한 것이어서, 되풀이하는 것조차 민망할 지경이다. 그러나 진리는 귀에 딱지가 앉도록 되풀이해도 상관없다. 우리는 낙담하지 않고 희망을 가져도 될 만큼 많은 것을 이미 알고 있다. 고혈압, 당뇨병의 달달한 죽음, 그 밖의 20세기 비전염성 질병들이 우리 허락 하에 우리를 죽이고 있다는 걸 다시 강조하는 뜻에서 똑같은 조언을 되풀이하는 것이다.

에필로그

마침내, 문명 대탐사의 종착지에 서다

**뉴기니 정글과
405번 고속도로**

뉴기니의 정글에서 뉴기니 사람들과 함께 대부분의 시간을 보낸 수개월 간의 탐사를 끝내고, 프롤로그에서 언급했던 파푸아뉴기니의 포트모르즈비 공항에 들어서도 마침내 현대 산업세계로 돌아왔다는 특별한 감흥은 느껴지지 않는다. 뉴기니에서 로스앤젤레스로 돌아가는 긴 비행 시간을 활용해서 현장 기록을 재정리하고, 정글에서 보낸 수개월 동안 겪었던 사건들을 머릿속으로 되살리며 정신적으로는 내가 여전히 뉴기니에 있기 때문이다. 하지만 로스앤젤레스 공항의 짐찾는 곳에 서면 마침내 감정 이동이 시작된다. 공항 대합실에서 기다리던 가족을 만난 후에 405번 고속도로를 따라 집으로 돌아가서, 내 책상 위에 산더미처럼 쌓인 우편물과 맞닥뜨리고 이메일을 확인할 때까지 감정 이동은 계속된다. 뉴기니의 전통 세계를 떠나 로스앤젤레스에 왔다고 생각하면, 온갖 감정이 복합적으로 뒤엉킨다. 대체 그 감정이란 게 무엇일까?

무엇보다, 아내와 자식들과 다시 함께하게 됐다는 안도감과 즐거움이다. 미국은 내 고향이고 내 조국이다. 나는 미국에서 태어나 미국에서 자랐다. 내가 70여 년 동안 알고 지낸 친구들이 있고, 삶의 역사와 문화 및 많은 관심사를 공유하고 이해하는 친구들도 있다. 나는 그 어떤 언어보다 영어를 능숙하게 구사하고, 뉴기니 사람도 그런대로 이해하지만 미국인을 훨씬 더 잘 이해한다. 미국은 삶의 터전으로서도 커다란 이점들이 있다. 미국에서는 언제든 배불리 먹을 수 있고, 물리적인 안락함과 안전을 기대할 수 있으며, 뉴기니 사람들의 평균 수명보다 거의 2배나 오랫동안 살 수 있을 거라는 기대감도 있다. 또 뉴기니보다 미국에 있어야 내가 좋아하는 웨스턴 뮤직을 마음껏 들을 수 있고, 저자이자 대학교 지리학 교수로서 일하기도 훨씬 편하다. 이 모든 것이 내가 미국에 사는 이유이다. 뉴기니와 뉴기니 사람들도 사랑하기는 하지만 그곳으로 이주할 생각은 한 번도 해본 적이 없다.

로스앤젤레스 공항에서 나와 405번 고속도로에 들어서면 다른 감정이 밀려온다. 고속도로의 주변 풍경은 온통 아스팔트 길과 건물들과 자동차들이다. 주변에서 들리는 소리라고는 교통 소음이 전부이다. 공항에서 북쪽으로 15킬로미터쯤 떨어진 곳에 우뚝 솟은 샌타모니카 산맥이 항상은 아니지만 때때로 스모그를 뚫고 흐릿하게 보인다. 뉴기니의 맑디맑은 하늘, 울창한 정글의 변화무쌍한 녹음(綠陰)들, 수백 마리의 새들이 합창하듯 지저귀는 노랫소리와는 완전히 다르다. 나는 회상에 잠긴 채 감정 상태와 감각을 억누른다. 이듬해 다시 뉴기니로 탐사를 떠날 때까지는 그런 감정을 억누르고 지내야 한다는 걸 알기 때문이다. 물론 뉴기니의 정글과 405번 고속도로를 비교하는 것만으로 전통 세계와 산업 세계의 차이를 일반화할 수는 없다. 내가 포트모르즈비(세계에서 가장 위험한 도시의 하나)에서만 수개월을 보낸 후에 정상이 눈에 덮인 북아메리카 로키산맥 분수령 아래, 몬태나의 아름다운 비터루트 밸리에 자리잡은 여름 별장으로 돌아왔다면, 아름다움에 대한 생각과 감정이 완전히 뒤바뀌었을 것이다. 하지만 내가 로스앤젤레스를 거점으로 선택하고, 뉴기니 정글과 비터루트 밸리를 여행지로만 선택한 데는 분명한 이유가 있다. 그러나 로스앤젤레스의 이점을 누리려면 많은 대가를 치러야 한다.

  미국의 도시 생활로 되돌아간다는 것은 시간의 압박과 빡빡한 일정, 스트레스의 세계로 되돌아간다는 뜻이다. 그런 생각만 해도 맥박수와 혈압이 올라간다. 뉴기니의 정글에는 시간의 압박도 없고, 빈틈없이 짜여진 일정도 없다. 비가 내리지 않으면 매일 동이 트기 전에 캠프장을 나와, 첫날 아침에 나를 반겨준 새들의 노랫소리와 전날 밤에 지저귀던 새들의 노랫소리를 찾아나선다. 그러나 비가 내리면 캠프장에 우두커니 앉아 비가 그치기를 기다린다. 비가 그칠지도 모르니까. 가까운 마을에서 전날 만난 뉴기니 사람이 '내일' 캠프장을 찾아와서 새들의 이름을 나에게 그 지역의 말로 가르쳐주겠다고 약속하기도 한다. 하지만 그에게는 손목시계가 없다. 그는 '내일' 오겠다고 똑부러지게 말한 것이 아니다. 그저 다른 날에 캠프장을 방문하겠다고 말한 것일 뿐이다. 그러니 로스앤젤레스의 삶은 완전히 다르다. 빡빡한 일정에 맞추어 돌아간다. 내 휴대용 수첩에는 몇 월 며칠에 무엇을 해야 하는지 쓰여 있다. 매일 하루 종일 이메일이 봇물처럼 밀려오고 휴대폰이 끊임없이 울려댄다. 따라서 답장을 하려면 우선순위를 번질나게 재정리해야 하거나, 발신자 전화번호를 확인해야 한다.

　로스앤젤레스에 돌아오면, 뉴기니에서 본능적으로 받아들인 건강 대비책들을 하나씩 버린다. 입술에 맺힌 감염된 물방울들을 무심결에 핥아 이질에 걸리지 않으려고 샤워할 때 입을 꼭 다물던 습관이 어느새 사라진다. 손을 자주 씻고, 캠프장에서 쟁반과 숟가락이 어떻게 세척되고 누가 그런 것들을 만지는지 계속 지켜보며 조심할 필요도 없다. 피부에 긁힌 상처가 있는지 꼼꼼히 살펴볼 필요도 없다. 뉴기니에서는 그런 상처가 자칫하면 열대궤양으로 발전할 수 있지만 로스앤젤레스에서는 그럴 가능성이 전혀 없다. 게다가 매주 말라리아 예방약을 먹지도 않고, 세 가지 종류의 항생제를 갖고 다니지도 않는다(분명히 말하지만, 이런 예방책들은 결코 편집증이 아니다. 하나라도 소홀히 하면 치명적인 결과가 닥칠 수 있기 때문이다). 또 정글에서는 맹장염에 걸리면 제때에 병원에 갈 수 없지만, 로스앤젤레스에서는 배가 쑤시고 아파도 맹장염이 아닌지 걱정할 필요도 없다.

　뉴기니 정글에서 로스앤젤레스로 돌아오면 사회적 환경도 완전히 바뀐다. 무엇보다 사람들과의 접촉과 대화가 뜸해진다. 뉴기니 정글에서 깨어 있는 시간에는 캠프장에 앉아 있을 때나 새를 찾아 산길을 걸을 때나 거의 언제나 몇 걸음 내에 뉴기니 친구들이 있고, 그들과 수시로 얘기를 나눈다. 그들과 얘기를 나눌 때는 상대에게만 집중한다. 누구도 문자 메시지를 쓰거나 확인하려고, 혹은 휴대전화를 한다고 딴 데 정신을 팔지는 않는다. 캠프장에서의 대화는 그 순간에 캠프장에 누가 있느냐에 따라 사용되는 언어가 달라진다. 나는 캠프장에서 사용되는 여러 언어를 말할 줄 몰라도, 적어도 새 이름 정도는 각각의 언어로 알아야 한다.

　반면에 서구화된 사회에서는 다른 사람과 직접 얼굴을 마주보고 대화하는 시간이 턱없이 적다. 보통 미국인은 하루에 8시간을 컴퓨터나 텔레비전 앞에서, 혹은 휴대폰 액정 화면에 얼굴을 파묻고 보내는 것으로 추정된다. 우리가 다른 사람들과 상호작용하기는 하지만, 대부분의 상호작용이 이메일과 전화와 문자 메시지를 통해 간접적으로 이루어진다. 때때로 편지를 주고받기도 하지만 직접 손으로 쓴 편지마저 줄어드는 추세이다. 게다가 나는 미국에서 다른 사람들과 상호작용할 때 거의 언제나 영어만을 사용한다. 일주일에 서너 시간이라도 다른 언어로 대화하면 복권에라도 당첨된 기분이다. 물론 이런 차이들 때문에, 내가 뉴기니의 직접적이고 강렬하며 상대에게 집중하고 다양한 언어로 이루어지는 사회적 환경을 언제나 좋아한다는 뜻은 아니다. 미국과 마찬가지로 뉴기니도 나를 즐겁게 해주는 만큼 내게 실망을 안겨주기도 한다.

　미국과 뉴기니를 오가며 50년을 보낸 덕분에 나는 어느덧 마음의 평화를 얻을 수 있는 나름의 타협책을 찾아냈다. 물리적으로 미국과 다른 산업국가에서 내 시간의 약 93퍼센트를 보내고, 뉴기니에서 나머지 7퍼센트를 보낸다. 정서적으로는 내 몸이 미국에 있을 때에도 내 시간과 생각의 많은 부분을 뉴기니에 쏟는다. 뉴기니의 강렬한 인상은 떨쳐내고 싶어도 떨쳐내기가 쉽지 않다. 그래서 아예 그런 노력을 하지 않는다. 뉴기니에 있을 때는 잠시나마 세상을 생생한 천연색으로 보는 기분이다. 바깥 세상은 회색이지만……

:
**현대 세계의
장점**

우리가 유익한 교훈을 배울 수 있는 전통적인 삶의 특징에 대해 살펴보기 전에, 노파심에서 한 가지 분명한 결론부터 짚고 넘어가야겠다. 전통적인 삶을 절대 낭만적으로 생각하지 말라는 것이다! 현대 세계에도 막대한 장점이 있다. 서구화된 사회에서 살아가는 사람들이 금속 연장과 건강, 물질적인 안락, 국가가 강요하는 평화로부터 떼지어 탈출해서, 목가적인 수렵채집인의 생활방식으로 돌아가려고 애쓰고 있다는 건 새빨간 거짓말이다. 오히려 전통적인 생활방식대로 살아가던 소규모 사회의 수렵채집인들과 농경인들이 서구화된 생활방식을 알게 된 후에는 현대 세계에 어떻게든 들어오려고 애쓰는 게 현실이다. 그들이 현대 세계의 일원이 되려고 애쓰는 이유는 자명하다. 편안하고 안락한 삶을 보장해주는 물건들과 편의 시설들, 교육을 받고 직업을 구할 수 있는 기회, 의사와 병원이 제공하는 양질의 건강과 효과적인 의학, 다른 사람의 폭력과 환경적인 위험으로부터의 상대적인 안전, 안정된 식량 공급과 장수, 유아의 낮은 사망률(파유족의 경우, 어린아이의 3분의 2가 어린시절에 사망한다) 등이 이유이다. 물론 현대화된 모든 전통 마을과, 도시로 이주한 모든 전통 사회 사람이 그처럼 원하던 이점을 누리는 것은 아니다. 일부가 그런 꿈같은 소망을 이루지만, 많은 마을 사람이 그 일부가 누리는 혜택을 보고, 자신들도 그런 꿈을 이루기를 염원한다.

예컨대 인류학자 보니 휼렛(Bonnie Hewlett)과 인터뷰한 아카 피그미족 여인들은 숲에서 살던 전통적인 수렵채집인의 생활방식을 포기하고 농경인으로서 마을에 정착한 이유로 다음과 같은 것들을 언급했다. 소금과 후추, 야자유, 냄비와 프라이팬, 넙적한 칼, 침대와 랜턴 같은 물건들, 좋은 옷과 신발, 위생적인 삶, 아이들을 학교에 보낼 기회를 거론했고, 숲에서 식량을 채집하는 것보다 밭을 재배해서 식량을 구하는 편이 더 쉽고, 그물을 만들고 그물에 잡혀 발버둥치는 짐승을 끌어내는 것보다 총으로 사냥하는 편이 더 안전하고 쉽다는 것도 덧붙였다. 킴 힐과 막달레나 후타도가 인터뷰한 아체족은 숲의 생활을 포기하고 보호구역으로 이주한 이유로 산탄총과 라디오와 깨끗한 옷을 얻고, 자신들과 자식들이 배불리 먹고 건강하게 살며, 많은 자식이 건강하게 자라 성인이 되는 걸 지켜보기 위함이라고 대답했다. 내 뉴기니 친구들이 서구의 물건들 중에서 무엇보다 탐낸 것은 성냥과 금속 도끼, 옷과 폭신한 침대, 그리고 우산이었다. (뉴기니의 강수량이 연간 1만 2,700밀리미터 이상이란 걸 알면 우산의 가치를 이해할 수 있을 것이다.) 뉴기니 사람들은 의료 시설, 자식의 교육, 부족 전쟁의 종식 등 비물질적인 혜택도 중요하게 생각한다. 북캘리포니아의 야히족 사람인 이시는 50세 가량이 돼서야 수렵채집인의 생활방식을 포기하고 말년을 샌프란시스코에서 보냈다. 처음에는 유럽의 어떤 발명품보다 성냥과 풀을 대단하게 생각했지만, 시간이 지나면서 깔끔한 집과 가구, 수세식 변소, 수돗물, 전구와 가스난로, 철로와 기차까지 좋아하게 됐다. 자비네 퀴글러의 누이 유디트는 뉴기니 정글에서 지내던 집을 떠나 독일에 도착하자마자, 한 슈퍼마켓에 온갖 종류의 초콜릿 바가 있는 걸 보고 깜짝 놀랐다고 말하지 않았던가.

　전통 사회의 불안정과 위험과 불편함을 몸으로 겪으며 살았던 사람들이 언급한 서구식 생활방식의 분명하고도 구체적인 장점들이다. 생존에 필요한 것들이 이미 충족된 마을에서 자라며 그런대로 교육받은 뉴기니 친구들은 미국식 삶의 다른 부분들을 동경하며, 구체적으로 눈에 띠지 않는 장점들까지 언급했다. 그들은 정보의 접근성, 다양한 사람들과의 만남, 여성의 권리 등을 언급했다. 한 뉴기니 친구는 미국식 삶에서 가장 마음에 드는 것이 '익명성'이라고 말하며 나를 놀라게 하기도 했다. 그 친구는 뉴기니의 삶을 정서적으로 충만하게 해주지만 한편으로는 개개인을 답답하게 짓누르는 사회적 유대로부터 벗어나는 자유를 뜻하는 게 익명성이라고 말했다. 그 친구에게 익명성은 혼자 있는 자유, 사생활을 즐기는 자유, 자신의 의견을 표현하는 자유, 공개적으로 토론하는 자유, 인습에 얽매이지 않고 생각하는 자유, 주변의 압력에 영향을 받지 않는 자유, 그리고 일거수일투족을 감시받고 이야깃거리가 되지 않는 자유를 뜻한다. 구체적으로 말하면, 사람들로 붐비는 거리의 노천 카페에 앉아 있어도 지인들이 달려와 도와달라고 부탁하지 않아 편안히 신문을 읽는 자유를 뜻한다. 익명성은 뉴기니 사람들처럼 자신의 소득을 모든 친척과 공유해야 한다는 의무에 얽매이지 않고 개인의 자기계발을 인정하는 미국의 자유를 뜻한다.

전통 세계의 장점

이번에는 그들의 다른 이야기를 들어보자. 전통 사회와 WEIRD 사회에서 모두 살아봤던 사람들은 전통 사회의 무엇을 소중하게 생각하고, WEIRD 사회에는 무엇이 없다고 아쉬워할까?

가장 자주 언급되는 동시에 가장 중요한 가치는 평생 지속되는 사회적 유대감이다. 외로움과 소외는 전통 사회에는 존재하지 않는 문제이다. 전통 사회 사람들은 태어난 곳에서, 혹은 그 부근에서 평생을 보내고, 친척들과 어린시절 친구들이 언제나 주변에 있다. 구성원이 수백 명을 넘지 않는 부족사회와 무리사회 같은 소규모 사회에는 낯선 사람이 없다. 남자나 여자나 결혼하면 고향을 떠나지만(대부분의 전통 사회에서는 여자), 아득히 멀리 떠나지는 않는다. 마음만 먹으면 언제라도 고향의 친척들을 찾아갈 수 있는 거리를 벗어나지 않는다.

반면에, 인구가 많은 산업사회에서는 외로움이 만성적인 문제이다. '북적이는 방에서 밀려오는 외로움'이란 표현은 문학적인 표현만이 아니다. 대도시에서 생활하며, 잘 모르는 사람들 틈에서 일하는 많은 미국인과 유럽인이 맞닥뜨리는 현실이다. 서구 사회에서는 사람들이 번질나게 먼 곳으로 이주하고, 그들의 자식들과 친구들도 먼 곳으로 이주한다. 따라서 가까운 친척들과 어린시절 친구들과도 멀어지기 마련이다. 게다가 많은 사람과 얼굴을 마주치지만, 대부분이 낯선 사람이고 영원히 낯선 사람으로 남는다. 자식들은 경제적으로 독립하거나 결혼하면 기계적으로 부모의 집을 떠나 자신의 가정을 꾸린다. 아프리카에서 오랜 시간을 보낸 한 미국인 친구는 "아프리카의 삶은 물질적으로 빈곤하지만 사회적으로나 정서적으로는 풍요롭다. 그러나 미국의 삶은 물질적으로는 풍요롭지만 사회적으로나 정서적으로는 빈곤하다"라고 말했다. 시간의 압박, 일정의 제약, 스트레스 수준, 경쟁도 전통 사회보다 서구 사회에서 심하다고 자주 거론되는 문제들이다. 하지만 전통 사회의 특징들이 현대 산업사회의 많은 부분에, 특히 농촌 지역에 여전히 남아 있다는 걸 잊어서는 안 된다. 농촌 지역에서는 지금도 모두가 서로 알고 지내며, 대부분이 태어난 곳 근처에서 평생을 보낸다.

이런 일반적인 설명에 인간적인 얼굴을 더하기 위해서, 뉴기니와 필리핀과 케냐에서 어린시절을 보내고 십대에 미국으로 이주한 미국 사업가와 선교사의 자녀들이 자신들의 경험이라며 내게 해준 신랄한 이야기들을 인용해보자.

"미국 남자 아이들은 마초예요. 마초처럼 말하고 다른 아이들을 때려요. 친절한 아이들은 미국에서 기를 펴지 못하는 것 같아요."

"뉴기니에서 어린시절을 보낸 후 미국에 와서, 미국은 다르다고 처음 느낀 건 미국 아이들은 집에 가서 방문을 닫고 비디오게임을 하는 거였어요. 그리고 다음 날 학교에 갈 때나 집에서 나왔어요. 뉴기니에서 우리 아이들은 항상 밖에서 서로 어울리며 놀았어요."

"아프리카 아이들은 언제나 어른들과 함께 지내요. 우리 아들은 잠을 잘 때나 집에 들어왔어요. 우리는 누구의 집에나 들어갈 수 있었어요. 어떤 집에서나 우리를 반겨주었거든요. 하지만 미국 아이들은 다른 아이들과 자주 어울리지 않아요. 요즘엔 비디오게임까지 생겨서, 아이들이 자기 집에 혼자 틀어박혀 지내는 게 문제인 것 같아요. 나는 어렸을 때 미국에서 자랐는데 그때는 미국에 텔레비전만 있고 비디오게임이 없었어요. 그때보다 미국이 더 나빠진 것 같아요."

"필리핀에서 아이들은 어떤 어른이나 '삼촌'이나 '숙모'라고 불러요. 우리는 마을에 있는 어떤 집에나 들어갈 수 있어요. 저녁을 먹을 때가 되면, 누구의 집이든 간에 우리가 그 시간에 있던 집에서 다른 아이들과 함께 식사를 해요."

"미국 아이들은 뉴기니 아이들보다 덜 사교적이에요. 뉴기니에서 나는 누구를 만나든 미소를 짓고 인사를 하고는 이런저런 얘기를 나눴어요. 그런데 미국 아이들은 서로 낯선 사람인 양 지나치고 얘기도 나누지 않아요. 인사도 하지 않고요. 내가 먼저 미소를 지으며 인사를 건네면 그제야 반응을 보이지만, 미국 아이들은 먼저 인사하는 법이 없어요."

"미국 사람들은 남들이 즐겁게 해줘야 좋아하는 것 같아요. 재밌게 지내는 법을 모르는 것 같아요."

"아프리카에서는 뭔가가 필요하면 직접 만들어요. 그래서 그 물건이 어떻게 만들어지고 어떻게 작동하는지 잘 알아요. 하지만 미국에서는 뭔가가 필요하면 사러 가요. 그래서 그 물건이 어떻게 만들어지는지 몰라요."

"미국 아이들은 뉴기니 아이들보다 창의력이 없어요. 모든 걸 상점에서 구할 수 있거든요(304, 305쪽 사진 참조). 뉴기니 아이들은 비행기를 보고, 모형 비행기를 갖고 싶으면, 나무판이나 막대기로 직접 모형 비행기를 만들어요. 그렇게 만든 비행기를 갖고 놀아요. 비행기 소리를 내면서요. 나는 동생하고 직접 만든 모형 비행기들로 비행기가 나는 모양을 자세하게 흉내내기도 했어요. 하지만 미국 아이들은 이미 만들어진 장난감 비행기를 상점에서 살 뿐이고, 비행기가 나는 모양을 정확히 흉내내지도 않아요."

"아프리카에서는 모든 걸 함께 나눠요. 언젠가 내가 학교에서 고무 타이어의 안쪽에 있는 빨간 튜브를 주웠어요. 고무는 새총을 만드는 데 정말 좋아요. 그래서 빨간 고무 튜브를 잘라서 다른 아이들에게 주었어요. 새총을 만들라고요. 하지만 미국 아이들은 그처럼 소중한 걸 얻으면 혼자 가지지 다른 아이들하고 나누지 않아요. 게다가 미국 아이들은 고무 튜브로 무엇을 할 수 있는지도 모를 거예요."

"내가 뉴기니에서 미국으로 건너왔을 때 가장 적응하기 힘들었던 건 개인의 자유가 없다는 거였어요. 뉴기니 아이들이 훨씬 자유가 많아요.

미국에서는 나무에 올라가지도 못해요. 뉴기니에서는 틈만 나면 나무에 올라갔는데. 나는 아직도 나무에 올라가는 게 좋아요. 동생과 함께 캘리포니아의 집에 돌아왔을 때 우리는 가장 먼저 나무에 올라가서 나무에다 집을 지었어요. 동네 사람들은 그 집을 이상하게 생각했어요. 미국에는 규칙도 많고 규제도 너무 많아요. 그래서 아이들이 소송당할지도 모른다는 두려움에 개인적으로 모험할 기회를 스스로 포기해버려요. 수영장을 보세요. '유인적 위험물(attractive nuisance)'이 되지 않으려고 울타리를 쳐서 아이들이 못 들어오게 해요. 뉴기니에는 수영장이 없지만 우리가 번질나게 다니던 강에도 '사고가 나면 본인 책임입니다'라고 쓰인 경고문 같은 건 없었어요. 그거야 당연한 거니까요. 내가 결과에 대해 책임지지 않을 거면 왜 강물에 뛰어들겠어요? 그런데 미국에서는 행동한 사람에게 책임을 묻지 않고, 땅주인이나 건물을 짓는 사람에게 책임을 묻잖아요. 미국인들은 자기 잘못을 인정하지 않고 남을 탓하려고 하는 것 같아요. 나는 뉴기니에서 지낼 때 창의적으로 놀았고, 들판과 자연을 마음껏 돌아다녔어요. 물론 위험하기는 했어요. 미국은 위험이 잘 관리되고 있는 데도 미국 아이들은 위험한 건 멀리하는 것 같아요. 나는 정말 풍성한 어린시절을 보냈어요. 내가 어린시절을 어떻게 보냈는지 미국인들은 생각할 수도 없을 거예요."

"여기 미국에 와서 정말 힘든 건 끊임없이 일해야 한다는 압박감입니다. 오후에 자리에 앉아 커피 한 잔을 즐길 여유도 없습니다. 그런 여유는 돈을 벌 기회를 낭비하는 것이어서 죄책감까지 느끼게 합니다. 하지만 커피 한 잔을 즐기지도 못한 채 돈을 버는 사람들이 저축하지는 않습니다. 돈이 많이 드는 사치스런 삶을 살고 있을 뿐입니다. 그러니까 끝없이 더 많이 일을 해야 하는 겁니다. 미국은 일과 휴식, 혹은 여유에서 균형을 찾는 능력을 잃어버렸습니다. 뉴기니에서는 한낮에는 모든 상점이 문을 닫고 늦은 오후가 돼서야 다시 문을 엽니다. 미국에서는 생각할 수도 없는 일이지요."

"나는 미국에서 동료들에게 도덕적 기준이 없는 걸 보고 충격을 받았습니다. 미국은 다원적 사회여서 옳고 그른 것을 가릴 만한 분명한 기준이 없는 것 같습니다. 뉴기니에서는 옳은 것이 문화적으로 해석되고 적용되지만, 옳은 것이 존재하고 누구나 인식할 수 있는 것으로 인정됩니다."

"이곳 미국 아이들, 어쩌면 미국인 모두가 좋은 것을 가져야 한다는 강박관념이 있는 것 같습니다. 지난 번에 캘리포니아에 돌아왔을 때 미국인들이 최신 유행품을 반드시 가져야 한다고 생각하는 걸 보고 정말 깜짝 놀랐습니다. 당시에는 평판 플라스마 대형 텔레비전이었습니다. 하지만 6개월 후에는 무엇이 유행할까요?"

"미국 사람들은 모두 자기만의 밀폐된 상자 속에 있습니다. 아프리카에서 내가 알고 지낸 아이들은 바깥 세계에서 어떤 일이 벌어지고 있는지 관심이 많았고, 지리적인 지식도 대단했습니다. 그래서 우리는 심심하면 이런저런 나라가 어디에 있고, 세계 지도자의 이름이나 스포츠 영웅의 이름으로 수수께끼를 주고받으며 시간을 보냈지요. 물론 케냐 국가대표 축구 선수들, 장거리 육상 선수들의 이름도 훤히 꿰고 있었지만, 미국과 영국, 독일과 브라질의 슈퍼스타들에 대해서도 잘 알았습니다. 미국 서부 영화 주인공 론 레인저, 농구 선수 윌트 체임벌린, 권투 선수 무하마드 알리에 대해서도 들었던지 나에게 미국 사람들은 어떤 식으로 사느냐고 지겨울 정도로 물었습니다. 그래서 미국에 처음 들어왔을 때 나는 주변 친구들이 아프리카의 삶에 대해 물을 거라고 생각했지만, 미국에는 하루하루의 삶에 직접적으로 영향을 미치는 것 이외에는 관심을 갖는 사람이 거의 없다는 걸 깨닫는데 오랜 시간이 걸리지 않았습니다. 미국인들에게는 다른 세상의 생활방식과 풍습과 사건은 그다지 중요하지 않았습니다. 그래서 나도 아프리카에 대해서 그만 얘기해야 한다는 걸 깨달았지요. 미국은 물질적으로 풍요롭지만, 다른 세상을 알고 이해하려는 면에서는 젬병입니다. 조심스레 세우고, 스스로 선택한 무지의 벽에 안전하게 갇혀 지내는 것 같습니다."

:
전통 사회로부터 무엇을 배울 수 있을까?

6~10만 년 전에 탄생한 행동적인 현생 인류, 호모 사피엔스의 역사에서, 대부분의 기간 동안 어제의 세계가 우리의 유전자와 문화와 관습을 만들어냈다. 고고학적 자료를 바탕으로 추론해보면, 생활방식과 테크놀로지의 변화는 비옥한 초승달 지역에서 약 1만 1,000년 전에 농업의 기원과 더불어 가속화되기 전까지 무척 느릿하게 전개됐다. 다시 비옥한 초승달 지역에서 약 5,400년 경에 최초의 국가 정부가 탄생했다. 달리 말하면, 오늘날 이 땅에서 살고 있는 우리 모두의 조상들이 1만 1,000년 전까지 어제의 세계에서 살았고, 우리 다수의 조상들이 그 이후에도 비교적 최근까지 똑같은 방식으로 살았다는 뜻이다. 예컨대 뉴기니에서 가장 인구가 많은 지역에서도 외부 세계와의 직접적인 접촉은 수 세대 전에야 비로소 시작됐고, 그때까지도 뉴기니의 다른 지역들과 아마조니아에서는 외부 세계와의 직접적인 접촉은 이루어지지 않았고 국가

정부도 존재하지 않았다.

물론 어제의 세계에 존재하던 많은 부분이 지금도 여전히 우리 곁에 존재하며, 현대 산업사회에서 인구가 가장 조밀한 지역에서도 존재한다. 특히, 서구 세계라도 인구밀도가 낮은 시골 지역의 삶에서는 전통 사회의 많은 특징이 여전히 엿보인다. 하지만 전통 사회와 WEIRD 사회 사이에는 커다란 차이가 있다. 전통 사회 사람들은 인간 사회를 올바로 운영하기 위해서 수많은 실험을 무의식적으로 시도해왔다. 그 실험들이 어떤 결과를 낳는지 알아보기 위해서 과거의 똑같은 조건을 설정해두고 그 모든 실험을 시도해볼 수는 없는 노릇이다. 그러나 실제로 일어난 결과로부터 우리는 많은 교훈을 얻을 수 있다.

어제의 세계가 우리에게 가르쳐주는 것들 중에는 현대 사회에 사는 걸 고맙게 생각해야 할 것들이 있다. 말하자면, 무작정 현대 사회를 비난할 이유는 없다. 상습적인 전쟁과 유아살해, 천인공노할 노인의 방치에서 해방된 현대 사회를 달갑게 생각하지 않을 사람은 없다. 소규모 사회들이 그처럼 잔혹한 짓을 할 수밖에 없었던 이유는 이해되지만, 다행히 국가 정부가 수립되면서 우리는 전쟁의 악순환에서 벗어났고, 정착된 삶과 넉넉한 식량 생산으로 유아살해와 노인의 방치라는 악습을 떨쳐냈다. 남편을 먼저 보낸 미망인을 목 졸라 죽이는 관습을 비롯해서, 환경과 생존을 위해 반드시 필요하지 않았음에도 문화적 특성으로 일부 전통 사회가 관습적으로 행하던 잔혹 행위들을 떨쳐낸 것도 현대 사회의 장점이다.

그러나 어제의 세계에는 우리에게 반감을 일으키지 않는 특징들, 오히려 닮고 싶은 특징들도 적지 않다. 예컨대 저녁 식탁에서 음식에 소금을 뿌리지 않는 관습 같은 특징들은, 주변 사람들이 받아들이지 않든 간에 우리가 개인적으로 쉽게 적용해볼 수 있는 특징이다. 반면에 우리가 부럽게 생각하지만, 사회 전체가 변하지 않으면 우리가 개인적으로 받아들이기 힘든 특징들도 있다. 모든 부모가 자식을 미국식으로 키우는 환경에서 내 아이만을 뉴기니 아이처럼 키울 수는 없지 않은가. 전통 사회의 바람직한 특징을 받아들이기 위해서는 사회 전체의 결정과 적극적인 실천이 필요하다. 이처럼 우리가 어제의 세계에서 동경하는 특징들을 받아들이기 위해서 개인의 결심만이 아니라 사회 전체의 결심이 필요하지만, 개인적인 차원에서 먼저 시작할 수 있는 것도 있다. 그런 특징으로는 무엇이 있을까?

전통 사회의 식습관은 우리가 개인적으로 받아들여 많은 것을 개선할 수 있는 분야이다. 전통적인 삶을 사는 뉴기니인에게는 뇌졸중과 당뇨병 및 심장마비가 실질적으로 존재하지 않는다는 놀라운 사실을 다시 한 번 생각해보자. 그렇다고 이런 질병으로 죽고 싶지 않다면, 부족 전쟁을 다시 시작하고 고구마로 칼로리의 90퍼센트를 섭취하라는 뜻은 아니다. 오히려 세 가지 즐거운 습관을 우리 삶에 받아들임으로써 세계에서 가장 뛰어난 요리를 즐기고 건강하게 살며 위의 질병들을 피할 수 있다. 1) 혼자서 음식을 게 눈 감추듯 허겁지겁 먹지 말고, 친구들과 대화를 나누면서 음식을 천천히 먹는다. 2) 신선한 과일과 채소, 저지방 살코기, 생선, 견과류, 곡류 같은 건강에 좋은 식품을 선택한다. 3) 염분, 트랜스지방, 단당(가수 분해로는 더 이상 간단한 화합물로 분해되지 않는 당류—옮긴이)의 함량이 높은 식품을 피한다. 식습관은 사회 전체(즉 유권자와 정부 및 식품제조 회사)가 가공식품에 대한 건강 기준을 높임으로써 상대적으로 쉽게 받아들일 수 있는 분야이기도 하다. 실제로 핀란드를 비롯해 여러 국가에서 이미 시행하고 있기도 하다.

　사회 전체가 변하기를 기다리지 않고, 전통 사회의 장점을 본받아 우리가 개인적으로 혹은 집안에서 당장 시행할 수 있는 또 하나의 특징은 자식들을 이중언어 사용자나 다중언어 사용자로 키우는 것이다. 많은 미국인이 마음만 먹으면 자식을 이중언어 사용자로 키울 수 있었지만, 두 언어를 동시에 들으면 혼란을 야기할 수 있다는 주장 때문에 자제해왔다. 이중언어 사용은 아이들을 혼란스럽게 하기는커녕 아이들의 사고력을 향상하고 삶을 풍요롭게 해준다는 점에서 장기적으로 이익이라는 게 밝혀졌다.

　실제로 많은 미국인 부부가 하나 이상의 언어를 사용한다. 따라서 부부가 자식에게 다른 언어로 말하면, 자식을 자연스럽게 '유아 이중언어자'로 키울 수 있다. 이민자 부부라도 자식에게 자신의 모국어로 말하는 걸 자제할 필요가 없다. 그들이 각자의 모국어로 자식에게 말하더라도, 자식은 다른 아이들을 통해서 영어로 신속하게 배운다. 학교에서, 심지어 학교를 졸업한 후에도 외국어를 배우려고 끙끙댔던 사람들, 문법책을 공부하고 단어를 암기하며 회화 테이프를 들으면서 수천 시간을 보냈지만 모국어의 고유한 악센트를 버리지도 못하고 유창하게 말하지도 못하는 사람들(나 자신도 예외가 아니다)에게 이렇게 말해주고 싶다. 부모가 당신을 이중언어 사용자로 키웠더라면 그런 힘든 시간을 보내지 않고도 지금쯤이면 유창하게 말할 수 있을 거라고! 따라서 자식과 손자를 효과적으로 키우는 방법을 고민할 때 이 점을 간과해서는 안 된다.

　다중언어 이외에, 전통 사회의 양육법에는 우리가 받아들일 만한 좋은 본보기들이 많다. 조만간 부모가 될 부부라면, 각자의 사정을 고려해서 다음에 나열되는 전통 사회의 특징들 중에서 무엇을 본받을 수 있는지 고민해봐야 할 것이다. 가능할 때까지 즉각적으로 젖을 물린다, 젖떼기를 최대한 늦춘다, 가능하면 유아와 어른의 신체 접촉을 항상 유지한다, 아기와 함께 잠을 잔다(딱딱한 매트리스를 구입하고, 유아용 침대를 부부의 침실에 놓아두겠다고 소아과 의사와 상의해보라!), 아기를 똑바로 세워서 정면을 바라보도록 안거나 업는다, 대리 부모를 둔다, 아이의 울음에 신속하게 반응한다, 체벌을 멀리한다, 자식에게 직접 조사하고 탐구하는 자유를 부여한다(대신 적절히 지켜봐야 한다!), 다양한 연령층의 아이들과 놀게 한다(그래야 손아랫사람과 손윗사람의 가치를 알게 된다), 아이들에게 장난감 회사에서 만든 '교육용 장난감'과 비디오게임기 및 완성품을 잔뜩 안겨주는 대신에 자신에게 필요한 장난감을 직접 만드는 즐거움을 깨닫도록 도와준다. 주변 사람들이나 사회 전체가 변하지 않으면 개인적인 차원에서 받아들이기 힘들다고 생각되는 특징들이 있기는 하다. 예컨대 같은 아파트 단지에 사는 모든 아이가 비디오게임기를 갖고 있는데 당신 자식만 갖고 있지 않다면, 당신 자식은 다른 아이의 집에서만 지내려고 할 것이다. 그러나 전통 사회를 방문해서 그곳 아이들을 지켜본 사람들은 한결같이 그들의 독립심과 사회적 성숙도에서 깊은 인상을 받았다는 사실을 진지하게 생각해봐야 할 것이다.

　우리가 개인적으로 받아들일 수 있는 또 하나의 특징은, 우리 생활방식에 내재한 위험을 현실적으로 평가해서 뉴기니식의 건설적인 편집증을 선택적으로 받아들이는 것이다. 내 뉴기니 친구들은 죽은 나무 아래에서 잠을 자는 걸 거부했고, 겉으로는 어떤 의미도 없어 보이는 부러진 막대기가 땅에 꽂힌 걸 보고 신경을 곤두세웠다. 하지만 부러진 나무 아래에서 거듭해서 잠을 자고, 겉으로는 어떤 의미도 없어 보이는 막대기를 거듭해서 무시하면 결국 곤경에 빠질 가능성이 있다. 그들이 이런 관습을 수백 번씩 무시하고 넘긴다면 결국 큰 사고가 그들을 덮칠 가능성이 높아진다는 건 당연하지 않은가. 물론 서구화된 세계에서 살아가는 우리에게 삶을 위협하는 주된 요인은 죽은 나무도 아니고, 땅바닥에 꽂힌 막대기도 아니다. 일단 터지면 엄청난 피해가 있기 때문에 우리가 강박관념을 갖고 있지만 현실적으로는 무의미한 사고들, 예컨대 테러리스트와 핵원자로와 항공기 추락도 우리 삶을 위협하는 주된 요인은 아니다. 재해 통계를 근거로 하면, 우리는 자동차와 술, (노인의 경우에는) 접이식 사다리와 미끄러운 샤워실에 건설적인 편집증을 가져야 한다. 또한 각자의 생활 방식에 따라 어떤 다른 위험이 있는지도 생각해봐야 할 것이다.

  종교에 대한 자세도 우리가 개인적으로 받아들일 수 있는 분야이다. 많은 사람이 삶의 과정에서 어려운 시기를 맞으면 자신의 종교적 믿음을 재평가한다. 이런 경우에는 종교의 선택이, 단순히 우리가 진실이라고 판단한 형이상학적 믿음을 받아들인 것이거나 거짓이라고 판단한 믿음들을 배척한 것이 아니라, 한층 넓고 복잡한 문제라는 것을 기억할 필요가 있다. 이 글을 쓰는 지금, 나는 수십 년 전부터 알고 지낸 세 친구의 선택이 문득 생각난다. 한 친구는 어렸을 때부터 유니텔리언교파 신자였고, 교회가 그녀에게는 삶의 중심이었다. 한 친구는 유대인이어서, 유대교라는 종교만이 이스라엘이이라는 자신의 정체성을 떠받치는 기둥이었다. 마지막 친구는 독일에서도 가톨릭 신자가 압도적으로 많은 지역에서 살았던 까닭에 자연스레 가톨릭교도가 됐지만, 40세에 신교도로 개종하며 나를 놀라게 했다. 세 사례 모두에서, 자신의 종교를 끝까지 유지했든 개종했든 간에 내 친구들의 선택은 믿음의 근원보다 종교의 역할에서 영향을 받았다. 수천 년 동안 역사적인 시기에 따라 종교의 어떤 역할이 증대하고 어떤 역할이 약해졌듯이, 내 친구들이 살아가는 과정에서 그 종교들에서 어떤 역할은 커졌고 어떤 역할은 사그라들었다.

종교의 역할은 물리적 세계에 대한 궁극적인 의문에 만족스런 설명을 제시하고, 불안감과 긴장된 상황을 해소해주며, 사랑하는 사람이나 자신의 죽음만이 아니라 그 밖의 고통스런 사건들을 이해하도록 도와주고, 행동을 규제하는 도덕률과 권위체에 대한 순종이나 불복종을 정당화하며, 신자에게 이상을 공유하는 집단의 일원이라는 정체성을 부여하는 것이다. 자신의 신앙에 의혹을 품은 사람이 있다면, 종교가 과거의 사회에서는 다른 것을 뜻했다는 것을 기억하며, 종교가 자신에게 특별히 무엇을 뜻하는지 정직하게 분석해본다면 자신의 생각을 정리하는 데 도움이 될 것이다.

이번에는 우리가 전통 사회에서 동경하는 특징들을 받아들이려면, 개인적인 선택만이 아니라 사회적인 선택도 필요한 특징들에 대해 살펴보자. 이에 대해서는 이미 한 가지를 언급했다. 염분 섭취량을 줄이자는 것이다. 우리가 개인적으로도 조금씩 변화를 모색할 수 있는 목표이지만, 가공식품을 통해 섭취하는 아리송한 염분량을 줄이려면 정부와 식품회사의 적극적인 의지가 필요하다. 운동과 적절한 식습관을 통해서 당뇨병의 위험도 개인적으로 줄일 수 있지만, 정부도 대중인식 캠페인을 전개하고 구내식당에서 살찌는 음식의 판매를 규제함으로써 큰 역할을 해낼 수 있다. 이중언어도 부모에게만 맡겨두지 않고 사회가 앞장서서 다중언어 사용을 권장하고, 언어의 소멸을 막을 수 있다. 스위스를 비롯한 일부 국가는 정부가 언어 다양성을 보존하기 위해서 꾸준히 노력해왔고, 최근 들어서는 미국을 비롯한 여러 국가에서 원주민 언어들을 근절하려던 시도를 중단하는 반가운 조치를 취했다. 하지만 여전히 원주민 언어의 유지를 반대하며 언어 다양성을 박해하는 정부들이 적지 않다(브르타뉴어에 대한 프랑스 정부의 박해).

노인의 위상도 개인적인 결정과 사회적인 결정에 따라 달라진다. 노인이 점점 증가하는 세계에서, 노인은 손자들을 정성껏 돌봄으로써 일하는 자녀에게 양육의 부담을 덜어주고 손자와 자신의 삶을 풍요롭게 하며 자신의 가치를 새로운 방식으로 드러낼 수 있다. 현재 30세에서 60세 사이에 있는 부모들 중에는 노인이 되면 어떤 삶을 살아야 하고, 자식들이 자신들을 어떻게 대할까 생각하는 사람도 적지 않을 것이다. 무엇보다, 지금 우리가 늙은 부모를 어떻게 보살피는지 자식들이 지켜보고 있다는 사실을 명심해야 한다. 우리가 보살핌을 주는 연령을 지나 보살핌을 받는 시기가 되면, 우리 자식들은 우리가 늙은 부모를 어떻게 대했는지 기억해낼 것이고, 우리를 본보기로 삼을 것이기 때문이다. 사회가 임의적으로 연령을 정해놓고 계속 일할 수 있는 능력도 있고 열의도 있는 사람에게 은퇴를 강요하지 않는다면 노인의 삶은 물론이고 사회까지 풍요로워질 수 있다. 지난 수십 년의 경험에 비추어보면, 정년제도를 통한 강제퇴직제도는 미국에서 실패했다. 처음에 걱정한 것처럼 무능한 노인들이 일자리를 차지하는 것이 아니라, 우리 사회에서 가장 경험 많은 사람들의 능력을 활용하는 편이 낫다는 걸 깨달은 것이다. 그러나 유럽의 많은 기관들은 생산성이 최고조에 이른 사람들에게 지금도 퇴직을 강요하는 실정이다. 그것도 터무니없이 낮게 정한 60~65세가 됐다는 이유만으로!

 사회 전체가 변하기를 기다리지 않고 우리가 당장이라도 개별적으로 시도할 수 있는 전통 사회의 특징, 즉 천천히 먹고 유아기에 이중언어를 가르치는 방법과 달리, 전통 사회 사법제도의 장점과 국가사법제도의 장점을 결합하려면 사회적인 결정이 필요하다. 나는 앞에서 회복적 사법과 중재라는 두 가지 메커니즘을 제안했다. 물론 어느 것도 만병통치약은 아니다. 둘 모두가 어떤 상황에서는 유용하지만, 전혀 적용되지 않는 상황도 있다. 전통 사회의 장점인 회복적 사법과 중재를 우리 사회에 적극적으로 도입하려면 우리 사법체제의 정책적인 결정이 필요하다. 당신이 두 메커니즘에서 유용한 가치를 보았다면 당신의 역할은 두 메커니즘을 우리 사법체제에 도입하는 운동에 참여하는 것이지, 혼자서 도입할 수는 없다. 그러나 당신이 언젠가 사적인 분쟁에 휘말린다면, 형식에 얽매이지 않는 중재와 감정의 해소 및 관계의 회복을 강조하는 뉴기니 방식을 혼자서라도 활용할 수 있을 것이다.

 이 책을 읽는 대부분의 독자가 속해 있는 사회는 다양한 인간 문화에서 극히 작은 일부에 불과하다. 그 작은 조각에 불과한 사회들이 세계를 지배하게 된 이유는, 그 사회들이 다른 사회에 비해 모든 면에서 우월했기 때문이 아니다. 농업을 생각해내고 야생동물과 야생식물을 길들인 덕분에 테크놀로지와 정치력과 군사력에서 우위를 차지한 때문이었다. 이런 특별한 이점에도 불구하고, 현대 산업사회들은 아이들을 양육하고, 노인을 대우하며, 분쟁을 해결하고, 비전염성 질병과 그 밖의 사회적 문제를 억제하는 데는 우월한 방법을 개발해내지 못했다. 수많은 전통 사회가 이런 문제들에 다양한 관점으로 접근하며 해결 방법들을 고안해냈다. 전통 사회들, 특히 뉴기니의 전통 사회들에서 오랜 시간을 보낸 덕분인지 나 자신의 인생관이 달라졌고 한층 풍요로워졌다. 이 책을 통해서 개별 독자만이 아니라 현대 사회 전체가 전통 사회의 모습을 즐겁게 읽고 거기에서 받아들일 수 있는 교훈들을 찾아내기를 바란다.

감사의 글

나는 이 책을 쓰는데 많은 동료와 친구에게 큰 빚을 졌다. 특히 방대한 원고를 비판적으로 읽고 더 나은 책이 되도록 시간과 노력을 아낌없이 쏟아준 여덟 친구, 즉 내 아내 마리 코헨, 티머시 얼, 폴 에얼릭, 앨런 그리넬, 밸리 휼렛, 멜빈 코너, 마이클 셔머, 메그 테일러에게 특별히 감사한다. 이 책을 편집한 바이킹 펭귄 출판사(뉴욕)의 웬디 울프, 펭귄 그룹(런던)의 스테판 맥그레이스, 그리고 내 에이전트로 원고를 처음부터 끝까지 읽었을 뿐만 아니라, 이 책의 콘셉트부터 제작까지 모든 단계에서 물심양면으로 도움을 아끼지 않았던 존 브록만에게도 깊은 감사를 드린다.

미셸 피셔 케이시는 전체 원고를 몇 번이고 타이핑해주었고, 보라사 양은 참고자료로 사용할 책과 논문을 추적해주었으며, 매트 제브로스키는 지도를 맡아주었다.

나는 이 책에서 다룬 많은 부분을 UCLA의 지리학과 대학생들을 상대로 강의했다. 학생들은 참신하고 도전적인 안목으로 끊임없이 반박하며 내 안목을 넓혀주었고, 동료 교수들은 언제나 든든한 지원군 역할을 마다하지 않았다. 또 제임스 로빈슨과 내가 하버드 대학교에서 공동으로 진행한 워크숍에 참석한 학자들도 이 책에서 다룬 많은 주제에 대한 토론을 통해 창조적인 아이디어를 제공해주었다. 일부는 잡지 《내셔널 히스토리》, 《디스커버리》, 《네이처》, 《뉴욕 리뷰 오브 북스》, 《뉴요커》에 이미 기고한 글이기도 하다.

지난 반세기 동안, 많은 뉴기니인과 인도네시아인과 솔로몬 섬사람들이 내게 자신들의 통찰력과 경험과 세계관을 솔직하게 말해주었다. 덕분에 내 삶은 더욱 풍요로웠고, 이런 의미에서 그들에게 진 빚은 말로 표현할 수 없을 정도이다. 따라서 나는 이 책을 그런 친구 중 하나로, 뉴기니의 와기 골짜기에서 태어나 파푸아뉴기니 고원지대에서 자란 메그 테일러에게 헌정하고 싶다. 메그는 파푸아뉴기니 대학교와 멜버른 대학교(오스트레일리아)에서 법학을 공부한 후에 마이클 소마레 경의 개인비서가 됐다. 소마레 경은 파푸아뉴기니 준주의 초대 지사를 지냈고, 파푸아뉴기니가 1975년 자치정부에서 독립국가로 승격됐을 때 수상이 됐다. 메그는 파푸아뉴기니에서 변호사로 일하며 법률개혁위원회의 위원으로 활동했고, 풀브라이트 장학생으로 하버드 대학교에서 법학을 더 공부해서 석사학위를 받았다. 1989년부터 1994년까지는 미국과 멕시코와 캐나다에서 파푸아뉴기니 대사를 지냈다. 또한 생물다양성 보존과 연구를 위한 국제 조직들, 파푸아뉴기니의 자원과 금융과 농업 분야 기업들, 그리고 오스트레일리아 주식시장에 상장된 기업들에서 이사로 일하기도 했다. 1999년 메그는 세계은행그룹 산하 국제금융공사의 특별감사책임자 옴부즈맨에 임명됐다. 현재 메그는 외동딸 타이밀의 어머니인 동시에, 고원지대에 살고 있는 많은 어린 식구들의 숙모이다. 메그는 세계은행에서 맡은 일을 끝내면 고향으로 돌아갈 예정이다.

각 장과 관련해서 도움을 준 동료들과 친구들에게도 감사하고 싶다. 그들은 관련 자료들을 보내주며 자신들의 경험과 결론을 내게 전해주었고, 초고를 꼼꼼히 읽고 비판을 아끼지 않았다. 그레고리 앤더슨, 스티븐 베커먼, 엘렌 베일리스톡, 데이비드 비숍, 대니얼 카퍼, 엘리자베스 캐슈단, 바바라 댄, 대니얼 데닛, 조엘 도이치, 마이클 고란, 마크 그래디, K. 데이비드 해리슨, 크리스틴 호키스, 칼 하이더, 댄 헨리, 보니 휼렛, 윌리엄 아이언스, 프란신 코프먼, 닐 코프먼, 로럴 컨스, 필립 클레머, 러셀 코롭킨, 아그네스 코바치, 마이클 클라우스, 자비네 퀴글러, 데이비드 레이틴, 프란체스카 리어디니, 스티븐 르블랑, 그레이엄 맥그리거, 로버트 매킨리, 안젤라 메이어재그, 케니스 메스플레이, 리처드 밀스, 비스와나타 모한, 엘리자베스 나벨, 게리 나벨, 클레어 패노시언, 조지프 페컴, 로이드 페컴, 데일 프라이스, 새뮤얼 프라이스, 린다 레스니크, 제롬 로터, 로저 샌트, 리처드 슈웨더, 찰스 테일러, 미나 테일러, 유진 볼로크, 더글러스 화이트, 폴리 위스너, 데이비드 슬론 윌슨, 라나 윌슨, 브루스 윈터헐더, 리처드 랭엄, 폴 지메트가 그들이다.

이 연구들을 진행하는 데 미국 지리학협회, 국제보존협회, 스킵과 헤더 브리트넘 부부, 린다와 스튜어트 레스니크 부부, 서미트 재단, 이브와 하비 매소네크 부부, 새뮤얼 F. 헤이먼과 이브 그루버 헤이먼의 1981년 학술연구기금에서 많은 지원을 받았다.

이 모든 사람과 조직에게 충심으로 고맙다는 말을 전하고 싶다.

옮긴이의 글
인류의 희망에 관한 보고서

'전통'이 무슨 뜻일까? 국어사전에서는 '예로부터 이어져 내려오는 것'이라 정의되고, 영영사전에서는 '변하지 않고 오래전부터 존재하는 것'이라 정의된다. 그렇다면, 전통 사회는 옛 모습을 간직한 사회가 된다. 그럼 사회는 꾸준히 변하는 것일까? 그렇다면 왜 우리는 국가 정부를 둔 현대 사회로 변했는데 아직도 '전통'을 탈피하지 못한 사회가 있는 것일까? 이런 의문에 재레드 다이아몬드는 《총 균 쇠》(1997)에서, 인종과 지적 능력과 생물학적 차이라는 개념을 거부하고 환경과 지리적 조건의 차이로 그 의문의 답을 찾아냈다.

그로부터 만 8년 후에 발표한 《문명의 붕괴》(2005)에서 다이아몬드는 다시 환경 결정론으로 돌아와서, '왜 그리고 어떻게 위대한 문명들이 붕괴했을까?'라는 의문을 풀어냈다. 이스터 섬의 안타까운 이야기를 사례로 제시하며, 어떤 문명이든 자연 자원을 남용해서 결국 돌이킬 수 없는 지경을 넘어서면 붕괴할 수밖에 없다는 섬뜩한 결론을 내린다.

그로부터 다시 만 8년이 지난 2013년(정확히는 2012년 12월)에 환경 결정론을 바탕으로 '전통 사회에서 무엇을 배울 수 있을까?'라는 의문을 제기하고 나섰다. 어떤 사회마다 고유한 문화를 지닌다면, 또 어떤 사회로부터 뭔가를 배운다는 것이 결국 그 사회의 문화로부터 뭔가를 배우는 것이라면, 문화마저 환경에 절대적인 영향을 받는 것인지 의문이지만, 다이아몬드는 우리가 전통 사회로부터 배울 수 있는 교훈을 크게 일곱 가지—양육법, 노인의 대우, 분쟁 해결 방법, 위험 관리, 다중언어 사용, 건강한 생활방식, 종교에 대한 인식—를 제시한다.

요즘 '융합'이란 말이 자주 들린다. 쉽게 말하면, 나무만 보지 말고 숲까지 보자는 말일 것이다. 다이아몬드는 어느덧 일흔일곱 살이다. 그도 노인이 됐기 때문인지 융합적인 시각에서 전통 사회로부터 우리가 배워야 할 교훈을 차근차근 설명한다. 특히 전통 사회에 내재한 위험, 그 위험의 원인을 찾아내려는 전통 사회의 집요한 노력, 그리고 종교의 탄생, 이 셋을 사슬처럼 이어가는 솜씨에서 노학자의 융합 능력을 엿보기에 충분하다. 전통 사회에서 받아들일 만한 교훈들 중에는 양육법처럼 개인적으로 시도할 수 있는 것들도 있지만, 개인적인 차원에서 멈추지 않고 사회 전체가 받아들이면 좋은 교훈들—노인의 대우, 건강한 생활방식, 다중언어 사용—과, 분쟁 해결 방식처럼 사회 전체가 일종의 정책으로 받아들여야 가능한 교훈들로 구분하는 것에서도 노학자의 여유로움이 엿보인다.

그렇다고 다이아몬드가 전통 사회의 모든 것을 받아들이자고 제안하는 것은 아니다. 전통 사회의 잔혹한 풍습들은 환경적인 요인으로 변명해주지만, 그런 풍습들까지 받아들이자는 것은 아니다. 물론 환경과 자연을 파괴하며 과학을 발전시키고 개발을 하지 않았다면 우리가 지금과 같은 풍요를 누리지는 못하고 있을 것이다. 하지만 수백 년 후의 후손이 우리 생활방식을 조사할 때 무엇이라 말할까? 식량이 부족한 환경에서 연이어 태어난 유아를 살해한 전통 사회의 행위를 지금 우리가 잔혹한 행위라고 말하듯이, 우리 눈에는 전혀 잔혹하게 보이지 않는 행동들이 그들의 눈에는 잔혹행위로 보일지도 모른다.

  이 책에서 우리가 깨달아야 할 것은, 우리가 살아가는 방식이 유일한 방식은 아니라는 것이다. 전통 사회의 목소리가 중요한 이유는 우리에게 사회적으로나 생태적으로, 심지어 영적으로도 다른 방향을 지향할 수 있는 대안이 있다는 걸 떠올려주기 때문이다. 그렇다고 지금의 풍요를 포기하자는 것은 아니다. 다만 우리가 택한 길이 유일한 길이 아니기 때문에, 과학적으로 현명한 길이 아니라고 입증된 길을 고집하는 잘못을 범하지 말자는 것이다. 이 땅에는 다양한 문화가 존재한다는 사실 자체만으로도 우리가 삶의 방식을 근본적으로 뜯어고칠 수 있다는 게 입증된 것이나 마찬가지이다. 그럼 어떤 식으로 우리 삶을 바꿔가야 할까? 재레드 다이아몬드는 그 답을 전통 사회에서 찾아 우리에게 친절하게 정리해주었다.

충주에서
강주헌

| 참고문헌 |

여기에서 소개하는 참고문헌은 더 많은 것을 알고 싶은 독자를 위한 것이다. 광범위한 문헌을 장황하게 나열하면서 공간만 쓸데없이 차지하는 방법보다 나는 과거의 문헌들을 광범위하게 소개하는 최근의 출판물을 언급하는 방법을 택했다. 물론 독자의 특별한 관심을 끌 만한 핵심적인 책과 논문은 언급했다. 특히 이탤릭체로 쓰인 학술지의 경우에는 호수(號數), 시작하는 쪽수와 끝나는 쪽수, 발행연도(괄호)를 차례로 밝혔다. 이 책은 일반 독자를 대상으로 쓰였기 때문에 본문에서 인용한 구절들에도 각주를 달지 않았고, 참고문헌도 개별적인 주제와 전체 내용을 보충할 목적에서 덧붙이는 것이다.

전체 내용과 관련된 참고문헌

세 부분으로 나누어 두 곳에서는 참고문헌을 소개하고, 한 곳에서는 약간의 설명을 보충했다. 첫째는 이 책의 목적을 이해하는 데 필요한 책들이다. 이 책들은 여러 사회에 대한 정보를 명확하게 비교해서 보여준다. 둘째는 내가 개인적으로 만난 뉴기니 사람들의 이름에 관련한 설명이다. 셋째는 이 책에서 자주 언급된 39개 전통 사회에 대한 참고문헌이다.

일반적인 비교를 위한 참고문헌: Allen Johnson and Timothy Earle, *The Evolution of Human Societies: From Foraging Group to Agrarian State*, 2nd ed. (Stanford: Stanford University Press, 2000)는 이 책들의 독자들도 어렵지 않게 읽어낼 수 있도록 세계 전역에 존재하는 인간 사회들을 비교한 발군의 책이다. 이 책에서는 다른 수준

의 조직을 지닌 인간 사회들의 여러 면을 비교하고, 19개의 사회를 조사한 구체적인 사례들을 간략하게 제시하며, 각 사회를 더 깊이 알고 싶은 독자를 위해 풍부한 참고 문헌까지 제공한다. 나는 사회를 무리사회-부족사회-군장사회-국가 등 네 단계로 분류했지만, 이 책에서는 사회를 한층 더 세밀하게 분류한다. Ian Keen, *Aboriginal Economy and Society: Australia at the Threshold of Colonisation* (South Melbourne: Oxford University Press, 2004)은 오스트레일리아 원주민 사회들을 치밀하게 비교한 책이다. Johnson and Earle이 세계 전역에서 인간 사회를 표본추출했다면, Keen은 지리적 위치, 환경, 사회조직을 기준으로 오스트레일리아 원주민 사회들에서 7개 사회를 표본추출해서 연구한 사례를 제시하고 있다. 세계 전역의 수렵채집인 사회들을 집중적으로 연구한 책을 세 권만 꼽자면 Richard Lee and Irven DeVore, eds., *Man the Hunter* (Chicago: Aldine, 1968); Frances Dahlberg, ed., *Woman the Gatherer* (New Haven: Yale University Press, 1981); and Richard Lee and Richard Daly, eds., *The Cambridge Encyclopedia of Hunters and Gatherers* (Cambridge: Cambridge University Press, 1999)이다. 문화인류학자들에게 조언을 받아가며 여러 문화를 조사하는 작업으로는 George Murdock의 주도하에 피츠버그 대학교에 설립된 Cross-Cultural Cumulative Coding Center의 프로젝트가 있다. 이 연구소는 세계 전역에서 수백여 산업화 이전 사회를 조사해서 1,000개 이상의 문화적 변수를 찾아냈다. 이 자료는 George Murdock, *Ethnographic Atlas* (Pittsburgh: University of Pittsburgh Press, 1967); Herbert Barry III and Alice Schlegel, *Cross-Cultural Samples and Codes* (Pittsburgh: University of Pittsburgh Press, 1980); and the Web sites http://www.yale.edu/hraf, http://ehrafworldcultures.yale.edu, and http://ehrafarchaeology.yale.edu에 수록돼 있다.

뉴기니인의 이름: 내가 뉴기니 친구들의 도움을 받아 새를 관찰하는 동안 일어났던 사건과, 그들과 나누었던 대화가 이 책에서는 짤막한 일화 형식으로 소개된다. 일화 자체는 별다른 의미가 없을 수 있지만, 어떤 일반적인 현상을 설명하며 거기에 인간적인 얼굴을 더하는 데는 유용한 역할을 할 수 있다. 요즘 언론인들에게는 자신의 글에서 언급하는 사람의 본명과 인상착의만이 아니라 출신지까지 밝히는 것이 원칙이

다. 그래야 다른 언론인들도 그 사람을 만나 더 많은 질문을 해서 새로운 정보를 끌어낼 수 있을 것이기 때문이다. 이런 원칙은 과거에 인류학자들 사이에 일종의 관례였고, 나 역시도 과거에는 이런 관례를 따랐었다.

하지만 요즘 인류학자들은 정보제공자의 행동과 생각이 알려지면 그가 비난받고 피해를 입을 수 있다는 걸 깊이 인식하고 있다. 가령 어떤 뉴기니 마을 사람이 앞으로 지속적인 관계를 유지하지 않을 이방인을 느닷없이 마주친다면 문화적 오해가 빚어지기 일쑤이다. 이방인이 그 마을을 찾아온 동기와 설명이 불분명하고, 뉴기니 사람들을 꼬득여서 악용하려 한다면 더더욱 그렇다. 따라서 요즘에는 연구 지역과 정보제공자의 이름을 바꾸거나 감추는 것이 인류학계와 사회학계의 관례이다. 어떤 민족지학적 연구에서나 학자는 사회적 자료의 명확한 출처를 추적할 수 있는 세세한 내용을 드러내지 않는 것이 원칙이다. 한 인류학자는 이 원칙을 내게 이렇게 설명했다. "이런 관례에는 여러 이유에서 정보제공자를 찾아내서 해코지하려는 사람들로부터 정보제공자를 보호하겠다는 생각이 담겨 있다." 미국 인류학협회의 윤리강령에도 다음과 같이 쓰여 있다. "인류학 연구자들은 자신들이 연구하는 사람들에 대해 기본적인 윤리적 의무를 지닌다. 이 의무는 새로운 지식을 알아내려는 목표보다 우선한다." 이런 이유에서 나는 현재의 인류학계의 관례를 받아들여, 뉴기니 친구들의 삶에 대한 이야기와 사건을 소개할 때 이름은 물론이고 위치를 확인할 수 있는 세세한 부분을 바꾸거나 삭제했다.

자주 언급되는 문헌들: 프롤로그에서 설명한 이유로, 나는 세계 전역의 39개 전통 사회를 연구한 문헌들을 반복해서 인용했다. 따라서 독자는 한 사회의 다양한 면들이 어떻게 맞아떨어지는지 짐작할 수 있을 것이다. 여기에서는 특정한 사회가 처음 언급된 장에서 관련된 문헌들을 하나씩 소개하는 방법보다 지역별로 관련된 문헌들을 묶어놓았다. 39개 사회는 뉴기니와 인근 섬들에서 10개, 오스트레일리아에서 7개, 유라시아와 아프리카와 남아메리카에서 각각 5개, 북아메리카에서 7개로 이루어진다.

– 뉴기니. 다니족: Johan Broekhuijse, Karl Heider, Robert Gardner, and Peter Matthiessen의 책들. 자세한 내용은 3장의 참고문헌을 참고할 것. 다리비족: Roy Wagner, *The Curse of Souw: Principles of Daribi Clan Definition and Alliance in*

New Guinea (Chicago: University of Chicago Press, 1967) and *Habu: The Innovation of Meaning in Daribi Religion* (Chicago: University of Chicago Press, 1972). 엥가족: Polly Wiessner and Akii Tumu, *Historical Vines: Enga Networks of Exchange, Ritual, and Warfare in Papua New Guinea* (Washington, DC: Smithsonian Institution Press, 1998), Johnson and Earle (2000)에 수록된 참고문헌, 특히 Mervyn Meggitt의 책과 논문에 소개된 참고문헌을 참조할 것. 파유족: Sabine Kuegler, *Dschungelkind* (Munchen: Droemer, 2005). 이 책에서 인용한 구절들은 독일어판에서 끌어온 것이다. 영어판 Sabine Kuegler, *Child of the Jungle* (New York: Warner Books, 2005)은 약간 요약돼 번역됐다. 파유족을 다른 Kuegler의 다른 두 책으로는 Sabine Kuegler, *Ruf des Dschungels* (Munchen: Droemer, 2006)와 Sabine Kuegler, *Jagerin und Gejagte* (Munchen: Droemer, 2009)가 있다. 포레족: Ronald Berndt, *Excess and Restraint: Social Control Among a New Guinea Mountain People* (Chicago: University of Chicago Press, 1962). 히니혼족: Angella Meinerzag, *Being Mande: Personhood, Land, and Naming System Among the Hinihon in the Adelbert Range/Papua New Guinea* (Ph.D. dissertation, University of Heidelberg, 2007).

- 카울롱족: Jane Goodale (영장류 동물학자 Jane Goodall과 혼동하지 말 것), *To Sing with Pigs Is Human: the Concept of Person in Papua New Guinea* (Seattle: University of Washington Press, 1995). 마일루 섬: Bronislaw Malinowski, *Natives of Mailu* (Adelaide: Royal Society of South Australia, 1915). 트로브리안드 제도: Johnson and Earle(2000)에 수록된 참고문헌을 참조할 것. 쳄바가 마링족: Roy Rappaport, *Pigs for the Ancestors: Ritual in the Ecology of a New Guinea People*, 2nd ed. (Long Grove, IL: Waveland Press, 1984), Johnson and Earle(2000)에 수록된 참고문헌을 참조할 것.

- 오스트레일리아. Ian Keen(2004)에 7개 전통 사회—북서 지역의 응가린인족, 아른헴랜드의 욜유족, 케이프요크의 샌드비치족, 뉴사우스웨일스 내륙 지역의 유와알리야이족, 남동 지역의 쿠나이족, 서부 사막 지대의 피짠짜짜라족, 남서 지역의 위일족과 미농족—에 대한 참고문헌이 자세히 수록돼 있다.

- 유라시아. 필리핀의 아그타족: Thomas Headland, *Why Foragers Do Not Become*

Farmers: A Historical Study of a Changing Ecosystem and Its Effect on a Negrito Hunter-Gatherer Group in the Philippines (Ph.D. dissertation, University of Hawaii, 1986); John Early and Thomas Headland, *Population Dynamics of a Philippine Rain Forest People: The San Ildefonso Agta* (Gainesville: University Press of Florida, 1998). 일본의 아이누족: Hitoshi Watanabe, *The Ainu Ecosystem: Environment and Group Structure* (Seattle: University of Washington Press, 1973). 벵골만의 안다만 섬사람들: A. R. Radcliffe-Brown, *The Andaman Islanders* (Glencoe, IL: Free Press, 1948); Lidio Cipriani, *The Andaman Islanders* (New York: Praeger, 1966). 아프가니스탄의 카르기스족과 시베리아의 응가나산족: Johnson and Earle(2000)에 수록된 참고문헌을 참조할 것.

- 아프리카. 탄자니아의 하즈다족: Frank Frank Marlowe, *The Hadza: Hunter-Gatherers of Tanzania* (Berkeley: University of California Press, 2010); Kristen Hawkes, James O'Connell, and Nicholas Blurton Jones, "Hadza children's foraging: juvenile dependency, social arrangements and mobility among hunter-gatherers," *Current Anthropology* 36: 688-700 (1995), "Hadza women's time allocation, off spring provisioning and the evolution of post-menopausal lifespans", *Current Anthropology* 38: 551-577 (1997), and "Hunting and nuclear families: some lessons from the Hadza about men's work", *Current Anthropology* 42: 681-709 (2001). 남서부의 !쿵족: Nancy Howell, *Demography of the Dobe !Kung*, 2nd ed. (New York: Aldine de Gruiter, 2000) and *Life Histories of the !Kung: Food, Fatness, and Well-being over the Life-span* (Berkeley: University of California Press, 2010); Richard Lee, *The !Kung San: Men, Women, and Work in a Foraging Society* (Cambridge: Cambridge University Press, 1979); Lorna Marshall, *The !Kung of Nyae Nyae* (Cambridge, MA: Harvard University Press, 1976); Marjorie Shostak, *Nisa: The Life and Words of a !Kung Woman* (Cambridge, MA: Harvard University Press, 1981); Elizabeth Marshall Thomas, *The Harmless People*, rev. ed. (New York: Vintage Books, 1989). 수단의 누에르족: E. E. Evans-Pritchard, *The Nuer of the Sudan: A Description of the Modes of Livelihood and Political Institutions of a Nilotic People*

(Oxford: Oxford University Press, 1940). 중앙아프리카의 피그미족(아프리카 숲의 채집인으로 민족언어학적 관점에서 적어도 15개 무리로 이루어짐): 음부티 피그미족에 대해서는 Colin Turnbull, *The Forest People* (New York: Touchstone, 1962). 아카 피그미족에 대해서는 Luigi Luca Cavalli-Sforza, ed., *African Pygmies* (Orlando: Academic Press, 1986); Barry Hewlett, *Intimate Fathers: The Nature and Context of Aka Pygmy Paternal Infant Care* (Ann Arbor: University of Michigan Press, 1991) and Bonnie Hewlett, *Listen, Here Is a Story: Ethnographic Life Narratives from Aka and Ngandu Women of the Congo Basin* (New York: Oxford University Press, 2012). Barry Hewlett and Jason Fancher, "Central Africa hunter-gatherer research traditions", in Vicki Cummings et al., eds., *Oxford Handbook of the Archaeology and Anthropology of Hunter-Gatherers* (Oxford: Oxford University Press, in press)는 피그미족에 대한 주석이 충실한 참고문헌이다. 케냐의 투르카나족: Johnson and Earle (2000)에 수록된 참고문헌을 참조할 것.

- 북아메리카. 플로리다의 칼루사족: Randolph Widmer, *The Evolution of the Calusa: A Nonagricultural Chiefdom on the Southwest Florida Coast* (Tuscaloosa: University of Alabama Press, 1988). 캘리포니아 본토의 추마시족: Lynn Gamble, *The Chumash World at European Contact: Power, Trade, and Feasting among Complex Hunter-Gatherers* (Berkeley: University of California Press, 2008). 캘리포니아의 섬 추마시족: Douglas Kennett, *The Island Chumash: Behavioral Ecology of a Maritime Society* (Berkeley: University of California Press, 2005). 알래스카 북서 지역의 이누피아크족: Ernest Burch Jr., *The World System of the Inupiaq Eskimos: Alliance and Conflict* (Lincoln: University of Nebraska Press, 2005). 알래스카 노스슬로프의 이누이트족, 그레이트 베이슨의 쇼쇼니족, 북서 해안의 원주민들: Johnson and Earle (2000)에 수록된 참고문헌을 참조할 것.

- 남아메리카. 파라과이의 아체족: Kim Hill and A. Magdalena Hurtado, *Ache Life History: The Ecology and Demography of a Foraging People* (New York: Aldine de Gruyter, 1996). 페루의 마치겡가족: Johnson and Earle (2000)에 수록된 참고문헌을 참조할 것. 브라질의 피라항족: Daniel Everett, *Don't Sleep, There Are Snakes: Life and Language in the Amazonian Jungle* (New York: Pantagon, 2008). 볼리비아의 시리오노족: Allan Holmberg, *Nomads of the Long Bow: The Siriono of Eastern Bolivia* (Garden City, NY: Natural History Press, 1969). 브라질과 베네수엘라의 야노마미족: Napoleon Chagnon, *Yanomamo*, 5th ed. (New York: Wadsworth, 1997)과 Johnson and Earle (2000)에 수록된 참고문헌을 참조할 것.

프롤로그: 지금보다 더 나은 삶의 방식을 찾아서

Gavin Souter, *New Guinea: The Last Unknown* (Sydney: Angus and Robertson, 1964)은 파푸아뉴기니가 독립하기 수십 년에 있었던 초기의 탐험들을 흥미롭게 설명한 책이다. 오스트레일리아 탐험가들과 뉴기니 고원지대 사람들의 첫 접촉을 소개하는 책들에 대해서는 1장의 참고문헌을 참조하기 바란다.

세계 전역에 존재하는 전통 사회를 기준으로 할 때 문명화되고 산업화된 부유한 민주적인 서구 사회를 WEIRD라고 칭하는 이유에 대해서는 Joseph Henrich, Steven Heine, and Ara Norenzayan의 "Most people are not WEIRD", *Nature* 466: 29 (2010) 와 "The Weirdest people in the world?", *Behavioral and Brain Sciences* 33: 61~135 (2010)를 참조할 것.

나는 *Guns, Germs, and Steel* (New York: Norton, 1997)의 14장에서 무리사회부터 국가까지 사회의 진화에 대해 설명했다. 나는 사회를 무리사회부터 국가까지 네 단계로 분류했지만 Johnson and Earle (2000)은 더 정교하게 구분하며 변화 과정도 더 자세하게 다루었다. 인간 사회를 분류하는 고전적인 이론에 대해서는 Elman Service의 두 책, *Primitive Social Organization* (New York: Random House, 1962)과 *Origins of the State and Civilization* (New York: Norton, 1975)을 참조할 것.

이 책에서 내가 인간 사회들의 차이점을 설명하려고 언급한 접근법들을 사례로 보여주는 고전적인 인류학 문헌들은 다음과 같다. John Bodley, *The Power of Scale: A Global History Approach* (London: Sharpe, 2003); Timothy Earle, *Bronze Age Economics: The Beginnings of Political Economies* (Boulder, CO: Westview, 2002); Timothy Earle, ed., *Chiefdoms: Power, Economy, and Ideology* (Cambridge: Cambridge University Press, 1991); Marvin Harris, *Cultural Materialism: The Struggle for a Science of Culture* (New York: Random House, 1979); Marshall Sahlins, *Culture and Practical Reason* (Chicago: University of Chicago Press, 1976); Clifford Geertz, *The Interpretation of Cultures* (New York: Basic Books, 1973); Michel Foucault, *The Archaeology of Knowledge* (New York: Pantheon Books, 1972); Marshall Sahlins, *Stone Age Economics* (Chicago: Aldine, 1972); Marvin Harris, *The Rise of Anthropological Theory: A History of Theories of Culture* (New York: Crowell, 1968); Claude Levi-Strauss, *Structural Anthropology* (New York: Doubleday, 1963); Julian Steward, *Theory of Culture Change* (Urbana: University of Illinois Press, 1955); Alfred Kroeber, *The Nature of Culture* (Chicago: University of Chicago Press, 1952).

Kim Hill et al., "Co-residence patterns in hunter-gatherer societies show unique human social structure," *Science* 331: 1286-1289 (2011)은 채집에 의존하는 현존하는 32개의 무리사회에서 누가 누구와 어떤 관계에 있는지 분석한 논문이다.

현존하는 전통 사회들을 관찰한 결과를 해석할 때 부딪치는 어려움에 관련해서 699쪽에 인용한 글은 Ian Keen(2004)의 책 15쪽에서 인용한 것이다.

구전되는 역사를 방법론적으로 엄격하게 접근한 선구적인 연구서는 Jan Vansina의 두 책, *Oral Tradition: a Study in Historical Methodology* (London: Routledge and Kegan Paul, 1965)와 *Oral Tradition as History* (London: James Currey, 1985)이다. 사회 간의 차이에 관련해서 내가 여기에서 다루지 않은 면들에 관심 있는 독자들에게는 Richard Nisbett, *The Geography of Thought: How Asians and Westerners Think Differently……and Why* (New York: Free Press, 2003)를 추천하고 싶다. Nisbett은 이 책의 43쪽에서, 수렵채집인과 전통적 농경인과 산업사회 사람들 간의 인지적 차이를 간략하게 다루었다. Joseph Henrich et al., eds., *Foundations of Human Sociality: Economic Experiments and Ethnographic Evidence from Fifteen Small-Scale Societies* (Oxford: Oxford University Press, 2004)는 공정성과 상호성 및 자기이익의 추구라는 점에서 전통 사회와 산업 사회의 차이를 다루었다.

한 사회의 관습과 교훈이 다른 사회로 전달되기 어려운 이유를 설명한 사례 연구에 대해서는 Elizabeth Watson, *Living Terraces in Ethiopia: Konso Landscape, Culture, and Development* (Woodbridge, UK: James Currey, 2009)를 참조하기 바란다.

전통 사회에 대한 정보를 수집하는 방법

　이 책 40~41쪽에서 나는 전통 사회에 대한 정보를 얻는 네 가지 방법에 대해 간략하게 소개했다. 각 방법의 경계가 모호하지만, 각 방법이 나름의 장단점을 지닌다. 정보를 수집하는 방법에 대해 더 깊이 알고 싶은 독자, 특히 학자들을 위해서 나는 이 문제에 대해 좀 더 심도 있게 다루어보려 한다. 가장 확실한 방법은 훈련받은 사회학자나 생물학자를 전통 사회에 보내거나 그곳에서 살게 하며 특정한 주제에 대한 연구를 시행하게 하는 것이다. 나도 이런 방법을 통해 얻은 정보를 활용해서 이 책을 썼다. 사회학자나 생물학자 이외에 인류학자, 경제학자, 민족지학자, 유전학자, 역사학자, 언어학자, 의사, 정치학자, 심리학자 등 다양한 학문의 전공자가 여기에 포함될 수 있다. 그들은 특정한 의문이나 가정을 검증하는 방법으로 연구를 시작하거나, 수집한 자료를 계량화해서 수로 제시해서, 자신의 연구 결과를 학술 논문이나 책으로 발표한다. 전통적인 인간 사회에 적용되는 이런 과학적인 접근법은 수세기 전부터 현실 세계의 믿을 만한 정보를 얻기 위해서 활용된 최적의 방법이다. 따라서 이 방법은 인간 사회만이 아니라 박테리아의 세계, 분자의 세계, 암석이나 은하의 세계에도 적용된다.

　이 접근법을 전통적인 인간 사회에 적용할 때는 크게 두 가지 유형의 어려움이 제기된다. 물론 그런 어려움 때문에 연구 자체의 실효성이 떨어지지는 않는다. 그런 어려움을 고려해서 결론을 해석하면 되지만, 이런 이유에서 우리는 다른 출처에서 얻은 정보도 활용한다. 오스트레일리아 인류학자 이언 킨은 오스트레일리아 원주민 세계를 다룬 자신의 책에서 이런 어려움을 다음과 같이 요약했다. "전문적으로 훈련받은 인류학자들의 연구 결과를 해석할 때 비롯되는 주된 문제는, 학자들이 식민시대에나 식민시대 이후에나 나중에야 전통 사회에 들어가기 때문에 특정한 인식 체계가 그들의 해석에 영향을 주고 제한한다는 것이다. 하지만 관심 분야에 관한 한 그들의 연구는 철저하고 체계적인 성격을 띤다."

　식민시대에나 식민시대 이후에나 나중에 진행된 연구에 대한 킨의 경고는 문화인류학에 내재한 딜레마이며, 물리학에서 하이젠베르크의 불확정성 원리와 유사하다. 불확정성 원리에 따르면, 뭔가를 물리적으로 측정하려면 연구하는 시스템이 필연적으로 교란되기 때문에 시스템이 교란되지 않은 조건에서의 정확한 값은 불확실할 수밖에 없다는 것이다. (특히 불확정성 원리를 입자물리학에 적용하면, 입자의 위치와 속도, 둘 모두의 정확한 값을 동시에 측정하는 것은 불가능하다.) 문화인류학에 내재한 이런 딜레마를 올바로 인식하려면, 오스트레일리아 원주민 사회들에 대한 현대 인류학적 연구가 20세기에 시작됐고, 민족지학적인 연구도 현대 인류학이 본격적으로 시작되기 전인 19세기에 시작됐다는 걸 기억해야 한다. 그러나 유럽인들은 오스트레일리아에 그보다 훨씬 전인 1616년에 상륙했고, 1788년에 첫 정착지를 건설했다. 게다가 유럽인들이 도래하기 훨씬 전부터 마카사르 사람들(인도네시아 어부)이 오스트레일리아 북부 지역을 정기적으로 들락거렸고, 신원이 정확히 밝혀지지 않은 오스트로네시아 사람들이 인도네시아에서 개(정확히 말하면, 딩고)를 비롯한 여러 생명체와 기술을 수천 년 전에 오스트레일리아에 갖고 들어간 것으로 여겨진다.

따라서 오스트레일리아 원주민 사회들에 대한 연구는 유럽인이나 마카사르 사람들이 도래하기 전의 상태에서 급격히 변한 사회들에 대한 것이었다. 유럽인과 마카사르 사람들이 옮긴 질병에 의해 많은 원주민이 죽고, 유럽계 오스트레일리아 국가 정부에 정복되고 종속된 상태였기 때문이다. 게다가 원주민들이 전통적으로 행하던 화전식 농법을 계속할 수 없었고, 유럽인들이 정착지로 결정한 땅에서도 쫓겨났을 뿐아니라, 유럽인들이 반입한 고양이와 여우, 양과 가축, 그리고 오스트로네시아 사람들이 도입한 딩고가 토종 동물과 식물들에 가한 영향으로 원주민들은 생존 기반까지 부분적으로 빼앗겼을 것이기 때문이다. 칼라하리 사막의 !쿵족도 대체로 수렵채집인 사회의 표본으로 여겨지지만, !쿵족에 대한 자세한 연구는 1960년대에야 시작됐다. 따라서 뼈로 만든 화살촉을 포기하고 금속 화살촉을 사용하고, 서로 기습 공격을 포기한 사람들이었다. 게다가 1960년대 이전부터 꾸준히 반투족 목축인들에게 침략까지 당했고, 거의 2,000년 전에 아프리카 남부에 도래한 다른 반투족에게도 어떤 형태로든 영향을 받았던 게 확실한 사람들이었다. 내가 이 책에서 인용한 자료들도 그런 연구들을 근거로 한 것이다.

일반적으로 말하면, 수렵채집인에 대한 20세기의 모든 연구는 식량을 생산하는 집단들(농경인이나 목축인)과 실제로 접촉했거나 접촉했을 가능성이 높은 사회들에 대한 연구였다. 하지만 1만 1,000년 전까지 모든 인간 사회는 수렵채집인 사회였다. 따라서 수렵채집들이 접촉한 상대는 다른 수렵채집인들이었다. 오스트레일리아, 북극권, 북아메리카의 서부 지역 등 일부 지역에서만 과학적 지식을 지니지 못한 서구의 탐험가들이 당시까지 수렵채집인으로 살고 있던 수렵채집인들을 만났을 뿐이다. 이 때문에 과거 사회에 대한 현대 연구서들의 타당성이 의심받을 수밖에 없었다. 즉, "현대 수렵채집인들은 과거 수렵채집인들과 너무 달라서, 과거의 그들을 이해하는 데 어떤 도움도 되지 않는 것이 아닐까?"라는 의문이다. 이런 의문은 지나치게 극단적이다. 인류학자 멜빈 코너가 말했듯이, 지금이라도 한 무리의 서구인을 발가벗겨 연장도 주지 않고 아프리카 사바나의 어떤 곳에 격리해놓는다면 두 세대가 지나기 전에 모두가 죽거나, 지금까지 확인된 수렵채집인 사회의 많은 특징을 독자적으로 재현해낼 것이다. 그러나 현대의 전통 사회 사람들이 먼 과거의 모습 그대로는 아니라는 것은 인정해야 한다.

한편 이언 킨의 지적에 따르면, 어떤 학문이든 특정한 시대에는 연구와 지원이 특정한 분야에 집중되고 다른 분야는 방치되는 경향을 띤다. 예컨대 전통 사회의 어린이와 노령층에 대한 연구는 최근에야 소수의 인류학자들이 집중적으로 연구하기 시작했을 뿐이다. 현지에 파견된 관찰자들은 과학적인 '현지 조사'를 나가서 눈에 띄는 모든 것을 기록할 여유가 없다. 특정한 주제에 대한 책이나 논문을 발표하는 것이 우선이기 때문이다. 게다가 어떤 시대에나 선호하는 현상과 해석이 있고, 혐오스럽게 생각되는 현상도 있기 마련이다. 따라서 유명한 인류학자 마거릿 미드가 당시 인류학계를 지배하던 선입견에 맞추어 태평양 섬사람들의 성행위를 왜곡했을지도 모른다는 격렬한 논쟁이 아직도 계속되는 것이다. 또한 전통 사회 사람들은 호전적이지 않다며, 그래서 그들이 유럽인들과 접촉하게 된 결과라고 주장하는 학자들도 적지 않다. 게다가 전통 사회 사람들이 실제로 호전적이더라도 사실대로 기록하는 것은 정치적으로 좋을 게 없기 때문에 그들의 전쟁을 기록하지 않아야 한다는 의견까지 있을 정도이다.

전통 사회에 대한 정보를 구할 수 있는 두 번째 방법은 그 사회에서 구전으로 전해지는 이야기들에 대해 문맹인 사람들을 상대로 인터뷰하고, 역시 인터뷰를 통해 수세대 동안의 역사를 재구성함으로써 전통 사회가 현대화되며 덧씌워진 변화를 하나씩 벗겨내는 방법이다. 물론 이 방법에도 자체의 문제가 있기 때문에, 학자들은 획득한 정보의 신뢰성을 다각도에서 점검하고 확인하는 기법을 잘 알고 있어야 한다. 이 기법을 선도적으로 연구한 학자는 벨기에의 인류학자 얀 반시나(Jan Vansina)이다.

예컨대 미국 인류학자 폴리 위스너(Polly Wiessner)와 엥가족 예술가 아키이 투무는 파푸아뉴기니의 고원지대에서 가장 큰 언어집단인 엥가족의 구전 역사를 공동으로 연구했다. 엥가족의 역사는 1930년대 유럽인이 도래하면서야 글로 쓰여지기 시작했지만, 엥가족은 뉴기니인들 중에서 예외적으로 신화('탄디 피이')와 역사적 전통('아토네 피이')을 구분했다. 따라서 역사적 전통을 통해 8~10세대(250~400년) 전까지 역사적 사건을 기억하고 있었다. 1985년부터 1998년까지 위스너와 투무는 110개의 엥가족 부족사회에서 노인들을 인터뷰했다. 그리고 다른 씨족과 다른 부족에게 획득한 정보들과 비교하고, 전쟁이나 이주에서 상대편에 있던 후손들의 설명과 일치하는지도 조사하고, 삶의 어떤 면(예컨대 의식용 돼지의 교환)에 대한 진술이 다른 면들(예컨대 토지의 사용과 농업 생산)에 대한 진술과 모순되지 않는지도 확인함으로써 인터뷰 내용의 적확성 여부를 점검했다. 또한 엥가족만이 아니라 파푸아뉴기니 고원지대의 모든 집단에게 영향을 미쳤던 두 사건에 대한 구두 진술들도 점검했다. 두 사건은 시기를 추정할 수 있는 사건으로 정확히 말하면, 17세기에 근처의 롱아일랜드에서 화산이 폭발하며 화학적으로 확인가능한 화산재 테프라가 동하이랜드 전역을 뒤덮은 데다 며칠 동안 태양까지 가려서 엥가족과 고원지대의 다른 부족들이 구전으로 '암흑의 시대'라 일컫는 사건과, 250~400년 전에 감자가 도래하며 고원지대의 농업과 사회들에 큰 변화를 안겨준 사건이었다. 이처럼 진술을 다각도로 점검하고 시대까지 비교하는 방법을 사용해서, 위스너와 투무는 뉴기니 고원지대에 유럽인들이 도래하기 훨씬 전, 즉 여덟 세대 동안 엥가족 사회에 있었던 인구 증가와 인구 규모, 환경적 상황, 농경 생활과 재배한 작물, 교역, 지도자와 사회 조직, 전쟁과 이주, 의식과 제식의 변화 등에 대한 역사를 자세하게 재구성할 수 있었다.

구전으로 전해지는 역사의 재구성이란 이런 방법은 일부 전통 사회에만 적용될 수 있다. 엄밀히 말하면, 그 사회에서도 소수의 구성원에게만 적용될 수 있다. 대다수가 수세대 전까지 거슬러 올라가는 이야기를 자세히 기억하지 못하기 때문이다. 게다가 이 방법은 사회 조직, 이야기를 전해주는 사람의 직접 경험 정도, 이야기를 전달하는 당시의 상황, 인터뷰에 응하는 사람의 참여도 등에도 영향을 받는다. 예컨대 선교사이자 언어학자인 대니얼 에버렛이 말했듯이, 브라질의 피라항족처럼 직접 눈으로 보지 않은 것에 대해서는 언급조차 거부하는 사회가 있기 때문이다. 실제로 피라항족은 예수의 삶에 대해 열심히 전하려는 에버렛의 노력을 비웃으며 "예수를 직접 봤습니까? 직접 보지도 않고 어떻게 믿을 수 있지요?"라고 반문했다고 하지 않는가. 이와 유사한 이유에서, 1960년대 이후로 지금까지 !쿵족을 상대로 수행된 많은 연구도 수세대 전보다 앞서 그들의 삶에서 일어난 사건들과 상황들에 대한 자세한 정보를 구하는 데 어려움을 겪었다. 그러나 엥가족의 경우에는 역사적인 사건들에 대한 진술이 있을 때마다, 주변에 있던 사람들이 적극적으로 참여해서 설명을 곁들였고, 진술에 잘못이 있을 때에는 바로잡기도 했다. 따라서 힘있는 사람이 자신의 이익을 위해서 역사를 왜곡할 수 없었다.

전통 사회에 관련된 정보를 얻는 세 번째 방법은, 구전으로 전해지는 역사, 즉 과학자들이 방문하기 전의 사회를 재구성하려는 목적을 공유하는 것이다. 외부인이 전통 사회를 처음 접촉할 때 과학자가 낀 경우—1938년 미국자연사박물관과 3차 아치볼드 원정팀이 발리엠 계곡에서 다니족을 '발견'했을 때—도 있지만, 대부분의 경우에 정부 순찰대, 장사꾼, 선교사, 탐험가가 전통 사회를 먼저 발견한 후에 과학자가 그곳을 찾아간다. 1492년부터 20세기 초까지, 즉 현대 인류학이 현장연구를 행하는 학문으로 협조하기 전까지 신세계와 아프리카, 오스트레일리아와 태평양 섬들에서 대다수의 전통 사회는 유럽 탐험가들에 의해 먼저 '발견'된 것이 사실이다. 1930년대부터 오늘날까지 뉴기니와 아마조니아의 부족사회들을 처음 접촉한 사람도 과학자가 아니었다. 따라서 과학자들이 도착했을 쯤에는 부족사회의 문화가 외부와의 접촉으로 인해 변하기 시작한 뒤였다.

그러나 과학적으로 훈련받지 않은 첫 방문자들이 남긴 일화적인 기록을 통해서도 많은 정보를 얻을 수 있다. 과학적인 방법으로 정보를 얻지 않아 다른 부족에 대한 기존의 정보에 비해, 그들의 설명이 덜 체계적이고 계량적으로 분석돼 있지 않다는 단점을 부인할 수 없다. 그러나 과학자들이 나중에 만난 때보다 덜 변형된 사회의 모습을 전해주고 있다는 이점은 그런 단점을 상쇄하고도 남는다. 또한 항상 그렇지는 않지만, 처음 접촉한 때의 모습을 비과학적이고 비체계적인 방법으로 기술했다는 자체가 때로는 강점일 수 있다. 요컨대 훈련받지 않는 방문자가 자신의 눈에 인상적이었던 것들을 빠짐없이 솔직하게 서술한다면, 어떤 특정한 현상을 연구하기 위해서 파견된 과학자가 놓치기 쉬운 사회의 다양한 면들까지 기록할 수 있다.

독일인 여성, 자비네 퀴글러가 인도네시아령 뉴기니의 파유족을 다룬 책이 대표적인 예이다. 내가 인도네시아령 뉴기니를 처음 방문했던 1979년, 헬리콥터 조종사는 얼마 전에 발견된 유목민 파유족과 함께 사는 선교사 클라우스와 도리스 퀴글러 부부에 대한 이야기를 해주었다. 파유족의 초대를 받아, 퀴글러 부부는 세 어린 자식을 데리고 파유족 사회에 들어가 살았다. 퀴글러 가족은 대부분의 파유족에게 처음 보는 외부인이었다. 퀴글러 부부의 둘째 딸, 자비네는 7세부터 17세까지, 다시 말해서 그들 가족 이외에 다른 외부인이 없던 때, 파유족 사회에서 자랐다. 자비네는 교육을 계속 받고 유럽인으로 살아가기 위해서 유럽으로 돌아와서, 파유족과 함께 살며 경험하고 보았던 사건들을 기록한 자전적인 책을 2005년에 발표했다.

자비네의 책에는 도표도 없고 경쟁 가설에 대한 검증도 없으며, 인류학적 관점에서 자신의 기록이 어떤 가치를 지니는지에 대한 평가도 없다. 그러나 그녀의 책을 읽으면, 공중을 쌩쌩 날아다니는 화살, 위험과 사고, 심지어 죽음까지 파유족의 삶을 생생하게 느낄 수 있다. 자비네의 친구는 파유족 아이들이었고, 그녀 자신이 어느 정도까지는 파유족으로 살았기 때문에, 그녀의 책은 어떤 파유족의 자서전에 가깝지만 파유족과 서구인으로서 이중적인 시각을 띠고 있다. 따라서 자비네는 파유족이라면 당연하게 생각하며 언급조차 않았을 파유족의 특징—파유족의 시간 의식, 물리적으로 어려운 삶, 파유족의 심리 세계—을 눈여겨볼 수 있었던 것이다. 자비네가 유럽에 돌아와서, 파유족의 눈으로 보았던 유럽 사회, 즉 유럽인에게는 너무도 당연하게 여겨지는 유럽적인 삶의 특징들(예컨대 낯선 사람을 대하는 방식, 도로를 건널 때의 위험)에 대한 설명도 무척 감동적이다. 언젠가 어떤 학자가 파유족을 방문해서 그 사회의 어떤 면을 서술하게 될 것이다. 하지만 그때의 파유족은 퀴글러 가족이 1979년에 만났던 파유족과 엄청나게 다를 것이다. 어떤 학자도 자비네가 겪은 사건을 또다시 경험하지 못할 것이고, 따라서 거의 전통적으로 살던 파유족과 함께 자라며 생각하고 느꼈던 사람처럼 그 사회를 기록하지는 못할 것이다.

전통 사회에 대한 정보를 얻는 네 번째 방법, 또 문자로 남긴 기록도 없고 글을 아는 외부인과 접촉한 적도 없는 과거 사회에 대한 정보를 얻는 방법은 고고학이다. 고고학의 장단점은 현장 관찰자가 겪는 장단점과는 정반대이다. 고고학자는 한 지역을 발굴하고 방사성 탄소 연대 측정법을 활용해서, 어떤 문화가 현대 세계와 접촉하고 변하기 수만 년 전까지 그 문화를 재구성할 수 있다. 따라서 현대인을 접촉하고 현장에 거주하는 사회학자에게 그 사회에 미친 영향을 걱정할 필요가 전혀 없다. 이것만으로도 엄청난 이점이다. 반면에 일상의 사건과 사람들의 이름, 어떤 행동의 동기, 언어 등과 같이 세세한 부분들은 조사할 수 없다는 것은 고고학의 단점이다. 또한 고고학자들은 발굴지에 보존된 물리적 증거들로부터 사회적인 결론을 끌어낼 때도 엄청난 노력이 필요하고, 그런 노력에도 자신들의 결론을 확정적으로 단언할 수 없다는 단점을 감수해야 한다. 예컨대 고고학자들은 오랫동안 힘들여 발굴한 공동묘지에서 무덤의 크기와 시신과 함께 묻힌 물건들을 근거로 사회적 지위와 부에서 개인적인 불평등이 있었을 거라는 결론을 간접적으로만 끌어낼 수 있을 뿐이다. 반면에 현대 민족지학자는 하루만 현장 조사를 하면 그런 불평등의 존재를 직접적으로 관찰할 수 있지만, 그 결론은 현대 세계와 접촉하며 불확실한 정도로 변한 사회에 적용되는 결론에 불과하다.

따라서 전통 사회를 이해하기 위한 네 가지 방법에는 각기 다른 장점과 단점이 있다. 네 방법 모두가 적용되어 비슷한 결론이 내려진다면 그 결론에 대한 신빙성은 더욱 커질 것이다. 예컨대 현대 학자의 과학적인 관찰(3장에서 소개한 다니족 전쟁에 대한 얀 브룩하위서와 칼 하이더의 설명), 구전 역사의 재구성(폴리 위스너와 아키이 투무), 일화적인 설명(파유족에 대한 자비네 퀴글러의 설명), 고고학적 증거(도끼에 쪼개진 두개골과 전투용 갑옷)로부터 부족 전쟁에 대한 정보를 얻을 수 있다. 그러나 네 방법에 얻은 결론들이 각각 다르다면, 우리는 그 이유를 생각해봐야 한다. 시간이 지나면서 사회가 변한 것일 수도 있고, 외부와의 접촉으로 사회가 변한 것일 수도 있기 때문이다.

1장. 공간과 경계, 이방인과 장사꾼

현재 파푸아뉴기니에 속한 고원지대의 중부와 서부 지역에서 오스트레일리아인들이 원주민과 첫 접촉한 때의 이야기를 소개하며 사진까지 곁들인 세 권의 책이 있다. Michael Leahy, *Explorations into Highland New Guinea 1930-1935* (Bathurst, Australia: Crawford House Press, 1994)는 고원지대를 처음으로 탐험한 광산업자가 1

인칭으로 쓴 책이다. Bob Connolly and Robin Anderson, *First Contact: New Guinea's Highlanders Encounter the Outside World* (New York: Viking Penguin, 1987)에서는 Leahy와 그의 동료들이 진술한 첫 만남의 순간만이 아니라, 그들을 어렸을 때 만났고 50년 후에 인터뷰에 응한 고원지대 사람들의 눈에 비친 첫 만남의 순간까지 소개된다. Bill Gammage *The Sky Travelers: Journeys in New Guinea 1938-1939* (Carlton, Australia: Melbourne University Press, 1998)는 오스트레일리아령 뉴기니에서 행해진 최대 탐사 순찰대, 테일러-블랙 순찰대의 활동을 소개한 책이다. 첫 접촉의 순간을 50년 후에 기억한 뉴기니 사람의 진술은 Connolly and Anderson의 8쪽에서 인용한 것이다(이 책에서는 89쪽). Robin Radford, *Highlanders and Foreigners in the Upper Ramu: the Kainantu Area 1919-1942* (Carlton, Australia: Melbourne University Press, 1987)에서는 유럽인들이 파푸아뉴기니 고원지대의 동부에 처음 도래한 순간이 설명되고, Scott Wallace의 *The Unconquered: In Search of the Amazon's Last Uncontacted Tribes* (New York: Crown, 2011)는 아마존 분지에서 있었던 첫 접촉들을 소개하고 있다.

말라이 섬과 시아시 섬을 비롯해 비티아즈 해협에서 있었던 교역에 대해서는 Thomas Harding, *Voyagers of the Vitiaz Strait: a Study of a New Guinea Trade System* (Seattle: University of Washington Press, 1967)을 참조할 것. 시아시 섬의 다른 집단과 만독 섬의 장사꾼을 다룬 책으로는 Alice Pomponio *Seagulls Don't Fly into the Bush* (Belmont: Wadsworth, 1992)가 있다.

Theodora Kroeber, *Ishi in Two Worlds: a Biography of the Last Wild Indian in North America* (Berkeley: University of California Press, 1961)는 무척 감동적인 고전으로 어떤 독자라도 깊은 감동을 받을 것이다.

친족체계와, 결혼을 통한 동맹을 다룬 책은 많지만, Claude Lévi-Strauss, *The Elementary Structures of Kinship* (London: Eyre and Spottiswoode, 1969), Robin Fox, *Kinship and Marriage: An Anthropological Perspective* (Baltimore: Penguin, 1967)와 *The Red Lamp of Incest* (New York: Dutton, 1980), Bernard Chapais, *Primeval Kinship: How Pair-bonding Gave Birth to Human Society* (Cambridge, MA: Harvard University Press, 2008)를 추천하고 싶다.

Pamela Swadling, *Plumes from Paradise: Trade Cycles in Outer Southeast Asia and Their Impact on New Guinea and Nearby Islands until 1920* (Boroko: Papua New Guinea National Museum, 1996)은 극락조 깃털, 향목재, 해삼 등 뉴기니의 특산물을 인도네시아를 통해 아시아까지 전달한 해상 교역을 연대순으로 기록한 책이다.

39개 전통 사회를 설명한 참고문헌은 앞에서 언급한 '전체 내용과 관련된 참고문헌'을 참조할 것.

2장. 사고, 그리고 죽음에 대한 보상

미국의 국가사법체제에 대한 문헌은 방대하기 이를 데 없다. 따라서 이 장에서 다룬 쟁점과 관련된 소수의 논문만을 제시하려 한다. 국가사법체제에 대해 관심 있는 독자는 변호사 친구들에게 도움을 청하면, 국가사법체제가 실생활에서 어떻게 기능하는지에 대해 경험적인 이야기를 들을 수 있을 것이다.

전통적인 사법체제를 인류학적 관점에서 다룬 고전적인 책으로는 Leopold Pospisil, *The Kapauku Papuans and Their Law* (New Haven: Human Relations Area Files, 1964), E.A. Hoebel, *The Law of Primitive Man: a Study in Comparative Legal Dynamics* (Cambridge, MA: Harvard University Press, 1967), Bronislaw Malinowski, *Crime and Custom in Savage Society* (New York: Harcourt Brace, 1926), Sally Falk, *Moore Law as Process: An Anthropological Approach* (London: Routledge and Kegan Paul, 1978)와 *Social Facts and Fabrications: "Customary" Law on Kilimanjaro, 1880-1980* (Cambridge: Cambridge University Press, 1986)이 있다.

카울롱족, 포레족, 시리오노족, 음부티족, 피라항족, 누에르족의 분쟁 해결 방법을 다룬 책으로는 앞에서 언급한 Goodale, Berndt, Holmberg, Turnbull, Everett, Evans-Pritchard의 책들이 있다. 주술과 에볼라 출혈열과 관련된 가봉의 속설은 Barry Hewlett and Bonnie Hewlett, *Ebola, Culture, and Politics* (Belmont, CA: Thomson Wadsworth, 2008)에서 인용한 것이다.

미국 사회에서 일어나는 분쟁의 근원을 다룬 논문으로는 Richard Miller and Austin Sarat, "Grievances, claims, and disputes: assessing the adversary culture" (*Law and Society Review* 15: 525-566 (1980-1981))과 William Felstiner, Richard Abel, and Austin

Sarat, "The emergence and transformation of disputes: naming, blaming, claiming……" (*Law and Society Review* 15: 631-654 (1980-1981))를 읽어보기 바란다.

미국과 서구 사회에서 법정까지 가지 않고 부족사회의 메커니즘을 사용해서 자체로 분쟁을 해결한 사례를 다룬 문헌으로, Robert Ellickson, *Order without Law: How Neighbors Settled Disputes* (Cambridge, MA: Harvard University Press, 1991)에서는 캘리포니아 섀스타 카운티 목장주들, James Acheson, *The Lobster Gangs of Maine* (Hanover, NH: University Press of New England, 1988)는 메인 주의 바닷가재 어부들, Lisa Bernstein, "Opting out of the legal system: extralegal contractual relations in the diamond industry" (*Journal of Legal Studies* 21: 115-157 (1992))에서는 다이아몬드 상인들의 분쟁이 자세하게 다루어졌다.

가해자가 피해자에게 사과하고 잘못을 인정하며 유감을 표시하는 행위는, 사과가 어떤 형태를 띠느냐에 따라 미국 사법체제에서 잠재적인 이점도 있지만 위험하기도 하다. Erin O'Hara and Douglas Yarn, "On apology and consilience" (*Washington Law Review* 77: 1121-1192 (2002))와 Jennifer Robbennolt, "Apologies and legal settlement" (*Michigan Law Review* 102: 460-516 (2003))를 참조할 것. 패소한 측이 승소한 측의 변호사 비용까지 부분적으로 감당해야 하느냐는 문제에 대한 논의는 Thomas Rowe, Jr., "The legal theory of attorney fee shifting: a critical overview" (*Duke Law Journal* 651-680 (1982))를 참조할 것.

자신을 폭행한 강도와 중재 협상에 응하라고 강요받아 미국의 사법제도에 환멸을 가진 상황에서 수년 후에 4명의 남자를 강도라고 착각해서 총격을 가한 남자, 버나드 괴츠의 사건을 기준으로 공평한 법적용이란 문제를 다룬 논문으로는 Albert Alschuler, "Mediation with a mugger: the shortage of adjudicative services and the need for a two-tier trial system in civil cases" (*Harvard Law Review* 99: 1808-1859 (1986))가 있다.

피해자가 기소하지 않겠다는 뜻을 밝혔음에도 불구하고 로만 폴란스키를 기소하려던 로스앤젤레스 검찰에 관련해서 인용한 구절은 *Los Angeles Times*(2009년 10월 31일)의 사설을 인용한 것이다. 패티 오라일리와 그녀의 남편을 사고로 죽인 범인 간의 만남을 통해 회복적 사법의 운영 방식을 설명한 내용은 Los Angeles Times(2007년

2월 17일)를 인용한 것이다. 회복적 사법이 오스트레일리아, 캐나다, 뉴질랜드, 미국에서 운영되는 방식을 다룬 연구서로는 Mark Umbreit, *Victim Meets Offender: the Impact of Restorative Justice and Mediation* (Monsey, NY: Criminal Justice Press, 1994); Jim Consedine, *Restorative Justice: Healing the Effects of Crime* (Littleton, New Zealand: Ploughshares Publications, 1995); Nova Scotia Department of Justice, *Restorative Justice: a Program for Nova Scotia* (Halifax: Department of Justice, 1998); Gordon Bazemore and Mara Schiff, eds. *Restorative Community Justice* (Cincinnati, OH: Anderson Publishing, 2001); Allison Morris and Gabrielle Maxwell, eds. *Restorative Justice for Juveniles: Conferencing, Mediation and Circles* (Oxford: Hart Publishing, 2001); and Kathleen Daly, "Restorative justice: the real story" (*Punishment and Society* 4: 55-79 (2002))가 있다.

사법체계가 법정 밖에서 진행되는 협상과 교섭에 미치는 영향을 다룬 논문으로는 Robert Mnookin and Lewis Kornhauser, "Bargaining in the shadow of the law: the case of divorce" (*Yale Law Journal* 88: 950-997 (1979))가 흔히 인용된다.

뉴기니, 바누아투, 솔로몬 제도 등에서 발달한 방법으로, 많은 개발도상국가에서 국가사법체제와 전통적인 사법체제를 결합하는 사법체제의 사례에 대해서는 Daniel Evans, Michael Goddard, and Don Paterson, *The Hybrid Courts of Melanesia* (Washington, DC: Justice and Development Working Paper Series [of the World Bank], 2010 [www.worldbank.org/lji])을 참조할 것.

나바호국 로버트 야지 수석 재판관의 말은 Peter Iverson, Dine: a History of the Navajos (Albuquerque: University of New Mexico Press, 2002)의 320쪽에서 인용한 것이다.

3장. 작은 전쟁에 대하여

여기에서 다루어진 다니족의 전쟁은 Johan Broekhuijse De Wiligiman-Dani: Een Cultureel-anthropologische Studie over Religie en Oorlogvoering in de Baliem-vallei (Tilburg: Gianotten, 1967, 박사학위논문), Karl Heider, *The Dugum Dani: a Papuan Culture in the Highlands of West New Guinea* (New York: Wenner Gren Foundation,

1970), Peter Matthiessen, *Under the Mountain Wall: a Chronicle of Two Seasons in the Stone Age* (New York: Viking, 1962)를 참조한 것이다.

Robert Gardner의 다큐멘터리 영화는 Robert Gardner, *Dead Birds* (Cambridge MA: Peabody Museum of Harvard University, 1963). Gardner와 Heider는 함께 Gardens of War: Life and Death in the New Guinea Stone Age (New York: Random House, 1969)를 썼다. 그 이후의 연구서로는 Karl Heider, *Grand Valley Dani: Peaceful Warriors*, 3rd ed. (Fort Worth, TX: Harcourt Brace, 1997), Robert Gardner, *The Impulse to Preserve: Reflections of a Filmmaker* (New York: Other Press, 2006), and Paul Roscoe, "Dead Birds: the theater of war among the Dugum Dani" (*American Anthropologist* 113, no. 1: 56-70 (2011))가 있다. 오키나와의 사망자 수는 George Feifer, *Tennozan: the Battle of Okinawa and the Atomic Bomb* (New York: Ticknor and Fields, 1992)에서 인용한 것이다.

4장. 많은 전쟁들

일반적인 부족 전쟁을 다룬 고전적인 연구서로는 Lawrence Keeley, *War before Civilization: the Myth of the Peaceful Savage* (New York: Oxford University Press, 1996), Steven LeBlanc, *Constant Battles: the Myth of the Peaceful, Noble Savage* (New York: St. Martin's Press, 2003)와 "Why war? Lessons from the Past" (*Daedalus* winter 2007: 13-21 (2007)), Samuel Bowles "Did warfare among ancestral hunter-gatherers affect the evolution of human social behaviors?" (*Science* 324: 1293-1298 (2009)), Azar Gat *War in Human Civilization* (Oxford: Oxford University Press, 2006)이 있다. 나는 Keeley의 책에서 165쪽, LeBlanc의 책에서 130쪽을 인용했다. 외부인과 접촉한 후에 폭력이 어떻게 변했는가를 광범위하게 분석한 책으로는 Steven Pinker *The Better Angels of Our Nature* (New York: Viking, 2011)가 있다.

부족 전쟁과 침팬지 전쟁의 비교에 대해서는 Richard Wrangham, "Killer species" (*Daedalus* fall 2004: 25-35 (2004)); Richard Wrangham, Michael Wilson, and Martin Muller, "Comparative rates of violence in chimpanzees and humans" (*Primates* 47: 14-26 (2006)); and Richard Wrangham and Luke Glowacki, "Intergroup aggression in chimpanzees and nomadic hunter-gatherers: evaluating the chimpanzee model" (*Human Nature*, in press)을 참조할 것. Wrangham의 논문에서는 어떤 인간 사회가 다른 인간 사회보다 평화적인 이유가 통찰력 있게 분석됐다. 이 문제는 Raymond Kelly *Warless Societies and the Origins of War* (Ann Arbor: University of Michigan Press, 2000)에서도 심도 있게 다루어졌다.

뉴질랜드 마오리족의 전쟁에 대해서는 James Belich *The New Zealand Wars and the Victorian Interpretation of Racial Conflict* (Auckland: Penguin, 1986), James Belich *Making Peoples: a History of the New Zealanders from Polynesian Settlement to the End of the Nineteenth Century* (Auckland: Penguin, 1996), R.D Crosby *The Musket Wars: a History of Intra-iwi Conflict 1806-45* (Auckland: Reed (1999))를 참조할 것. 피지 섬에 있었던 전쟁에 대해서는 R.A. Derrick *A History of Fiji, revised ed.* (Suva: Government Press, 1950), 솔로몬 제도의 로비아나 환초와 다른 지역에 있었던 전쟁에서 대해서는 Judith Bennett *Wealth of the Solomons: a History of Pacific Archaeology, 1800-1978* (Honolulu: University of Hawaii Press, 1987), 아위야나족의 전쟁에 대해서는 Sterling Robbins *Auyana: Those Who Held onto Home* (Seattle: University of Washington Press, 1982)을 참조할 것.

Carol Ember and Melvin Ember, "Warfare, aggression, and resource problems: cross-cultural codes" (*Behavior Science Research* 26: 169-226 (1992))와 "Resource unpredictability, mistrust, and war: a cross-cultural study" (*Journal of Conflict Resolution* 36: 242-262 (1992)); Carol Ember, Melvin Ember, and Bruce Russett, "Peace between participatory polities: a cross-cultural test of the 'Democracies rarely fight each other' hypothesis" (*World Politics* 44: 573-599 (1992)); and Carol Ember, Bruce Russett, and Melvin Ember, "Political participation and peace: cross-cultural codes" (*Cross-cultural Research* 27: 97-145 (1993))는 대규모 비교문화 조사 자료인 인간관계 지역파일(Human Relations Area Files)을 분석해서 부족 전쟁을 정확히 이해하기 위해서 쓰여진 논문들이다. 냉정하고 합리적인 선택보다 신성한 가치가 갈등에서 더 큰 비중을 차지하는 경우에 대해서는 Scott Atran, Robert Axelrod, and Richard Davis, "Sacred barriers to conflict resolution" (Science 317: 1039-1040

(2007))을 참조할 것.

복수에 대해서는 Stephen Beckerman and Paul Valentine, eds. *Revenge in the Cultures of Lowland South America* (Gainesville: University Press of Florida, 2008)와 G. W. Trompf *Payback: the Logic of Retribution in Melanesian Religions* (Cambridge: Cambridge University Press, 1994)를 참조할 것.

추마시족 전쟁에 대해서는 Lynn Gamble *The Chumash World at European Contact* (Berkeley: University of California Press, 2008)를 참조할 것.

유럽인과의 접촉이 부족 전쟁에 미친 영향에 대해서는 R. Brian Ferguson and Neil Whitehead *War in the Tribal Zone: Expanding States and Indigenous Warfare* (Santa Fe: School of American Research Press, 1992)와 R. Brian Ferguson *Yanomamo Warfare: a Political History* (Santa Fe: School of American Press, 1999)를 참조할 것.

인류학자들이 원주민 공동체의 전쟁과 환경적인 문제와 관련된 증거를 공개해야 하느냐 자제해야 하느냐에 대한 논쟁은 Richard Chacon and Rubén Mendoza, eds. *The Ethics of Anthropology and Ameridian Research: Reporting on Environmental Degradation and Warfare* (New York: Springer, 2012)를 참조할 것.

현대 전쟁의 결과에 대해서는 Lewis Richardson *Statistics of Deadly Quarrels* (Pittsburgh: Boxwood Press, 1960)와 Micheal Clodfelter *Warfare and Armed Conflicts*, 3rd ed. (Jefferson, NC: McFarland, 2008)를 참조할 것.

미국 남북전쟁 당시 셔먼 장군이 남부연합의 심장부를 행진한 사례에 대해서는 James McPherson *Battle Cry of Freedom: the Civil War Era* (New York: Oxford University Press, 1988)를 참조할 것.

다니족의 전쟁에 대한 출처에 대해서는 3장의 참고문헌에서 이미 언급했다.

탈하임 대학살의 고고학적 증거에 대해서는 J. Wahl and H. K?nig "Anthropologisch-traumologische Untersuchung der menschlichen Skelettreste aus dem bandkeramischen Massengrab bei Talheim, Kreis Heilbronn" (Fundberichte aus Baden-W?rttemberg 12: 65-193 (1987))을 참조할 것. 청동기 시대의 대학살은 Detlef Jantzen et al., "A Bronze Age battlefield? Weapons and trauma in the Tollense Valley, north-eastern Germany" (*Antiquity* 85: 1-18 (2011))에서, 스페인 네안데르탈인 대학

살은 Antonio Rosas et al., "Paleobiology and comparative morphology of a late Neandertal sample from El Sidron, Asturias, Spain (*Proc. Natl. Acad. Sci. USA* 103: 19266-19271 (2006))과 Carles Lalueza-Fox et al., "Genetic evidence for patrilocal mating behavior among Neandertal groups" (*Proc. Natl. Acad. Sci. USA* 108: 250-253 (2011))에서 다루어졌다.

프롤로그의 참고문헌에서 제시한 Berndt, Chagnon, Burch, Kuegler, Evans-Pritchard, Malinowski의 책에서 차례로 포레족, 야노마미족, 이누피이크 이누이트족, 파유족, 누에르족, 마일루 섬사람들이 다루어졌다.

후손 생산에서 우아오라니족의 호전적인 전사와 상대적으로 온순한 남자의 비교는 Stephen Beckerman et al. "Life histories, blood revenge, and reproductive success among the Waorani of Ecuador" (*Proc. Nat. Acad. Sci. USA* 106: 8134-8139 (2009))를 참조할 것. Chagnon은 야노마미족의 경우를 비교했다. N. Chagnon "Life histories, blood revenge, and warfare in a tribal population" (*Science* 239: 985-992 (1988)).

복수심에 대한 부분은 내가《뉴요커》에 기고한 글, "Vengeance Is Ours" (The New Yorker pp. 74-87, 2008년 4월 21일)를 인용하기도 했다.

5장. 어떻게 키우는가

이 장에서는 인간 사회들의 양육법을 비교하는데, 인간과 다른 영장류 동물들의 양육법을 비교한 최근의 책들에서 많은 도움을 받았다. Barry Hewlett and Michael Lamb, eds. *Hunter-gatherer Childhoods: Evolutionary, Developmental, and Cultural Perspectives* (New Brunswick, NJ: AldineTransaction, 2005); Robert LeVine and Rebecca New, eds. *Anthropology and Child Development: a Cross-cultural Reader* (Oxford: Blackwell, 2008); David Lancy *The Anthropology of Childhood: Cherubs, Chattel, Changelings* (Cambridge, UK: Cambridge University Press, 2008); Sarah Blaffer Hrdy *Mothers and Others: the Evolutionary Origins of Mutual Understanding* (Cambridge, MA: Harvard University Press, 2009); and Melvin Konner *The Evolution of Childhood: Relationships, Emotion, Mind* (Cambridge, MA: Harvard University Press, 2010). 처음 두 권은 여러 저자가 쓴 논문들을 모은 것으로, 각자가 개별적으로

연구한 사회들에 대한 다양한 관점을 제시하는 반면에, 뒤의 세 책은 단일 저자의 통합적인 관점을 제시한 책이다.

문화권을 비교한 George Murdock의 자료(1957년판)를 근거로 처음 비교 연구를 시도한 논문으로는 Herbert Barry III, Irvin Child, and Margaret Bacon, "Relation of child training to subsistence economy" (*American Anthropologist* 61: 51-63 (1959))가 있다.

이 장에서 다루어진 많은 양육법에 대한 참고문헌은 '전체 내용과 관련된 참고문헌'을 참조하기 바란다. 여기에서는 아체족, 아그타족, 아카 피그미족, 안다만 섬사람들, 음부티족, 다니족, 하즈다족, 이누피아크족, 카울롱족, !쿵족, 마일루 섬사람들, 누에르족, 시리오노족, 트로브리안드 섬사람들, 야노마미족의 양육법을 소개했다. 이 장에서 다루어진 다른 세 종족의 양육법은 Hewlett/Lamb와 LeVine/New의 책에서 인용한 것이다. 두 종족은 Hewlett/Lamb의 책에서 Douglas Bird와 Rebecca Bliege Bird가 소개한 오스트레일리아 서부 사막 지역의 마르투족과, Bram Tucker와 Alyson Young이 소개한 마다가스카르의 미케아족이다. 나머지 한 종족은 LeVine/New의 책에서 Meyer Fortes가 소개한 가나의 탈렌시족이다.

Barry Hewlett이 동료들과 함께 중앙아프리카 숲의 채집인들과 농경인들을 비교한 연구서로는 Barry Hewlett *Intimate Fathers*; Barry Hewlett, "The parent-infant relationship and social-emotional development among Aka pygmies," pp. 223-243 in J. Roopnairine and B. Segal, eds. *Parent-child Relations in Diverse Cultures* (New York: Abley, 1992); Barry Hewlett et al., "Culture and early infancy among Central African foragers and farmers" (*Developmental Psychology* 34: 653-661 (1998)); and Hillary Fouts, Barry Hewlett, and Michael Lamb, "Weaning and the nature of early childhood interactions among Bofi foragers in Central Africa" (*Human Nature* 12: 27-46 (2001))가 있다.

요즘의 부모가 아기와 함께 같은 침대에서 자는 것이 위험한가 바람직한가에 대한 논쟁은 James McKenna and Thomas McDade, "Why babies should never sleep alone: a review of the co-sleeping controversy in relation to SIDS, bedsharing and breast feeding" (*Paediatric Respiratory Reviews* 6: 135-152 (2005))을 참조할 것.

이 장에서 직접 인용한 구절들의 출처는 다음과 같다. 이 책의 261-262쪽, 280, 293쪽에서 소개한 피라항족에 대한 구절은 Daniel Everett, *Don't Sleep, There are Snakes*의 90-91, 98, 89-97, 89쪽에서 인용했다. 이 책의 262-294쪽에서 아체족에 대해 설명한 구절은 Kim Hill and A. Magdalena Hurtado, *Ache Life History*의 219-220쪽과 375쪽에서 인용했다. 이 책의 264-265쪽에서 !쿵족에 대해 언급한 구절은 Nancy Howell, *Demography of Dobe !Kung*의 119-120에서 인용했고, 이 책의 284쪽에서 미국의 양육법에 대해 언급한 구절은 Hewlett and Lamb, *Hunter-Gatherer Childhoods*에 수록된 Sarah Blaffer Hrdy의 논문 65쪽에서 인용한 것이다. 이 책의 305쪽에서 나야카족에 대해 언급한 구절은 Hewlett and Lamb의 책에 수록된 Nurit Bird-David의 논문 96쪽에서 인용했다. 이 책의 290-291쪽에서 트로브리안드 섬사람들의 양육법에 대해 언급한 구절은 Robert LeVine and Rebecca New *Anthropology and Child Development*에 수록된 Bronislaw Malinowski의 논문 30쪽에서 인용한 것이고, 이 책의 290쪽에서 탈렌시족에 대해 언급한 구절은 LeVine and New의 책에 수록된 Meyer Fortes의 논문 35쪽에서 인용한 것이다. 끝으로 이 책의 306-307쪽에서 음부티 피그미족에 대해 언급한 구절은 Colin Turnbull, *The Forest People* 129쪽에서 인용한 것이다.

6장. 노인의 대우

이 장에서 제시된 부족 사회들의 관습들을 포함해서 많은 전통 사회의 노인을 비교한 다섯 권의 고전으로는 Leo Simmons *The Role of the Aged in Primitive Society* (New Haven: Yale University Press, 1945), Donald Cowgill and Lowell Holmes, eds. *Aging and Modernization* (New York: Meredith, 1972), Pamela Amoss and Stevan Harrell, eds. *Other Ways of Growing Old: Anthropological Perspectives* (Stanford: Stanford University Press, 1981), Donald Cowgill *Aging around the World* (Belmont, CA: Wadsworth, 1986), J. Keith et al. *The Aging Experience: Diversity and Commonality across Cultures* (City: publisher, 1994)가 있다.

부모와 자식 간의 이해관계 충돌은 Robert Trivers "Parent-offspring conflict" (*American Zoologist* 14: 249-264 (1974))에서 잘 설명돼 있다.

Kristen Hawkes와 그의 동료들이 할머니의 역할에 대해 연구한 논문들로는 Kristen Hawkes, James O'Connell and Nicholas Blurton Jones, "Hardworking Hadza grandmothers," pp. 341-366 in V. Standen and R. Foley, eds. *Comparative Socioecology: the Behavioural Ecology of Humans and Other Mammals* (London: Basil Blackwell, 1989), Kristen Hawkes et al., "Grandmothering, menopause, and the evolution of human life histories" (*Proc. Natl. Acad. Sci. USA* 95: 1336-1339 (1998)), Kristen Hawkes, "Grandmothers and the evolution of human longevity" (*American Journal of Human Biology* 15: 380-400 (2003)), Kristen Hawkes, "The grandmother effect" (*Nature* 428: 128-129 (2004))가 있다.

아체족, !쿵족, 피그미족, 시리오노족에 대한 참고문헌은 '전체 내용에 관련된 참고문헌'을 참조하기 바란다.

이 장에서 제시한 사례 연구들에 대한 출처는 다음과 같다. 노련한 뱃사람 테바케가 바다에서 행방불명된 사건에 대해서는 David Lewis *We, the Navigators* (Honolulu: University Press of Hawaii, 1972), 노인에 대한 미국인들의 마음가짐에서 대해서는 Louis Harris and Associates, Inc. *The Myth and Reality of Aging in America* (Washington, DC: National Council on the Aging, 1975); Louis Harris and Associates *Aging in the Eighties: America in Transition* (Washington, DC: National Council on the Aging, 1981), 아일랜드의 노인 공경에 대해서는 Conrad Arensberg and Solon Kimball *Family and Community in Ireland* (Cambridge, MA: Harvard University Press, 1940); Robert Kennedy, Jr. *The Irish: Emigration, Marriage, and Fertility* (Berkeley, CA: University of California Press, 1973). 타라와 전투에 대해서는 Joseph Alexander *Utmost Savagery: the Three Days of Tarawa* (Annapolis, MD: Naval Institute Press, 1995), 핀란드와 캐나다에서 할머니가 손자들의 생존에 미친 영향에 대해서는 Mirkka Laadenper? et al., "Fitness benefits of prolonged post-reproductive lifespan in women" (*Nature* 428: 178-181 (2004)), 취업 지원자의 연령이 서류전형에 통과할 가능성의 실험 연구에 대해서는 Joanna Lahey *Age, Women, and Hiring: an Experimental Study* (Chestnut Hill, MA: Center for Retirement Research at Boston College, 2006)를 참조할 것.

이 책의 327-328쪽에서 전통 사회의 지식과 렌넬 섬의 헝기 켕기에 대해 언급한 내용은 내가 쓴 책, *Why Is Sex Fun? The Evolution of Human Sexuality* (New York: Basic Books, 1997)의 122-123쪽에서 인용한 것이다.

이 장에서 직접 인용한 구절들의 출처는 다음과 같다. 이 책의 319쪽에서 시리오노족에 대해 언급한 구절은 Allan Holmberg, *Nomads of the Long Bow*의 226쪽에서 인용했다. 이 책의 321쪽에서 아체족에 대해 언급한 구절은 Kim Hill and A. Magdalena Hurtado, *Ache Life History*의 236쪽에서 인용했다. 이 책의 321쪽에서 카울롱족에 대해 언급한 구절은 Jane Goodale, *To Sing with Pigs is Human*의 176쪽에서 인용했다. 이 책의 321쪽에서 뱅크스 섬사람들에 대해 언급한 구절은 Codrington의 347쪽에서 인용했다. 이 책의 322쪽에서 구리타 일본 해군 제독에 대해 언급한 구절은 Winston Churchill, *Triumph and Tragedy*(Cambridge, MA: Houghton Mifflin, 1953)의 186쪽에서 인용한 것이다. 이 책의 328-329, 332, 342쪽에서 가족, 노인의 쓰임새, 아일랜드에 대해 강조한 구절들은 Donald Cowgill, *Aging around the World*의 46, 8, 110쪽에서 인용한 것이다.

나이가 들어감에 따라 작곡가로서 능력까지 달라진다는 Richard Strauss의 생각은 Stefan Zweig *Die Welt von Gestern* (Frankfurt: S. Fischer Verlag, 1982)에서 확인할 수 있다.

7장. 건설적인 편집증

Richard Lee는 *The !Kung San*의 221쪽에서 !쿵족이 사냥한 짐승을 먼저 차지한 사자와 하이에나를 쫓아내는 방법에 대해 자세히 설명했다.

부모와 형제자매의 집을 방문하려고 여행하는 동안 살해당한 젊은 여인, 주무의 이야기는 Ronald Berndt의 Excess and Restraint의 244-246쪽에서 자세히 기록돼 있다.

8장. 사자와 다른 위험들

위험과 불확실성에 대해서는 심리학자, 공학자, 의사, 행동생태학자, 보험회사 분석가 등 전문가들이 쓴 방대한 문헌이 있다. 이 분야에서 고전으로 여겨지는 문헌들은 다음과 같다. 안전과 이익과 감당할 수 있는 위험의 관계에 대해서는 Chauncey

Starr, "Social benefit versus technological risks: what is our society willing to pay for safety?" (*Science* 165: 1232-1238 (1969)), 불확실성과 의사결정에 대해서는 Amos Tversky and Daniel Kahnemann, "Judgment under uncertainty: heuristics and biases" (*Science* 185: 1124-1131 (1974))와 "The framing of decisions and the psychology of choice" (*Science* 211: 453-458 (1981)), 우리가 판단하는 위험 등급과 실제 위험 간의 편차에 대해서는 Paul Slovic, "Perception of risks" (*Science* 236: 280-285 (1987)), 위험에 대한 인간의 비합리적인 평가에 대해서는 Melvin Konner *Why the Reckless Survive: and Other Secrets of Human Nature* (New York: Penguin, 1990, 특히 같은 제목을 지닌 장, 125-139쪽), 행동과 결정의 예측할 수 없는 결과에 대해서는 Bruce Winterhalder, "Risks and decision-making," pp. 433-445 in R.I.M. Dunbar and Louise Barrett, eds. *Oxford Handbook of Evolutionary Psychology* (Oxford: Oxford University Press, 2007)가 있다.

안데스 지역 농부들의 밭의 분산에 대한 Carol Goland의 연구에 대해서는 "Field scattering as agricultural risk management: a case study from Cuyo Cuyo, Department of Puno, Peru" (*Mountain Research and Development* 13: 317-338 (1993))를 참조할 것. 나는 Steven Drobny *The Invisible Hand: Hedge Funds off the Record? Rethinking Real Money* (New York: Wiley, 2010)의 추천사에서 골란드의 연구 결과가 투자자, 헤지펀드 매니저, 연금 관리자에 적용될 가능성에 대해 썼다.

나는 *Guns, Germs, and Steel: the Fates of Human Societies* (New York: Norton, 1997)의 11장에서 농업이 도래한 이후로 진화한 전염병과 비교해서, 수렵채집인에게 영향을 미친 감염병의 진화를 다룬 적이 있었다. 그 이후의 분석에 대해서는 Nathan Wolfe, Claire Panosian, and Jared Diamond, "Origins of major human infectious diseases" (*Nature* 447: 279-283 (2007))을 참조할 것.

아체족, 아그타족, 아이누족, 아카 피그미족, 다니족, 다리비족, 파유족, 그레이트 베이슨의 쇼쇼니족, 이누피아크족, 카울롱족, !쿵족, 음부티 피그미족, 응가린인족, 누에르족, 피라항족, 시리오노족, 트로브리안드 섬사람들, 야노마미족에 대해서는 '전체 내용에 관련된 참고문헌'에 소개된 책들을 참조하기 바란다.

기아로 죽어가던 뉴기니인들과 A.F.R. Wollaston의 만남에 대해서는 그의 논문

"An expedition to Dutch New Guinea" (*Geographical Journal* 43: 248-273 (1914))과 그의 책, *Pygmies and Papuans: the Stone Age Today in Dutch New Guinea* (London: Smith Elder, 1912), 아나사지족과 그린란드 바이킹족에 대해서는 내가 쓴 책으로 많은 참고문헌이 수록된 *Collapse: How Societies Choose to Fail or Succeed* (New York: Viking Penguin, 2005), 포미오의 강수량에 대해서는 J.R. McAlpine, Gael Keig, and Karen Short *Climatic Tables for Papua New Guinea* (Melbourne: Division of Land Use Research Technical Paper no. 37, Commonwealth Scientific and Industrial Research Organization, Australia, 1975), 캄차카 반도 이텐미족의 식품 저장에 대해서는 Victor Shmirelman, "The Itenm'i," 147-151 in Richard Lee and Richard Daly, eds. *The Cambridge Encyclopedia of Hunters and Gatherers* (Cambridge, UK: Cambridge University Press, 1999), 부상과 질병이 식량 채취에 미치는 영향에 대해서는 Lawrence Sugiyama and Richard Chacon, "Effects of illness and injury on foraging among the Yora and Shiwiar: pathology risk as adaptive problem," 371-395 in L. Cronk, N. Chagnon, and W. Irons, eds. *Human Behavior and Adaptation: an Anthropological Perspective* (New York: Aldine, 2000)를 참조할 것.

이 장에서 직접 인용한 구절들의 출처는 다음과 같다. 이 책의 410쪽에서 파유족에 대해 언급한 구절은 Sabina Kuegler, *Dschungelkind*의 312쪽에서 인용한 것이다. 이 책의 422쪽에서 카울롱족에 대해 언급한 구절은 Jane Goodale, *To Sing with Pigs is Human*의 43쪽, 이 책의 442-423쪽에서 !쿵족에 대해 언급한 구절은 Marjorie Shostak, *Nisa*의 75, 이 책의 424-425쪽에서 아체족에 대해 언급한 구절은 Kim Hill and A. Magdalena Hurtado, *Ache Life History*의 162쪽, 이 책의 446쪽에서 !쿵족에 대해 언급한 구절은 Richard Lee, *The !Kung San*의 118쪽과 114쪽, 이 책의 446쪽에서 누에르족에 대해 언급한 구절은 E.E. Evans-Pritchard, *The Nuer of the Sudan*의 84쪽에서 인용한 것이다. 이 책의 432쪽에서 사위족에 대해 언급한 내용은 Don Richardson, Peace Child, 3rd ed. (Ventura, CA: Regal Books, 1976)의 34쪽, 이 책의 450쪽에서 안데스 지역의 농경인들에 대해 언급한 내용은 Carol Goland, "Field scattering as agricultural risk management: a case study from Cuyo Cuyo, Department of Puno, Peru" (*Mountain Research and Development* 13: 317-338 (1993))의 335쪽에서

인용한 것이다.

9장. 전기뱀장어는 종교의 진화에 대해 우리에게 무엇을 말해주는가?

학계에서 종교들의 비교 연구는 19세기에 본격적으로 시작됐다. 1965년까지 발표된 옛 문헌에서 나에게 가장 유용했던 책은 William Lessa and Evon Vogt, *Reader in Comparative Religion: an Anthropological Approach*, 2nd ed. (Harper and Row, New York, 1965)였다. 종교 연구에서 고전으로 여겨지는 책들로부터 발췌한 81개의 짤막한 글로 이루어지며, 종교에 관련된 책에서는 기대하기 힘들지만 종교와 무관하지 않은 주제들, 예컨대 끝이 갈라진 막대를 이용해서 지하에 감추어진 수맥을 찾아내는 '수맥 탐사'까지 다룬 책이다. 이 책보다는 얇지만 다섯 편의 종교 고전서에서 길게 발췌한 글로 구성된 Michael Banton, ed. *Anthropological Approaches to the Study of Religion* (Tavistock, London, 1966)도 읽을 만하다.

표 9.1에 제시된 종교의 정의들과 관련된 옛 문헌 중 두 고전이 Lessa and Vogt에서, 하나가 Banton에서 인용됐다. Émile Durkheim *The Elementary Forms of Religious Life*, translated from Durkheim's original 1912 French text by Karen Fields (Free Press, New York, 1995)와 Clifford Geertz *The Interpretation of Cultures* (Basic Books, New York, 1973)가 그것이다. Lessa and Vogt는 종교에 관련된 다른 고전들도 원문을 그대로 인용했다. Bronislaw Malinowski *Magic, Science, and Religion* (New York: Doubleday, 1954)은 문화적 환경에서 종교와 불확정성의 관계를 인류학적 관점에서 접근한 고전이다. Edward Tylor *Primitive Culture: Researches into the Development of Mythology, Philosophy, Religion, Language, Art, and Custom* (London: John Murray, 1871), James Frazer *The Golden Bough: A Study in Magic and Religion* (New York: Macmillan, 1924), Mircea Eliade *The Sacred and the Profane: The Nature of Religion* (New York: Harcourt Brace, 1957), and E. E. Evans-Pritchard *Theories of Primitive Religion* (Oxford: Clarendon Press, 1965). Keith Thomas Religion and the Decline of Magic (New York: Scribners, 1971)은 종교적인 믿음과 미신적인 생각이 진화된 과정과, 그 둘이 어떻게 서로 영향을 미쳤는가에 대해 추적한 책들이다.

종교의 진화에 관련해서는 최근에 발표된 우수한 책들이 많다. David Sloan Wilson

Darwin's Cathedral: Evolution, Religion, and the Nature of Society (University of Chicago, Chicago, 2002)는 진화생물학자가 집단선택이란 관점에서 종교들이 서로 어떻게 경쟁하는지 분석한 책이다.(다수 혹은 대부분의 생물학자가 동물들의 진화를 설명할 때 집단선택의 역할을 부인하지만, 인간 사회를 이해하기 위해서는 집단선택이란 개념이 유용하다는 걸 부인할 수는 없다. 인간들은 공유하는 믿음과 행동을 근거로 하나가 되어 집단을 이루고 살며, 집단으로 경쟁하고 생존하기 때문이다.) 이와 관련된 두 책으로는 Pascal Boyer *Religion Explained: the Evolutionary Origins of Religious Thought* (Basic Books, New York, 2001)와 Scott Atran *In Gods We Trust: the Evolutionary Landscape of Religion* (Oxford University Press, New York, 2002)이 있다. 인간 두뇌의 진화심리학으로 종교의 기원을 추적하고, 우리가 특정한 유형의 초자연적인 믿음을 버리지 못하는 이유에 답을 제시해보려는 책들이다. 이런 관점은 Scott Atran and Joseph Henrich, "The evolution of religion: how cognitive by-products, adaptive learning heuristics, ritual displays, and group competition generate deep commitments to prosocial religions" (*Biological Theory* 5: 1-13 (2010))에서 더욱 확대됐다. Daniel Dennett *Breaking the Spell: Religion as a Natural Phenomenon* (Viking, New York, 2006)은 철학자의 관점에서 종교를 분석하고, Sam Harris *The End of Faith: Religion, Terrorism and the Future of Reason* (Norton, New York, 2004)과 Richard Dawkins *The God Delusion* (Houghton Mifflin Co, Boston, New York, 2006)은 무신론자의 관점에서 종교를 비판적으로 분석하며 종교가 결국에는 해롭다는 결론을 내린다. Karen Armstrong *A History of God: the 4,000-Year Quest of Judaism, Christianity, and Islam* (Knopf, New York, 1994)과 Robert Wright *The Evolution of God* (Little Brown, New York, 2009)은 유일신을 믿는 서구의 종교들이 탄생한 기원을 집중적으로 다루고, Jennifer Michael Hecht *Doubt: a History: The Great Doubters and Their Legacy of Innovation from Socrates and Jesus to Thomas Jefferson and Emily Dickinson* (Harper Collins, New York, 2003)은 13개의 질문을 제시하며 독자에게 자신이 골수 무신론자인지 충실한 신자인지 사이에서 어디쯤에 위치해 있는지 평가하게 해준다. Jesse Bering *The God Instinct: the Psychology of Souls, Destiny and the Meaning of Life* (London: Nicholas Brealey, 2010)는 종교를 불합리

한 망상이 아니라 진화적인 이점을 확보하려는 정교한 인지적 착각으로 규정한다.

종교사회학에 대해서는 Rodney Stark and W. S. Bainbridge *A Theory of Religion* (New Brunswick, NJ: Rutgers University Press, 1987)을 참조하기 바란다. 한편 James McClenon *Wondrous Healing: Shamanism, Human Evolution, and the Origin of Religion* (DeKalb, IL: Northern Illinois University Press, 2002)에서는 샤먼과 제식이 일부 질병에 치료 효과가 있는 이유를 다루었다. Michael Shermer *How We Believe* (New York: Times Books, 1999)는 종교를 신화적인 믿음이란 광범위한 맥락에서 접근해서, 모든 믿음이 설명적인 목적과 사회적인 목적을 지닌다고 주장한다. Carl Sagan *Varieties of Scientific Experience* (New York: Penguin, 2007)는 종교와 과학의 관계를 살펴보고 종교적 충동의 기원에 대해 추적한다. Michael Shermer *The Believing Brain* (New York: Times Books, 2011)에서는 절대자에 대한 믿음이 신경학적 관점에서 분석되고, Robert McCauley *Why Religion Is Natural and Science Is Not* (New York: Oxford University Press, 2011)에서는 "…… 종교가 수천 년 전부터 모든 사회에서 존재했던 이유는, 종교가 제시하는 일종의 설명이 인간의 마음에 정확히 와 닿는 것이기 때문이다"라고 주장한다. 인류의 역사에서 종교의 기능이 꾸준히 변한 이유에 대해서는 Robert Bellah *Religion in Human Evolution: from the Paleolithic to the Axial Age* (Cambridge, MA: Harvard University Press, 2011)를 참조할 것.

종교를 다룬 논문은 무수히 많지만 이 장에 관련된 일부의 논문만을 소개하면 다음과 같다. Elizabeth Brumfiel "Huitzilopochtli's conquest: Aztec ideology in the archaeological record" (*Cambridge Archaeological Journal* 8: 3-13 (1998))에서는 아스텍 제국의 종교는 공물을 바치는 평민만이 아니라, 황제를 전복하려는 음모를 꾸밀 수도 있는 젊은 귀족들까지 겨냥한 것이었다고 주장한다. William Irons "Religion as a hard-to-fake sign of commitment" (292-309 in Randolph Nesse, ed. *Evolution and the Capacity for Commitment* (Russell Sage Foundation, New York, 2001))에서는 종교에 헌신하는 모습을 보여주려면 비용이 많이 들고, 그래야만 남들에게 믿음을 줄 수 있는 이유가 분석된다. 종교 공동체와 세속 공동체의 지속성을 비교한 두 논문으로는 Richard Sosis "Religion and intragroup cooperation: preliminary results of a comparative analysis of utopian communities" (*Cross-cultural Research* 34: 70-87

(2000))와 Richard Sosis and E. Bressler "Cooperation and commune longevity: a test of the costly signalling theory of religion" (*Cross-cultural Research* 37: 211-239 (2003))이 있다. Richard Sosis and W. Penn Handwerker, "Psalms and coping with uncertainty: Israeli women's responses to the 2006 Lebanon war" (American Anthropologist 113: 40-55 (2011))에서는 스트레스를 완화하기 위해서 찬송가와 기도문을 읊조리는 이유가 다루어졌고, Richard Shweder et. al "The 'big three' of morality (autonomy, community, divinity) and the 'big three' explanations of suffering" (pp. 119-169 in Richard Shweder *Why Do Men Barbeque?: Recipes for Cult and Psychology* (Harvard University Press, Cambridge, MA, 2003))에서는 주변 세계로 인한 고통이 설명된다. Charles Blow, "Religious outlier" (*New York Times*, Sept. 4, 2010)는 갤럽조사자료를 근거로 종교적인 헌신과 빈곤의 관계를 분석했고, Gregory Paul, "Religiosity tied to socioeconomic status" (*Science* 327: 642, 2010)에서 그 관계를 요약해서 설명한다.

물고기에서 전기를 발생하는 기관의 기능과 진화에 대해서는 Peter Moller *Electric Fishes: History and Behavior* (London: Chapman and Hall, 1995); Stanley Finger and Marco Piccolino *The Shocking History of Electric Fishes* (New York: Oxford University Press, 2011); H.W. Lissmann, "Electric location by fishes" (*Scientific American* 208, no. 3: 50-59 (1963)); Theodore Bullock, "Seeing the world through a new sense: electroreception in fish" (*American Scientist* 61: 316-325 (1973)); Vielka Salazar and Philip Stoddard, "Social competition affects electric signal plasticity and steroid levels in the gymnotiform fish Brachyhypopomus gauderio" (*Hormones and Behavior* 56: 399-409 (2009)); Manuel Leal and Jonathan Losos, "Communication and speciation" (*Nature* 467: 159-160 (2010)); and Bruce Carlson et al., "Brain evolution triggers increased diversification of electric fishes" (*Science* 332: 583-586 (2011))를 참조할 것.

10장. 여러 언어로 말하기

현재 존재하는 모든 언어를 수록하고, 각 언어의 사용자 수와 위상(안전, 위험, 소멸)을 소개하며, 지리적 분포까지 보여주는 책으로는 M. Paul Lewis, ed. *Ethnologue:*

Languages of the World, 16th ed. (Dallas: SIL International, 2009)가 있다.

세계 언어들을 조사하고 분류한 문헌으로는 Merritt Ruhlen *A Guide to the World's Languages*, vol. 1 (Stanford: Stanford University Press, 1987); Bernard Comrie, ed. *The World's Major Languages* (New York: Oxford University Press, 1987); and Bernard Comrie, Stephen Matthews, and Maria Polinsky *The Atlas of Languages: the Origin and Development of Languages throughout the World* (New York: Facts on File, 1996)가 있다.

남북아메리카, 혹은 북아메리카 원주민 언어에 대해서는 Joseph Greenberg *Language in the Americas* (Stanford: Stanford University Press, 1987); Marianne Mithum *The Languages of Native North America* (Cambridge, UK: Cambridge University Press, 1999); and Lyle Campbell *American Indian Languages: the Historical Linguistics of Native America* (New York: Oxford University Press, 1997)를 참조할 것. 뉴기니의 원주민 언어에 대해서는 William Foley *The Papuan Languages of New Guinea* (Cambridge, UK: Cambridge University Press, 1986). (주: 이 책에서는 오스트로네시아어는 논의되지 않는다.)

언어가 분화하고 진화되어, 언어 간에 계층적 관계가 형성되는 과정에 대해서는 Colin Renfrew *Archaeology and Language: the Puzzle of Indo-European Origins* (New York: Cambridge University Press, 1987); J.P. Mallory *In Search of the Indo-Europeans: Language, Archaeology and Myth* (New York: Thames and Hudson, 1989); and David Anthony *The Horse, the Wheel, and Language: How Bronze-Age Riders from the Eurasian Steppes Shaped the Modern World* (Princeton: Princeton University Press, 2007)를 참조하기 바란다. 위의 세 책은 인도유럽어족의 기원과 확산에 대해 각기 다른 관점을 제시한다.

언어 다양성의 지리적 분포에 대해서, 즉 지역별로 존재하는 언어의 수가 다른 이슈에 대해서는 Daniel Nettle *Linguistic Diversity* (Oxford: Oxford University Press, 1999); Johanna Nichols *Linguistic Diversity in Space and Time* (Chicago: University of Chicago Press, 1992); and Thomas Currie and Ruth Mace, "Political complexity predicts the spread of ethnolinguistic groups" (*Proc. Natl. Acad. Sci. USA* 206: 7339–

7344 (2009))를 참조할 것. 아래에서 언급되는 K. David Harrison의 책들에서는 근원이 불분명한 언어들, 방언 연속체, 언어쌍의 비대칭적인 의미장이 다루어진다. 언어의 수는 적지만, 어파와 어족은 다양한 지역이 있다. 이 둘 사이에는 밀접한 상관관계가 없다. 예컨대 바누아투에는 110개의 언어가 있지만, 모든 언어가 오스트로네시아어족 내의 한 어파에 속한다. 또 모잠비크에는 약 45개의 언어가 있지만 모든 언어가 니제르콩고어족에서 분화된 반투어파의 두 어군에 속한다. 반면에 볼리비아에 존재하는 언어들은 적어도 18개의 어파에 속한다. 이 문제에 대해서는 David Harrison *Language Extinction*을 참조할 것.

언어 압살—인구수, 사회조직, 군사력, 테크놀로지 등에서 유리한 집단이 그런 이점을 활용해서 다른 언어를 억압하며 자신의 언어를 확대하는 현상에 대해서는 Colin Renfrew *Archaeology and Languagee*; Jared Diamond *Guns, Germs, and Steel: the Fates of Human Societies* (New York: Norton, 1997); Jared Diamond and Peter Bellwood, "Farmers and their languages: the first expansions" (*Science* 300: 597-603 (2003)); and Peter Bellwood *First Farmers: the Origins of Agricultural Societies* (Malden, MA: Blackwell, 2005)를 참조할 것.

바우페스 강 유역의 다중언어 사용과 언어족외혼에 대해서는 Arthur Sorensen, "Multilingualism in the Northwest Amazon" (*American Anthropologist* 69: 670-684 (1967)), Jean Jackson *The Fish People: Linguistic Exogamy and Tukanoan Identity in Northwest Amazonia* (Cambridge, UK: Cambridge University Press, 1983)를 참조할 것. 오스트레일리아 케이프키어위어 지역 원주민들의 다중언어 사용에 대해서는 Peter John Sutton *Wik: Aboriginal Society, Territory and Language at Cape Keerweer, Cape York Peninsula, Australia* (Ph.D. thesis, University of Queensland, 1978)를 참조하고, 카메룬 몽타냐르족과 완달라족의 다중언어 사용을 비교한 사례에 대해서는 Leslie Moore, "Multilingualism and second language acquisition in the Northern Mandara Mountains of Cameroon," 131-147 in George Echu and Samuel Gyasi Obeng, eds. *Africa Meets Europe: Language Contact in West Africa* (Hauppauge, NY: Nova, 2004)를 참조할 것.

다중언어를 사용하는 사람들이 상대와 화제에 따라 어떤 언어를 사용할지 결정하는 방법에 대해서는 Kathryn Wollard, *Double Talk: Bilingualism and the Politics of Ethnicity in Catalonia* (Stanford: Stanford University Press, 1989); Kathryn Wollard, "Codeswitching," 73-94 in A. Duranti, ed. *A Companion to Linguistic Anthropology* (Malden, MA: Blackwell, 2004); and Philippe van Parijs, "Europe's linguistic challenge" (*Archives of European Sociology* 45: 113-154 (2004))를 참조할 것.

이중언어 사용이 알츠하이머병과 실행 조정 기능에 미치는 영향에 대해서는 Ellen Bialystok, "Cognitive complexity and attentional control in the bilingual mind" (*Child Development* 70: 636-644 (1999)), Ellen Bialystok *Bilingualism in Development: Language, Literacy, and Cognition* (New York: Cambridge University Press, 2001), Ellen Bialystok, Michelle Martin, and Mythili Viswanathan, "Bilingualism across the lifespan: the rise and fall of inhibitory control" (*International Journal of Bilingualism* 9: 103-119 (2005)), Ellen Bialystok et al., "Effect of bilingualism on cognitive control in the Simon task: evidence from MEG" (*NeuroImage* 24: 40-49 (2005)), Ellen Bialystok, Fergus Craik, and Morris Freedman, "Bilingualism as a protection against the onset of symptoms of dementia" (*Neuropsychologia* 45: 459-464 (2007)), Ellen Bialystok, "Bilingualism: the good, the bad, and the indifferent" (*Language and Cognition* 12: 3-11 (2009)), Ellen Bialystok et al., "Bilingual minds" (*Psychological Science in the Public Interest* 10: 89-129 (2009), Ellen Bialystok and Xiaojia Feng, "Language proficiency and executive control in proactive interference: evidence from monolingual and bilingual children and adults" (*Brain and Language* 109: 93-100 (2009)), Ellen Bialystok and Fergus Craik, "Cognitive and linguistic professing in the bilingual mind" (*Current Directions in Psychological Science* 19: 19-23 (2010)), Fergus Craik, Ellen Bialystok, and Morris Freedman, "Delaying the onset of Alzheimer's disease: bilingualism as a form of cognitive reserve" (*Neurology*, 75: 1726-1729 (2010), Tom Schweizer et al., "Bilingualism as a contribution to cognitive reserve: evidence from brain atrophy in Alzheimer's disease" (*Cortex*, in press)를 참조할 것. 이중언어 사용이 삶의 다른 부분에 미치는 영향에 대해서는 Sarah Ellen Ransdell and Ira Fischler, "Memory in a monolingual mode: when are bilinguals at a disadvantage?" (*Journal of Memory and Language* 26: 392-405 (1987)); Carl Bankston and Min Zhou, "Effects of minority-language literacy on the academic achievement of Vietnamese youths in New Orleans (*Sociology of Education* 68: 1-17 (1995)); Stephanie Carlson and Andrew Meltzoff, "Bilingual experience and executive functioning in young children" (*Developmental Science* 11: 282-298 (2008)); Albert Costa, Mireia Hernández, and N?ria Sebasti?n-Gall?s, "Bilingualism aids conflict resolution: evidence from the AMT task" (*Cognition* 106: 59-86 (2008)); and Janet Werker and Krista Byers-Heinlein, "Bilingualism in infancy: first steps in perception and comprehension" (*Trends in Cognitive Science* 12: 144-151 (2008))을 참조할 것.

어린아이와 유아의 이중언어 사용 및 아직 말을 하지 못하는 유아의 언어 이해능력을 테스트하는 방법에 대해서는 Ágnes Melinda Kovács, "Early bilingualism enhances mechanisms of false-belief reasoning" (*Developmental Science* 12: 48-54 (2009)); Ágnes Melinda Kovács and Jacques Mehler, "Cognitive gains in 7-month-old bilingual infants" (*Proc. Natl. Acad. Sci. USA* 106: 6556-6560 (2009)); and Ágnes Melinda Kovács and Jacques Mehler, "Flexible learning of multiple speech structures in bilingual infants" (*Science 325*: 611-612 (2009))를 참조할 것. 부건빌 섬에서 아름다운 소리로 지저귀는 새, 코피피에 대해서는 Mary LeCroy and F. Keith Barker, "A new species of bush-warbler from Bougainville Island and a monophyletic origin for Southwest Pacific Cettia" (*American Museum Novitates* no. 3511 (2006))를 참조할 것.

언어의 소멸과, 언어를 보존하는 방법을 다룬 책으로는 Robert Robins and Eugenius Uhlenbeck, eds. *Endangered Languages* (Oxford: Berg, 1991), Joshua Fishman *Reversing Language Shift: Theoretical and Empirical Foundations of Assistance to Threatened Languages* (Clevedon, UK: Multilingual Matters, 1991), Matthias Brenzinger, ed. *Language Diversity Endangered* (Berlin: Mouton de Gruyter, 2007), Nicholas Evans *Dying Words: Endangered Languages and What They Have to Tell Us* (Chichester, UK: Wiley-Blackwell, 2010), K. David Harrison *When Languages Die: the Extinction of the World's Languages and the Erosion of Human Knowledge*

(New York: Oxford University Press, 2007); *The Last Speakers* (Washington, DC: National Geographic Society, 2010); and *Language Extinction* (Cambridge, UK: Cambridge University Press, 2012)이 있다.

에야크어를 비롯해 알래스카 토속 언어들의 위상을 다룬 Michael Krauss의 논문들은 다음과 같다. "The world's languages in crisis" (*Language* 68: 4-10 (1992)); "The indigenous languages of the North: a report on their present state" (*Northern Minority Languages: Problems of Survival, Senri Ethnological Studies* 44: 1-34 (1997)); and "Mass language extinction, and documentation: the race against time," pp. 19-37 in Osamu Sakiyama, ed. *Lectures on Endangered Languages: 2, from Kyoto Conference 2000* (Kyoto: Nakamishi, 2001).

David Laitin *Nations, States, and Violence* (Oxford: Oxford University Press, 2007)에서는 언어의 차이가 민족주의와 폭력에 미치는 영향을 분석하고 있다.

Theodora Kroeber *Ishi in Two Worlds: a Biography of the Last Wild Indian in North America* (Berkeley: University of California Press, 1961)는 마지막 야히족 이시의 이야기를 소개하며, 언어가 사라지는 과정을 설명한다. 이 책은 두 세계의 충돌과 철저한 집단학살을 감동적으로 풀어간다.

윈스턴 처칠이 1940년 5월 13일과 6월 4일 하원의사당에서 행한 연설문은 그의 책, *Their Finest Hour* (Boston: Houghton Mifflin, 1949)의 25, 26, 118쪽에서 인용한 것이다.

11장. 염분과 당분, 비만과 나태

S. Boyd Eaton과 Melvin Konner는 "Paleolithic nutrition: a consideration of its nature and current implications" (*New England Journal of Medicine* 312: 283-289 (1985))에서 현대적인 생활환경 하에서도 건강하게 살아가는 방법으로 전통적인 수렵채집인의 식습관을 처음 제시했다. 이 주제는 Eaton, Marjorie Shostak, and Konner *The Paleolithic Prescription: a Program of Diet and Exercise and a Design for Living* (New York: Harper and Row, 1988)에서 더욱 심도 있게 연구됐다. 비만과 만성 퇴행성 질환을 집중적으로 다룬 논문으로는 S. Boyd Eaton, Melvin Konner, and

Marjorie Shostak "Stone agers in the fast lane: chronic degenerative diseases in evolutionary perspective" (*American Journal of Medicine* 84: 739-749 (1988))와 Peter Brown and Melvin Konner "An anthropological perspective on obesity" (*Annals of the New York Academy of Sciences* 499: 29-46 (1987))가 있다. 이 분야에 관련된 문헌들과 최근의 연구 결과는 Melvin Konner and S. Boyd Eaton "Paleolithic nutrition: twenty-five years later" (*Nutrition in Clinical Practice* 25: 594-602 (2010))를 참조하기 바란다.

이 장에서는 내가 과거에 발표한 네 논문에서 적잖은 내용을 빌려왔다. Jared Diamond, "Sweet death" (*Natural History* 101 (1): 2-5 (1992)); "The saltshaker's curse" (*Natural History* 100 (10): 20-26 (1991)); "The double puzzle of diabetes" (*Nature* 423: 599-602 (2003)); and "Diabetes in India" (*Nature* 469: 478-479, 2011). 현대인의 생활방식과 우리 몸이 불일치하는 많은 면을 다룬 책으로는 Peter Gluckman and Mark Hanson, *Mismatch: Why Our World No Longer Fits Our Bodies* (Oxford: Oxford University Press, 2006)가 있다. 서구식 생활방식에서 비롯되는 수많은 건강 문제, 즉 대사증후군에 대해서는 Robert Eckel, Scott Grundy, and Paul Zimmet, "The metabolic syndrome" (*Lancet* 365: 1415-1428 (2005))을 참조할 것.

심혈관 질환에 따른 비전염성 질병의 세계적인 확산에 대해서는 Bernard Gersh et al., "The epidemic of cardiovascular disease in the developing world: global implications" (*European Heart Journal* 31: 642-648 (2010))를 참조할 것. 서구식 생활방식이 건강에 악영향을 미치는 주된 위험 요인인 비만에 대해서는 Michael Goran, "Ethnic-specific pathways to obesity-related disease: the Hispanic vs. African-American paradox" (*Obesity* 16: 2561-2565 (2008)); Abdhalah Ziraba, Jean Fotso, and Rhoune Ochako, "Overweight and obesity in urban Africa: a problem of the rich or the poor?" (*BioMed Central Public Health* 9: 465-473 (2009)); and Richard Johnson et al., "The evolution of obesity: insights from the mid-Miocene" (*Transactions of the American Clinical and Climatological Association* 121: 295-308 (2010))를 참조할 것. 이주에서 비롯되는 비전염성 질병의 자연 실험에 대해서는 Thomas Robertson et al., "Epidemiological studies of coronary heart disease and stroke in Japanese men living in

Japan, Hawaii and California" (*American Journal of Cardiology* 39: 244-249 (1977))을 참조하고, 조작 실험으로 식습관이 비전염성 질병에 미치는 영향을 밝힌 두 논문으로는 Frank Sacks and Martijn Katan, "Randomized clinical trials on the effects of dietary fat and carbohydrate on plasma lipoproteins and cardiovascular disease" (*American Journal of Medicine* 113: 13S-24S (2002))과 S. Lindeberg et al., "A Palaeolithic diet improves glucose tolerance more than a Mediterranean-like diet in individuals with ischaemic heart disease" (*Diabetologia* 50: 1795 - 1807 (2007))가 있다.

뉴기니와 멜라네시아의 비전염성 질병에 대해서는 P. Sinnett and H. Whyte, "Epidemiological studies in a rural Highland population, Tukisenta, New Guinea: cardiovascular disease and relevant clinical, electrocardiographic, radiological and biochemical findings" (*Journal of Chronic Disease* 26: 265-290 (1973)); Lot Page, Albert Damon, and Robert Moellering, "Antecedents of cardiovascular disease in six Solomon Islands societies" (*Circulation* 49: 1132-1146 (1974)); S. Lindeberg and B. Lundh, "Apparent absence of stroke and ischaemic heart disease in a traditional Melanesian island: a clinical study in Kitava" (*Journal of Internal Medicine* 233: 269-275 (1993)); S. Lindeberg et al., "Cardiovascular risk factors in a Melanesian population apparently free from stroke and ischaemic heart disease: the Kitava study" (*Journal of Internal Medicine* 236: 331-340 (1994)); and Gary Dowse et al., "Extraordinary prevalence of non-insulin-dependent diabetes mellitus and bimodal plasma glucose distribution in the Wanigela people of Papua New Guinea" (*Medical Journal of Australia* 160: 767-774 (1994))를 참조할 것. 오스트레일리아 원주민들의 식습관과 건강 문제, 특히 당뇨병을 다룬 논문으로는 Kerin O'Dea et al., "Traditional diet and food preferences of Australian Aboriginal hunter-gatherers" (*Philosophical Transactions of the Royal Society of London* B334: 233-241 (1991)); Kerin O'Dea, "Diabetes in Australian Aborigines: impact of the Western diet and life style" (*Journal of Internal Medicine* 232: 103-117 (1992)); and Kerin O'Dea, "Obesity and diabetes in 'the land of milk and honey'" (*Diabetes/Metabolism Reviews* 8: 373-388 (1992))가 있다.

염분과 고혈압이란 복잡한 주제를 알기 쉽게 풀이한 논문으로는 Pierre Meneton et al., "Links between dietary salt intake, renal salt handling, blood pressure, and cardiovascular diseases" (*Physiological Reviews* 85: 679-715 (2005)); Ian Brown et al., "Salt intake around the world: implications for public health" (*International Journal of Epidemiology* 38(3): 791-813 (2009)); and Feng He and Graham MacGregor, "Reducing population salt intake worldwide: from evidence to implementation" (*Progress in Cardiovascular Diseases* 52: 363-382 (2010))이 있다. 염분에 대한 고전적인 책으로는 Derek Denton, The Hunger for Salt (Heidelberg: Springer, 1982)가 손꼽히지만, 그 이후에 발표된 Graham MacGregor and Hugh de Wardener *Salt, Diet and Health : Neptune's Poisoned Chalice: the Origins of High Blood Pressure*(Cambridge: Cambridge University Press, 1998)도 무척 뛰어난 책이다.

전염병학적 관점에서 세계 전역에 분포된 개체군의 염분 섭취와 고혈압을 조사한 논문으로는 A. S. Truswell et al., "Blood pressures of !Kung bushmen in Northern Botswana" (*American Heart Journal* 84: 5-12 (1972)); W. J. Oliver, E. L. Cohen, and J. V. Neel, "Blood pressure, sodium intake, and sodium related hormones in the Yanomamo Indians, a 'no-salt' culture" (*Circulation* 52: 146-151 (1975)); Intersalt Cooperative Research Group, "Intersalt: an international study of electrolyte excretion and blood pressure. Results for 24 hour urinary sodium and potassium excretion" (*British Medical Journal* 297: 319-328 (1988)); and J. J. Carvalho et al., "Blood pressure in four remote populations in the INTERSALT study" (*Hypertension* 14: 238-246 (1989))가 있다. 식습관이 혈압에 미치는 영향을 조사한 조작 실험에 대해서는 Frank Sacks et al., "Effects on blood pressure of reduced dietary sodium and the dietary approaches to stop hypertension (DASH) diet" (*New England Journal of Medicine* 344(1): 3-10 (2001)); William Vollmer et al., "Effects of diet and sodium intake on blood pressure: subgroup analysis of the DASH-sodium trial" (*Annals of Internal Medicinev* 135: 1019-1028 (2001)); and Jing Chen et al., "Metabolic syndrome and salt sensitivity of blood pressure in non-diabetic people in China: a dietary intervention study" (*Lancet* 373: 829-835 (2009))를 참조할 것. 갓 태어난 네덜란드 유아들을

대상으로 6개월 동안 저염식이나 정상적인 음식을 먹이고 15년 후에 재평가한 임상 실험에 관련된 두 논문은 Albert Hofman, Alice Hazebroek, and Hans Valkenburg, "A randomized trial of sodium intake and blood pressure in newborn infants" (*Journal of the American Medical Association* 250: 370-373 (1983))과 Johanna Geleijnse et al., "Long-term effects of neonatal sodium restriction on blood pressure" (*Hypertension* 29: 913-917 (1997))이다. 염분 섭취가 침팬지의 혈압에 미치는 결과를 연구한 조작 실험에 대해서는 Derek Denton et al., "The effect of increased salt intake on blood pressure of chimpanzees" (*Nature Medicine* 1: 1009-1016 (1995))를 참조할 것.

염분과 혈압의 관계를 회의적인 관점에서 접근한 대표적인 세 논문은 J. D. Swales, "Salt saga continued: salt has only small importance in hypertension" (*British Medical Journal* 297: 307-308 (1988)); Gary Taubes, "The (political) science of salt" (*Science* 281: 898-907 (1998)); and Katarzyna Stolarz-Skrzypek et al., "Fatal and nonfatal outcomes, incidence of hypertension, and blood pressure changes in relation to urinary sodium excretion" (*Journal of the American Medical Association* 305: 1777-1785 (2011))이다. 아프리카인, 아프리카계 미국인, 카리브계 영국인을 대상으로 고혈압을 연구한 논문으로는 Feng He et al., "Importance of the renin system in determining blood pressure fall with salt restriction in black and white hypertensives: (*Hypertension* 32: 820-824 (1998)); and Srividya Kidambi et al., "Aldosterone contributes to blood pressure variance and to likelihood of hypertension in normal-weight and overweight African Americans" (*American Journal of Hypertension* 22: 1303-1308 (2009))이 있다.

염분 섭취와 고혈압의 관계를 다룬 그 밖의 논문으로는 Chisato Nagata et al., "Sodium intake and risk of death from stroke in Japanese men and women" (*Stroke* 35: 1543-1547 (2004)); Kevin O'Shaughnessy and Fiona Karet, "Salt handling and hypertension" (*Journal of Clinical Investigation* 113: 1075-1081 (2004)); Myron Weinberger, "Pathogenesis of salt sensitivity of blood pressure" (*Current Hypertension Reports* 8: 165-170 (2006)); Horacio Adrogué and Nicolaos Madias, "Sodium and potassium in the pathogenesis of hypertension" (*New England Journal of Medicine*

356: 1966-1978 (2007)); Andrew Bomback, Riley Bove, and Philip Klemmer, "Of snakes and men: the evolution of ACE inhibitors" (*Journal of the Renin-Angiotensin-Aldosterone System* 8: 1-2 (2007)); and Philip Klemmer, "Salt appetite" (*American Journal of Kidney Diseases* 55(4): xxxi-xxxii (2010))이 있다.

2010년 전 세계의 당뇨병 유병률을 요약해서 정리한 논문으로는 J. Shaw, R. Sicree, and P. Zimmet, "Global estimates of the prevalence of diabetes for 2010 and 2030" (*Diabetes Research and Clinical Practice* 87: 4-14 (2010))이 있다. 아시아의 당뇨병에 대해서는 Ambady Ramachandran et al., "Diabetes in Asia" (*Lancet* 375: 408-418 (2010))을 참조할 것. Jean-Marie Ekoé et al. *The Epidemiology of Diabetes Mellitus*, 2nd ed. (Chichester, UK: Wiley-Blackwell, 2008)은 세계 전역을 대상으로 당뇨병의 유병률과 증상을 지역별로 자세히 조사한 책이다. 당뇨병에 관련해서는 Gary Dowse et al., "High prevalence of NIDDM and impaired glucose tolerance in Indian, Creole, and Chinese Mauritians (*Diabetes* 39: 390-396 (1990)); Allison Hodge et al., "Dramatic increase in the prevalence of obesity in Western Samoa over the 13 year period 1978-1991" (*International Journal of Obesity* 18: 419-428 (1994)); Paul Zimmet, "Globalization, coca-colonization and the chronic disease epidemic: can the Doomsday scenario be averted?" (*Journal of Internal Medicine* 247: 301- 210 (2000)); Paul Zimmet et al., "Global and societal implications of the diabetes epidemic" (414: 782-787 (2001)); and Paul Zimmet, "The growing pandemic of type 2 diabetes: a crucial need for prevention and improved detection" (*Medicographia* 33: 15-21 (2011))을 참조할 것. 모리셔스의 당뇨병 현황에 대해서는 Jeremy Jowett et al., "Genetic influences on type 2 diabetes and metabolic syndrome related quantitative traits in Mauritius" (*Twin Research and Human Genetics* 12: 44-52 (2009))와 Dianna Magliano et al. "Mortality, all-cause and cardiovascular disease, over 15 years in multi-ethnic Mauritius: impact of diabetes and intermediate forms of glucose tolerance" (*Diabetes Care* 33: 1983-1989 (2010))를 참조할 것. 텔레비전 시청 시간과 심혈관 질환에 의한 사망 및 당뇨병의 밀접한 관계에 대해서는 D.W. Dunstan et al., "Television viewing time and mortality: the Australian diabetes, obesity and lifestyle study

(AusDiab)" (*Circulation* 121: 384-391 (2010))를 참조할 것. 피마족에 관련된 내용은 Frank Russell, The Pima Indians (Tucson: University of Arizona Press, 1975); and W. Knowler et al., "Diabetes mellitus in the Pima Indians: incidence, risk factors and pathogenesis" (*Diabetes/Metabolism Reviews* 6: 1-27 (1990))를 참조할 것. 나우루 섬에서 당뇨병이 폭발적으로 증가한 이유에 대해서는 G. Dowse et al., "Decline in incidence of epidemic glucose intolerance in Nauruans: implications for the 'thrifty genotype'" (*American Journal of Epidemiology* 133: 1093-1104 (1991))와 H. Rubinstein and Paul Zimmet, *Phosphate, Wealth, and Health in Nauru: a Study of Lifestyle Change* (Gundaroo: Vrolga, 1993)를 참조하기 바란다.

인도의 당뇨병은 Dr. Viswanathan Mohan과 그의 동료들이 발표한 논문들에 잘 요약돼 있다. V. Mohan et al., "Intra-urban differences in the prevalence of the metabolic syndrome in southern India-the Chennai Urban Population Study (CUPS no. 4)" (*Diabetic Medicine* 18: 280-287 (2001)); R. Pradeepa and V. Mohan, "The changing scenario of the diabetes epidemic: implications for India" (*Indian Journal of Medical Research* 116: 121-132 (2002)); V. Mohan et al., "Secular trends in the prevalence of diabetes and impaired glucose tolerance in urban South India ? the Chennai Urban Rural Epidemiology Study (CURES-17)" (*Diabetologia* 49: 1175-1178 (2006)); V. Mohan et al., "Epidemiology of type 2 diabetes: Indian scenario" (*Indian Journal of Medical Research* 125: 217-230 (2007)); V. Mohan et al., "Urban rural differences in prevalence of self-reported diabetes in India?the WHO-ICMR Indian NCD risk factor surveillance" (*Diabetes Research and Clinical Practice* 80: 159 168 (2008)). V. Mohan et al., "Incidence of diabetes and pre-diabetes in a selected urban South Indian population (CUPS-19)" (*Journal of the Association of Physicians of India* 56: 152-157 (2008)); V. Mohan et al., "Can the diabetes/cardiovascular disease epidemic in India be explained, at least in part, by excess refined grain (rice) intake?" (*Indian Journal of Medical Research* 131: 369-372 (2010)); S. Sandeep, A. Ganesan, and V. Mohan, *Development and Updation of the Diabetes Atlas of India* (2010); and Rajendra Pradeepa et al., "Risk factors for microvascular complications of diabetes among South Indian subjects with type 2 diabetes?:the Chennai urban rural epidemiology study(CURES) eye study-5" (*Diabetes Technology and Therapeutics* 12: 755-761 (2010)).

James Neel은 "Diabetes mellitus: a 'thrifty' genotype rendered detrimental by 'progress'?" (*American Journal of Human Genetics* 14: 353-362 (1962))라는 논문에서 절약 유전자형 가설을 제시했다. 절약 유전자형 가설을 비난하거나 확장하며 대안을 제시한 논문들로는 C. Hales and David Barker, "Type 2 (non-insulin-dependent) diabetes mellitus: the thrifty phenotype hypothesis" (*Diabetologia* 35: 595-601 (1992)); Andrew Prentice, Pura Rayco-Solon and Sophie Moore, "Insights from the developing world: thrifty genotypes and thrifty phenotypes" (*Proceedings of the Nutrition Society* 64: 153-161 (2005)); Daniel Benyshek and James Watson, "Exploring the thrifty genotype's food-shortage assumptions: a cross-cultural comparison of ethnographic accounts of food security among foraging and agricultural societies" (*American Journal of Physical Anthropology* 131: 120-126 (2006)); J. R. Speakman, "Thrifty genes for obesity, an attractive but flawed idea, and an alternative perspective: the 'drifty gene' hypothesis" (*International Journal of Obesity* 32: 1611-1617 (2008)); and Reinhard Stöger, "The thrifty epigenotype: an acquired and heritable predisposition for obesity and diabetes?" (*BioEssays* 30: 156-166 (2008))가 있다.

기근을 다룬 책으로는 Ancel Keys et al. *The Biology of Human Starvation* (Minneapolis: University of Minnesota Press, 1950); Andrew Appleby, *Famine in Tudor and Stuart England* (Stanford: Stanford University Press, 1978); John Post, *Food Shortage, Climatic Variability, and Epidemic Disease in Preindustrial Europe* (Ithaca: Cornell University Press, 1985); Robert Rotberg and Theodore Rabb, eds., *Hunger and History: the Impact of Changing Food Production and Consumption Patterns on Society* (Cambridge, MA: Harvard University Press, 1985); W. Gregory Monahan, *Year of Sorrows: the Great Famine of 1709 in Lyon* (Columbus, OH: Ohio State University Press, 1993); William Jordan, *The Great Famine* (Princeton: Princeton University Press, 1996); and Cormac Ó Gráda *Famine: a Short History* (Princeton:

Princeton University Press, 2009)가 있다. 반대로 David Kessler는 *The End of Overeating: Taking Control of the Insatiable American Appetite* (New York: Rodale, 2009)에서 미국인의 과식 문제를 본격적으로 거론하며, 그런 식습관에서 벗어날 방법을 다루었다. Alexander Kokkinos et al., "Eating slowly increases the postprandial response of the anorexigenic gut hormones, peptide YY and glucagon-like peptide-1 (*Journal of Clinical Endocrinology and Metabolism* 95: 333-337 (2010))은 천천히 먹을수록 적게 먹는다는 역설적인 사실을 호르몬 분비로 증명해냈다.

에필로그: 마침내, 문명 대탐사의 종착지에 서다

아카 피그미족 여인들과의 인터뷰는 Bonnie Hewlett이 민족지학적 관점에서 중앙아프리카의 아카 피그니족과 응간두족 여인들을 연구한 책(근간)에서 인용한 것이다. 아체족, 북캘리포니아 야히족의 이시, 자비네 퀴글러 자매에 대한 이야기는 차례로 Kim Hill and A. Magdalena Hurtado *Ache Life History*, Theodora Kroeber *Ishi in Two Worlds*, Sabine Kuegler *Dschungelkind*를 참조한 것이다.

| 찾아보기 |

!쿵족 29, 34~35, 70~73, 77~78, 101~102, 105, 107, 113, 137, 140, 149, 225, 232, 260~261, 264~267, 271~272, 274, 284~285, 288~290, 295~296, 300, 315, 318, 323~324, 329, 341, 352, 402~403, 405, 408~410, 412~413, 416, 418, 420~424, 426~431, 433, 441, 446~449, 464~469, 472, 495, 512, 514~516, 627, 694, 699, 702, 713~718
1차대전 43, 162, 190, 197, 208, 211~212, 238, 243
1형 당뇨병 630~632, 644~645
2차대전 43, 85, 190~192, 207~209, 211~213, 244, 251~252, 361, 364, 410, 462, 465, 591~592, 596, 652
2형 당뇨병 50, 611, 630~632, 636, 641, 643~646, 658
WEIRD 사회 259, 668, 675

ㄱ

가네산, A 644
가드너, 로버트 179~180
가마지, 빌 88
가부장적 가족 330
가이머, 서맨서 164
가톨릭 505, 523, 535~536, 591, 679
감염병(동물) 411, 429, 434~436, 520, 604, 628

개인주의 136, 333~334
건설적인 편집증 48, 84, 340, 362~364, 371, 386~387, 398, 400~401, 404, 408, 432, 678~679, 716
결집과 분산 466~468
경제의 전문화 33
고고학적 증거 28, 30, 200~202, 222, 704, 711
고혈압 14, 49~50, 434, 602, 606, 611~621, 624, 626, 631, 642, 651, 658, 660, 730~731
골드먼, 론 167
골란드, 캐럴 450~454
공동체 141~143, 153, 164, 168, 331, 446, 485, 533~534, 552, 711, 721
과라니어 583
괴츠, 버나드 159~160, 704
구달, 제인 135, 303, 321, 422
구리타, 다케오 322
구석기 식습관 606, 633
구전 역사의 재구성 704
국가 사법체제 148, 174~175
국제 분쟁 151~152
군장사회 27, 30~33, 44, 81, 101, 137, 144, 172, 189, 203, 205, 210, 214, 216~217, 219~220, 226, 236, 297, 523~524, 527~529, 539~540, 557, 691
그래디, 마크 160, 686

그레이트 베이슨의 쇼쇼니족 73, 232, 458~459, 467, 695, 717
그레이트 플레인스(대평원) 584
그레츠키, 웨인 401~502, 408, 421, 469
그리스도교 477, 481, 519, 525, 528, 530~531, 535~536
그린란드 바이킹족 718
그린란드 이누이트족 558
그웸베 통가족 농경인 465
기생충병 411, 429, 435, 602, 604
기어츠, 클리퍼드 481
기원신화 477, 509

ㄴ

나바호어 583, 591
나바호족 275~276, 342, 591
나우루 섬사람 636~639, 645, 651~653, 655~656, 659~660, 733
나우아틀어 588
나이지리아 615
나이트, 프랭크 104
나폴레옹 전쟁 208
낯선 위험 410
네슬러, 엘리 146, 163
노렌자얀, 아라 20
노예제도 236
노인 살해 21
놀이와 교육 260, 300
농경 사회 18, 266, 280, 293~294, 303, 436, 446, 467,

누에르족 67, 69, 81~82, 141~144, 151, 155, 173, 204, 217~218, 235, 245, 301, 446~447, 457, 459, 691, 703, 709~710, 714~715
《뉴기니 고원지대의 탐험》(레이히) 88
뉴브리튼 섬 37~38, 91, 94, 135, 262, 413, 466
뉴질랜드 20, 169, 202, 214, 223~225, 320, 348, 460, 593, 597, 634, 654, 705, 707
니컬스, 조애나 559
닐, 제임스 646, 652

ㄷ

다니족 30, 46, 64, 66~67, 70, 83, 102, 105, 111~112, 178~179, 182, 190~192, 194~195, 198, 203~204, 207, 209, 210, 211, 213~215, 217~219, 227, 236, 251, 301~302, 441, 692, 702, 713, 717
다니족의 전쟁 178, 181, 191~193, 196, 204, 234, 245, 701, 705, 708
다리비족 30, 105, 107, 441, 457, 687, 714
다우징 503
다중언어 542~543, 545, 560~562, 565~566, 570, 578, 594, 677, 724~725
단일언어 사용 560~561, 566~568, 571~573, 575~576, 587
당뇨병 49, 604~607, 618, 626~648, 651~658, 660, 676, 680, 729, 732~733
당뇨병 유병률 603, 643, 654, 732
당분 섭취(량) 627, 638, 659
대리 부모 276, 278~282, 311, 678
대중성 질병 437~439
대학살 190~191, 210, 215~217, 252, 711

데닛, 대니얼 686
도덕률 23, 249~250, 483, 488, 520, 523, 527, 530, 532, 538, 680
독화살 402, 430~431
두굼 다니족 83, 85, 109, 111, 177, 182
뒤르켐, 에밀 481
드라이버, 대니얼 146, 163
딩간 205
딩기스와요 220
딩카족 69, 82, 207, 217, 235, 245

ㄹ

라스코 동굴 501
라틴어 18, 551, 560, 580, 610
라프족 319
라헤이, 조애나 332
랭엄, 리처드 207, 686
럼스펠드, 도널드 522
레이히, 대니얼 88
레이히, 마이클 88
레티프, 피에트 205
렌넬 섬사람들 327~328, 346, 464, 716
로마 제국 525, 536, 558, 580
로비아나족 236
로빈스, 스털링 220
로토카스어 579~580
루소, 장 자크 226
루이스, 데이비드 320
르블랑, 스티븐 194, 686
르클레르, 샤를 205

리, 리처드 113, 426, 446, 448
리스만, 한스 492
리처드슨, 루이스 243~245

ㅁ

마다가스카르 25, 296~297, 713
마르크스, 카를 525
마르투족 292, 297, 713
마린드족 236
마사이족 652
마셜, 로너 78
마야 벽화 203
마오리어 593, 599
마오리족 202, 214, 223~224, 245, 459~460, 463, 710
마일루 섬사람들 32, 103, 110~111, 245, 712~713
마치겡가족 29, 74, 232, 695
막대기 점 503
만다린(표준 중국어) 546, 593~595
만단족 584
말라리아 434, 436, 440~446, 602, 604, 621, 664
말레이 섬 233, 324
말리노프스키, 브로니스와프 290, 513
매티센, 피터 83, 179, 183
머스켓 전쟁 223~224
멀러, 마틴 207
메사 버드 202
멜러, 자크 574
모르몬교 537~538
모리셔스 605, 634, 732

모한, V. 639, 644, 686
《목숨을 건 다툼의 통계 분석》 244
목축 사회 277, 280, 294, 330, 341~342, 446
무리사회 149, 195, 203, 210, 214, 217, 219, 225~226, 229, 232, 234, 246, 278, 298~299, 309, 341, 415, 424, 446, 523~524, 528, 540, 556, 557, 669, 691, 696~697
무신론 479, 481, 485, 487, 522, 528, 720
미국 남북전쟁 215, 711
미국자연사박물관 87, 702
미농족 693
미드, 마거릿 700

ㅂ

바누아투 553, 708, 724
바우페스 강변 원주민들 565, 578
바흐, 요한 세바스티안 657
반투어 558, 580, 721
반투족 77, 107, 110, 277, 279, 559, 699
발, 요아힘 201
발리엠 계곡 64, 83, 85, 87, 179, 198
발트어들 586
밭의 분산 452, 497, 714
버드 데이비드, 뉴리트 305
버빗원숭이 495
버틀러, 새뮤얼 286, 291
번트, 로널드 403
《벽처럼 치솟은 산 아래에서》(매티센) 179
베르디, 주세페 357
베버, 막스 332

벵골어 546
보노보 229
보로드킨, 소피 582
보피 피그미족 268
볼스, 새뮤얼 207
부거제 가구 331
부건빌 섬 364, 578~579, 723
부아예, 파스칼 506~507
부족사회 203, 215, 217, 219, 226, 229, 234, 236, 246, 445, 477, 509, 523~524, 526~528, 540, 557, 595, 669, 691, 701~702, 707
불교 478, 483, 488, 519
브르타뉴어 586, 681
브룩하위서, 얀 83, 179~180, 183, 198, 704
블랙 맘바 422
비배타적인 땅의 사용 69
비스마르크, 오토 폰 286, 348
비전염성 질병 49, 601~602, 604~607, 632, 658,~660, 682, 728~729
빈 둥지 증후군 347

ㅅ

사모아인 324
사미족 319
사위족 432, 718
사피어-워프 가설 43, 594
사회의 계층화 26~27
사회적 유대 347, 668
산디프, S 644
산족 319, 608

샤먼 441, 499, 510, 513, 523~524, 721
새그넌, 나폴레온 234
서비스, 엘만 27~29, 99
서튼, 피터 563
설탕(당분) 122, 601, 603, 638, 660
《성》(카프카) 24
세망족 110, 207, 232~233, 324
셍셍족 37
셔머, 마이클 684
셔먼, 윌리엄 티컴시 215
셰이커 교도 535
소금 106~107, 109, 112, 239, 463, 555, 601, 603, 607, 610, 613, 621
소런슨, 아서 564~565
소시스, 리처드 511, 534
소아 당뇨병 630
솔로몬 제도 224~225, 236, 447, 615, 710
쇼스탁, 마저리 606
수맥 탐사 716
'슈워츠 대 헬름스 베이커리' 사건 175
슈트라우스, 리하르트 355
스미스, 조지프 538
스티브, 셀던 261~262
시리오노족 29, 74, 92, 138, 232, 259, 265, 290, 302, 318~320, 440~441, 444, 696, 706, 713, 715, 717
시아시족 91, 93~94, 104
식인풍습 365
신거제 가구 330~331
신정론 499, 520, 522
심슨, O. J. 167

심슨, 니콜 167
싱구족 112, 613

ㅇ

아그타족 101, 110, 114, 260, 413, 433, 693, 713, 717
아나사지족 202, 432, 718
아라우칸족 340
아란다족 340
아마조니아 226, 702
아스마트족 236
아스텍 제국 208
아위야나족 220, 707
아이누족 29, 64, 67, 458~459, 461, 694, 717
아이슬란드어 588
아이언스, 윌리엄 686
아체족 29, 78, 240, 263~265, 318~319, 321, 323, 413, 416~418, 424, 426, 431, 434, 441, 446, 667, 695, 713~718, 735
아치볼드 탐사대(원정대) 178, 702
아카 피그미족 260
아트란, 스콧 506
아파치족 214
안다만 섬사람들 101, 207, 217, 650, 694
알래스카 노스슬로프 이누이트족 105, 108
알래스카 북서 지역 이누이트족 101, 103, 217
알비파 마니교도 535~536
앤더슨, 로빈 《첫 만남》 88
앨버트슨, 마이크 168
앳킨스, J. D. C. 585

야노마미족 30, 64, 67, 101, 103, 112, 114, 204, 218, 234, 237~238, 242, 245, 301, 416, 431~432, 449, 609, 613~614, 619, 622, 712
야마나어 582
야지, 로버트 154, 708
야쿠트족 320
야프 섬사람들 94
야히족 584, 667, 727, 735
에릭슨, 에릭 259
에번스 프리처드, E. E. 82, 141, 235, 446
에버렛, 대니얼 261, 280, 292~293, 650, 702
에센, 테우피크 582
에야크어 581~582, 599~600, 724
에페 피그미족 260
엠버, 멜빈 239
엠버, 캐롤 239
엥가족 105, 114, 245, 693, 701
오라일리, 패티 168, 705
오마하족 319, 339
오스트로네시아어족 13, 558~559, 580, 699, 723~724
오언스 밸리의 쇼쇼니족 64, 67
오카방고 델타 279, 295~296
오클리, 윌프리드 628
와니겔라족 603, 605, 634, 656
요라족 280
율유족 52, 64, 67, 105, 693
우비흐어 582
우아오라니족 208, 242, 712
울러스턴, 알렉산더 프레더릭 리치먼드 442~443
원자폭탄 111, 190, 192, 208~209, 410

웨일스어 594
위스너, 폴리 686, 698, 701
위토토족 319,
윌슨, 데이비드 슬론 534~535, 537~538, 586
윌슨, 마이클 207
유교 329~330, 483, 488
유대교 528, 535~536
유목생활 28, 266
유아살해 265, 309, 322, 426~427, 607, 675
유전인자 631~632
유픽어 582
유픽족 225~226
육박전 77
음부티 피그미족 306, 457, 695, 714, 717
음식터부 339~341, 343
웅가나산족 92, 232, 459, 694
웅가린인족 457, 693, 774
이누피아크족(알래스카 북서부 이누이트족) 30, 64, 66~67, 449
이리안자야 16
이스라엘 사막쥐 653
이슬람교 519, 536
이시 583~584, 667, 724, 732
이중언어 545, 560~561, 563, 566~578, 587, 590, 594, 596, 677, 680, 682, 725~727
이탈리아어파 559
이든, S. 보이느 606, 658
인간 사냥 200, 224, 236, 399
《일리아스》 213

ㅈ

자연선택 316, 490~491, 493~495, 644, 646, 651~652, 656
자웅선택 490
재분배 경제 31
잭슨, 진 564
절약 유전자형 가설 651, 734
《정글 아이》 199
정년제도 681
제1세계 19, 21, 91, 94, 281, 344~347, 350, 402, 428, 434, 444~445, 472, 522, 602~603, 605, 648
족외혼 586, 724
존스, 마리 스미스 581
주술 59, 63, 481, 488, 513~515, 706
〈죽은 새들〉(영화) 179
줄루족 205, 220, 297
지게식 요람 272, 275~276
지메트, 폴 648, 686
진주만(공습) 98, 248, 252

ㅊ

창조론 491, 493~494, 509
처칠, 윈스턴 322, 596
《첫 만남》(코닐리와 앤더슨) 88
첫 접촉(뉴기니인) 10, 82, 87~88, 90, 93, 696, 704~705
체로키족 597
초자연적인 믿음 497, 501~502, 506~507, 531, 720
《총 균 쇠》(다이아몬드) 35

추마시족 30, 32, 199, 695, 712
추크치족 320, 339~340, 342
축구 전쟁 206
츠바이크, 슈테판 355
츠와나족 225~226, 427
치프리아니, 리디오 650
침팬지 15, 193, 229~230, 270~271, 478, 612, 709, 732

ㅋ

카우길, 도널드 329
카울롱족 30, 37~38, 94, 135, 262, 303, 321, 412~413, 422, 441~442, 457, 466, 497, 693, 706, 713, 717~718
카프카, 프란츠 24
칼라하리 사막 29, 34, 70~71, 295, 319, 409, 412, 446, 448, 467, 699
칼루사족 30, 32, 105, 217, 695
케네디, 에드워드 157
케추아어 558, 588
켈트어파 580
코너, 멜빈 409, 606, 658, 684, 700
코널리, 밥 88
코마치, 아그네스 574, 686
코스타리카 231
코페크니, 메리 조 157
콘월어 599
콜럼버스, 크리스토퍼 28, 34, 655
쾨니히, 한스 201, 742
쿠테나이족 319

퀴글러, 도리스 199, 703
퀴글러, 자비네 703~704, 735
퀴글러, 클라우스 199
크레스피, 후안 199
크로마뇽인 92, 98, 105, 478
크로족 320
키르기스족 30
키부츠 282, 308, 534
킨, 이언 695, 697
킬리, 로렌스 222, 246

ㅌ

탈렌시족 291, 713~714
탈하임 대학살 216, 708
태즈메이니아 584
태평양 섬사람들 638, 641, 652, 700
턴불, 콜린 306
테링크 대위 179
테이삭스병 617, 632
투무, 아키이 701, 704
투생, 루베르튀르 205
투아레그족 246
트로브리안드 섬사람들 32, 101, 103, 105, 114, 290, 447, 449, 459, 513, 516, 693, 713~714, 717
트로이 전쟁 234
틸리히, 폴 510

ㅍ

파라과이 78, 260, 315, 413, 417, 431, 583, 695

파유족 198~200, 206, 211, 245, 413, 441, 666, 693, 703~704, 712, 717~718
파푸아뉴기니 9~10, 13~14, 16, 51, 88, 119~120, 124, 127, 132, 221, 364, 429, 457, 570, 605, 613, 685, 696, 701, 704~705
페로스어 588
평등주의 288, 292, 294
포레어 18, 406
포레족 30, 140~141, 143, 217, 247, 403, 406, 444, 693, 706, 712
포르투갈어 546~547, 588
폭력의 악순환 181, 659
폴란스키, 로만 164, 707
폴리네시아인들 461
프로이트, 지그문트 259
프리지아어 593, 599
플라톤 519
피그미족 29, 34, 85, 107
피라항족 139~140, 261~262, 268, 280, 288~289, 292~294, 300, 440, 695, 702, 706, 714, 717
피마족 605, 636~637, 651~653, 656, 659~660, 733
피아제, 장 259
피시 섬 110, 224, 710
핑커, 스티븐 207

ㅎ

《하늘의 여행자들》 88
하월, 낸시 264, 315, 427, 429
하이네, 스티븐 20
하이더, 칼 83, 179, 181, 190, 302, 686, 704

하즈다족 160, 179, 293, 324, 694, 713

한국어 586

한트베르커, W. 펜 511

허디, 세라 블래퍼 284

하인리히, 조지프 20

형사사법제도 162, 166, 170, 174~175

호피족 319, 479

홀름버그, 앨런 74, 92, 319~320, 440, 650

화식조 370, 479

《황제내경》 612

회복적 사법 166, 168~170, 176, 249, 682, 708

후타도, A. 막달레나 263, 295, 315, 321, 424

후터파 공동체 534

휼렛, 보니 666, 686

히브리인 330, 342

힌디어 546, 593

힐, 킴 424